IFRS

저자 손병기

알기쉬운 회계원리

(개정판)

經文社

알기 쉬운 회계원리-개정판을 내면서

회계는 기업의 경영환경에 큰 영향을 받아왔다. 자본·상품·사람이 각 나라를 자유롭게 이동하게 되면서, 글로벌 환경에 맞는 시장경제가 형성되었다. 자본이 자유화되면서 기업의 주주 구성도 점차 세계화되었고, 이들에게 제공되는 회계정보는 하나의 회계기준에 따라 작성되어 누구나 쉽게 이해할 수 있게끔 통일된 국제회계기준이 필요하게 되었다.

국제회계기준, IFRS는 유럽에서 제정되었고 글로벌 경영환경에 따라 각 나라로 점차 확대되었다. 최근 미국이 국제회계기준위원회에 참여함으로써 IFRS가 통일된 회계기준으로 나아가는 새로운 국제환경이 조성되었다. 우리나라는 2009년부터 기업의 선택에 따라 국제회계기준을 도입하기 시작하였으며, 2011년에는 모든 상장기업에 적용하게 되었다. 국제회계기준은 원칙중심의 회계기준으로서 회계담당자의 재량적 판단이 무엇보다 중요하게 되었고, 새로운 경제·금융환경에 맞는 전문적인 회계지식과 실무경험이 필요하게 되었다.

알기 쉬운 회계원리는 최근 개정된 국제회계기준에 맞추어 체제와 내용을 전면 개정하였다. 새로운 개정판은 회계학을 처음 배우는 학생을 중심으로 회계의 기본원리를 쉽게 이해할 수 있도록 쓰여졌다. 회계의 기본원리는 회계학의 기초과목이지만 처음 접하는 학생들이 이해하기 쉽지 않으므로, 학습의 양과 깊이를 단계별로 높여감으로써, 흥미를 잃지 않고 쉽게 이해할 수 있도록 배려하였다. 시작부분에서는 회계의 기초개념을 익히고, 이어 회계정보의 창출에 대한 기본원리를 이해하며, 기업의 실무에 사용되는 예제를 모든 장에 골고루 배치하여 국제회계기준을 충분히 이해할 수 있도록 초점을 두었다.

이 책의 개정과정에서 특히 관심을 둔 사항은 다음과 같다.

첫째, 국제회계기준에 맞추어 회계의 기초개념과 기본원리를 설명하는데 충실하였다. 기초개념은 국제회계기준에 사용된 용어를 사용하여 쉽게 설명하였고, 회계의 원리는 사례를 사용하여 충분히 이해할 수 있도록 배려하였다. 특히, 제6장 '재무제표를 위한 개념체계와 재무제표 표시'는 최근 개정된 내용에 따라 전면 수정되었으며 원문의 용어를 사용하여 충분히 설명함으로써 국제회계기준의 전체 흐름을 이해하는 데 초점을 두었다. 또한 개정판은 한국채택 국제회계기준에서 새롭게 규정한 '영업이익' 구분표시법에 따라 각 장에서 나타나는 포괄손익계산서의 형식과 실제작성을 모두 수정하였고, 제13장 '자본'에서는 재무상태표의 표시형식에 맞추어 납입자본·이익잉여금·기타자본요소에 따라 자본을 설명함으로써 국제회계기준을 쉽게 이해할 수 있도록 개정하였다.

둘째, 회계환경의 변화에 맞는 새로운 예제를 사용하여 기본원리를 쉽게 이해할 수 있도록 노력하였다. 글로벌 환경에 따라 새롭게 다가온 금융상품이나 공정가치·자산손상·포괄손익회계의 기초개념과 기본원리는 주로 거래 실무에서 사용되는 적절한 예제를 개발하여 사용함으로써 쉽게 이해할 수 있게 하였다. 개정판은 초판의 의도처럼 개념 및 원리의 난이도와 중요도에 따라 설명의 깊이를 조절하고, 수준에 따라 다양한 예제를 단계별로 배치하여 어려운 개념이 쉽게 이해되도록 노력하였다. 또한 기본원리의 설명이 끝나면 주된 개념을 도표로 요약하여 시각적으로 학습할 수 있도록 표시하였다.

셋째, 개정판은 재무회계를 이해하는 데 필요한 핵심개념을 단계별로 설명함으로써 기초개념과 실제 응용능력을 갖추도록 배려하였다. 구체적으로 재무제표의 작성에 필요한 개념들을 수준별로 배치하여 기초·중급·고급회계에서 배우게 될 개념을 쉽게 이해하도록 노력하였으며, 학생 스스로 여러 수준의 문제를 풀어봄으로써 독자적으로 재무회계를 학습할 수 있도록 배려하였다.

알기 쉬운 회계원리는 개정판을 통해 회계의 핵심개념을 쉽게 설명하는데 초점을 두었다. 하지만 저자의 학문적 깊이가 부족하고 쉽게 저술하는 능력이 미흡하여 두려움이 앞선다. 앞으로 이 책을 사용하는 분들의 고마운 비판을 겸허하게 수용하여 좋은 교재가 되도록 계속 수정·보완해나갈 것을 약속드린다.

이 책의 개정과 관련하여 그 동안 많은 분들의 도움을 받았다. 먼저 만날 때마다 격려하여 주시고 좋은 아이디어를 제공한 선배·동료 교수님에게 감사를 드리고 또한 저의 강의에 즐겁게 참여한 학생 여러분에게도 고마움의 인사를 드린다. 그리고 본서의 출간과 개정을 흔쾌히 수락하여 준 한헌주 사장님과 교정과정을 꼼꼼하게 도와준 직원 여러분에게도 감사를 드린다. 끝으로 항상 부족한 마음을 사랑으로 채워주는 가족에게 고마운 마음과 따듯한 사랑을 전한다.

2014년 7월 1일

해운대 서재에서 저자 씀

머리말

『회계』는 기업의 경영활동에서 나타난 회계정보를 이해관계자에게 전달하는 언어이다. 기업은 일정한 원리에 따라 회계정보를 인식·측정·요약하여 여러 형태의 재무보고서에 담아 이해관계자에게 전달하게 된다. 이해관계자는 이들 회계정보를 이용하여 투자결정이나 경영계획에 유용하게 활용하게 된다. 요컨대 회계는 경제활동에서 합리적 의사결정을 도와주는 필수적 언어로서, 기업의 이해관계자로서 살아가는 우리 모두가 배워야 할 기본지식이 된 것이다.

이 책은 회계학을 처음 배우는 학생에게 회계의 기본원리를 설명하기 위하여 쓰여졌다. 회계의 기본원리는 회계학의 기초과목이지만 처음 접하는 학생들이 이해하기 쉽지 않으므로, 학습의 양과 깊이를 단계별로 높여감으로써, 흥미를 잃지 않고 쉽게 이해할 수 있도록 배려하였다. 시작부분에서는 회계의 기초개념을 익히고, 이어 회계정보의 창출에 대한 기본원리를 이해하며, 기업의 실무에 사용되는 예제를 모든 장에 골고루 배치하여 기업회계기준(서)을 충분히 이해할 수 있도록 초점을 두었다.

이 책의 저술과정에서 특히 관심을 둔 사항은 다음과 같다.

첫째, 회계의 기초개념과 기본원리를 설명하는데 충실하였다. 회계원리는 회계의 기초과목이므로 회계처리의 가장 기초가 되는 개념과 원리만을 설명하고, 다소 어렵고 수준을 요하는 개념은 재무회계와 회계이론에서 다루도록 제외하였다. 또한 개념과 원리의 난이도와 중요도에 따라 설명의 깊이를 조절하여 각 개념이 충분히 설명되도록 노력하였다.

둘째, 예제를 통해 기본원리를 설명함으로써 쉽게 이해할 수 있도록 하였다. 회계의 기초개념과 기본원리는 거래분석에서 시작하여 원장의 전기, 재무제표의 작성에 이르는 결산의 절차를 통하여 쉽게 이해할 수 있다. 따라서 다양한 예제를 사용하여 회계처리의 기본원리를 설명하였으며, 예제의 수준을 단계별로 조절하여 쉽고 충분히 이해할 수 있도록 배려하였다. 또한 기본원리의 설명이 끝나면 주된 개념을 도표로 요약하여 시각적으로 학습할 수 있도록 표시하였다.

셋째, 기업회계기준(서)을 충실히 이해할 수 있도록 배려하였다. 우선 회계의 기본원리를 예제를 통하여 설명하고, 이의 내용을 우리나라 기업회계기준(서)에 연계시켜 표시함으로써 회계기준을 충분히 이해할 수 있도록 하였다. 특히 교과서의 내용과 예제를 최근의 기업회계기준(서)에 맞추어 구성하여 새로 개정된 회계기준에 익숙하도록 노력하였다.

넷째, 여러 수준의 문제를 통해 기초개념과 기본원리를 심화시키도록 구성하였다. 학생에게 단계별로 여러 수준의 문제를 제시함으로써, 기초개념과 기본원리를 쉽고 깊이 있게 이해하도록 배려하였다. 각 장의 본문에는 기본예제를 통해 개념의 이해를 쉽게 하였으며, 이어 개념정리의 문제를 두어 본문의 내용을 요약하여 학습하도록 하였고, 다소 수준이 높은 내용은 연습문제에 배치하여 기초개념을 심화시켜 이해하도록 배려하였다.

이 책은 4부로 구성되어 있다.

제1부에서는 회계의 기본구조를 이해하는데 필요한 기초지식을 설명하였다. 제1장은 회계의 의미와 회계정보의 생산구조를 다루었고, 제2장은 재무제표의 이해에 필요한 구성요소와 중심용어를 설명하였다.

제2부에서는 회계정보의 측정원리를 제3장에서 제6장까지 단계별로 설명하였다. 여기에는 서비스업을 통하여 거래인식, 원장의 전기, 재무제표의 작성에 이르는 회계의 순환과정을 상세히 설명하고, 이어 상품매매기업에 적용하여 회계정보의 산출과정을 충분히 이해하도록 구성하였다.

제3부는 각론부문으로 자산 · 부채 · 소유주지분을 순서에 따라 거래유형별로 제7장에서 제13장까지 설명하였다. 각 장은 회계원리수준에서 필요한 것에 한정하여 난이도와 중요성에 따라 충분한 설명이 이루어지도록 노력하였으며, 설명 끝에는 기업회계기준(서)의 규정과 연계시켜 표기함으로써 새로 개정된 회계기준에 익숙해지도록 배려하였다.

제4부는 현금흐름표와 제조기업 재무제표의 작성을 다루어 재무회계나 원가회계에서 필요한 회계의 기초지식을 학습하도록 구성하였다. 제14장 현금흐름표는 이해하기 어려운 점을 고려하여 원리수준에서 필요한 계정과목만을

사용함으로써 현금흐름의 계산구조를 쉽게 이해할 수 있도록 배려하였다. 제15장 제조기업의 재무제표는 서비스 및 상품매매기업의 결산과정에서 배운 내용을 제조기업에 적용하여 쉽게 회계의 순환과정을 이해할 수 있도록 하였고, 이를 통하여 자연스럽게 원가회계에 연계될 수 있도록 구성하였다.

이 책은 오랫동안 회계원리를 강의하면서 수집한 자료와 많은 참고서적을 토대로 저술되었다. 특히, 학생이 처음 회계를 배우면서 겪게 되는 어려움을 고려하여 쉽게 학습할 수 있도록 교재내용을 구성하였고, 여러 서적을 분석하여 회계원리 수준에 필요한 내용이 충실히 반영되도록 노력하였다. 하지만 저자 자신의 학문적 깊이가 부족하고 아직 쉽게 저술하는 능력이 미흡한 것으로 생각한다. 따라서 앞으로 이 책을 사용하는 분들의 고마운 비판을 겸허하게 수용하고 좋은 교재가 되도록 계속 수정 · 보완해 나갈 것을 약속드린다.

이 책의 출판과 관련하여 그동안 많은 분들의 도움을 받았다. 먼저 학문의 성장과정에서 알뜰한 지도와 따뜻한 격려를 보내주신 은사님께 깊은 감사를 드린다. 또한 만남을 통하여 좋은 아이디어를 제공한 선배 · 동료 교수님과 부족한 강의에도 즐겁게 참여한 학생 여러분에게 고마움의 인사를 드린다. 그리고 본서의 출간을 흔쾌히 수락하여 준 한헌주 사장님과 편집과정을 꼼꼼하게 도와 준 이준환 편집부장님 및 직원 여러분에게도 감사를 드린다. 끝으로 항상 부족한 마음을 사랑으로 채워주고 옆에서 큰 힘이 되어주는 가족에게 고마운 마음을 전한다.

2007년 2월 1일

연구실에서 저자 씀

ACCOUNTING PRINCIPLES

한국채택국제회계기준 목차

개념체계

한국채택국제회계기준	국제회계기준
재무제표의 작성과 표시를 위한 개념체계	Framework for Preparation and Presentation of financial statements

기업회계기준서

한국채택국제회계기준		국제회계기준	
제1101호	한국채택국제회계기준의 최초채택	IFRS 1	First-time Adoption of international Financial Reporting Standards
제1102호	주식기준보상	IFRS 2	Share-based Payment
제1103호	사업결합	IFRS 3	Business Combinations
제1104호	보험계약	IFRS 4	Insurance Contracts
제1105호	매각예정비유동자산과 중단영업	IFRS 5	Non-current Assets Held for Sale and Discontinued Operations
제1106호	광물자원의 탐사와 평가	IFRS 6	Exploration for and Evaluation of Mineral Resources
제1107호	금융상품 : 공시	IFRS 7	Financial Instruments : Disclosures
제1108호	영업부문	IFRS 8	Operating Segments
제1109호	금융상품	IFRS 9	Financial Instruments
제1001호	재무제표의 표시	IAS 1	Presentation of Financial Statements
제1002호	재고자산	IAS 2	Inventories
제1007호	현금흐름표	IAS 7	Cash Flow Statements
제1008호	회계정책, 회계추정의 변경 및 오류	IAS 8	Accounting Policies, Changes in Accounting Estimates and Errors
제1010호	보고기간후사건	IAS 10	Events after the Reporting Period

한국채택국제회계기준		국제회계기준	
제1011호	건설계약	IAS 11	Construction Contracts
제1012호	법인세	IAS 12	Income Taxes
제1016호	유형자산	IAS 16	Property, Plant and Equipment
제1017호	리스	IAS 17	Leases
제1018호	수익	IAS 18	Revenue
제1019호	종업원급여	IAS 19	Employee Benefits
제1020호	정부보조금의 회계처리와 정부지원의 공시	IAS 20	Accounting for Government Grants and Disclosure of Government Assistance
제1021호	환율변동효과	IAS 21	The Effects of Changes in Foreign Exchange Rates
제1023호	차입원가	IAS 23	Borrowing Costs
제1024호	특수관계자 공시	IAS 24	Related Party Disclosures
제1026호	퇴직급여제도에 대한 회계처리와 보고	IAS 26	Accounting and Reporting by Retirement Benefit Plans
제1027호	연결재무제표와 별도재무제표	IAS 27	Consolidated and Separate Financial Statements
제1028호	관계기업 투자	IAS 28	Investments in Associates
제1029호	초인플레이션 경제에서의 재무보고	IAS 29	Financial Reporting in Hyperinflationary Economies
제1031호	조인트벤처 투자지분	IAS 31	Interests in Joint Ventures
제1032호	금융상품 : 표시	IAS 32	Financial Instruments : Presentation
제1033호	주당이익	IAS 33	Earnings per Share
제1034호	중간재무보고	IAS 34	Interim Financial Reporting
제1036호	자산손상	IAS 36	Impairment of Assets
제1037호	충당부채, 우발부채 및 우발자산	IAS 37	Provisions, Contingent Liabilities and Contingent Assets
제1038호	무형자산	IAS 38	Intangible Assets
제1039호	금융상품 : 인식과 측정	IAS 39	Financial Instruments : Recognition and Measurement
제1040호	투자부동산	IAS 40	Investment Property
제1041호	농림어업	IAS 41	Agriculture

ACCOUNTING PRINCIPLES

차 례

제1부 회계의 기본개념

제2부
회계정보의 측정원리

제1부

ACCOUNTING PRINCIPLES

회계의 기본개념

제 1 장

ACCOUNTING PRINCIPLES

회계와 회계정보

제1절 회계란 무엇인가?

제2절 회계정보의 신뢰성

제3절 회계의 분야

|학|습|요|점|

- 회계란 무엇인가?
- 회계정보의 작성자는 누구인가?
- 회계정보의 이용자는 누구인가?
- 회계정보는 무엇을 통해 전달되는가?
- 회계정보의 신뢰성은 어떻게 확보되는가?
- 회계분야에는 어떤 것들이 있는가?

제1절 회계란 무엇인가?

1.1 회계의 정의

우리는 매일 경제활동을 하면서 살아간다. 일상적으로 직장에 출근하여 돈을 벌기도 하고 퇴근하여 필요한 상품을 구입하거나 극장에서 돈을 내고 영화를 보기도 한다. 이와 같이 우리는 의식주에 필요한 자원을 얻기 위해 일을 하며 자원의 소비를 통해 만족스러운 생활을 추구하게 된다. 여기서 사람을 중심으로 자원을 취득하거나 소비하는 활동을 경제활동이라 한다.

경제활동은 돈을 벌어들이는 소득활동과 돈을 쓰는 소비활동으로 구분된다. 소비활동에는 현재의 소비활동과 미래 소비를 위한 투자활동으로 나누어진다. 투자활동의 문제는 어디에 얼마를 어떻게 투자할 것인가의 결정과 이러한 의사결정을 위해 어떤 자료를 사용할 것인가가 중요해진다.

우리는 개인투자자로서 기업에 자기의 자금을 투자할 경우 해당 자금의 투입과 운영, 영업성과와 배분에 관한 정보를 필요로 하게 되는데 이를 회계정보라 한다. 요컨대 사람은 회계정보를 이용하여 투자수익률이 높은 곳에 제한된 자금이 분산투자되어 미래에 사용할 수 있는 자금이 최대화될 수 있도록 경제적 의사결정을 하게 된다.

기업은 경제활동에서 생산의 주체로서 중요한 역할을 한다. 기업은 자본주의에서 생산을 담당하는 핵심으로서 우리의 의식주에 필요한 상품이나 서비스를 만들어 제공하게 된다. 기업의 형태는 경영책임의 부담정도에 따라 합명회사, 합자회사, 유한회사, 주식회사로 구분되는데, 오늘날 거대자금을 쉽게 모을 수 있는 주식회사가 일반적 형태로 되었다. 주식회사의 경우 영업자금을 누구로부터 조달할 것인가와 누가 경영을 담당할 것인가가 중요한 과제가 된다.

소유와 경영이 분리된 주식회사는 전문경영자가 주주 및 채권자로부터 영업자금을 수탁받아 경영을 하고, 일정한 기간마다 투입자본의 조달과 운영 및 영업결과에 관하여 일정한 양식을 통해 정보를 알려 주어야 한다. 요컨대 경영자는 영업을 위해 받은 자금에 대하여 어떻게 조달하고 갚았으며, 영업을 위해 어떤 생산시설로 바꾸어 갖고 있으며, 상품과 서비스를 생산하여 얼마의 영업성과를 달성하였는가에 대한 정보를 화폐단위로 측정 · 요약하여 기업의 이해관계자에게 제공한다. 여기서 경영자가 이해관계자에게 제공하는 재무상태와 경영성과에 관한 화폐적 정보를 **회계정보**라 한다.

회계(會計, accounting)란 '기업이 정보이용자에게 자원배분에 관한 합리적 의사결정을 할 수 있도록 기업실체의 경제적 활동을 인식 · 측정 · 요약하여 전달하는 활동'을 말한다. 회계의 정의는 회계정보를 생산하는 주체, 회계정보를 이용하는 수요자, 회계정보의 작성목적과 내용, 회계정보의 전달수단이 주된 요소가 되는데 이를 구체적으로 검토하면 아래와 같다.

> Accounting is the process of identifying, measuring, and communicating economic information to permit informed judgements and decisions by users of the information. (1966, AAA, ASOBAT)

회계정보는 누가 만드는가?

회계정보는 기업이 만들고 이에 대해 책임을 진다. 일반적으로 기업은 개인기업과 법인기업으로 나누어지는데, 개인기업은 자연인이 주인이 되고 법인기업은 법인이 주인이 된다. 법인기업은 경영자가 회사의 영업행위를 대행하게 되는데 이 경우 경영자가 실질적으로 회계정보를 생산하고 책임을 지게 된다.

최근에는 대기업의 경영자를 중심으로 영업성과에 따라 보수가 결정되므

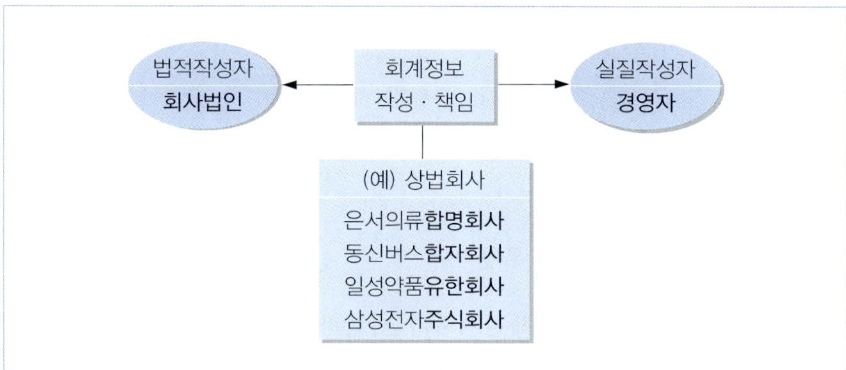

로 항상 영업성과에 관한 회계정보를 조작하려는 일이 자주 발생되어, 회계정보의 작성과 책임을 법인보다 최고경영자에게 엄격히 지우는 법적 조치가 강화되고 있다. 미국의 경우 엔론, 월드컴의 회계부정을 계기로 사베인스-옥슬리의 기업개혁법(Sarbanes-Oxley Corporate Reform Act, 2002)이 제정되고, 경영자가 회계책임인증서(Statement under Oath)에 서명함으로써, 회계정보의 작성에 책임을 지도록 하였다.

우리나라도 자본시장과 금융투자업에 관한 법률(제119조, 제159조)에서, 증권신고서 또는 사업보고서의 공시서류에 허위기재 및 누락이 없다는 사실에 대표이사 및 이사가 서명을 함으로써 경영자에게 회계정보의 작성에 책임을 지우고 있다.

회계정보는 누가 이용하는가?

회계정보는 기업의 이해관계자가 이용한다. 회계정보이용자에는 자금을 제공한 주주와 채권자가 있으며 이들은 투자의 의사결정에 회계정보를 사용한다. 경영자와 종업원은 기업의 내부에 있는 이해관계자로서 경영관리나 보상에 관련된 회계정보를 활용한다. 정부 및 세무당국이나 회계감사는 세금계산이나 감사에 필요한 회계정보를 이용한다. 또한 지역사회나 소비자도 환경문제나 상품가격의 적절성을 판단하는데 회계정보를 이용한다. 요컨대 모든 사람과 조직이 기업과 직·간접으로 이해관계를 갖고 있으며 회계정보를 이용하여 의사결정을 하게 된다.

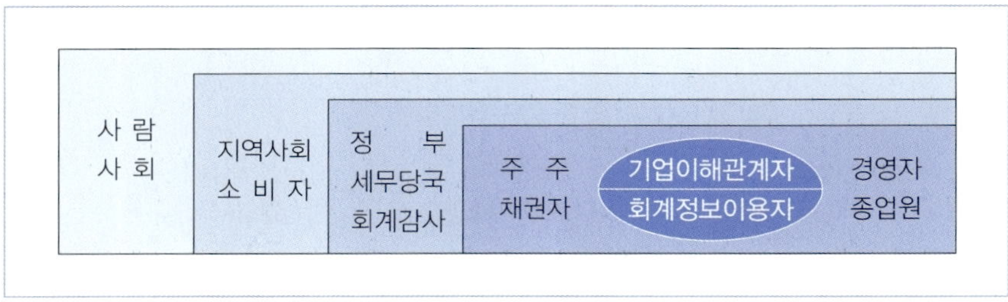

회계정보는 어떤 내용을 무엇 때문에 만드는가?

회계정보는 근본적으로 이해관계자가 기업과 관련하여 합리적 의사결정을 하는데 유용한 것이어야 한다. 기업의 이해관계자는 크게 외부이해관계자와 내부이해관계자로 구분된다. **외부이해관계자**는 기업외부에 있는 현재 또는 잠재 투자자로서, 주로 투자에 따른 현금흐름의 크기, 현금흐름의 시점, 현금흐름의 위험에 관심을 갖게 된다. 현금흐름에 관한 이들 정보는 재무제표를 통해 이해관계자에게 전달되는데 여기에 포함되는 회계정보의 내용에는 기업의 재무상태와 경영성과, 현금흐름과 자본변동이 주된 구성요소가 된다.

내부이해관계자는 기업의 운영을 책임지는 경영자로서 주로 원가절감과 수익창출의 정보에 관심을 갖게 된다. 경영자가 사용하는 원가 및 수익에 관한 회계정보는 재무제표가 아닌 특수보고서의 형태로 보고된다.

한편 회계정보는 근본적으로 외부 · 내부 이해관계자의 의사결정을 위한 판단자료로서 작성된다. **이들 이해관계자는 모두 자원배분에 관하여 합리적인 의사결정을 필요로 하는 당사자로서 회계정보를 통해 투입자원에 대한 현금흐름의 크기, 시기, 위험에 관한 정보를 수집하여 합리적인 의사결정을 하게 된다.** 요컨대 회계는 경영활동에 관한 재무적 회계정보를 회계정보처리시스템을 통해 재무상태와 경영성과, 현금흐름과 자본변동에 관한 내용으로 구분하여 이해관계자에게 제공하고, 이들은 회계정보를 통해 자원배분에 관한 합리적 의사결정을 하게 된다.

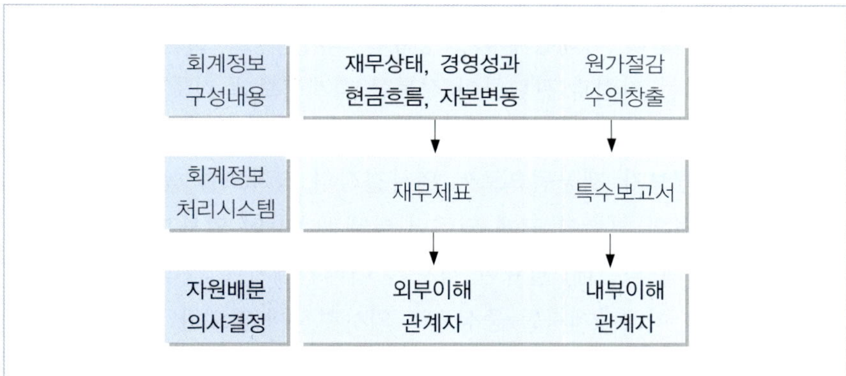

회계정보는 무엇을 통해 전달하는가?

회계정보는 재무제표를 통하여 이해관계자에게 전달된다. **재무제표**란 '기업의 경영활동에서 나타난 재무적 회계정보를 이해관계자의 의사결정에 유용하고 쉽게 이해할 수 있도록 일정한 형식에 맞게 작성한 기본적 재무보고서'

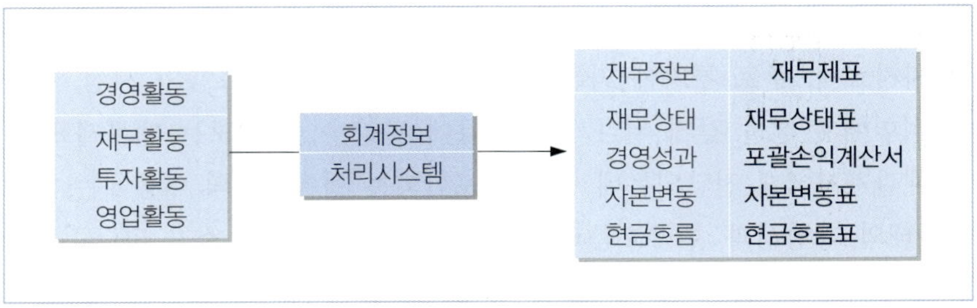

를 말한다. 재무보고서에 포함되는 회계정보는 재무상태, 경영성과, 자본변동, 현금흐름에 관한 것이며, 이들 정보를 일정한 형태에 맞추어 작성한 재무제표에는 **재무상태표, 포괄손익계산서, 자본변동표, 현금흐름표**가 있다. 요컨대 경영자는 이해관계자가 자원배분에 관한 합리적 의사결정을 할 수 있도록 일정한 형식을 갖춘 재무제표를 작성하여 기업의 재무상태, 경영성과, 자본변동, 현금흐름에 관한 재무정보를 보고하게 된다.

1.2 회계정보의 역할

회계정보는 기업의 이해관계자가 정확한 의사결정을 하는데 돕는 역할을 한다. 이해관계자는 기업과 관련하여 정통한 회계정보에 기초함으로써 정확한 의사결정에 이르게 된다. 여기서 회계정보는 당해 **이해관계자의 의사결정에 적합한 내용의 정보**가 제공됨으로써 의사결정의 정확도를 높이는 역할을 하게 된다. 회계정보의 역할이 크게 되려면 이해관계자의 의사결정에 적합한 정보내용이 중요하게 되는데, 필요한 정보는 이해관계자에 따라 다양한 형태를 띤다. 아래에서는 이해관계자를 중심으로 의사결정에 필요한 회계정보가 무엇이며 어떻게 돕는가를 살펴보기로 한다.

투자자와 채권자의 의사결정에는 어떤 회계정보가 필요할까?

기업의 주된 외부이해관계자는 투자자와 채권자이다. 투자자는 주식에 투자하려는 사람으로 현재 또는 미래의 주주를 말한다. **투자자**는 가지고 있는 화폐자본으로 회사의 주식을 구입하고 배당이나 주식시세 차익을 통해 이익을 최대로 하려는 의사결정을 하게 된다. **여기서 투자자는 화폐자원의 투자에 따른 미래 현금흐름의 크기, 시기, 위험 등에 관한 회계정보가 필요하며 이를 통해 배당이익과 시세차익이 높은 주식에 분산투자하여 최대이익이 안전하게 달성되도록 한다.** 투자자가 필요로 하는 현금흐름의 정보는 재무상태나 경영성과, 현금흐름 및 자본변동에 관한 것으로서 재무상태표, 포괄손익계산서, 자본변동표, 현금흐름표를 통해 얻는다. 이해관계자는 이들 재무적 회계정보를 이용하여 주식의 구입과 매각에 관하여 정확한 의사결정을 하게 된다.

채권자는 주주와 같은 외부이해관계자이며 기업의 자금을 제공하는 직접 당사자이다. 채권자는 채권계약을 통해 기업에게 원금을 제공하며 계약기간 중에는 이자를 받고 계약종료시점에는 원금을 회수하여 이익을 추구하게 된다. **여기서 채권자의 의사결정에는 기업의 이자 및 원금의 지급능력에 관한 회계정보가 중요하게 된다.** 이자나 원금의 지급능력은 당기순이익의 크기나 현금자산의 보유액, 미래의 경영잠재력에 관한 것으로 주로 재무제표를 통해 회계정보를 얻을 수 있다.

투자자와 채권자는 기업의 자금제공자로서 개인과 기관투자자로 구분된다. 개인 및 기관투자자는 기업이나 경제연구소, 신용평가기관 등에서 제공하는 다양한 회계정보를 분석하여 자기자금 및 고객자금을 수익성과 안정성에 맞추어 합리적으로 투자하는 의사결정을 하게 된다. 요컨대 회계정보는 자본주의 사회에서 자원배분의 의사결정에 관한 필수적 자료로서, 기업이 자발적으로 회계정보를 생산하고, 외부기관은 다양한 회계정보를 가공하여 상품으로 거래함으로써, 이해관계자는 보다 정통한 정보에 기초하여 정확한 의사결정을 할 수 있게 되었다.

경영자와 종업원은 의사결정에 어떤 회계정보가 필요할까?

기업의 주된 내부이해관계자는 경영자와 종업원이다. **경영자**는 주주와 대리계약에 따라 수탁받은 자금에 대하여 선량한 관리자의 의무를 지니게 되고 기업의 주식가치가 최대화되도록 투입노력을 집중하게 된다. **경영자는 이익계획과 원가통제를 통하여 기업의 가치를 증가시켜가며 여기서 경영계획과 경영통제에 필요한 정보는 특수원가조사나 이익예측자료를 통하여 수집한다.** 특수원가나 이익예측자료는 과거의 성과보다 미래의 경영계획과 통제에 관련된 것으로 재무제표가 아닌 원가측정이나 이익예측에 의해 얻는다. 따라서 경영자가 사용하는 회계정보는 미래 경영계획과 통제에 필요한 특수자료의 성격을 가지며 주로 원가절감과 이익추구에 관한 의사결정을 돕는데 중요한 역할을 하게 된다.

종업원은 경영자와 함께 기업 내부에서 기업가치의 증식을 추구하는 내부 이해관계자이다. **종업원은 현장담당자로서 생산수량이나 불량률과 같은 물량 단위의 계량적 정보가 필요하고, 이를 통해 원가절감을 돕는 의사결정에 정보를 이용하게 된다.** 또한 경영자와 종업원은 주주에 대한 대리인으로서 임금협상이나 복리후생에 관심을 갖게 되며 이에 관련된 정보는 재무제표에서 수집하여 활용하게 된다.

세무당국과 금융위원회는 어떤 회계정보가 의사결정에 필요할까?

세무당국과 금융위원회(금융감독원)는 기업의 외부이해관계자로서 주로 조세문제와 경영환경을 규제하는 역할을 하게 된다. **세무당국**은 일정기간에 벌어들인 기업의 소득에 대하여 세금을 계산하여 부과하고 징수하는 일을 한다. 기업은 회계기간에 벌어들인 소득에 따라 법인세를 납부하게 되며, 재무제표에 공시된 회계정보와 세법의 규정에 따라 구체적인 세액을 계산하여 납부한다.

금융위원회(금융감독원)는 기업이 공정한 경제환경에서 영업할 수 있도록 규제한다. 규제는 자본시장이 투명하고 공정한 거래질서가 유지되도록 하는데 초점을 둔다. **자본시장**은 기업과 투자자가 만나는 곳으로 기업의 회계정보가 투명하게 공시되고, 이에 기초하여 투자자가 합리적으로 자원배분을 할 수 있도록 자본시장과 금융투자업에 관한 법률 등을 통해 규제한다. 이와 같이 회계정보는 세금의 계산이나 투자자의 자원배분에 관한 의사결정에 중요한 역할을 하게 된다.

기타 이해관계자는 의사결정에 어떤 회계정보가 필요할까?

투자자, 경영자, 세무당국 이외에도 다양한 이해관계자들이 회계정보를 이용하여 의사결정을 하게 된다. 기업은 영업과 관련하여 **공급자**로부터 원자재나 물품을 받기도 하고 상품을 **소비자**에게 판매함으로써 이해관계를 갖게 되며, **이웃주민**이나 **인근지역**은 공해 및 개발과 관련하여 회계정보를 사용하기

[기업이해관계자와 활용되는 회계정보]

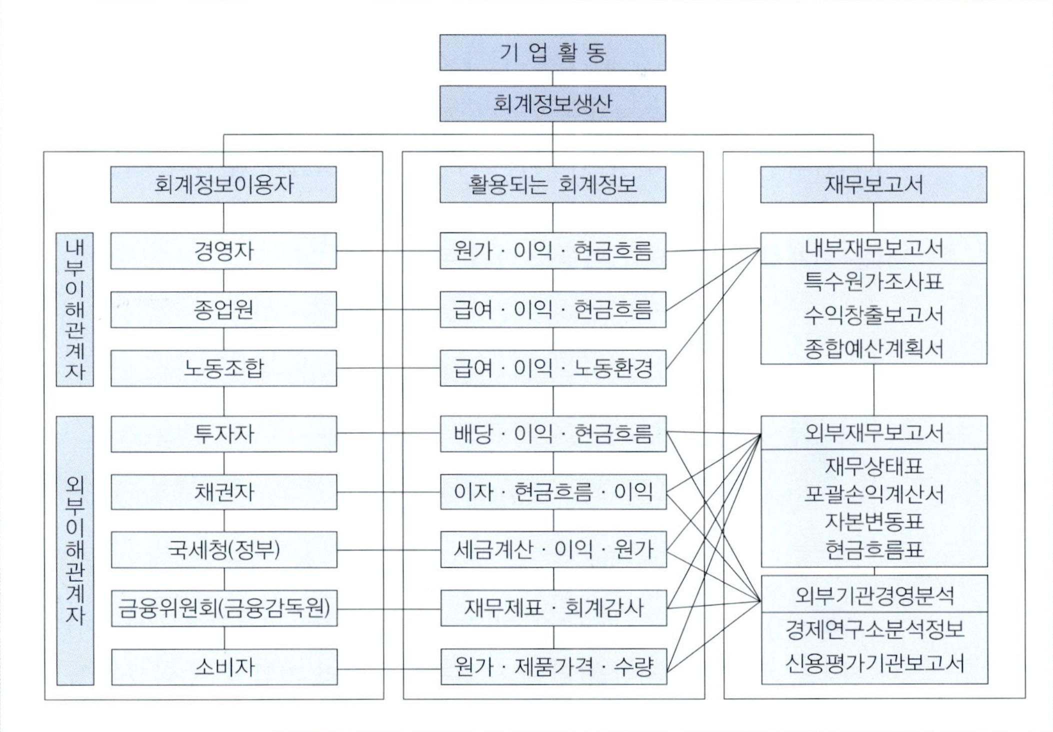

도 한다. 지금까지 설명한 기업의 이해관계자와 이들이 활용하는 회계정보 및 재무보고서의 관계를 나타내면 위의 도표와 같다.

회계정보의 신뢰성 제2절

2.1 자본시장과 회계정보의 신뢰성

기업은 주로 은행이나 증권시장을 통하여 필요한 자금을 조달한다. 또한 우리는 쓰고 남은 여유자금을 은행에 저축하거나 증권시장에서 주식이나 사채를 구입하여 자금을 증가시켜 미래를 준비하게 된다. 자본시장은 개개인이 가지고 있는 자금이 필요한 곳으로 흘러가도록 돕는 시장을 말한다. 자본시장은 넓은 의미로 장기대출시장과 유가증권시장으로 구분된다. 장기대출시장은 은행 등 금융기관이 고객으로부터 저축자금을 받아 기업에게 대출하는 금융시장을 말하며, 유가증권시장은 주로 주식이나 사채를 발행하여 유통을 통하여 자금의 수요와 공급을 연결하는 자본시장을 말한다. 일반적으로 자본시장은 좁은 의미로 유가증권시장을 의미하게 되는데, 자금의 원활한 거래를 위해서는 회계정보가 중요한 역할을 하게 된다.

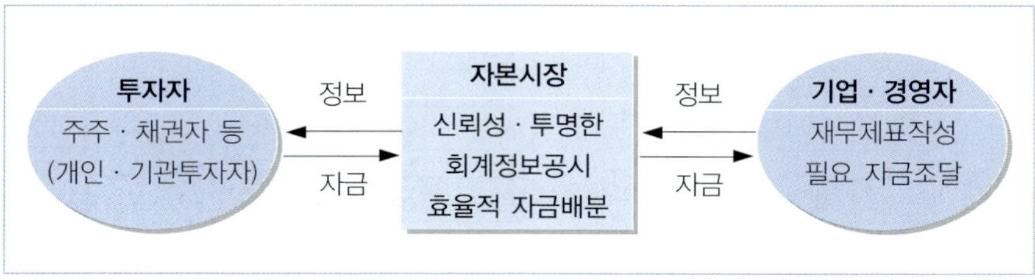

자본시장(capital markets)은 자금수요자(기업)와 자본공급자(투자자)가 만나 자금을 주고받는 시장을 말한다. 투자자는 여러 기업 중 수익성이 높고 투자원금을 안전하게 회수할 수 있는 기업을 선정하여 자금을 제공하며, 수익성 및 안전성에 관한 회계정보를 재무제표에서 얻게 된다. 투자자의 자금이 우수한 기업에 배분되려면 경영자가 작성하여 보고하는 회계정보가 거짓 없이 작성되고 공정하게 자본시장에 공시되어야 가능하게 된다. 따라서 자본시장은 **신뢰성 있는 회계정보가 투명하게 공시**되고, 이를 기초로 투자자와 기업이 자금을 효과적으로 배분할 수 있도록 공정한 거래환경이 조성되어야 하며, 이는 국가가 담당할 역할로서 금융위원회(금융감독원)가 업무를 집행하고 있다.

회계정보의 신뢰성은 어떻게 달성될까? 회계정보는 자율적인 시장기능이나 법적 규제에 의해 통제되고 달성된다. **시장기능**은 자본시장에서 투자자들이 거짓으로 회계정보를 공시하는 기업을 찾아내 투자자금을 회수함으로써 해당 회사를 자본시장에서 퇴출시키는 것이며, 반대로 진실되고 신뢰성 있는 회계정보를 보고하는 기업에게 자금이 원활하게 제공되게 함으로써, 경영자가 회계정보의 신뢰성제고에 관심을 갖도록 주의를 환기하는 자발적 기능이다.

법적 기능은 회계정보의 생성과 공시의 과정에 공정성과 투명성이 유지되도록 법적 규제를 통해 경제 및 경영환경을 조성하는 것을 의미한다. 본 절에서는 회계정보의 신뢰성확보와 관련하여 법적 규제조치로서 상법, 자본시장과 금융투자법에 관한 법률(이하 자본시장법), 기업회계기준, 주식회사의 외부감사에 관한 법률(이하 외감법)을 차례로 살펴보기로 한다.

2.2 회계정보의 신뢰성과 법적 규제

회계정보는 여러 가지의 법적 규제와 시장기능을 통해 신뢰성을 확보하게 된다. 법적 규제는 주로 회계정보의 내용과 처리 및 공시절차에 관하여 일정한 형식을 요구함으로써, 경영자가 자의적으로 정보를 조작할 수 없도록 통제하는 것을 말한다. 회계의 규제에는 **상법, 자본시장법, 기업회계기준, 외감법** 등이 관여하는데 이들은 각각 다른 관점에서 회계정보의 신뢰성을 위해 규제를 가하게 된다.

상법은 회계정보의 신뢰성을 위해 어떠한 규정을 두고 있을까?

상법은 개인상인과 법인상인의 영업활동에 관한 권리와 의무를 규정한 것으로 영업 전반에 관한 규제의 틀을 제공한다. 상법은 총칙, 상행위, 회사, 보험으로 구성되어 있으며, 상인의 영업에 관한 모법으로 상인의 권리와 의무에 관하여 구체적인 내용을 규정하고, 영업과 관련된 특별한 내용은 별도의 특별법을 만들어 규제를 하게 된다. **회계와 관련된 상법의 특별규정**에는 자본시장법, 외감법, 기업회계기준 등이 포함된다. **공인회계사**는 회계와 관련하여 법적 지식이 필요하게 되는데 자격을 위한 시험과목으로 상법(총칙, 상행위, 회사)과, 거래의 지급수단인 어음법 및 수표법이 포함된다.

상법은 기업의 계산과 관련하여 상업장부, 주식회사의 회계에 관한 규정을 두어 회계정보의 신뢰성을 규제하고 있다. **상업장부**의 규정을 보면 모든 상인은 영업상의 재산과 손익에 관하여 상업장부를 작성하여야 하며, 연 1회 이상 재무상태표를 작성하고, 제출 및 보존하여야 한다. 회계처리는 상법에서 기본적 내용을 규정하고 나머지는 일반적으로 인정된 회계원칙에 따르도록 규제하고 있다. 상업장부의 규정은 개인상인과 법인상인(합명 · 합자 · 유한 · 주식회사) 모두에게 효력을 갖는 것으로 상인의 회계정보 생산과 공시에 관하여 기본적 틀을 규제한다.

상법은 또한 주식회사의 경우 다양한 이해관계자를 고려하여 보다 상세한 내용을 규정하고 있다. **주식회사의 회계규정**은 회계정보의 생산 및 공시에 관한 절차규정과 구체적 회계처리방법으로 구성되어 있다. **절차규정**을 보면 이사는 매 결산기에 재무제표로서 재무상태표, 손익계산서, 자본변동표, 이익잉여(결손)금처리계산서를 작성하여야 하고, 감사에게 주주총회 6주 전까지 제출하여 1주 전부터 감사보고서와 함께 이를 본 · 지점에 비치하여 공시하며, 주주총회에서 승인받아 일간신문에 공시하도록 규제한다.

회계처리에 관하여는 자본금, 이익준비금, 자본준비금 등에 관한 기본적인 내용을 규정하여 회계정보가 객관적으로 작성되어 신뢰성을 확보하도록 규제한다. 상법에서 규정한 절차와 회계처리규정은 주로 일반적 내용이며, 해당 상인이나 법인에 관하여는 자본시장법, 외감법, 기업회계기준에서 더욱 상세히 규정하여 회계정보의 신뢰성을 확보하게 된다. 상법에 규정된 회계에 관한 내용을 요약하면 다음과 같다.

[상법의 회계 관련규정]

법규정	회계와 관련된 규정의 내용	적용대상
• 상업장부	• 회계장부 및 재무상태표의 작성의무(제29조) • 연1회 이상 재무상태표의 작성(제30조) • 상업장부의 보존(제33조)	• 개인상인 • 법인상인 – 합명회사, 합자회사, 유한회사, 주식회사
• 회사의 계산	• 재무제표의 작성 및 감사보고(제447조) • 재무제표의 비치 및 공시(제448조) • 재무제표의 주주총회 승인과 공고(제449조) • 자본금, 이익 및 자본준비금의 회계처리(제451, 458, 459조)	• 주식회사

자본시장과 금융투자업에 관한 법률은 회계정보의 신뢰성을 위해 어떠한 규정을 두고 있을까?

자본시장과 금융투자업에 관한 법률은 자본시장을 규제하는 법으로서 유가증권의 공정한 거래와 투자자의 보호에 목적이 있다. 자본시장은 상장의 자격요건에 따라 유가증권시장, 코스닥시장, 프리보드시장(제3시장)으로 구분된다. 상장의 자격요건으로는 주로 경영성과의 우수여부와 지속기간이 사용된다.

유가증권시장은 경영성과가 우량하고 일정하게 지속된 주식회사를 대상으로 주권과 사채권을 매매하는 자본시장으로 한국거래소(korea Exchange, KRX)가 운영한다. **코스닥시장**은 경영실적이 다소 낮고 우량 지속기간이 짧은 주식회사를 대상으로 주권과 사채권을 매매하는 자본시장으로 유가증권시장과 같이 한국거래소가 운영한다. **프리보드시장**은 유가증권시장과 코스닥시장의 자격요건에 미달하는 주식회사와 합명회사 · 합자회사 · 유한회사의 유가증권을 매매하는 자본시장으로 한국금융투자협회가 운영한다.

[증권시장과 법적 규제내용]

규제구분	규 제 항 목	요 구 수 준		
		유가증권시장	코스닥시장	프리보드시장
상장자격	• 기업규모(자본, 시가총액) • 주식분산(소수 · 대주주 지분) • 경영성과(매출액, 이익률) • 안정성(설립경과연수, 감사의견)	까다로운 수준요구	완화된 수준요구	등록요건
공시내용	• 영업 · 생산(영업 · 생산활동 정지) • 재무구조(증권발행, 투자활동, 손익과 결산사항 등) • 경영활동(지배구조, 소송사건) • 투자판단 영향사건 등	까다로운 수준요구	완화된 수준요구	완화된 수준요구
외부감사	• 주식회사 외부감사 적용여부	모든 상장기업	모든 상장기업	자산총액 100억원

자본시장법은 유가증권시장, 코스닥시장, 프리보드시장에 따라 각각 일정한 규제기준을 마련하여 거래의 공정성과 회계정보의 신뢰성을 확보하게 된다. **규제기준**으로는 상장자격요건, 공시규정, 재무제표의 외부감사 등이 사용된다. **상장요건**은 기업규모, 주식분산, 경영성과, 경영안정성, 경영투명성 등에 관하여 유가증권시장의 경우 가장 까다로운 조건을 요구하고, 코스닥시장은 다소 완화된 수준을 갖추도록 요구하여 투자자가 안전하게 자금을 기업에 제공하도록 시장환경을 조성하게 된다.

공시규정은 기업의 영업 및 생산, 재무구조, 기업경영활동 등에 관하여 투자자의 판단에 영향을 주는 사항을 유가증권시장이 기준을 마련하여 기업이 공시하게 함으로써 정보의 신뢰성과 공정한 거래질서를 조성하게 된다. 공시규정의 세부기준은 상장요건과 마찬가지로 시장에 따라 다른 수준을 요구함으로써 투자자에게 품질 높은 회계정보가 전달되도록 도모하게 된다.

재무제표의 외부감사는 회계정보의 신뢰성을 확보하는데 중요한 수단으로 다음 절에서 별도로 설명한다. 요컨대 자본시장법은 상장기준, 공시규정, 외부감사요건 등을 통해 시장별로 일정한 기준을 마련하여 회계정보가 신뢰성을 갖도록 규제하게 되는데 이를 요약하면 앞의 도표와 같다.

기업회계기준은 회계정보의 신뢰성을 위해 어떠한 역할을 하게 될까?

회계정보가 이해관계자의 의사결정에 유용하게 활용되려면 정보가 객관적으로 측정되고 신뢰성 있게 작성되어야 한다. 객관성은 거래의 증빙서류에 따라 회계정보를 기록함으로써 달성되며, 신뢰성은 회계담당자가 일정한 회계원칙에 따라 재무제표를 작성함으로써 가능하게 된다.

재무제표는 일반적으로 인정된 회계원칙과 외부감사제도를 통해 신뢰성을 확보하게 된다. 일반적으로 인정된 회계원칙(**generally accepted accounting principles, GAAP**, 이하 기업회계기준)이란 회계정보의 측정이론과 처리방법에서 여러 대안 중 가장 일반적으로 인정된 회계처리기준이며, 법적 형태나 관습으로 이어져오는 것을 말한다. 기업회계기준은 일반적으로 인정된 회계원칙 중 제정기관에 의해 공식적으로 만들어져 기업의 회계처리에서 반드시 준수해야 하는 규준이 된다. 회계관습은 기업의 회계처리에서 오랫동안 반복적으로 사용되어 온 것으로 회계기준에 관련 내용이 없으면 회계관습이 회계처리의 규준이 된다. 요컨대 기업회계기준은 경영자가 기업의 회계처리와 재무제표를 작성함에 있어 따라야 할 기준으로서 회계정보가 객관적이고 신뢰성을 갖추는 데 주된 역할을 하게 된다.

우리나라의 기업회계기준은 "주식회사의 외부감사에 관한 법률"의 규정에 따라 금융위원회의 위임을 받은 한국회계기준원(**Korea Accounting Institute, KAI**)이 제정하고 있다. **KAI**에 의해 제정된 기업회계기준은 일반기업회계기준(**Korean generally accepted accounting principles, K-GAAP**)과 한국채택국제회계기준(**Korean international financial reporting standard**, 이하 **K-IFRS**로 표기)으로 구성되어 있다. **K-GAAP**는 비상장기업의 회계처리에 적용되며, **K-IFRS**는 상장기업에 적용되어 회계정보의 신뢰성을 마련하는 역할을 담당하고 있다.

2.3 외부감사제도

재무제표는 기업회계기준에 따라 작성되고 외부 공인회계사로부터 검증을 받음으로써 적합성과 신뢰성이 확보된다. **외부감사제도는 경영자가 작성한 재무제표를 외부의 공인회계사가 기업회계기준에 따라 작성되었는가를 검증하는 것을 말한다.** 공인회계사는 기업의 재무제표가 일반적으로 인정된 회계원칙에 따라 적정하게 작성되었는가를 감사하고 감사의견의 표명을 통해 결과를 제시한다. 감사의견은 의견표명에 재무제표의 회계정보가 적정, 부적정, 한정, 의견거절에 해당하는지를 평가하는 것으로서, 이해관계자가 회계정보의 신뢰성을 가늠하는 척도로 사용된다.

외부감사제도는 외감법과 공인회계사법에 법적 근거를 두고 있다. 외감법은 감사대상의 법인, 감사인 자격, 감사보고서, 회계처리기준, 감사기준 등에 관한 규정을 두어 외부감사제도를 규제한다. 감사대상은 자본시장법에 의한 유가증권 및 코스닥시장에 거래되는 모든 상장기업과 비상장기업 중 **직전 사업연도 자산총액이 100억원 이상**인 주식회사가 외부감사를 받도록 하고 있다.

회계처리기준은 금융위원회의 위탁기관인 한국회계기준원이 제정한 K-GAAP와 K-IFRS를 사용하도록 하고, 감사인은 공인회계사법에 따라 공인회계사 자격증을 받고 회계법인에 등록되어 기업의 감사인으로 선임됨으로써 외부감사인이 된다. 공인회계사는 공인회계사법에 의해 1차 시험 및 2차 시험에 합격한 자로서 일정한 수습기간을 거쳐 감사능력을 부여받는다.

지금까지 회계정보의 신뢰성을 확보하는데 필요한 법적 규제를 설명하였다. 이와 관련된 법 규정을 요약하면 다음과 같다. 상법은 기업의 계산에 관한 일반적 틀을 제시하는데 주로 상업장부, 재무제표작성, 감사 및 총회승인 등

[회계정보 신뢰성과 법적 규제]

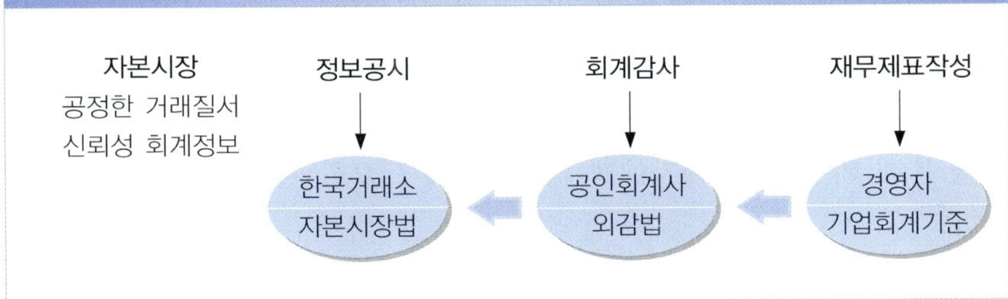

이 포함된다. 외감법은 주식회사 중 외부감사의 대상, 회계처리기준, 감사인, 감사기준 등을 규정한다. 자본시장법은 유가증권을 자본시장에 거래하는 주식회사를 대상으로 주로 회계정보의 공시절차를 규제하게 된다. 기업회계기준과 외부감사제도는 재무제표작성과 회계감사에 관한 내용을 규정하며 회계정보의 신뢰성을 확보하는데 핵심적 역할을 담당하고 있다. 여러 법 규제와 회계정보의 신뢰성의 관계를 나타내면 위와 같다.

제3절 회계의 분야

3.1 재무회계와 관리회계

회계는 회계정보이용자에 따라 재무회계와 관리회계로 구분하며, 회계와 관련된 분야로 세무회계와 회계감사 등이 포함된다. 본 절에서는 재무회계와 관리회계를 살펴보고, 다음 절에서 세무회계와 회계감사를 검토한다.

재무회계(financial accounting)는 외부이해관계자에게 의사결정에 필요한 정보를 제공하는 회계이다. 외부이해관계자는 주주 · 채권자를 비롯하여 다양한 정보이용자가 있다. 주주와 채권자는 주로 자기가 가지고 있는 재무자원이 가장 수익성이 높은 곳에 분산투자되도록 합리적 의사결정을 하게 되며, 이때 회계정보가 사용된다. 의사결정에 필요한 정보에는 미래 현금흐름의 크기, 시점, 위험 등이 있으며 기업이 작성한 재무제표를 통해 얻을 수 있다.

재무회계는 외부이해관계자가 필요로 하는 정보를 재무제표를 통하여 제공한다. 재무제표는 기업회계기준에 따라 일정한 양식으로 작성되며, 기업의 활동결과를 재무상태, 경영성과, 자본변동, 현금흐름으로 구분하여 제공한다. 외부이해관계자는 재무제표로부터 정보를 수집하여 자원배분에 관한 합리적 의사결정을 하게 된다. 요컨대 재무회계는 기업회계기준에 따라 작성된 재무제표를 통해 외부이해관계자에게 의사결정에 필요한 정보를 제공하는 회계를 말한다.

관리회계(management accounting)는 내부이해관계자의 의사결정에 필요한 정보를 제공하는 회계이다. 내부이해관자는 경영자나 종업원 등이 포함되며 경영자가 주된 내부정보이용자가 된다. 경영자는 경영계획 및 경영통제를 위한 의사결정에서 회계정보를 사용한다. 경영계획과 경영통제는 미래 경영에 관련된 것으로 과거원가 및 수익보다 특수원가 및 이익의 예측값을 사용한다. 경영계획은 표준원가나 판매수량 및 가격을 기초로 예산과정에서 수립되며, 경영통제는 예산과 실적을 비교하여 차이분석을 통해 이루어진다.

관리회계정보는 계획과 통제에 관련된 것으로서 특수보고서를 통하여 수집된다. 경영계획과 통제에 관한 의사결정은 정기적이고 일정한 형태를 띠는 것도 있지만 대부분 사안에 따라 맞춤형식의 원가나 이익을 수시로 보고하는 형태를 취하게 된다. 이익과 원가는 주로 판매수량, 판매가격, 표준원가, 기회원가 등에 관련된 것으로 실적보다 예측정보이며, 일정한 형식의 재무제표 보고서를 통해 수집된다. 재무회계와 관리회계의 성격을 비교하면 다음과 같다.

구　분	재 무 회 계	관 리 회 계
• 정보이용자	외부이해관계자	내부이해관계자
• 회계규제	GAAP-기업회계기준	규제규범 없음
• 정보의 작성형식	재무제표 및 부속명세서	특수보고서
• 정보의 질적 특성	객관성 · 불편성 · 신뢰성	목적적합성 · 적시성
• 회계정보의 시점	과거지향적	현재 · 미래지향적
• 정보의 형태	재무자료 중심	재무 · 비재무자료 중심
• 정보의 제공목적	이해관계자의 의사결정자료	경영자의 경영활동관리 · 의사결정정보

3.2 세무회계와 회계감사

세무회계(tax accounting)는 세법에 따라 세금을 계산하는 회계이다. 세금은 다양한 종류가 있으며, 각종 세금계산을 위해 별도의 세법이 마련되어 있고, 회계규정과 관련시켜 이해해야 하는 어려움이 따르게 된다. 세금은 익금에서 손금을 차감하여 과세소득을 계산하고, 세율을 곱하여 세액을 산출하는 구조로 이루어져 있다. 과세소득의 계산에 사용되는 익금 및 손금은 포괄손익계산서의 수익 및 비용과 대부분 일치한다.

세금의 계산에는 기업회계기준에 의해 작성된 재무제표가 기초자료로 사용되며, 세무회계는 세법을 매개로 재무회계와 밀접한 관계를 갖는다. 기업의 경우 법인세를 계산하게 되는데, 기업회계기준에 따라 작성된 재무제표를 기초로 법인세법에 따라 세무조정을 거쳐 세금을 계산하게 된다.

회계감사(auditing)는 회계정보의 신뢰성에 관련된 회계이다. 회계정보의 신뢰성은 재무제표가 기업회계기준에 따라 작성되고 외부감사인으로부터 검증을 받음으로써 확보된다. 외부감사인(공인회계사)은 재무제표의 회계수치가 기업회계기준에 따라 적정하게 표시되었는지를 확인하고, 감사의견을 통해 재무제표의 적정성 여부를 이해관계자에게 전달한다.

이해관계자는 감사보고서에 나타난 의견표명을 통해 재무제표의 적정성과 위반의 정도에 대한 정보를 얻어 의사결정에 반영하게 된다. 요컨대 회계감사는 재무제표에 표시되는 회계정보의 신뢰성 부여와 관련된 회계로서 감사기준, 감사절차, 증거수집, 의견표명 등이 포함된다.

쉬어가는 곳 – 공인회계사 자격시험?

• 공인회계사는 공인회계사법에 의해 자격이 주어지며,
• 금융위원회가 주관하여 매년 자격시험을 실시하고,
• 1차 및 2차 시험 합격자에게 공인회계사 자격이 주어진다.
• 제1차 시험과목 및 배점

• 회계학	150점	회계원리와 회계이론
• 세법개론	100	
• 경영학	100	
• 경제원론	100	
• 상법	100	총칙 · 상행위 · 회사 · 어음 · 수표
• 영어	일정기준	TOEFL(PBT 530, CBT 197, IBT 71) TOEIC(700) · TEPS(625)

• 제2차 시험과목 및 배점

• 재무회계	150점	일반적 학리와 그 응용능력을 검증함
• 원가회계	100	
• 회계감사	100	
• 세 법	100	
• 재무관리	100	

• 응시자격 – 대학 등에서 다음 과목이수자에 시험자격 부여
  – 회계학 및 세무 관련과목: 12학점
  – 경영학과목: 9학점
  – 경제학과목: 3학점

개 념 정 리

▣ 문제 ▣

01 가계에 있어 경제활동의 과정을 설명하시오.

02 회계정보는 무엇이며 어디에 사용되는가를 설명하시오.

03 회계의 정의를 내리고 그 의미를 설명하시오.

04 회계정보 작성자를 법적 및 실제적 관점에서 설명하시오.

05 회계정보이용자 중 주식회사의 직접당사자를 열거하고 관계내용을 설명하시오.

06 회계정보의 구성내용을 외부 및 내부이해관계자 입장에서 비교하여 설명하시오.

07 회계정보의 보고수단인 재무제표의 종류와 보고되는 정보내용을 설명하시오.

08 회계정보가 투자자의 의사결정에 어떻게 이용되지를 예를 들어 설명하시오.

09 자본시장에서 회계정보의 역할을 설명하시오.

10 회계정보의 신뢰성을 확보하는데 관련되는 법규범을 열거하시오.

11 상법과 자본시장법에 규정된 재무제표의 종류를 비교하여 설명하시오.

12 유가증권을 매매하는 시장을 열거하고 구분하는 이유를 설명하시오.

13 기업회계기준은 무엇이며 재무제표와 관련성을 설명하시오.

14 주식회사의 외부감사에 관한 법률은 회계정보의 신뢰성을 확보하는데 어떤 역할을 담당하는지를 설명하시오.

15 재무제표의 신뢰성 부여에서 기업회계기준과 외부감사제도의 역할관계를 설명하시오.

16 재무회계와 관리회계의 분류기준을 제시하고 차이점을 설명하시오.

17 세무회계와 회계감사의 내용을 간략하게 설명하시오.

18 다음의 용어를 설명하시오.

- 법인기업
- 회사법인
- 주식회사
- 재무상태
- 경영성과
- 외부이해관계자
- 내부이해관계자
- 일반기업회계기준
- 재무제표
- 금융위원회
- 자본시장
- 한국채택국제회계기준
- 자본시장법
- 외부감사제도
- 회계관습
- 주권상장법인
- AAA
- K-GAAP
- K-IFRS
- 감사의견

연 습 문 제

▣ 문제 [1]

다음은 여러 개념을 설명한 것이다. 빈칸에 적합한 단어나 문구를 기입하시오.

01 경제활동에는 돈을 벌어들이는 (   )과 돈을 쓰는 (   )으로 구분되며, 소비활동은 현재의 소비활동과 미래 소비를 위한 (   )으로 나누어진다.

02 회계란 기업이 정보이용자에게 (   )에 관한 합리적 (   )을 할 수 있도록 (   )의 경제적 활동을 (   )·(   )·기록·요약하여 (   )하는 활동이다.

03 Accounting is the process of identifying, (   ), and (   ) (   ) information to permit informed judgements and decisions by users of the information.

04 회계정보는 (   )이 만들고 이에 대해 책임을 지게 되는데, (   )은 경영자가 회사의 영업행위를 대행하게 됨으로 실질적으로 회계정보의 작성과 책임은 (   )가 된다.

05 회계정보이용자에는 자금을 제공한 (   )와 (   )가 직접당사자로서 주된 이용자이며 이들은 투자의 의사결정에 회계정보를 사용한다.

06 회계정보는 (   )를 통하여 이해관계자에게 전달된다. 재무제표는 기업의 경영활동에서 나타난 재무상태, 경영성과, 자본변동, 현금흐름에 관한 것으로서 일정한 형식에 따라 작성되며, 종류에는 (   ), (   ), (   ), 현금흐름표가 있다.

07 경영자는 이익계획과 원가통제를 통하여 기업의 가치를 증가시켜가며, (   )과 (   )에 필요한 정보는 (   )나 이익예측자료를 통하여 수집하게 된다.

08 회계정보는 여러 가지의 법적 규제와 시장기능을 통해 신뢰성을 확보하게 되는데 이에 관련된 법규범에는 상법, 자본시장법, (   ), (   ) 등이 있다.

09 상법은 주식회사에 대하여 매 결산기에 재무제표로서 (   ), (   ), (   )를 작성하여야 하고, 감사에게 주주총회 (   )주 전까지 제출하여 (   )주 전부터 감사보고서와 함께 이를 본·지점에 비치하여 공시하며, (   )에서 승인받아 (   )에 공시하도록 규제한다.

10 자본시장은 유가증권의 매매를 통해 자금을 조달하는 시장으로서 상장의 자격요건에 따라 (　　　), (　　　), 프리보드시장으로 나누어지며, 시장을 구분하는 기준에는 상장자격요건, (　　　), (　　　) 등이 사용된다.

11 기업회계기준은 상법의 법적 근거에 따라 (　　　)에서 제정의 권한에 관한 규정이 마련되었다. 외감법시행령은 (　　　)가 증권선물위원회의 심의를 거쳐 회계처리기준을 정하도록 하였고, 금융위원회는 시장경제의 흐름에 따라 민간단체에 위임하기로 하고, 금융위원회의 허가를 받아 민법에 의하여 설립된 사단법인 (　　　)에 기업회계기준의 제정권을 위탁하였다. 한국회계기준원은 조직 내 회계기준위원회를 통해 (　　　)을 채택하여 발표하며, 이를 일반적으로 인정된 회계원칙으로 제정하고 있다.

12 주식회사의 외부감사에 관한 법률에 따르면, 감사대상은 (　　　)에 의한 유가증권 및 (　　　)시장에 거래되는 모든 상장기업과 (　　　)기업 중 직전 사업연도 자산총액이 (　　　)억원 이상인 (　　　)가 외부감사를 받도록 하고 있다.

13 재무회계는 외부이해관계자의 의사결정에 필요한 정보를 제공하는 회계로서 주로 (　　　)를 통하여 회계정보를 보고하며, 관리회계는 경영자의 의사결정에 관한 회계로서 (　　　)를 통하여 회계정보가 보고된다.

▣ 문제 [2]

다음은 제1장의 학습에 필요한 여러 개념이나 자료를 제공하는 web-site를 모아 놓은 것이다. 직접 해당 웹사이트를 방문하여 관련된 법조문이나 회계정보를 찾아보고 이미 학습한 내용을 복습하여 보자. 특히 금융감독원의 전자공시시스템을 방문하여 평소 좋아하는 기업의 재무제표를 수집하고 그룹별 토의를 통해 회사의 영업사항을 알아보도록 하자.

http://www.law.go.kr	국가법령정보센터 – 상법, 외감법, 자본시장법, 공인회계사법, 공인회계사시험과목
http://dart.fss.or.kr	금융감독원 전자공시시스템 – 공시제도, 재무제표
http://www.krx.co.k	한국거래소 – 유가증권시장, 코스닥시장, 상장제도
http://www.kasb.or.kr	한국회계기준원 – 한국채택국제회계기준, 일반기업회계기준
http://www.kicpa.or.kr	한국공인회계사회 – 감사기준
http://www.ifrs.org	국제회계기준위원회 – 국제회계기준
http://www.fasb.org	미국 재무회계기준위원회 – 미국 기업회계기준, GAAP

제 2 장

ACCOUNTING PRINCIPLES

회계정보와 재무제표

|학|습|요|점|

- 재무상태표의 의의와 구성요소는 무엇인가?
- 재무상태표는 어떻게 작성하는가?
- 포괄손익계산서의 의의와 구성요소는 무엇인가?
- 재무상태표와 포괄손익계산서는 어떻게 연결되는가?
- 회계기간별 재무제표의 공시제도는 어떤 것이 있는가?

제1절 재무보고와 재무제표

기업은 경영활동의 내용을 일정한 기간별로 재무보고서를 통하여 이해관계자에게 보고한다. 재무보고서는 이해관계자에게 회계정보를 전달하는 모든 수단과 도구를 의미한다.

재무보고서는 일정한 형태를 지닌 양식을 사용하거나, 또는 일정한 양식과 내용을 띠지 않는 다양한 수단이 사용된다. 일정한 양식을 갖춘 재무보고서에는 재무제표, 재무제표의 각종 부속명세서, 사업보고서 등이 있다. 일정한 양식을 띠지 않는 보고수단에는 경영자 예측, 주주에 대한 서한, 기업의 사회 및 환경적 영향에 관한 설명 등이 있다. 재무보고서에 담겨지는 내용은 주로 숫자로 표기된 재무(회계)정보가 많이 사용되지만, 때때로 문장으로 설명하는 비재무적 정보도 포함된다. 이해관계자는 이들 재무보고서에 포함된 재무 및 비재무정보를 기초로 자원배분에 관한 합리적 의사결정을 하게 된다.

재무제표는 외부이해관계자에게 회계정보를 전달하는 재무보고서의 주된 수단이다. K-IFRS는 재무제표로 재무상태표, 포괄손익계산서, 자본변동표, 현금흐름표, 주석의 다섯 가지로 규정하고 있다.

재무상태표는 일정시점 현재 기업이 보유하고 있는 자산, 부채 및 자본의 구성내용을 나타낸 재무보고서이다. 재무상태표는 손익에 관한 정보를 포함하여 경제적 자원, 재무구조, 재무탄력성에 대한 정보를 제공한다. 여기서 재무탄력성은 현금흐름의 미래 능력을 말한다.

포괄손익계산서는 기업이 일정기간에 달성한 수익, 비용, 순이익을 나타낸 재무보고서이다. 포괄손익계산서는 기업이 당기에 달성한 순이익과 총포괄이익을 보고하며, 이를 통해 미래에 창출할 수 있는 이익의 크기, 시기 및 불확실성에 관한 예측정보를 제공한다.

자본변동표는 일정기간 기업에 발생된 자본의 변동상태를 나타낸 재무보고서이다. 자본변동표는 자본을 구성하는 납입자본, 자본조정, 기타포괄손익누계액, 이익잉여금에 대한 기초잔액, 변동사항, 기말잔액을 표시하며, 이를 통해 소유주지분의 변동에 대한 포괄적인 정보를 제공한다.

현금흐름표는 일정기간 기업에 나타난 현금유입과 현금유출에 대한 정보를 제공하는 재무보고서이다. 현금흐름표는 현금의 원천(유입)과 사용(유출)을 영업활동, 투자활동, 재무활동으로 세분하여 나타내며, 이를 통해 미래 현금흐름의 크기, 발생시점, 실현가능성에 관한 정보를 제공한다. 주석은 재무제표를 이해하는데 필요한 정보로서, 본문에 표시되지 않는 사항을 추가적으로 나타낸 재무보고이다.

본 장에서는 기업의 재무상태를 나타내는 재무상태표와 경영성과를 보고하는 포괄손익계산서를 설명한다. 자본변동표와 현금흐름표, 주석은 관련되는 개념과 여러 계정들을 학습한 후 후반부에서 다루기로 한다.

재무상태와 재무상태표 제2절

2.1 재무상태표의 구조

재무상태란 무엇인가? 사람은 살아가기 위하여 돈을 벌고 집을 마련하며 옷이나 먹을거리를 구입하고 현금을 보관하기도 한다. 여기서 사람이 가지고 있는 집이나 옷, 먹을거리, 현금을 재산이라고 하며 필요에 따라 시점마다 여러 가지 모습으로 변동된다. 기업은 영업에 필요한 자금을 조달하여 토지를 구입하고 공장건물을 지으며, 기계를 구입하여 제품을 생산하고, 판매를 통해 영리를 추구하게 된다. 기업이 영업활동을 위해 가지고 있는 현금이나 토지, 건물, 기계, 제품을 재산이라 하며 회계학에서는 이를 자산이라 한다. 기업은 자기의 돈으로 필요한 자산을 마련하지만 필요에 따라서는 은행(이하 채권자)으로부터 자금을 차입하여 영업활동에 필요한 여러 가지 자산을 보유하여 경제활동을 하게 된다.

기업(이하 가계 포함)은 채권자로부터 차입한 자금을 이용한 후 갚아야 하는데, 기업이 채권자에게 갚아야 할 채무를 회계학에서는 부채라고 한다. 기업이 가지고 있는 자산은 자기의 돈(이하 자기자본)과 남의 돈(이하 부채)으로 마련되어 있으며, 자산은 자기자본과 부채의 합계와 같다는 것을 알 수 있다. 자기자본은 영업을 위해 기업이 투자한 몫으로서 영업의 폐쇄시점에서 기업에게 귀속되는 것으로 순자산이라 한다. 또한 자기자본은 '자산에서 부채를 차감'하여 계산하며 이를 회계학에서는 자본이라 한다. 기업은 영업활동에서 자산, 부채, 자본을 영업에 유리하도록 끊임없이 변화시켜 가는데, 이 경우 **일정시점에서 기업이 가지고 있는 자산 · 부채 · 자본의 현황을 재무상태(financial position)라고 한다.** 간단한 사례를 통해 일정시점의 재무상태를 나타내 보자.

사례 [1]

• 은서는 패션대학 경영학부를 졸업하고 조그마한 옷가게를 운영하기로 하였다. 가게이름은 '노티카 은서네 집'으로 하고 에버그린 팩터리 아웃렛 몰의 첫 번째 칸을 배정받았다. 우선 필요한 영업자금은 은서의 은행저축금 ₩10,000,000과 친구 준서로부터 ₩5,000,000을 차입하여 ₩15,000,000을 20××년 1월 1일 마련하였다. 은서는 1월 15일 영업점포의 임차계약을 체결하고 현금 ₩4,000,000을 지급하였고, 2월 16일에는 상품진열장 ₩2,000,000을 설치하고 현금을 지급하였으며, 2월 28일에는 판매할 여러 가지 상품 ₩5,000,000을 현금으로 매입하였다. 은서는 남아 있는 현금을 운용자금으로 사용하기로 하였다.

☞ **요구사항**

• 위의 자료에서 3월 1일 '노티카 은서네 집'이 가지고 있는 재무상태를 표시하시오.

해답

재 무 상 태

노티카 은서네 집	20××. 3. 1. 현재	(단위 : 원)
자　산 (총자산)		
현　금	₩4,000,000	
상　품	5,000,000	
진 열 장	2,000,000	
임차보증금	4,000,000	₩15,000,000
부　채 (총부채)		
차 입 금	₩5,000,000	5,000,000
자　본 (순자산)		
자 본 금		₩10,000,000

앞의 사례에서 보면 '노티카 은서네 집'의 20××년 3월 1일 현재 재무상태는 자산 ₩15,000,000과 부채 ₩5,000,000 및 자본 ₩10,000,000으로 구성되어 있다. 자산은 은서의 자기자금과 친구 준서의 차입자금으로 구성되어 있으며 준서에게 차입금(부채)을 갚게 되면 은서에게 최종 귀속되는 순자산(자본)은 ₩10,000,000이 됨을 알 수 있다.

재무상태표(statement of financial position)란 '일정시점 현재 기업실체의 재무상태를 나타낸 재무보고서'를 말하며, 지금까지 대차대조표(balance sheet)로 불리워져 왔다. 기업은 거래를 통해 영리를 추구하게 되며 일정시점을 정하여 영업활동에 따라 변동된 재무상태의 측정과 경영성과를 계산하게 된다. 재무상태는 일정시점에 측정되며, 경영성과는 일정기간을 기준으로 계산한다. 일정시점과 일정기간은 회계기간으로서 분기, 반기, 연차 등을 사용한다.

재무상태표는 영업활동에 따라 끊임없이 변동되는 재무상태를 주로 분기 · 반기 · 연차가 끝나는 마지막 날을 일정시점으로 정하여 작성되는 재무제표이다. 요컨대 재무상태표는 분기 · 반기 · 연말의 시점에 영업활동으로 변동된 자산 · 부채 · 자본의 현재 상태를 이해관계자에게 전달하는 재무제표가 되는 것이다.

재무상태표는 자산과 부채 및 자본으로 구성된다. 자산은 기업이 당기순이익을 창출하기 위해 마련한 경제자원을 말하며, 영업활동에 유리하도록 계속적으로 변동하게 된다. 부채와 자본은 자산의 경제자원을 마련하기 위해 채권자와 소유주로부터 투입된 것으로, 영업이 폐쇄되면 채권자와 소유주는 자산에 대하여 처음 투자한 비율대로 회수할 수 있는 권한을 갖게 되는데 이를 청구권 또는 지분(equities)이라 한다. 구체적으로 부채는 채권자가 기업의 자산에 대해 갖는 몫으로 채권자청구권 또는 채권자지분(creditors' equity)이 된다. 자본은 소유주가 기업의 자산에 대해 갖는 몫으로 소유주청구권 또는 소유주지분(owners' equity)이 된다. 채권자는 기업의 해산과정에서 주주보다 먼저 원금과 이자를 받게 된다.

만약 기업이 주식회사로 설립되었다면 소유주는 주주이므로 자본을 주주청구권 또는 주주지분이라고 한다. 여기서 자산은 청구권(채권자청구권과 소유주청구권의 합계)과 항상 일치하게 되는데, 결국 자산은 기업이 영업을 위해 가지고 있는 여러 형태의 물건이나 권리들이다. 부채와 자본은 자산에 대하여 각자의 몫으로 청구할 수 있는 권리를 나누어 표시한 것이다. 요컨대 재무상

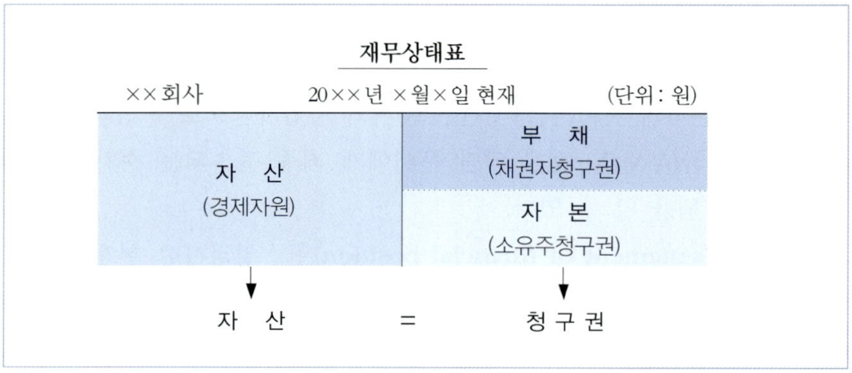

태표는 하나의 실체를 양쪽에서 측정한 것으로, 한쪽은 자산의 형태를 표시하고, 다른 한쪽은 부채와 자본으로 나누어 청구권을 나타낸 것으로, 양측의 금액은 일치하게 된다. 지금까지 설명한 내용을 토대로 자산, 부채, 자본, 일정시점, 기업실체 등을 사용하여 재무상태표의 구조를 나타내면 위와 같다.

자산은 무엇이며 어떤 것들이 있는가?

자산(assets)은 기업이 영업활동을 위해 보유하고 있는 **경제적 자원**으로 주로 **재화**나 **채권**을 말한다. 영업활동은 당기순이익을 창출하기 위해 전개되는 거래활동을 말하며, 영업활동에는 다양한 재화나 채권 등이 필요하게 된다. 구체적으로 영업활동을 위해서는 현금, 상품, 비품, 토지, 건물, 기계, 생산원료 등의 재화가 필요하며, 이들의 거래활동에 따라 대여금, 매출채권, 미수금 등의 채권이 나타나게 된다.

현금은 지폐나 주화, 당좌수표, 자기앞수표 등이 있으며, 다른 재화로 쉽게 교환할 수 있고 타인에게 빌려주면 대여금이라는 채권으로 바뀌게 된다. 상품은 판매를 목적으로 보유하고 있는 재화로서 판매를 통해 현금으로 교환되거나 다음에 받기로 하면 외상매출금이라는 채권이 발생한다. 토지, 건물, 기계, 비품, 원료 등은 생산과 관련하여 보유하는 재화로서, 매각하여 현금으로 회수할 수 있고 매각 후 다음에 받기로 한 대금은 미수금의 채권이 되기도 한다.

이와 같이 자산은 여러 가지 형태를 띠게 되는데 그 속성을 보면 자산은 반드시 과거의 거래결과로 나타나고, 현재 기업이 보유하고 있으며, 미래 영업활동을 통해 효익을 얻기 위해 보유하게 됨을 알 수 있다. 요컨대 **자산이란**

'과거 사건의 결과로 기업이 통제하고 있고 미래에 경제적 효익이 유입될 것으로 기대되는 자원' 을 말한다. 우선 이해를 돕기 위해 자산의 대표적인 항목을 정리하면 다음과 같다.

• 현금및현금성자산*	금고에 보관된 현금과 은행의 요구불예금, 만기 3개월 이내의 금융상품
• 매 출 채 권	상품을 판매하고 다음에 받기로 한 채권
• 상품, 제품	매입 또는 제조하여 판매를 위해 보유한 재화
• 대 여 금	타인에게 현금을 빌려준 것으로 일정기간 후 받을 채권
• 미 수 금	상품 외의 물건을 매각하고 대금을 다음에 받기로 한 채권
• 토지, 건물, 비품 등	영업에 사용하려고 구입한 토지, 건물, 비품 등

* 현금및현금성자산(이하 현금)

부채는 무엇이며 어떤 것들이 있는가?

부채(liabilities)는 기업이 미래 일정시점에 제3자에게 현금을 지급하거나 기타 재화나 용역을 제공하여 갚아야 할 **채무**를 말한다. 기업이 갚아야 할 채무는 영업의 거래과정에서 여러 가지 형태로 발생되며 매입채무, 차입금, 미지급금 등이 있다. 구체적으로 기업이 상품을 매입하고 대금을 다음에 주기로 하면 외상매입금이라는 매입채무가 발생하게 된다. 또한 영업과정에서 개인이나 은행으로부터 현금을 빌려오고 일정기간 후에 갚기로 하면 차입금이 발생하고, 상품 외의 건물이나 비품, 차량을 구입하고 대금을 다음에 주기로 하면 미지급금이라는 채무가 발생된다.

이와 같이 부채는 여러 가지 형태를 띠게 되는데 그 속성을 보면 반드시 상품을 매입하거나 현금을 차입하는 등 과거의 거래가 있었고, 그 결과로서 현재 기업이 갚아야 할 부담이 있으며, 미래에 현금지급이나 기타 재화 및 용역의 제공을 통해 의무가 없어지게 됨을 알 수 있다. 요컨대 **부채란 '과거 사건의 결과로 현재 기업이 부담하고 미래에 자원의 유출 또는 사용이 예상되는 의무' 를 말한다.** 우선 이해를 돕기 위해 부채의 대표적인 항목을 정리하면 다음과 같다.

• 매 입 채 무	상품을 매입하고 대금을 다음에 지급하기로 한 채무
• 미 지 급 금	상품 외의 물건을 매입하고 다음에 대금을 지급하기로 한 채무
• 미지급비용	당기에 발생한 급여 · 이자비용 등으로 다음에 지급해야 할 채무
• 차 입 금	타인으로부터 자금을 빌려 사용하고 일정기간 후 갚기로 한 채무

자본은 무엇이며 어떤 것들이 있는가?

자본(owners' equity)은 기업의 자산총액에서 부채총액을 차감한 잔액 또는 순자산으로서, 자산에 대한 소유주의 잔여청구권을 말한다. 여기서 순자산(net assets)은 기업이 보유하고 있는 총자산에서 총부채를 모두 상환함으로써 소유주에 최종 귀속되는 순자산을 의미한다. **잔여청구권**(residual claims)은 총자산에서 우선적 청구권을 가진 채권자지분을 차감하고 남은 청구권금액을 의미한다. 자본은 자본금과 이익잉여금으로 구분된다. 자본금은 소유주가 기업에 투자한 출자금액을 말한다.

이익잉여금은 영업활동을 통해 벌어들인 이익 중에서 소유주에게 배당하고 기업 내부에 유보되어 있는 이익을 말하는데, 궁극적으로 소유주에게 귀속될 부분을 의미한다. 한편 자본의 구분표시는 회사종류에 따라 조금씩 차이가 난다. 주식회사는 주주가 투자한 출자금액 중 주권에 표시된 법적 금액(액면금액)만 자본금이 되고 초과된 부분은 자본잉여금이 되며, 영업활동을 통해 벌어들인 유보이익은 이익잉여금으로 표시하게 된다.

자본은 영어의 표기에서 owners' equity(또는 stockholders' equity) 외에 capital을 가끔 사용하게 되는데 문맥에 따라 다소 차이가 있음을 유의할 필요가 있다. 또한 자본은 스스로 계산되지 못하고 반드시 총자산에서 총부채를 차감하여 계산하게 되는데 그 의미를 이해할 필요도 있다. 요컨대 **자본이란 '기업의 총자산에서 총부채를 차감하여 계산하며 소유주에게 귀속되는 순자산액'을 의미한다.** 우선 이해를 돕기 위해 자본의 대표적인 항목을 정리하면 다음과 같다.

• 자 본 금	주주(소유주)가 기업에 투자한 출자액 중 액면금액
• 자본잉여금	주주가 기업에 출자한 금액 중 액면금액을 초과한 금액
• 이익잉여금	영업활동을 통해 벌어들인 이익 중 배당한 후 유보된 금액

2.2 재무상태표의 작성

재무상태표는 재무상태표등식에 기초하여 작성된다. 재무상태표등식 (equation of financial condition statement)은 일정시점 현재 기업의 재무상태를 자산, 부채, 자본을 사용하여 나타낸 등식을 말한다. 일정시점 현재 기업의 재무상태는 반드시 총자산이 총부채와 총자본의 합계와 일치하며, 따라서 재무상태표등식은 다음과 같이 표기할 수 있다.

◈ 재무상태표등식: 자산 = 부채 + 자본

재무상태표등식은 등식의 왼쪽에 자산을 표기하고 오른쪽에 부채와 자본을 표기하여 왼쪽란의 합계와 오른쪽란의 합계가 일치함을 나타내고 있다. 여기서 등식의 왼쪽을 차변이라 하며 자산으로 표기하고, 오른쪽을 대변이라 하고 부채와 자본으로 표기한다.

한편 재무상태표는 일정시점 현재 기업실체가 가지고 있는 자산, 부채, 자본을 나타낸 재무상태 보고서로서, 반드시 일정시점과 기업실체, 표시통화, 금액단위를 표시하여야 한다. 여기서 일정시점은 회계기간 중 재무상태표의 작성일자를 의미하며, 일반적으로 결산재무제표를 작성하는 분기 · 반기 · 연차의 말일이 된다. 기업실체는 회계행위의 주체로서 개인의 이름이나 법인의 상호를 표시하는데, 회사법인의 경우 합명회사 · 합자회사 · 유한회사 · 주식회사의 용어를 사용한다. 표시통화와 단위금액은 재무제표를 작성할 때 사용하는 화폐와 금액단위로서 (단위: 천원)이나 millions of yen, thousands of U.S. Dollars 등을 표의 금액란 위쪽에 표기한다.

재무상태표의 작성양식에는 보고식과 계정식이 있다. 보고식은 자산, 부채, 자본을 위에서 아래로 나열하여, 보고의 형태로 작성하는 것을 말한다. 계정식은 재무상태표의 차변에 자산을 표시하고, 대변에 부채와 자본을 배열하여, 차변과 대변을 대조하여 표시함으로써 T-계정 형태로 작성하는 것을 말한다. 실무에서는 일반적으로 보고식으로 작성하고 있다. 학교에서는 회계거래의 기입원리를 쉽게 설명하기 위하여 회계등식의 형태를 띤 계정식을 많이 사용하고 있다.

지금까지 설명한 내용을 토대로 '노티카 은서네 집' 사례에서 3월 1일 현재 재무상태표를 보고식과 계정식으로 작성하면 다음과 같다.

재무상태표 – 보고식

재무상태표

노티카 은서네 집 | 20××. 3. 1. 현재 | (단위 : 원)

자 산	
현 금	₩4,000,000
상 품	5,000,000
진 열 장	2,000,000
임차보증금	4,000,000
자산총계	₩15,000,000
부 채	
차 입 금	5,000,000
부채총계	₩5,000,000
자 본	
자 본 금	10,000,000
자본총계	₩10,000,000
부채와 자본총계	₩15,000,000

재무상태표 – 계정식

재무상태표

노티카 은서네 집 | 20××. 3. 1. 현재 | (단위 : 원)

자 산		부 채	
현 금	₩4,000,000	차 입 금	₩5,000,000
상 품	5,000,000	자 본	
진 열 장	2,000,000	자 본 금	10,000,000
임차보증금	4,000,000		
자산총계	₩15,000,000	부채 및 자본 총계	₩15,000,000

기업은 영업활동을 위해 계속적으로 거래를 한다. 따라서 기업의 재무상태는 계속적으로 변동하게 되며, 재무상태표는 일정시점 현재 기업이 가지고 있는 자산, 부채, 자본을 나타낸 것이다. 다음의 〈예제 2-1〉을 통해 거래활동에 따라 변동되는 재무상태표의 작성방법을 익히도록 하자.

예제 [2-1]

• 다음은 '노티카 은서네 집'의 20××년 1월의 재무상태에 관련된 자료이다.

1월 1일 은서는 은행예금 ₩10,000,000을 출자하여 '노티카 은서네 집'을 설립하였다.

15일 은서는 친구 준서로부터 현금 ₩5,000,000을 차입하여 영업자금을 추가하였다.

20일 영업점포의 임차계약을 하고 임차보증금 ₩4,000,000을 현금지급하였다.

2월 28일 상품진열장을 설치하고 현금 ₩2,000,000을 지급하였으며, 판매할 여러 가지 상품 ₩5,000,000을 현금매입하여 영업준비를 마쳤다. 은서는 남아 있는 현금을 운용자금으로 사용하기로 하였다.

☞ **요구사항**

• 위의 자료를 이용하여 각 일자별로 '노티카 은서네 집'의 재무상태를 나타내는 계정식의 재무상태표를 작성하시오.

해답 ≪≪≪

1. 20××년 1월 1일의 재무상태표

재무상태표

노티카 은서네 집 20××. 1. 1. 현재 (단위 : 원)

자 산		자 본	
현 금	₩10,000,000	자 본 금	₩10,000,000
자산총계	₩10,000,000	부채 및 자본 총계	₩10,000,000

※ 재무상태표등식 : 자산(₩10,000,000) = 부채(₩0) + 자본(₩10,000,000)

2. 20××년 1월 15일의 재무상태표

재무상태표

노티카 은서네 집 20××. 1. 15. 현재 (단위 : 원)

자 산		부 채	
현 금	₩15,000,000	차 입 금	₩5,000,000
		자 본	
		자 본 금	₩10,000,000
자산총계	₩15,000,000	부채 및 자본 총계	₩15,000,000

* 재무상태표등식 : 자산(₩15,000,000) = 부채(₩5,000,000) + 자본(₩10,000,000)

3. 20××년 1월 20일의 재무상태표

재무상태표

노티카 은서네 집 20××. 1. 20. 현재 (단위 : 원)

자 산		부 채	
현 금	₩11,000,000	차 입 금	₩5,000,000
임차보증금	4,000,000	자 본	
		자 본 금	₩10,000,000
자산총계	₩15,000,000	부채 및 자본 총계	₩15,000,000

* 재무상태표등식 : 자산(₩15,000,000) = 부채(₩5,000,000) + 자본(₩10,000,000)

4. 20××년 2월 28일의 재무상태표

재무상태표

노티카 은서네 집 20××. 2. 28. 현재 (단위 : 원)

자 산		부 채	
현 금	₩4,000,000	차 입 금	₩5,000,000
상 품	5,000,000	자 본	
진 열 장	2,000,000	자 본 금	₩10,000,000
임차보증금	4,000,000		
자산총계	₩15,000,000	부채 및 자본 총계	₩15,000,000

* 재무상태표등식 : 자산(₩15,000,000) = 부채(₩5,000,000) + 자본(₩10,000,000)

재무상태표의 계정과목 배열에는 유동성과 비유동성으로 구분표시하거나 유동성 순서에 따른 표시방법이 있다. **유동성과 비유동성 구분표시**는 자산을 유동자산과 비유동자산으로, 부채를 유동부채와 비유동부채로 구분하여 재무상태표에 나타내는 것을 말한다. **유동성 순서에 따른 표시방법**은 계정과목을 유동성의 크기에 따라 오름차순이나 내림차순으로 표시하는 것을 말한다.

K-IFRS 제1001호(이하 한국채택국제회계기준의 회계기준서를 말함)는 원칙적으로 자산과 부채를 유동항목과 비유동항목으로 구분하여 표시하며, 이 경우 먼저 비유동항목을 표시하고 유동항목을 나중에 배열할 수도 있다. 유동과 비유동의 구분표시는 관련되는 개념에서 구체적으로 설명한다.

경영성과와 포괄손익계산서 제3절

3.1 포괄손익계산서의 구조

경영성과란 무엇인가? 기업은 채권자와 소유주로부터 자금을 조달하여 영업활동을 준비한다. 영업준비활동은 기초자금을 이용하여 영업목적에 맞게 여러 자산을 마련하는 것을 말한다. 상품매매업은 점포나 진열장, 상품을 구입하여 판매할 수 있는 상태로 준비하게 되며, 제조업은 공장, 기계, 원재료 등을 구입하여 제품을 생산할 수 있는 상태로 준비한다.

영업활동은 기업의 본래 목적에 맞추어 상품을 판매하거나 제품을 생산하여 이익을 추구한다. 영업활동은 수많은 거래로 이루어지며 거래를 통해 유출되는 경제자원보다 유입되는 경제자원의 가치를 크게 함으로써 자산의 증가와 함께 이익을 실현하게 된다. 구체적으로 '노티카 은서네 집'은 스포츠용 파카나 셔츠를 판매하고 현금을 받기도 하며, 점포의 여유공간을 준서에게 빌려주고 임대료를 받고, 마케팅방법을 전수하고 수수료를 받거나 여유자금을 예금하여 이자를 받는다. 여기서 은서네 집이 일정기간에 실현한 매출, 수수료, 임대료, 이자 등을 회계학에서는 수익이라 한다.

한편 은서네 집은 이들 수익을 얻기 위하여 상품을 현금으로 구입하거나, 점포를 빌려 사용하고 임차료를 지급하며, 마케팅담당자에게 급여를 지급하거나 은행차입금에 대해 이자를 지급하게 된다. 여기서 은서네 집이 일정기간에 수익을 얻기 위하여 지급한 매출(상품매입)원가, 수수료, 임차료, 이자 등을 회계학에서는 비용이라 한다.

기업이 수익을 얻게 되면 보유하는 자산이 증가하여 그 결과 순자산(자본)

이 증가하게 되며, 비용이 발생하면 기업의 자산이 감소하여 그 결과 순자산(자본)은 감소하게 된다. 기업은 때때로 일정기간에 나타난 성과를 수익과 비용을 비교하여 측정하게 되는데, 수익이 비용보다 크면 그 차액을 이익(당기순이익)이라 하고, 수익이 비용보다 적으면 그 차액을 손실(당기순손실)이라 한다.

기업에서 이익(손실)의 발생은 결과적으로 순자산(자본)의 증(감)을 가져와 처음 투자한 출자액이 증(감)되는 현상이 나타나게 된다. 다시 말하면 기업의 이익과 손실은 자본의 증가와 감소로 연결된다. 요컨대 **경영성과(management performance)란 '기업실체가 일정기간 영업활동을 통해 얻은 성과로서 수익과 비용을 비교하여 이익과 손실을 측정한 것'을 말한다.** 간단한 사례를 통해 일정기간의 경영성과를 나타내 보자.

사례 [2]

- '노티카 은서네 집'은 야외 스포츠용 파카와 티셔츠를 판매하여 3월 한 달 동안 총매출액 ₩20,000,000을 기록하였다. 회계과는 월말에 즈음하여 재고조사를 실시하고 판매된 상품의 매입원가가 ₩10,000,000임을 확인하였다. 또한 판매원의 급여 ₩1,000,000, 전기료 ₩100,000, 은행차입금에 대한 이자 ₩200,000을 현금으로 지급하였다.

☞ **요구사항**

- 위의 자료를 기초로 '노티카 은서네 집' 3월의 경영성과를 표시하시오.

해답 ≪≪≪

경 영 성 과

20××년 3월 1일부터
20××년 3월 31일까지

노티카 은서네 집 (단위: 원)

수 익(경제자원증가)		
매 출 액		₩20,000,000
비 용(경제자원소비)		
매출원가	₩10,000,000	
급 여	1,000,000	
전 기 료	100,000	
이자비용	200,000	(11,300,000)
이 익(순자산증가)		₩8,700,000

'노티카 은서네 집'의 사례에서 20××년 3월 1일부터 3월 31일까지 나타난 경영성과는 수익 ₩20,000,000과 비용 ₩11,300,000이 발생하였고, 그 결과 순이익 ₩8,700,000이 나타나 순자산(자본)이 ₩8,700,000만큼 증가한 것을 보여주고 있다.

포괄손익계산서(comprehensive income statement)란 '일정기간 기업실체의 경영성과를 나타낸 재무보고서'를 말한다. 기업은 거래를 통해 영리를 추구하며 일정기간을 정하여 영업활동에 대한 경영성과를 계산한다. 경영성과는 매출이나 용역을 제공하고 받은 수익에서 해당 비용을 차감하여 순이익이나 순손실을 계산한다. 경영성과는 일정기간을 기준으로 계산한다. 여기서 일정기간을 회계기간이라 하며 분기, 반기, 연차 등이 사용된다. 요컨대 포괄손익계산서는 영업활동에 의해 나타난 경영성과를 분기, 반기, 연차별로 수익과 비용을 비교하여 순이익을 계산한 재무제표이다. 포괄손익계산서에서 '포괄'의 의미는 소유주와의 거래외의 영업 및 영업외활동에서 나타난 당기순이익에 기타포괄손익을 포함시켜 총포괄손익을 계산하게 됨을 나타낸다.

포괄손익계산서

××회사　20××년 ×월 ×일부터 20××년 ×월 ×일까지　(단위: 원)

비　용 (자산감소) (부채증가)	수　익 (자산증가) (부채감소)
당기순이익 (순자산증가)	

포괄손익계산서

××회사　20××년 ×월 ×일부터 20××년 ×월 ×일까지　(단위: 원)

비　용 (자산감소) (부채증가)	수　익 (자산증가) (부채감소)
	당기순손실 (순자산감소)

포괄손익계산서는 **수익**과 **비용** 및 **순이익(손실)**으로 구성된다. 수익은 기업이 일정기간 획득한 자산의 증가분으로 대부분 영업과 관련되어 나타나지만 영업과 관련 없이 나타나는 것도 포함하여 측정한다. 비용은 기업이 일정기간 소비한 자산의 감소분으로 대부분 영업과 관련된 비용이며 영업과 관련 없이 나타난 자산의 감소분도 포함된다. 순이익은 수익이 비용보다 많을 경우 발생하며 따라서 순자산이 증가되어 자본이 증가한다. 순손실은 수익이 비용보다

적을 경우 발생하며 순자산이 감소되어 자본의 감소를 가져온다.

요컨대 포괄손익계산서는 영업활동에서 나타나는 자산의 유입 및 유출액을 측정하여 자산의 유입액은 수익으로, 자산의 유출액은 비용으로 표시하고, 차액을 순이익(손실)으로 표시하여 경영성과를 나타내게 된다. 지금까지 설명한 내용을 토대로 수익, 비용, 순이익, 순손실, 일정기간, 기업실체 등을 사용하여 포괄손익계산서의 구조를 나타내면 앞의 그림과 같다.

수익은 무엇이며 어떤 것들이 있는가?

수익(revenues)은 기업이 일정기간 **고객에게 재화나 용역을 제공하고 받은 판매금액**을 말한다. 기업은 상품이나 제품을 판매하고 현금을 받거나 신용판매에 따라 매출채권을 얻게 되는데, 여기서 현금과 매출채권의 화폐가치가 수익이 된다.

수익의 형태는 다양하다. 예를 들어 판매(구매)대리점이 상품의 판매(구입)를 대리하고 일정 수수료를 받으면 수수료 수익이 발생한다. 건물이나 오피스빌딩의 소유자는 집이나 사무실을 빌려주고 임대료의 수익을 얻게 되며, 은행은 영업자금을 빌려주고 이자수익을 얻기도 한다. 기업은 가끔 상품을 판매하고 대가를 받는 대신 외상매입금으로 상계하기도 하며, 미리 받았던 이자(선수이자)를 당기의 수익으로 인식하기도 한다. 요컨대 **수익이란 '기업의 주된 경영활동으로서 재화의 판매나 용역을 제공하고 대가로 발생한 자산의 유입 또는 부채의 감소를 화폐가치로 측정한 것'을 말한다.** 우선 이해를 돕기 위해 수익의 대표적인 항목을 정리하면 다음과 같다.

• 매 출 액	고객에게 상품이나 제품을 판매하고 받은 대가, 상품매출액
• 용 역 수 익	고객에게 용역(서비스)을 제공하고 받은 대가, 변호사수임료
• 수수료 수익	용역(서비스)을 제공하고 받은 대가, 판매수수료, 수탁매입수수료
• 임대료 수익	점포나 사무실을 빌려주고 받은 사용대가, 사무실 임대료
• 이 자 수 익	자금을 빌려주고 받은 대가, 은행이자, 사채이자

비용은 무엇이며 어떤 것들이 있는가?

비용(expenses)은 기업이 일정기간 **수익을 얻는데 발생된 지출**을 말한다.

기업은 영업활동을 통해 수익을 얻는 과정에서 여러 가지의 재화를 소비하거나 용역을 희생하게 된다. 상품을 판매하는 경우, 판매된 상품을 구입하는데 지출한 상품의 매입원가를 매출원가라고 하며, 상품매매업의 가장 중요한 비용이 된다. 제품을 제조 · 판매하는 경우는 판매된 제품의 제조를 위하여 원재료나 임금, 전기료, 기계감가상각비 등의 지출이 발생하게 되는데, 판매된 제품의 제조에 발생된 모든 지출을 제품제조원가라고 하고, 판매시점에서 매출원가로 계상되어 제조기업의 주된 비용이 된다.

기업은 영업활동에서 종업원의 노동력을 사용하고 현금을 지급하게 되는데 노동력의 사용대가로 지출된 현금을 급여라고 하며, 현금을 지급하지 않았으면 미지급급여의 부채가 발생하고 이를 통해 비용을 측정하게 된다. 건물 · 기계 · 차량운반구 등은 수익을 얻는 과정에서 장기간 사용하게 되며, 영업활동기간에 사용된 일정금액을 배분하여 감가상각비라는 비용을 계상하게 된다. 기업은 필요에 따라 영업자금을 차입함으로써 이자비용이 발생하고, 순이익이 발생하면 법인소득에 대한 법인세를 납부하게 된다.

이와 같이 기업은 일정기간 수익을 얻는 과정에 여러 가지의 비용이 발생하게 되며 반드시 자산의 유출이나 부채의 증가를 통해 지출을 부담하게 된다. 비용과 '원가(cost)'는 가끔 혼동하게 되는데, 원가는 판매할 재화나 용역을 취득할 때 지급한 매입원가로서, 판매시점까지는 원가(자산)로 기록하고, 판매시점에 비용으로 처리한다. 요컨대 **비용이란 '기업의 주된 경영활동으로서 재화의 판매나 용역의 제공에 따라 발생하는 자산의 유출(사용) 또는 부채의 증가를 화폐로 측정한 것'을 말한다.** 우선 이해를 돕기 위해 비용의 대표적인 항목을 정리하면 다음과 같다.

• 매출원가	고객에게 판매한 상품의 원가, 판매된 상품의 매입원가로 측정
• 급 여	종업원에게 지급한 월급과 상여금 등
• 소모품비	종이, 볼펜 등 사무용품의 사용에 지출된 금액
• 감가상각비	건물, 기계, 차량운반구 등의 구입대금 중 당기에 배분된 사용액
• 임 차 료	점포나 사무실을 빌려 사용하고 대가로 지출한 금액
• 이자비용	개인이나 은행으로부터 자금을 빌려 사용하고 대가로 지급한 이자
• 법인세비용	기업이 벌어들인 소득에 기초하여 계산된 법인의 세금

순이익(net income)은 수익이 비용보다 큰 경우에 발생된 차액으로, 순자산의 증가액이며 소유주에게 귀속되는 몫을 말한다. 여기서 수익 및 비용은 영업과 관련되어 발생한 것이 대부분이지만 영업외의활동과 관련되어 나타나는 차익과 차손도 포함되어 있음을 유의하여야 한다. 차익은 정상영업 외의 활동에서 나타난 것으로, 비유동자산처분이익이나 금융자산처분이익이 있으며, 차손은 정상영업활동 외에서 발생한 화재 또는 재해 손실 등을 말한다.

순손실은 수익이 비용보다 작은 경우에 발생된 차액으로, 순자산의 감소액이며 소유주의 기초출자액을 감소시키게 된다. 수익과 비용, 순이익(손실)은 영업활동에 나타난 흐름(flow)을 측정한 것으로 일정기간의 설정이 필요하며, 이에 비교하여 자산 · 부채 · 자본은 영업결과에 나타난 상태(stock)를 측정한 것으로 일정시점의 지정이 필요하게 된다.

3.2 포괄손익계산서의 작성

포괄손익계산서는 포괄손익계산서등식(equation of comprehensive income statement)에 기초하여 작성된다. 포괄손익계산서등식은 기업의 경영성과를 비용, 수익, 순이익(손실)을 사용하여 나타낸 등식을 말한다. 기업의 경영성과는 일정기간 총수익에서 총비용을 차감하여 순이익(손실)을 계산하며, 순이익(손실)은 순자산과 자본의 증감을 가져온다. 따라서 포괄손익계산서등식은 수익과 비용의 관계로서 다음과 같이 표시되며, 순이익(손실)은 재무상태표의 자본의 증감과 연결된다.

◈ 포괄손익계산서등식 : (1) 비용 + 순이익 = 수익
(2) 비용 = 수익 + 순손실

포괄손익계산서등식은 등식의 왼쪽에 비용을 표기하고 오른쪽에 수익을 표기하며, 두 변의 차액에 순이익과 순손실을 삽입하여 왼쪽란의 합계와 오른쪽란의 합계가 일치하도록 나타낸다. 여기서 등식의 왼쪽을 차변이라 하며 비용을 표기하고, 오른쪽을 대변이라 하고 수익을 표기한다. 등식에서 수익은 순자산(자본)의 증가를 가져오므로 재무상태표의 자본의 위치인 대변에 표기하

며, 비용은 자산의 유출로서 자본의 차감적 성격을 반영하여 차변에 표기한다.

포괄손익계산서는 기업실체가 영업활동을 통해 거둔 경영성과를 나타내는 재무보고서로서 반드시 일정기간과 기업실체, 표시통화, 금액단위를 표기하여야 한다. **일정기간**은 경영성과를 측정한 회계기간으로 일반적으로 결산재무제표를 작성하는 분기 · 반기 · 연차에 맞추어 기간을 설정한다. **기업실체**는 회계행위의 주체로서 개인의 이름이나 법인의 상호를 표시하는데 회사법인의 경우 합명회사 · 합자회사 · 유한회사 · 주식회사의 용어를 사용한다. **표시통화와 단위금액**은 재무제표를 작성할 때 사용하는 화폐와 금액단위로서 (단위: 천원)이나 millions of Yen, thousands of U.S. Dollars 등을 표의 금액란 위쪽에 표기한다.

포괄손익계산서의 작성양식에는 보고식과 계정식이 있다. **보고식**은 수익, 비용, 당기순이익(손실)을 위에서 아래로 나열하여 보고의 형태로 작성하는 것을 말한다. **계정식**은 비용과 수익을 차변과 대변에 대조하여 구분지어 표시함으로써 T-계정 형태로 작성하는 것을 말한다. 회계실무에서는 일반적으로 보고식으로 작성하고 있다. 학교에서는 회계거래의 기입원리를 쉽게 설명하기 위하여 회계등식의 형태를 띤 계정식을 많이 사용하고 있다. 지금까지 설명한 내용을 토대로 '노티카 은서네 집' 사례에서 3월의 경영성과를 보고식과 계정식으로 작성하면 다음과 같다.

포괄손익계산서 – 보고식

포괄손익계산서

노티카 은서네 집	20××년 3월 1일부터 20××년 3월 31일까지	(단위: 원)
수　　익		
매 출 액		₩20,000,000
비　　용		
매출원가	₩10,000,000	
급　　여	1,000,000	
전 기 료	100,000	
이자비용	200,000	(11,300,000)
당기순이익		₩8,700,000

* 포괄손익계산서등식 : 비용(₩11,300,000) + 당기순이익(₩8,700,000) = 수익(₩20,000,000)

포괄손익계산서 - 계정식

포괄손익계산서

노티카 은서네 집　20××년 3월 1일부터 20××년 3월 31일까지　(단위: 원)

비 용		수 익	
매출원가	₩10,000,000	매 출 액	₩20,000,000
급 여	1,000,000		
전 기 료	100,000		
이자비용	200,000		
당기순이익	8,700,000		
합 계	₩20,000,000	합 계	₩20,000,000

* 포괄손익계산서등식 : 비용(₩11,300,000) + 당기순이익(₩8,700,000) = 수익(₩20,000,000)

기업은 영업활동의 수많은 거래에서 수익과 비용이 발생하게 되는데 그때마다 순이익을 계산하기는 어렵다. 따라서 일반적으로 일정한 회계기간을 정하여 경영성과를 계산하고 포괄손익계산서를 작성하게 된다. 다음의 〈예제 2-2〉를 통해 경영성과에 따른 포괄손익계산서의 작성방법을 익히도록 하자.

예제 [2-2]

◎ 포괄손익계산서 작성(1)

- 다음은 '노티카 은서네 집'의 20××년 3월 1일부터 3월 31일까지 영업활동에서 나타난 수익과 비용에 관한 자료이다. '노티카 은서네 집'의 손익계산서를 작성하시오.

상품매출액	₩30,000,000	판매된 상품매입원가	₩10,000,000
종업원 급여지급	1,000,000	전기료발생액	700,000
은행차입금 이자	2,000,000	점포임차료	500,000
은행정기예금 이자	1,000,000		

해답 ≪≪≪

포괄손익계산서

노티카 은서네 집 20××년 3월 1일부터 20××년 3월 31일까지 (단위 : 원)

수 익		
매 출 액		₩30,000,000
이자수익		1,000,000
비 용		
매출원가	₩10,000,000	
급 여	1,000,000	
전 기 료	700,000	
임 차 료	500,000	
이자비용	2,000,000	(14,200,000)
당기순이익		₩16,800,000

* 포괄손익계산서등식 : 비용(₩14,200,000) + **당기순이익**(₩16,800,000) = 수익(₩31,000,000)

◎ 포괄손익계산서 작성(2)

• 다음은 '해피동화 준서네 집' 의 20××년 3월 1일부터 3월 31일까지 영업 활동에서 나타난 수익과 비용에 관한 자료이다. '해피동화 준서네 집' 의 포괄손익계산서를 작성하시오.

상품매출액	₩10,000,000	판매된 상품매입원가	₩12,000,000
종업원 급여지급	3,000,000	전기료발생액	700,000
소모품비	400,000	광고선전비	4,500,000
임 대 료	1,000,000		

해답 ≪≪≪

포괄손익계산서

해피동화 준서네 집 20××년 3월 1일부터 20××년 3월 31일까지 (단위 : 원)

수 익		
매 출 액		₩10,000,000
임 대 료		1,000,000
비 용		
매출원가	₩12,000,000	
급 여	3,000,000	
전 기 료	700,000	
소모품비	400,000	
광고 선전비	4,500,000	(20,600,000)
당기순손실		(₩9,600,000)

* 포괄손익계산서등식 : 비용(₩20,600,000) = 수익(₩11,000,000) + **당기순손실**(₩9,600,000)

포괄손익계산서의 비용의 표시방법에는 성격별 표시법과 기능별 표시법이 있다. **성격별 표시법**은 비용항목을 발생성격에 따라 상품매입액(원재료와 소모품 사용액), 종업원급여, 감가상각비, 기타비용 등으로 구분하여 표시한다. **기능별 표시법**은 비용항목을 경영활동의 기능에 따라 매출원가, 물류비, 관리비, 기타비용 등으로 구분하여 표시하며, 이 경우에는 추가적으로 비용의 성격에 대한 정보를 공시해야 한다. K-IFRS 제1001호는 기업이 정보의 목적적합성에 맞추어 두 가지 형태 중 하나를 선택하여 포괄손익계산서를 작성하도록 규정하고 있다.

포괄손익계산서의 총포괄이익 표시방법에는 단일보고서와 개별보고서 형태가 있다. **단일보고서방법**은 당기순이익과 기타포괄이익, 총포괄이익을 하나의 포괄손익계산서에 나타내게 된다. **개별보고서방법**은 당기순이익과 기타포괄이익 · 총포괄이익을 분리하여 표시하는 것이다. K-IFRS 제1001호는 단일 또는 개별보고서 중 하나를 선택하여 포괄손익계산서를 작성할 수 있도록 규정하고 있다. 포괄손익계산서의 표시형식과 방법은 관련되는 개념에서 구체적으로 설명한다.

제4절 재무상태표와 포괄손익계산서의 관계

4.1 수익 · 비용의 발생과 자산 · 자본의 변동

기업은 수많은 거래활동을 통해 자산 · 부채 · 자본의 상태를 바꾸어 나가거나 수익과 비용의 발생을 통하여 순이익을 추구하게 된다. 수익과 비용이 발생하면 반드시 자산(또는 부채)의 변동이 일어나고, 그 결과 순자산의 증감이 일어나 소유주에 귀속되는 청구권의 크기에 영향을 주게 된다. **다시 말하면 수익과 비용의 발생은 자산(또는 부채)의 변동을 통해 자본에 증감을 가져오며, 그 결과 소유주의 청구권 크기가 변동하게 된다.** 수익 · 비용의 발생과 자산 · 자본의 변동을 설명하기 위해 간단한 사례를 만들어 검토하여 보자.

사례 [3]

- 다음은 '노티카 은서네 집'의 3월 1일 현재 재무상태와 3월 한 달 동안의 경영성과, 3월 31일 현재의 재무상태를 나타낸 회계자료이다. 아래의 표에서는 은서네 집이 기초시점의 자산 · 부채 · 자본(3월 1일)에서 출발하여 영업기간 중의 수익 · 비용의 발생을 통하여 기말시점의 자산 · 부채 · 자본(3월 31일)으로 변동된 것을 보여주고 있다. 여기서 수익 · 비용의 발생이 자산 · 자본의 변동과 어떻게 연계되는가를 확인할 수 있다. 단, 모든 거래는 현금으로 이루어진 것으로 가정한다.

3월 1일, 기초시점의 자산 · 부채 · 자본상태	3월 1일부터 3월 31일까지 수익 · 비용의 발생내용	3월 31일, 기말시점의 자산 · 부채 · 자본상태
자산 : 상 품 ₩1,000,000 부채 : 차입금 ₩0 자본 : 자본금 ₩1,000,000	수 익 : 매 출 ₩2,000,000 이자수익 ₩200,000 비 용 : 매출원가 ₩1,000,000 임 차 료 ₩200,000 순이익 : 당기순이익 ₩1,000,000	자산 : 현 금 ₩2,000,000 부채 : 차 입 금 ₩0 자본 : 자 본 금 ₩1,000,000 당기순이익 ₩1,000,000

먼저 수익을 분석하여 보자. 사례에서 수익은 상품판매와 이자수익이 발생하였으며 이로 인하여 자산(현금)이 ₩2,200,000 증가하였음을 알 수 있다. 다시 말하면 수익발생은 자산의 증가를 가져온 것이다. 이어 비용의 경우 매출원가와 임차료가 발생하였으며 이로 인하여 자산(현금)이 ₩1,200,000 감소하였음을 알 수 있다. 즉, 비용발생은 자산의 감소를 가져온 것이다. 또한 수익과 비용을 동시에 고려하면, 3월 한 달 당기순이익이 ₩1,000,000이 발생하였고, 그 결과 순자산(현금)이 그만큼 증가하여 소유주의 청구권인 자본이 ₩1,000,000 증가하게 됨을 알 수 있다. 다시 말하면 수익 · 비용발생은 자산의 증감을 가져오고, 이의 결과는 자본의 증감으로 나타남을 확인할 수 있다. 한편 수익은 부채의 감소와 연계되어 나타나고 비용은 부채의 증가와 수반되어 나타나기도 하는데, 각 개념의 설명은 해당 사례에서 구체적으로 다루기로 한다.

4.2 재무상태표와 포괄손익계산서의 관계

기업은 기초시점의 자산 · 부채 · 자본에서 영업활동을 시작한다. 영업활동은 주로 상품을 매입하여 판매하는 것으로 수익과 비용이 발생하고, 그 결과 순이익을 얻는다. 기업은 영업활동에서 변화된 내용을 반영하여 기말시점에서 자산 · 부채 · 자본을 측정하여 재무상태와 경영성과를 파악한다. 여기서 **기초시점의 재무상태표는 기중의 포괄손익계산서를 통하여 기말시점의 재무상태표와 연계**되어 있음을 알 수 있다. 기초 및 기말 재무상태표와 포괄손익계산서의 관계를 간단한 사례를 통하여 검토해 보자.

사례 [4]

- 다음은 '해피동화 준서네 집'의 기초 재무상태표, 포괄손익계산서, 기말 재무상태표를 나타낸 것이다. 단, 모든 거래는 현금으로 이루어진 것으로 가정한다. 재무상태표와 포괄손익계산서의 관계를 설명하시오.

재무상태표

준서네 집 20××. 3. 1. 현재 (단위: 원)

자 산		부 채	
현 금	₩8,000,000	차입금	₩5,000,000
상 품	5,000,000	자 본	
진열장	2,000,000	자본금	10,000,000
		잉여금	0
총 계	₩15,000,000	총 계	₩15,000,000

재무상태표

준서네 집 20××. 3. 31. 현재 (단위: 원)

자 산		부 채	
현 금	**₩10,000,000**	차입금	₩5,000,000
상 품	5,000,000	자 본	
진열장	2,000,000	자본금	10,000,000
		잉여금	**2,000,000**
총 계	₩17,000,000	총 계	₩17,000,000

포괄손익계산서

20××년 3월 1일부터
준서네 집 20××년 3월 31일까지 (단위: 원)

비 용		수 익	
매출원가	₩10,000,000	매 출 액	₩15,000,000
급 여	4,000,000	임 대 료	1,000,000
당기순이익	**2,000,000**		
합 계	₩16,000,000	합 계	₩16,000,000

앞의 사례에서 보면 포괄손익계산서는 기초 재무상태표와 기말 재무상태표를 연결하는 다리역할을 하고 있음을 알 수 있다. 구체적으로 기초 재무상태표와 기말 재무상태표의 차이는 자산(현금)과 자본(잉여금)이 각각 ₩2,000,000 증가하였는데, 증가된 원인이 포괄손익계산서에 의해 설명되고 있다. 포괄손익계산서에 따르면 준서네 집은 기초에서 기말까지 영업활동을 통해 수익 ₩16,000,000과 비용 ₩14,000,000이 발생하여 당기순이익 ₩2,000,000이 실현되었으며, 이는 소유주에게 귀속되는 몫이므로 자본(잉여금)이 ₩2,000,000 증가되었다.

한편 수익의 발생으로 자산이 ₩16,000,000 증가되었는데 비용의 발생에 의해 자산이 ₩14,000,000 감소되어 순자산은 ₩2,000,000만큼 증가되었고, 실제로 기말 현금이 기초보다 ₩2,000,000 증가되었음을 확인할 수 있다. 사례에서는 수익과 비용의 거래가 모두 현금으로 이루어졌으므로 당연히 현금에서만 차이가 난 것이다.

이와 같이 수익과 비용은 자산의 증감을 가져오고 그 결과 자본에 영향을 미치게 된다. 요컨대 기초 재무상태표는 포괄손익계산서의 내용을 반영하여 기말 재무상태표로 바뀌게 된다. 그림을 통해 이 과정을 나타내면 다음과 같다.

[기초 재무상태표 - 포괄손익계산서 - 기말 재무상태표]

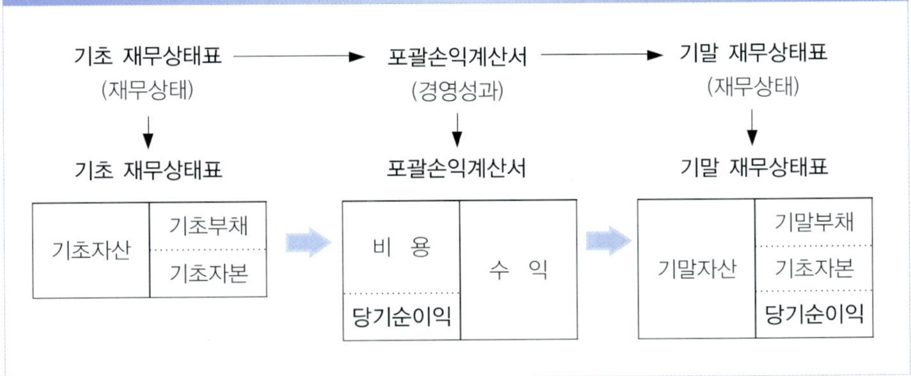

위에서는 수익과 비용이 발생하여 당기순이익이 실현되고, 기초시점의 자본에 당기순이익을 더하면 기말시점의 자본이 됨을 확인하였다. 여기서 당기순이익(포괄손익계산서)은 기초시점과 기말시점의 자본(재무상태표)을 연결하

는 중요한 요인임을 보여준다. 이제 **자본의 변동을 가져오는 요인**을 검토하여 보자.

자본은 당기순이익이나 당기순손실이 발생하면 변동한다. 즉, 기초자본에 **순이익**을 가산하고 **순손실**을 차감하면 기말자본을 형성하게 되는데 이를 수식으로 표현하면 다음과 같다.

◈ 기말자본 : 기초자본 + 당기순이익 = 기말자본
기초자본 − 당기순손실 = 기말자본

사례 [4]에서 '해피동화 준서네 집'은 기초자본 ₩10,000,000을 가지고 영업을 시작하여, 회계기간에 당기순이익 ₩2,000,000이 실현되어 기말자본이 ₩12,000,000으로 증가된 경우를 보여주고 있다. 이와 같이 기업이 수익과 비용의 거래를 통해 자본을 증가시켜가는 활동을 영업활동이라 하며 자본변동의 주된 요인이 된다.

한편 자본은 회계기간에 자본을 추가로 출자하거나 배당을 하면 변동하게 된다. 기업은 때때로 영업의 확장을 위하여 새로운 주주를 모집하여 필요한 자금을 조달하게 되는데, 이때 모집된 자금은 소유주가 출자한 것이므로 자본의 증가가 뒤따르게 된다. 즉, **추가출자**는 자산의 증가와 함께 자본의 증가를 가져온다. 이에 비해 기업이 주주에게 경영성과에 나타난 당기순이익의 일부를 기중이나 연말에 배당하게 되는데, 이때는 소유주에게 몫을 돌려주는 것이므로 자본의 감소가 뒤따르게 된다. 즉, **배당금의 지급**은 자산의 감소와 함께 자본의 감소를 가져온다.

여기서 소유주로부터 자금을 조달하거나 배당하는 것은 자금의 조달이나 반환에 관련된 것으로 재무활동이라 한다. 재무활동(출자, 배당)은 영업활동(수익, 비용)과는 구분되는 것으로 포괄손익계산서를 거치지 않고 재무상태표의 변동을 가져오게 된다. 회계기간에 추가출자와 배당이 있을 경우 기초자본과 기말자본의 연계관계는 다음의 수식으로 표현된다.

◈ 추가출자 : 기초자본 + 당기순이익 + 추가출자액 = 기말자본
◈ 배　　당 : 기초자본 + 당기순이익 − 배당금 = 기말자본
◈ 종　　합 : 기초자본 + 당기순이익 + 추가출자액−배당금 = 기말자본

기업은 영업활동과 재무활동을 통해 기초자본이 기말자본으로 변동하게 된다. 영업활동은 수익과 비용의 거래활동으로서 포괄손익계산서를 통해 당기 순이익(잉여금)이 계산되고 그 결과 재무상태표의 자본에 변동을 가져온다. 재무활동은 주로 소유주로부터 추가로 자금을 조달하거나 이익의 일부를 되돌려 주는 것으로, 모두 수익과 비용은 관련이 없으므로 포괄손익계산서를 거치지 않고 재무상태표의 자본에 변동을 가져온다. 다음의 〈예제 2-3〉을 통해 영업활동, 재무활동, 포괄손익계산서, 재무상태표의 관계를 이해하기로 하자.

예제 [2-3]

• 다음은 '해피동화 준서네 집'의 20××년도 경영활동을 요약한 것이다.

	기초 재무상태표			포괄손익계산서			추가출자 배당지급	기말 재무상태표		
사례	자산	부채	자본	총수익	총비용	순이익		자산	부채	자본
A	3,500	1,200	(1)	2,300	(2)	(3)	0	4,500	1,600	(4)
B	(5)	1,600	2,100	3,400	1,500	(6)	0	(7)	1,700	(8)
C	2,700	(9)	(10)	(11)	1,700	300	추가출자: 300	3,200	(12)	1,300
D	4,700	(13)	3,200	2,500	(14)	700	추가출자: 300 배 당 금: 100	5,200	(15)	(16)

☞ **요구사항**

• 위의 각 사례는 서로 독립적이다. 빈칸에 적절한 금액을 계산하고 필요할 경우 계산근거를 제시하시오.

해답

• 자산 = 부채 + 자본(1) 2,300	• 자산 = 부채(9) + 자본 2,000
• 총비용(2) + 순이익 = 총수익 1,700	• 기초자본(10) + 순이익 + 추가출자 = 기말자본 700
• 기초자본 + 순이익(3) = 기말자본 600	• 총비용 + 순이익 = 총수익(11) 2,000
• 자산 = 부채 + 자본(4) 2,900	• 자산 = 부채(12) + 자본 1,900
• 자산(5) = 부채 + 자본 3,700	• 자산 = 부채(13) + 자본 1,500
• 총비용 + 순이익(6) = 총수익 1,900	• 총비용(14) + 순이익 = 총수익 1,800
• 자산(7) = 부채 + 자본 5,700	• 자산 = 부채(15) + 자본 1,100
• 기초자본 + 순이익 = 기말자본(8) 4,000	• 기초자본 + 순이익 + 추가출자 − 배당금 = 기말자본(16) 4,100

4.3 재무상태표와 포괄손익계산서의 공시

기업은 영업활동의 결과 나타난 재무상태와 경영성과를 재무상태표와 포괄손익계산서를 통하여 이해관계자에게 전달한다. **재무상태표와 포괄손익계산서**는 회계기간 말에 작성하여 금융감독원 **전자공시시스템**이나 **일간신문, 회사에 비치**함으로써 **이해관계자에게 공시**된다. 여기서 회계기간은 상법, 자본시장법, 정관에 의해 규정된다. 주식회사는 상장기업과 비상장기업에 따라 재무제표를 작성해야 하는 회계기간이 달라진다. 유가증권시장과 코스닥시장에 상장된 기업은 분기 · 반기 · 연차의 재무제표를 작성하여 공시하게 되므로 회계기간은 3개월, 6개월, 1년이 된다. 비상장기업은 상법에 따라 연 1회 이상 재무제표를 작성하여 공시하게 되므로 최소 1년이 회계기간이 된다.

공시방법은 정관에서 규정하게 되는데 일반적으로 일간신문을 통해 주주총회의 승인을 받은 재무상태표를 공시하게 된다. 다만 유가증권시장과 코스닥시장에 상장된 주식회사는 자본시장법에 따라 금융감독원이 운영하는 전자공시시스템을 통하여 공시하고, 별도로 일간신문을 통하여 주주총회 승인 후 즉시 재무상태표를 공시하게 된다. 지금까지 설명한 내용을 토대로 상장기업의 재무제표 작성 및 공시시점을 나타내면 다음과 같다. 여기서 회계기간은 정관에 매년 1월 1일부터 12월 31일로 규정된 경우를 전제로 한다. 회계기간(영업기간)은 업종에 맞게 1년 중 편리한 일자를 선정하여 정관에서 규정한다. 따라서 '3월 1일부터 2월 28일까지' 등도 가능하다.

[재무제표의 작성 및 공시]

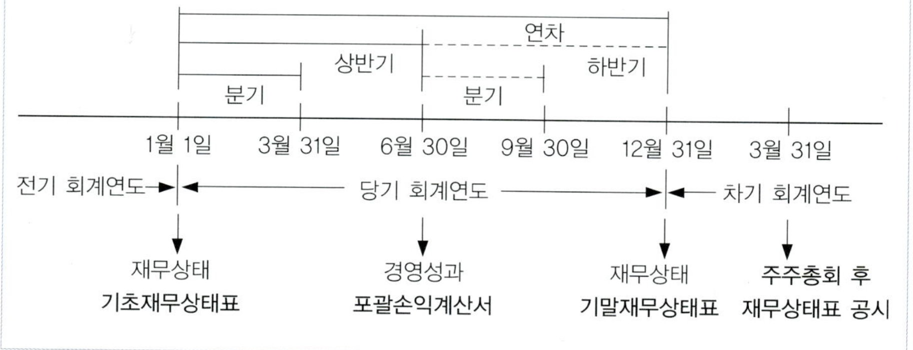

개 념 정 리

▣ 문제 ▣

01 K-IFRS와 상법에서 규정한 재무제표의 종류를 열거하고 다른 이유를 설명하시오.

02 재무상태가 무엇인지 예를 들어 설명하시오.

03 재무상태표는 무엇이며 어떠한 정보를 제공하는지를 설명하시오.

04 재무상태표의 구성요소를 제시하고 구조형식을 설명하시오.

05 자산, 부채, 자본의 개념을 설명하시오.

06 자산 = 청구권이 갖는 의미를 설명하시오.

07 자산, 부채, 자본의 종류를 열거하고 간략하게 설명하시오.

08 자본, 자본금, 이익잉여금의 관계를 설명하시오.

09 재무상태표등식을 제시하고 등식이 성립하는 이유를 설명하시오.

10 경영성과가 무엇인지 예를 들어 설명하시오.

11 포괄손익계산서는 무엇이며 어떠한 정보를 제공하는지를 설명하시오.

12 포괄손익계산서의 구성요소를 제시하고 구조형식을 설명하시오.

13 수익, 비용, 순이익(손실)의 개념을 설명하시오.

14 수익, 비용의 종류를 열거하고 간략하게 설명하시오.

15 포괄손익계산서등식을 제시하고 등식이 성립하는 이유를 설명하시오.

16 기초 및 기말 재무상태표와 포괄손익계산서의 관계에서 순이익의 역할을 설명하시오.

17 추가출자와 배당금지급이 재무상태표와 포괄손익계산서에 미치는 영향을 설명하시오.

18 재무제표의 작성 및 공시시점과 회계기간의 관계를 설명하고 법적 근거를 제시하시오.

19 다음의 용어를 설명하시오.

• 재무상태표 • 재무상태표등식 • 청구권 • 지분
• 포괄손익계산서 • 자본시장법 • 당기순이익(손실) • 이익잉여금
• 회계기간 • 공시제도 • 유가증권시장 • 코스닥시장
• 추가출자 • 배당제도 • 분기재무제표 • 반기재무제표
• 연차재무제표 • 포괄손익계산서등식 • 금융감독원 • 전자공시시스템

연 습 문 제

▣ 문제 [1]

다음은 여러 개념을 설명한 것이다. 빈칸에 적합한 단어나 문구를 기입하시오.

01 K-IFRS에서는 재무제표로 재무상태표, (　　　), 자본변동표, 현금흐름표, (　　　)의 다섯 가지로 규정하고 있으며, 상법은 (　　　), (　　　), (　　　)의 세 가지로 규정하고 있다.

02 기업이 일정시점에 가지고 있는 (　　　) · (　　　) · 자본의 현황을 나타낸 표를 (　　　)라 한다.

03 재무상태표는 (　　　) 현재 기업실체의 (　　　)를 나타낸 재무보고서를 말한다.

04 자산이란 (　　　) 사건의 결과로 현재 기업이 (　　　)하고 있고 미래에 (　　　)이 유입될 것으로 기대되는 자원을 말한다.

05 부채란 과거 사건의 결과로 현재 기업이 (　　　)하고 미래에 자원의 (　　　) 또는 사용이 예상되는 (　　　)를 말한다.

06 자본이란 기업의 총자산에서 (　　　)를 차감하여 계산하며 소유주에게 귀속되는 (　　　)을 의미한다.

07 포괄손익계산서는 (　　　) 기업실체의 (　　　)를 나타낸 재무보고서를 말한다.

08 수익이란 기업의 주요 경영활동으로서 (　　　)의 판매나 용역을 제공하고 대가로 발생한 (　　　)의 유입 또는 (　　　)의 감소를 화폐가치로 측정한 것을 말한다.

09 비용이란 기업의 주요 경영활동으로서 재화의 판매나 (　　　)의 제공에 따라 발생하는 자산의 (　　　)이나 또는 부채의 (　　　)를 화폐로 측정한 것을 말한다.

10 수익과 비용이 발생하면 반드시 (　　　) 또는 부채의 변동이 일어나고, 그 결과 (　　　)의 증감이 일어나 (　　　)에 귀속되는 청구권의 크기에 영향을 주게 된다.

11 소유주에게 이익을 배당하면 (　　　)이 감소하는데 배당은 비용이 아니므로 포괄손익계산서의 (　　　)에는 영향을 주지 않는다.

▣ 문제 [2]

다음은 합명회사 아이들 상점의 계정과목을 나타낸 것이다. (　　)에 자산은 A, 부채 L, 자본 C, 수익 R, 비용 E로 기입하시오.

① 상　품　(　)	② 임차료　(　)	③ 매출채권　(　)
④ 매출액　(　)	⑤ 이자비용　(　)	⑥ 미수금　(　)
⑦ 매입채무　(　)	⑧ 건　물　(　)	⑨ 차량운반구　(　)
⑩ 임대료　(　)	⑪ 비　품　(　)	⑫ 단기차입금　(　)
⑬ 이익잉여금　(　)	⑭ 감가상각비　(　)	⑮ 법인세비용　(　)

▣ 문제 [3]

다음은 합명회사 아이들과 합자회사 스카이버스의 20××년 12월 31일 현재 재무상태를 나타낸 것이다. (　　)에 자산, 부채, 자본의 총액을 계산하여 기입하시오.

합명회사 아이들				합자회사 스카이버스			
현　금	₩20,000	차 입 금	₩7,000	매출채권	₩30,000	단기차입금	₩12,000
매입채무	10,000	상　품	15,000	현　금	40,000	예 수 금	4,000
비　품	5,000	이익잉여금	2,000	미 수 금	5,000	미지급이자	7,000
소 모 품	1,000	자 본 금	?	자 본 금	20,000	이익잉여금	?
• 총자산 = (　　)				• 총자산 = (　　)			
• 총부채 = (　　)				• 총부채 = (　　)			
• 자본금 = (　　)				• 이익잉여금 = (　　)			
• 자　본 = (　　)				• 자　본 = (　　)			

▣ 문제 [4]

다음은 아이러브 머리사랑과 아이러브 아이들병원의 20××년 1월 1일부터 12월 31일까지 영업활동 결과 나타난 경영성과이다. (　　)에 수익, 비용, 당기순이익(손실)을 계산하여 기입하시오.

아이러브 머리사랑				아이러브 아이들병원			
용역수익	₩80,000	감가상각비	7,000	의료부대수익	₩3,000	전 기 료	₩30,000
급　여	10,000	배당금수익	15,000	약 품 비	150,000	외래수익	200,000
이자비용	5,000	여비교통비	2,000	진료재료비	180,000	입원수익	100,000
임 대 료	1,000	수수료비용	20,000	복리후생비	20,000	이자비용	40,000

• 총수익 = ( )	• 총수익 = ( )
• 총비용 = ( )	• 총비용 = ( )
• 당기순이익 = ( )	• 당기순손실 = ( )

▣ 문제 [5]

다음은 주식회사 코리아사랑의 기초시점과 기말시점의 총자산과 총부채에 관한 회계자료이다. 요구사항에 대답하시오.

주식회사 코리아사랑(1)		주식회사 코리아사랑(2)	
• 기초자산	₩1,500,000	• 기초자산	₩2,000,000
• 기초부채	800,000	• 기초부채	550,000
• 기말자산	1,960,000	• 기말자산	2,500,000
• 기말부채	960,000	• 기말부채	400,000

【요구사항】

1. 주식회사 코리아사랑(1)의 기초자본과 기말자본을 계산하시오.
2. 주식회사 코리아사랑(1)의 당기순이익(손실)을 계산하시오. 단, 당기중에 추가출자나 배당지급은 없었다.
3. 주식회사 코리아사랑(2)의 기초자본과 기말자본을 계산하시오.
4. 주식회사 코리아사랑(2)의 당기순이익(손실)을 계산하시오. 단, 당기중 주주로부터 추가출자 ₩100,000, 주주에게 배당 ₩200,000이 있었다.

▣ 문제 [6]

다음은 주식회사 토지의 20××년 1월 1일과 20××년 12월 31일 현재 재무상태와 20××년 1월 1일부터 20××년 12월 31일까지 영업활동에 따른 경영성과를 나타낸 것이다. 요구사항에 대답하시오.

주식회사 토지 20××년 1월 1일 현재		주식회사 토지 20××. 1. 1. ~ 20××. 12.31.		주식회사 토지 20××년 12월 31일 현재	
현 금	₩200,000	매 출 액	₩300,000	현 금	₩300,000
상 품	150,000	급 여	120,000	비 품	100,000
대 여 금	100,000	이자비용	20,000	차 입 금	100,000
매출채권	290,000	수수료수익	50,000	상 품	330,000
매입채무	140,000	광고선전비	40,000	선 급 금	180,000

선 급 금	150,000	이자수익	30,000	미지급비용	50,000
비 품	100,000	소모품비	25,000	대 여 금	100,000
소 모 품	50,000	교 통 비	15,000	매출채권	200,000

【요구사항】

1. 주식회사 토지의 20××년 1월 1일 현재 계정식 재무상태표를 작성하시오.
2. 주식회사 토지의 20××년 1월 1일부터 20××년 12월 31일까지 계정식 포괄손익계산서를 작성하시오.
3. 주식회사 토지의 20××년 12월 31일 현재 계정식 재무상태표를 작성하시오.
4. 주식회사 토지의 기초 재무상태표, 포괄손익계산서, 기말 재무상태표의 관계를 설명하시오.

▣ 문제 [7]

다음은 노티카 은서네 집의 재무제표에 관련된 회계자료이다. 빈칸에 적절한 금액을 계산하여 기입하고 계산에 필요한 회계등식을 제시하시오. 단, 각 사례는 서로 독립적이다.

	기초 재무상태표			포괄손익계산서			추가출자 배당지급	기말 재무상태표		
사례	자산	부채	자본	총수익	총비용	순이익		자산	부채	자본
A	3,500	(1)	1,200	2,300	(2)	(3)	0	4,500	(4)	1,600
B	3,700	1,600	(5)	3,400	1,500	(6)	0	(7)	1,500	(8)
C	2,700	(9)	(10)	(11)	1,700	500	추가출자: 500	3,200	1,300	(12)
D	5,250	(13)	1,680	(14)	3,560	1,040	배 당 금: (15)	6,380	(16)	2,280
E	(17)	4,530	2,850	(18)	5,410	(19)	배 당 금:1,020	8,150	4,350	(20)
F	4,700	1,500	(21)	3,000	(22)	700	추가출자: 800 배 당 금: 500	6,200	(23)	(24)

▣ 문제 [8]

다음은 해피동화 준서네 집의 20××년 3월 31일 현재 계정식 재무상태표를 나타낸 회계자료이다. 요구사항에 대답하시오.

포괄손익계산서

해피동화 준서네 집 | 20××년 3월 1일부터 20××년 3월 31일까지 | (단위 : 원)

자 산		부 채	
현 금	₩33,100	매출채권	₩54,100
이익잉여금	11,900	차 입 금	48,700
건 물	15,600	소 모 품	13,100
자 본 금	127,740	자 본	
미지급이자	5,560	토 지	78,000
	₩193,900	부채 및 자본 총계	₩193,900

【요구사항】

1. 위의 재무제표의 명칭과 형식 중 잘못된 부분을 지적하고 바르게 고치시오.
2. 위의 재무제표의 계정과목의 좌우 위치가 잘못되어 있는 부분을 지적하고 올바른 재무제표를 작성하시오.

▣ 문제 [9]

다음은 해피동화 준서네 집의 3월 영업성과를 나타낸 계정식 포괄손익계산서이다. 요구사항에 답하시오.

재무상태표

해피동화 준서네 집 | 20××년 3월 31일까지 | (단위 : 원)

비 용		수 익	
인 건 비	₩300,100	매출채권	₩200,000
소 모 품	40,000	용역매출	500,000
전 화 료	15,000	이익잉여금	100,000
비 품	90,000		
임 대 료	10,000		
당기순이익	344,900		
	₩800,000	부채 및 자본 총계	₩800,000

【요구사항】

1. 위의 재무제표의 명칭과 형식 중 잘못된 부분을 지적하고 바르게 고치시오.
2. 위의 재무제표에는 여러 가지의 오류가 포함되어 있다. 각 오류를 지적하고 올바른 재무제표를 작성하시오.

3. 위의 재무제표를 보고식으로 작성하시오.

▣ 문제 [10]

다음은 상법, 자본시장법, K-IFRS, 회사정관 등에 규정된 회계기간과 재무제표에 관련된 내용이다. (　　)에 적합한 용어를 기입하시오.

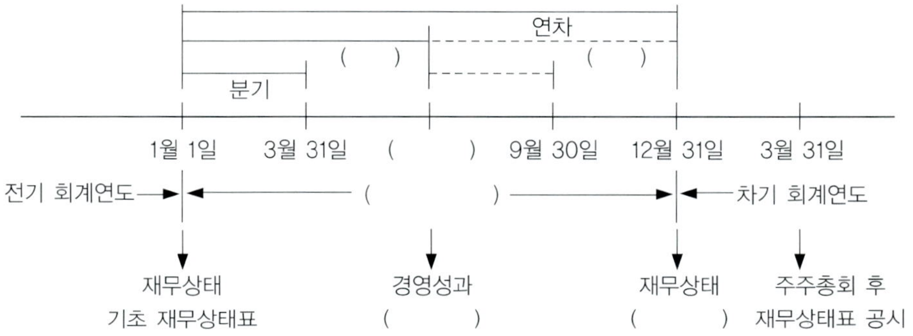

제 2 부

ACCOUNTING PRINCIPLES

회계정보의 측정원리

제 3 장

ACCOUNTING PRINCIPLES

회계거래와 회계등식

|학|습|요|점|

- 회계거래란 무엇인가?
- 회계거래가 회계등식에 어떤 영향을 주는가?
- 회계거래를 어떻게 분개하고 기록하는가?
- 분개기록을 원장에 어떻게 전기하는가?
- 원장으로부터 재무제표를 어떻게 작성하는가?

제1절 회계거래란 무엇인가?

1.1 경영활동과 회계거래

기업의 경영활동은 재무 · 투자 · 영업활동으로 구분된다. 재무활동은 경영활동에 필요한 자금을 채권자나 주주로부터 마련하거나 상환하는 것을 말한다. 예를 들어 은행으로부터 현금을 차입하면 자산과 부채가 증가하게 되며, 상환하면 자산과 부채가 감소하게 된다. 주주에게 주식을 판매하고 현금을 조달하면 자산과 자본이 증가하고, 주식을 매입하여 소각하면 자산과 자본은 감소하게 된다.

투자활동은 조달된 자금으로 자산을 구입하거나 처분하여 영업활동에 적합한 자산상태를 유지시켜 가는 것을 말한다. 예를 들어 공장건물 · 기계 · 원재료 등을 현금으로 구입하면 건물 등의 자산은 증가하고 현금의 자산은 감소하게 되며, 건물 등을 매각하면 현금의 자산은 증가하고 건물 등의 자산은 감소하게 된다.

영업활동은 제품을 생산하여 판매하거나 용역을 제공하고 그 대가를 받는 것을 말한다. 예를 들어 구입한 상품이나 생산한 제품을 현금 판매하면 수익(매출액)과 비용(매출원가)이 발생하고 자산(현금)이 증가하게 된다. 이와 같이 기업은 재무 · 투자 · 영업활동을 반복적으로 수행함으로써 수익을 추구하게 된다.

회계거래(accounting transactions)는 '기업의 경영활동에 의해 자산 · 부채 · 자본이 증가되거나 감소되는 경제적 사건(economic events)'을 말한다. 여기서 자본은 수익 · 비용의 발생에 따라 변동하게 되므로 회계거래란 자산 · 부채 · 자본의 증감과 수익 · 비용의 발생에 따른 경제적 사건으로 정의된다.

회계거래는 경영내적활동과 경영외적활동으로부터 발생한다. 경영내적활동에 의한 회계거래는 경영자가 수익을 창출하기 위하여 적극적으로 재무 · 투자 · 영업활동을 전개하고, 그 결과 자산 · 부채 · 자본 · 수익 · 비용이 변동하는 사건을 말한다. 예로서 기업의 일상적 경영활동이 대부분 여기에 속한다. 경영외적활동에 의한 회계거래는 경영활동에 의하지 않고 자산 · 부채 · 자본 · 수익 · 비용이 변동하는 사건을 말한다. 예를 들면 화재로 공장건물이 소실되거나 상품이 도난되고, 태풍이나 해일로 건물이 파손되어 비용(손실)의 발생과 자산(건물)의 감소가 여기에 해당한다.

회계거래로 인식되려면 자산 · 부채 · 자본 · 수익 · 비용이 변동하고, 이를 화폐로 측정할 수 있어야 한다. 즉, 화폐측정의 여부도 회계거래의 인식에 주된 판단기준이 된다. 예를 들어 경영자가 유능한 사람으로 교체되면 인적자산이 증가하여 자산의 변동이 발생하게 되는데, 인적자산은 측정하기가 어려워 아직 회계거래로 인식하지 않고 있다. 따라서 회계거래란 경영내적 및 경영외적활동에 따라 자산 · 부채 · 자본 · 수익 · 비용에 변동이 발생하고, 이를 화폐로 측정할 수 있을 때 인식된다. 지금까지 설명한 내용을 토대로 경영활동과 회계거래의 인식조건을 요약하면 다음과 같다.

경영내적활동	경영외적활동
• 재무활동 : 자금의 조달 · 상환 • 투자활동 : 건물의 구입 · 매각 • 영업활동 : 제품의 생산 · 판매	• 화　　재 : 자산의 손실 • 자연재해 : 자산의 손실 • 도　　난 : 자산의 손실

↓

회계거래의 인식조건
① 자산 · 부채 · 자본 · 수익 · 비용이 변동하고, ② 화폐로 측정 가능해야 한다.

예제 [3-1]

• 다음의 사건에 대하여 회계거래의 여부를 판단하고 이유를 설명하시오.

1. 상품 ₩1,000,000을 구입하고 대금은 한 달 후에 지급하기로 하였다.
2. 원가 ₩500,000의 상품을 판매하고 매출대금 ₩700,000을 현금으로 받았다.
3. 전기누전으로 화재가 발생하여 장부가액 ₩4,000,000의 보관창고가 전부 소실되었다.
4. 일시적 유동성 문제로 종업원 급여 ₩20,000,000을 월말에 지급하지 못하

였다.
5. 주주총회에서 새로운 CEO로 Smith Kim을 영입하고 오늘 취임하였다.
6. 새로운 제조공장이 완성됨에 따라 옛 공장은 오늘 매각계약을 체결하였다.
7. 연말 연휴기간에 security system에 문제가 발생하여 ₩2,000,000의 상품도난이 발생하였다.
8. 자매회사의 차입금에 대하여 ₩10,000,000의 지급보증에 서명하였다.
9. 인도네시아 쓰나미 재해돕기에 ₩100,000,000을 지원하기로 이사회가 결의하였다.
10. 생산 중인 신상품을 판매하기로 계약하고 선금으로 현금 ₩10,000,000을 받았다.

해답

회계거래 여부	자산 · 부채 · 자본 · 수익 · 비용	화폐적 측정 가능성 여부
1. 회계거래	자산과 부채 변동	측정 가능
2. 회계거래	자산변동, 비용과 수익 발생	측정 가능
3. 회계거래	자산변동, 비용(손실) 발생	측정 가능
4. 회계거래	부채변동, 비용 발생	측정 가능
5. 회계거래 아님	자산변동	측정 불가능
6. 회계거래 아님	변동항목 없음	측정 불필요
7. 회계거래	자산변동, 비용(손실) 발생	측정 가능
8. 회계거래 아님	변동항목 없음	측정 불필요
9. 회계거래	부채변동, 비용 발생	측정 가능
10. 회계거래	자산과 부채변동	측정 가능

1.2 회계거래의 이중성

회계거래는 자산 · 부채 · 자본 · 수익 · 비용이 변동하고 화폐적으로 측정할 수 있는 것을 말한다. 여기서 자산 · 부채 · 자본은 재무상태를 나타내는 것으로 **재무상태표의 거래요소**라고 하며, 수익 · 비용은 경영성과를 결정하는 것으로 **포괄손익계산서의 거래요소**라고 한다. 기업은 계속적이고 활발한 거래활동을 통해 수익을 창출하며 회계기간별로 재무상태와 경영성과를 측정하여 이해관계자에게 보고하게 된다. 재무상태표는 거래요소 중 자산 · 부채 · 자본에 의해 재무상태를 표시하며 포괄손익계산서는 수익 · 비용을 사용하여 경영성과를 나타내게 된다. 이와 같이 회계거래는 자산 · 부채 · 자본 · 수익 · 비용으로 구분하여 측정하고 기록함으로써 재무상태표와 포괄손익계산서를 작성할 수 있고, 이를 통해 재무상태와 경영성과를 명료하게 표시할 수 있게 되는 것이다.

회계거래 구성요소		재무제표 거래요소		재무제표		회계정보
자 산 부 채 자 본	➡	재무상태표 거래요소	➡	재무상태표 자 산 | 부 채 　　　 | 자 본	⬅	일정시점 재무상태
수 익 비 용	➡	포괄손익계산서 거래요소	➡	포괄손익계산서 비 용 | 수 익 순이익 | 순손실	⬅	일정기간 경영성과

회계거래는 반드시 두 가지 이상의 구성요소가 서로 결합되어 나타난다. 구성요소의 결합관계는 회계등식에 의해 결정되며 등식의 왼쪽(이하 차변)요소와 오른쪽(이하 대변)요소가 결합되어 하나의 회계거래를 형성하게 된다. 하나의 회계거래는 차변요소와 대변요소로 구분되고, 차변과 대변의 금액은 동일하게 표시되어 회계등식의 원리가 항상 성립하게 된다. 여기서 **하나의 거래가 동일한 금액으로 차변과 대변에 동시에 기록되는 것을 거래의 이중성(duality of transactions)이라 한다. 회계거래의 이중성**은 복식부기의 원리에서 도출된 것이다.

복식부기(double-entry book-keeping)는 자산 · 부채 · 자본 · 수익 · 비용의 거래요소를 차변요소와 대변요소로 구분하고, 하나의 회계거래가 발생하면 차변요소와 대변요소를 찾아 동일 금액을 양쪽에 기입하는 것을 말한다. 이와 같이 하나의 거래를 차변요소와 대변요소로 분리하여 기록하면, 회계기간에 나타난 자산 · 부채 · 자본을 모아 재무상태표를 작성하고, 수익 · 비용을 모아 포괄손익계산서를 작성할 수 있어, 기업의 일정시점 재무상태와 일정기간 경영성과를 회계시스템에 의해 자동적으로 측정할 수 있게 된다.

단식부기(single-entry book-keeping)는 차변요소와 대변요소 중 하나의 측면만 기록하는 것으로 재무상태와 경영성과를 계산하려면 거래요소의 상호관계를 다시 추적하여 연결해야 하는 불편이 뒤따르게 된다. 또한 복식부기는 동일 금액이 차변과 대변에 기록되므로 한쪽의 금액을 잘못 기입하면 등식이 성립하지 않아 기입시점에서 스스로 오류를 찾아내는 자기검정기능(self control)을 발휘하게 되며 단식부기에서는 이러한 기능이 없어 오류의 발견이 어렵다.

거래요소의 결합관계는 재무상태표 및 포괄손익계산서등식에 의해 결정된다. 재무상태표등식은 「자산 = 부채 + 자본」이며, 여기서 차변요소는 자산증가, 부채감소, 자본감소가 되며, 대변요소는 자산감소, 부채증가, 자본증가가 된다. 포괄손익계산서등식은 「비용 + 순이익 = 수익 또는 비용 = 수익 + 순손실」이며, 여기서 차변요소는 비용발생이며 대변요소는 수익발생이 된다. 포괄손익계산서등식의 경우 차변(대변)요소에서 수익(비용)소멸이 가능하게 되는데, 이는 기존 수익(비용)거래를 취소하는 것과 같으므로 차변과 대변의 각각 하나의 거래요소만 사용하게 된다. 이와 같이 재무상태표 및 포괄손익계산서등식을 차변 및 대변요소로 구분하면 차변과 대변이 각각 네 가지로 모두 여덟 가지의 거래요소로 구성되는데 이를 '거래의 8요소'라고 한다.

회계거래는 여덟 개로 형성된 차변요소와 대변요소에서 각각 하나씩 연결되어 나타나거나 또는 하나의 차변(대변)요소에 하나 이상의 대변(차변)요소가 결합되어 나타나기도 한다. 예를 들어 현금을 지급하고 상품을 구입하면 차변에 상품(자산)이 증가하고 대변에 현금(자산)이 감소하게 된다. 상품원가

[거래의 8요소와 결합관계]

재무상태표 거래요소 자산 = 부채 + 자본	
• 자산증가	• 자산감소
• 부채감소	• 부채증가
• 자본감소	• 자본증가
• 비용발생	• 수익발생
비용 + 순이익 = 수익 비용 = 수익 + 순손실 포괄손익계산서 거래요소	

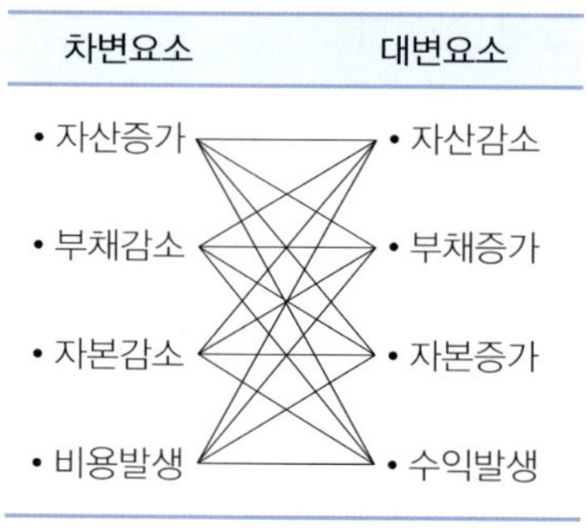

₩1,000을 현금 ₩2,000에 판매하면 차변에 현금(자산)이 증가하고 대변에 상품(자산)이 감소되고, 판매이익(자본)이 증가되어 하나의 차변요소와 두 가지의 대변요소가 결합되어 하나의 거래를 형성하게 된다. 지금까지 설명한 거래의 8요소와 차변요소 및 대변요소의 결합관계를 나타내면 앞에서와 같다.

제2절 회계거래와 회계등식

회계거래가 일어나면 기업의 자산, 부채, 자본은 변동한다. 거래요소의 변동은 거래의 이중성에 따라 반드시 차변요소와 대변요소에 각각 변동이 일어난다. 또한 변동금액은 회계등식의 차변과 대변에 총금액이 동일하게 발생하고, 거래기록 후에도 「자산 = 부채 + 자본」의 회계등식은 항상 유지된다. 하지만 거래기록 후에는 자산, 부채, 자본의 개별 금액은 거래기록 전에 비교하여 증가하거나 감소한다.

기업은 회계기간별로 영업기간에 일어난 거래기록을 자산 · 부채 · 자본 · 수익 · 비용별로 계산하여 재무상태표와 포괄손익계산서를 작성하게 된다. 본 절에서는 회계거래의 사례를 만들어 하나의 회계거래마다 자산 · 부채 · 자본 · 수익 · 비용의 거래요소를 식별하고, 차변요소와 대변요소의 결합관계를 분석하며, 이를 회계등식에 기입하여 재무상태표와 포괄손익계산서를 작성하는 과정을 학습하기로 한다.

사례기업으로는 자동차 서비스업을 선정하였다. 영업항목은 고장수리, 세차, 정기검사의 대행 등 세 가지로 설정되었다. 회사는 상호로 (주)해피오토로 결정하였으며 고객의 시간절약을 위해 가정을 방문하여 서비스를 제공하는 영업프로그램을 개발하였다. 회사는 자금의 유동성을 고려하여 건물을 임차하여 사용하기로 하였다. 회사는 정관에 회계기간으로 매월 1일부터 말일까지로 규정하였고, 월별 재무상태표와 포괄손익계산서를 작성하여 본사 게시판을 통해 공시하기로 하였다.

다음은 20××년 3월 1일부터 3월 31일까지 일어난 회계거래로서 일자별로 작성한 것이다. 이를 토대로 거래요소의 식별, 차변과 대변요소의 구분, 거래

[(주)해피오토 영업일지 : 20××년 3월 1일부터 20××년 3월 31일]

① 3월 1일 • (주)해피오토를 설립하고 '가정방문 자동차수리업'을 시작하다.
• 주주로부터 현금 ₩5,000,000을 받고 주권을 교부하다.
• 매월 급여 ₩800,000을 조건으로 종업원 두 명을 고용하다.
② 3월 5일 • 건물 1동을 임차하고 임차보증금 ₩1,000,000을 현금 지급하다.
③ 3월 8일 • 은행으로부터 영업자금 ₩2,000,000을 현금으로 차입하다.
④ 3월 18일 • 자동차를 수리하고 대금 ₩3,000,000 중 반액은 현금으로 받고 나머지는 외상으로 하다.
⑤ 3월 31일 • 종업원 급여 ₩1,800,000은 현금부족으로 아직 지급하지 않았다
⑥ 3월 31일 • 은행차입금의 원금 ₩1,000,000을 출자전환하고 주권을 교부하다.
⑦ 3월 31일 • 은행차입금의 이자 ₩200,000을 현금으로 지급하다.
⑧ 3월 31일 • 이익배당을 결정하고 주주에게 현금 ₩300,000을 지급하다.

요소의 결합관계, 회계등식에의 기입, 재무상태표와 포괄손익계산서의 작성을 학습하기로 한다.

【거래 ①】 자산의 증가 – 자본의 증가

3월 1일 (주)해피오토를 설립하고 가정방문 자동차수리업을 시작하다. 주주로부터 현금 ₩5,000,000을 받고 주권을 교부하고, 종업원 두 명을 고용하여 각각 매월 ₩800,000을 주기로 계약하다.

거래분석 주주로부터 현금을 받았으므로 차변에는 현금(자산)이 ₩5,000,000 증가하고 대변에는 자본금(자본)이 ₩5,000,000 증가한다. 종업원 채용계약은 법률상 거래이지만 실제로 자산·부채·자본이 변동하지 않았으므로 회계거래는 아니다.

회계등식

	자산			=	부채		+ 자본	
	현 금	매출채권	임차보증금	=	차입금	미지급급여	**자본금**	이익잉여금
【거래 ①】	+ 5,000,000			=			+ 5,000,000	
《거래 후》	5,000,000			=			5,000,000	

설 명 위 거래는 (주)해피오토가 설립된 후 첫 거래로서 거래 이전에는 자산·부채·자본은 모두 ₩0이었다. 거래 ①은 소유주(주주)가 투자함에 따라 자본이 증가하면서 자산 중 현금이 증가하게 된 것이며, 거래의 이중성에 따라 차변요소와 대변요소가 동일금액만큼 증가하였

음을 나타낸 것이다. 일반적으로 창립시점에는 주주(소유주)나 은행(채권) 등으로부터 현금(자산)이 최초로 투입되므로 자산과 함께 부채 · 자본이 증가하게 되며, 이와 같이 자금을 조달하는 것을 재무활동이라 한다.

【거래 ②】 자산의 증가 – 자산의 감소

3월 5일 (주)해피오토는 건물 1동을 임차하고 임차보증금 ₩1,000,000을 현금으로 지급하다.

거래분석 임차보증금을 현금으로 지급하였으므로 차변에 임차보증금(전세금의 일종으로 계약이 끝나면 다시 현금을 돌려받음)의 자산이 ₩1,000,000 증가하고 대변에는 현금(자산)이 ₩1,000,000만큼 감소한다.

회계등식

	자	산		=	부	채	+ 자	본
	현 금	매출채권	**임차보증금**	=	차입금	미지급급여	자본금	이익잉여금
〈거래 전〉	5,000,000			=			5,000,000	
【거래 ②】	− 1,000,000		+ 1,000,000	=				
《거래 후》	4,000,000		1,000,000	=			5,000,000	

설　　명 위 거래는 영업준비를 위해 현재 가지고 있는 자산을 다른 자산으로 바꾸는 것으로 자산(임차보증금)의 증가만큼 자산(현금)의 감소가 발생하게 되며, 거래 후에도 회계등식은 성립하고 자산총액은 부채총액과 자본총액의 합계와 같다. 기업은 때때로 영업에 필요 없는 자산은 매각하고 새로운 자산을 구입하여 영업에 적합하도록 바꾸어 가는데, 이와 같이 조달된 자금으로 자산을 교환하는 것을 투자활동이라 한다.

【거래 ③】 자산의 증가 – 부채의 증가

3월 8일 은행으로부터 현금 ₩2,000,000을 차입하다.

거래분석 현금을 차입하였으므로 차변에 현금(자산)이 ₩2,000,000 증가하며, 대변에는 차입금(부채)이 ₩2,000,000만큼 증가하여 미래에 상환해야 하는 의무를 지니게 된다.

회계등식

	자	산		=	부	채	+ 자	본
	현 금	매출채권	임차보증금	=	**차입금**	미지급급여	자본금	이익잉여금
〈거래 전〉	4,000,000		1,000,000	=			5,000,000	
【거래 ③】	+ 2,000,000			=	+ 2,000,000			
《거래 후》	6,000,000		1,000,000	=	2,000,000		5,000,000	

설　명 앞의 거래는 자산의 증가와 부채의 증가가 결합된 것이다. 기업이 외부에서 새로운 자산을 차입한 것으로, 차변과 대변에 같은 금액만큼 거래 전보다 총액이 증가하게 된다. 거래 전 차변과 대변은 각각 ₩5,000,000이며, 회계기간 중에 차변에 현금이 ₩2,000,000 증가되고 대변에 차입금이 ₩2,000,000 증가되어, 거래 후에 차변과 대변이 각각 ₩7,000,000으로 변동되어 회계등식은 거래 후에도 성립함을 보여준다. 은행으로부터 현금차입은 영업자금을 조달하는 것으로 재무활동에 해당한다.

【거래 ④】 자산의 증가 – 자본의 증가, 수익의 발생

3월 18일 자동차를 수리하고 대금 ₩1,500,000은 현금으로 받고, ₩1,500,000은 다음에 받기로 하다.

거래분석 자동차를 수리하고 용역매출이 발생하였으므로 차변에 현금(자산) 및 매출채권(자산)이 각각 ₩1,500,000 증가하고 대변에 이익잉여금(자본, 수익)이 ₩3,000,000만큼 증가한다.

회계등식

	자	산		=	부	채	+ 자	본
	현 금	**매출채권**	임차보증금	=	차입금	미지급급여	자본금	**이익잉여금**
〈거래 전〉	6,000,000		1,000,000	=	2,000,000		5,000,000	
【거래 ④】	+ 1,500,000	+ 1,500,000		=				+ 3,000,000
《거래 후》	7,500,000	1,500,000	1,000,000	=	2,000,000		5,000,000	3,000,000

설　명 위 거래는 자산의 증가와 자본의 증가가 결합된 거래이다. 수리대금은 용역매출액으로서 수익의 발생에 해당하며, 수익으로 실현된 자산은 소유주가 청구권을 가지고 있으므로 수익발생 ₩3,000,000은 자본의 증가항목으로 계산된다. 또한 자본은 자본금과 잉여금(자본잉여금과 이익잉여금)으로 구성된다. 여기서 수익과 비용은 포괄손익계산서의 거래요소로서, 이의 차액인 당기순이익(순손실)은 이익잉여

금으로서 자본에 속하므로 자본의 증가로 처리하게 된다. 비용과 수익은 발생주의회계에 따라 인식하게 되며, 수익이 실제로 현금으로 들어오지 않거나 비용이 실제로 현금으로 지급되지 않아도, 거래사건의 발생사실에 기초하여 장부에 계상하게 된다.

【거래 ⑤】 자본의 감소, 비용의 발생 - 부채의 증가

3월 31일 월말에 종업원 급여 ₩1,800,000을 계상하고 현금이 부족하여 다음에 지급하기로 하다.

거래분석 급여는 비용이므로 차변에 이익잉여금(자본)이 ₩1,800,000 감소하고, 대변에 미지급급여(부채)가 ₩1,800,000만큼 증가하여 미래에 상환해야 하는 의무가 늘어나게 된다.

회계등식

	자	산		=	부	채	+ 자	본
	현 금	매출채권	임차보증금	= 차입금	**미지급급여**	자본금	**이익잉여금**	
〈거래 전〉	7,500,000	1,500,000	1,000,000	= 2,000,000		5,000,000	3,000,000	
【거래 ⑤】				=	+ 1,800,000		− 1,800,000	
《거래 후》	7,500,000	1,500,000	1,000,000	= 2,000,000	1,800,000	5,000,000	1,200,000	

설 명 위 거래는 자본의 감소와 부채의 증가가 결합된 거래이다. 급여는 비용이므로 소유주의 청구권이 그만큼 작아져 이익잉여금이 ₩1,800,000만큼 감소하게 되고, 미지급급여는 다음에 지급해야 하므로 부채가 ₩1,800,000 증가하게 된다. 비용은 발생주의회계에 따라 인식하므로 현금을 지급하지 않아도 계상하게 된다. 수익 및 비용의 거래는 포괄손익계산서를 사용할 때는 수익과 비용의 별도항목으로 처리하지만, 재무상태표등식에서 기입할 때는 이익잉여금의 항목으로 처리하게 된다.

【거래 ⑥】 부채의 감소 - 자본의 증가

3월 31일 은행차입금 중 ₩1,000,000을 자본으로 출자전환하고 주권을 교부하다.

거래분석 차입금의 일부를 자본금과 교환하는 것이므로 차변에 차입금(부채)이 ₩1,000,000 감소하고 대변에 자본금(자본)이 ₩1,000,000만큼 증가하게 된다.

회계등식

	자	산		=	부	채	+ 자	본
	현 금	매출채권	임차보증금	=	**차입금**	미지급급여	**자본금**	이익잉여금
〈거래 전〉	7,500,000	1,500,000	1,000,000	=	2,000,000	1,800,000	5,000,000	1,200,000
【거래 ⑥】				=	− 1,000,000		+ 1,000,000	
《거래 후》	7,500,000	1,500,000	1,000,000	=	1,000,000	1,800,000	6,000,000	1,200,000

설　　명 앞의 거래는 부채의 감소와 자본의 증가가 결합된 거래이다. 기업은 경기불황으로 누적결손이 너무 커져 회생이 어려워지면 채권자와 합의하여 차입금을 자본금으로 대체하여 부채상환의 부담을 덜고 새롭게 경영에 전념하게 되는 경우가 있다. 1997년도 외환위기에 많은 기업에서 이러한 방법을 사용하여 유동성위기를 극복하고 새로운 성장동력을 찾은 경험을 가지고 있다.

【거래 ⑦】 자본의 감소, 비용의 발생 − 자산의 감소

3월 31일 은행 차입금의 이자 ₩200,000을 현금으로 지급하다.

거래분석 이자는 비용이므로 차변에 이익잉여금(자본)이 ₩200,000 감소하고 대변에 현금(자산)이 ₩200,000만큼 감소하게 된다.

회계등식

	자	산		=	부	채	+ 자	본
	현 금	매출채권	임차보증금	=	차입금	미지급급여	자본금	**이익잉여금**
〈거래 전〉	7,500,000	1,500,000	1,000,000	=	1,000,000	1,800,000	6,000,000	1,200,000
【거래 ⑦】	− 200,000			=				− 200,000
《거래 후》	7,300,000	1,500,000	1,000,000	=	1,000,000	1,800,000	6,000,000	1,000,000

설　　명 위 거래는 자본의 감소와 자산의 감소가 결합된 거래이다. 이자는 급여처럼 소유주의 청구권이 그만큼 작아지므로, 이익잉여금(자본)이 감소하고 현금(자산)이 감소하게 된다. 이자를 현금으로 지급하였으므로 비용발생과 동시에 자산이 감소하게 되었는데, 현금을 지급하지 않더라도 발생주의에 의해 비용을 회계등식에 기입하여 인식하게 됨을 이해하여 두자.

【거래 ⑧】 자본의 감소 – 자산의 감소

3월 31일 이익배당을 결정하고 주주에게 배당금 ₩300,000을 현금으로 지급하다.

거래분석 이익을 배당하였으므로 차변에 이익잉여금(자본)이 ₩300,000 감소하고 대변에 현금(자산)이 ₩300,000만큼 감소하게 된다.

회계등식

	자산			=	부채		+ 자본	
	현 금	매출채권	임차보증금	=	차입금	미지급급여	자본금	**이익잉여금**
〈거래 전〉	7,300,000	1,500,000	1,000,000	=	1,000,000	1,800,000	6,000,000	1,000,000
【거래 ⑧】	– 300,000			=				– 300,000
《거래 후》	7,000,000	1,500,000	1,000,000	=	1,000,000	1,800,000	6,000,000	700,000

설 명 위 거래는 자본의 감소와 자산의 감소가 결합된 거래이다. 배당은 이익잉여금이 있을 경우 이를 한도로 주주총회에서 결정하게 된다. 이익배당은 비용이 아니며 소유주에게 투자금액에 대한 대가로 청구권의 일부를 되돌려 주는 것이다.

위에서는 회계거래가 회계등식에 어떻게 영향을 주는가를 사례문제를 통해 학습하였다. 사례에 따르면 회계거래는 차변요소와 대변요소로 구분되고, 차변과 대변의 금액은 동일하며, 회계등식에 이를 기입한 후에도 항상 회계등식은 성립하게 됨을 알 수 있다. 회계등식은 회계기간에 회계거래가 일어날 때마다 거래내용이 기입됨으로써 계속 변동되어 가며, 회계기말에 이르면 회계등식으로부터 재무상태표와 포괄손익계산서를 작성할 수 있게 된다. 위의 사례기업 (주)해피오토에 대한 포괄손익계산서와 이익잉여금증감명세서, 재무상태표를 작성하여 보자.

포괄손익계산서

(주)해피오토 20××년 3월 1일 ~ 20××년 3월 31일 (단위 : 원)

수 익		
용역매출		₩3,000,000
비 용		
급 여	₩1,800,000	
이자비용	200,000	(2,000,000)
당기순이익		₩1,000,000

이익잉여금증감명세서

(주)해피오토	20××년 3월 1일 ~ 20××년 3월 31일	(단위 : 원)
기 초 : 이익잉여금		₩0
가 산 : 당기순이익 →	포괄손익계산서의 금액	1,000,000
배당가능이익		1,000,000
차 감 : 배당금		300,000
기 말 : 이익잉여금 →	재무상태표에 표시되는 금액	700,000

재무상태표

(주)해피오토 20××년 3월 31일 현재 (단위 : 원)

자 산		부 채	
현 금	₩7,000,000	차 입 금	₩1,000,000
매출채권	1,500,000	미지급급여	1,800,000
임차보증금	1,000,000	자 본	
		자 본 금	6,000,000
		이익잉여금	700,000
자산총계	₩9,500,000	부채 및 자본 총계	₩9,500,000

앞의 포괄손익계산서는 회계기간 3월 1일부터 3월 31일까지 발생한 비용과 수익을 이용하여 작성한다. 사례에서 비용은 거래 ⑤, ⑦에서 ₩2,000,000이 발생하였고, 수익은 거래 ④에서 ₩3,000,000이 발생하여 당기순이익은 ₩1,000,000으로 된다. 본 사례에서는 비용과 수익을 자본(이익잉여금)에 포함시켜 계산하고 있으므로 이익잉여금에 증감시켜 작성하게 된다.

이익잉여금증감명세서는 재무상태표에 표시되는 이익잉여금의 기말잔액을 설명하게 된다. 회계기간 초에 이익잉여금이 없었는데 경영활동에서 당기순이익이 ₩1,000,000 발생하여 배당가능이익이 되었고, 주주에게 ₩300,000을 배당함으로써 회계기간 말에 이익잉여금은 ₩700,000이 되어 재무상태표에 계상된 것이다.

재무상태표는 모든 회계거래가 회계등식에 기입되어 최종 결과로 나타난 것을 기초로 작성하게 된다. 재무상태표에서 이익잉여금이 포괄손익계산서의 당기순이익보다 ₩300,000 작게 표시되어 있는데, 이것은 주주에게 ₩300,000을 배당함으로써 소유주(주주)의 청구권이 그만큼 감소한 것을 보여주고 있다. 배당은 이익(이익잉여금)이 기업에 남아 있을 때 주주총회의 승인을 거쳐 소유주에게 청구권의 몫을 되돌려 주는 것으로 비용이 아니므로 포괄손익계산서에 나타나지 않음을 유의하기 바란다.

위에서는 회계등식을 이용하여 회계거래를 기록하고 재무상태표와 포괄손익계산서를 작성하는 원리를 알아보았다. 회계거래는 회계기간에 수없이 일어나며, 이를 회계등식에 일일이 기록하는 것은 큰 노력이 필요하고, 또한 자산 · 부채 · 자본 · 수익 · 비용에 포함되는 항목이 다수여서, 회계등식을 이용하여 재무상태표와 포괄손익계산서를 작성하는 것은 효과적이지 못하다. 다음 절에서는 회계등식의 원리에 부합하면서 쉽게 재무상태표와 포괄손익계산서를 작성할 수 있는 장부기입방법을 학습하기로 한다.

회계거래의 기입방법 제3절

3.1 계정의 이용

(1) 계정의 뜻

회계거래가 일어나면 기업의 자산 · 부채 · 자본이 변동하고 수익 · 비용이 발생하게 된다. 회계는 이들 거래요소를 체계적으로 기록하기 위하여 같은 항목별로 증가와 감소를 기록하는 계정을 사용하게 된다. **계정(accounts)이란 자산 · 부채 · 자본 · 수익 · 비용을 세부항목별로 증가와 감소를 기록하여 계산하는 기본단위를 말한다.** 여기서 기본단위란 같은 성질의 거래를 하나의 장소에 모아 기록하고 계산하는 것을 의미한다.

예를 들어 삼성전자주식회사가 공장건물, 창고건물, 본사건물 등을 구입하였다면 이들은 같은 성질의 자산이므로 건물계정이라는 곳에 증가와 감소를 기록하게 된다. 이때 건물이 계정이 되고 계산단위가 되는 것이다. 거래가 해당 계정에 모두 기록되면, 기말에 자산, 부채, 자본계정을 모아 재무상태표를 작성하고, 수익과 비용계정을 모아 포괄손익계산서를 작성하게 된다. 이와 같이 결산은 계정을 통해 이루어진다.

(2) 계정의 형식

계정의 구성내용을 살펴보도록 하자. **계정은 계정과목, 차변계좌, 대변계좌, 기입금액으로 구성되어 있다.** **계정과목**(account titles)은 현금 · 건물 · 상품 등과 같이 재무제표에 표시되는 항목의 이름으로 계정의 가장 위 부분에 표시하게 된다. **계좌**(account position)는 계정에서 금액을 기록하는 장소를 말하는데 왼쪽을 차변계좌, 오른쪽을 대변계좌라고 하며, 간단히 줄여 **차변**(debit, Dr)과 **대변**(credit, Cr)으로 부르고 있다. **기입금액**은 차변이나 대변에 기록되는 금액을 말한다.

예를 들어 자산에 속하는 현금계정을 사용하여 계정의 구성형식을 예시하면 다음과 같다. 현금계정에서 현금은 계정과목이며 현금증가를 기록하는 계정의 왼쪽이 차변계좌이고, 현금감소를 기록하는 오른쪽이 대변계좌가 된다. 아래의 **계정양식**은 학습을 목적으로 간편하게 작성한 것으로 T-계정이라 한다. 하지만 실무에서는 주로 잔액식계정과 표준식계정을 사용하고 있으며, 이의 양식은 원장에서 살펴보기로 한다.

××계정		현금계정	
회계 거래 기록 장소 ↓ **차변**(계좌) (계정왼쪽)	회계 거래 기록 장소 ↓ **대변**(계좌) (계정오른쪽)	현금 **증가** 기록 장소 ↓ **차변**(계좌) (계정왼쪽)	현금 **감소** 기록 장소 ↓ **대변**(계좌) (계정오른쪽)

(3) 계정의 분류

계정은 크게 재무상태표계정과 포괄손익계산서계정으로 분류한다. **재무상태표계정**은 자산계정, 부채계정, 자본계정으로 구분되고, 자산의 세부항목에 따라 현금, 상품, 건물, 비품 등의 계정으로 나누어진다. **포괄손익계산서계정**은 수익계정과 비용계정으로 구분되고, 이들의 세부항목에 따라 매출, 이자수익, 임대료, 매출원가, 급여, 퇴직급여, 이자비용 등의 계정으로 나누어진다. 여기서 세부항목의 하나하나에 사용하는 계정의 이름을 계정과목이라 한다.

계정과목은 같은 성질의 것을 모아 계산하는 단위로서 계정의 성질을 명확하게 표시할 수 있는 용어로 표시하여야 한다. 거래의 빈도가 높고 금액이 큰 것은 별도의 계정과목으로 설정하고, 빈도가 낮고 금액이 적은 것은 적절하게 통합하여 표시하여야 한다. 기업에서 자주 사용하는 계정과목을 예시하면 다음과 같다.

재무상태표계정	자산계정: 현금및현금성자산, 매출채권, 대여금, 미수금, 미수수익, 선급비용, 상품, 제품, 건물, 토지 등
	부채계정: 매입채무, 차입금, 미지급금, 미지급비용, 미지급법인세, 선수수익, 사채 등
	자본계정: 자본금, 자본잉여금, 이익잉여금
포괄손익계산서 계정	수익계정: 매출, 용역수익, 이자수익, 배당금수익, 임대료, 수수료수익 등
	비용계정: 매출원가, 급여, 감가상각비, 임차료, 보험료, 소모품비, 복리후생비, 이자비용, 법인세비용 등

(4) 계정의 기입방법

계정은 차변과 대변으로 구분되고, 한쪽에 증가가 기록되면 반대편에는 감소가 기록되어, 잔액은 증가의 쪽에 나타나게 된다. 증가와 감소가 어느 쪽에 기록되는가는 재무상태표등식과 포괄손익계산서등식에 의해 결정된다. **자산계정**은 재무상태표등식에서 왼쪽(차변)의 요소로서 차변에 증가가 기록되고, 반대편 대변에는 감소가 기록된다. 예를 들어 현금이 입금되어 증가하면 왼쪽에 기록하고, 지출되어 감소하면 오른쪽에 기록한다. 현금과 같이 자산계정은 차변에 회계거래의 증가금액을 기록하고 대변에 감소금액을 기록한다. 자산계정은 회계기간 중 일정시점에 차변과 대변의 차액(자산잔액 = 차변합계 − 대변합계)을 계산하면 현재시점의 자산상태를 파악할 수 있게 된다.

부채와 자본계정은 재무상태표등식의 오른쪽(대변) 요소로서 자산계정과 반대로 기록한다. 예를 들어 은행으로부터 영업자금을 차입하면 차입금계정의 대변에 부채의 증가를 기록하고, 원금을 갚으면 차변에 부채의 감소를 기록하게 된다. 또한 주주로부터 자금의 출자가 있으면 자본금계정의 대변에 자본의 증가를 기록하고, 주식을 매입하여 자금을 되돌려 주면 차변에 자본의 감소를 기록하게 된다. 차입금과 자본금도 일정시점에 차변과 대변의 차이를 계산하면 현재시점의 부채와 자본의 상태를 파악할 수 있게 된다. 이와 같이 부채 · 자본은 증가와 감소를 기록하는 위치가 자산과 서로 반대편에 있게 되는데, 이는 재무상태표등식에서 부채 · 자본이 자산의 반대편에 있기 때문이다.

기업은 회계기간 말에 결산을 위해 각 계정의 차변합계와 대변합계를 대조하여 차이를 계산한다. **계정의 잔액**은 자산계정의 경우 차변에 나타나며, 부채와 자본은 대변에 나타나게 된다. 재무상태표는 일정시점 현재 자산, 부채, 자본의 계정잔액을 모아 작성하게 된다. 지금까지 계정의 구성형태와 기록방법을 설명하였는데, **자산 · 부채 · 자본계정의 증 · 감 위치와 재무상태표등식의 관계**를 나타내면 아래의 그림과 같다.

[회계등식과 재무상태표계정의 기입방법]

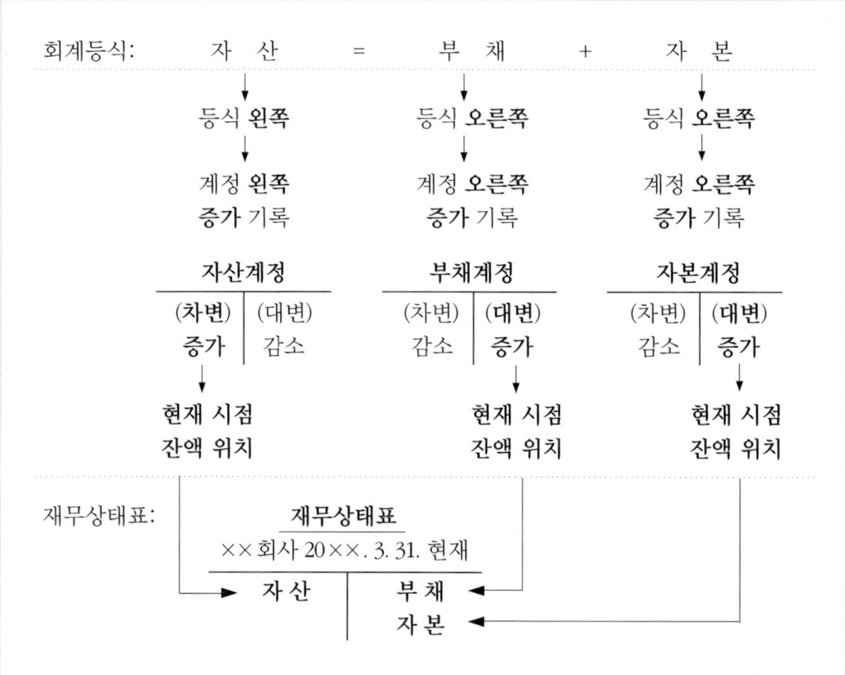

비용과 수익항목은 포괄손익계산서의 구성항목이다. 포괄손익계산서는 회계기간 중에 발생한 비용과 수익의 모든 항목을 모아 당기순이익이나 순손실을 계산하며, 이를 자본계정에 대체하여 자본의 증가나 감소를 기록하게 된다. 여기서 비용의 발생은 자본의 감소를 가져오며 수익의 발생은 자본의 증가를 가져오므로, 비용의 발생은 계정의 차변에 기록하며 수익의 발생은 계정의 대변에 기록하게 된다. **비용과 수익은 발생주의에 따라 인식하게 되므로, 비용증가 대신 비용발생으로, 수익증가 대신 수익발생이라는 용어를 사용하여 표현하게 된다.** 기말에는 당기순(손)익을 계산하기 위해 비용과 수익계정의 금액을 포괄손익계산서에 옮겨 기록하게 된다.

회계기말에는 결산을 위해 기중에 발생한 비용과 수익계정의 금액을 각각 합계하게 된다. 비용계정의 잔액은 차변에 나타나며, 수익계정의 잔액은 대변에 나타난다. 포괄손익계산서는 회계기간에 발생한 비용계정과 수익계정을 모아 작성하며, 차변과 대변의 차액을 계산하여 당기순이익과 순손실을 표시한다. 당기순이익과 순손실은 자본의 증가와 감소를 가져오는 것으로, 재무상태표의 자본항목인 이익잉여금계정으로 대체되어 소유주의 청구권을 증가 또는 감소시키게 된다. 지금까지 포괄손익계산서계정의 구성형태와 기록방법을 설명하였는데 **비용 · 수익계정의 발생위치와 포괄손익계산서등식의 관계**를 나타내면 다음과 같다.

[회계등식과 포괄손익계산서계정의 기입방법]

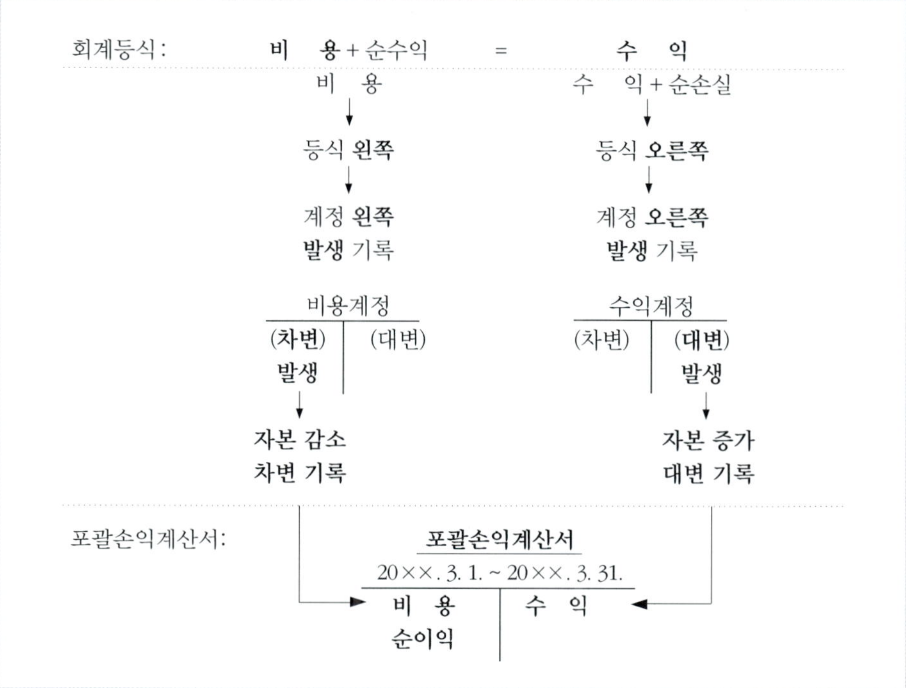

3.2 분개장의 기록

(1) 분개의 의의

회계거래는 하루에 수없이 일어나게 된다. 회계거래가 일어날 때마다 곧바로 계정에 기록하게 되면 오류나 누락이 자주 발생하여 정확한 기록이 어렵게 된다. 따라서 회계거래는 분개(장)를 경유하여 계정에 기입하게 된다. **분개(journal entry)란 어느 계정과목의 어느 계좌에 얼마의 금액을 기록할 것인가를 분해하는 절차를 말한다.**

분개는 회계거래가 발생하면 일자별로 기입할 계정과목, 차변과 대변의 위치, 금액을 사전에 결정함으로, 오류를 사전에 차단하는데 도움이 된다. 실무에서는 대부분 분개절차에 따라 거래를 기록하고 있다. 분개는 분개장(journal)에서 이루어진다. 분개장은 회계처리과정에서 최초로 기입하는 장부로서 원시장부라고 한다. 분개 및 분개장은 회계처리절차에서 시작되는 투입자료로서, 담당자가 계정과목, 차변과 대변, 기입금액을 정확히 결정하는 것이 매우 중요하며, 이후 절차는 대부분 전산회계시스템을 통하여 컴퓨터로 처리하게 된다.

(2) 분개의 기록양식

분개를 기록하는 장부에는 분개장과 분개전표가 사용된다. 분개장은 회계거래의 분개내용을 일자순에 따라 연속적으로 기록하는 장부로서, 모든 회계거래가 하나의 장부에 나타나게 만들어져 있다. 분개전표는 하나 거래를 하나의 전표(slip)에 기록하고, 작성자와 결재 담당자가 사인할 수 있도록 만든 것으로, 회계기록뿐만 아니라 관리기능을 결합한 것이다. 분개장과 분개전표는 기업별 환경이나 거래의 유형에 따라 여러 가지의 양식이 사용된다. 이들 양식에는 반드시 일자, 계정과목, 차변과 대변의 위치, 금액란이 포함되어야 한다. 예를 들어 '3월 1일, 현금 ₩1,000,000을 출자하여 영업을 개시하다' 의 회계거래가 발생하면 분개장과 분개전표는 다음과 같이 작성된다.

분개장의 경우 일자란에는 회계거래의 일자를 기록한다. 계정과목란에는 두 줄을 사용하여 위의 줄에는 차변의 계정과목을 기록하며, 아래의 줄에서는 오른쪽 위치에 대변의 계정과목을 기록한다. 여기서 차변과 대변의 위치는 회계등식의 왼쪽과 오른쪽의 위치를 표시하게 된다. 원면란에는 (총)계정원장의 장부번호를 기록한다. 원면란은 분개기록을 원장에 전기하고 난 다음에 기입하며 이를 통해 기장누락을 방지하게 된다. 금액란은 차변금액과 대변금액으로 구분하고, 차변계정과목과 대변계정과목의 위치에 맞추어 금액을 기록하게 된다. 설명란에는 회계거래의 내용을 간단하게 기록하고, 아래에 줄을 그어 다른 거래와 구분을 나타내게 된다.

(주)해피오토 **분 개 장** No.001

일 자	계정과목 및 설명	원 면	차 변	대 변
3월 1일	현 금	101	1,000,000	
	자 본 금	300		1,000,000
	(현금을 출자하여 영업을 개시하다)			

분개전표는 하나의 거래는 하나의 전표에 기록하고, 장부의 작성자와 결재담당자가 사인할 수 있도록 구분되어 있다. 일자, 계정과목, 차변금액과 대변금액, 설명란 등은 분개장의 원리와 같다. 실무에서는 분개장은 간단하게 기록하고, 대부분 분개전표를 사용하여 회계기록과 경영관리의 목적에 효과적으로 사용하고 있다. 분개전표는 일자별로 묶고 뒷면에 원시증빙(세금계산서나 영수증 등)을 부착하여 장부로 보관하게 된다.

분개전표

No. 100 20××년 3월 1일

부장		과장		담당	

계정과목	차변금액	계정과목	대변금액
현 금	₩1,000,000	자 본 금	₩1,000,000
설 명	현금을 출자하여 영업을 개시하다.		

(3) 분개장의 기록

앞에서는 분개기록의 양식을 살펴보고 거래일자, 계정과목 및 설명, 차변금액과 대변금액을 기록하는 방법에 관하여 예제를 통해 알아보았다. 본 절에서는 사례기업의 예제를 사용하여 거래를 분석하고 분개와 분개장에 기록하는 방법을 익히도록 하자. 사례기업은 제2절에서 사용한 (주)해피오토를 이용하기로 한다.

【거래 ①】 자산의 증가 - 자본의 증가

3월 1일 (주)해피오토를 설립하고 가정방문 자동차수리업을 시작하다. 주주로부터 현금 ₩5,000,000을 받고 주권을 교부하고, 종업원 두 명을 고용하여 각각 매월 ₩800,000을 주기로 계약하다.

거래분석 (차변) 현 금 ₩5,000,000 (대변) 자 본 금 ₩5,000,000
(자산증가) (자본증가)

분개기록

분 개 장 No.001

일 자	계정과목 및 설명	원면	차 변	대 변
3월 1일	현 금	101	5,000,000	
	자 본 금	300		5,000,000
	(현금을 출자하여 영업을 개시하다)			

【거래 ②】 자산의 증가 - 자산의 감소

3월 5일 (주)해피오토는 건물 1동을 임차계약하고 임차보증금 ₩1,000,000을 현금으로 지급하다.

거래분석 (차변) 임차보증금 ₩1,000,000 (대변) 현 금 ₩1,000,000
(자산증가) (자산감소)

분개기록 다음의 분개장에서 모든 거래를 한꺼번에 기록하기로 한다.

【거래 ③】 자산의 증가 - 부채의 증가

3월 8일 은행으로부터 현금 ₩2,000,000을 차입하다.

거래분석 (차변) 현 금 ₩2,000,000 (대변) 차 입 금 ₩2,000,000
(자산증가) (부채증가)

분개기록 다음의 분개장에서 모든 거래를 한꺼번에 기록하기로 한다.

【거래 ④】 자산의 증가 – 수익의 발생

3월 18일 자동차를 수리하고 대금 ₩1,500,000은 현금으로 받고 ₩1,500,000은 다음에 받기로 하다.

거래분석 (차변) 현 금 ₩1,500,000 (대변) 용역매출 ₩3,000,000
매출채권 1,500,000
(자산증가) (수익발생)

분개기록 다음의 분개장에서 모든 거래를 한꺼번에 기록하기로 한다.

【거래 ⑤】 비용의 발생 – 부채의 증가

3월 31일 월말에 종업원 급여 ₩1,800,000을 계상하고 현금이 부족하여 다음에 지급하기로 하다.

거래분석 (차변) 급 여 ₩1,800,000 (대변) 미지급급여 ₩1,800,000
(비용발생) (부채증가)

분개기록 다음의 분개장에서 모든 거래를 한꺼번에 기록하기로 한다.

【거래 ⑥】 부채의 감소 – 자본의 증가

3월 31일 은행차입금 중 ₩1,000,000을 자본으로 출자전환하고 주권을 교부하다.

거래분석 (차변) 차 입 금 ₩1,000,000 (대변) 자 본 금 ₩1,000,000
(부채감소) (자본증가)

분개기록 다음의 분개장에서 모든 거래를 한꺼번에 기록하기로 한다.

【거래 ⑦】 비용의 발생 – 자산의 감소

3월 31일 은행 차입금의 이자 ₩200,000을 현금으로 지급하다.

거래분석 (차변) 이 자 비 용 ₩200,000 (대변) 현 금 ₩200,000
(비용발생) (자산감소)

분개기록 다음의 분개장에서 모든 거래를 한꺼번에 기록하기로 한다.

【거래 ⑧】 자본의 감소 – 자산의 감소

3월 31일 이익배당을 결정하고 주주에게 배당금 ₩300,000을 현금으로 지급하다.

거래분석 (차변) 이익잉여금 ₩300,000 (대변) 현 금 ₩300,000
(자본감소) (자산감소)

분개기록 아래의 분개장에서 모든 거래를 한꺼번에 기록하기로 한다.

분 개 장 No.001

일 자	계정과목 및 설명	원 면	차 변	대 변
3월 1일	현 금	101	5,000,000	
	자 본 금	300		5,000,000
	(현금을 출자하여 영업을 개시하다)			
5일	임차보증금	102	1,000,000	
	현 금	101		1,000,000
	(건물을 임차하고 보증금을 현금으로 지급하다)			
8일	현 금	101	2,000,000	
	차 입 금	201		2,000,000
	(은행으로부터 영업자금을 현금으로 차입하다)			
18일	(제 좌) 용 역 매 출	501		3,000,000
	현 금	101	1,500,000	
	매 출 채 권	103	1,500,000	
	(자동차 수리대금 일부 현금, 일부 외상하다)			
31일	급 여	401	1,800,000	
	미지급급여	202		1,800,000
	(현금부족으로 급여를 다음에 지급하기로 하다)			
	차 입 금	201	1,000,000	
	자 본 금	301		1,000,000
	(차입금 중 일부를 자본금으로 출자전환하다)			
	이 자 비 용	402	200,000	
	현 금	101		200,000
	(차입금 이자를 현금으로 지급하다)			
	이익잉여금	302	300,000	
	현 금	101		300,000
	(주주에게 배당금을 현금으로 지급하다)			
		V	14,300,000	14,300,000

위에서 작성한 분개장의 기록을 보면 회계거래의 일자, 차변과 대변의 계정과목, 동일한 차변금액과 대변금액, 한 달에 일어난 모든 거래의 차변기록 합계와 대변기록의 합계가 일치함을 명료하게 파악할 수 있게 된다. 이와 같이 분개장은 거래의 내용을 분해하여, 누락이나 오류 없이 계정에 정확하게 옮겨 기록할 수 있도록 돕는 역할을 하게 된다.

3.3 원장에의 전기

(1) 원장의 의의

분개는 회계거래에 대해 계정의 기록을 돕는 준비과정으로서, 분개장의 내용은 해당되는 계정과목에 옮겨 기입하여야 한다. 계정은 회계거래에서 같은 성질의 것을 기록하여 계산하는 기본단위이다. 따라서 회계기간에 일어난 거래는 같은 성질의 것들을 모아 해당 계정에 기록하게 된다. 예를 들어 회계기간에 일어난 현금거래는 모두 현금계정에 기록하여 계산하며, 회계기간 말의 잔액은 현금의 자산상태를 표시하게 된다. 여기서 현금, 건물, 차입금, 자본금, 매출, 이자수익, 급여, 이자비용 등을 계정이라 하며 이들 각 계정에 기록된 장부를 원장이라 한다.

원장(ledger)에는 총계정원장과 보조원장이 있다. 총계정원장(general ledger, 이하 원장)은 자산 · 부채 · 자본 · 수익 · 비용의 모든 계정과목이 포함된 장부로서, 이를 총계정원장이라고 하며, 일반적으로 계정이라고도 한다. 보조원장(subsidiary ledger)은 총계정원장의 하나인 특정 계정에 대해 보다 구체적인 정보를 기록하여 원장을 보조하는 부속계정이며, 매출계정의 경우 매출처원장이 여기에 해당한다. 원장에서 자산, 부채, 자본계정을 모아 재무상태표를 만들고, 비용과 수익계정을 모아 포괄손익계산서를 작성하게 된다.

(2) 원장의 기록양식

원장은 일자, 계정과목, 분면, 차변과 대변의 금액이 표시되도록 만들어져 있다. 원장의 양식은 구성요소의 배치형태에 따라 표준식과 잔액식으로 구분된다. 표준식은 T-계정형식에서 왼편과 오른편에 각각 일자, 적요, 분면, 금액란을 배치하여, 차변과 대변의 정보를 기록하는 것을 말한다. 표준식은 차변과 대변을 대조하여 표시하므로, 회계등식의 원리를 쉽게 이해할 수 있는 이점이 있지만 장부기입시점에서 곧바로 잔액을 파악하는데 어려운 단점이 있다. 잔액식은 계정양식에서 일자, 적요, 분면, 차변, 대변, 잔액란을 순서대로 배치하여 분개내용을 기록하는 것을 말한다. 잔액식은 하나의 거래가 기록될 때마다 잔액이 계산되는 이점이 있어, 실무에서는 이 양식을 대부분 사용하고 있다. 일반적으로 사용되는 표준식과 잔액식의 양식을 제시하면 다음과 같다. 대학에서는 강의에 편리하도록 표준식을 축소한 약식형태의 **T-계정**을 대부분 사용하고 있다.

[표준식] 현금계정 No.101

월	일	적 요	분면	금 액	월	일	적 요	분면	금액
3	1	자본금	001	200,000					

[잔액식] 자본금계정 No.301

월	일	적 요	분면	차 변	대 변	차 또는 대	잔 액
3	1	현 금	001		200,000		200,000

(3) 원장에의 전기

분개가 끝나면 분개장의 내용을 해당 원장에 옮겨 기록하여야 한다. 이를 전기(posting)라고 한다. 분개내용은 전기하는 과정에서 때때로 거래가 누락되거나 오류가 발생하게 된다. 실무에서는 일정한 전기절차를 만들어 이를 방지하게 된다. 전기하는 절차를 예시하면 다음과 같다.

전기의 절차
① 분개장에 기록된 거래 일자를 해당 원장의 일자란에 기록한다. ② 분개장에 기록된 차변계정의 금액을 해당 원장의 차변 금액란에 기록한다. ③ 분개장에 기록된 대변계정의 금액을 해당 원장의 대변 금액란에 기록한다. ④ 분개장에 기록된 상대계정과목을 원장의 적요란에 기록한다. ⑤ 거래가 기록된 분개장의 페이지를 원장의 분면란에 기록한다.

전기과정을 예를 들어 설명하기로 하자. 다음의 분개장과 원장은 (주)해피오토의 3월 1일에 일어난 회계거래를 기록한 것이다. 원장은 표준식을 사용하여 나타내고 있다.

(주)해피오토 **분 개 장** No.001

일 자	계정과목 및 설명	원 면	차 변	대 변
3월 1일	현 금	101	5,000,000	
	자 본 금	301		5,000,000
	(현금을 출자하여 영업을 개시하다)			

(주)해피오토 **현 금** No.101

월	일	적 요	분 면	금 액	월	일	적 요	분 면	금 액
3	1	자본금	001	5,000,000					

(주)해피오토 **자 본 금** No.301

월	일	적 요	분 면	금 액	월	일	적 요	분 면	금 액
					3	1	현 금	001	5,000,000

첫 번째로 분개장의 차변계정과목을 전기한다. 차변계정은 현금이므로 현금의 원장을 찾아 거래 일자란에 3월 1일을 기록한다. 현금계정에는 차변과 대변이 구분되어 있는데, 분개장의 차변에 현금이 나타나 있으므로 현금계정의 차변에 ₩5,000,000을 기록한다. 적요란은 차변(대변)에 대한 대변(차변)의 계정과목을 기록하며, 이는 현금의 증가가 이루어진 원인을 추정하는데 정보를 제공하게 된다. 여기서 현금이 주주의 출자에 의해 이루어졌으므로 이를 나타내는 대변의 계정과목인 자본금을 기록하게 된다.

분면란은 3월 1일의 현금거래에 대한 분개의 내용이 기록되어 있는 분개장의 페이지를 기록하며, 이를 통해 분개장과 원장에서 동일 거래를 서로 대조하여 확인할 수 있게 된다. 여기서는 현금거래가 분개장의 No. 001에 기록되어 있으므로 이를 기록하게 된다. **두 번째로 분개장의 대변계정과목을 전기**하게 되는데, 옮겨 기입하는 절차는 현금과 같은 원리에 따라 이루어진다.

위에서는 분개장의 기록내용을 원장의 표준양식에 전기하는 절차를 알아보았다. 전기하는 절차와 방법을 익히기 위해 위에서 작성한 (주)해피오토의 분개장 내용을 T-계정에 모두 전기하여 보자. T-계정은 분면이 생략된 것을 제외하고 표준식 원장과 같으며, 각 거래일자에 관한 정보를 이용하면 분개의 내용과 원래의 회계거래를 추정할 수 있게 된다.

현 금 No.101

3/1 자 본 금	5,000,000	3/5 임차보증금	1,000,000
8 차 입 금	2,000,000	31 이자비용	200,000
18 용역매출	1,500,000	이익잉여금	300,000
↓			
잔 액	7,000,000		

자 본 금 No.301

		3/1 현 금	5,000,000
		31 차 입 금	1,000,000
		↓	
		잔 액	6,000,000

임차보증금 No.102

3/5 현 금	1,000,000		
↓			
잔 액	1,000,000		

이익잉여금 No.302

3/31 현 금	300,000		
↓			
잔 액	300,000		

매 출 채 권 No.103

3/18 용액매출	1,500,000		
↓			
잔 액	1,500,000		

급 여 No.401

3/31 미지급급여	1,800,000		
↓			
잔 액	1,8000,000		

차 입 금 No.201

3/31 자 본 금	1,000,000	3/8 현 금	2,000,000
		↓	
		잔 액	1,000,000

이 자 비 용 No.402

3/31 현 금	200,000		
↓			
잔 액	200,000		

미지급급여 No.202

		3/31 급 여	1,800,000
		↓	
		잔 액	1,800,000

용 역 매 출 No.501

		3/18 제 좌	3,000,000
		↓	
		잔 액	3,000,000

위에서는 (주)해피오토의 3월에 일어난 회계거래를 분개하고 이를 총계정원장에 전기하였다. 모든 거래가 분개장을 통해 원장에 기록되면 각 원장별로 차변총액과 대변총액이 계산되고 합계금액이 많은 쪽에 잔액이 표시된다. 여기서 잔액의 위치가 차변 또는 대변에 나타나는가에 따라 자산 · 비용의 계정과 부채 · 자본 · 수익의 계정으로 구분된다. 위의 원장에 나타난 결과로부터 다음의 사실을 확인할 수 있다.

첫째, **자산계정**은 잔액이 차변에 나타나고 **부채와 자본계정**은 잔액이 대변에 나타난다. 자산, 부채, 자본의 계정별 잔액은 제2절에서 작성된 재무상태표의 계정별 금액과 정확히 일치하고 있다. 이것은 회계거래를 분개장을 통해 원장에 기록한 결과가 재무상태표등식에 회계거래를 기입한 것과 일치하게 됨을 알 수 있다. 결과적으로 회계거래가 많을 경우 원장을 통해 재무상태표를 작성하는 것이 효과적이다.

둘째, 수익계정은 잔액이 대변에 나타나고 비용계정은 잔액이 차변에 나타난다. 수익, 비용의 계정별 잔액은 제2절에서 작성된 포괄손익계산서의 계정별 잔액과 정확히 일치하고 있다. 이것은 회계거래를 분개장을 통해 원장에 기록한 결과가 포괄손익계산서등식에 회계거래를 기입한 것과 일치하게 됨을 알 수 있다. 결과적으로 회계거래가 많을 경우 원장을 통해 포괄손익계산서를 작성하는 것이 효과적이며 경영성과의 과정을 명료하게 나타내게 된다.

셋째, 이익잉여금계정은 제2절의 재무상태표의 계정과 다르게 나타나 있다. 다르게 나타난 이유는, 본 절에서는 수익계정과 비용계정을 이익잉여금계정에 포함시키지 않고 별도로 독립시켜 포괄손익계산서에서 당기순이익을 계산하고, 그 결과만을 이익잉여금계정에 전기하는 방법을 사용하였기 때문이다. 수익과 비용을 포괄손익계산서를 통하여 당기순이익을 계산하게 되면, 최종 이익잉여금계정의 결과는 동일하면서 경영성과의 발생과정을 명료하게 확인할 수 있는 장점을 지니게 된다. 여기서 다시 수익과 비용계정을 이익잉여금계정에 포함시키게 되면 제2절의 재무상태표계정과 정확하게 일치하는 것을 확인할 수 있다.

이익잉여금 No.302

3/31	급 여	1,800,000	3/18	용역매출	3,000,000
	이자비용	200,000			
	배당금지급	300,000			
				↓	
				잔 액	700,000

제4절 회계기록과 장부조직

4.1 회계장부

회계장부(accounting books)는 재무상태와 경영성과를 파악하기 위하여 기업의 경영활동에서 발생한 회계거래를 기록, 계산, 정리하여 작성하는 기록부를 말한다. 회계거래가 적은 경우에는 분개장과 총계정원장만으로 필요한 정보를 기록하게 된다. 기업규모가 크고 거래가 많아지면 분개장과 총계정원장 외에 여러 내용의 보조기록이 필요하게 된다. 이와 같이 회계장부는 주요장부와 보조장부로 나누어진다.

주요장부(main books)는 경영활동에서 일어나는 모든 회계거래를 총괄적으로 기록, 계산하는 장부로서 분개장과 총계정원장이 있다. 경영활동의 회계처리과정은 기본적으로 '거래발생 → 분개장 → 원장 → 재무제표'로 구성되어 있으므로 분개장과 총계정원장이 주요장부가 되고 이를 통해 재무상태와 경영성과를 파악하게 된다.

보조장부(subsidiary books)는 특정 총계정원장에 부속하여 추가적으로 내용을 상세히 기록하는 장부이다. 보조장부에는 보조기입장과 보조원장이 있다. 보조기입장은 특정 거래를 발생한 일자 순서대로 기록하는 장부이다. 예를 들면 현금계정의 수입과 지출, 잔액을 기록하는 현금출납장, 매입계정의 구입처, 신용 및 현금지급, 반품을 기록하는 매입장, 받을어음계정의 발행자, 만기일자, 어음종류를 기록하는 받을어음기입장 등이 있다. 보조원장은 해당원장의 내용을 상세하게 기록하는 장부이다. 예를 들면 상품계정의 구입수량, 단가, 재고의 상세한 내용을 기록하는 상품재고원장, 매입채무계정의 거래처별로 구입금액, 채무잔액을 기록하는 매입처원장, 매출채권계정의 거래처별로 판매금액, 대금회수, 채권잔액을 기록하는 매출처원장 등이 있다. 위에서 설명한 회계장부를 구분하여 나타내면 다음과 같다.

회 계 장 부		
• 주요장부	분 개 장	거래일자, 계정과목, 계좌위치, 기록금액을 분해하여 기록한 장부
	총계정원장	같은 성질의 것들을 모아 기록, 계산하는 기본단위의 장부
• 보조장부	보조기입장	현금출납장, 당좌예금출납장, 매입장, 매출장
	보 조 원 장	상품재고원장, 매입처원장, 매출처원장

4.2 분개장제도

회계거래는 거래의 분석내용을 분개장에 기록하고 총계정원장에 전기하여 재무상태표와 포괄손익계산서를 작성하게 된다. **분개장**은 기본적으로 계정과목, 차변과 대변의 위치, 기록금액에 관한 정보를 제공하는 것으로 회사의 경영환경에 맞추어 여러 가지의 양식이 사용된다. 분개장은 역할과 기능에 따라 일반분개장과 특수분개장으로 구분된다. **일반분개장**(general journal)은 모든 분개를 하나의 분개장에 기록하는 책자형식의 장부로서 (주)해피오토의 사례에서 사용한 형식이 여기에 해당한다. 회사에서 일반분개장만 사용하면 수많은 거래를 동시에 기록하기가 어렵고 결제제도와 같은 기능이 없어 경영관리에 여러 가지 어려움이 발생한다. **특수분개장**(special journal)은 하나의 거래마다 하나의 분개를 기록하는 서류형식의 장부로서 분개기록에 경영관리기능이 추가되어 있다. 특수분개장에는 분개전표와 특수형식의 분개장부가 있다.

전표(slip)는 하나의 거래를 하나의 서류형식에 분개내용을 기록하는 장부이다. 전표는 각 부서에서 회계거래의 발생내용을 기록하여 작성하고, 관련부서에 전달하거나 통제권자로부터 결제를 받아 업무를 수행하게 되므로, 분개기록과 경영관리기능이 동시에 이루어지게 된다. 전표제도는 기업규모가 크고 업무가 분권적으로 이루어지는 조직에 효과적이고 편리하므로 기업들이 대부분 전표에 의해 회계처리를 하고 있다.

전표는 오래전부터 입금전표, 출금전표, 대체전표를 사용하여 현금거래와 비현금거래를 구분하여 처리하여 왔다. 최근에는 세 가지의 전표를 통합하여 분개전표를 개발하여 사용하고 있다. 분개전표는 회계거래마다 분개내용을 기록하고 작성자와 책임자의 결제가 이루어지도록 만들어져, 회사의 업무가 전표에 의해 이루어지는 경영관리도구로 확장되었다. 제2절에서 기업이 일반적으로 사용하는 분개전표의 양식을 예로 제시하였다. 양식에서 보면 하나의 회계거래에 대한 분개내용이 기록되고 거래의 승인에 필요한 결제의 칸이 마련되어 분개장이면서 경영관리의 도구가 되고 있다. 분개전표는 분개내용을 원장에 전기하고 뒷면에 원시증빙(영수증, 세금계산서 등)을 부착하여 일자별로 묶어 보관하게 된다.

보조기입장은 특수분개장으로 사용되기도 한다. 상품매매기업은 상품에 관련된 거래는 특수분개장을 사용하고, 기타 거래는 일반분개장을 사용하여 회계처리를 한다. 회사는 상품의 외상거래와 현금거래로 구분하고, 외상거래는 매입장과 매출장에 기록하며, 현금거래는 현급수입장과 현금지출장에 기록하게 된다.

매입장과 매출장, 현금수입장과 현금지출장은 보조기입장부로서 각각 상품의 매입과 매출, 현금의 수입과 지출에 관한 내용을 기록하여 계정을 보조하며, 또한 일정기간별로 매출채권과 매입채무, 매입과 매출의 통제계정에 총액을 전기함으로써 분개장의 역할을 동시에 수행하게 된다. 이와 같이 분개장은 분개내용을 제공하는 고유기능과 함께 회사의 환경에 맞추어 다양한 업무를 수행하도록 기능을 추가할 수 있다. 지금까지 설명한 분개장제도를 요약하면 다음과 같다.

분개장제도
• 일반분개장: 모든 거래의 분개내용을 기록하는 책자형식의 장부 • 특수분개장: 입금전표, 출금전표, 대체전표나 분개전표, 매입장, 매출장, 현금수입장, 현금지출장

4.3 전산회계시스템

회계는 거래가 일어나면 분개내용을 장부에 기록하고 원장에 전기하며, 기말에 계정별로 필요한 내용을 수정하여 재무제표를 작성하는 과정을 거치게 된다. 분개기록은 사람의 판단이 필요하지만 전기와 결산과정은 대부분 동일한 반복작업으로 전산시스템으로 가능하다.

전산회계시스템은 회계정보를 처리하는 일련의 과정을 사람에 의한 작업과 기계작업으로 구분하고, 후자는 전산프로그램을 만들어 컴퓨터가 담당하게 하는 것이다. 사람의 담당작업은 원시분개와 기말수정분개에 관한 것으로, 모두 회계담당자의 판단이 필요하고 회계의 학습에서 중요한 부분임을 인식하여야 한다. 앞으로 정보기술이 점점 발전하게 됨에 따라 회계처리의 대부분 과정을 컴퓨터가 담당하는 추세로 나아가게 될 것이다. 이러한 과정을 눈여겨보면 회계담당자는 단순한 반복작업은 기계에 맡기고, 회계처리의 전반적 과정에 필요한 이론을 이해하고 전산회계시스템을 다룰 수 있어야 한다.

개 념 정 리

▣ 문제 ▣

01 경영활동과 회계거래의 관계를 설명하시오.

02 회계거래를 정의하고 경영내적활동과 경영외적활동과의 관계를 설명하시오.

03 회계거래의 인식조건을 열거하고 예를 들어 설명하시오.

04 발생주의와 수익 · 비용의 회계거래 인식조건을 설명하시오.

05 회계거래의 이중성을 복식부기와 관련지어 설명하시오.

06 회계거래의 구성요소를 차변과 대변으로 구분지어 설명하시오.

07 단식부기가 자기검정기능을 가지지 못하는 이유를 설명하시오.

08 거래의 8요소와 결합관계를 열거하고 간략하게 설명하시오.

09 재무상태표등식을 제시하고 재무상태표와의 관계를 설명하시오.

10 포괄손익계산서등식을 제시하고 포괄손익계산서와의 관계를 설명하시오.

11 회계거래가 일어나면 회계등식에 어떤 영향을 미치는가를 설명하시오.

12 계정이 재무상태와 경영성과를 작성하는데 어떻게 도움을 주는지 설명하시오.

13 계정별 잔액의 위치와 재무상태표 및 포괄손익계산서의 관계를 설명하시오.

14 분개장과 분개전표를 회계기록과 경영관리의 입장에서 비교하여 설명하시오.

15 분개내용을 총계정원장에 전기하는 이유를 설명하시오.

16 총계정원장의 구성항목을 제시하고 적요란의 역할을 설명하시오.

17 분개장의 차변과 대변의 합계와 총계정원장의 차변과 대변의 합계가 일치하는 원리를 설명하시오.

18 회계장부의 종류를 열거하고 기능을 설명하시오.

19 기업실무에서 일반분개장보다 전표제도를 선호하는 이유를 설명하시오.

20 다음의 용어를 설명하시오.

- 회계거래
- 경제적 사건
- 회계거래 이중성
- 복식부기
- 단식부기
- 거래의 8요소
- 계정과 계좌
- 계정과목
- 차변(debit)
- 대변(credit)
- 분개와 분개장
- 전기(posting)
- 총계정원장
- 보조원장
- 전표(slip)
- 분개전표
- economic event
- self control
- account
- journal

연습문제

▣ 문제 [1]

다음은 여러 개념을 설명한 것이다. 빈칸에 적합한 단어나 문구를 기입하시오.

01 기업의 경영활동은 ( ), ( ), ( )으로 구분된다. 경영활동이 발생하면 기업의 자산, 부채, 자본에 영향을 미치게 된다.

02 회계거래는 기업의 경영활동에 의해 ( ), ( ), ( )의 증감과 ( ), ( )이 발생하는 경제적 사건을 말한다.

03 회계거래란 ( ) 및 경영외적활동에 따라 ( ) · 부채 · ( ) · 수익 · ( )에 변동이 발생하고 또한 ( )로 측정할 수 있을 때 인식된다.

04 하나의 회계거래는 ( )와 대변요소로 구분되고, 차변과 ( )의 금액은 동일하게 표시되어 회계등식의 원리가 항상 성립하게 된다. 여기서 하나의 거래가 동일한 금액으로 차변과 대변에 동시에 이중으로 기록되는 것을 거래의 ( )이라 한다.

05 재무상태표등식은 「자산 = ( ) + 자본」이며 여기서 차변요소는 자산증가, ( ), 자본감소가 되며 대변요소는 ( ), 부채증가, ( )가 된다.

06 포괄손익계산서등식은 「( ) + 순이익 = 수익 또는 비용 = ( ) + 순손실」이며 여기서 차변요소는 비용발생이며 대변요소는 ( )이 된다.

07 계정이란 자산 · ( ) · 자본 · 수익 · ( )을 세부항목별로 증가와 감소를 기록하여 계산하는 ( )를 말한다. 계정은 ( ), 차변계좌, 대변계좌, ( )으로 구성되어 있다.

08 계정은 차변과 대변으로 구분되고, 한쪽에 ( )가 기록되면 반대편에는 감소가 기록되어 잔액은 증가의 쪽에 나타나게 된다. 자산계정은 재무상태표등식에서 차변의 요소로서 ( )에 증가가 기록되고, 반대편 대변에는 감소가 기록된다. 부채와 자본계정은 재무상태표등식의 대변요소로서 ( )계정과 반대로 기록한다. 비용과 수익항목은 포괄손익계산서의 구성항목이다. 비용의 발생은 자본의 감소를 가져오며 수익의 발생은 자본의 증가를 가져오므로 비용발생은 계정의 ( )에 기록하며 ( )의 발생은 계정의 대변에 기록하게 된다.

09 분개란 어느 (　　　)의 어느 (　　　)에 얼마의 금액을 기록할 것인가를 분해하는 절차를 말한다. 분개기록은 (　　　)에 옮겨 기록하게 되는데 이를 (　　　)라고 한다.

10 주요장부는 경영활동에서 일어나는 모든 회계거래를 총괄적으로 기록, 계산하는 장부로서 (　　　)과 총계정원장이 있다. 보조장부는 총계정원장에 부속하여 추가적으로 내용을 상세히 기록하는 장부로서 (　　　)과 보조원장이 있다.

▣ 문제 [2]

다음의 사건에 대하여 회계거래의 여부(○, ×)를 표시하고 이유를 설명하시오.

01 (　) 상품 ₩5,000,000을 구입하고 대금은 한 달 후에 지급하기로 하였다.

02 (　) 원가 ₩500,000의 상품을 ₩700,000에 판매하기로 계약하였다.

03 (　) 상품 ₩4,000,000을 주문하였다.

04 (　) 태풍 매미로 인하여 장부가액 ₩20,000,000의 건물이 완전히 파괴되었다.

05 (　) 건물 화재보험료 ₩500,000의 청구서를 받았으나 현금이 부족하여 지급일에 납부하지 못하였다.

06 (　) 보유 중인 빌딩을 담보로 제공하고 현금 ₩1,000,000,000을 차입하였다.

07 (　) 한지혜를 월 ₩2,000,000에 광고모델로 계약하였다.

08 (　) 대표이사가 지병으로 사임함에 따라 차기 대표이사로 잭 레오를 선임하였다.

09 (　) Digital LED 라인을 증설하기로 하고 주주총회에서 신주발행을 결의하였다.

10 (　) 소말리아 아동의 푸드 지원을 위한 현금으로 $10,000,000의 지급을 결의하다.

▣ 문제 [3]

다음은 (주)러브 코리아의 분개기록에 나타난 계정과목이다. 자산은 A, 부채 L, 자본 C, 수익 R, 비용 E로 표시하시오.

• 현　　금 (　)	• 사　　채 (　)	• 매　　출 (　)	• 매　　입 (　)
• 매출원가 (　)	• 급　　여 (　)	• 소 모 품 (　)	• 차 입 금 (　)
• 미 수 금 (　)	• 건　　물 (　)	• 자 본 금 (　)	• 용역수익 (　)

• 상　　품 (　　)	• 미지급금 (　　)	• 선 급 금 (　　)	• 감가상각비 (　　)
• 매입채무 (　　)	• 매출채권 (　　)	• 기계장치 (　　)	• 차량운반구 (　　)
• 선급비용 (　　)	• 미수수익 (　　)	• 소모품비 (　　)	• 수도광열비 (　　)
• 유가증권 (　　)	• 금융상품 (　　)	• 퇴직급여 (　　)	• 배당금수익 (　　)
• 임 차 료 (　　)	• 이자비용 (　　)	• 임 대 료 (　　)	• 미지급비용 (　　)
• 이자수익 (　　)	• 통 신 비 (　　)	• 운 반 비 (　　)	• 광고선전비 (　　)
• 구 축 물 (　　)	• 토　　지 (　　)	• 보 험 료 (　　)	• 복리후생비 (　　)

▣ 문제 [4]

다음은 '머리사랑 미주네 집'이 20××년 4월 1일 개업하여 한 달 동안 발생한 영업의 활동을 나타낸 것이다.

1. 소유주 미주는 현금 ₩5,000,000을 출자하여 머리사랑 미주네 집을 설립하다.
2. 퍼머기계 Bang 1호를 ₩2,000,000에 구입하고 반액은 현금지급하고 잔액은 다음에 지급하기로 하다.
3. 한 달 동안 퍼머의 서비스료 ₩3,000,000이 발생하여 반액은 현금으로 받고 나머지는 다음에 받기로 하다.
4. 모발영양크림 Bouncy를 ₩1,000,000에 구입하고 ₩300,000은 현금으로 지급하고 잔액은 다음에 지급하기로 하다.
5. 퍼머기계의 구입대금 중 미지급금 ₩1,000,000을 현금으로 지급하다.
6. 퍼머약품과 소모품을 보관하는 fancy 캐비닛을 현금 ₩500,000에 구입하다.
7. 종업원 급여 ₩1,000,000을 현금으로 지급하다.
8. 전기료 ₩200,000에 대한 청구서를 받았으나 미지급상태로 월말을 맞이하다.

【요구사항】

1. 위의 회계거래에서 차변요소와 대변요소의 결합관계를 나타내시오.
2. 회계등식을 이용하여 회계거래를 기록하시오.
3. '머리사랑 미주네 집'의 4월 1일부터 4월 30일까지 계정식 포괄손익계산서를 작성하시오.
4. '머리사랑 미주네 집'의 4월 30일 현재 계정식 재무상태표를 작성하시오.

▣ 문제 [5]

다음은 회계거래의 결합관계를 나타낸 것이다. 해당되는 번호를 (　)에 넣으시오.

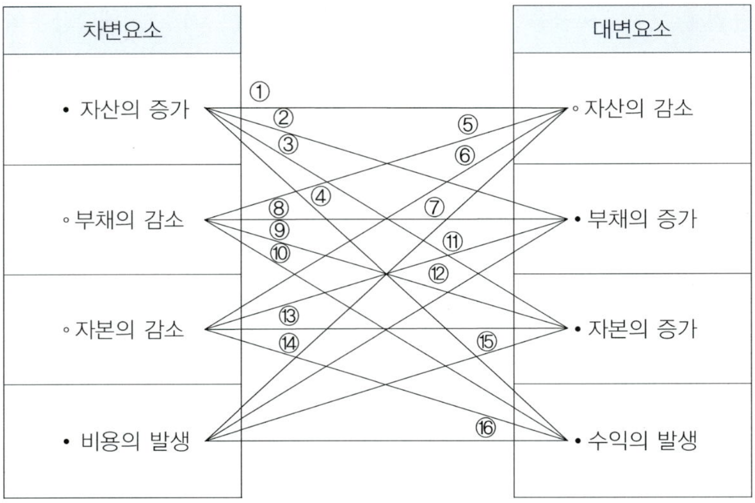

01 (　) 상품을 매입하고 현금 ₩100,000을 지급하다.

02 (　) 상품 ₩300,000을 매입하고 대금은 다음에 지급하기로 하다.

03 (　) 주식을 발행하고 현금 ₩100,000을 받아 당좌예입하다.

04 (　) 상품 ₩500,000을 스타지점에 판매하고 현금으로 받다.

05 (　) 건물의 구입에 대한 미지급액 ₩4,000을 현금으로 지급하다.

06 (　) 은행의 차입금 ₩10,000,000을 만기시점에 낮은 이자율로 재계약하다.

07 (　) 은행의 차입금 ₩50,000,000에 대해 출자전환하고 주권을 교부하다.

08 (　) 선수이자 ₩300,000을 당기의 이자수익으로 기말에 수정분개하다.

09 (　) 우선주(액면 ₩5,000)를 현금으로 매입하여 소각하다.

10 (　) A사원의 출자금 ₩10,000,000을 차입금으로 전환하다.

11 (　) 발행했던 우선주 중 액면 ₩5,000을 같은 금액인 보통주로 전환하다.

12 (　) 윤지원 사원의 출자금으로 받았던 ₩50,000은 이자인 것으로 밝혀지다.

13 (　) 사원의 급여 ₩1,000,000을 현금으로 지급하다.

14 (　) 월말에 전기료 ₩500,000의 청구서를 받았으나 다음에 지급하기로 하다.

15 (　) 현설희 사원에게 지급한 급여 ₩600,000은 출자금으로 대체하다.

16 (　) 주식회사 바다는 ocean view 빌딩 504호를 미래보험회사에 임대하다. 당

사는 이 빌딩을 미래보험회사에 화재보험으로 가입하고 금월 보험료 ₩1,000,000을 504호 임대료와 상계하다.

▣ 문제 [6]

다음은 Inca Trail Travel Agent의 20××년 5월의 영업활동을 나타낸 것이다.

5월 1일 승우는 현금 ₩5,000,000을 출자하여 Inca Trail Travel Agent를 설립하다.
3일 한나라 신문사에 여행상품 광고를 하고 현금 ₩1,000,000을 지급하다.
5일 사무실에 필요한 비품 ₩500,000을 구입하고 대금은 다음에 지급하기로 하다.
7일 Inca 원정대와 4박 5일 Trail 상품을 계약하고 수수료 ₩3,000,000을 현금으로 받다.
10일 소모품 ₩300,000을 구입하고 현금을 지급하다.
15일 7박 8일 Cusco 여행상품을 계약하고, 대금납부(수수료 ₩2,500,000)에 대한 청구서를 발행하다.
20일 비품구입에 대한 미지급 대금 ₩300,000을 현금으로 지급하다.
25일 Cusco 여행상품에 대한 미수수수료 ₩2,500,000을 현금으로 받다.
30일 5월분 직원 급여 ₩1,500,000을 현금으로 지급하다.
30일 5월분 사무실 임차료 ₩700,000의 청구서를 받고 아직 지급하지 못하고 있다.
31일 현재 소모품을 조사한 결과 ₩100,000은 남아 있는 것으로 확인되다.

【요구사항】

1. 위의 회계거래에 대하여 분개장을 작성하시오.
2. 분개장의 내용을 총계정원장에 전기하시오.
3. 5월의 경영성과를 표시한 보고식 포괄손익계산서를 작성하시오.
4. 5월의 결산에 나타난 5월 31일 현재 계정식 재무상태표를 작성하시오.

▣ 문제 [7]

다음은 듀오 결혼상담소의 20××년 6월에 일어난 영업활동을 분개장에 기록하여 총계정원장에 전기한 결과이다.

현 금 No. 101

6/1 자본금 5,000,000	6/5 임차보증금 1,000,000
10 용역매출 3,000,000	8 광고선전비 200,000
↓ 잔 액	

자 본 금 No. 301

	6/1 현 금 5,000,000
	↓ 잔 액

매출채권 No. 102

6/20 용역매출 1,500,000	
↓ 잔 액	

용역매출 No. 302

	6/10 현 금 3,000,000
	20 매출채권 1,500,000
	↓ 잔 액

임차보증금 No. 103

6/5 현 금 1,000,000	
↓ 잔 액	

급 여 No. 401

6/30 미지급급여 1,800,000	
↓ 잔 액	

미지급급여 No. 201

	6/30 급 여 1,800,000
	↓ 잔 액

광고선전비 No. 402

6/8 현 금 200,000	
↓ 잔 액	

미지급임차료 No. 202

	6/30 임차료 500,000
	↓ 잔 액

임 차 료 No. 403

6/30 미지급 임차료 500,000	
↓ 잔 액	

[요구사항]

1. 위의 원장에서 계정잔액을 기입하시오.
2. 위의 원장을 기초로 일자별로 회계거래를 추정하여 영업일지를 작성하시오.
3. 위의 원장을 이용하여 분개장을 작성하시오.
4. 원장의 잔액을 이용하여 계정식 재무상태표와 계정식 포괄손익계산서를 작성하시오.

▣ 문제 [8]

다음은 Mckinsey & Company Korea의 20××년 5월의 기초 재무상태표와 당월의 영업활동을 나타낸 회계자료이다. 요구사항에 대답하시오.

기초 재무상태표

Mckinsey & Company Korea　　20××. 5. 1. 현재　　(단위 : 원)

현　　금	₩10,000,000	미지급보험료	₩1,000,000
매출채권	3,000,000	차 입 금	2,000,000
		자 본 금	5,000,000
		이익잉여금	5,000,000
자산총계	₩13,000,000	부채 및 자본 총계	₩13,000,000

5월 1일 지점확장에 따라 증자를 실시하고 주주로부터 현금 ₩5,000,000을 받다.

3일 북한정부에 대한 자본시장제도 도입의 컨설팅 용역을 제공하고 대금으로 현금 ₩50,000,000을 받고 나머지 ₩50,000,000은 다음에 받기로 하다.

5일 보험료 미지급액 ₩1,000,000을 현금으로 지급하다.

7일 뉴욕 본사와의 위성통신채널(화상회의) 사용료 5월분 ₩10,000,000을 현금으로 지급하다.

10일 사무용 소모품 ₩3,000,000을 구입하고 대금은 다음에 지급하기로 하다.

15일 부산연안의 공중도시 운영시스템설계에 관하여 용역을 제공하고, 대금으로 ₩10,000,000은 현금으로 받고 ₩10,000,000은 다음에 받기로 하다.

20일 지난달의 매출채권 ₩3,000,000을 현금으로 회수하다.

25일 5월분 직원 급여 ₩50,000,000을 현금으로 지급하다.

30일 5월분 사무실 임차료 ₩15,000,000을 현금으로 지급하다.

30일 5월분 용역보증보험료 ₩10,000,000의 청구서를 받고 아직 지급하지 못하다.

31일 소모품을 조사한 결과 현재 ₩2,000,000은 남아 있는 것으로 확인되다.

【요구사항】

1. 5월의 회계거래에 대하여 분개장을 작성하시오.
2. 분개장의 기록내용을 총계정원장에 전기하시오.
3. 5월의 경영성과를 표시한 보고식 포괄손익계산서를 작성하시오.
4. 5월의 결산에 나타난 5월 31일 현재 보고식 재무상태표를 작성하시오.

제 4 장

ACCOUNTING PRINCIPLES

회계의 순환과정

|학|습|요|점|

- 회계순환의 단계별 내용은 무엇인가?
- 수정분개의 의의와 종류는 무엇인가?
- 마감분개는 무엇이며 왜 필요한가?
- 당기순이익은 어떻게 계산되는가?
- 시산표와 정산표의 의의와 역할은 무엇인가?

제1절 회계순환의 단계

1.1 회계순환의 의의

일반적으로 영업활동은 계속되는 것으로 전제된다. 영업활동이 시작되면 거래가 일어나고, 자산 · 부채 · 자본의 변동과정에서 수익과 비용이 발생하여 이익이 창출된다. 기업은 이익의 창출과정을 정기적으로 측정하여 재무제표를 통해 이해관계자에게 의사결정의 자료로 제공한다.

회계순환(accounting cycle)은 거래의 발생으로부터 재무제표의 작성에 이르는 일련의 회계처리과정을 말한다. 회사는 매 회계기간마다 일정한 회계절차에 따라 재무제표를 작성하게 된다. **회계절차를 순서적으로 보면 거래의 식별과 분개의 기록, 원장으로 전기, 수정전시산표의 작성, 수정분개와 전기, 수정후시산표의 작성, 장부의 마감, 재무제표의 작성 등으로 구성된다.** 여기서 수정전시산표와 수정후시산표의 작성은 분개기록이 원장에 올바르게 전기되었는가를 확인하는 것으로 선택적인 회계처리절차이며, 분개기록, 원장전기, 기말수정, 장부마감, 재무제표작성은 필수적인 회계처리절차이다. 분개기록과 원장전기는 회계기간 중에 일어나는 회계처리이며 시산표의 작성, 수정분개와 전기, 계정마감, 재무제표의 작성은 회계기간 말에 이루어지는 결산절차이다. 지금까지 설명한 회계순환의 과정을 회계처리시점과 장부기록을 관련지어 나타내면 다음과 같다.

회계의 순환과정		회계처리시점	장부기록
① 거래식별과 분개	⇒	거래발생마다	• 분개장
② 원장으로 전기	⇒	분개기록 후	• 총계정원장
③ 수정전시산표 작성*	⇒	회계기간 말	• 수정전시산표
④ 수정분개와 전기	⇒	회계기간 말	• 분개장 및 원장
⑤ 수정후시산표 작성*	⇒	회계기간 말	• 수정후시산표
⑥ 장부의 마감	⇒	회계기간 말	• 분개장 및 원장
⑦ 재무제표의 작성	⇒	회계기간 말	• 재무제표

* 선택적 절차이며, 나머지는 필수적 절차임.

1.2 회계기간 중의 절차

기업은 거래활동을 통해 이익을 창출한다. 거래활동이 일어나면 자산 · 부채 · 자본이 변동하고 이의 과정에서 수익과 비용이 발생하여 이익이 창출된다. 회계담당자는 회계거래가 발생할 때마다 거래요소를 식별하여 분개장에 기록하고 해당 원장에 전기하게 된다. 여기서는 회계기간 중에 일어나는 절차를 학습하기로 한다.

회계거래의 식별

회계처리는 거래의 식별에서 시작된다. 영업활동은 대부분 회계거래로 이루어지지만 회계거래가 아닌 것도 있다. 회계거래는 자산 · 부채 · 자본이 증감하고 수익과 비용이 발생하는 경제적 사건을 말한다. 여러 활동이 거래로 식별되면 이를 차변과 대변요소로 분해하고, 발생금액을 화폐로 측정하게 된다. 회계거래는 반드시 증빙자료에 기초하여 화폐금액을 측정하여야 한다. 증빙자료에는 거래계약서, 주문서, 대금지급 전산영수증, 급여명세서, 은행계좌 거래내역서, 내부 결재서류 등이 사용된다.

분개장의 기록

회계거래가 식별되면 거래요소의 증감내용을 장부에 기록하여야 한다. 먼저 거래요소의 결합관계를 분석하여 영향을 받는 계정과목, 차변과 대변의 위치, 발생금액을 확인하여 분개장에 기록하게 된다. 분개장에는 일반분개장과 특수분개장으로 구분된다. 회사규모가 작고 거래가 단순하면 하나의 일반분개장을 사용하여 기록하게 된다. 하지만 회사규모가 크고 거래가 복잡하면 여러 개의 특수분개장을 사용하여 각 부서에서 분할하여 기록하게 된다. 이때 특수분개장은 분개기록과 함께 결재란을 마련하여 관리기능도 담당하게 된다. 거래가 분개장에 기록되면 이를 원장에 전기한다. 분개기록은 원장의 작성을 돕는 장부로서 정확하게 작성하는 것이 무엇보다 중요하다.

총계정원장으로 전기

총계정원장은 분개기록의 내용을 해당 계정별로 옮겨 기록한 장부이다. 분개장의 차변계정은 원장의 차변에 기록되며 대변계정은 원장의 대변에 기록된다. 원장은 같은 성질의 것만 모아 계산하는 단위이므로 기말이 되면 계정 잔액은 차변 또는 대변에 발생하게 된다. 자산과 비용계정은 잔액이 차변에 발생하며, 부채 · 자본 · 수익계정은 잔액이 대변에 발생하게 된다. 회사는 회계기말에 자산 · 부채 · 자본계정을 모아 재무상태표를 만들고, 비용과 수익계정을 모아 포괄손익계산서를 작성하게 된다. 이와 같이 총계정원장은 재무제표를 작성하는 주된 장부로서 회계정보의 생산에 중심이 된다.

1.3 회계기간 말의 절차

회계기말이 되면 기중에 기록된 장부를 사용하여 일정한 회계절차에 따라 재무제표를 작성하게 된다. 여기서 회계기말에 이루어지는 회계절차를 결산과정이라 한다. 결산과정에는 수정전시산표의 작성, 수정분개와 전기, 수정후시산표의 작성, 계정의 마감, 재무제표의 작성으로 이루어진다.

수정전시산표의 작성

회계기간 중에 기록된 장부에는 분개장과 총계정원장이 있다. 분개장은 원장을 작성하는 준비기록이므로 모두 전기되어야 한다. 하지만 때때로 회계담당자의 부주의로 분개기록이 원장에 모두 전기되지 않고 일부 누락되거나 차변과 대변의 금액이 다르게 옮겨지는 경우가 있다. **수정전시산표**(unadjusted trial balance)는 회계기간 중에 작성된 분개장의 기록이 모두 원장에 올바르게 전기되었는지를 확인하는 절차이다. 복식부기는 회계거래를 차변과 대변에 동일금액으로 기록하게 된다. 복식부기의 원리에 따라 분개장의 차변과 대변의 각각 합계는 원장의 차변과 대변의 각각 합계와 일치하게 된다. 따라서 수정전시산표는 분개장의 합계와 원장의 합계를 대조하여 **전기과정의 정확성**을 확인하게 되며, 이를 통하여 결산절차가 올바르게 이루어지도록 보조하는 역할을 하게 된다.

수정분개와 전기

회계거래가 발생하면 그때마다 장부에 기록하게 된다. 하지만 어떤 거래는 발생시점에서 식별이 어렵거나 식별은 가능하지만 기말에 거래를 모아 장부에 기록하는 것이 효과적인 것도 있다. 이와 같이 재무제표를 작성하기에 앞서 원장에 아직 반영되지 않은 거래사항을 찾아 분개하고 계정에 반영하는 절차를 결산수정분개와 전기라고 한다. 수정분개는 원장내용이 기업 실제와 차이가 나는 경우 실제대로 장부를 수정하는 것을 말한다. 수정분개와 전기는 결산과정에서 가장 중요한 부분이며 회계담당자인 사람이 하여야 하는 중요한 역할이다. 그 외 장부마감 등은 대부분 반복작업으로 이루어지는 기계작업에 불과하다. 결산절차에서 필요한 기말수정사항에 대하여는 제3절에서 자세하게 검토하기로 한다.

수정후시산표의 작성

수정분개는 분개장에 기록하여 원장에 전기하게 된다. 수정된 원장의 잔액은 그대로 재무상태표와 포괄손익계산서의 계정으로 연결되어 최종 재무제표의 금액이 된다. 수정후시산표(adjusted trial balance)는 기말에 이루어진 수정분개가 정확하게 원장에 전기되었는가를 확인하는 것이며 이를 통해 재무제표가 오류 없이 작성되도록 도와주는 역할을 하게 된다. 실무에서는 때때로 수정후시산표의 작성을 생략하기도 하지만 재무제표의 작성을 보다 편리하게 하고 오류를 사전에 제거하므로 유익하고 필요한 절차이다.

장부의 마감

원장이 기업 실제대로 수정되면 재무제표를 작성하기 위해 장부를 마감하게 된다. 장부의 마감은 포괄손익계산서계정, 재무상태표계정, 분개장, 보조장부의 순서로 이루어진다. 포괄손익계산서계정은 수익과 비용계정을 먼저 마감하고, 이어 집합손익계정을 마감한다. 수익과 비용계정은 대변과 차변잔액을 각각 집합손익계정에 대체하면 마감된다. 그리고 집합손익계정은 대변(당기순이익)과 차변(당기순손실)잔액을 이익잉여금계정 대변과 차변에 대체하므로서 마감된다. 수익, 비용, 집합손익계정은 모두 기중에 만들어지고 기말 대체분개가 끝나면 없어지는 임시계정이다.

포괄손익계산서계정에 이어 재무상태표계정을 마감하게 된다. 자산, 부채, 자본계정은 당기의 기말잔액을 계산하여 차기의 개시잔액으로 이월하면 계정이 마감된다. 이와 같이 계정의 마감에는 원장에서 원장으로 옮겨 기록하는 작업이 나타나는데 이를 **대체**(transfer)라고 한다. 수익과 비용계정에서 집합손익계정으로 대체, 집합손익계정에서 이익잉여금계정으로 대체는 분개장을 통해 이루어진다. 자산 · 부채 · 자본계정도 분개장을 통해 장부를 마감하는 것이 원칙이며, 때때로 분개기록을 생략하고 원장에서만 기계적으로 당기 잔액을 차기로 이월하여 마감하기도 한다. 원장이 마감되면 분개장과 보조장부를 마감하게 된다.

재무제표의 작성

원장이 마감되면 이를 기초로 재무제표를 작성한다. **재무상태표**는 자산 · 부채 · 자본의 각 계정으로부터 차기이월액(기말잔액)을 모아 작성한다. **포괄손익계산서**는 수익과 비용의 계정을 모아 작성하거나 집합손익계정을 사용하여 작성하게 된다. 재무상태표와 포괄손익계산서는 수정후시산표를 통하여 작성할 수도 있다. **수정후시산표**는 각 계정의 잔액을 모아 놓은 것이므로 수익과 비용계정을 통해 포괄손익계산서를 작성하고, 자산 · 부채 · 자본계정을 통해 재무상태표를 만들게 된다. 여기서 포괄손익계산서에서 당기순이익을 계산하여 이익잉여금계정에 대체하므로서 재무상태표를 작성할 수 있게 된다.

제2절 회계순환의 사례

2.1 사례기업의 설정

위에서 회계순환의 과정을 설명하였다. 본 절에서는 영업활동의 사례를 만들어 회계처리절차를 단계별로 학습하기로 한다. 영업사례로는 **서비스업**을 사용하며, 상품매매업은 다음 장에서 별도로 다루게 된다. 사례기업은 광고업에 관련된 영업으로서, 디지털방송의 영상광고를 제작하여 국내 및 국외의 지상 방송사와 케이블방송사에 제공하고 있다. 영상광고의 제작을 위하여 IT기술이 내장된 인텔리젠트 빌딩을 임차하여 영업을 개시하였다. 사례기업의 상호는 (주)U-러브 미디어이며 20××년 1월 1일부터 12월 31일까지 영업거래가 발생하였다. 회계기간은 1년으로 하며 연말결산을 통해 재무상태표와 포괄손익계산서를 작성하게 된다. (주)U-러브 미디어의 20××년도 영업활동에 대한 회계거래는 다음과 같다.

[(주)U-러브 미디어 영업일지 : 20××년 1월 1일부터 20××년 12월 31일까지]

1월 1일	(주)U-러브 미디어를 설립하고 영상광고업을 시작하다. 주주로부터 현금 ₩5,000,000을 받고 주권을 교부하다.
3월 1일	인텔리젠트 빌딩 1동을 임차하고 임차보증금 ₩1,000,000과 1년분 임차료 ₩1,200,000을 현금 지급하다.
5월 1일	사무실용 책상 · 의자 · 캐비닛을 구입하고 대금 ₩600,000은 외상으로 하다.
10일	사무용품과 청소도구를 구입하고 현금 ₩500,000을 지급하다.
7월 1일	하늘은행으로부터 현금 ₩2,000,000을 1년간 차입하다. 이자율은 12%이며 이자는 원금상환과 함께 지급하기로 하다.
8월10일	Tommy Hilfiger의 봄 상품광고를 제작하고 대금 ₩5,000,000을 현금으로 받다.
10월 1일	현금보유액이 증가하여 GAP에 연 6%이자로 ₩2,000,000을 1년간 대여하다.
11월 8일	CGV로부터 영화홍보의 광고를 제작하고 대금 ₩3,000,000을 청구하다.
12월31일	직원 급여 ₩2,000,000을 현금으로 지급하다. 전기료 ₩600,000의 청구서를 받았으나 지급하지 못하고 연말을 맞이하다.

2.2 거래식별과 분개장의 기록

회계거래는 거래요소를 분석하여 분개장에 기록하게 된다. 분개의 절차는 거래분석과 분개장의 기록으로 구성된다. 거래분석은 복식부기의 원리에 따라 거래를 차변요소와 대변요소로 분해하고, 기록될 계정과목과 차변 및 대변의 위치, 금액을 확정하는 것이다. 분개장의 기록은 일정한 양식에 일자, 계정과목 및 설명, 원장 페이지, 발생금액을 기입하는 것이다. 분개장의 양식과 기록하는 방법은 앞에서 설명하였다. 여기서는 위에서 설정한 U-러브 미디어의 영업거래자료를 사용하여 분개장에 기록하고, 결산과정에 이르는 절차를 학습하기로 한다. 20××년도 사례기업의 거래를 분개장에 기록하면 아래와 같다.

분개장의 원면란은 각 거래를 원장에 전기하고 난 다음 원장의 페이지 번호를 기입하는 것으로 거래가 전기되었음을 확인하는데 사용된다. 거래가 모두 분개장에 기록되면 차변 및 대변의 합계를 계산한다. 우선 차변과 대변을 대조하여 분개의 누락을 확인하게 되며, 나중에 결산과정에서 수정전시산표의 차변 및 대변의 합계와 비교하여 전기의 정확성을 검증하게 된다. 분개장에 나타난 합계 ₩22,900,000은 원장에 전기하는 항목이 아니므로 원장번호의 기입란에 체크마크(∨)를 하여 차변과 대변의 합계를 확인하였음을 나타내게 된다.

(주)U-러브 미디어 **분 개 장** No. 001

일 자	계정과목 및 설명	원면	차 변	대 변
1월 1일	현 금	101	5,000,000	
	자 본 금	301		5,000,000
	(주주로부터 현금을 출자하여 영업을 개시하다)			
3월 1일	(제 좌) 현 금	101		2,200,000
	임차보증금	102	1,000,000	
	선급임차료	103	1,200,000	
	(건물을 임차하고 보증금, 임차료를 현금 지급하다)			
5월 1일	비 품	104	600,000	
	미 지 급 금	201		600,000
	(비품을 구입하고 대금은 다음에 지급하기로 하다)			
10일	소 모 품	105	500,000	
	현 금	101		500,000
	(소모품을 구입하고 현금을 지급하다)			
7월 1일	현 금	101	2,000,000	
	단기차입금	202		2,000,000
	(하늘은행으로부터 현금을 차입하다. 이자율 연 12%)			
8월 10일	현 금	101	5,000,000	
	용 역 매 출	401		5,000,000
	(광고를 제작하여 제공하고 대금은 현금으로 받다)			
10월 1일	단기대여금	106	2,000,000	
	현 금	101		2,000,000
	(GAP에 현금을 대여하다. 이자율 연 6%)			
11월 8일	매 출 채 권	107	3,000,000	
	용 역 매 출	401		3,000,000
	(영화홍보광고를 제작하여 제공하고 외상으로 하다)			

12월 31일	급 여	501	2,000,000	
	현 금	101		2,000,000
	(직원의 급여를 현금으로 지급하다)			
	전 기 료	502	600,000	
	미지급전기료	203		600,000
	(전기료 청구서를 받았으나 아직 지급하지 않았다)			
		∨	22,900,000	22,900,000

2.3 총계정원장으로 전기

분개기록은 해당 계정의 원장에 전기한다. 전기는 분개장의 거래를 해당 원장에 옮겨 기록하는 것이다. 이들 원장은 기말에 잔액을 계산하여 재무제표를 작성하게 된다. 전기절차는 분개기록이 일어날 때마다 하거나 일주일이나 일정기간별로 모아서 하게 된다. 원장의 양식은 표준식, 잔액식, T-계정이 있다. 실무에서는 잔액식을 많이 사용하고 교육용으로는 간단한 T-계정을 사용한다. 원장에 기입하는 방법은 앞에서 예제를 통해 설명하였다. 여기서는 (주)U-러브 미디어의 분개기록을 원장에 전기하고 결산과정과 연결지어 학습하기로 한다. 20××년도 (주)U-러브 미디어의 분개기록을 총계정원장에 전기하면 아래와 같다.

현 금 No. 101

차변	대변
1/1 자본금 5,000,000	3/1 제 좌 2,200,000
7/1 단기차입금 2,000,000	5/10 소모품 500,000
8/10 용역매출 5,000,000	10/1 단기대여금 2,000,000
	12/31 급 여 2,000,000

미지급금 No. 201

차변	대변
	5/1 비 품 600,000

임차보증금 No. 102

차변	대변
3/1 현 금 1,000,000	

단기차입금 No. 202

차변	대변
	7/1 현 금 2,000,000

선급임차료 No. 103

차변	대변
3/1 현 금 1,200,000	

미지급전기료 No. 203

차변	대변
	12/31 전기료 600,000

비 품 No. 104

차변	대변
5/1 미지급금 600,000	

자 본 금 No. 301

차변	대변
	1/1 현 금 5,000,000

소 모 품 No. 105

차변	대변
5/10 현 금 500,000	

용역매출 No. 401

차변	대변
	8/10 현 금 5,000,000
	11/8 매출채권 3,000,000

단기대여금 No. 106

차변	대변
10/1 현 금 2,000,000	

급 여 No. 501

차변	대변
12/31 현 금 2,000,000	

매출채권 No. 107

차변	대변
11/8 용역매출 3,000,000	

전 기 료 No. 502

차변	대변
12/31 미지급전기료 600,000	

2.4 수정전시산표의 작성

기중에 거래가 일어나면 그때마다 분개하여 원장에 전기를 하게 된다. 기말에는 기중에 기록된 원장을 기초로 결산절차를 밟게 된다. 결산절차에서 첫 단계는 분개장의 기록이 원장에 올바르게 전기되었는가를 확인하는 것이다. 전기가 정확하게 이루어졌는지는 시산표를 사용하여 확인하게 된다.

시산표란 무엇인가?

시산표(trial balance, T/B)는 원장의 모든 계정을 모아 차변과 대변의 합계 및 잔액을 계산한 표를 말한다. 분개장에서 차변에 기록된 금액이 원장의 차변에 전기되고, 대변의 금액이 원장의 대변에 전기되면, 분개장의 차변과 대변에 기록된 총액은 원장의 차변과 대변에 전기된 총액과 일치하게 된다. 따라서 결산의 절차를 시작하면서 원장의 각 계정에 기록된 차변과 대변의 합계 및 잔액을 하나의 표에 집계하여 시산표를 만들고, 다음과 같은 두 가지 사실을 확인하게 된다. 첫째, 원장의 차변합계가 분개장의 차변합계와 일치하고, 원장의 대변합계가 분개장의 대변합계와 일치하는가를 파악하여, 모든 분개내용이 원장에 전기되었는가를 확인하게 된다. 둘째, 원장의 차변 총합계와 대변의 총합계가 일치하고, 원장의 차변 잔액합계와 대변 잔액합계가 일치하는가를 파악하여, 차변과 대변에 동일한 금액이 기록되었는가를 확인하게 된다.

시산표는 기말수정분개가 이루어지기 전에 작성하는 것이 일반적이다. 기중에도 계정에의 전기가 계속되므로 일별, 주별, 월별로 작성하여 전기과정의 오류를 사전에 예방하게 된다.

기장오류는 전기과정에서 여러 가지 원인에 의하여 발생한다. 시산표를 통해 차변합계와 대변합계를 검증하더라도 때때로 일정한 형태의 오류는 발견되지 않고 남아 있음을 유의해야 한다. 예를 들어 하나의 거래를 차변과 대변에서 모두 기입을 하지 않거나, 다른 거래의 금액을 차변과 대변에 동일하게 기록하게 되면, 차변합계와 대변합계가 일치하여 시산표에는 오류로 나타나지 않는다. 또한 현금계정의 차변금액을 매출채권의 차변금액에 기입하거나, 차변과 대변을 반대로 같은 금액을 기입하여도 시산표에는 오류로 나타나지 않게 된다.

시산표의 구성항목

모든 거래는 차변요소와 대변요소로 구분되고 차변과 대변에 같은 금액을 분개장과 원장에 기록하게 된다. 시산표는 이들 원장을 모아 작성한 것으로 다음의 두 가지 사실이 성립하게 된다.

첫째, 시산표는 항상 차변과 대변의 합계가 일치하게 된다. 차변과 대변의 합계가 일치하는 것은 복식부기와 거래의 이중성에 따라 하나의 거래를 차변요소와 대변요소로 구분하고 동일한 금액을 기록하기 때문에 나타난다. 따라서 하나의 거래는 차변과 대변의 금액이 같게 되며 회계기간에 발생된 모든 거래의 결과를 합계하여도 차변과 대변은 일치하게 된다. 여기서 일정기간에 기록된 계정의 차변합계와 대변합계가 일치하는 것을 **대차평균의 원리(principle of equilibrium)**라고 한다.

둘째, **시산표는 자산 · 부채 · 자본 · 수익 · 비용계정으로 구성된다.** 거래는 모든 계정의 차변요소와 대변요소가 결합되어 나타나게 되므로, 이를 모아 작성한 시산표에는 자산 · 부채 · 자본 · 수익 · 비용계정이 함께 나타나게 된다.

거래의 대차평균의 원리를 이용하면 시산표를 작성하는 등식을 도출할 수 있다. 기말에 원장별로 대차잔액을 계산하면 자산과 비용계정은 차변에 잔액이 나타나고, 부채 · 자본 · 수익계정은 대변에 잔액이 나타나며, 차변과 대변의 합계는 서로 일치하게 된다. 이를 등식으로 나타내면 시산표등식(trial balance equation)이 된다. 시산표등식을 회계등식, 원장잔액과 관련지어 관계를 나타내면 다음 도표와 같다.

회 계 등 식 : 자산 = 부채 + 자본 + [수익 − 비용]

⇩

시산표등식 : 자산 + 비용 = 부채 + 자본 + 수익

(자산 + 비용: 차변잔액 합계 / 부채 + 자본 + 수익: 대변잔액 합계)

잔액시산표

<table>
<tr><td rowspan="3">자 산</td><td>부 채</td></tr>
<tr><td>기초자본</td></tr>
<tr><td>(당기순이익)</td></tr>
<tr><td>비 용</td><td>수 익</td></tr>
</table>

시산표등식에서 보면 자산과 비용의 합계는 부채 · 자본 · 수익의 합계와 일치하며 도표에서도 이러한 관계를 확인할 수 있다. 도표에서 보면 당기순이익은 수익에서 비용을 차감하여 계산되며, 당기순이익이 기초자본에 더해지면 자산은 부채와 자본의 합계가 일치하는 것을 알 수 있다. 다시 말하면 시산표로부터 포괄손익계산서와 재무상태표를 분리하여 재무제표를 작성할 수 있음을 알 수 있다.

시산표의 작성

시산표는 원장의 모든 계정으로부터 차변과 대변의 합계 및 잔액을 모아 작성한다. 즉, 원장의 차변합계와 차변잔액을 시산표의 차변에 기록하고, 원장의 대변합계와 대변잔액을 시산표의 대변에 기록하여 작성한다. **시산표**는 합계시산표, 잔액시산표, 합계잔액시산표로 나누어진다.

합계시산표(trial balance of totals)는 모든 계정으로부터 차변합계와 대변합계를 모아 작성한다. 합계시산표의 차변합계는 대차평균의 원리에 따라 대변합계와 일치하게 된다. 대차가 일치하지 않으면 분개기록에서 원장으로 전기하는 과정에서 오류가 있었으므로 이를 찾아 수정해야 한다. 또한 시산표의 차변합계와 대변합계는 분개장의 차변합계와 대변합계가 일치하는지를 대조하여 모든 분개기록이 원장에 전기되었는지 확인하게 된다. 예를 들어 (주)U-러브 미디어의 원장으로부터 수정전합계시산표를 작성하면 다음과 같다. 수정전합계시산표에는 차변합계와 대변합계가 각각 ₩22,900,000으로 나타나 서로 일치하며, 이 값은 앞에서 작성한 분개장의 차변합계와 대변합계와 각각 일치함을 알 수 있다.

수정전합계시산표

(주)U-러브 미디어 20××년 12월 31일 (단위 : 원)

차 변	계정과목	대 변
₩12,000,000	현 금	₩6,700,000
1,000,000	임차보증금	
1,200,000	선급임차료	
600,000	비 품	
500,000	소 모 품	
2,000,000	단기대여금	
3,000,000	매 출 채 권	
	미 지 급 금	600,000
	단기차입금	2,000,000
	미지급전기료	600,000
	자 본 금	5,000,000
	용 역 매 출	8,000,000
2,000,000	급 여	
600,000	전 기 료	
₩22,900,000		₩22,900,000

잔액시산표(trial balance of balances)는 모든 계정으로부터 잔액을 모아 작성한다. 계정의 잔액은 원장의 차변합계와 대변합계에서 차액을 계산하여 합계가 많은 쪽에 기록한 금액이다. 원장잔액은 자산과 비용계정의 경우 차변에 나타나고, 부채 · 자본 · 수익계정은 대변에 나타난다. 잔액시산표에서는 차변의 잔액합계와 대변의 잔액합계가 일치하는지를 확인하게 된다. 잔액시산표를 이용하면 곧바로 포괄손익계산서와 재무상태표를 작성할 수 있으므로 학습목적으로 많이 이용하고 있다. 예를 들어 (주)U-러브 미디어의 원장으로부터 수정전잔액시산표를 작성하면 다음과 같다.

수정전잔액시산표

(주)U-러브 미디어 20××년 12월 31일 (단위 : 원)

차 변	계정과목	대 변
₩5,300,000	현 금	
1,000,000	임차보증금	
1,200,000	선급임차료	
600,000	비 품	
500,000	소 모 품	

2,000,000	단기대여금	
3,000,000	매 출 채 권	
	미 지 급 금	₩600,000
	단기차입금	2,000,000
	미지급전기료	600,000
	자 본 금	5,000,000
	용 역 매 출	8,000,000
2,000,000	급 여	
600,000	전 기 료	
₩16,200,000		₩16,200,000

수정전잔액시산표에는 차변잔액합계와 대변잔액합계가 각각 ₩16,200,000으로 나타나 서로 일치함을 알 수 있으며, 잔액의 위치도 자산과 비용계정은 차변에 부채 · 자본 · 수익계정은 대변에 나타나 있음을 확인할 수 있다.

합계잔액시산표(trial balance of totals & balances)는 합계시산표와 잔액시산표를 하나의 표에 포함시켜 작성한 것이다. 합계잔액시산표에는 각 계정의 차변과 대변의 총액과 각 계정의 잔액이 표시되므로 전기과정의 오류를 확인하고, 또한 재무제표를 곧바로 작성할 수 있는 이점이 있다. 따라서 실무에서는 주로 합계잔액시산표를 작성하여 사용하고 있다. 예를 들어 (주)U-러브 미디어의 수정전합계잔액시산표를 작성하면 다음과 같다.

수정전합계잔액시산표

(주)U-러브 미디어 20××년 12월 31일 (단위 : 원)

차 변		계정과목	대 변	
잔 액	합 계		합 계	잔 액
₩5,300,000	₩12,000,000	현 금	₩6,700,000	
1,000,000	1,000,000	임차보증금		
1,200,000	1,200,000	선급임차료		
600,000	600,000	비 품		
500,000	500,000	소 모 품		
2,000,000	2,000,000	단기대여금		
3,000,000	3,000,000	매 출 채 권		
		미 지 급 금	600,000	₩600,000
		단기차입금	2,000,000	2,000,000
		미지급전기료	600,000	600,000

		자 본 금	5,000,000	5,000,000
		용 역 매 출	8,000,000	8,000,000
2,000,000	2,000,000	급 여		
600,000	600,000	전 기 료		
₩16,200,000	₩22,900,000		₩22,900,000	₩16,200,000

2.5 수정분개와 전기

회계거래는 분개기록을 통해 원장에 전기를 하게 된다. 기중의 거래는 대부분 기업 외부와의 거래로서 쉽게 식별되어 증빙서류에 의해 장부에 기록하게 된다. 하지만 거래 중에는 식별이 쉽지 않거나 두 기간에 연계된 거래, 일정기간별로 처리하는 것이 편리한 것도 있다. 이러한 거래는 결산기말에 일정한 절차에 따라 수정하여야 한다.

수정분개(adjusting entries)란 결산기말에 각 계정의 잔액을 기업의 실제내용대로 수정하는 것을 말한다. 수정분개에 해당하는 거래는 발생시점의 식별이 어렵거나, 또는 기말에 함께 모아 장부처리하는 것이 편리한 것으로서, 기중에 분개기록이나 원장에 전기하지 않은 것과 회계처리된 것 중 수정을 요하는 것으로 구분된다. **기중에 아직 회계처리되지 않은 수정항목**은 주로 수익과 비용이 이미 발생하였지만 인식시점을 파악하기 어렵고, 기말에 일정기준에 따라 처리하는 것이 합리적인 항목이며 감가상각비, 소모품비, 미수수익, 미지급비용 등이 있다. **기중에 회계처리되었으나 기말에 수정이 필요한 항목**은 대부분 두 회계기간에 연계되어 나타난 거래로서 각 회계기간의 금액을 확정하여 수정하는 항목으로 선수수익과 선급비용 등이 있다.

이와 같이 수정을 필요로 하는 기말정리사항은 기중에 현금주의에 따라 회계처리하기 때문에 발생하며, 기말에 발생주의에 따라 수정을 하게 되는 것이다. 기말에 이루어지는 수정사항도 분개장에 기록하고 원장에 전기하게 된다. 수정분개는 회계순환에서 가장 중요한 부분으로 제3절에서 별도로 설명하게 되며 충분히 이해하여야 한다.

본 절에서는 (주)U-러브 미디어의 사례를 사용하여 기말의 수정분개와 전기과정을 살펴보기로 한다. (주)U-러브 미디어의 사례에는 선급임차료, 소모품, 감가상각, 미지급이자, 미수이자의 항목에 관하여 수정이 필요하다.

선급임차료

(주)U-러브 미디어는 3월 1일에 1년분의 임차료 ₩1,200,000을 현금으로 지급하고 이를 선급임차료로 처리하였다. 이 경우 지급된 임차료는 두 회계기간의 비용으로서 우선 자산계정인 선급임차료로 처리하고, 기말에 당기 및 차기의 비용금액이 확정되면 수정분개를 통해 비용을 인식하게 된다. 당기에 임차료로 처리해야 할 비용은 10개월분 ₩1,000,000이므로, 차변에 임차료 ₩1,000,000과 대변에 선급임차료 ₩1,000,000을 분개기록하고 원장에 전기한다. 이와 같이 수정분개가 이루어지면 임차료계정은 차변에 ₩1,000,000이 설정되어 비용으로 나타나고, 선급임차료계정은 차변에 ₩200,000의 잔액이 표시되어 자산으로 차기에 이월된다.

소모품

소모품은 사무실에서 사용되는 용품을 말한다. 소모품은 구입금액이 소액이며 사용된 것만큼 비용으로 인식된다. 소모품은 구입시점에 자산계정인 소모품으로 설정되고, 기말에 사용된 것만큼 확인하여 소모품비의 비용으로 처리한다. (주)U-러브 미디어는 5월 10일에 소모품을 ₩500,000에 구입하여 자산계정인 소모품으로 처리하였다. 기말에 소모품 사용액을 조사한 결과 ₩300,000으로 나타났다면, 차변에 소모품비 ₩300,000과 대변에 소모품 ₩300,000을 분개하고 원장에 전기한다. 이와 같이 분개와 전기가 이루어지면 소모품비계정은 차변에 ₩300,000이 비용으로 설정되고, 소모품계정은 차변에 ₩200,000의 잔액이 표시되어 자산으로 차기에 이월된다.

감가상각

기업은 영업을 위해 건물, 기계장치, 비품, 차량운반구 등을 장기적으로 사용하게 된다. 이러한 자산은 영업활동에 기여하면서 서서히 자산가치가 감소하게 된다. 여기서 건물, 기계장치, 비품, 차량운반구 등은 취득원가를 자산으로 계상하고, 내용연수에 걸쳐 매년 일정한 금액을 비용으로 처리하게 되는데 이를 감가상각이라 한다. 감가상각(depreciation)은 유형자산을 사용함으로써 효익을 얻게 되는 여러 기간에 걸쳐 취득원가를 체계적으로 배분하는 절차이며, 각 회계기간에 비용으로 처리하는 금액을 감가상각비라고 한다. 감가상각비는 건물이나 비품의 자산가치가 계속적으로 감소되고 이를 발생시점마다 비용으로 처리하는 것이 불가능함으로, 일정한 배분절차에 따라 기말에 일괄적으로 처리하게 된다. 감가상각의 배분금액계산이나 회계처리방법은 다음 절에서 구체적으로 다루기로 한다.

(주)U-러브 미디어의 사례에서는 건물을 임차하여 사용하고 있으므로 비품만 감가상각의 대상이 된다. 여기서 비품은 구입 후 2년간 사용할 수 있으며 사용이 끝나는 시점에는 가치가 감소되어 '0'이 되는 것으로 알려졌다. 이 경우 감가상각비는 금년에 5월 1일부터 8개월분에 해당하는 ₩200,000(= 600,000 ×8/24)을 계상하게 된다. 따라서 기말에 결산분개로 차변에 감가상각비 ₩200,000과 대변에 비품 ₩200,000을 기록하고 원장에 전기한다. 이와 같이 분개와 전기가 이루어지면 감가상각비계정은 차변에 ₩200,000이 비용으로 설정되고, 비품계정은 차변에 ₩400,000의 잔액이 표시되어 자산으로 차기에 이월된다. 여기서 대변에 비품계정 대신 감가상각누계액계정을 사용하는 것은 다음 절에서 설명한다.

미지급이자

기업은 영업에 필요한 자금을 차입하거나 대여하면 정해진 날짜에 이자를 지급하거나 수령하게 된다. 미지급이자는 기중에 정해진 날짜에 이자를 지급하지 못하는 경우에 발생하거나, 기말에 경과이자를 계상함으로써 나타나게 된다. 기말에 계상되는 경과이자는 아직 이자지급일자는 다가오지 않았지만, 결산일 현재 이미 발생된 이자를 당기의 비용으로 인식하기 위하여 계상하게 된다.

(주)U-러브 미디어의 사례에서는 7월 1일 은행으로부터 현금 ₩2,000,000을 차입하고, 이자를 다음 연도 6월 말에 지급하기로 하였으므로, 결산일 12월 31일 현재 이미 기간이 경과되어 발생된 6개월분 이자를 계상하여야 한다. 이 경우 기말결산분개에서 차변에 이자비용 ₩120,000(= 2,000,000×12%×6/12)과 대변에 미지급이자 ₩120,000을 기록하고 전기한다. 이와 같이 분개와 전기가 이루어지면 이자비용계정은 차변에 ₩120,000이 비용으로 설정되고, 미지급이자계정은 대변에 ₩120,000의 잔액이 표시되어 부채로 차기에 이월된다.

미수이자

미수이자는 여유자금을 대여하고 발생된 이자를 아직 받지 않은 경우에 나타난다. 미수이자는 기중에 정해진 날짜에 이자를 받지 못할 때 발생되거나 기말에 경과이자를 계상함으로써 나타난다. 기말에 계상되는 경과이자는 아직 이자수취일은 다가오지 않았지만, 결산일 현재 이미 발생된 이자를 당기의 수익으로 인식하기 위하여 계상하게 된다. (주)U-러브 미디어의 사례에서는 10월 1일 현금 ₩2,000,000을 대여하고, 결산일 12월 31일 현재 경과된 이자 3개월분을 아직 받지 않았으므로 당기의 수익으로 계상하여야 한다. 이 경우 기말결산분개에서 차변에 미수이자 ₩30,000(= 2,000,000×6%×3/12)과 대변에 이자수익 ₩30,000을 기록하고 전기한다. 이와 같이 분개와 전기가 이루어지면 미수이자계정은 차변에 ₩30,000이 자산으로 기록되어 차기로 이월되고, 이자수익계정은 대변에 ₩30,000이 당기의 수익으로 계상된다.

위에서는 기말에 수정분개가 필요한 이유를 설명하고 사례기업을 대상으로 수정분개를 제시하였다. 수정분개는 기중에 이미 발생한 수익과 비용을 찾아 정확하게 계상하고, 결산시점의 자산 · 부채 · 자본계정을 실제의 상태에 맞게 수정하게 된다. 기말의 수정사항도 분개장에 기록하고 원장에 전기하여 계정을 수정하게 된다.

이제 사례기업 (주)U-러브 미디어를 대상으로 기말수정에 관한 장부의 처리절차를 알아보기로 하자. 사례기업은 기말의 수정항목으로 선급임차료, 소모품, 감가상각, 미지급이자, 미수이자가 필요한 것으로 파악되었다. 이들 항목은 기중의 기록 아래에 연속하여 분개를 기록하고 원장에 전기하게 된다. 분개장의 경우 기중의 기록이 끝나는 부분에 차변과 대변의 합계를 기입하여 구분선을 긋고, 그 아래에 연속하여 수정분개를 기록하게 된다. 원장은 기중거래에 연속하여 기록하며, 기입날짜를 통해 기말수정내용을 확인하게 된다. 앞에서 작성한 분개장과 원장을 사용하여 결산의 수정기록을 나타나면 다음과 같다. 여기서는 수정기록이 이루어진 분개장의 일부분과 수정된 계정만 제시한다.

(주 U-러브 미디어 **분 개 장** No. 001

일 자	계정과목 및 설명	원면	차 변	대 변
××월 ××일	×××			
	×××			
	(기중에 기록된 내용 생략함)			
12월 31일	전 기 료	502	600,000	
	미지급전기료	203		600,000
	(전기료 청구서 받았으나 아직 지급하지 않았다)			
		V	22,900,000	22,900,000
	임 차 료	503	1,000,000	
	선급임차료	103		1,000,000
	(기말수정분개를 기록함)			
	소 모 품 비	504	300,000	
	소 모 품	105		300,000
	(기말수정분개를 기록함)			
	감가상각비	505	200,000	
	비 품	104		200,000
	(기말수정분개를 기록함)			
	이 자 비 용	506	120,000	
	미지급이자	204		120,000
	(기말수정분개를 기록함)			
	미 수 이 자	108	30,000	
	이 자 수 익	402		30,000
	(기말수정분개를 기록함)			

선급임차료 No. 103

차변		대변	
3/1 현 금	1,200,000	12/31 임차료	1,000,000

미지급이자 No. 204

차변		대변	
		12/31 이자비용	120,000

비 품 No. 104

차변		대변	
5/1 미지급금	600,000	12/31 감가상각비	200,000

이 자 수 익 No. 402

차변		대변	
		12/31 미수이자	30,000

소 모 품 No. 105

차변		대변	
5/10 현 금	500,000	12/31 소모품비	300,000

임 차 료 No. 503

차변		대변	
12/31 선급임차료	1,000,000		

미 수 이 자 No. 108

차변		대변	
12/31 이자수익	30,000		

소 모 품 비 No. 504

차변		대변	
12/31 소모품	300,000		

감가상각비	No. 505
12/31 비 품 200,000	

이 자 비 용	No. 506
12/31 미지급이자 120,000	

2.6 수정후시산표의 작성

기말수정사항은 분개장에 기록하고 원장에 전기하게 된다. 기말수정에 대한 회계처리가 끝나면 모든 계정의 잔액은 기업의 실제 내용대로 표시되어 장부를 마감하고 재무제표를 작성할 수 있다. 회계절차는 재무제표를 작성하기에 앞서 기말수정과정에서 나타날 수 있는 오류를 확인하기 위해 수정후시산표를 작성하기도 한다.

수정후시산표는 기말수정과정에서 전기절차로 인하여 나타날 수 있는 오류를 확인하기 위해 작성하게 된다. 수정후시산표도 합계시산표, 잔액시산표, 합계잔액시산표로 구분된다. 여기서는 앞에서 결산절차에 따라 장부를 작성한 (주)U-러브 미디어의 원장을 사용하여 합계잔액시산표를 작성하기로 한다. 아래의 수정후합계잔액시산표를 보면 차변과 대변의 각각 합계액이 서로 일치하는 것으로 나타나 수정사항의 전기절차가 올바르게 이루어졌음을 알 수 있다.

수정후합계잔액시산표

(주)U-러브 미디어 20××년 12월 31일 (단위 : 원)

차 변		계정과목	대 변	
잔 액	합 계		합 계	잔 액
₩5,300,000	₩12,000,000	현 금	₩6,700,000	
1,000,000	1,000,000	임차보증금		
200,000	1,200,000	선급임차료	1,000,000	
400,000	600,000	비 품	200,000	
200,000	500,000	소 모 품	300,000	
2,000,000	2,000,000	단기대여금		
3,000,000	3,000,000	매 출 채 권		
30,000	30,000	미 수 이 자		
		미 지 급 금	600,000	₩600,000
		단기차입금	2,000,000	2,000,000
		미지급전기료	600,000	600,000
		미지급이자	120,000	120,000
		자 본 금	5,000,000	5,000,000
		용 역 매 출	8,000,000	8,000,000

		이 자 수 익	30,000	30,000
2,000,000	2,000,000	급 여		
600,000	600,000	전 기 료		
1,000,000	1,000,000	임 차 료		
300,000	300,000	소 모 품 비		
200,000	200,000	감가상각비		
120,000	120,000	이 자 비 용		
₩16,350,000	₩24,550,000		₩24,550,000	₩16,350,000

2.7 장부의 마감

수정후시산표를 통해 기말수정분개와 전기절차에 대한 정확성이 확인되면 장부를 마감하게 된다. **장부의 마감**(closing the books)**은 결산에 따라 재무제표를 작성하고 또한 당기와 차기의 영업을 구분하여 계산하기 위하여 이루어진다.** 장부는 원장, 분개장, 보조장부의 순서로 마감된다. 원장은 수익과 비용계정을 먼저 마감하고 이어 자산 · 부채 · 자본계정을 마감하게 된다.

수익과 비용계정의 마감

수익과 비용계정은 당기의 경영성과를 나타내는 것으로 기말에 마감되면 소멸되어 없어지고, 차기에는 새로 계정을 만들어 사용하게 된다. 이와 같이 수익 · 비용계정은 회계기간이 시작되면서 개설되고, 결산을 통해 소멸되는데 이를 **임시계정**(temporary account)이라 한다. 임시계정에는 수익 및 비용계정과 배당금계정이 있다.

수익과 비용계정은 다음의 순서에 따라 마감한다.

첫째, **집합손익계정**(income summary account)을 새로 개설한다. 집합손익계정은 기말결산과정에서 수익과 비용계정을 한 곳에 모아 당기순이익(손실)을 계산하게 되고, 이의 과정에서 수익과 비용계정을 마감시키는 역할을 하게 된다.

둘째, 수익계정의 잔액을 집합손익계정에 대체한다. 수익계정은 모두 잔액이 대변에 있으므로 차변에 같은 금액을 기입하여 계정을 마감하고, 이를 집합손익계정의 대변에 기록하게 된다.

셋째, 비용계정의 잔액을 집합손익계정에 대체한다. 비용계정은 모두 잔액이 차변에 있으므로 대변에 같은 금액을 기입하여 계정을 마감하고, 이를 집합손익계정의 차변에 기록하게 된다.

넷째, 집합손익계정의 잔액을 **이익잉여금계정**에 대체한다.

집합손익계정은 대변의 수익과 차변의 비용을 비교하여 잔액이 대(차)변에 발생하면, **당기순이익(손실)**이 발생한 것이므로 차(대)변에 같은 금액을 기입하여 계정을 마감하고, 이를 이익잉여금계정의 대(차)변에 기록한다. 집합손익계정은 잔액을 이익잉여금계정에 대체함으로써 자동적으로 소멸되는 것으로, 마감단계에서 일시적으로 사용되는 임시계정이다. 이러한 절차에 따라 수익과 비용계정은 모두 마감된다. 위에서 설명한 마감절차와 마감분개, 계정의 연락도를 나타내면 아래의 도표와 같다.

[수익 · 비용계정의 마감절차와 계정연락도]

마감절차		마감분개			
① 집합손익계정의 개설 ⇒		마감준비			
② 수익계정의 마감 ⇒		(차) 수익계정	×××	(대) 집합손익	×××
③ 비용계정의 마감 ⇒		(차) 집합손익	×××	(대) 비용계정	×××
④ 집합손익계정의 마감					
• 당기순이익의 경우 ⇒		(차) 집합손익	×××	(대) 이익잉여금	×××
• 당기순손실의 경우 ⇒		(차) 이익이여금	×××	(대) 집합손익	×××

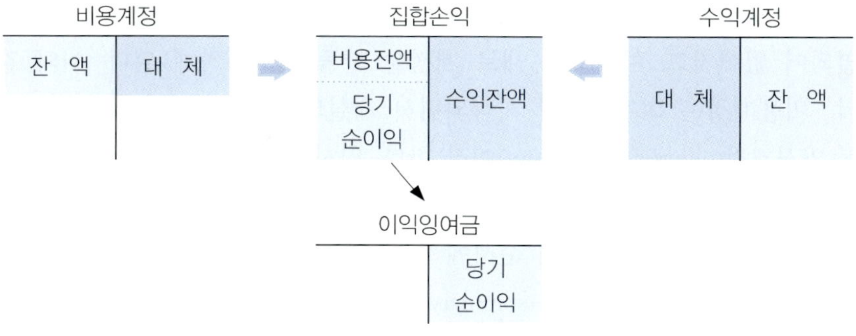

수익과 비용계정은 잔액을 집합손익계정에 대체함으로써 마감된다. **계정의 마감절차**는 차변과 대변의 각각 합계를 산정하고, 차이의 잔액이 나타나는 반대편에 차액을 기록하며, 이를 집합손익계정에 대체하여 마감하게 된다. 예를 들어 표준식 비용계정과 T-형식 수익계정을 사용하여 마감하는 형식을 나타내면 다음과 같다.

감가상각비 No. 505

월일	적요	분면	금 액	월일	적요	분면	금 액
12/31	비 품	001	200,000	12/31	집합손익	001	200,000
×××	×××	×××	×××				
			200,000				200,000

이 자 수 익 No. 402

월일	적요	금 액	월일	적요	금 액
12/31	집합손익	30,000	12/31	미수이자	30,000

(주)U-러브 미디어 **분 개 장** No. 001

일 자	계정과목 및 설명	원면	차 변	대 변
	(기중에 기록된 내용 생략함)			
12월 31일	전 기 료	502	600,000	
	미지급전기료	203		600,000
	(전기료 청구서를 받았으나 아직 지급하지 않았다)			
		V	22,900,000	22,900,000
	임 차 료	503	1,000,000	
	선급임차료	103		1,000,000
	(기말수정분개를 기록함)			
	소 모 품 비	504	300,000	
	소 모 품	105		300,000
	(기말수정분개를 기록함)			
	감가상각비	505	200,000	
	비 품	104		200,000
	(기말수정분개를 기록함)			
	이 자 비 용	506	120,000	
	미지급이자	204		120,000
	(기말수정분개를 기록함)			
	미 수 이 자	108	30,000	
	이 자 수 익	402		30,000
	(기말수정분개를 기록함)			
			24,550,000	24,550,000
	(제좌) 집 합 손 익	601		8,030,000
	용역매출	401	8,000,000	
	이자수익	402	30,000	
	(수익계정을 마감하다)			
	집 합 손 익 (제좌)	601	4,220,000	
	급 여	501		2,000,000
	전 기 료	502		600,000
	임 차 료	503		1,000,000
	소 모 품 비	504		300,000
	감가상각비	505		200,000
	이 자 비 용	506		120,000
	(비용계정을 마감하다)			
	집 합 손 익	601	3,810,000	
	이익잉여금	302		3,810,000
	(집합손익계정을 마감하다)			
		V	40,610,000	40,610,000

사례기업을 통하여 수익과 비용계정을 마감하여 보기로 하자. (주)U-러브미디어의 경우 용역매출과 이자수익계정을 집합손익계정에 대체함으로써 수익계정을 마감한다. 이어서 급여, 전기료 등 비용계정을 집합손익계정에 대체하고 해당 계정을 마감한다. 집합손익계정은 대변잔액이 ₩3,810,000이 발생했으므로 차변에 ₩3,810,000을 기입하고, 이익잉여금(당기순이익)계정 대변에 ₩3,810,000을 기록하여 마감한다.

이러한 절차가 끝나면 수익과 비용계정은 모두 폐쇄되어 없어지고, 차기에는 새로운 계정을 설정하여 사용하게 된다. 마감절차도 분개장과 원장을 통하여 이루어지게 됨을 유의하여야 한다. 사례기업을 이용하여 기말마감분개와 전기, 수익 · 비용 · 집합손익계정의 마감절차를 나타내면 다음과 같다. 참고로 분개장이나 원장에서 당기의 기록이 최종 마감되면 차기와 구분하기 위하여 날짜와 금액란 아래에 두 줄을 그어 당기의 기록이 종료되었음을 나타내게 한다.

용역매출 No. 401

날짜	적요	금액	날짜	적요	금액
12/31	집합손익	8,000,000	8/10	현 금	5,000,000
			11/8	매출채권	3,000,000
		8,000,000			8,000,000

이자수익 No. 402

날짜	적요	금액	날짜	적요	금액
12/31	집합손익	30,000	12/31	미수이자	30,000

급 여 No. 501

날짜	적요	금액	날짜	적요	금액
12/31	현 금	2,000,000	12/31	집합손익	2,000,000

전 기 료 No. 502

날짜	적요	금액	날짜	적요	금액
12/31	미지급전기료	600,000	12/31	집합손익	600,000

임 차 료 No. 503

날짜	적요	금액	날짜	적요	금액
12/31	선급임차료	1,000,000	12/31	집합손익	1,000,000

소모품비 No. 504

날짜	적요	금액	날짜	적요	금액
12/31	소모품	300,000	12/31	집합손익	300,000

감가상각비 No. 505

날짜	적요	금액	날짜	적요	금액
12/31	비 품	200,000	12/31	집합손익	200,000

이자비용 No. 506

날짜	적요	금액	날짜	적요	금액
12/31	미지급이자	120,000	12/31	집합손익	120,000

집합손익 No. 601

날짜	적요	금액	날짜	적요	금액
12/31	급 여	2,000,000	12/31	용역매출	8,000,000
	전기료	600,000		이자수익	30,000
	임차료	1,000,000			
	소모품비	300,000			
	감가상각비	200,000			
	이자비용	120,000			
	이익잉여금	3,810,000			
		8,030,000			8,030,000

이익잉여금 No. 302

날짜	적요	금액	날짜	적요	금액
			12/31	집합손익	3,810,000

* 이익잉여금계정은 집합손익계정으로부터 당기순이익을 대체한 것이며, 자본계정이므로 재무상태표계정의 마감절차에 해당된다.

자산 · 부채 · 자본계정의 마감

수익과 비용계정이 마감되어 당기순이익을 이익잉여금에 대체하면 자산 · 부채 · 자본 계정을 마감할 수 있다. 재무상태표계정은 **실재계정**(real account) 또는 **영구계정**(permanent account)으로 차기에도 계속되는 장부이다. 자산 · 부채 · 자본계정은 결산일 현재 모두 기말잔액이 나타나며 차기에 이월되어 기초 개시금액으로 시작된다. 따라서 모든 계정은 **'차기이월'** 과 **'전기이월'** 을 사용하여 회계기간을 구분짓는 형태로 **마감**하게 된다. 여기서 '차기이월' 은 주위를 환기시키기 위하여 붉은색으로 기록하며, '전기이월' 은 검은색으로 기록한다.

자산계정은 기말잔액이 차변에 발생한다. 각 계정은 대변에 마감 날짜를 기록하고 적요란에 차기이월, 금액란에 차변잔액을 기입하여 당기거래를 마감한다. 동시에 차변에 차기개시 날짜를 기록하고 적요란에 전기이월, 금액란에 이월잔액을 기입하여 개시기록을 하게 된다. 이와 같이 동일계정에서 금액의 변동 없이 회계기간만 구분짓는 경우에는 자산에 변동이 일어난 것이 아니므로 분개기록을 하지 않으며 장부를 마감하는 기술적인 절차만 하게 된다.

부채와 자본계정은 기말잔액이 대변에 발생한다. 각 계정은 차변에 마감 날짜를 기록하고 적요란에 차기이월, 금액란에 대변잔액을 기입하여 당기거래를 마감한다. 동시에 대변에 차기개시 날짜를 기록하고 적요란에 전기이월, 금액란에 이월잔액을 기입하여 개시기록을 하게 된다. 지금까지 설명한 원장의 마감절차에 따라 (주)U-러브 미디어의 자산 · 부채 · 자본계정의 장부를 마감하여 제시하면 다음과 같다. 계정에서 당기의 기록이 최종 마감되어 차기와 구분되면, 마감되는 날짜와 금액란 아래에 두 줄을 그어 당기의 기록이 종료되었음을 나타내게 한다.

현 금 (No. 101)

날짜	적요	금액	날짜	적요	금액
1/1	자본금	5,000,000	3/1	제 좌	2,200,000
7/1	단기차입금	2,000,000	5/10	소모품	500,000
8/10	용역매출	5,000,000	10/1	단기대여금	2,000,000
			12/31	급 여	2,000,000
				차기이월	5,300,000
		12,000,000			12,000,000
1/1	전기이월	5,300,000			

임차보증금 (No. 102)

날짜	적요	금액	날짜	적요	금액
3/1	현 금	1,000,000	12/31	**차기이월**	1,000,000
1/1	전기이월	1,000,000			

선급임차료 No. 103

3/1	현 금	1,200,000	12/31	임차료	1,000,000
				차기이월	200,000
		1,200,000			1,200,000
1/1	전기이월	200,000			

비 품 No. 104

4/1	미지급금	600,000	12/31	감가상각비	200,000
				차기이월	400,000
		600,000			600,000
1/1	전기이월	400,000			

소 모 품 No. 105

5/10	현 금	500,000	12/31	소모품비	300,000
				차기이월	200,000
		500,000			500,000
1/1	전기이월	200,000			

단기대여금 No. 106

10/1	현 금	2,000,000	12/31	**차기이월**	2,000,000
1/1	전기이월	2,000,000			

매 출 채 권 No. 107

11/8	용역매출	3,000,000	12/31	**차기이월**	3,000,000
1/1	전기이월	3,000,000			

미 수 이 자 No. 108

12/31	이자수익	30,000	12/31	**차기이월**	30,000
1/1	전기이월	30,000			

미 지 급 금 No. 201

12/31	**차기이월**	600,000	4/1	비 품	600,000
			1/1	전기이월	600,000

단기차입금 No. 202

12/31	**차기이월**	2,000,000	7/1	현 금	2,000,000
			1/1	전기이월	2,000,000

미지급전기료 No. 203

12/31	**차기이월**	600,000	12/31	전기료	600,000
			1/1	전기이월	600,000

미지급이자 No. 204

12/31	**차기이월**	120,000	12/31	이자비용	120,000
			1/1	전기이월	120,000

자 본 금 No. 301

12/31	**차기이월**	5,000,000	1/1	현 금	5,000,000
			1/1	전기이월	5,000,000

이익잉여금 No. 302

12/31	**차기이월**	3,810,000	12/31	집합손익	3,810,000
			1/1	전기이월	3,810,000

분개장과 보조원장의 마감

원장의 모든 계정이 마감되면 분개장과 보조원장 등을 마감하게 된다. 분개장은 수익과 비용계정이 마감되면 당기에는 추가적으로 기재할 내용이 없으므로 곧바로 마감할 수 있다. **분개장의 마감**은 차변과 대변에 당기에 기록된 총합계를 산정하여 기록하고, 날짜와 금액란 아래에 두 줄을 그어 마감하게 된다. 따라서 차기에는 분개장에 새로운 거래가 기록되어 차기의 합계만 계산되도록 한다. **보조원장**도 원장과 마찬가지로 회계기간을 구분하는 형태로 마감하게 된다.

2.8 재무제표의 작성

계정의 잔액이 확정되면 재무제표를 작성할 수 있다. 계정잔액은 기말의 수정분개가 이루어져 전기되면 최종 확정된다. 따라서 수정분개의 내용을 원장에 전기하여 **수정후시산표를 작성하고, 이로부터 포괄손익계산서와 재무상태표를 작성하게 된다.** **포괄손익계산서**는 수정후잔액시산표로부터 수익과 비용계정을 모아 작성하며, 수익에서 비용을 차감하여 당기순이익을 표시하고, 수익이 비용보다 작으면 당기순손실을 표시한다. **재무상태표**는 수정후잔액시산표로부터 자산 · 부채 · 자본계정을 모아 작성하게 된다. **여기서 시산표의 자본은 기초잔액이며 포괄손익계산서로부터 당기순이익 또는 이익잉여금이 더하여져 기말자본으로 됨을 유의하여야 한다.**

재무제표는 마감된 계정으로부터 작성할 수도 있다. 포괄손익계산서는 집합손익계정으로부터 작성된다. 집합손익은 당기에 발생된 수익과 비용을 모두 모아 작성한 것이므로, 이를 그대로 포괄손익계산서 양식에 옮겨 작성하게 된다. **재무상태표는 각 계정의 마감에 따라 나타난 차기이월 또는 전기이월액을 모아 작성하게 된다.** 계정의 차기이월 또는 전기이월액을 사용하여 작성하게 되면, 이익잉여금계정이 이미 당기순이익(손실)을 포함하고 있으므로 별도로 수정할 필요가 없어 편리하다. 어느 방법을 사용하더라도 포괄손익계산서의 당기순이익이 이익잉여금에 포함되어 재무상태표에 계상되어야 차변과 대변이 일치하게 됨을 유의하여야 한다.

다시 말하면 수정후시산표는 포괄손익계산서와 재무상태표가 모여 차변과 대변이 일치하고 있으며, 포괄손익계산서와 재무상태표를 분리하면 당기순이익만큼 각각 차이가 발생하게 됨을 확인하기 바란다. 또한 당기순이익은 포괄손익계산서와 재무상태표를 연결하는 요인으로서 시산표의 구조(대차평균의 원리)를 통해 이해할 수 있다. 지금까지 설명한 내용을 토대로 (주)U-러브 미디어의 포괄손익계산서와 재무상태표를 작성하면 다음과 같다.

포괄손익계산서

(주)U-러브 미디어	20××년 1월 1일부터 20××년 12월 31일까지	(단위 : 원)
수　익		
용역매출	₩8,000,000	
이자수익	30,000	₩8,030,000
비　용		
급　여	2,000,000	
전 기 료	600,000	
임 차 료	1,000,000	
소모품비	300,000	
감가상각비	200,000	
이자비용	120,000	(4,220,000)
당기순이익		₩3,810,000

재무상태표

(주)U-러브 미디어　　20××년 12월 31일 현재　　(단위: 원)

자　산		부　채	
현　금	₩5,300,000	미지급금	₩600,000
임차보증금	1,000,000	단기차입금	2,000,000
선급임차료	200,000	미지급전기료	600,000
비　품	400,000	미지급이자	120,000
소 모 품	200,000	자　본	
단기대여금	2,000,000	자 본 금	5,000,000
매출채권	3,000,000	이익잉여금	3,810,000
미수이자	30,000		
자산총계	₩12,130,000	부채 및 자본 총계	₩12,130,000

2.9 정산표의 작성

정산표의 의의

기말의 결산절차는 수정전시산표의 작성, 수정분개와 전기, 수정후시산표의 작성, 계정의 마감, 재무제표의 작성으로 구성된다. 이들 결산과정은 여러 단계를 걸쳐 복잡한 작업이 이루어지므로 때때로 기록상 오류나 누락이 발생하게 된다. 따라서 기업은 결산절차를 시작하기 전에 각 단계에 이루어지는 작업을 하나의 표에 모아 결산의 전체과정을 간략하게 파악하기도 한다.

정산표(work sheet, W/S)란 수정전시산표에서부터 포괄손익계산서 및 재

무상태표의 작성에 이르기까지, 일련의 회계절차를 하나의 표에 나타낸 작업표를 말한다. **정산표**에서는 수정전시산표, 수정분개, 포괄손익계산서, 재무상태표의 난을 만들어 단계별로 결산의 과정을 모두 하나의 표에서 보여주고, 다음과 같은 정보를 사전에 제공한다. 첫째, 대차평균의 원리에 따라 시산표로부터 포괄손익계산서와 재무상태표가 분리되어, 재무제표가 작성되는 이론적 원리를 이해할 수 있게 된다. 둘째, 공식적으로 결산이 완료되기 전에 당기의 경영성과와 재무상태를 파악할 수 있다. 셋째, 결산절차에서 일어나는 오류나 누락을 사전에 점검하게 되고, 이들 자료는 공식적으로 결산하는 과정에서 대조의 자료로 사용된다.

정산표의 양식

정산표는 기본적으로 수정전시산표, 수정분개, 포괄손익계산서, 재무상태표의 요소로 구성된다. 이들 각 요소는 차변과 대변으로 이루어져 있으므로 모두 **8위식 정산표**의 양식을 띠게 된다. 때때로 수정분개를 반영하여 수정후시산표를 작성하는 난을 포함시켜 **10위식 정산표**를 작성하기도 하는데, 다소 복잡하고 실익이 적어 8위식 정산표를 많이 사용하게 된다. 정산표는 공식적인 결산과는 별도로 사전에 정보를 얻기 위하여 작성하는 작업표로서 회계장부가 아니며, 오류가 적은 경우는 작성할 필요가 없고 전산시스템의 환경에서는 거의 사용하지 않는다. 여기서는 강의실에서 많이 사용하는 8위식 정산표 양식을 나타내면 다음과 같다.

정 산 표

(주)U-러브 미디어　　　20××년 12월 31일　　　(단위 : 원)

계정과목	수정전시산표		수정분개		포괄손익계산서		재무상태표	
	차 변	대 변	차 변	대 변	차 변	대 변	차 변	대 변
자 산 계 정	×××						×××	
부 채 계 정		×××						×××
자 본 계 정		×××						×××
수 익 계 정		×××				×××		
비 용 계 정	×××				×××			
당기순이익					**×××**			**×××**
계	×××	×××	×××	×××	×××	×××	×××	×××

정산표의 작성요령

정산표는 양식의 머리부분에 정산표, 회사이름, 작성시점을 표기하게 된다. 본문은 각각 요소에 차변과 대변의 금액 기입란이 있으며 다음의 절차에 따라 기입된다.

① 계정과목 : 총계정의 원장에 나타난 계정과목을 순서대로 기록한다.

② 수정전시산표 : 원장별로 잔액을 계산하여 차(대)변잔액은 수정전시산표의 차(대)변에 기록한다. 수정전시산표의 차변과 대변의 합계를 계산하여 기록하고 일치 여부를 확인한다.

③ 수정분개 : 수정사항을 분개하여 수정분개란에 기록한다. 이 경우 설정된 해당 계정과목이 없으면 새로 만들어 계정과목란에 추가하여 기록하게 된다. 차변과 대변의 합계를 계산하여 기록하고 일치 여부를 확인한다.

④ 포괄손익계산서 : 계정과목 중에서 수익과 비용계정을 포괄손익계산서의 해당란으로 옮겨 기록한다. 비용(수익)계정은 수정전시산표의 해당 계정에 수정분개의 내용을 가감하여 포괄손익계산서의 차(대)변에 기록한다. 차변과 대변의 각 합계를 계산하고 대(차)변에 잔액이 발생하면 당기순이익(손실)계정을 만들어 차(대)변에 기록하고, 총합계를 계산하여 일치 여부를 확인한다.

⑤ 재무상태표 : 계정과목 중에서 자산과 부채, 자본계정을 재무상태표의 해당란으로 옮겨 기록한다. 자산계정은 수정전시산표의 해당 계정에 수정분개의 내용을 가감하여 재무상태표의 차변에 기록한다. 부채와 자본계정은 수정전시산표의 해당 계정에 수정분개의 내용을 가감하여 재무상태표의 대변에 기록한다. 차변과 대변의 각 합계를 계산하여 대차의 잔액을 산정하고, 차(대)변에 잔액이 발생하면 당기순이익계정의 대(차)변에 잔액을 기록하고, 총합계를 산정하여 일치 여부를 확인한다. 포괄손익계산서의 차변과 대변의 차이는 재무상태표의 차변과 대변의 차이와 일치하며, 당기순이익계정에서 서로 반대의 편에 나타나게 됨을 확인할 수 있다.

정산표의 작성

정산표는 수정전시산표를 기초로 수정분개를 가감하여, 포괄손익계산서와 재무상태표를 작성하는 일련의 절차를 하나의 표에 나타낸 것이다. 앞에서 설명한 작성절차에 따라 (주)U-러브 미디어의 8위식 정산표를 작성하면 다음과 같다.

정 산 표

(주)U-러브 미디어 20××년 12월 31일 (단위 : 원)

계정과목	수정전시산표		수정분개		포괄손익계산서		재무상태표	
	차 변	대 변	차 변	대 변	차 변	대 변	차 변	대 변
현 금	5,300,000						5,300,000	
임차보증금	1,000,000						1,000,000	
선급임차료	1,200,000			1,000,000			200,000	
비 품	600,000			200,000			400,000	
소 모 품	500,000			300,000			200,000	
단기대여금	2,000,000						2,000,000	
매 출 채 권	3,000,000						3,000,000	
미 지 급 금		600,000						600,000
단기차입금		2,000,000						2,000,000
미지급전기료		600,000						600,000
자 본 금		5,000,000						5,000,000
용 역 매 출		8,000,000				8,000,000		
급 여	2,000,000				2,000,000			
전 기 료	600,000				600,000			
	16,200,000	16,200,000						
임 차 료			1,000,000		1,000,000			
소 모 품 비			300,000		300,000			
감가상각비			200,000		200,000			
이 자 비 용			120,000		120,000			
미지급이자				120,000				120,000
미 수 이 자			30,000				30,000	
이 자 수 익				30,000		30,000		
당기순이익					**3,810,000**			**3,810,000**
			1,650,000	1,650,000	8,030,000	8,030,000	12,130,000	12,130,000

정산표에서 보면 포괄손익계산서의 차변에 당기순이익이 ₩3,810,000 발생하였고, 재무상태표의 대변에 당기순이익이 ₩3,810,000 발생하여 서로 일치함을 확인할 수 있다.

제3절 수정분개의 유형

3.1 수정분개의 의의

기중에 회계처리가 올바르게 이루어지면 계정의 기말잔액은 회사의 실제 재무상태 및 경영성과와 일치하게 된다. 하지만 기중에는 비용과 수익의 발생을 정확하게 인식하기 어렵고, 발생 즉시 장부처리하는 것이 불편하므로, 기말에 일정한 절차를 마련하여 계정을 수정하게 된다. **수정분개는 기중에 발생한 비용과 수익을 식별하여 분개와 전기를 통해 계정의 기말잔액을 수정하는 것을 말한다.** 수정분개가 이루어지면 자산 · 부채 · 자본계정은 회사의 실제 재무상태로 되고, 비용과 수익계정은 당기의 발생액을 정확하게 표시하게 된다. 이와 같이 수정분개는 계정의 기말잔액을 회사의 실제 재무상태를 나타내고, 경영성과를 정확히 표시하여 효율적으로 장부를 처리하려는데 목적이 있다.

3.2 수정분개의 유형

수정분개는 비용과 수익을 발생주의에 따라 정확하게 인식하게 됨에 따라 나타난다. 기중에는 현금이 회수되면 수익을 인식하고 현금이 지출되면 비용을 인식한다. 하지만 기중에 비용과 수익이 발생하지만 현금의 수수가 일어나지 않으면 발생 즉시 회계처리하지 않고, 기말에 일정한 절차를 거쳐 계정에 기록하게 된다. **이와 같이 기중에 현금주의(cash basis)에 따라 거래를 회계처리하게 되면, 기말에 발생주의(accrual basis)에 따라 당기에 발생된 수익과 비용계정을 수정하는 절차가 필요하게 된다.**

수정분개가 필요한 계정에는 선급비용과 선수수익, 미지급비용과 미수수익, 감가상각, 소모품, 매출원가, 대손상각 등이 있다. 선급비용과 선수수익은 이연항목(deferred items)으로 당기에 주고받은 현금 중에서 차기에 속하는 비용과 수익을 이연시키는 회계처리를 말한다. 미지급비용과 미수수익은 발생항목(accrued items)으로 현금을 받거나 지출은 없었지만 당기에 발생된 비용과 수익을 인식하는 회계처리를 말한다. 이들 네 가지는 모두 현금과 관련하여 둘 이상의 기간에 거쳐 비용과 수익에 영향을 미치는 거래로 이루어져 있다. 감가상각과 소모품은 자산의 사용과 관련하여 수익에 대응시켜 비용을 계상(추정)하는 것을 말한다. 매출원가와 대손상각은 매출액의 수익에 대응하여 비용을 계상(추정)하는 것으로 이에 관한 수정분개는 다음 장에서 다루게 된다. 수정분개는 이연항목, 발생항목, 추정항목으로 구분되며, 각 항목의 내용을 요약하면 다음과 같다.

수정유형		수 정 내 용	계정과목의 예	계정성격
• 선급비용	⇒	용역받기 전에 미리 현금지급	선급이자	비용이연
• 선수수익	⇒	용역제공 전에 미리 현금받음	선수이자	수익이연
• 미지급비용	⇒	용역받은 후 현금 아직 미지급	미지급이자	비용발생
• 미수수익	⇒	용역제공 후 현금 아직 못받음	미수이자	수익발생
• 감가상각비	⇒	유형자산 사용에 대한 원가배분	감가상각비	비용추정
• 소모품비	⇒	소모품 사용에 대한 비용계상	소모품비	비용추정
• 매출원가	⇒	판매된 상품에 대한 비용계상	매출원가	비용추정
• 대손상각	⇒	매출채권에 대한 손실추정	대손상각비	비용추정

(1) 선급비용

당기에 현금으로 지급한 비용에 차기에 속하는 비용이 포함되어 나타날 수 있다. 이 경우에는 **기말에 당기의 비용 중 차기에 속하는 비용을 차감하여 선급비용으로 계상**하게 된다. 여기서 **선급비용**(prepaid expenses)은 용역을 아직 받지 않고 먼저 현금을 지급한 것이므로 자산계정이며, 당기에서 차기로 비용을 **이연**시켜주는 역할을 하게 된다. 예를 들어 10월 1일에 6개월분 이자 ₩600,000을 현금으로 지급하고 **이자비용**으로 처리하면 기말에 3개월분 ₩300,000만 당기의 비용으로 계상하고, 나머지 3개월분 ₩300,000은 **선급이자**로서 차기의 비용으로 이연시켜야 한다. 이 경우 기중의 발생분개와 기말의 수정분개, 그리고 결과의 재무제표를 나타내면 다음과 같다.

<table>
<tr><th colspan="2">기중분개</th><th colspan="2">기말수정분개</th><th colspan="2">결과 – 재무제표</th></tr>
<tr><td colspan="2">(차) 이자비용 ₩600,000
(대) 현 금 ₩600,000</td><td colspan="2">(차) 선급이자 ₩300,000
(대) 이자비용 ₩300,000</td><td colspan="2"></td></tr>
<tr><td colspan="2">이자비용</td><td colspan="2">이자비용</td><td colspan="2">포괄손익계산서</td></tr>
<tr><td>10/1 600,000</td><td></td><td>10/1 600,000</td><td>12/31 300,000</td><td>이자비용 300,000</td><td></td></tr>
<tr><td colspan="2">현 금</td><td colspan="2">선급이자</td><td colspan="2">재무상태표</td></tr>
<tr><td></td><td>10/1 600,000</td><td>12/31 300,000</td><td></td><td>선급이자 300,000</td><td></td></tr>
</table>

한편 이자의 지급시점에서 이자비용 대신에 **선급이자**로 처리할 수도 있다. 이 경우에는 기말에 수정분개를 통해 이자비용계정을 개설하여 계상하여야 한다. 예를 들어 앞의 예제에서 10월 1일에 선급이자 ₩600,000으로 처리하면, 기말수정분개는 차변에 이자비용 ₩300,000, 대변에 선급이자 ₩300,000으로 처리하여 이자비용계정을 개설하여야 한다. 이 경우 기중의 발생분개와 기말의 수정분개, 그리고 결과의 재무제표를 나타내면 다음과 같다. 이러한 선급비용에는 선급이자 외에도 선급보험료, 선급임차료 등이 있다.

<table>
<tr><th colspan="2">기중분개</th><th colspan="2">기말수정분개</th><th colspan="2">결과 – 재무제표</th></tr>
<tr><td colspan="2">(차) 선급이자 ₩600,000
(대) 현 금 ₩600,000</td><td colspan="2">(차) 이자비용 ₩300,000
(대) 선급이자 ₩300,000</td><td colspan="2"></td></tr>
<tr><td colspan="2">선급이자</td><td colspan="2">이자비용</td><td colspan="2">포괄손익계산서</td></tr>
<tr><td>10/1 600,000</td><td></td><td>12/31 300,000</td><td></td><td>이자비용 300,000</td><td></td></tr>
<tr><td colspan="2">현 금</td><td colspan="2">선급이자</td><td colspan="2">재무상태표</td></tr>
<tr><td></td><td>10/1 600,000</td><td>10/1 600,000</td><td>12/31 300,000</td><td>선급이자 300,000</td><td></td></tr>
</table>

(2) 선수수익

당기에 현금으로 받은 수익에 차기에 속하는 수익이 포함되어 나타날 수 있다. 이 경우에는 **기말에 당기의 수익 중 차기에 속하는 수익을 차감하여 선수수익으로 계상**하게 된다. 여기서 **선수수익**(unearned revenues)은 용역을 아직 제공하지 않고 먼저 현금을 받은 것이므로 부채계정이며, 당기에서 차기로 수익을 이연시켜주는 역할을 하게 된다. 예를 들어 10월 1일에 5개월분 임대료 ₩500,000을 현금으로 받고 임대료로 처리하면, 기말에 3개월분 ₩300,000만 당기의 수익으로 계상하고, 나머지 2개월분 ₩200,000은 선수임대료로서 차기의 수익으로 이연시켜야 한다. 이 경우 기중의 발생분개와 기말의 수정분개, 그리고 결과의 재무제표를 나타내면 다음과 같다.

기중분개	기말수정분개	결과 – 재무제표
(차) 현　금 ₩500,000 (대) 임 대 료 ₩500,000	(차) 임 대 료 ₩200,000 (대) 선수임대료 ₩200,000	

임 대 료 (차변)	임 대 료 (대변)	임 대 료 (차변)	임 대 료 (대변)	포괄손익계산서 (차변)	포괄손익계산서 (대변)
	10/1 500,000	12/31 200,000	10/1 500,000		임대료 300,000

현　금 (차변)	현　금 (대변)	선수임대료 (차변)	선수임대료 (대변)	재무상태표 (차변)	재무상태표 (대변)
10/1 500,000			12/31 200,000		선수임대료 200,000

한편 임대료를 받는 시점에서 임대료 대신에 선수임대료로 처리할 수도 있다. 이 경우에는 기말에 수정분개를 통해 임대료계정을 개설하여 계상해야 한다. 예를 들어 앞의 예에서 10월 1일에 선수임대료 ₩500,000으로 처리하면, 기말수정분개는 차변에 선수임대료 ₩300,000, 대변에 임대료 ₩300,000으로 처리하여 임대료계정을 개설하여야 한다. 이 경우 기중 및 기말의 수정분개와 결과의 재무제표는 앞에서 설명한 논리와 같으므로 스스로 학습하기 바란다. 이러한 선수수익에는 선수임대료 외에도 선수이자, 선수수수료 등이 있다.

(3) 미지급비용

기중에 발생한 비용으로서 기말 현재 현금을 지급하지 않은 것이 있으면 미지급비용이 나타나게 된다. 이 경우는 당기에 비용이 발생하고 차기에 현금으로 지급할 때 나타나며, 기말에 당기의 비용에 가산하고 동시에 미지급비용으로 계상하게 된다. 여기서 미지급비용(accrued expenses)은 용역을 이미 제공받고 아직 현금을 지급하지 않은 것이므로, 부채계정이며 비용의 발생을 예상하는 경우이다. 예를 들어 10월 1일 은행으로부터 ₩2,000,000을 차입하고 다음 연도 3월 31일에 원금과 이자(이자율 연 12%)를 지급하기로 하였다면, 기말에 3개월분 ₩60,000을 당기의 이자비용으로 인식하고, 동시에 **미지급이자**라는 부채계정을 계상하여 차기에 현금을 지급하게 된다. 이 경우 기중의 분개와 기말수정분개, 그리고 결과의 재무제표를 나타내면 다음과 같다. 이러한 미지급비용에는 미지급이자 외에도 미지급임차료, 미지급수수료 등이 있다.

기중분개	기말수정분개	결과 – 재무제표
(차) 현 금 ₩2,000,000 (대) 차 입 금 ₩2,000,000	(차) 이자비용 ₩60,000 (대) 미지급이자 ₩60,000	

현 금		이자비용		포괄손익계산서	
10/1 2,000,000		12/31 60,000		이자비용 60,000	

차 입 금		미지급이자		재무상태표	
	10/1 2,000,000		12/31 60,000		미지급이자 60,000

(4) 미수수익

기중에 **발생**한 수익으로서 기말현재 현금으로 받지 않은 것이 있으면 기말에 수익으로 계상하게 된다. 이 경우는 당기에 수익이 발생하고 차기에 현금으로 받게 될 때 나타나며, **기말에 당기의 수익에 가산하고 동시에 미수수익으로 계상**하게 된다. 여기서 **미수수익**(accrued revenues)은 용역을 이미 제공하고 아직 현금을 받지 않은 것이므로 자산계정이며, 수익의 **발생**을 예상하는 경우이다. 예를 들어 10월 1일 사무실을 임대하고 다음 연도 2월 28일에 임대료 ₩500,000을 현금으로 받기로 하였다면, 기말에 3개월분 임대료 ₩300,000을 당기의 임대료로 계상하고, 동시에 **미수임대료**라는 자산계정을 계상하여 차기에 현금으로 받게 된다. 이 경우 기중의 분개와 기말수정분개, 그리고 결과의 재무제표를 나타내면 다음과 같다. 이러한 미수수익에는 미수임대료 외에도 미수이자, 미수수수료 등이 있다.

기중분개	기말수정분개	결과 – 재무제표
• 분개 없음	(차) 미수임대료 ₩300,000 (대) 임대료 ₩300,000	
	임 대 료 (차변) — / (대변) 12/31 300,000	**포괄손익계산서** (차변) — / (대변) 임대료 300,000
	미수임대료 (차변) 12/31 300,000 / (대변) —	**재무상태표** (차변) 미수임대료 300,000 / (대변) —

(5) 감가상각비

기업은 영업을 위해 건물, 기계장치, 비품, 차량운반구 등을 사용한다. 이들 자산은 영업활동에 사용되면서 수익을 얻게 되고 가치는 점차 소멸되어 간다. 자산이 사용되어 수익이 나타나면 수익에 대응하여 비용을 추정하고 계상하여야 한다. **감가상각이란 자산을 사용하여 수익을 얻게 되는 기간에 취득원가를 체계적으로 배분하는 절차를 말한다.** 이와 같이 배분절차에 따라 회계기간에 비용으로 추정된 금액을 **감가상각비**(depreciation expense)라 한다. 감가상각비는 기중에 자산을 사용함에 따라 계속 발생하지만 기말에 수정분개를 통해 비용으로 계상하게 된다. 여기서 **합리적 배분절차**란 자산의 사용연수, 취득원가, 잔존가치, 계산방법을 정하여 연도별 감가상각비를 추정하는 것을 말하며, 유형자산에서 구체적으로 설명하기로 한다.

감가상각비는 직접법과 간접법에 따라 회계처리를 하게 된다. **직접법**은 차변에 감가상각비, 대변에 건물 · 기계장치 · 비품 등으로 분개하여, 비용의 계상과 동시에 해당 자산가액을 감소시키게 된다. 따라서 직접법에 따라 처리하면 재무상태표일 현재 자산의 잔액만 알 수 있고, 취득원가나 감가상각이 어느 정도 진행되었는지는 알 수 없는 단점을 지니게 된다. 예들 들어 10월 1일 현금으로 비품 ₩2,000,000을 취득하고 연말에 직접법으로 감가상각비 ₩200,000을 처리하면, 포괄손익계산서에 감가상각비 ₩200,000이 비용으로 계상되고, 동시에 비품 ₩1,800,000(= 2,000,000 − 200,000)이 재무상태표의 기말현재 잔액으로 계상되어 비품가치가 ₩200,000만큼 적게 나타나게 된다. 이 거래에서 일어나는 기중분개, 기말수정분개, 그리고 결과의 재무제표를 나타내면 다음과 같다.

기중분개	기말수정분개	결과 - 재무제표
(차) 비 품 ₩2,000,000 (대) 현 금 ₩2,000,000	(차) 감가상각비 ₩200,000 (대) 비 품 ₩200,000	

비 품				감가상각비				포괄손익계산서	
10/1	2,000,000			12/31	200,000			감가상각비 200,000	

현 금				비 품				재무상태표	
		10/1	2,000,000	10/1	2,000,000	12/31	200,000	비 품 1,800,000	

간접법은 차변에 감가상각비, 대변에 감가상각누계액을 기입하여 비용의 계상과 동시에 감가상각누계액을 새로 설정하는 것이다. **감가상각누계액계정**은 매년 인식한 감가상각비를 누적시켜 나타낸 계정으로, 현재시점 해당 **자산의 가치는 취득원가에서 감가상각누계액을 차감**하면 계산된다. 간접법으로 처리하면 원장(계정)에서 건물 · 기계장치 · 비품의 취득원가를 알 수 있고, 지금까지 감가상각한 총액과 현재시점 해당 자산의 잔액(= 취득원가 - 감가상각누계액)을 파악할 수 있는 장점을 지니게 된다. 이러한 장점 때문에 한국채택국제회계기준에서는 간접법을 사용하도록 하였다. 또한 **감가상각누계액을 재무상태표에 표시할 때는, 대변에서 차변으로 옮겨 해당 계정의 취득원가 아래에 차감하는 형식으로 기재**하게 된다. 예를 들어 앞 예제의 비품에 대하여 간접법으로 처리하면 기중분개, 기말수정분개, 그리고 결과의 재무제표는 다음과 같이 나타난다.

기중분개	기말수정분개	결과 - 재무제표
(차) 비 품 ₩2,000,000 (대) 현 금 ₩2,000,000	(차) 감가상각비 ₩200,000 (대) 감가상각누계액 ₩200,000	

비 품				감가상각비				포괄손익계산서	
10/1	2,000,000			12/31	200,000			감가상각비 200,000	

현 금				감가상각누계액				재무상태표	
		10/1	2,000,000			12/31	200,000	비 품 2,000,000 감가상각누계액 (200,000) 1,800,000	

(6) 소모품

소모품(supplies)이란 문방구류, 각종 서식, 복사용지, 청소도구 등이며, 사용함에 따라 소모되어 못쓰게 되는 물품을 말한다. 기업은 소모품을 구입하면 소모품계정의 차변에 기록하여 자산으로 처리하고 사용시점에 비용을 **추정**하여 계상한다. 실무에서는 기중에 빈번하게 나타나는 소모품의 사용액을 소비시점에 인식하지 않고, 기말에 수정분개를 통해 기중의 사용액을 **소모품비**(supplies expense)로 계상하게 된다. 예를 들어 9월 10일 사무용품 ₩100,000을 구입하고 기중에 ₩60,000을 사용하였다면, 기말에 수정분개를 통해 차변에 소모품비 ₩60,000을 계상하고, 대변에 소모품 ₩60,000을 기록하여 자산의 잔액을 ₩40,000으로 감소시키게 된다. 이와 같이 사무용품을 **구입시점에서 자산계정인 소모품으로 처리하는 경우 기중분개, 기말수정분개, 그리고 결과의 재무제표**는 다음과 같다.

기중분개	기말수정분개	결과 – 재무제표
(차) 소모품 ₩100,000 (대) 현 금 ₩100,000	(차) 소모품비 ₩60,000 (대) 소모품 ₩60,000	

소 모 품		소모품비		포괄손익계산서	
9/10 100,000		12/31 60,000		소모품비 60,000	

현 금		소 모 품		재무상태표	
	9/10 100,000	9/10 100,000	12/31 60,000	소모품 40,000	

한편 사무용품의 구입시점에서 비용계정인 **소모품비**로 처리할 수도 있다. 이 경우에는 기말에 사무용품을 사용하고 남은 금액을 자산인 소모품계정을 설정하여 계상해야 한다. 앞의 예제에서 기말수정분개는 차변에 소모품 ₩40,000을 계상하여 자산을 설정하고, 대변에 소모품비 ₩40,000을 기록하여 당기의 소모품비가 ₩60,000이 되도록 수정하게 된다. 이와 같이 사무용품을 **구입시점에서 비용계정인 소모품비로 처리하는 경우 기중분개, 기말수정분개, 그리고 결과의 재무제표**는 다음과 같다.

기중분개		기말수정분개		결과 – 재무제표	
(차) 소모품비 ₩100,000 (대) 현 금 ₩100,000		(차) 소모품 ₩40,000 (대) 소모품비 ₩40,000			
소모품비		소모품비		포괄손익계산서	
9/10 100,000		9/10 100,000	12/31 40,000	소모품비 60,000	
현 금		소 모 품		재무상태표	
	9/10 100,000	12/31 40,000		소모품 40,000	

(7) 기타 기말수정항목

기업은 기중에 빈번하게 발생하는 수익과 비용을 그때그때 처리하는 것이 어려워 기말에 모아 일괄적으로 수정분개를 통해 처리하게 된다. 따라서 기말수정분개는 자산 · 부채 · 자본 계정을 현재시점의 실제 상태로 수정하고, 당기에 발생한 수익과 비용을 올바르게 계상하여 정확한 재무상태표와 포괄손익계산서를 작성하게 된다. 앞에서는 수정사항 중 중요하고 자주 나타나는 사항을 설명하였다. 이외에도 **재고자산의 평가, 유가증권의 평가, 현금과부족의 처리, 수취채권의 대손충당금 설정, 계정과목의 재분류** 등이 있으며 이들은 해당 계정과목의 회계처리절차에서 다루게 된다.

제4절 회계순환의 예제

앞에서는 회계의 순환과정을 단계별로 하나씩 분리하여 설명하였다. 여기서는 수정전시산표를 사용하여 기말수정분개, 수정후시산표, 계정의 마감, 재무제표의 작성에 따르는 일련의 회계절차를 익히도록 한다.

예제문제

(주)웨딩사랑은 결혼이벤트를 경영하는 회사로서 매년 말에 결산을 하고 있다. 회사의 20××년도 수정전잔액시산표를 제시하면 다음과 같다.

수정전잔액시산표

웨딩사랑(주) 20××년 12월 31일 현재 (단위 : 원)

차 변	계정과목	대 변
₩1,300,000	현 금	
1,000,000	임차보증금	
1,000,000	선급임차료	
600,000	비 품	
500,000	소 모 품	
2,000,000	매출채권	
	미지급금	₩500,000
	단기차입금	1,000,000
	자 본 금	2,500,000
	용역매출	3,400,000
1,000,000	급 여	
₩7,400,000		₩7,400,000

기말수정사항

(주)웨딩사랑은 기말결산을 하기 위해 현재시점 실제 재무상태와 기중에 발생한 수익과 비용을 조사하여, 기말에 필요한 수정사항을 다음과 같이 확정하였다.

① 선급임차료는 7월 1일부터 10개월간 건물에 대한 임차료를 지급한 것이다.

② 단기차입금은 10월 1일 은행으로부터 1년간 차입한 것으로 만기일에 원금과 함께 이자(이자율 연 12%)를 지급하기로 하였다.

③ 소모품을 조사한 결과 아직 잔액이 ₩200,000 남아 있다.

④ 비품은 1월 1일에 구입한 것으로 금년도 감가상각은 ₩200,000으로 배분되었다.

⑤ 전기료는 청구서(₩350,000)를 받았으나 지급기일(12월 30일)에 지급하지 못하였다.

【요구사항】

1. 기말수정분개를 표시하시오.
2. 수정후잔액시산표를 작성하시오.

3. 포괄손익계산서계정에 대해 마감분개를 하시오.
4. 20××년도 포괄손익계산서를 작성하시오.
5. 20××년 12월 31일 현재 재무상태표를 작성하시오.
6. 정산표를 작성하시오.

기말수정분개

① (차) 임 차 료	600,000	(대) 선급임차료	600,000
② (차) 이자비용	30,000	(대) 미지급이자	30,000
③ (차) 소모품비	300,000	(대) 소 모 품	300,000
④ (차) 감가상각비	200,000	(대) 감가상각누계액	200,000
⑤ (차) 전 기 료	350,000	(대) 미지급전기료	350,000

수정후잔액시산표의 작성

수정후잔액시산표

(주)웨딩사랑 20××년 12월 31일 (단위 : 원)

차 변	계정과목	대 변
₩1,300,000	현 금	
1,000,000	임차보증금	
400,000	선급임차료	
600,000	비 품	
200,000	소 모 품	
2,000,000	매출채권	
	미지급금	₩500,000
	단기차입금	1,000,000
	미지급이자	30,000
	미지급전기료	350,000
	자 본 금	2,500,000
	용역매출	3,400,000
1,000,000	급 여	
600,000	임 차 료	
30,000	이자비용	
300,000	소모품비	
200,000	감가상각비	
	감가상각누계액	200,000
350,000	전 기 료	
₩7,980,000		₩7,980,000

손익계정의 마감분개

① (차) 용역매출	3,400,000	(대) 집합손익	3,400,000
② (차) 집합손익	2,480,000	(대) 급 여	1,000,000
		임 차 료	600,000
		이자비용	30,000
		소모품비	300,000
		감가상각비	200,000
		전 기 료	350,000
③ (차) 집합손익	920,000	(대) 이익잉여금	920,000

포괄손익계산서의 작성

포괄손익계산서

(주)웨딩사랑　　20××년 1월 1일부터 20××년 12월 31까지　　(단위 : 원)

수 익		
용역매출		₩3,400,000
비 용		
급 여	1,000,000	
임 차 료	600,000	
이자비용	30,000	
소모품비	300,000	
감가상각비	200,000	
전 기 료	350,000	(2,480,000)
당기순이익		₩920,000

재무상태표의 작성

재무상태표

(주)웨딩사랑　　20××년 12월 31일 현재　　(단위 : 원)

자 산			부 채	
현 금		₩1,300,000	미지급금	₩500,000
임차보증금		1,000,000	단기차입금	1,000,000
선급임차료		400,000	미지급이자	30,000
비 품	600,000		미지급전기료	350,000
감가상각누계액	(200,000)	400,000	자 본	
소 모 품		200,000	자 본 금	2,500,000
매출채권		2,000,000	이익잉여금	920,000
자산총계		₩5,300,000	부채 및 자본 총계	₩5,300,000

정산표의 작성

정 산 표

(주)웨딩사랑 20××년 12월 31일 (단위: 원)

계정과목	수정전시산표		수정분개		포괄손익계산서		재무상태표	
	차 변	대 변	차 변	대 변	차 변	대 변	차 변	대 변
현 금	1,300,000						1,300,000	
임차보증금	1,000,000						1,000,000	
선급임차료	1,000,000			600,000			400,000	
비 품	600,000						600,000	
소 모 품	500,000			300,000			200,000	
매 출 채 권	2,000,000						2,000,000	
미 지 급 금		500,000						500,000
단기차입금		1,000,000						1,000,000
자 본 금		2,500,000						2,500,000
용 역 매 출		3,400,000				3,400,000		
급 여	1,000,000				1,000,000			
	7,400,000	7,400,000						
임 차 료			600,000		600,000			
이 자 비 용			30,000		30,000			
미지급이자				30,000				30,000
소 모 품 비			300,000		300,000			
감가상각비			200,000		200,000			
감가상각누계액				200,000				200,000
전 기 료			350,000		350,000			
미지급전기료				350,000				350,000
당기순이익					**920,000**			**920,000**
			1,480,000	1,480,000	3,400,000	3,400,000	5,500,000	5,500,000

개 념 정 리

▣ 문제 ▣

01 회계의 순환단계를 열거하고 간략하게 설명하시오.

02 시산표의 의의와 종류를 열거하고 간략하게 설명하시오.

03 수정전시산표와 수정후시산표의 작성이유를 설명하시오.

04 시산표등식을 제시하고 대차평균의 원리와의 관계를 설명하시오.

05 시산표에서 발견할 수 있는 오류와 발견할 수 없는 오류의 유형을 설명하시오.

06 수정분개의 의의와 역할을 설명하시오.

07 장부의 종류와 마감순서를 설명하시오.

08 계정의 마감분개 대상과 이유를 설명하시오.

09 계정마감절차에서 집합손익계정의 역할을 설명하시오.

10 수익 및 비용계정과 자산 · 부채 · 자본계정의 마감방법을 설명하시오.

11 포괄손익계산서와 재무상태표를 작성하는 자료는 어디서 얻게 되는가를 설명하시오.

12 정산표의 의의와 작성하는 목적을 설명하시오.

13 수정분개의 유형을 열거하고 간략하게 설명하시오.

14 기중에 두 회계기간의 비용을 현금으로 지급하면 기말에 수정분개를 해야 하는데, 그 이유를 설명하고 차변과 대변요소를 제시하시오.

15 기중에 두 회계기간의 수익을 현금으로 받게 되면 기말에 수정분개를 해야 하는데, 그 이유를 설명하고 차변과 대변요소를 제시하시오.

16 기중에 비용이 발생했는데 기말에 이를 인식하고 수정분개를 해야 하는 이유를 설명하고 차변과 대변요소를 제시하시오.

17 기중에 수익이 발생했는데 기말에 이를 인식하고 수정분개를 해야 하는 이유를 설명하고 차변요소와 대변요소를 제시하시오.

18 다음의 용어를 설명하시오.

• 회계순환 • 시산표 • 정산표 • 집합손익계정
• 발생주의 • 현금주의 • 비용 및 수익 이연 • 비용 및 수익 예상
• positing • transfer • accounting cycle • principle of equilibrium

연습문제

▣ 문제 [1]

다음은 여러 개념을 설명한 것이다. 빈칸에 적합한 단어나 문구를 기입하시오.

01 회계순환이란 거래의 발생으로부터 ( )의 작성에 이르는 일련의 회계처리 과정을 말하며, 순서적으로 보면 거래식별에 의한 분개의 기록, ( ), 수정전시산표의 작성, ( ), 수정후시산표의 작성, ( ), 재무제표의 작성 등으로 구성된다.

02 수정전시산표는 회계기간 중에 작성된 분개장의 기록이 모두 ( )에 올바르게 전기되었는지를 확인하는 절차이며, 기말수정에 앞서 회계기간 중에 일어난 ( )의 정확성을 확인하여 올바른 자료로 결산절차가 이루어지도록 보조하는 역할을 하게 된다.

03 수정분개는 기본적으로 ( )이 기업 실제와 차이나는 부분을 실제대로 장부를 수정하는 것이며, ( )를 작성하기에 앞서 원장에 아직 반영되지 않은 거래사항을 찾아 분개하고 계정에 반영하는 절차를 말한다.

04 포괄손익계산서계정은 수익과 비용의 발생에 따라 회계기간 중에 만들어져 당기순이익이 계산되면 모두 없어지는 ( )이다. 수익과 비용계정은 당기순이익(손실)을 계산하기 위해 ( )에 대체함으로써 마감절차가 이루어지고, 집합손익계정의 잔액을 ( )에 대체함으로써 집합손익계정이 마감된다. 이어 재무상태표계정을 마감하게 되는데 ( )계정은 잔액이 발생하여 다음의 회계기간으로 이월하는 절차를 통해 장부가 마감된다.

05 원장이 마감되면 이를 기초로 ( )를 작성한다. 재무상태표는 자산 · 부채 · 자본의 각 계정으로부터 ( )을 모아 작성한다. 포괄손익계산서는 수익과 비용계정을 모아 작성하거나 ( )을 사용하여 작성하게 된다. 재무상태표와 포괄손익계산서는 ( )를 통하여 작성할 수도 있다. 수정후시산표는 각 계정의 잔액이 계산되어 있으므로 ( )을 통해 포괄손익계산서를 작성하고 자산 · 부채 · 자본계정을 통해 ( )를 작성하게 된다. 여기서 포괄손익계산서에서 ( )을 계산하여 이익잉여금에 반영하고 이어 재무상태표를 작성할 수 있게 된다.

06 수정분개가 필요한 대상에는 선급비용과 ( ), ( )과 미수수익, 감가상각, 소모품, 매출원가, 대손상각 등이 있다. ( )과 선수수익은 기중에 주고받은 현금 중에서 ( )에 속하는 비용과 수익을 이연시키는 회계처리를 말한다. 미지급비용과 ( )은 현금을 받거나 지출은 없었지만 ( )에 발생된 비용과 수익을 예상하는 회계처리를 말한다.

07 ( )은 용역을 아직 받지 않고 먼저 현금을 지급한 것이므로 ( )계정이며, 당기에서 차기로 비용을 이연시켜주는 역할을 하게 된다. 선수수익은 용역을 아직 제공하지 않고 먼저 ( )을 받은 것이므로 ( )계정이며, 당기에서 차기로 수익을 ( )시켜주는 역할을 하게 된다.

08 미지급비용은 ( )을 이미 받고 아직 현금을 지급하지 않은 것이므로 부채계정이며 ( )의 발생을 예상하는 경우이다. ( )은 용역을 이미 제공하고 아직 현금을 받지 않은 것이므로 자산계정이며 ( )의 발생을 예상하는 경우이다.

▣ 문제 [2]

다음은 20××년도 nail salon inc.의 영업거래를 표시한 것이다.

[nail salon inc. 영업일지: 20××년 1월 1일부터 20××년 12월 31일까지]

1월 1일	'nail salon inc.'를 설립하고 네일 서비스업을 시작하다. 주주로부터 현금 ₩3,000,000을 받고 주권을 교부하다.
3월 1일	점포 1동을 임차하고 임차보증금 ₩500,000과 1년분 임차료 ₩1,200,000을 현금지급하다.
4월 1일	네일 서비스용 의자를 구입하고 대금 ₩600,000은 다음에 지급하기로 하다.
5월 10일	사무용품과 청소도구를 구입하고 현금 ₩500,000을 지급하다.
7월 1일	우리은행으로부터 현금 ₩1,000,000을 1년간 차입하다. 이자율은 12%이며 이자는 원금상환과 함께 지급하기로 하다.
8월 10일	고객 10명에게 매니큐어 및 영양트리트먼트를 서비스하고 대금 ₩5,000,000을 현금으로 받다.
10월 1일	현금보유액이 증가하여 승주네 가게에 연 6%이자로 ₩2,000,000을 1년간 대여하다.
11월 8일	가수 쥬얼리와 nail treatment를 1년간 체결하고 10월분 서비스료 대금 ₩3,000,000을 청구하다.
12월 31일	직원 급여 ₩2,000,000을 현금으로 지급하다. 전기료 ₩600,000의 청구서를 받았으나 아직 지급하지 못하였다.

※기말수정사항: 비품(감가상각, ₩200,000), 소모품(기말잔액, ₩100,000), 임차료, 이자비용, 이자수익

【요구사항】

1. 앞의 회계거래를 사용하여 분개장를 작성하시오.
2. 분개기록을 총계정원장에 전기하시오.
3. 수정전합계 · 잔액시산표를 작성하시오.
4. 기말수정분개를 분개장에 기록하고 원장에 전기하시오.
5. 수정후잔액시산표를 작성하시오.
6. 포괄손익계산서계정을 마감하시오. 단, 분개장의 기록과 계정의 마감절차를 표시하시오.
7. 재무상태표계정을 마감하시오.
8. 포괄손익계산서와 재무상태표를 작성하시오.

▣ 문제 [3]

다음은 20××년도 (주)향기의 수정전잔액시산표를 작성한 것이다. 요구사항에 답하시오.

수정전잔액시산표

(주)향기 20××년 12월 31일 (단위 : 원)

차 변	원면	계정과목	대 변
360,000	1	현 금	
180,000	2	소 모 품	
	3	선 급 비 용	120,000
300,000	4	비 품	
27,000	5	감가상각누계액	
	6	미 지 급 금	90,000
	7	장기차입금	200,000
	8	자 본 금	400,000
93,000	9	이익잉여금	
	10	용 역 매 출	300,000
130,000	11	급 료	
	12	이 자 비 용	20,000
₩1,090,000			₩1,130,000

【요구사항】

1. 위의 수정전잔액시산표에서 잘못 기재된 항목을 지적하시오.
2. 오류를 수정하여 올바른 수정전잔액시산표를 작성하시오.

▣ 문제 [4]

다음은 20××년도 (주)가을동화의 기말수정사항이다. 각 사항에 대하여 수정분개를 하시오. 단, 각 사항은 독립적이다.

1. 승주네 가게의 대여금에 대한 이자 ₩300,000이 발생했는데 아직 받지 못하였다.
2. 기말현재 소모품계정 잔액은 ₩100,000이지만 실제 재고는 ₩40,000이다.
3. 기말현재 보험료계정 잔액은 ₩120,000이고, 미경과분은 ₩50,000이다.
4. 기말현재 선급임차료계정 잔액은 ₩500,000이고, 미경과분은 ₩300,000이다.
5. 차량운반구의 당기 감가상각비 배분은 ₩200,000으로 추정되었다.
6. 차입금 ₩2,000,000에 대한 경과이자 3개월분이 발생되었다. 연 이자율은 12%이다.
7. 기말현재 선수임대료계정 잔액은 ₩200,000이고, 미경과분은 ₩60,000이다.
8. 기말에 급여 ₩1,000,000을 현금으로 지급하고 차변에 매출채권으로 처리하였다.

▣ 문제 [5]

다음은 20××년도 (주)해피아이의 기말수정사항을 분개한 것이다. 분개된 내용을 이용하여 회계거래를 추정하시오.

	차변	금액	대변	금액
①	(차) 선급보험료	3,400,000	(대) 보 험 료	3,400,000
②	(차) 미수이자	480,000	(대) 이자수익	480,000
③	(차) 임 차 료	600,000	(대) 선급임차료	600,000
④	(차) 소모품비	50,000	(대) 소 모 품	50,000
⑤	(차) 이자비용	300,000	(대) 미지급이자	300,000
⑥	(차) 감가상각비	200,000	(대) 감가상각누계액	200,000
⑦	(차) 보 험 료	100,000	(대) 선급보험료	100,000
⑧	(차) 소 모 품	350,000	(대) 소모품비	350,000
⑨	(차) 선수임대료	200,000	(대) 임 대 료	200,000
⑩	(차) 급 여	100,000	(대) 매출채권	100,000

▣ 문제 [6]

다음은 20××년도 (주)은서네의 집의 수정전잔액시산표와 수정후잔액시산표이다. 요구사항에 답하시오.

수정전잔액시산표

(주)은서네의 집　　20××년 12월 31일　　(단위 : 원)

계정과목	수정전잔액시산표		수정후잔액시산표	
	차 변	대 변	차 변	대 변
현 금	500,000		500,000	
소 모 품	60,000		30,000	
선 급 이 자	120,000		50,000	
비 품	40,000		40,000	
감가상각누계액		10,000		20,000
미 지 급 금		90,000		90,000
장 기 차 입 금		200,000		200,000
자 본 금		400,000		400,000
이 익 잉 여 금		20,000		20,000
용 역 매 출		300,000		300,000
급 여	300,000		300,000	
이 자 비 용			70,000	
소 모 품 비			30,000	
감 가 상 각 비			10,000	
전 기 료			100,000	
미지급전기료				100,000
	1,020,000	1,020,000	1,130,000	1,130,000

【요구사항】

1. 위의 수정전잔액시산표에서 기말수정분개를 작성하시오.
2. 기말수정분개에 대한 회계거래를 추정하시오.
3. 당기순이익을 계산하시오.

▣ 문제 [7]

다음은 (주)미주의 20××년도 정산표의 일부를 나타낸 것이다. 정산표에서는 12월 31일 현재 원장으로부터 계정잔액을 계산하여 수정전잔액시산표를 작성하고, 또한 기말수정사항을 이용하여 수정기입란을 일부 완성하였다. 요구사항에 답하시오.

정 산 표

(주)미주 20××년 12월 31일 (단위 : 원)

계정과목	수정전잔액시산표		수정분개		포괄손익계산서		재무상태표	
	차 변	대 변	차 변	대 변	차 변	대 변	차 변	대 변
현 금	2,000,000							
임차보증금	500,000							
선급임차료	300,000			200,000				
비 품	600,000							
소 모 품	500,000			300,000				
매 출 채 권	1,000,000							
미 지 급 금		500,000						
단기차입금		500,000						
자 본 금		1,500,000						
용 역 매 출		2,900,000						
급 여	500,000							
	5,400,000	5,400,000						
임 차 료			( )					
이 자 비 용			30,000					
미지급이자				( )				
소 모 품 비			300,000					
감가상각비			200,000					
감가상각누계액				( )				
전 기 료			( )					
미지급전기료				350,000				
당기순이익								
			1,080,000	1,080,000				

【요구사항】

1. 위의 정산표에서 수정분개란을 완성하시오.
2. 수익계정을 마감하는 분개를 하시오.
3. 비용계정을 마감하는 분개를 하시오.
4. 집합손익계정을 마감하는 분개를 하시오.
5. 포괄손익계산서를 작성하시오.
6. 재무상태표를 작성하시오.

▣ 문제 [8]

다음은 (주)나리의 20××년 12월 31일 현재 원장으로부터 계정잔액을 계산하여 수정

전잔액시산표를 작성한 것이다. 요구사항에 답하시오.

수정전잔액시산표

(주)나리 20××년 12월 31일 (단위 : 원)

현 금	₩250,000	매 입 채 무	₩150,000
매 출 채 권	270,000	차 입 금	200,000
대 여 금	120,000	감가상각누계액	130,000
토 지	200,000	자 본 금	350,000
건 물	350,000	이 익 잉 여 금	120,000
소 모 품	80,000	용 역 매 출	500,000
급 여	180,000	임 대 료	80,000
보 험 료	64,000	이 자 수 익	16,000
이 자 비 용	32,000		
	1,546,000		1,546,000

※(주)나리의 기말수정사항은 다음과 같다.

1. 건물에 대한 당기 감가상각비는 ₩20,000이다
2. 임대료 중 ₩36,000은 미경과된 수익이다.
3. 보험료 중 ₩20,000은 차기에 해당되는 부분이다.
4. 대여금에 대한 당기의 이자수익은 ₩5,000으로 측정되었다.
5. 차입금에 대한 이자비용 ₩10,000은 아직 지급하지 못하고 있다.
6. 소모품의 미사용 잔액은 ₩30,000으로 조사되었다.

[요구사항]

1. 위의 자료에서 기말수정분개를 하시오.

2. 수정후잔액시산표를 작성하시오.

3. 계정을 마감하는 분개를 하고 해당계정을 마감하시오.

(1) 수익계정을 집합손익계정에 대체하고 해당계정을 마감하시오.

(2) 비용계정을 집합손익계정에 대체하고 해당계정을 마감하시오.

(3) 집합손익계정에서 이익잉여금계정에 대체하고 해당계정을 마감하시오.

(4) 재무상태표계정을 마감하시오.

4. 포괄손익계산서를 작성하시오.

5. 재무상태표를 작성하시오.

6. 정산표를 작성하시오.

제 5 장

ACCOUNTING PRINCIPLES

상품매매기업의 회계

|학|습|요|점|

- 상품매매기업에서 회계처리의 특징은 무엇인가?
- 상품거래에서 회계기록에 필요한 장부는 어떤 것이 있는가?
- 상품매매기업에서 매출총이익의 계산절차는 어떻게 이루어지는가?
- 분할된 상품계정에서 매출원가는 어떻게 계산하는가?
- 포괄손익계산서에서 비용의 기능 및 성격별 표시는 어떻게 이루어지는가?
- 상품매매기업의 회계순환 절차는 무엇인가?

제1절 상품매매기업의 영업활동과 회계

1.1 상품매매기업의 영업활동

기업은 영업활동을 통해 이익을 추구하게 된다. 영업활동은 거래내용에 따라 서비스업, 상품매매업, 제품제조업으로 구분된다. 서비스업은 영업활동을 통해 고객에게 전문적 용역(노동서비스)을 제공하고 수익을 추구하게 된다. 서비스업에는 각종 학교의 교육기관, 병 · 의원의 의료기관, 금융 및 보험회사, 호텔 및 법률회사 등 매우 다양하다. 제조업은 영업활동을 통해 제품을 생산하여 고객에게 제공하고 수익을 추구하게 된다. 여기서 제품이란 원재료, 기계, 노동력을 사용하여 생산한 물품으로서 공산품이 여기에 해당한다. 제조업은 제품을 생산하게 되므로 제조원가를 계산하는 회계절차가 필요하다. 제조기업의 재무제표 작성은 제16장에서 다루게 되며 제품원가계산은 원가회계과목에서 별도로 학습하게 된다.

상품매매업은 상품의 매입과 매출을 통하여 수익을 추구하게 된다. 여기서 상품이란 제조기업으로부터 생산된 제품을 구입하여 판매하려고 보유한 재화를 말한다. 하지만 기업이 자가제조하여 판매하는 재화는 제품으로 구분하여 표시하게 된다. 상품매매업은 유통단계에 따라 다양한 판매형태를 띠게 된다. 예를 들면 백화점, 할인점, 공장직매점, 인터넷 쇼핑몰, 편의점, 소매상점 등이 있다. 이들은 모두 생산자로부터 제조된 제품을 매입하여 일정한 이익을 붙여 다시 다른 상점이나 소비자에게 판매하게 된다. 상품매매업은 매출수익에서 매출원가를 차감하여 이익을 산정하며, 서비스업에 비교하여 다소 복잡한 회계절차를 거치게 된다.

1.2 상품매매기업의 회계

상품매매업은 다른 기업이 제조한 제품을 구입하고 그 상품을 소비자에게 판매하여 이익을 추구한다. 상품매매업이 취급하는 제품을 상품(goods)이라 하며, 판매하려고 보유하는 모든 재화를 재고자산이라 한다. 상품매매업은 재고자산의 보유 때문에 서비스업에 비교하여 회계처리가 다소 복잡하게 된다.

상품매매업의 회계는 매매에 대한 기록과 결산으로 구분된다. 거래기록은 상품의 매입, 보관, 판매에 따라 나타나는 자산의 변동을 장부에 기록하는 것으로 회계기간 중에 나타나는 회계절차이다. 이의 기록에는 상품계정의 분할과 계정구성, 매매조건과 거래의 기록방법, 보조장부의 작성, 매입과 매출에 따른 부대비용의 처리 등이 있다.

결산은 상품매매업의 매출총이익을 계산하는 것으로 회계기간 말에 나타나는 회계절차이다. 결산에 관련된 것으로는 매출액과 매출원가의 계산, 기말상품 재고액의 결정 등이 있다. 본 장에서는 상품매매와 관련하여 거래의 장부기록, 매출총이익의 계산, 회계순환의 절차를 차례대로 살펴보게 된다. 상품과 관련하여 취득원가의 결정과 원가배분방법, 기말평가에 관한 상세한 내용은 제9장 재고자산에서 다루게 된다.

제2절 상품매매의 회계기록

2.1 상품매매의 거래조건

구매자는 상품을 구입하면서 판매자와 거래할 상품의 종류, 수량, 가격, 인도조건, 대금의 지급방법 등을 사전에 합의하게 된다. 먼저 시장의 수요조사를 통해 고객이 필요로 하는 상품의 종류와 판매 수량을 결정한다. 거래가격은 단위당 가격으로 정하게 되며 거래수량이나 금액의 크기에 따라 할인혜택이 결정된다. 거래할인에는 한꺼번에 다량을 구입함에 따라 받게 되는 거래할인(trade discount)과 1회에 다액을 거래함에 따라 받게 되는 금액할인(amount discount)이 있다. 할인을 받게 되면 거래액에서 할인금액을 차감하여 분개장과 원장에 기록하게 된다.

인도조건은 소유권과 위험을 부담하는 시점을 합의하는 것이다. 인도조건에는 선적지인도기준과 도착지인도기준이 있다. 선적지인도기준(F.O.B. shipping point)은 선적시점에서 상품의 소유권이 판매자에서 구매자로 이전되는 것으로 운반비, 보험료, 하역비, 매입수수료 등을 구매자가 부담하게 된다. **도착지 인도기준**(F.O.B. destination)은 목적지의 도착시점에서 상품의 소유권이 판매자에서 구매자로 이전되는 것으로 운반비 등을 판매자가 부담하게 된다.

지급조건은 매매 후 대금을 지급하는 형태를 말한다. 지급형태는 거래의 내용에 따라 현금거래, 외상거래, 할부거래가 있다. **현금거래**는 매매시점에 현금을 모두 지급하는 것으로 인도시점에서 대금의 지급이 완료된다. **외상거래**는 상품을 매매하고 일정기간 후에 대금을 지급하는 것으로, 인도시점에 매입채무와 매출채권이 발생하게 된다. 구매자는 현금여유에 따라 대금을 당겨 지급하고 매입할인을 받기도 한다. 매입(매출)할인에 관한 회계처리는 다음 절에서 다루게 된다. **할부거래**는 매매대금을 몇 번으로 분할하여 지급하는 것을 말한다. 분할지급에 따라 수익의 인식과 채권의 상각에 관한 복잡한 회계문제가 발생된다. 따라서 할부판매를 비롯한 위탁판매, 시용판매의 특수거래는 재무회계에서 다루게 된다.

2.2 상품계정의 분할

상품을 구입하여 판매하면 상품계정에 기록한다. 상품계정은 하나를 사용하거나 여러 개로 분할하여 기록하게 된다. **단일상품계정법**은 구입과 판매에 따른 모든 거래를 하나의 상품계정에 기록하는 것을 말한다. 예를 들어 상품을 구입하면 계정의 차변에 매입액을 기입하고, 판매하면 매출이익을 분리한 원가를 대변에 기입한다. 이와 같이 매매거래를 하나의 계정에서 처리하게 되면 판매 시마다 매출된 상품의 원가와 이익을 계산하는 번거로움이 따르고, 총매출액과 총매출원가, 매출총이익을 계산하는 것이 어려워진다.

상품계정분할법은 상품계정을 몇 개의 계정으로 분리하여 기록하는 것을 말한다. 일반적으로 **상품계정, 매입계정, 매출계정**으로 분할하는 것이 편리하다. 세 계정으로 분할하는 경우 회계기간 중에는 매입액과 매출액만 기록하고 매출원가와 매출총이익은 기말에 일괄적으로 계산하게 된다. 여기서 상품계정은 기초 및 기말상품의 원가(재고자산)를 나타내고, 매입계정은 당기의 순매입원가를 표시하며, 매출계정은 당기의 순매출액을 나타낸다. 매입계정과 매출계정은 거래 총액에 부대비용을 가산하고 에누리, 반품, 할인을 차감하여 순매입원가나 순매출액을 나타내게 된다.

매입 · 매출의 부대비용

상품을 거래하면 대금 외에 **운반비, 보험료, 보관료, 하역비, 판매수수료** 등이 발생한다. 이들 비용은 계약조건에 따라 회계처리하게 된다. 예를 들어 **선적지인도기준**이면 구매자가 매입에 따른 부대비용을 부담하며 이를 상품원가에 가산한다. 따라서 취득원가는 상품대금에 부대비용을 가산한 금액이 되며, 상품이 판매 가능한 상태에 이르기까지 소요된 모든 지출을 포함하게 된다. 구체적으로 (주)해피아이가 선적지인도기준에 따라 상품 100개를 개당 ₩2,000에 외상으로 매입하고, 운반비 ₩10,000과 보험료 ₩5,000을 현금으로 지급하였다면 회계처리는 다음과 같다. 이 경우 매입한 상품의 구입단가는 ₩2,150 (₩215,000 ÷ 100개)으로 변경된다.

(차) 매　　입	215,000	(대) 매입채무	200,000
		현　　금	15,000

한편, 도착지인도기준에 따라 거래가 이루어졌다면 이들 부대비용은 판매자가 부담하게 된다. 판매자는 부대비용을 판매시점에 비용으로 인식하고 운반비, 보험료, 창고료 등을 판매비와관리비의 항목에 계상한다. 예를 들어 (주)비타민이 도착지인도기준에 따라 글루코사민 10병을 병당 ₩30,000에 외상판매하고, 운송비 ₩10,000과 판매수수료 ₩20,000을 현금으로 지급하였다면 회계처리는 다음과 같다. 여기서 운반비와 판매수수료는 포괄손익계산서에서 판매비와관리비의 항목으로 보고한다.

(차) 매출채권	300,000	(대) 매　　출	300,000
운 반 비	10,000	현　　금	30,000
판매수수료	20,000		

매입에누리와환출, 매출에누리와환입

구매자는 상품이 도착하면 검수(inspection)하여 주문조건과 일치하는지를 확인하고 창고에 보관하게 된다. 검수결과 상품의 색깔, 크기, 수량, 품질이 주문과 다를 경우 반품을 하고, 품질에 사소한 결함이 발견되면 에누리를 받게 된다. **매입환출**(purchase returns)은 구매자가 주문조건과 다른 상품을 판매자에 되돌려 보내는 것을 말한다. 하지만 구입한 상품에 작은 결함이 있는 정도이면 되돌려 보내지 않고 대금의 일부를 깎아 **매입에누리**(purchase allowances)를 받게 된다. 반품과 에누리는 총매입액에서 차지하는 비중이 작기 때문에 이를 각각 분리하지 않고 **매입에누리와환출계정**(purchase allowances and returns)에서 함께 처리한다.

매입에누리와환출이 발생하면 매입계정의 대변에 기록하여 매입금액을 감소시키게 된다. 실무에서는 반품과 에누리 발생을 통제하기 위해 매입계정에서 매입에누리와환출계정을 독립시켜 관리하고 있다. 이러한 경우 상품계정은 (이월)상품, 매입, 매입에누리와환출, 매출, 매출에누리와환입으로 분할되어 다섯 계정을 사용하게 된다. 예를 들어 (주)하나는 DMV 10대를 대당 ₩100,000에 외상으로 구입하였다. 검수결과 2대는 주문과 달라 반품하였고, 2대는 표면 색깔에 흠이 발생하여 대당 ₩10,000씩 에누리를 받기로 하였다. 이 경우 회계처리는 다음과 같다.

(차) 매입채무	220,000	(대) 매　　입 (또는 매입에누리와환출)	220,000

판매자는 판매한 상품의 색깔, 크기, 수량, 품질이 주문내용과 다르거나 결함이 있으면 반품을 허용하거나 대금을 깎아주게 된다. **매출환입**(sales returns)은 판매한 상품이 주문과 다른 경우 되돌아오는 것을 말한다. **매출에누리**(sales allowances)는 판매한 상품에 사소한 흠이 발견되어 원래의 판매가격 중 일부분을 깎아주는 것을 말한다. 매출환입과 매출에누리도 총매출액에 차지하는 비중이 적으므로 하나의 계정인 **매출에누리와환입**(sales allowances and returns)에서 함께 처리하게 된다. 매출에누리와환입이 발생하면 매출계정의 차변에 기록하여 매출금액을 감소시키게 된다. 예를 들어 (주)하나의 거래에서 판매자 입장에서 회계처리하면 다음과 같다.

(차) 매　　출 (또는 매출에누리와환입)	220,000	(대) 매출채권	220,000

매입할인과 매출할인

상품을 구입하면 대개 현금으로 대금을 지급한다. 현금이 부족하면 후에 대금을 지급하게 되며, 이를 외상거래라고 한다. **외상거래**의 경우 매매대금은 현금거래에 비교하여 외상기간에 해당하는 이자액만큼 가산하여 매기게 된다. 이때 지급조건에는 신용기간과 할인기간, 할인율을 나타내어 표시한다. 예를 들어 상품을 구입하고 10일 이내에 현금으로 지급하면 매매대금의 2%를 할인하고, 10일 이후에는 매매대금 전액을 지급하되 30일 이내에 지급하기로 하였다면 **'2/10, n/30'** 으로 표시한다.

현금의 여유가 발생하면 할인기간에 일정금액의 할인을 받고 상품대금을 조기상환하게 된다. 이 경우 **현금할인**(cash discount)의 금액을 구매자는 매입할인, 판매자는 매출할인으로 기록하게 된다. **매입할인**(purchase discounts)은 매입계정의 대변에 기입하여 매입액을 차감하며, **매출할인**(sales discounts)은 매출계정의 차변에 기입하여 매출액을 차감시키게 된다. 예를 들어 리바이스 T-셔츠 10벌을 한 벌당 ₩30,000에 외상으로 구입하고, 대금지급조건으로 '2/10, n/30' 으로 계약하였다. 이 경우 구매자는 10일 이내에 대금을 지급하면, 2%를 할인받고 ₩6,000을 차감한 ₩294,000을 지급하게 된다. 이때 구매자와 판매자는 다음과 같이 회계기록한다.

구매자의 회계기록			
(차) 매입채무	300,000	(대) 현　　금	294,000
		매　　입	6,000
		(또는 매입할인)	
판매자의 회계기록			
(차) 현　　금	294,000	(대) 매출채권	300,000
매　　출	6,000		
(또는 매출할인)			

예제 [5-1]

• 다음은 (주)미주의 상품에 대한 매매거래를 나타낸 것이다. 기초상품재고원가는 A상품 100개, 개당 ₩3,000이다. 요구사항에 대답하시오.

5월 1일 승우상점으로부터 A상품 200개를 개당 ₩2,500에 외상으로 매입하다.

4일 승우상점에서 5월 1일에 매입한 상품 중 품질불량에 따라 50개를 반품하다.

9일 승우상점에 대한 외상매입금 중 ₩5,000의 할인을 받고 ₩370,000을 조기에 지급하다.

6월 1일 상은상점으로부터 A상품 100개를 개당 ₩2,800에 외상으로 매입하고 반입운임 ₩20,000을 현금으로 지급하다.

7월 1일 은서상점에 A상품 200개를 개당 ₩3,500에 외상으로 판매하고 판매운임 ₩10,000을 현금으로 지급하다.

10일 은서상점이 외상매출금 ₩350,000을 조기에 지급함에 따라 대금 중 ₩4,000을 할인하여 주고 잔액을 현금으로 받다.

9월 7일 은서상점에 매출한 상품 중 뒤늦게 품질하자가 발견되어 ₩6,000을 에누리하고 현금으로 지급하다.

☞ **요구사항**

1. 분개장에 분개하시오.
2. 원장에 전기하시오. 단, 상품계정은 상품, 매입, 매출, 매입에누리와환출, 매출에누리와환입, 매입할인, 매출할인계정으로 분할하여 기록하며, 매출채권과 매입채무, 운반비는 기록을 생략한다.

해답

1. 분개장에 분개

일 자	분개기록			
5월 1일	(차) 매 입	500,000	(대) 매입채무	500,000
4일	(차) 매입채무	125,000	(대) 매입에누리와환출	125,000
9일	(차) 매입채무	375,000	(대) 현 금	370,000
			매입할인	5,000
6월 1일	(차) 매 입	300,000	(대) 매입채무	280,000
			현 금	20,000
7월 1일	(차) 매출채권	700,000	(대) 매 출	700,000
	운 반 비	10,000	현 금	10,000
10일	(차) 현 금	346,000	(대) 매출채권	350,000
	매출할인	4,000		
9월 7일	(차) 매출에누리와환입	6,000	(대) 현 금	6,000

2. 총계정원장에 전기

상 품 No. ×××	
1/1 전기이월 300,000	

매 입 No. ×××	
5/1 매입채무 500,000	
6/1 제 좌 300,000	

매입에누리와환출 No. ×××	
	5/4 매입채무 125,000

매 출 No. ×××	
	7/1 매출채권 700,000

매출에누리와환입 No. ×××	
9/7 현 금 6,000	

매입할인 No. ×××	
	5/9 매입채무 5,000

매 출 할 인 No. ×××	
7/10 매출채권 4,000	

2.3 매입장과 매출장

상품이 매매되면 거래내용을 분개장에 분개하고 원장에 전기하게 된다. 상품거래는 매매기업의 주된 영업활동이고 빈번하게 발생함으로, 보조부에 따로 기록하고 원장의 내용과 상호 대조하여 기록의 오류를 방지하게 된다. 상품매매거래에 대한 **보조부로는 매입장과 매출장, 상품재고장**을 사용한다. 상품에 관련된 거래기록의 흐름을 나타내면 다음 도표와 같다.

[상품매매거래의 기록]

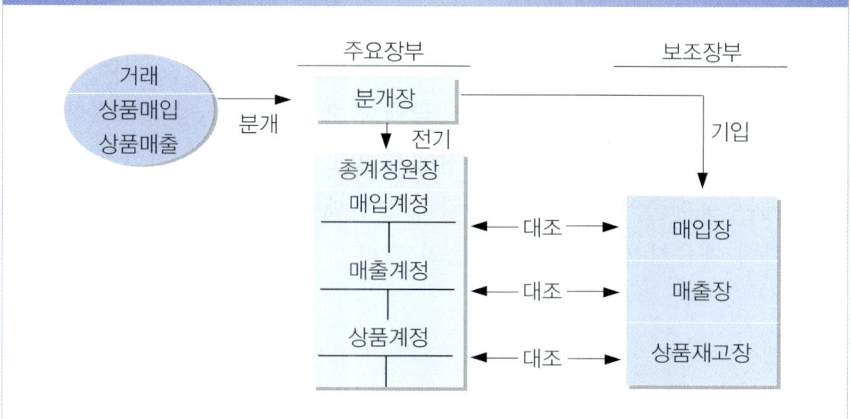

매입장

매입장(purchase book)은 상품매입의 거래내역을 상세히 기록하는 보조장부이다. 매입장에는 상품의 매입, 매입에누리와환출, 매입할인을 거래날짜, 거래처, 대금지급방법, 상품명, 수량, 단가, 금액 등으로 나누어 상세하게 기록한다. 매입에누리와환출, 매입할인은 매입장에서 별도로 구분되게 기입하고, 장부의 마감 시에는 총매입액에서 이를 차감하여 순매입원가를 계산한다. 앞의 〈예제 5-1〉을 사용하여 매입장을 작성하면 다음과 같다.

매 입 장

20××	적요			금액
5월 1일	승우상점	외상매입		₩500,000
	A상품 200개	@2,500		
4일	승우상점	**매입환출**		**(125,000)**
	A상품 50개	@2,500		
9일	승우상점	**매입할인**		**(5,000)**
6월 1일	상은상점	외상매입		
	A상품 100개	@2,800	₩280,000	
	반입운임 현금지급		20,000	300,000
	총매입액			800,000
	매입에누리와환출			**(125,000)**
	매입할인			**(5,000)**
	순매입액			₩670,000

매출장

매출장(sales book)은 상품판매의 거래내역을 상세히 기록하는 보조장부이다. 매출장에서는 상품의 매출, 매출에누리와환입, 매출할인을 거래날짜, 거래처, 대금수취방법, 상품명, 수량, 단가, 금액 등으로 나누어 상세하게 기록한다. 매출에누리와환입, 매출할인은 매출장에서 별도로 구분되게 기입하고, 장부의 마감 시에는 총매출액에서 이를 차감하여 순매출액을 계산한다. 〈예제 5-1〉을 사용하여 매출장을 작성하면 다음과 같다.

매 출 장

20××	적 요			금 액
7월 1일	은서상점 상품 200개	외상매출 @3,500		₩700,000
10일	은서상점	**매출할인**		**(4,000)**
9월 7일	은서상점	**매출에누리**		**(6,000)**
	총매출액 매출에누리와환입 매출할인 순매출액			700,000 **(6,000)** **(4,000)** ₩690,000

상품재고장

상품재고장(merchandise ledger)은 상품의 구입과 판매를 기록하는 보조장부이다. 상품재고장은 구입, 판매, 재고를 표시하는 난으로 구성되어 있다. 상품을 구입하면 입고란에 기입하고, 판매하면 출고란에 기록하여 그때마다 창고에 보관되어 있는 현재의 재고를 표시하게 된다. 실무에서 사용되는 상품재고장의 양식을 나타내면 다음과 같다.

상품재고장

상품 A

일 자	적 요	입 고			출 고			재 고		
		수량	단가	금액	수량	단가	금액	수량	단가	금액
5월1일	전기이월	100	3,000	300,000				100	3,000	300,000
	매입	200	2,500	500,000				100 200	3,000 2,500	300,000 500,000
4일	**반품**	**50**	**2,500**	**125,000**				100 150	3,000 2,500	300,000 375,000
⋮										

상품재고장은 재고관리와 결산에 필요한 정보를 제공하는데 중요한 역할을 한다. 재고관리를 위해서는 종류별로 상품재고장을 설정하며, 매매가 이루어질 때마다 입·출고를 기록하여 항상 현재재고를 파악하고, 도난이나 기록오류를 관리하게 된다. 결산시점에는 상품재고장으로부터 판매가능상품원가

에서 기말재고액을 차감하여 매출원가를 계산하게 된다. 매출원가를 계산하려면 기초재고원가, 당기매입액, 기말재고원가에 관한 정보가 필요하며, 모두 상품재고장으로부터 얻게 된다. 기말재고원가와 매출원가는 상품재고장을 기록하는 방법에 따라 달라진다. 개별법, 선입선출법, 후입선출법, 평균법 등의 재고기록법은 제9장 재고자산에서 자세히 살펴보기로 한다.

제3절 상품매매기업의 매출총이익

3.1 상품거래와 포괄손익계산서

상품매매기업은 제품을 매입하여 일정한 이익을 붙여 판매함으로써 영리를 추구하게 된다. 상품매매활동과 관련된 손익은 매출액에서 매출원가를 차감하여 계산한다. 매출액이 매출원가보다 큰 경우 매출총이익이 발생하고, 매출원가가 크면 매출총손실이 발생한다. 상품매매기업은 상품매매활동에 따른 영업성과를 포괄손익계산서를 통하여 보고하게 된다. 포괄손익계산서는 매출액에서 매출원가를 차감하여 매출총이익을 계산하게 된다.

3.2 매출액

매출액(sales)은 일정기간에 제공한 상품의 판매금액을 말한다. 기업은 상품을 판매하고 그때마다 매출액을 장부에 기록하며 결산기말에 판매가격을 합계하여 총매출액을 계산한다. 일반적으로 상품은 정상가격으로 판매하지만 때때로 구매조건이나 품질에 하자가 발생하면 반품이나 가격의 일부를 깎아주게 된다. 거래과정에서 반품이나 에누리, 할인이 나타나면 총매출액에서 이를 차감하여 주어야 한다. 총매출액에서 매출에누리와환입, 매출할인을 차감하면 순매출액이 계산되며, 이를 포괄손익계산서에 매출액으로 보고하게 된다. 포괄손익계산서에 보고하는 매출액(순매출액)은 다음과 같이 계산된다.

◈ 순매출액 = 총매출액 – 매출에누리와환입 – 매출할인

일반적으로 상품거래는 상품, 매입, 매출의 3계정으로 회계처리한다. 세 계정을 사용하는 경우 매출에누리와환입, 매출할인은 모두 매출계정에서 수정하게 된다. 예를 들어 매출에누리와환입, 매출할인이 발생하면, 매출계정 차변에 발생금액을 기록하여 총매출액에서 차감시키게 된다. 실무에서는 매출에누리와환입, 매출할인을 매출계정에서 분리하여 별도로 관리하며, 이를 통해 에누리, 반품, 할인의 총액을 통제하게 된다. 여기서 유의할 점은 경영관리의 목적에 따라 매출에누리와환입, 매출할인을 별도계정으로 처리하지만, **포괄손익계산서에는 총매출액에서 매출에누리와환입, 매출할인을 차감한 금액을 매출액으로 표시**하여야 한다. 판매에 따른 매출액의 자료는 주로 상업송장(invoice)으로부터 수집한다. 상업송장에는 상품수량, 단위가격, 총판매가격, 신용기간, 운송방법 등의 구체적 정보가 기록되어 있다. 실무에서는 부가가치세법에 따라 주고받는 세금계산서를 활용하여 이에 관한 정보를 수집한다.

3.3 매출원가

매출원가(cost of goods sold)는 판매한 상품의 원가를 계상하는 비용과목이다. 상품을 판매하면 상품이 유출되므로 매출원가라는 비용이 발생한다. 상품매매기업은 회계기간에 빈번한 거래를 통해 상품을 판매하며, 이때 판매된 상품의 취득원가를 합계하여 매출원가를 계산한다. 포괄손익계산서는 기초상품재고액에 당기상품매입액을 가산하고 기말상품재고액을 차감하여 매출원가를 계산하게 된다. **매출원가를 계산하는 원리**를 나타내면 다음과 같다.

◈ 매출원가 = 기초상품재고액 + 당기상품매입액 – 기말상품재고액
(판매가능상품액)

• 당기상품매입액 = 당기상품총매입액 – 매입에누리와환출 – 매입할인

매출원가를 계산하려면 먼저 판매가능상품액을 구하여야 한다. **판매가능상품액**(goods available for sale)은 판매할 수 있는 상품의 총금액으로, 기초상품

재고액에 당기상품매입액을 가산하여 계산한다. 기말현재 모든 상품이 판매되면 매출원가는 판매가능상품액과 일치하게 된다. 일반적으로 상품은 기말에 판매되지 않고 일부 남아 있게 되는데, 이때 매출원가는 판매가능상품액에서 기말상품재고액을 차감하여 계산하게 된다. 예를 들어 기초재고액이 ₩100,000이고 당기매입액이 ₩400,000이면 판매가능상품액은 ₩500,000이 되며, 기말재고액이 ₩200,000이면 매출원가는 ₩300,000이 된다.

판매가능상품액을 계산하려면 당기상품매입액을 계산하여야 한다. **당기상품매입액**(purchase)은 당기상품총매입액에서 매입에누리와환출, 매입할인을 차감하여 계산한다. 예를 들어 상품을 세 계정으로 분할하여 사용하는 경우 매입에누리와환출, 매입할인은 이를 독립계정으로 설정하지 않고 매입계정의 대변에 기입하여 직접 차감되도록 회계처리한다. 실무에서는 매입에누리와환출, 매입할인을 매출계정에서 분리하여 별도로 관리하며, 이를 통해 반품, 에누리, 할인의 총액을 통제하게 된다. 여기서 주의할 점은 관리통제의 목적에 따라 매입에누리와환출, 매입할인계정을 별도로 설정하여 회계처리하지만, **포괄손익계산서에는 총매입액에서 매입에누리와환출, 매입할인을 차감한 순매입액을 당기상품매입액으로 표시**하여야 한다.

매출총이익(gross profit)은 매출액에서 매출원가를 차감하여 계산한다. 매출총이익은 상품매매기업에서 영업기간에 달성한 판매성과를 나타낸다. 포괄손익계산서는 매출총이익에서 물류비, 일반관리비, 마케팅비용을 차감하여 영업이익을 계산하며, 단계적으로 구분하여 최종 당기순이익을 계산하게 된다.

제4절 상품매매기업의 회계순환

4.1 결산의 절차

회계순환은 제4장에서 설명한 것처럼 7단계로 구성된다. 회계순환과정은 회계기간 중의 절차와 기말결산절차로 나누어진다. 회계기간 중에는 거래의 식별과 분개, 총계정원장에의 전기가 이루어진다. 상품이 매매되면 그때마다 분개장에 분개하고 매입과 매출계정에 전기하게 된다. 따라서 회계기간 중에는 상품의 매매에 따라 자산의 변동과정을 기록하며, 손익계산에 필요한 매출원가계산은 기말의 결산절차에서 이루어진다. 결산절차는 수정전시산표 작성, 수정분개와 전기, 수정후시산표 작성, 장부의 마감, 재무제표의 작성으로 진행된다. **이러한 결산절차는 서비스기업과 같지만 상품매매기업에서는 상품, 매입, 매출계정에 대한 수정분개를 하게 되고 이를 통해 매출원가를 계산하는 절차가 추가된다.** 여기서는 상품매매에 따른 회계기간 중의 절차는 제외하고 기말의 결산과정만을 살펴보기로 한다. 상품매매기업에서 이루어지는 기말결산절차를 나타내면 다음과 같다.

기말의 결산절차		회계처리내용	기록장부
① 수정전시산표 작성	⟹	기중전기확인	• 수정전시산표
② 수정분개와 전기	⟹	매출원가계산	• 분개장 및 원장
③ 수정후시산표 작성	⟹	기말전기확인	• 수정후시산표
④ 장부의 마감	⟹	계정마감절차	• 분개장 및 원장
⑤ 재무제표의 작성	⟹	재무제표작성	• 재무제표

4.2 수정전시산표의 작성

결산절차의 첫 번째 단계는 수정전시산표를 작성하는 것이다. 시산표는 분개장에 기록된 내용이 원장에 정확하게 전기되었는가를 검증하는 것으로, 기말 수정분개가 이루어지기 전과 후에 작성한다. **수정전시산표**는 회계기간 중에 발생한 회계거래에 대해 분개장에서 원장의 전기과정을 확인하는 것이다. 여기서는 〈예제 5-1〉을 사용하여 결산절차를 다루게 된다. 먼저 〈예제 5-1〉에서 나타난 상품 관련계정을 대상으로 수정전시산표를 작성하면 다음과 같다.

수정전시산표

(주)미주　　　　20××년 12월 31일　　　　(단위 : 원)

⋮		⋮	
상　품	300,000	⋮	
⋮		⋮	
매　입	800,000	매　출	700,000

⋮		⋮	
매출에누리와환입	6,000	매입에누리와환출	125,000
매출할인	4,000	매입할인	5,000
⋮		⋮	

수정전시산표에 표시된 상품계정은 전기로부터 이월된 기초상품재고액을 나타낸다. 매입계정은 당기에 매입한 상품의 총매입액을 의미하며, 매출계정은 당기에 판매한 상품의 총매출액을 나타낸다. 기말에는 판매하고 남아 있는 상품의 재고액을 파악하여 매출원가를 계산하게 되다. 〈예제 5-1〉에서는 기말상품재고액으로 ₩650,000을 가정한다.

4.3 기말수정분개

기말에는 수정분개를 통해 매출원가와 순매출액을 계산한다. 매출원가는 상품, 매입, 매입에누리와환출, 매입할인계정으로부터 계산된다. 순매출액은 매출, 매출에누리와환입, 매출할인계정으로부터 계산된다.

매출원가계산

기말에 매출원가계정을 설정하여 매출원가를 계산한다. 매출원가는 세 단계의 수정분개를 통해 이루어진다. 첫째, 상품계정으로부터 기초상품재고액을 매출원가계정에 대체한다(단계 ①). 둘째, 매입(단계 ②-1), 매입에누리와환출(단계 ②-2), 매입할인계정(단계 ②-3)의 잔액을 매출원가계정에 대체한다. 두 번째 단계가 끝나면 매출원가계정은 차변에 기초상품재고액 ₩300,000과 순매입액 ₩670,000(= 800,000 − 125,000 − 5,000)이 합계되어 판매가능상품액 ₩970,000이 계산된다.

단 계	일 자	기말수정분개			
단계 ①	12월 31일	(차) 매출원가	300,000	(대) 상 품	300,000
단계 ②-1		(차) 매출원가	800,000	(대) 매 입	800,000
단계 ②-2		(차) 매입에누리와환출	125,000	(대) 매출원가	125,000
단계 ②-3		(차) 매입할인	5,000	(대) 매출원가	5,000
단계 ③		(차) 상 품	650,000	(대) 매출원가	650,000

[매출원가계산과 계정연락도]

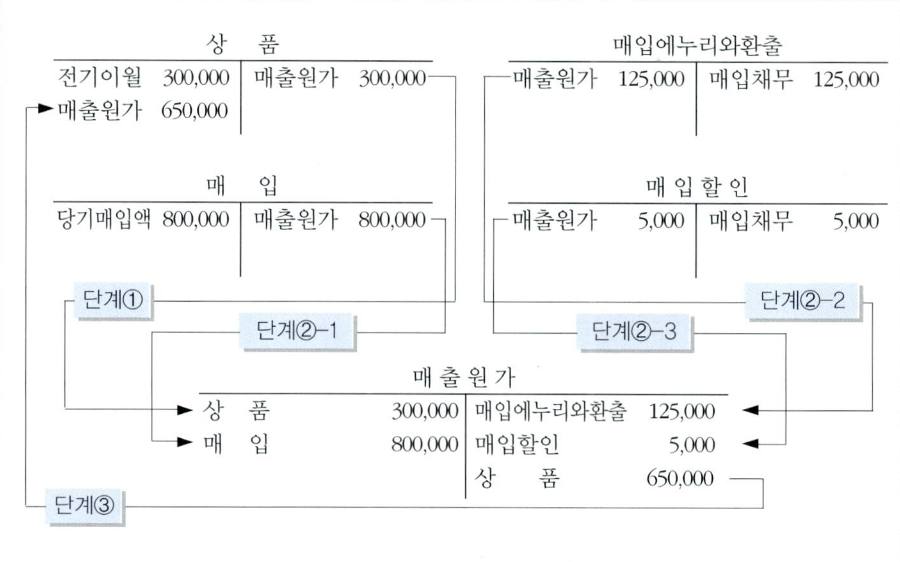

셋째, 기말상품재고액을 조사하여 상품계정 차변과 매출원가계정 대변에 기록한다. 세 번째 단계가 끝나면 매출원가계정의 차변은 판매가능상품액 ₩970,000이 기록되고 대변은 기말상품재고액 ₩650,000이 기록된다. 매출원가계정에서 '판매가능상품액 – 기말상품재고액'을 계산하면 매출원가 ₩320,000이 계산된다. 기말수정분개와 매출원가를 계산하는 과정(계정연락도)을 〈예제 5-1〉을 이용하여 나타내면 위의 도표와 같다.

순매출액 계산

순매출액은 매출계정에서 계산된다. 기말수정분개를 통해 매출에누리와환입 ₩6,000과 매출할인계정 ₩4,000을 매출계정에 대체하면 순매출액 ₩690,000이 계산된다. 포괄손익계산서에는 총매출액이 아닌 순매출액을 표시하게 된다. 〈예제 5-1〉을 이용하여 기말에 이루어지는 수정분개와 순매출액을 계산하는 과정(계정연락도)을 나타내면 다음과 같다.

일 자	기말수정분개			
12월 31일	(차) 매 출	10,000	(대) 매출에누리와환입	6,000
			매출할인	4,000

순매출액계산과 계정연락도

매출에누리와환입

현 금	6,000	매 출	6,000

매 출 할 인

매출채권	4,000	매 출	4,000

매 출

매출에누리와환입	6,000	당기매출액	700,000
매출할인	4,000		

기말수정분개에는 매출원가나 순매출액의 계산 외에도 여러 가지 수정사항들이 있다. 여기서는 상품매매업에 관련하여 매출원가와 순매출액의 계산을 설명하였고 기타 수정사항은 제4장 회계순환에서 검토한 내용과 같다.

4.4 수정후시산표의 작성

기말수정분개는 분개장에 기록하고 이를 원장에 전기하게 된다. 수정분개가 이루어지면 기업의 실제 내용대로 원장이 수정되어 당기순이익을 계산할 수 있는 상태에 놓이게 된다. 기업은 당기순이익을 계산하기에 앞서 수정분개와 전기과정에서 나타날 수 있는 오류를 확인하기 위해 수정후시산표를 작성하게 된다. 수정후시산표는 기말수정절차에 대한 전기의 오류를 확인하고, 또한 재무제표를 작성하는 기초자료로 사용된다. 〈예제 5-1〉을 이용하여 수정분개의 내용을 원장에 전기한 후 수정후시산표를 작성하면 다음과 같다.

수정후시산표

(주)미주 20××년 12월 31일 (단위 : 원)

⋮		⋮	
상 품	650,000	⋮	
⋮		⋮	
매출원가	320,000	매 출	690,000
⋮		⋮	

수정후시산표에는 수정분개가 반영된 상품, 매출원가, 매출계정이 나타나 있다. 상품계정 ₩650,000은 기말상품재고액으로 다음 회계기간으로 이월될 금액을 의미한다. 매출원가계정 ₩320,000은 판매가능상품 ₩970,000에서 기말상품재고액 ₩650,000을 차감하여 계산된 것으로 당기 매출원가를 나타낸다. 매출계정 ₩690,000은 총매출액 ₩700,000에서 매출에누리와환입 ₩6,000과 매출할인 ₩4,000을 차감하여 계산된 것으로 순매출액을 의미한다.

4.5 장부마감

수정후시산표를 통해 수정분개와 전기절차의 정확성이 확인되면 장부를 마감하게 된다. **장부의 마감**은 결산에 따른 재무제표를 작성하고, 계정별로 당기와 차기를 구분지어 다음 회계기간의 영업을 준비하는 절차이다. **장부는 원장, 분개장, 보조장부의 순서로 마감된다.** 원장은 비용과 수익계정을 먼저 마감하고 자산 · 부채 · 자본계정을 마감하게 된다. 비용과 수익계정은 결산정리분개를 통해 잔액을 집합손익계정에 대체함으로써 마감된다. 이때 결산정리분개는 분개장에 기록하고 이를 원장에 대체하게 된다. 집합손익계정은 당기순이익(손실)을 계산하여 미처분이익잉여금계정에 대체하여 마감한다. 이어 자산 · 부채 · 자본계정을 차례로 마감하여 총계정원장을 마감하고 분개장과 보조장부를 마감하게 된다. 〈예제 5-1〉을 이용하여 결산정리분개와 장부의 마감을 나타내면 다음과 같다.

일 자	기말수정분개			
12월 31일	(차) 매 출	690,000	(대) 집합손익	690,000
	(차) 집합손익	320,000	(대) 매출원가	320,000
	(차) 집합손익	370,000	(대) 미처분이익잉여금	370,000

상 품 No. ×××

1/1 전기이월	300,000	12/31 매출원가	300,000
12/31 매출원가	650,000	**차기이월**	650,000
	950,000		950,000
1/1 전기이월	650,000		

매 입 No. ×××

5/1 매입채무	500,000	12/31 매출원가	800,000
6/1 제 좌	300,000		
	800,000		800,000

매입에누리와환출 No. ×××

12/31	매출원가	125,000	5/4	매입채무	125,000

매출에누리와환입 No. ×××

9/7	현 금	6,000	12/31	매 출	6,000

매입할인 No. ×××

12/31	매출원가	5,000	5/9	매입채무	5,000

매출할인 No. ×××

7/10	매출채권	4,000	12/31	매 출	4,000

매 출 No. ×××

12/31	매출환입	6,000	7/1	제 좌	700,000
	매출할인	4,000			
	집합손익	690,000			
		700,000			700,000

매출원가 No. ×××

12/31	상 품	300,000	12/31	매입환출	125,000
	매 입	800,000		매입할인	5,000
				상 품	650,000
				집합손익	320,000
		1,100,000			1,100,000

집합손익 No. ×××

12/31	매출원가	320,000	12/1	매 출	690,000
	이익잉여금	370,000			
		690,000			690,000

미처분이익잉여금 No. ×××

12/31	**차기이월**	370,000	12/31	집합손익	370,000
			1/1	전기이월	370,000

앞의 총계정원장에서 상품과 미처분이익잉여금계정은 자산 · 자본을 나타내는 실재계정으로 차기이월이 나타나며 다음 회기에도 장부로서 계속 사용된다. 하지만 매입, 매출과 같은 비용과 수익계정은 당기에 나타나고 마감과 함께 장부가 폐쇄되는 임시계정이다. 따라서 비용과 수익계정은 다음 회계기간에 새로 원장을 만들어 사용하여야 한다.

4.6 재무제표의 작성

장부가 마감되면 총계정원장으로부터 포괄손익계산서와 재무상태표를 작성한다. 포괄손익계산서는 비용과 기타포괄손익의 표시방법에 따라 다르게 작성된다. 비용의 표시방법에는 기능별 표시와 성격별 표시가 있다. 또한 기타포괄손익의 표시방법에는 단일보고서(통합)형식과 두 개 보고서(분리)형식이 있다. 본 절에서는 비용의 표시방법에 따른 포괄손익계산서의 작성방법을 학습한다. 기타포괄손익의 표시방법은 재무제표의 표시(제6장)에서 다루게 된다. 재무상태표는 유동성과 비유동성의 구분표시에 대하여 작성방법을 설명한다.

(1) 포괄손익계산서

기능별 표시방법

기업경영은 여러 활동으로 구성된다. 경영활동은 구매, 제조, 판매, 관리활동으로 구분된다. 활동(activity)은 자원을 소비하며 소비된 자원가치를 비용(원가)이라 한다. 요컨대 경영활동은 자원소비를 통해 비용으로 나타난다.

경영기능은 활동의 역할에 따라 구분된다. 일반적으로 기업경영은 활동의 역할에 따라 구매, 제조, 판매, 관리기능으로 구분된다. 기업은 경영기능이 수행되면 기능별로 활동에 소비된 자원의 가치를 측정하여 원가(자산) 또는 비용을 집계하게 된다.

상품매매업은 영업활동에서 구매, 판매, 관리기능이 수행된다. 구매활동(기능)의 경우 상품의 구입에 따라 (취득)원가인 매입계정이 나타나며, 이의 자산이 판매될 때 소멸(판매)된 상품의 취득원가를 측정하여 **매출원가**(비용)로 계상한다. 판매활동(기능)에는 마케팅활동과 유통활동이 포함된다. 마케팅활동(기능)은 시장조사, 광고, 고객서비스의 기능이 수행되며, 여기에 소비된 인적 · 물적 자산의 가치를 측정하여 **마케팅비용**으로 계상한다. 또한 유통활동(기능)은 상품을 고객에게 판매할 수 있는 위치까지 운송하는 것으로, 여기에 소비된 인적 · 물적 자산의 가치를 **물류비**로 계상한다. 관리활동(기능)은 상품의 구입과 판매를 지원하는 활동으로 여기에 관련되어 소비된 인적 · 물적 및 기타 자산의 가치를 **일반관리비**로 계상한다.

비용의 기능별 구분은 총계정원장으로부터 분류 및 배분과정을 거쳐 이루어진다. 계정(총계정원장)은 회계거래에서 같은 성격(질)의 것들을 모아 계산하는 기본단위이므로, 비용계정은 처음에 성격별로 구분되어 있다. 따라서 성격별로 구분된 비용계정으로부터 경영기능(구매, 제조, 판매, 관리)에 따라 매출원가, 물류비, 일반관리비, 마케팅비용 등으로 구분하게 된다. 비용의 기능별 구분은 배분하는 과정에서 주관과 자의적 판단이 개입되므로 상당한 주의가 필요하다. 우선 이해를 돕기 위해 상품매매업의 경영기능과 활동, 자원의 소비, 비용의 기능별 구분을 예시하면 다음과 같다.

경영기능	경영활동	자 원 소 비	비용계정
구 매	구 입	판매된 상품의 매입원가, 반입운임	매출원가
판 매	마케팅	시장조사비 및 광고비 담당 직원의 급여	마케팅비용
	유 통	운반수단의 유류대금이나 감가상각비, 담당자의 급여	물류비용
관 리	관 리	관리직원의 급여 건물의 감가상각비 등	일반관리비

기능별 표시방법(classification by function)은 비용을 경영기능별로 구분하여 포괄손익계산서에 표시하는 것을 말한다. 기능별 표시방법에 따른 **포괄손익계산서의 구성양식**을 검토한다. 수익은 주된 영업활동에서 발생된 수익과 부수적 영업활동에서 나타난 기타수익으로 구분한다. 상품매매업의 경우 수익은 매출액이 표시된다. 기타수익에는 임대료, 수수료수익, 이자수익, 배당수익, 로열티수익, 금융자산처분이익, 유형자산처분이익 등이 포함된다. 비용은 매출원가, 물류비, 일반관리비, 마케팅비용, 이자비용, 기타비용 등으로 표시된다.

여기서 매출원가는 경영활동 중 주된 기능에 나타난 비용항목이므로 기능별 표시방법을 **매출원가 표시방법**이라고도 부른다. K-IFRS 제1001호는 매출원가가 주된 비용이므로 반드시 다른 비용과 분리하여 표시하도록 규정하고 있다. 또한 비용을 기능별로 구분하여 표시하는 경우에는 감가상각비, 기타상각비와 종업원급여를 포함한 비용의 성격별 내용을 주석에 추가적으로 공시하도록 규정하고 있다. 비용의 성격에 관한 정보는 미래현금흐름을 예측하는데 유용한 것으로 알려져 왔다. 기능별 표시방법에 따른 기말수정분개는 앞에서 설명하였다.

포괄손익계산서의 양식은 국제회계기준(IFRS)과 한국채택국제회계기준(K-IFRS)에서 각각 다르게 규정하고 있다. IFRS는 수익과 비용을 발생원천에 따라 구분한 후 총수익에서 총비용을 차감하여 당기순이익을 표시하고, 비용분류의 자의성을 이유로 영업이익을 구분표시하지 않는다. 하지만 K-IFRS는 단계별 이익개념에 따라 매출총이익, 영업이익, 법인세비용차감전손익, 당기순이익으로 구분표시하여, 영업이익이 반드시 나타나도록 하였다. K-IFRS에 따라 상품매매업의 기능별 비용표시에 따른 포괄손익계산서의 양식을 예시하면 다음과 같다. 또한 간단한 예제를 사용하여 기능별 표시방법에 따른 상품매매업의 포괄손익계산서 작성을 익히도록 한다.

포괄손익계산서(기능별)

제×기 20×2. 1. 1.부터 20×2. 12. 31.까지

×××회사 제×기 20×1. 1. 1.부터 20×1. 12. 31.까지 (단위 : 원)

	20×2	20×1
매출액(수익)	×××	×××
매 출 원 가	(×××)	(×××)
매출총이익	×××	×××
판매비와 관리비		
물 류 비	(×××)	(×××)
일반관리비	(×××)	(×××)
마케팅비용	(×××)	(×××)
영 업 이 익	×××	×××
기 타 수 익	×××	×××
이 자 비 용	(×××)	(×××)
기 타 비 용	(×××)	(×××)
법인세비용차감전손익	×××	×××
법인세비용	(×××)	(×××)
당기순손익	×××	×××
기타포괄손익 :		
재평가잉여금 재측정요소	×××	×××
매도가능금융자산평가손익	×××	×××
해외사업환산손익	×××	×××
파생상품평가손익	×××	×××
지분법기타포괄손익	×××	×××
기타포괄손익과 관련된 법인세	(×××)	(×××)
법인세비용차감후기타포괄손익	×××	×××
총포괄손익	×××	×××
주 당 손 익		
기본주당순손익	×××	×××
희석주당순손익	×××	×××

예제 [5-2]

• 다음은 (주)미주의 20××년 12월 31일 수정전시산표와 기말수정사항, 비용의 기능별 분류에 관한 자료이다. 요구사항에 대답하시오. 단, 기중 상품거래와 기말상품재고액은 〈예제 5-1, 5-2, 5-3〉에서 모두 동일하다. 〈예제 5-2와 5-3〉에서는 상품 외의 비용과 수익이 추가되어 있다.

수정전시산표

(주)미주 20××년 12월 31일 (단위 : 원)

차변	금액	대변	금액
⋮		⋮	
상 품	300,000	⋮	
⋮		⋮	
매 입	800,000	매 출	700,000
급 여	100,000	임 대 료	24,000
이자비용	70,000	⋮	
기타비용	120,000	매입에누리와환출	125,000
매출에누리와환입	6,000	매입할인	5,000
매출할인	4,000	⋮	
⋮			

1. 기말수정사항
   ① 기말상품재고액은 ₩650,000이다.
   ② 유형자산에 대한 감가상각비는 ₩22,000이다.
   ③ 당기법인세비용은 ₩7,800이며 다음에 지급하기로 하다.

2. 당기발생된 비용을 기능별로 분류하면 다음과 같다.

구 분	물류활동	관리활동	마케팅활동	기 타	계
감가상각비	₩8,000	₩14,000	₩0	₩0	₩22,000
급 여	22,000	63,000	15,000	0	100,000
기 타 비 용	32,000	25,000	14,000	49,000	120,000
계	₩62,000	₩102,000	₩29,000	₩49,000	₩242,000

☞ **요구사항**

1. 매출원가 표시방법에 따라 기말수정분개를 하시오.
2. 비용을 기능별로 표시한 포괄손익계산서를 작성하시오.

해답

1. 기말수정분개

일 자	기말수정분개			
12월 31일	(차) 매출원가	300,000	(대) 상 품	300,000
	(차) 매출원가	800,000	(대) 매 입	800,000
	(차) 매입에누리와환출	125,000	(대) 매출원가	125,000
	(차) 매입할인	5,000	(대) 매출원가	5,000

(차) 상　　품	650,000	(대) 매출원가	650,000
(차) 매　　출	6,000	(대) 매출에누리와환입	6,000
(차) 매　　출	4,000	(대) 매출할인	4,000
(차) 감가상각비	22,000	(대) 감가상각누계액	22,000
(차) 법인세비용	7,800	(대) 미지급법인세	7,800

2. 포괄손익계산서-기능별

포괄손익계산서

(주)미주　　20××년 1월 1일부터 12월 31일까지　　(단위 : 원)

매출액*	690,000
매출원가**	(320,000)
매출총이익	370,000
판매비와 관리비	
물 류 비	(62,000)
일반관리비	(102,000)
마케팅비용	(29,000)
영업이익	177,000
기타수익	24,000
이자비용	(70,000)
기타비용	(49,000)
법인세비용차감전이익	82,000
법인세비용	(7,800)
당기순이익	74,200)

* 서비스의 경우 매출액 대신 수익으로 표시하기도 한다.

** 매출원가를 기초상품재고액, 당기상품매입액, 기말상품재고액을 사용하여 매출원가계산 과정을 구체적으로 표시하기도 한다.

성격별 표시방법

거래가 발생하면 분개를 통해 계정(원장)에 전기한다. 계정은 같은 성격(질)의 거래를 모아 계산하는 기본단위이다. 따라서 거래는 처음부터 성격별로 구분되어 계정에 집계되며 각 계정은 자산, 부채, 자본, 수익, 비용계정에 포함된다.

기말이 되면 포괄손익계산서에 표시할 성격별 비용을 계산해야 한다. 비용은 성격에 따라 상품매입액, 상품의 변동, 종업원급여, 감가상각비, 기타상각비, 이자비용, 기타비용, 법인세비용 등으로 구분된다. 여기서 상품매입액(상품의 변동 포함)은 상품매매업에서 나타나는 비용이며, 제조업의 경우 원재료사용액 등이 사용되는데 이에 관해서는 제조기업의 재무제표(제16장)에서 설명한다.

상품거래는 일반적으로 상품 · 매입 · 매출의 3계정에 나누어 기입한다. 기말이 되면 상품의 3계정으로부터 상품매매에 관련된 수익과 비용(성격별)을 계산하여 포괄손익계산서에 표시한다. 수익은 매출계정에서 순매출액을 계산하여 표시한다. 비용(성격별)은 상품매입액(매입계정)에 상품의 변동(상품계정)을 가감하는 형식으로 표시한다. K-IFRS 제1001호는 상품매입액과 상품의 변동계정을 사용하여 포괄손익계산서의 비용을 표시하도록 규정하고 있다. 여기서 '**상품매입액**'은 매입계정으로부터 계산된 순매입액으로 모두 비용으로 계상한다. '**상품의 변동**'은 상품계정에서 계산된 (기초상품재고－기말상품재고)의 차액으로 비용성격(기초＞기말)이면 상품매입액(비용)에 가산하고, 수익성격(기초＜기말)이면 상품매입액(비용)에 차감하게 된다. 성격별 표시에서 「상품매입액±상품의 변동」은 기능별 표시의 매출원가와 일치하게 된다.

기말수정분개는 매출원가를 계산하는 과정이 없으므로 다소 간단하다. 상품에 관한 수정분개는 세 단계로 이루어진다.

첫째, 상품매입액을 계산한다. 상품매입액(순매입액)은 매입에누리와환출 및 매입할인계정의 잔액을 매입계정의 대변에 대체하여 계산한다.

둘째, 상품(계정)의 변동액을 계산한다. 상품의 변동은 「기초＜기말」인 경우 상품계정의 차변과 상품의 변동계정 대변에 차액을 기입하고, 「기초＞기말」인 경우 상품의 변동계정 차변과 상품계정 대변에 차액을 기입한다. 여기서 「상품의 변동」계정의 차(대)변 잔액은 비용(수익)성격을 나타낸다.

셋째, 순매출액을 계산한다. 순매출액은 매출에누리와환입 및 매출할인계정의 잔액을 매출계정의 차변에 대체하여 계산한다. 기말수정분개와 성격별 표시방법의 원리를 나타내면 다음과 같다.

사용계정	기말수정분개 – 성격별 표시방법			
상품매입액	(차) 매입에누리와환출	×××	(대) 매　　입	×××
(순매입액)	(차) 매입할인	×××	(대) 매　　입	×××
상품의 변동				
(기초＞기말)*	(차) 상품의 변동	×××	(대) 상　　품	×××
(기초＜기말)**	(차) 상　　품	×××	(대) 상품의 변동	×××
매출액	(차) 매　　출	×××	(대) 매출에누리와환입	×××
(순매출액)	(차) 매　　출	×××	(대) 매출할인	×××

* : 비용성격, ** : 수익성격을 나타냄, 〈참고〉 : 상품매입액±상품의 변동 = 매출원가

성격별 표시방법(classification by nature)은 비용을 성격별로 구분하여 포괄손익계산서에 표시하는 것을 말한다. 성격별 표시방법에 따른 **포괄손익계산서의 구성양식**을 검토한다. 수익은 주된 영업활동에서 발생된 수익과 부수적 영업활동에서 나타난 기타수익으로 구분한다. 상품매매업의 경우 수익은 매출액이 표시된다. 기타수익에는 임대료, 수수료수익, 이자수익, 배당수익, 로열티수익, 금융자산처분이익, 유형자산처분이익 등이 포함된다. 기타수익은 영업이익 아래에 표시한다. 비용은 상품매입액, 상품의 변동, 종업원급여, 감가상각비, 기타상각비, 이자비용, 기타비용, 법인세비용 등으로 구분된다. 성격별 표시방법은 비용을 기능별로 재분배할 필요가 없으므로 오류가 적고 간단하다는 장점이 있다. K-IFRS에 따라 상품매매업의 성격별 비용표시에 의한 포괄손익계산서의 양식을 예시하면 다음과 같다. 포괄손익계산서의 양식은 단계별 이익개념에 따라 영업이익, 법인세비용차감전손익, 당기순이익으로 표시된다. 간단한 예제를 사용하여 성격별 표시방법에 따른 포괄손익계산서 작성을 익히도록 한다.

지금까지 비용의 성격별 또는 기능별 표시방법에 따라 포괄손익계산서의 작성방법을 설명하였다. 기업은 성격별 또는 기능별 표시방법 중 신뢰성 있고 목적적합한 정보를 제공할 수 있는 하나의 방법을 선택하여 포괄손익계산서를 작성하게 된다.

포괄손익계산서(성격별)

제×기 20×2. 1. 1.부터 20×2. 12. 31.까지
제×기 20×1. 1. 1.부터 20×1. 12. 31.까지

×××회사 (단위 : 원)

	20×2	20×1
영업수익(매출액)	×××	×××
영업비용		
상품의 변동	(×××)	(×××)
상품매입액	(×××)	(×××)
종업원급여	(×××)	(×××)
감가상각비	(×××)	(×××)
기타영업비용	(×××)	(×××)
영업이익	×××	×××
기타수익	×××	×××
이자비용	(×××)	(×××)
법인세비용차감전손익	×××	×××
법 인 세 비 용	(×××)	(×××)
당 기 순 손 익	×××	×××
기타포괄손익 :		
재평가잉여금재측정요소	×××	×××
매도가능금융자산평가손익	×××	×××

해외사업환산손익	×××	×××
파생상품평가손익	×××	×××
지분법기타포괄이익	×××	×××
기타포괄손익과 관련된 법인세	(×××)	(×××)
법인세비용차감후기타포괄손익	×××	×××
총포괄손익	×××	×××
주당손익		
기본주당순손익	×××	×××
희석주당순손익	×××	×××

예제 [5-2]

• 다음은 〈예제 5-2〉에 나타난 (주)미주의 20××년 12월 31일 수정전시산표와 기말수정사항에 관한 자료이다. 요구사항에 대답하시오.

수정전시산표

(주)미주 20××년 12월 31일 (단위 : 원)

⋮		⋮	
상 품	300,000	⋮	
⋮		⋮	
매 입	800,000	매 출	700,000
급 여	100,000	임 대 료	24,000
이자비용	70,000	⋮	
기타비용	120,000	매입에누리와환출	125,000
매출에누리와환입	6,000	매입할인	5,000
매출할인	4,000	⋮	
⋮			

☞ 기말수정사항

① 기말상품재고액은 ₩650,000이다.
② 유형자산에 대한 감가상각비는 ₩22,000이다.
③ 당기법인세비용은 ₩7,800이며 다음에 지급하기로 하다.

☞ 요구사항

1. 성격별 표시방법에 따라 기말수정분개를 하시오.
2. 비용을 성격별로 표시한 포괄손익계산서를 작성하시오.
3. 기능별 및 성격별 포괄손익계산서에서 '상품매입액±상품의 변동 = 매출원가'를 확인하고 두 값이 일치하는 이유를 설명하시오.

해답 «««

1. 기말수정분개

일 자	기말수정분개			
12월 31일	(차) 매입에누리와환출	125,000	(대) 매 입	125,000
	(차) 매입할인	5,000	(대) 매 입	5,000
	(차) 상 품	350,000	(대) 상품의 변동	350,000
	(차) 매 출	6,000	(대) 매출에누리와환입	6,000
	(차) 매 출	4,000	(대) 매출할인	4,000
	(차) 감가상각비	22,000	(대) 감가상각누계액	22,000
	(차) 법인세비용	7,800	(대) 미지급법인세	7,800

2. 포괄손익계산서-성격별

포괄손익계산서

(주)미주 20××년 1월 1일부터 12월 31일까지 (단위 : 원)

영업수익(매출액)*	690,000
영업비용	
상품의 변동**	350,000
상품매입액***	(670,000)
종업원급여	(100,000)
감가상각비	(22,000)
영업이익	248,000
기타수익	24,000
이자비용	(70,000)
기타비용	(120,000)
법인세비용차감전이익	82,000
법인세비용	(7,800)
당기순이익	74,200

* 상품매매업의 경우 수익 대신 매출액으로 표시하기도 한다.
** 기초상품재고액이 기말상품재고액보다 작은 경우로서 수익성격을 나타냄.
*** 상품매입액+상품의 변동; (670,000) + 350,000 = (320,000)으로 기능별 포괄손익계산서의 매출원가와 일치함을 확인할 수 있다.

3. 상품매입액 + 상품의 변동 = 매출원가

위의 포괄손익계산서에서 계산과정을 보여주고 있다.

(2) 재무상태표

재무상태표는 자산 · 부채 · 자본의 계정에서 전기이월된 금액을 모아 작성하게 된다. 실무에서는 수정후시산표로부터 작성한다. 재무상태표의 계정과목 배열에는 유동성과 비유동성 구분표시법(이하 유동성과 비유동성 구분법)과 유동성 순서에 따른 표시법(이하 유동성 배열법)이 있다. 유동성과 비유동성 구분법은 자산을 유동자산과 비유동자산으로, 부채를 유동부채와 비유동채로 구분하여 재무상태표에 표시하는 것을 말한다. 이 경우 유동자산(부채)에 이어 비유동자산(부채)을 표시하지만 비유동자산(부채)을 먼저 표시할 수도 있다.

유동성 배열법은 계정과목을 유동성 크기에 따라 오름차순이나 내림차순으로 표시하는 것이다. K-IFRS 제1001호는 원칙적으로 유동성과 비유동성 구분법에 따라 재무상태표를 작성하도록 규정하고 있다. 다만 유동성 배열법이 신뢰성 있고 목적적합한 정보를 제공하는 경우는 이 방법에 따라 재무상태표를 작성하도록 하였다. 〈예제 5-2〉를 사용하여 수정후시산표로부터 계정식 재무상태표를 작성하면 다음과 같다. 재무상태표의 계정과목 표시방법은 유동성과 비유동성 구분법을 사용한다.

재무상태표

(주)미주 20××년 12월 31일 (단위 : 원)

자 산		부 채	
유동자산		유동부채	
⋮		⋮	
재고자산		비유동부채	
상 품	650,000	⋮	
⋮		자 본	
비유동자산		⋮	
⋮		이익잉여금	74,200

4.7 종합예제

앞에서는 상품매매기업의 회계순환과정을 설명하였다. 이를 토대로 상품매매기업의 결산과정을 예제문제를 통해 반복 학습하기로 한다. 예제문제에서는 상품매매에 대한 회계기간 중의 기록을 토대로 기말수정분개, 매출원가계산,

순매출액의 계산, 기말 결산정리분개, 포괄손익계산서와 재무상태표의 작성을 학습하게 된다.

예제문제

다음은 (주)해피동화의 20××년 12월 31일 수정전시산표와 기말수정분개에 관한 사항이다. (주)해피동화는 어린이 장난감을 수입하여 판매하며, 기말에 실지재고조사를 통해 기말상품재고액을 파악하여 상품매매이익을 계산하고 있다.

수정전시산표

(주)해피동화 20××년 12월 31일 (단위 : 원)

차변 계정	금액	대변 계정	금액
현　　금	130,000	매입채무	250,000
매출채권	300,000	미지급금	60,000
상품(기초)	245,000	차 입 금	700,000
선급보험료	80,000	자 본 금	515,000
대 여 금	300,000	이익잉여금	150,000
건　　물	500,000	매입에누리와환출	35,000
투자부동산	100,000	매입할인	25,000
매　　입	850,000	매　　출	1,050,000
매입운임	30,000	임 대 료	80,000
매출에누리와환입	45,000	이자수익	30,000
매출할인	15,000		
운 반 비	20,000		
급　　여	180,000		
통 신 비	30,000		
이자비용	70,000		
	2,895,000		2,895,000

《기말수정사항》

1. 12월 31일 창고에 남아 있는 상품재고액은 ₩450,000이다.
2. 건물에 대한 감가상각비는 ₩100,000이다.
3. 12월 31일 기간이 경과되지 않은 선급보험료는 ₩40,000이다.
4. 에쓰엠 엔터테이너사에 광고비 ₩35,000을 아직 지급하지 않고 있다.
5. 12월분 종업원의 급여 ₩20,000이 미지급상태에 있다.

《요구사항》

1. 기말수정분개를 하시오. 비용은 기능별 표시방법에 따른다.
2. 수정후시산표를 작성하시오.
3. 기말결산정리분개를 하시오.
4. 20××년도 기능별 포괄손익계산서를 작성하시오. 단, 당기의 발생비용을 기능별로 분류하면 다음과 같다.

구 분	물류활동	관리활동	마케팅활동	기 타	계
감가상각비	₩0	₩100,000	₩0	₩0	₩100,000
급 여	50,000	100,000	50,000	-	200,000
운 반 비	20,000	-	-	-	20,000
통 신 비	-	-	-	30,000	30,000
광고선전비	-	-	35,000	-	35,000
보 험 료	10,000	30,000			40,000
계	₩80,000	₩230,000	₩85,000	₩30,000	₩425,000

5. 20××년도 유동성과 비유동성을 구분표시한 재무상태표를 작성하시오. 단, 매출채권, 선급보험료, 매입채무, 미지급금, 미지급비용은 유동성항목이며, 대여금, 차입금은 비유동성 항목이다.

기말수정분개

기말수정분개				
① 매출원가의 계산				
• 기초재고액 대체	(차) 매출원가	245,000	(대) 상 품	245,000
• 매입계정의 대체	(차) 매출원가	850,000	(대) 매 입	850,000
• 매입운임계정 대체	(차) 매출원가	30,000	(대) 매입운임	30,000
• 매입에누리계정 대체	(차) 매입에누리와환출	35,000	(대) 매출원가	35,000
• 매입할인계정 대체	(차) 매입할인	25,000	(대) 매출원가	25,000
• 기말재고의 기록	(차) 상 품	450,000	(대) 매출원가	450,000
② 순매출액의 계산				
• 매출에누리계정 대체	(차) 매 출	45,000	(대) 매출에누리와환입	45,000
• 매출할인계정 대체	(차) 매 출	15,000	(대) 매출할인	15,000
③ 건물에 대한 감가상각비를 계상하다.				
• 감가상각비계상	(차) 감가상각비	100,000	(대) 감가상각누계액	100,000
④ 보험료를 계상하고 선급보험료계정을 수정한다.				

• 보험료계상	(차) 보 험 료	40,000	(대) 선급보험료	40,000
⑤ 광고선전비를 계상한다.				
• 광고선전비계상	(차) 광고선전비	35,000	(대) 미지급광고선전비	35,000
⑥ 급여를 계상한다.				
• 급여계상	(차) 급 여	20,000	(대) 미지급급여	20,000

수정후시산표

기말수정분개는 분개장에 분개하여 원장에 전기하게 된다. 수정후시산표는 수정분개가 반영된 총계정원장의 잔액을 모아 작성한다. 여기서는 원장의 작성을 생략하고 수정후시산표만 제시하면 다음과 같다.

수정후시산표

(주)해피동화 20××년 12월 31일 (단위 : 원)

현 금	130,000	매입채무	250,000
매출채권	300,000	미지급금	60,000
상품(기말)	450,000	차 입 금	700,000
선급보험료	40,000	자 본 금	515,000
대 여 금	300,000	이익잉여금	150,000
건 물	500,000		
투자부동산	100,000		
매출원가	615,000	미지급광고비	35,000
운 반 비	20,000	미지급급여	20,000
급 여	200,000	매 출	990,000
통 신 비	30,000	임 대 료	80,000
보 험 료	40,000	이자수익	30,000
광 고 비	35,000	감가상각누계액	100,000
이자비용	70,000		
감가상각비	100,000		
	2,930,000		2,930,000

학생 여러분은 총계정원장을 스스로 작성하고 이를 통해 수정후시산표를 작성하도록 한다. 수정후시산표에 표시된 상품계정은 기말재고액을 나타내며, 매출계정은 순매출액을 의미하고, 매출원가계정은 당기의 상품매출원가를 나타낸다.

기말결산정리분개

기말결산정리분개는 당기순이익을 계산하고 이를 이익잉여금계정으로 대체하는 절차이다. 당기순이익은 집합손익계정을 개설하여 비용계정과 수익계정의 잔액을 집합손익계정의 차변과 대변에 각각 대체하여 계산한다. 집합손익계정에서 대(차)변에 잔액이 나타나면 당기순이익(손실)이 발생한 것이다. 당기순이익(손실)은 집합손익계정 차(대)변에 기입하고, 이를 이익잉여금계정의 대(차)변에 대체함으로써 비용, 수익, 집합손익계정은 모두 마감된다.

기말결산정리분개

① 집합손익계정을 설정하여 비용계정을 대체한다.

• 비용계정대체	(차) 집합손익	1,1100,000	(대) 매출원가	615,000
			(대) 운 반 비	20,000
			(대) 급　　여	200,000
			(대) 통 신 비	30,000
			(대) 보 험 료	40,000
			(대) 광 고 비	35,000
			(대) 이자비용	70,000
			(대) 감가상각비	1,100,000

② 집합손익계정에 수익계정을 대체한다.

• 수익계정대체	(차) 매　　출	990,000	(대) 집합손익	1,100,000
	(차) 임 대 료	80,000		
	(차) 이자수익	30,000		

③ 집합손익계정에서 당기순이익을 계산하여 이익잉여금계정에 대체한다.

• 집합손익계정대체	(차) 이익잉여금	10,000	(대) 집합손익	10,000

기능별 포괄손익계산서의 작성

포괄손익계산서는 수정후시산표에서 또는 집합손익계정으로부터 작성한다. 기능별 표시방법에 따라 비용은 물류비, 일반관리비, 마케팅비용, 기타비용으로 구분한다. 매출원가는 기초상품재고액, 당기상품재고액, 기말상품재고액을 통해 계산과정을 표시하거나 결과만을 나타내게 된다. (주)해피동화의 포괄손익계산서를 보고서 양식에 따라 작성하면 다음과 같다.

포괄손익계산서(기능별)

(주)해피동화 20××년 1월 1일부터 20××년 12월 31일까지 (단위 : 원)

매 출 액		990,000
매출원가		(615,000)
기초상품재고액	245,000	
당기상품매입액	820,000	
기말상품재고액	(450,000)	
매출총이익		375,000
판매비와 관리비		
물 류 비		(80,000)
일반관리비		(230,000)
마케팅비용		(85,000)
영업이익		(20,000)
기타수익		110,000
이자비용		(70,000)
기타비용		(30,000)
당기순손실		(10,000)

재무상태표의 작성

(주)해피동화의 재무상태표를 계정식 양식에 의해 작성하면 다음과 같다. 자산과 부채는 유동성과 비유동성 항목으로 구분하여 표시한다.

재무상태표

(주)해피동화 20××년 12월 31일 현재 (단위 : 원)

자 산		부 채	
유동자산		유동부채	
현 금	130,000	매입채무	250,000
매출채권	300,000	미지급금	60,000
상 품	450,000	미지급비용**	55,000
선급보험료	40,000	비유동부채	
비유동자산		차 입 금	700,000
대 여 금	300,000	자 본	
투자부동산	100,000	자 본 금	515,000
건 물*	400,000	이익잉여금***	140,000
자산총계	1,720,000	부채와 자본총계	1,720,000

* 건물은 취득원가 ₩500,000에서 감가상각누계액 ₩100,000을 차감한 것임.

** 미지급비용은 미지급광고비와 미지급급여를 합계한 것임.

*** 이익잉여금은 당기순손실을 가감한 것임.

개 념 정 리

문제

01 상품매매업의 영업활동 내용을 설명하시오.

02 상품매매업과 서비스업의 포괄손익계산서 차이를 설명하시오.

03 상품거래에서 거래할인과 금액할인의 차이를 설명하시오.

04 F.O.B. 선적지조건과 도착지조건을 비교하여 설명하시오.

05 상품매매에 따른 대금지급조건의 종류를 열거하고 회계처리를 설명하시오.

06 상품거래의 단일 계정처리와 3계정 분할처리를 비교하여 설명하시오.

07 상품의 매입과 매출에서 발생하는 운반비를 포괄손익계산서에서 어떻게 나타내야 하는지를 설명하시오.

08 매입에누리와환출과 매출에누리와환입계정을 사용하는 이유와 잔액이 어느 위치(차변, 대변)에 나타나는지를 설명하시오.

09 매입할인과 매출할인이 나타나는 상품거래의 상황과 회계처리를 설명하시오.

10 상품거래의 보조장부인 매입장, 매출장, 상품재고장을 설명하시오.

11 상품매매기업의 포괄손익계산서에서 주된 수익 및 비용항목을 설명하시오.

12 매출, 매출에누리와환입, 매출할인계정이 있을 경우 포괄손익계산서에서 매출액을 어떻게 나타내는가를 설명하시오.

13 상품, 매입, 매입에누리와환출, 매입할인계정이 있을 경우 기능별 포괄손익계산서에서 매출원가를 어떻게 나타내는가를 설명하시오.

14 성격별 포괄손익계산서에서 매출원가에 해당하는 비용의 표시방법을 설명하시오.

15 상품매매기업에서 결산절차의 순서를 설명하시오.

16 기말수정분개는 무엇이며 어떤 역할을 하는지 설명하시오.

17 어떤 자료로부터 포괄손익계산서와 재무상태표를 작성하는가를 설명하시오.

18 다음의 용어를 설명하시오.

• 매입(매출)할인 • 매입(매출)에누리 • 매입환출 • 매출환입
• 상품재고장 • 매출총이익 • 매출원가 • 기말 결산정리분개
• trade discount • cash discount • sales allowances • F.O.B. destination

연 습 문 제

▣ 문제 [1]

다음은 여러 개념을 설명한 것이다. 빈칸에 적합한 단어나 문구를 기입하시오.

01 상품매매업은 상품의 (　　　　)과 매출을 통하여 수익을 추구하는 영업활동을 말한다. 여기서 상품이란 제조기업으로부터 생산한 (　　　　)을 구입하여 판매하기 위하여 보유한 재화를 말한다.

02 거래할인에는 한꺼번에 다량을 구입함에 따라 받게 되는 (　　　　)할인과 1회에 다액을 구입함에 따라 받게 되는 (　　　　)할인이 있다.

03 (　　　　)은 상품의 선적시점에서 소유권이 판매자에서 구매자로 이전되는 것으로 운반비, 보험료 등을 (　　　　)가 부담하며, (　　　　)은 상품이 목적장소에 도착되는 시점에 소유권이 (　　　　)에서 구매자로 이전되는 것으로 상품에 대한 운반비 등을 (　　　　)가 부담하게 된다.

04 상품을 세 계정으로 처리하는 경우 (　　　　)계정은 기초상품과 기말상품의 재고액을 나타내며, 매입계정은 당기의 (　　　　)를 표시하고 (　　　　)계정은 당기의 순매출액을 나타낸다.

05 상품취득원가는 매입대금에 (　　　　)을 가산한 금액이 되며 상품이 판매가능한 상태에 이르기까지 소요된 모든 지출을 포함하게 된다.

06 매입에누리와환출이 발생하면 매입금액이 감소하게 되므로 매입계정의 (　　　　)에 기록하여 순매입액을 계산한다. (　　　　)이 발생하면 매출금액이 감소하므로 (　　　　)의 차변에 기록하여 순매출액을 계산하게 된다.

07 할인조건에 따라 매매대금을 당겨 지급함으로써 받게 되는 현금할인의 금액을 구매자는 (　　　　), (　　　　)는 매출할인으로 기록하게 된다. 매입할인은 (　　　　)계정의 대변에 기입하여 순매입액을 계산하며, (　　　　)은 매출계정의 차변에 기입하여 순매출액을 산정하게 된다.

08 기능별 포괄손익계산서는 회계기간에 나타난 매출액에서 (　　　　)를 차감하여 매출총이익을 계산하게 된다. 여기서 매출액은 총매출액에서 (　　　　), 매출할인을 차감한 금액으로 표시하여야 한다. 매출원가는 기초상품재고액에 당기상품매입액을 가산하고, 기말상품재고액을 차감하여 표시하게 된다. (　　　　)은

당기상품총매입액에서 매입에누리와환출, (   )을 차감하여 계산한다.

09 성격별 포괄손익계산서는 회계기간에 나타난 매출액에서 (   )을 차감하고, 상품의 변동액을 가감하여 매출총이익을 계산한다. 상품매입액은 (   )에서 계산된 순매입액이 표시되고, (   )은 '기초상품재고액–기말상품재고액'을 비용에 가감되도록 표시한다.

10 결산절차는 수정전시산표 작성, (   ), 수정후시산표 작성, (   ), 재무제표의 작성으로 진행된다.

11 기말수정분개는 기말현재 (   )잔액이 (   ), 부채, 자본, 수익, 비용의 실제 잔액과 일치하도록 (   )를 수정하는 절차이다. 기말결산정리분개는 (   )계정을 개설하고 비용과 (   )계정의 잔액을 집합손익계정에 대체한다. 이어 집합손익계정에서 당기순이익을 계산하고 이를 (   )계정으로 대체하게 된다.

12 다음의 등식에 알맞은 말을 기입하시오.

(1) 매출액 – 매출원가 = (   )
(2) 기초상품재고액 + (   ) – (   ) – 매입할인 + 매입운임 = (   )
(3) 매출원가 + 기말상품재고액 = (   )
(4) 매출원가 + 매출총이익 = (   )
(5) 당기순이익 + 총비용 = (   )
(6) 매출액 – (   ) ± 상품의 변동 = 매출총이익

▣ 문제 [2]

다음은 서로 독립적인 거래에 따라 나타난 포괄손익계산서의 일부이다. (   )에 적합한 금액을 기입하시오.

항 목	사례 1	사례 2	사례 3	사례 4
매 출 액	1,000,000	900,000	800,000	(⑩)
기초상품재고액	100,000	150,000	(⑦)	170,000
당기상품매입액	(①)	700,000	500,000	(⑪)
판매가능상품원가	800,000	(④)	780,000	700,000
기말상품재고액	(②)	(⑤)	280,000	100,000
매출원가	600,000	750,000	(⑧)	(⑫)
매출총이익	(③)	(⑥)	(⑨)	100,000

▣ 문제 [3]

다음은 서로 독립적인 거래에 따라 나타난 포괄손익계산서의 일부이다. (   )에 적합한 금액을 기입하시오.

항 목	사례 1	사례 2	사례 3	사례 4
매 출 액	980,000	(③)	857,000	759,000
매출에누리와환입	(①)	32,000	15,700	20,300
매출할인	30,000	17,800	(⑤)	7,800
기초상품재고액	100,000	135,000	100,000	98,000
당기상품매입액	(②)	730,000	637,000	522,000
매입운임	25,000	45,000	40,000	30,000
매입에누리와환출	58,000	(④)	28,000	15,800
기말상품재고액	122,000	149,000	157,000	(⑦)
매출원가	845,000	750,000	(⑥)	536,200
매출총이익	55,000	178,000	212,000	(⑧)

▣ 문제 [4]

다음은 (주)승우의 상품매입에 관련된 거래이다.

1. A상품 200개를 개당 ₩2,500에 외상으로 매입하고 반입운임 ₩50,000을 현금으로 지급하다.
2. 위의 상품대금 중 ₩300,000을 조기 지급함에 따라 거래처로부터 ₩20,000의 할인을 받다.
3. 위의 상품에서 품질불량이 발견되어 구입처로부터 ₩1,500의 에누리를 받다.
4. 위의 상품에서 주문내용과 다른 제품이 있어 5개를 되돌려 보내다.
5. B상품 100개를 개당 ₩2,800에 현금으로 매입하고 운임과 보험료 ₩30,000을 현금으로 지급하다.
6. 위의 B상품에서 일부 파손이 발견되어 10개를 반품하다.
7. 위의 B상품에서 미세한 품질하자가 발생하여 구입처로부터 ₩2,000의 에누리를 받다.

[요구사항]

1. 위의 거래를 매입, 매입에누리와환출, 매입할인계정을 사용하여 분개하시오.
2. 분개의 결과를 이용하여 매출원가를 표시한 부분포괄손익계산서를 작성하시오.

단, 기초상품재고원가는 ₩100,000이며 기말상품재고원가는 ₩50,000으로 가정한다.

▣ 문제 [5]

다음은 (주)은서의 상품매출에 관련된 거래이다.

1. A상품 100개를 개당 ₩5,500에 외상으로 판매하고 발송운임 ₩60,000을 현금으로 지급하다.
2. 외상매출금 ₩400,000을 조기에 회수함에 따라 ₩20,000을 할인하여 주다.
3. 판매한 A상품 중 품질하자가 발견되어 ₩10,000을 에누리하여 주다.
4. 거래처로부터 파손된 A상품 10개를 반품받다.
5. B상품 50개를 개당 ₩8,000에 현금으로 판매하고 판매수수료 ₩50,000을 현금으로 지급하다.
6. 거래처로부터 B상품에 대한 품질불량을 호소함에 따라 ₩15,000을 에누리하여 주다.
7. 거래처로부터 판매된 B상품 중 파손된 것이 발견되어 5개를 반품받다.

【요구사항】

1. 위의 거래를 매출, 매출에누리와환입, 매출할인, 운반비, 판매수수료계정을 사용하여 분개하시오.
2. 분개의 결과를 이용하여 매출액을 나타낸 부분포괄손익계산서를 작성하시오.

▣ 문제 [6]

다음은 (주)국화의 20××년도 상품매매에 관련된 거래이다.

1월 1일 기초상품재고는 ₩80,000(A상품 100개, @800)이다.

3월 1일 은서상점으로부터 A상품 200개를 개당 ₩1,000에 외상매입하고 반입운임 ₩20,000을 현금으로 지급하다.

9일 은서상점에 외상매입금 ₩100,000을 조기에 상환함에 따라 ₩5,000의 할인을 받고 현금으로 지급하다.

4월 10일 미주상점에 A상품 150개를 개당 ₩2,000에 현금 판매하다.

5월 6일 승우상점으로부터 A상품 100개를 개당 ₩1,100에 현금으로 매입하다.

16일 승우상점에서 매입한 A상품 중 품질하자가 발견되어 ₩4,000의 에누리를 받다.

6월 8일 민지상점에 A상품 100개를 개당 ₩1,800에 외상판매하고 발송운임

₩10,000을 현금으로 지급하다.

15일 민지상점으로부터 외상매출금 ₩180,000을 조기에 회수함에 따라 ₩10,000을 할인하고 현금으로 받다.

20일 민지상점에 판매한 A상품에서 품질불량이 발견되어 ₩3,000을 에누리하여 주다.

10월 9일 상훈상점으로부터 A상품 100개를 개당 ₩1,200에 현금매입하다.

11월 1일 상훈상점에서 매입한 A상품 중 파손품이 발견되어 10개를 반품하다.

【요구사항】

1. 위의 거래를 분개장에 기입하고 총계정원장에 전기하시오. 단, 상품계정을 매입, 매입에누리와환출, 매입할인, 매출, 매출에누리와환입, 매출할인계정으로 분할하여 사용한다.
2. 상품매매거래의 내용을 매입장과 매출장에 기록하시오.

▣ 문제 [7]

다음은 (주)국화의 20××년도 상품의 매매에서 나타난 약식 잔액시산표이다. 약식 잔액시산표에는 상품거래에서 나타난 상품, 매입, 매입에누리와환출, 매입할인, 매출, 매출에누리와환입, 매출할인계정만 표시한 것이다.

수정전시산표

(주)국화 20××년 12월 31일 (단위 : 원)

⋮		⋮	
상 품	80,000	⋮	
⋮		⋮	
매 입	450,000	매 출	480,000
⋮		⋮	
매출에누리와환입	3,000	매입에누리와환출	16,000
매출할인	10,000	매입할인	5,000
운 반 비	10,000	⋮	
⋮		⋮	

【요구사항】

1. 기말수정분개를 나타내시오. 단, 기말상품재고액은 ₩100,000으로 조사되었다.
2. 기능별 및 성격별 부분포괄손익계산서를 작성하시오.
3. 부분재무상태표를 작성하시오. 단, 부분재무상태표는 기말상품재고액만을 표시하시오.

▣ 문제 [8]

다음은 (주)향기의 20××년도 수정전시산표와 기말수정분개사항을 나타낸 것이다.

수정전시산표

(주)향기 20××년 12월 31일 (단위 : 원)

차변	금액	대변	금액
현 금	33,000	매입채무	23,000
단기대여금	50,000	장기차입금	32,000
매출채권	62,000	자 본 금	130,000
상 품	25,000	이익잉여금	50,000
소 모 품	8,000	매 출	320,000
비 품	50,000	매입에누리와환출	10,000
매 입	280,000	매입할인	8,000
급 여	30,000		
운 반 비	25,000		
매출할인	10,000		
	573,000		573,000

〈기말수정사항〉

1. 기말현재 상품재고액은 ₩35,000으로 조사되었다.
2. 단기대여금의 이자수익은 ₩10,000으로 추정된다.
3. 기말현재 소모품의 재고액은 ₩3,000이다.
4. 장기차입금의 이자비용은 ₩1,500으로 추정된다.
5. 비품에 대한 감가상각비는 ₩20,000이다.

【요구사항】

1. 기말수정사항을 분개장에 분개하고 총계정원장에 전기하시오.
2. 수정후시산표를 작성하시오.
3. 기말결산분개를 하고 장부를 마감하시오.
4. 기능별 포괄손익계산서와 재무상태표를 작성하시오.

▣ 문제 [9]

다음은 (주)아이돌의 20××년도 기능별 포괄손익계산서와 비용에 관련된 자료이다. 요구사항에 대답하시오.

포괄손익계산서(기능별)

(주)아이돌	20××년 1월 1일부터 20××년 12월 31일까지	(단위 : 원)
매 출 액		2,270,000
매출원가		(1,120,000)
기초상품재고액	520,000	
당기상품매입액	978,000	
기말상품재고액	(378,000)	
매출총이익		1,150,000
판매비와 관리비		
물류비		(226,000)
일반관리비		(334,000)
마케팅비용		(203,000)
영업이익		387,000
기타수익		70,000
이자비용		(70,000)
기타비용		(49,000)
법인세비용차감전이익		338,000
법인세비용		(27,800)
당기순이익		310,200

〈기타자료〉

1. 비용의 기능별 구분은 다음과 같다.

구 분	물류활동	관리활동	마케팅활동	기 타	계
감가상각비	₩27,000	₩98,000	₩0	₩0	₩125,000
급 여	52,000	172,000	68,000	–	292,000
운 반 비	108,000	–	–	–	108,000
통 신 비	–	–	–	49,000	49,000
광고선전비	–	–	135,000	–	135,000
보 험 료	39,000	64,000			103,000
계	₩226,000	₩334,000	₩203,000	₩49,00	₩812,000

2. 기타수익에는 임대료(₩38,000)와 이자수익(₩32,000)이 포함되어 있다.

【요구사항】

1. 성격별 포괄손익계산서를 작성하시오.
2. '매출원가=상품매입액±상품의 변동' 관계를 회계숫자를 이용하여 설명하시오.

▣ 문제 [10]

다음은 (주)동화의 20××년 말에 작성한 정산표의 일부와 수정분개사항을 나타낸 것이다.

정 산 표

(주)동화 20××년 12월 31일 (단위: 원)

계정과목	수정전시산표		수정분개		수정후시산표	
	차 변	대 변	차 변	대 변	차 변	대 변
현 금	300,000				300,000	
매 출 채 권	1,000,000				1,000,000	
선 급 보 험 료	150,000					
상 품	300,000					
매 입 채 무		650,000				650,000
자 본 금		740,000				740,000
이 익 잉 여 금		120,000				120,000
매 출		1,300,000				
매 출 할 인	50,000					
매 입	860,000					
매입에누리와 환출		30,000				
매 입 할 인		20,000				
급 여	200,000					
	2,860,000	2,860,000				
매 출 원 가						
보 험 료						
임 차 료						
미지급임차료						

〈기말수정사항〉

1. 기말현재 상품재고액은 ₩150,000으로 조사되었다.
2. 선급보험료 중 기간이 경과한 것은 ₩100,000이다.
3. 기말현재 사무실 임차료 ₩20,000이 아직 지급되지 않고 있다.

[요구사항]

1. 기말수정사항을 정산표의 수정분개란에 기입하시오.
2. 수정후시산표를 완성하시오.
3. 수익계정을 마감하는 대체분개를 나타내시오.
4. 비용계정을 마감하는 대체분개를 나타내시오.
5. 집합손익계정을 마감하는 분개를 표시하시오.
6. 마감분개를 토대로 기능별 포괄손익계산서와 재무상태표를 작성하시오.

제 6 장

A C C O U N T I N G   P R I N C I P L E S

재무보고를 위한 개념체계와 재무제표 표시

|학|습|요|점|

- 재무보고의 개념체계를 이루는 구성요소는 무엇인가?
- 재무정보의 질적 특성을 이루는 요인은 무엇인가?
- 재무제표의 요소는 무엇이며 인식 및 측정기준은 어떤 것들이 있는가?
- 재무상태표의 의의와 구성요소는 무엇이며 작성양식은 어떤 것들이 있는가?
- 포괄손익계산서의 구성항목은 무엇이며 작성은 어떻게 하는가?
- 자본변동표의 의의와 구성요소는 무엇이며 작성은 어떻게 하는가?
- 현금흐름표의 의의와 구성요소는 무엇이며 작성은 어떻게 하는가?

제1절 재무보고를 위한 개념체계

1.1 재무보고를 위한 개념체계

(1) 재무보고와 재무제표

기업은 재무보고를 통해 회계정보를 이용자에게 전달한다. **재무보고**(financial reporting)는 '외부이해관계자에게 기업실체에 관한 재무상태, 경영성과, 현금흐름, 자본변동 등에 관한 재무정보를 제공' 하는 것을 말한다. 재무정보의 전달에는 **재무보고서**가 사용된다. 재무보고서에는 재무제표가 주된 수단이 되며 영업보고서, 사업설명서, 주주에게 보내는 경영자서한, 경영자의 예측과 전망 등이 있으며, 계량적 정보와 함께 설명하는 질적 정보가 포함된다.

기업은 경영활동의 전반적 내용을 재무보고서에 담아 전달한다. **재무제표**는 일정한 관점에 따라 경영활동의 내용을 구분하고, 일정한 양식에 맞추어 작성된 재무보고서이다. 국제회계기준은 재무제표로 재무상태표, 포괄손익계산서, 자본변동표, 현금흐름표, 주석을 규정하고 있다. 재무상태표, 포괄손익계산서, 자본변동표, 현금흐름표는 계량적 정보로 표시된 주된 재무제표이며, 주석은 이의 재무제표를 이해하는데 유용한 추가적 정보로서 설명형식으로 기술된 질적 정보가 많이 포함된다. 한편 상법은 재무제표로 재무상태표, 포괄손익계산서, 이익잉여금(결손금)처리계산서를 규정하고 있다. 주식회사의 경우 주주가 주된 이해관계자이므로, 상법은 주주가 필요로 하는 경영상태와 경영성과, 배당에 관한 정보를 표시한 이들 세 가지의 재무보고서를 기본적 재무제표로 규정하고 있다.

(2) 재무보고를 위한 개념체계

재무보고를 위한 개념체계(the conceptual framework for financial reporting)는 '재무회계의 개념체계(conceptual framework)' 라고 불리워지고 있다. 재무회계의 개념체계는 회계에 관련된 원칙이나 규칙들을 개념적으로 체계화한 이론적 구조를 말한다. 재무회계의 개념체계에는 일반목적재무보고의 목적, 유용한 재무정보의 질적 특성, 재무제표와 관련하여 기본가정, 구성요소, 인식 및 측정기준이 포함된다. K-IFRS에서 발표한 재무회계의 개념체계를 나타내면 다음과 같다.

[재무회계의 개념체계]

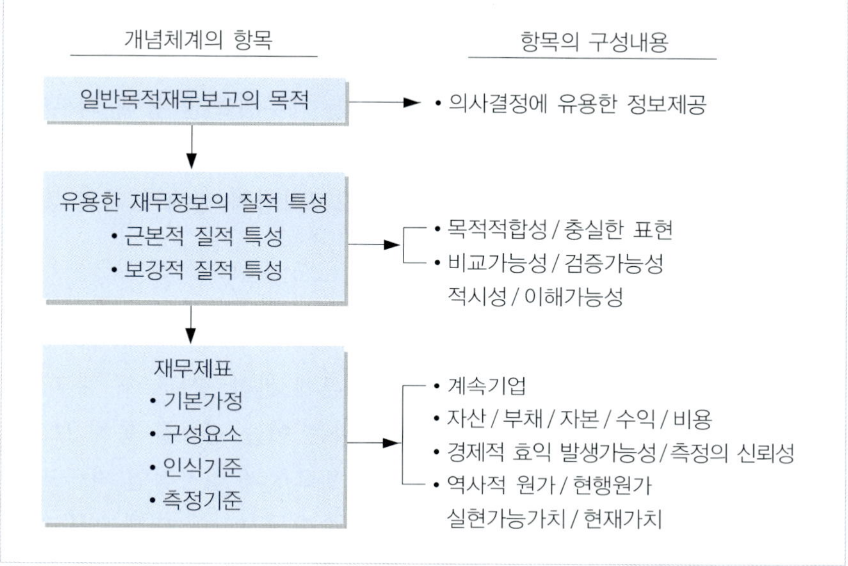

재무회계의 개념체계는 재무보고의 목적에서 출발한다. **재무보고의 목적**은 재무제표가 제공하는 회계정보의 일반목적을 나타낸 것으로 개념체계의 최상위개념이며 아래 개념들을 구체화하는 토대가 된다. 유용한 **재무정보의 질적 특성**은 재무제표에 표시되는 회계정보가 갖추어야 하는 질적 특성으로서 재무보고 목적에 맞추어 설정된다. 이어 **재무제표**에서는 재무제표의 작성과 관련하여 기본가정, 구성요소, 인식 및 측정기준을 도출하게 된다.

한국회계기준원(회계기준위원회)은 2007년 11월에 K-IFRS을 도입하면서 국제회계기준이 제정한 '재무보고를 위한 개념체계'를 채택하였다. 본 절에서는 이들 재무보고를 위한 개념체계를 순서대로 살펴보기로 한다. 참고로 국제회계기준위원회(international accounting standards board, IASB)는 미국의 재무회계기준위원회(financial accounting standards board, FASB)와 공동으로 재무보고를 위한 개념체계를 개발하여 발표하고 있다.

1.2 일반목적재무보고의 목적

일반목적재무보고(general purpose financial reporting)의 목적은 현재 및 잠재적 투자자, 대여자 및 기타 채권자가 자원배분에 관한 합리적 의사결정을 할 수 있도록 유용한 정보를 제공하는 것이다. 기업은 의사결정에 유용한 정보를 일반목적재무보고서(이하 재무보고서, 또는 재무제표)를 통해 외부정보이용자에게 제공한다. K-IFRS는 재무보고서(재무제표)에 포함되는 유용한 정보로 보고기업에 대한 경제적 자원과 청구권, 보고기업의 경제적 자원 및 청구권의 변동을 제시하고 있다.

(1) 경제적 자원과 청구권

경제적 자원과 청구권은 자산 및 부채, 자본에 관한 정보로서 재무상태표를 통해 정보이용자에게 전달한다. 정보이용자는 이들 정보를 통해 보고기업의 유동성과 지급능력, 추가적인 자금조달의 필요성과 성공적인 자금조달 능력을 평가하며, 현재 청구권의 우선순위와 지급 요구사항에 대해 어떻게 미래 현금흐름을 배분할 것인가를 예상할 수 있다. 또한 정보이용자는 경제적 자원에 대한 서로 다른 정보유형을 통해 미래 현금흐름의 크기, 시기 및 불확실성을 평가하는데 유용한 정보를 얻는다.

(2) 경제적 자원 및 청구권의 변동

경제적 자원과 청구권의 변동은 보고기업의 영업거래로 인한 재무성과와 재무성과에 기인하지 않는 그 밖의 거래에서 발생하며, 포괄손익계산서나 현금흐름표 및 자본변동표를 통해 전달한다. K-IFRS는 경제적 자원 및 청구권의 변동으로 재무성과에 기인하는 것과 재무성과에 기인하지 않는 것으로 구분하여 제시하고 있다.

재무성과에 대한 정보는 보고기업의 경제적 자원에서 창출한 수익에 관한 것으로 미래 현금흐름의 예측과 경영자의 수탁책임을 평가하는데 도움을 주게 된다. 보고기업이 창출한 수익(재무정보)은 발생기준을 반영한 것으로 기업의 과거 및 미래 순현금유입의 창출능력을 평가하는데 유용하게 사용된다. 또한 기업이 창출한 수익은 경영자가 보고기업의 자원을 얼마나 효율적이고 효과적으로 사용했는지에 대한 (수탁)책임을 평가하는데 도움을 주게 된다.

경제적 자원과 청구권은 재무성과에 기인하지 않는 그 밖의 거래로 인해 변동되기도 한다. 예를 들어 보고기업이 소유지분 및 채무상품을 발행하게 되면 경제적 자원과 청구권은 변동한다. 이러한 유형의 변동에 관한 정보는 보고기업의 경제적 자원과 청구권이 변동된 이유와 그 변동이 미래 재무성과에 주는 의미를 완전히 이해하는데 도움을 준다.

1.3 재무정보의 질적 특성

재무보고서는 이용자가 합리적 의사결정을 하는데 유용한 재무정보(또는 회계정보)를 제공하여야 한다. 재무보고서가 의사결정에 유용하려면 재무정보가 질적으로 일정한 속성을 지녀야 한다. 유용한 **재무정보의 질적 특성**(qualitative characteristics of useful financial information)이란 재무보고서의 재무정보가 유용성을 지니는데 질적으로 갖추어야 할 속성을 말한다. 질적 특성은 회계기준을 제정하거나 회계처리방법의 선택, 회계정책이나 회계처리방법을 평가할 때 판단기준이 된다.

K-IFRS는 재무정보의 질적 특성으로 근본적 질적 특성과 보강적 질적 특성으로 구분하고 있다. **근본적 질적 특성**은 **목적적합성**과 **충실한 표현**으로 구분되고 **보강적 질적 특성**은 **비교가능성, 검증가능성, 적시성, 이해가능성**으로 구분하여 제시하고 있다. 유용한 재무정보의 질적 특성을 그림으로 나타내면 다음과 같다.

[유용한 재무정보의 질적 특성]

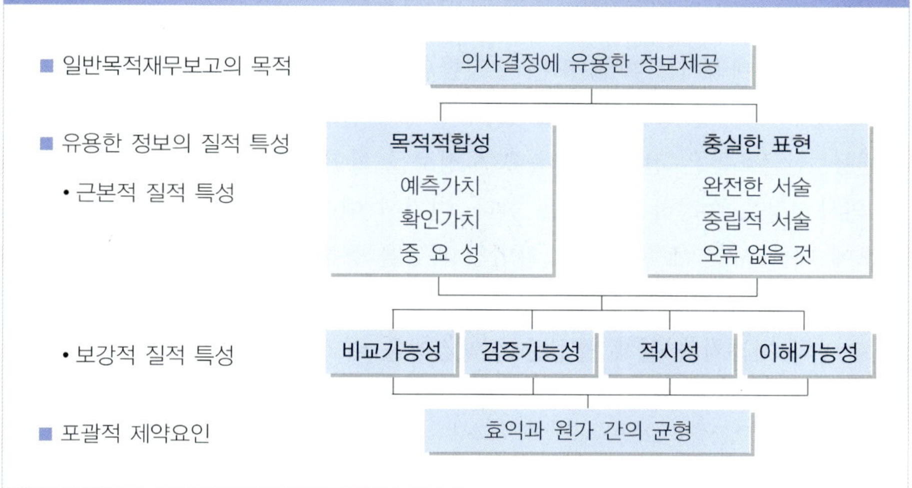

(1) 근본적 질적 특성

재무정보가 유용하려면 의사결정에 목적적합하고 나타내려고 하는 바를 충실하게 표현해야 하는데 이를 근본적 질적 특성(fundamental qualitative characteristics)이라고 한다.

목적적합성

재무정보가 유용하게 되려면 이용자의 의사결정에 적합해야 한다. 목적적합성(relevance)은 재무정보가 이용자의 의도하는 의사결정에 적합(관련)되어야 함을 나타낸다. 의도된 의사결정에 적합되는 재무정보는 이를 이용하지 않고 의사결정을 하는 경우와 비교하여 의사결정의 결과에 차이가 나는 정보의 능력을 의미한다. 의사결정에 적합한 재무정보는 의사결정시점에서 과거 및 현재사건의 평가, 미래사건의 결과예측에 도움을 주거나 과거의 평가를 확인 또는 수정함으로써 이용자의 경제적 의사결정에 영향을 미치게 된다. 따라서 재무정보가 의사결정에 목적적합하려면 예측가치와 피드백가치를 가지고 있어야 하고 중요성 있는 특성을 지녀야 한다.

예측가치(predictive value)는 기업실체의 현재 및 미래의 재무상태와 경영성과, 현금흐름을 예측하는데 재무정보가 활용될 수 있는 능력을 말한다. 예를 들어 정보이용자는 현재시점 재무상태와 과거 기간 경영성과를 기초로 미래의 의무이행능력이나 배당지급, 주가변동을 예측하게 된다. 또한 포괄손익계산서에서 수익과 비용을 경상적인 것과 비경상적인 것으로 구분표시 함으로써 미래의 예측을 돕기도 한다.

피드백가치(feedback value, 확인가치)는 재무제표정보가 정보이용자의 당초 기대치 또는 예측치를 확인 또는 수정함으로써 경제적 의사결정에 영향을 미칠 수 있는 능력을 말한다. 예를 들어 당기에 발표된 재무상태, 경영성과, 자본변동, 현금흐름은 전기에 예측했던 정보를 확인하게 되고, 이를 통해 경제적 의사결정을 수정하는 역할을 한다. 여기서 예측과 피드백가치는 재무제표정보에 대해 사전 예측과 사후 확인의 과정을 통해 상호 관련성을 갖게 된다. 예를 들어 미래 연도의 수익을 예측하기 위하여 과거 연도에 예측한 당해 연도 수익의 예측치와 실제 발생한 수익금액을 비교할 수 있으며, 비교 결과는 정보이용자가 과거 예측에 사용한 절차를 수정하고 개선하는데 도움을 줄 수 있다.

중요성(materiality)은 재무제표정보가 이용자의 경제적 의사결정에 영향을 미치는 능력을 말한다. 일반적으로 재무제표에 표시되어야 할 정보가 누락되거나 왜곡 표시되고, 정보이용자가 이를 기초로 경제적 의사 결정할 때 영향을 미치면 이는 중요한 정보로 판단된다. 따라서 중요성은 정보의 유용성을 나타내는 질적 특성이라기보다는 재무제표에 표시되어야 정보인지를 판단하는 최소기준이 된다. 중요성은 금액의 크기나 정보의 성격에 따라 결정된다. 예를 들어 재무제표의 항목이 중대하면 회계처리기준에 따라 별도항목으로 공시해야 한다. 또한 신규사업부문의 재무보고는 기업이 직면하는 새로운 기회와 위험을 나타내는 성격을 갖고 있으므로 중요한 정보로 공시된다.

충실한 표현

재무정보가 유용하게 되려면 나태 내려고 하는 바를 완벽하고 충실하게 표현되어야 한다. 충실한 표현(faithful representation)은 그 정보가 나타내고자 하거나 나타낼 것이 정확하게 측정되어 합리적으로 기대되는 거래나 그 밖의 사건을 충실하게 표현하는 것을 말한다.

재무보고서는 경제적 현상을 글과 숫자로 서술된 것이다. 글과 숫자는 의사결정에 목적적합하고 현상을 충실하게 표현해야 한다. 재무정보가 완벽하고 충실하게 표현되려면 서술이 세 가지의 특성을 지녀야 한다. 서술은 ① 완전하고, ② 중립적이며, ③ 오류가 없어야 한다.

완전한 서술(complete depiction)은 정보이용자가 보고된 현상을 이해하는데 필요한 정보가 기술과 설명에 모두 포함되어야 함을 말한다. 예를 들어 자산 집합의 완전한 서술은 집합 내 자산의 특성에 대한 기술과 집합 내 모든 자산의 수량적 기술, 그러한 수량적 기술이 표현하고 있는 서술 내용(예, 최초 원가, 조정 원가 또는 공정가치)이 포함된다.

중립적 서술(neutral depiction)은 재무보고서에 포함되는 정보의 선택이나 표시에 편의(bias)가 없어야 됨을 말한다. 중립적 서술이 되려면 정보이용자가 재무정보를 유리하게 또는 불리하게 받아들일 가능성을 높이기 위해 편파적이 되거나, 편중되거나, 강조되거나, 경시되거나 그 밖의 방식으로 조작되지 않아야 한다. 중립적 정보는 목적이 없거나 행동에 대한 영향력이 없는 정보를 의미하지 않으며, 오히려 정보이용자의 의사결정에 차이가 나도록 할 수 있는 정보가 의사결정에 목적적합하다.

오류가 없어야 함(free from error)은 현상의 기술에 오류나 누락이 없고, 보고 정보를 생산하는데 사용되는 절차의 선택과 적용 시 절차상 오류가 없음을 말한다. 여기서 오류가 없다는 것은 서술이 완벽하고 정확하다는 것을 의미하지는 않는다. 예를 들어 관측가능하지 않은 가격이나 가치의 추정치는 정확한지 또는 부정확한지를 결정할 수 없다. 하지만 추정치로서 금액을 명확하고 정확하게 기술하고, 추정절차의 성격과 한계를 설명하며, 그 추정치를 도출하기 위한 적절한 절차를 선택하고 적용하는데 오류가 없다면 그 추정치의 표현은 충실하다고 할 수 있다.

(2) 보강적 질적 특성

의사결정에 목적적합하고 충실히 표현된 재무정보는 비교가능성, 검증가능성, 적시성 및 이해가능성에 의해 정보의 유용성을 보강시킬 수 있다. **보강적 질적 특성**(enhancing qualitative characteristics)은 만일 어떤 두 가지 방법이 현상을 똑같이 목적적합하고 충실하게 표현하는 것이라면 이 두 가지 방법 가운데 어느 방법을 현상의 서술에 사용해야 할지를 결정하는데 도움을 주는 것을 말한다.

비교가능성

비교가능성(comparability)은 정보이용자가 항목 간의 유사점과 차이점을 식별하고 이해할 수 있도록 하는 것을 말한다. 의사결정은 두 개 이상의 대안들 중에서, 예를 들어 투자자산을 매도할지 또는 보유할지, 어느 보고기업에 투자할지를 선택하게 된다. 따라서 보고기업에 대한 정보는 다른 기업에 대한 유사한 정보 및 해당 기업에 대한 다른 기간이나 다른 일자의 유사한 정보와 비교할 수 있다면 더욱 유용하다.

검증가능성

검증가능성(verifiability)은 서로 다른 독립된 관찰자가 동일한 거래에 대하여 동일한 측정절차를 적용할 경우 유사한 결과가 나와야 됨을 말한다. 예를 들어 회계담당자가 매출채권에 대해 대손예상액을 추정할 경우 이들 간에 유사한 결과가 도출되면 검증가능성이 확보된 것으로 볼 수 있다. 검증은 직접 또는 간접적으로 이루어진다. 직접검증은 금고의 현금을 세는 것과 같이 직접적으로 금액이나 그 밖의 표현을 확인하게 된다. 간접검증은 모형, 공식 또는 그 밖의 기법을 사용하여 투입요소에서 결과를 도출하는 것을 의미한다. 예를 들어 재고계산에서 투입된 수량과 원가를 확인하고 선입선출법에 따라 기말 재고를 계산한다. 따라서 정보이용자가 정보이용 여부를 결정하는데 도움을 주기 위하여 기초가 된 가정, 정보의 작성방법, 그 밖의 요인을 공시하는 것이 필요하다.

적시성

적시성(timeliness)은 의사결정에 영향을 미칠 수 있도록 의사결정자가 정보를 제때에 이용가능하게 하는 것을 말한다. 예를 들어 분기 및 반기재무제표는 기중에 의사결정을 하는 투자자에게 제때에 정보를 제공하게 된다. 제때에 보고된 정보가 반드시 유용성을 띠는 것은 아니지만 일반적으로 정보는 오래될수록 유용성이 낮아지게 된다.

이해가능성

이해가능성(understandability)은 정보이용자가 쉽게 이해할 수 있도록 재무정보를 작성해야 함을 의미한다. 이해가능성이 달성되려면, 재무정보가 이해가능한 형태로 제공되고, 또한 정보이용자가 재무정보를 이해할 수 있는 능력을 갖고 있어야 한다. 따라서 이해가능성은 회계정보를 유용하게 활용하는데 갖추어야 할 선행조건이 된다.

재무정보가 이해 가능한 형태로 되려면 재무정보가 간결하게 표현되어야 한다. 또한 보고서의 양식과 내용이 표준화 되어야 하며, 사용되는 용어가 이해하기 쉬운 것이어야 한다. 이러한 의미에서 이해가능성은 측정된 재무정보를 재무보고서에 표시하는 방법과 관련된 질적 특성을 제시한 것이다.

(3) 포괄적 제약요인

제약요인(cost constraint)은 목적적합하고 충실히 표현된 재무정보를 제공하거나 얻은데 나타나는 제약요인을 말한다. 유용한 재무정보를 제공하고 얻으려면 이에 원가와 함께 효익이 발생한다. 재무정보 제공자는 정보의 수집, 처리, 검증 및 보고에 원가가 발생하고 이를 정보이용자에게 부담시킨다. 정보를 이용하는 투자자, 대여자, 기타 채권자는 원가부담과 함께 유용한 정보를 이용하여 합리적인 의사결정을 함으로써 효익을 얻게 된다. 회계기준위원회는 원가 제약요인을 적용함에 있어 특정 정보를 보고하는 효익이 그 정보를 제공하고 사용하는데 발생되는 원가를 정당화할 수 있는지를 평가하고, 제안된 재무보고기준의 제정을 결정하게 된다.

1.4 재무제표

기업은 유용한 재무정보를 재무제표에 표시하여 정보이용자에게 보고한다. 재무제표는 보고기업의 재무정보를 외부이용자에게 전달하는 핵심적 수단이 된다. 본 절에서는 재무제표의 작성과 표시를 위한 개념체계(K-IFRS)에 따라 재무제표의 기본가정, 재무제표의 요소, 재무제표 요소의 인식(기준), 재무제표 요소의 측정(기준), 자본유지개념을 개략적으로 살펴본다. 재무제표 표시에 대한 구체적 내용은 제2절에서 다루기로 한다.

(1) 재무제표의 기본가정

기업은 스스로 또는 시장에서 퇴출되는 경우를 제외하고 영업이 계속되는 것으로 가정한다. **계속기업**(going concern)은 재무제표 작성의 **기본가정**(underlying assumption)으로서 기업이 예측 가능한 기간에 걸쳐 영업을 계속할 것이며, 경영활동을 청산하거나 중요하게 축소할 의도나 필요성을 갖고 있지 않다는 것을 말한다. 기업은 실제로 정관에 설정된 목적에 따라 계속 영업하며 일정 기간 후에 청산할 것으로 가정하지 않는다.

재무제표(financial statements)는 계속기업의 가정에 따라 작성된다. 이의 가정은 **자산평가**와 관련된 개념이다. 예를 들어 기업이 자산을 구입하면 취득원가로 기록하고, 매년 원가 중 일정액을 합리적으로 배분하여 감가상각비로 계산한다. 여기서 감가상각비는 자산이 영업활동에 계속 사용된다는 가정에 따라 취득원가를 내용연수에 걸쳐 합리적으로 배분하여 계산된다. 하지만 계속영업이 어려워 청산이 필요하면 자산의 평가기준은 취득원가에서 청산가치로 변경되며 감가상각이 필요 없게 된다.

계속기업의 가정은 후속적으로 회계기간의 개념을 도출하는 기준이 된다. 회계기간은 기간별 보고에 관련된 개념으로, 기업의 존속기간을 일정한 기간 단위로 분할하여 각 기간별로 재무제표를 작성하는 보고하는 것을 말한다. 회계기간은 1년으로 정한 경우가 대부분이지만 6개월, 3개월마다 중간보고서를 통해 신속하게 재무정보를 제공하기도 한다. 회계기간을 세분화하면 정보가 적시적으로 보고되어 의사결정에 유용하게 사용될 수 있다.

(2) 재무제표의 요소

재무제표의 요소(elements of financial statements)란 거래나 기타 사건의 재무적 영향을 경제적 특성에 따라 대분류하여 재무제표에 나타내는 구분 단위를 말한다. 여기서 재무적 영향을 경제적 특성별로 구분한 대분류를 **재무제표의 요소**라고 한다. 재무상태표는 **재무상태의 측정**과 직접 관련된 요소로서 **자산, 부채, 자본**으로 구분하여 나타낸다. 또한 포괄손익계산서는 **성과의 측정**과 직접 관련되는 요소로 **수익**과 **비용**을 구분지어 표시한다. 하지만 재무상태변동표인 자본변동표 및 현금흐름표는 일반적으로 재무상태표와 포괄손익계산서의 요소로부터 변동을 표시하는 것으로 이 개념체계에서는 재무상태변동표의 고유한 요소를 구분하여 식별하지는 않는다.

재무제표의 요소는 점차 대분류에서 소분류과정을 거쳐 재무상태표와 포괄손익계산서에 표시된다. 예를 들어 재무상태표의 자산은 유동자산, 당좌자산, 현금및현금성자산으로 점차 세분화는 과정을 거쳐 표시된다. 따라서 재무제표의 요소는 이용자의 경제적 의사결정에 가장 유용한 정보가 되도록 분류하여 표시한다.

재무상태표 요소

재무상태표의 측정에 직접 관련되는 요소에는 자산, 부채, 자본이 있다. 자산, 부채, 자본은 일정시점에서 기업의 재무상태를 측정하여 나타내는 요소로서 K-IFRS는 각각 다음과 같이 정의하고 있다.

자산(assets)은 과거 사건의 결과로 기업이 통제하고 있고 미래경제적 효익이 기업에 유입될 것으로 기대되는 자원이다.

여기서 **미래경제적 효익**(future economic benefits)이란 직접 또는 간접으로 미래에 현금유입을 증가시키거나 현금유출을 감소시키는 잠재력을 말한다. 예를 들어 생산된 제품은 판매를 통해 현금유입을 증가시키며, 더욱 개선된 제조공정의 도입은 생산원가를 절감시켜 현금유출을 감소시키므로 자산이 된다. **통제**(controlled by the entity)는 기업이 경제적 효익을 배타적으로 사용할 수 있는 것을 말한다. 예를 들어 물리적 형태를 띤 자산은 소유 및 점유를 통해 통제하며, 물리적 형태가 없는 특허권이나 저작권은 법적 등록을 통해 통제한다. **과거 거래의 결과**(result from past transactions)는 과거에 거래나 그 밖의 사건을 통해 자산을 획득하거나 창출하는 것을 말한다. 일반적으로 자산은 구매나 생산을 통해 획득하게 되며, 때로는 정부프로그램에 따라 자산을 증여받음으로써 창출하기도 한다.

부채(liabilities)는 과거 사건에 의하여 발생하였으며 경제적 효익을 갖는 자원이 기업으로부터 유출됨으로써 이행될 것으로 기대되는 현재의무이다.

여기서 **현재의무**(present obligation)란 기업이 현재 특정한 방법으로 실행하거나 수행할 책무 또는 책임을 말한다. 의무에는 법적 의무와 의제의무가 있다. **법적 의무**는 계약이나 법규에 따라 법률적 강제력이 있는 의무를 말한다. **의제의무**는 정상적인 거래실무, 관행 또는 원활한 거래관계를 유지하거나 공평한 거래를 하려는 의도에서 발생하는 의무를 말한다. 예를 들어 재화와 용역을 제공 받으면 이에 대해 법적 의무인 미지급채무가 발생한다. 또한 기업이 제품하자에 대해 수리해 주기로 방침을 정하면 보증부채가 발생하며, 이는 거래상대방과 원활한 관계유지를 위하여 발생된 의제의무에 해당한다. **경제적 효익의 유출**은 현재의무를 이행하는데 미래 자원의 유출이나 사용을 말한다. 현재의무의 이행은 상대방에게 주로 현금 지급, 다른 자산 이전, 용역의 제공, 다른 의무로 대체, 부채의 자본 전환, 채권의 포기 및 권리상실 등을 통해 이루어진다. 부채는 **과거 거래나 그 밖의 사건의 결과**로 발생한다. 예를 들어 재화를 구입하거나 용역을 제공 받고 대금을 지급하지 않으면 매입채무가 나타나고, 은행대출의 거래에서 상환의무가 발생한다. 또한 기업이 고객의 연간 매입액에 따라 미래에 지급할 환불액을 부채로 인식할 경우 고객에 대한 과거의 매출이 부채를 발생시키는 거래가 된다.

자본(owner's equity)는 기업의 자산에서 모든 부채를 차감한 후의 잔여지분이다.

여기서 잔여지분(residual interest)은 기업의 소유주에게 귀속되는 몫으로서 주식회사의 경우 주주지분으로 표기된다. 자본은 기업의 법률적 능력이나 기타 제한을 나타내도록 구분하여 표시할 수 있다. 예를 들어 주식회사의 경우 소유주가 출연한 자본, 이익잉여금, 이익잉여금 처분에 의한 적립금, 자본유지조정으로 구분하여 표시한다. 이러한 구분은 배당금의 수령이나 자본 환급과 관련하여 기업의 각 지분보유자가 상이한 권리를 갖는다는 사실을 반영할 수 있다. 또한 기업의 손실보전이나 채권자의 보호를 위해 정관이나 법규에서 적립금의 설정을 요구하게 되고, 세법에 의해 면세 또는 감세혜택을 받는 경우에는 이를 적립금으로 설정할 수도 있다.

포괄손익계산서 요소

포괄손익계산서에서 재무성과의 측정에 직접 관련되는 요소에는 수익과 비용이 있다. 수익과 비용은 일정기간의 기업의 재무성과를 측정하여 나타내는 요소로서 K-IFRS는 각각 다음과 같이 정의하고 있다.

수익(income)은 자산의 유입이나 증가 또는 부채의 감소에 따라 자본의 증가를 초래하는 특정 회계기간 동안에 발생한 경제적 효익의 증가로서, 지분참여자에 의한 출연과 관련된 것은 제외한다.

수익은 자산의 유입이나 증가 또는 부채의 감소에 따라 발생하고 경제적 효익의 증가에 따라 자본의 증가를 초래하며, 지분참여자의 출연은 제외된다. 수익은 협의 및 광의에 따라 여러 항목으로 구분된다. 협의에 따르면 수익(revenue)은 정상적인 영업활동에 의해 발생한 것으로 매출액, 수수료수익, 이자수익, 배당수익, 로열티수익, 임대료수익으로 구분된다. 광의에 따르면 수익은 차익도 포함한다. 차익(gain)은 수익의 광의 개념을 충족하는 그 밖의 항목으로 정상적인 영업과정에서 그 외의 활동형태로 발생한다. 예를 들어 비유동자산의 매각에서 처분이익이 나타나거나 시장성 있는 유가증권 및 장기성 자산의 장부금액 증가로 평가이익이 나타나는데 이들은 미실현이익으로 차익에 해당한다. 차익은 정보이용자의 의사결정에 도움이 될 수 있으므로 포괄손익계산서에서 구분하여 표시한다.

비용(expenses)은 자산의 유출이나 소멸 또는 부채의 증가에 따라 자본의

감소를 초래하는 특정 회계기간 동안에 발생한 경제적 효익의 감소로서, 지분참여자에 대한 분배와 관련된 것은 제외한다.

비용은 자산의 유출이나 소멸 또는 부채의 증가에 따라 발생하고 경제적 효익의 감소에 따라 자본의 감소를 초래하며, 지분참여자에 대한 분배는 제외된다. 비용도 협의 및 광의에 따라 여러 항목으로 구분된다. 협의에 따르면 비용(expenses)은 정상적인 영업활동에 의해 발생한 것으로 매출원가, 급여, 감가상각비, 임차료, 이자비용 등으로 구분된다. 광의에 따르면 비용에는 차손도 포함된다. 차손(loss)은 비용의 광의 개념을 충족하는 그 밖의 항목으로 정상적인 영업과정에서 그 외의 활동형태로 발생한다. 예를 들어 화재나 홍수에서 재해손실이 나타나고 비유동자산의 매각에서 처분손실이 발생하며, 외화차입에서 환율상승에 따라 미실현된 평가손실이 발생하는데 이들은 차손에 해당한다. 차손도 경제적 효익의 감소를 나타내므로 본질적으로 다른 비용과 차이가 없다. 하지만 정보이용자의 의사결정에 도움이 될 수 있도록 포괄손익계산서에서 구분하여 표시한다.

(3) 재무제표 요소의 인식

인식(recognition)이란 재무제표 요소의 정의에 부합하는 항목을 재무상태표나 포괄손익계산서에 반영하는 과정을 말한다. 이 과정에는 해당 항목을 계정명칭과 화폐금액으로 기술하고 그 금액을 재무상태표 또는 포괄손익계산서의 총계에 산입하는 것이 포함된다. K-IFRS는 재무제표에 반영하는 인식기준으로 다음 두 가지를 제시하고 있다.

① 그 항목과 관련된 미래경제적효익이 기업에 유입되거나 기업으로부터 유출될 가능성이 높다.
② 그 항목의 원가 또는 가치를 신뢰성 있게 측정할 수 있다.

인식기준(recognition criteria)은 미래경제적효익의 발생가능성과 측정의 신뢰성으로 구분된다. 미래경제적효익의 발생가능성(probability of future economic benefit)은 미래경제적효익이 기업에 유입되거나 유출될 가능성을 불확실성의 정도를 고려하여 평가한다. 여기서 불확실성의 정도는 이용가능한 증거에 기초하여 평가한다. 예를 들어 매출채권의 경우 여러 가지 이용할 수 있는 증거를 검토한 결과 대손가능성이 없고 회수가능성이 높으면 이를 자산으로 인식하게 된다. 하지만 다수의 매출채권이 존재한다면 일반적으로 어느 정도 대손이 발생할 가능성이 높으므로 예상되는 경제적 효익의 감소를 비용으로 인식해야 한다.

측정의 신뢰성(reliability of measurement)은 항목에 따라 추정에 의해 원가 또는 가치를 결정해야 할 경우 측정의 신뢰성이 확보되어야 함을 말한다. 일반적으로 재무제표의 작성과정에서 원가 또는 가치를 합리적으로 추정할 수 있으면 그 금액을 신뢰성 있게 측정된 것으로 본다. 하지만 금액을 합리적으로 추정할 수 없으면 해당 항목은 재무상태표나 포괄손익계산서에 인식할 수 없다. 예를 들어 소송으로부터 예상되는 배상금이 자산과 수익의 정의에 부합하고 인식을 위한 발생가능성을 충족한다고 하더라도 금액을 신뢰성 있게 측정할 수 없으면 자산이나 수익으로 인식할 수 없다.

인식기준은 재무제표의 요소인 자산, 부채, 자본, 수익, 비용에 적용하여 재무제표에 계상여부를 결정한다. 재무제표의 요소별로 인식기준의 설명은 재무제표 표시에서 상세히 설명한다.

(4) 재무제표 요소의 측정

측정(measurement)이란 재무상태표와 포괄손익계산서에 인식되고 평가되어야 할 재무제표의 요소를 화폐금액으로 결정하는 과정을 말한다. 이의 과정에는 재무제표 요소에 적용할 측정기준의 선택과정이 포함된다. K-IFRS는 측정기준으로 역사적 원가, 현행원가, 실현가능(이행)가치, 현재가치를 제시하고 있다.

역사적 원가(historical cost)는 자산의 경우 취득 당시에 취득의 대가로 지급한 현금 또는 현금성 자산이나 그 밖의 대가의 공정가치로 기록한다. 부채는 부담하는 의무의 대가로 수취한 금액으로 기록한다.

현행원가(current cost)는 자산의 경우 동일하거나 동등한 자산을 현재시점에서 취득할 때 그 대가로 지불해야 할 현금이나 현금성자산의 금액으로 평가한다. 부채는 현재시점에서 그 의무를 이행하는데 필요한 현금이나 현금성자산의 할인하지 아니한 금액으로 평가한다.

실현가능가치(net realizable value)는 자산의 경우 정상적으로 처분할 때 수취할 것으로 예상되는 현금이나 현금성자산의 금액으로 평가한다. 부채는 이행가치(settlement value)로 평가하는데 이는 정상적인 영업과정에서 부채를 상환하기 위해 지급될 것으로 예상되는 현금이나 현금성자산의 할인하지 아니한 금액으로 평가한다.

현재가치(present value)는 자산의 경우 정상적인 영업과정에서 그 자산이 창출할 것으로 기대되는 미래 순현금유입액의 현재할인가치로 평가한다. 부채는 정상적인 영업과정에서 그 부채를 상환할 때 필요할 것으로 예상되는 미래 순현금유출액의 현재할인가치로 평가한다.

(5) 자본유지개념

자본유지개념(concepts of capital maintenance)이란 투하자본을 기초와 동일하게 유지하는 개념을 말한다. 자본유지개념은 투하자본을 동일하게 유지하는 상태에서 자본에 대한 투자이익(return on capital)과 투자회수(return of capital)를 구분하는데 필요한 개념이다. 자본유지개념에서는 동일하게 유지해야 할 자본이 무엇이냐에 따라 재무자본유지개념과 실물자본유지개념으로 구분된다.

재무자본유지개념(financial capital maintenance concept)은 동일하게 유지해야 할 자본을 명목화폐단위(nominal monetary units)로 정의하고 이익은 해당기간 중 명목화폐자본의 증가액으로 측정한다. 예를 들어 재무자본유지 개념 하에서 이익은 해당 기간 동안 소유주에게 배분하거나 소유주가 출연한 부분을 제외하고 기말 순자산의 재무적 측정금액(화폐금액)에서 기초 순자산의 재무적 측정금액(화폐금액)을 차감하여 계산한다. 여기서 재무자본유지개념을 불변구매력단위(constant purchasing power units)로 정의할 수 있는데, 이 경우 이익은 해당 기간 중 투자된 구매력의 증가로 측정된다. 예를 들어 불변구매력단위에서는 일반물가수준에 따른 가격상승을 초과하는 자산가격의 증가 부분만 이익으로 간주되고, 그 외의 가격증가 부분은 자본의 일부인 자본유지조정으로 처리된다. 재무자본유지개념 하에서 측정기준(역사적 원가, 현행원가, 실현가능가치, 현재가치)의 선택은 기업이 유지하려는 재무자본의 유형에 따라 결정된다.

실물자본유지개념(physical capital maintenance concept)은 동일하게 유지해야 할 자본을 제품의 실물생산능력(physical productive capacity)로 정의하고 이익은 해당 기간 중 실물생산능력의 증가액으로 측정한다. 예를 들어 실물자본유지 개념 하에서 이익은 해당 기간 동안 소유주에게 배분하거나 소유주가 출연한 부분을 제외하고 기업의 기말 실물생산능력이나 조업능력에서 기초 실물생산능력을 차감하여 계산한다. 여기서 실물자본은 현행원가기준에 따라 측정한다.

재무제표 표시 제2절

2.1 재무제표의 구성과 작성원칙

(1) 재무제표의 구성

재무제표는 현재 및 잠재 투자자에게 자원제공에 관한 합리적 의사결정을 하는데 유용한 정보를 제공한다. 유용한 정보란 의사결정에 목적적합하고 현상을 충실히 표현한 것으로, 기업의 미래 현금흐름에 대한 크기, 시기, 불확실성을 예측하는데 필요한 정보를 말한다. 이들 정보는 주로 재무상태, 경영성과, 재무상태변동에 관한 것으로 재무제표로부터 도출할 수 있다.

K-IFRS에 따르면 **전체 재무제표**는 **기말재무상태표, 기간 포괄손익계산서, 기간 자본변동표, 기간 현금흐름표, 주석**으로 구성된다. 재무상태표는 일정시점의 재무상태를 나타내며, 포괄손이익계산서와 자본변동표, 현금흐름표는 일정기간의 경영성과와 자본변동, 현금흐름의 내용을 보고하고, 주석은 중요한 회계정책이나 기타 미비한 내용을 제공한다. 재무제표의 각각은 전체 재무제표에서 동등한 비중으로 표시한다.

[전체 재무제표와 기타 재무보고서]

전체 재무제표	재무제표 이외의 재무보고서
• 기말 재무상태표 • 기간 포괄손익계산서 • 기간 자본변동표 • 기간 현금흐름표 • 주석	• 경영진의 재무검토보고서 • 환경보고서 • 부가가치보고서

기업은 재무제표 이외에도 경영성과 및 재무상태의 주요 특성과 기업이 직면한 불확실성을 설명하는 경영진의 **재무검토보고서**를 제공한다. 재무검토보고서에는 경영성과의 주요 결정요인과 영향, 자금조달원천과 목표부채비율 등이 포함된다. 또한 기업은 환경요인이 중요한 산업에 속해 있으면 환경보고서를 작성하고, 종업원 주요 재무제표이용자이면 부가가치보고서를 작성하여 보고한다. 본 절에서는 재무제표의 작성 및 표시를 위한 일반원칙과 재무상태표, 포괄손익계산서, 자본변동표, 현금흐름표, 주석의 구조와 내용을 상세히 설명한다.

(2) 재무제표의 작성과 표시를 위한 일반원칙

기업은 자산 · 부채 · 자본 · 수익 · 비용 등의 요소를 표시하여 재무제표를 작성한다. 이들 요소를 재무제표에 표시하여 작성하는데 고려하여야 할 일반원칙이 있다. K-IFRS는 재무제표의 작성과 표시에 있어 고려할 요소로 공정한 표시와 한국채택국제회계기준의 준수, 계속기업, 발생기준 회계, 중요성과 통합표시, 상계, 보고빈도, 비교정보, 표시의 계속성, 재무제표의 식별 등을 제시하고 있다.

공정한 표시와 K-IFRS의 준수

재무제표는 기업의 재무상태, 경영성과 및 현금흐름을 **공정하게 표시**(fair presentation)해야 한다. 공정한 표시를 위해서는 개념체계에서 정한 자산 · 부채 · 수익 및 비용에 대한 정의와 인식요건에 따라 거래, 그 밖의 사건과 상황의 효과를 충실하게 표현해야 한다. 재무제표는 K-IFRS를 모두 충족하여 작성된 경우에 공정하게 표시된 것으로 보며, 그러한 사실을 주석에 명시적이고 제한 없이 기재하여야 한다. 하지만 재무제표가 K-IFRS의 요구사항을 모두 충족한 경우가 아니면 이를 준수하여 작성되었다고 기재하여서는 아니 된다.

계속기업

경영진은 재무제표를 작성할 때 **계속기업**(going concern)으로서의 존속가능성을 평가해야 한다. 경영진이 기업을 청산하거나 경영활동을 중단할 의도를 가지고 있는 경우가 아니면 계속기업을 전제로 재무제표를 작성한다. 계속기업으로서의 존속능력에 유의적인 의문이 제기될 수 있는 사건이나 이러한 상황에 관련된 중요한 불확실성을 알게 된 경우, 경영진은 그러한 불확실성을 공시하여야 한다.

발생기준 회계

기업은 현금흐름정보를 제외하고 **발생기준 회계**(accrual basis)를 사용하여 재무제표를 작성한다. 발생기준 회계를 사용하는 경우, 각 항목이 개념체계의 정의와 인식요건을 충족할 때 자산 · 부채 · 자본, 수익 및 비용으로 인식한다.

중요성과 통합표시

재무제표는 성격이나 기능이 다른 항목은 구분하여 표시한다. 또한 유사한 항목은 **중요성의 분류**(material calss)에 따라 구분하여 표시한다. 다만 중요하지 않은 항목은 성격이나 기능이 **유사한 항목과 통합**(aggregation of similar items)하여 표시할 수 있다.

상 계

자산과 부채 그리고 수익과 비용은 K-IFRS가 요구하거나 허용하지 않는 경우에는 상계하지 아니한다. **상계표시**(offsetting)는 포괄손익계산서, 재무상태표에서의 발생한 거래, 그 밖의 사건과 상황을 이해하고 기업의 미래 현금흐름을 분석할 수 있는 재무제표이용자의 능력을 저해한다. 다만 재고자산에 대한 재고자산평가충당금과 매출채권에 대한 대손충당금(평가충당금)은 해당계정에 차감하여 자산의 순액을 측정하는 것으로 상계표시에 해당하지 아니한다.

보고빈도

전체 재무제표(비교정보 포함)는 적어도 **1년단위**(annual basis)로 작성한다. 재무제표의 보고기간이 1년을 초과 또는 미달하면 그 이유와 이로 인해 재무제표에 표시된 금액을 완전하게 비교할 수 없다는 사실을 공시한다.

비교정보

당기재무제표에 보고되는 모든 금액은 K-IFRS가 요구하는 경우를 제외하고 전기와 비교하여 공시한다. 당기재무제표를 이해하는데 목적적합하다면 서술형 정보의 경우에도 **비교정보**(comparative information)를 포함한다. 예를 들어 법률 분쟁의 결과가 아직 해결되지 않은 경우에는 전기에 나타난 사실과 당기에 취해진 조치나 결과를 주석에 공시한다.

표시의 계속성

재무제표는 K-IFRS에서 변경을 요구하거나 다른 표시방법이 명백하게 더 적절한 경우를 제외하고는 항목의 표시와 분류를 **매기 동일**(consistency of presentation)하게 유지하여야 한다.

재무제표의 식별

재무제표는 K-IFRS에 따라 작성된다. 하지만 그 밖의 정보는 작성과정에서 K-IFRS의 적용을 반드시 요구하지 않는다. 따라서 재무제표는 동일한 문서에 포함되어 함께 공표되는 그 밖의 정보와 명확하게 구분되고 식별되어야 한다. 또한 각 재무제표와 주석도 명확하게 **식별**(identify)되어야 한다.

재무제표와 주석에는 **보고기업의 명칭, 연결재무제표의 여부, 보고기간종료일 또는 보고기간, 표시통화, 사용한 금액단위**가 분명하게 표기되어야 한다. 예를 들어 재무상태표에는 기업상호(×××주식회사), 일정시점(20×× 12. 31.), 표시통화(원, U.S. Dollars, Yen, Yuan), 금액단위(천원, thousands of U.S. Dollars, millions of Yuan)를 표의 상단부분에 표시하여 식별될 수 있도록 해야 한다.

2.2 재무상태표

1) 재무상태표의 의의

재무상태표(statement of financial position)는 일정시점 기업의 **재무상태**를 나타낸 재무보고서이다. 재무상태표에는 기업이 일정시점에 보유하고 있는 경제적 자원(자산)과 경제적 의무(부채), 소유주지분(자본)을 표시한다. 재무상태표는 재무상태표등식에 따라 작성한다. 표의 차변에는 자산을 표시하여, 조달한 자금을 어떤 형태의 자산에 투자하고 있는가를 나타낸다. 대변은 부채와 자본을 표시하여, 자금의 조달원천인 채권자지분과 소유주(주주)지분을 나타낸다. 본 절에서는 K-IFRS 제1001호「재무제표 표시」에 규정된 내용에 따라 재무상태표에 표시될 최소항목, 유동과 비유동의 구분표시, 자산 및 부채, 자본의 구성항목, 재무상태표의 양식을 살펴본다.

2) 재무상태표의 표시

(1) 재무상태표에 표시될 최소항목

재무상태표는 자산과 부채 및 자본으로 구성된다. K-IFRS 제1001호는 재무상태표에 **표시해야 할 최소한도의 항목**으로 아래의 표와 같이 규정하고 있다. 기업은 이를 기준으로 자기 회사의 재무상태를 잘 나타낼 수 있는 계정과목을 설정하고 배열순서를 정하여 재무상태표를 작성하게 된다. 재무상태표에 표시되는 최소항목을 나타내면 다음과 같다.

[재무상태표와 최소 표시항목]

자 산	부채 및 자본
• 유형자산 • 투자부동산 • 무형자산 • 금융자산 • 지분법투자자산 • 생물자산 • 재고자산 • 매출채권 및 기타자산 • 현금및현금성자산 • 당기법인세 관련자산 • 이연법인세자산 • 매각예정비유동자산	• 매입채무 및 기타 채무 • 충당부채 • 금융부채 • 당기법인세 관련 부채 • 이연법인세부채 • 매각예정부채 • 지배기업소유주 귀속 지분 • 자본에 표시된 소수주주지분

위의 항목은 성격이나 기능 면에서 상이하게 구분되는 것으로 분리하여 표시되어야 할 것을 나타낸 것이다. 하지만 기업의 재무상태를 이해하는데 다른 항목이 필요하면 유사항목의 크기, 성격, 기능을 고려하여 그러한 항목을 추가할 수 있다.

(2) 유동과 비유동의 구분

자산과 부채의 계정과목 배열은 유동성과 비유동성(current and non-current)으로 구분표시하거나 유동성 순서(order of liquidity) 따라 표시하는 방법이 있다. K-IFRS 제1001호는 원칙적으로 자산과 부채를 유동성과 비유동성으로 구분하여 표시하도록 규정하고 있다. 하지만 유동성 순서에 따른 표시가 신뢰성 있고 더욱 목적적합한 정보를 제공한다면 모든 자산과 부채는 유동성의 순서에 따라 작성해야 한다. 한편 자산과 부채의 일부는 유동성과 비유동성으로 구분하고, 나머지는 유동성 순서에 따라 표시하는 것도 허용된다.

재무상태표는 자산의 경우 유동자산과 비유동산으로, 부채는 유동부채와 비유동부채로 구분하여 표시한다. 유동과 비유동의 구분표시는 운전자본으로서 계속 순환되는 순자산과 장기 영업활동에서 사용하는 순자산으로 구분하게 되어 의사결정에 유용한 정보를 제공하게 된다. 또한 이러한 구분은 정상영업주기 내에 실현될 것으로 예상되는 자산과 동 기간 내에 결제기일이 도래하는 부채를 구분하여 보여준다.

(3) 자산과 부채 및 자본의 분류

① 자산의 분류

자산(assets)은 원칙적으로 유동자산과 비유동자산으로 구분하여 표시한다. 일반적으로 재무상태표일로부터 12개월 이내에 현금및현금성자산으로 실현되면 유동자산으로 분류하고 그 외의 경우는 비유동자산으로 분류한다. 여기서 12개월은 정상적 영업주기를 나타낸 것으로서, 현금에서 상품매입, 매출채권(상품판매)발생, 현금회수로 이어지는 평균기간을 의미한다. K-IFRS에서 규정한 유동자산의 분류기준을 나타내면 다음과 같다.

[유동자산의 분류조건]

① 정상영업주기 내에 실현될 것으로 예상하거나, 판매 또는 소비목적으로 보유하고 있는 것
② 단기매매 목적으로 보유하고 있는 것
③ 재무상태표일로부터 12개월 이내에 실현될 것으로 예상되는 것
④ 현금이나 현금성자산으로서, 교환이나 부채 상환 목적으로의 사용에 대한 제한기간이 재무상태표일로부터 12개월 이상이 아닌 것

유동자산

유동자산(current assets)은 정상영업주기 내에 실현이 예상되고, 단기매매목적으로 보유하고 있으며, 재무상태표일로부터 12개월 이내에 현금으로 전환될 것으로 기대되는 자산을 말한다. 유동자산은 그 성격에 따라 현금및현금성자산, 매출채권 및 기타자산, 기타금융자산, 재고자산, 기타자산으로 구분한다. 이의 분류는 재무상태표에 표시되어야 할 최소항목을 기준으로 구분한 것이며, 각 항목에 표시되는 계정과목은 기업의 특성에 따라 합리적으로 구분하여 표시하게 된다. 다음에서는 유동자산의 각 항목을 구체적으로 살펴보기로 한다.

• 유동자산
 ① 현금및현금성자산
  ⓐ 현금 : 통화 및 타인발행수표 등의 통화대용증권
  ⓑ 요구불예금 : 당좌예금이나 보통예금 등 일시적으로 자금을 은행에 맡겼다가 필요시 언제나 인출이 가능한 예금
  ⓒ 현금성자산 : 취득 당시 만기가 3개월 이내에 도래하는 단기금융상품
 ② 매출채권 및 기타채권
  ⓐ 매출채권 : 상품 등의 재고자산을 외상으로 판매하고 발생한 채권으로 만기가 재무상태표일로부터 12개월 이내인 것
  ⓑ 대여금 : 현금을 대여하고 발생한 채권으로 만기가 재무상태표일로부터 12개월 이내인 것
  ⓒ 미수금 : 재고자산 이외의 자산을 매각하고 발생된 채권으로 만기가 재무상태표일로부터 12개월 이내인 것
  ⓓ 기타금융상품 : 정기예금, 정기적금 등 금융기관의 취급상품으로써 만기가 재무상태표일로부터 12개월 이내인 것
 ③ 기타금융자산 : 재무상태표일로부터 12개월 이내에 매각할 목적이거나 만기가 도래하는 주식 등의 지분상품과 국채 · 공채 · 회사채 등의 채무상품
 ④ 재고자산
  ⓐ 상 품 : 기업이 정상적인 영업과정에서 판매를 목적으로 구입한 것
  ⓑ 제 품 : 기업이 판매를 목적으로 내부에서 제조한 생산품
  ⓒ 재공품 : 기업의 생산공정에서 만들어지고 있는 제품
  ⓓ 원재료 : 제품을 만들기 위해 구입한 원료와 재료, 부분품
 ⑤ 기타자산
  ⓐ 선 급 금 : 상품 등을 매입하기 위해 대금의 전부 또는 일부를 먼저 지급한 것으로 재무상태표일로부터 12개월 이내에 인수하기로 한 것
  ⓑ 미수수익 : 당기에 발생한 이자수익, 임대료 중 아직 받지 못한 것
  ⓒ 선급비용 : 당기에 지급한 보험료나 임차료 중 다음의 회계기간에 속하는 것

비유동자산

비유동자산(non-current assets)은 정상영업주기 내에 실현이 어렵고, 장기간 보유하고 있으며, 재무상태표일로부터 12개월 이후에 현금으로 전환될 것으로 기대되는 자산을 말한다. 비유동자산은 그 성격에 따라 대여금 및 수취채권, 기타금융자산, 투자부동산, 유형자산, 무형자산, 기타자산으로 구분한다. 이의 분류는 재무상태표에 표시되어야 할 최소항목을 기준으로 구분한 것이며, 각 항목에 표시되는 계정과목은 기업의 특성에 따라 합리적으로 구분하여 표시하게 된다. 아래에서는 비유동자산의 각 항목을 구체적으로 살펴보기로 한다.

- 비유동자산
  - ① 대여금 및 수취채권
    - ⓐ 매출채권 : 상품 등의 재고자산을 외상으로 판매하고 발생한 채권으로 만기가 재무상태표일로부터 12개월 이후인 것
    - ⓑ 대여금 : 현금을 대여하고 발생된 채권으로 만기가 재무상태표일로부터 12개월 이후인 것
    - ⓒ 미수금 : 재고자산 이외의 자산을 매각하고 발생된 채권으로 만기가 재무상태표일로부터 12개월 이후인 것
    - ⓓ 임차보증금 : 타인의 부동산을 일정기간 사용하기 위하여 채무담보로서 임대인에게 지급한 금액
    - ⓔ 기타금융상품 : 정기예금, 정기적금 등 금융기관의 취급상품으로써 만기가 재무상태표일로부터 12개월 이후에 도래하는 것
  - ② 기타금융자산 : 재무상태표일로부터 12개월 이후에 매도할 목적이거나 만기가 도래하는 유가증권
    - ⓐ 매도가능금융자산 : 장기보유목적으로 취득한 유가증권(국채, 공채, 주식, 회사채)와 금융기관이 취급하는 금융상품으로 만기까지 보유할 의도가 없는 것
    - ⓑ 만기보유금융자산 : 장기보유목적으로 취득한 유가증권(국채, 공채, 회사채)와 금융기관이 취급하는 금융상품으로 만기까지 보유할 의도가 있는 것
  - ③ 투자부동산 : 시세차익이나 임대목적으로 보유하고 있는 토지, 건물 등
  - ④ 유형자산 : 재화의 생산이나 용역의 제공, 임대 또는 자체 영업활동에 사용할 목적으로 보유한 물리적 형체가 있는 것. 여기에는 토지, 건물, 구축물, 기계장치, 항공기, 선박, 차량운반구, 비품, 건설중인자산이 포함된다.
  - ⑤ 무형자산 : 재화의 생산이나 용역의 제공, 임대 또는 자체 영업활동에 사용할 목적으로 보유한 물리적 형체가 없는 것. 여기에는 영업권, 산업재산권, 각종 라이선스와 프랜차이즈, 저작권, 컴퓨터소프트웨어, 개발비 등이 포함된다.
  - ⑥ 기타자산 : 위에 속하지 아니하는 비유동자산으로 장기선급금 등

② 부채의 분류

부채(liabilities)는 원칙적으로 유동부채와 비유동부채로 구분하여 표시한다. 일반적으로 재무상태표일로부터 12개월 이내에 현금및현금성자산으로 지급되면 유동부채로 분류하고 그 외의 경우는 비유동부채로 분류한다. K-IFRS에서 규정한 유동부채의 분류기준을 나타내면 다음과 같다.

[유동부채의 분류조건]

① 정상영업주기 내에 결제될 것으로 예상되는 것
② 재무상태표일로부터 12개월 이내에 결제하기로 한 것

유동부채

유동부채(current liabilities)는 정상영업주기 내에 결제가 예상되고, 재무상태표일로부터 12개월 이내에 현금으로 결제될 것으로 기대되는 부채를 말한다. 유동부채는 그 성격에 따라 금융부채, 충당부채, 기타부채로 구분한다. 이의 분류는 재무상태표에 표시되어야 할 최소항목을 기준으로 구분한 것이며, 각 항목에 표시되는 계정과목은 기업의 특성에 따라 합리적으로 구분하여 표시하게 된다. 아래에서는 유동부채의 각 항목을 구체적으로 살펴보기로 한다.

• 유동부채
  ① 금융부채
    ⓐ 매입채무 : 상품 등의 재고자산을 외상으로 구입하고 발생한 채무로 만기가 재무상태표일로부터 12개월 이내인 것
    ⓑ 차 입 금 : 금융기관이나 타인으로부터 현금을 빌린 채무로 만기가 재무상태표일로부터 12개월 이내인 것
    ⓒ 미지급금 : 재고자산 이외의 자산을 외상으로 구입하고 발생된 채무로 만기가 재무상태일로부터 12개월 이내인 것
  ③ 충당부채
    ⓐ 제품보증충당부채 : 상품 등을 판매한 후 품질에 결함이 있을 경우 그것을 수선·교환해주기로 보증했을 때, 이의 약속한 의무를 이행하는데 소요될 금액을 추정한 것
    ⓑ 손해배상손실충당부채 : 손해배상청구소송이 제기되었을때, 예상되는 손해배상손실을 추정한 것

③ 기타부채
- ⓐ 예 수 금 : 제3자에게 지급해야 할 금액으로 기업이 일시적으로 보관하고 있는 것으로 직원의 국민연금불입액, 의료보험료 등
- ⓑ 미지급법인세 : 당기에 발생한 세금으로 아직 지급하지 못한 것
- ⓒ 선 수 금 : 상품 등을 판매하기 위해 대금의 전부 또는 일부를 먼저 받은 것으로 재무상태표일로부터 12개월 내에 상품을 인도하기로 한 것
- ⓓ 미지급비용 : 당기에 발생한 급여나 이자비용 중 아직 지급하지 못한 것
- ⓔ 선수수익 : 당기에 받은 이자나 임대료 중 다음 회계기간에 속하는 것

비유동부채

비유동부채(non-current liabilities)는 정상영업주기 내에 결제가 어렵고, 재무상태표일로부터 12개월 이후에 현금으로 결제될 것으로 기대되는 부채를 말한다. 비유동부채는 그 성격에 따라 **금융부채, 퇴직급여부채, 기타부채**로 구분한다. 이의 분류는 재무상태표에 표시되어야 할 최소항목을 기준으로 구분한 것이며, 각 항목에 표시되는 계정과목은 기업의 특성에 따라 합리적으로 구분하여 표시하게 된다. 아래에서는 비유동부채의 각 항목을 구체적으로 살펴보기로 한다.

• 비유동자산

① 금융부채
- ⓐ 매입채무 : 상품 등의 재고자산을 외상으로 구입하고 발생한 채무로 만기가 재무상태표일로부터 12개월 이후인 것
- ⓑ 차 입 금 : 금융기관이나 타인으로부터 현금을 빌린 채무로 만기가 재무상태표일로부터 12개월 이후인 것
- ⓒ 미지급금 : 재고자산 이외의 자산을 구입하고 발생된 채무로 만기가 재무상태일로부터 12개월 이후인 것
- ⓓ 임대보증금 : 부동산을 일정기간 동안 빌려주고 채권의 담보로서 임차인으로부터 받은 금액

② 퇴직급여부채 : 종업원이 퇴직할 때 지급하게 될 퇴직일시금, 퇴직 후의 연금, 퇴직 후 의료급여나 보험급여의 현재가치

③ 기타부채 : 위에 속하지 않은 비유동부채로서 장기선수금 등

③ 자본의 분류

자본(capital)은 원칙적으로 납입자본, 기타자본요소, 이익잉여금으로 구분하여 표시한다. **납입자본**은 주주가 기업에 납입한 것으로 자본금, 자본잉여금,

자본조정이 있다. **기타자본요소**는 소유주(주주)와의 거래에서 납입자본에 분류되지 않은 항목을 말하며, 기타포괄손익누계액과 일반적립금이 있다. **이익잉여금**은 기업이 영업활동으로부터 벌어들인 이익 중 배당금이나 기타자본요소로 처분하지 않고 남아 있는 것을 말한다.

K-IFRS 제1001호는 연결재무제표에서 지배기업의 소유주지분과 비지배지분을 구분하여 표시하도록 규정하고 있다. 지배기업 소유주지분은 연결재무상태표에서 비지배지분을 제외한 것으로 납입자본, 기타자본요소, 이익잉여금으로 구분하여 표시한다. 비지배지분은 종속회사의 지분에 해당하는 순자산을 표시한다. K-IFRS 최소표시항목에 따라 자본을 분류하면 다음과 같다.

• 자　본
- ① 납입자본
  - ⓐ 자본금 : 발행된 주식의 액면금액 합계
  - ⓑ 자본잉여금 : 주주와의 자본거래에서 발생한 잉여금으로 주식발행초과금 등
  - ⓒ 자본조정 : 납입자본 중 자본금과 자본잉여금에 포함되지 않은 것으로 자기주식 등
- ② 기타자본요소
  - ⓐ 기타포괄손익누계액 : 손익거래 중 포괄손익계산서의 당기순이익에 포함되지 않는 평가손익이나 재평가잉여금 등
- ③ 이익잉여금 : 기업이 영업활동을 통해 벌어들인 이익 중 배당금으로 처분하고 남아 있는 이익

3) 재무상태표의 양식

재무상태표는 계정식과 보고식으로 작성된다. **계정식**(account form)은 재무상태표를 차변과 대변으로 나누어서 차변에 자산계정을, 대변에 부채와 자본계정을 배열하여 작성한다. **보고식**(report form)은 재무상태표를 좌우로 구분하지 않고 자산 · 부채 · 자본의 순서대로 위에서 아래로 연속 표시하여 작성한다.

K-IFRS 제1001호는 원칙적으로 자산과 부채를 유동성과 비유동성으로 구분하여 표시하도록 규정하고 있다. 유동성과 비유동성으로 구분표시 할 경우 유동항목을 먼저 표시하거나 또는 비유동성항목을 먼저 표시하여 나타낼 수 있다. 또한 재무제표는 기간별 비교가능성을 높이기 위해 전기와 당기를 비교하는 형식으로 보고하여야 한다. 여기서는 K-IFRS 제1001호에 따라 유동성과

비유동성 구분법을 기준으로 재무상태표의 양식을 예시하면 다음과 같다. 재무상태표의 계정식은 앞에서 예시하였다.

재무상태표(보고식)

(주)한국 제××기 20×2년 12월 31일 제××기 20×1년 12월 31일 (단위 : 천원)

	20×2년	20×1년
자 산		
유동자산		
현금및현금성자산	×××	×××
대여금 및 수취채권	×××	×××
기타금융자산	×××	×××
재고자산	×××	×××
기타자산	×××	×××
유동자산 계	×××	×××
비유동자산		
대여금 및 수취채권	×××	×××
기타금융자산	×××	×××
투자부동산	×××	×××
유 형 자 산	×××	×××
무 형 자 산	×××	×××
기 타 자 산	×××	×××
비유동자산 계	×××	×××
자산총계	×××	×××
부 채		
유동부채		
금 융 부 채	×××	×××
충 당 부 채	×××	×××
기 타 부 채	×××	×××
유동부채 계	×××	×××
비유동부채		
금 융 부 채	×××	×××
퇴직급여부채	×××	×××
기 타 부 채	×××	×××
비유동부채 계	×××	×××
부채총계	×××	×××
자 본		
납 입 자 본	×××	×××
이익잉여금	×××	×××
기타자본요소	×××	×××
자본총계	×××	×××
부채와 자본총계	×××	×××

2.3 포괄손익계산서

1) 포괄손익계산서의 의의

포괄손익계산서(comprehensive income statement)는 일정기간 기업의 경영성과를 나타낸 재무보고서이다. 포괄손익계산서에는 기업이 일정기간 경영활동을 통해 벌어들인 수익과 이를 얻는데 희생된 비용을 표시한다. 포괄손익계산서는 포괄손익계산서등식에 따라 작성한다. 표의 차변에는 비용을 표시하여, 수익을 얻는데 희생된 가치를 발생유형별로 구분하여 나타낸다. 대변은 수익을 표시하여, 경영활동에서 나타난 수익을 발생원천별로 구분하여 표시한다. 본 절에서는 K-IFRS 제1001호「재무제표 표시」에 규정된 내용에 따라 포괄손익계산서에 표시될 최소항목, 수익과 비용의 구성항목, 포괄손익계산서의 양식을 살펴본다.

2) 포괄손익계산서의 표시

(1) 포괄손익계산서에 표시될 최소항목

포괄손익계산서는 수익과 비용으로 구성된다. K-IFRS 제1001호는 포괄손익계산서에 표시해야 할 최소한도의 항목으로 아래의 표와 같이 규정하고 있다. 기업은 이를 기준으로 자기 회사의 경영성과를 잘 나타낼 수 있는 계정과목을 설정하고 배열순서를 정하여 포괄손익계산서를 작성하게 된다. 포괄손익계산서에 표시되는 최소항목을 나타내면 다음과 같다.

[포괄손익계산서와 최소 표시항목]
• 수 익 • 영업이익 • 금융원가 • 법인세비용 • 당기순손익 • 기타포괄손익의 각 구성요소 • 총포괄손익

위의 항목은 성격이나 기능면에서 분리하여 표시되어야 할 것을 나타낸 것이다. 하지만 기업의 경영성과를 이해하는데 다른 항목이 필요하면 유사항목의 크기, 성격, 기능을 고려하여 그러한 항목을 추가할 수 있다.

(2) 수익과 비용의 분류

① 수익의 분류

수익(revenues)은 기업이 경영활동을 통해 벌어들인 그 대가를 말한다. K-IFRS 제1001호는 수익을 매출액과 기타수익으로 구분하여 포괄손익계산서에 표시하도록 규정하고 있다. 매출액은 기업의 주된 영업활동에서 발생하는 수익을 말한다. 예를 들어 백화점 등의 매매업은 상품의 판매금액이, 병원의 경우 의료수익이, 건설회사는 공사수익이 매출액으로 표시된다. 매출액은 총매출액에서 매출할인, 매출에누와환입을 차감한 금액을 표시한다. 기타수익은 기업의 주된 영업활동과 관계없이 발생된 부수적 수익을 말한다. 여기에는 이자수익, 배당금수익, 수수료수익, 임대료수익, 당기손인인식금융자산평가이익 또는 처분이익, 매도가능금융자산처분이익, 유형자산처분이익, 보험차익 등이 포함된다. 다음에서는 수익의 각 항목을 구체적으로 살펴보기로 한다.

• 수　　익
  ① 매출액 :
    ⓐ 상품매출액 : 상품, 제품을 판매하고 그 대가로 받은 것
    ⓑ 용역매출액 : 용역을 제공하고 그 대가로 받은 것
  ② 기타수익 :
    ⓐ 이자수익 : 유휴자금을 빌려주고 그 사용대가로 받은 것
    ⓑ 배당금수익 : 유휴자금의 주식투자를 통해 자금의 사용대가로 받은 것
    ⓒ 수수료수익 : 일이나 매매를 중개한 대가로 받은 금액
    ⓓ 임대료수익 : 부동산을 빌려주고 그 사용대가로 받은 것
    ⓔ 당기손인인식금융자산평가이익 : 보유주식 및 채권의 평가로 발생된 이익
    ⓕ 매도가능금융자산처분이익 : 보유주식 및 채권의 매각으로 발생된 이익
    ⓖ 유형자산처분이익 : 토지나 건물 등의 매각에서 발생된 이익

* 기타수익은 주로 재무 및 투자활동에서 발생한 것으로 다수의 수익이 있음.

② 비용의 분류

비용(expenses)은 기업의 경영활동에서 수익을 얻기 위하여 사용 또는 소

비한 자산이나 서비스의 원가를 말한다. K-IFRS 제1001호는 비용을 성격별로 표시하거나 기능별로 표시하여 포괄손익계산서를 작성하도록 규정하고 있다.

성격별 비용표시법

성격별 비용표시법(nature of expense method)은 비용을 발생성격에 따라 구분하는 것을 말한다. 비용을 성격별로 구분하면 제품과 재공품의 변동, 원재료사용액, 종업원급여, 감가상각비, 광고비, 운송비, 이자비용, 법인세비용 등으로 구분된다. 비용의 성격별 구분은 조업도에 따라 비용의 크기를 추정할 수 있어 미래 현금흐름을 예측하는데 더욱 유용한 정보를 제공할 수 있다. 또한 영업활동에 발생된 비용을 그대로 집계하면 성격별 비용이 되므로 회계처리가 간단하고, 인위적 배분으로 인한 정보왜곡의 위험이 적다. 아래에서 성격별 비용항목을 구체적으로 살펴보기로 한다.

• 비용 – 성격별 구분
- ⓐ 상품의 변동 : 상품매매업의 경우 (기초상품재고액 – 기말상품재고액 = +, –)
  제품/재공품 변동 : 제조업의 경우 (기초제품재고액 – 기말제품재고액 = +, –)
  위의 두 경우에서 '+'는 비용성격, '–'는 수익성격을 나타냄.
- ⓑ 상품매입액 : 상품매매업의 경우 당기상품순매입액
  원재료사용액 : 제조업의 경우 당기원재료사용액
- ⓒ 종업원급여 : 종업원이 제공한 노동력의 대가로 지급한 금액
- ⓓ 감가상각비 : 유형자산의 사용에 대해 당기에 비용으로 배분된 금액
- ⓔ 광고비 : 광고활동의 대가로 지급한 금액
- ⓕ 운송비 : 상품 등의 운송 대가로 지급한 금액
- ⓖ 이자비용 : 금융기관이나 타인으로부터 자금을 빌려 사용하고 지급한 대가로 지급한 금액
- ⓗ 기타비용 : 이외의 기타비용
- ⓘ 법인세비용 : 기업이 벌어들인 소득에 기초하여 계산된 법인의 세금

기능별 비용표시법

기능별 비용표시법(function of expense method)은 비용을 경영기능에 따라 구분하는 것을 말한다. 경영기능은 구매, 제조, 판매, 물류, 관리, 마케팅 등으로 구분된다. 비용을 기능별로 구분하면 매출원가, 물류비, 일반관리비, 마케팅비용, 이자비용, 기타비용, 법인세비용 등으로 표시된다. K-IFRS 제1001호는

매출원가가 주된 비용이므로 다른 비용과 반드시 분리하여 표시하도록 규정하고, 이를 **매출원가법**(cost of sales method)이라고도 한다. 한편 비용을 기능별로 표시하는 경우에는 감가상각비, 기타상각비, 종업원급여를 포함한 비용의 성격별 내용을 주석에 추가적으로 공시하도록 규정하고 있다. 비용을 기능별로 구분하면 자의적인 판단이 개입되므로 주의를 기울어야 한다. 아래에서 기능별 비용항목을 구체적으로 살펴보기로 한다.

- 비용 – 기능별 구분
  - ⓐ 매출원가 : 일정기간 고객에 판매한 상품의 취득원가
  - ⓑ 물류비 : 상품을 고객에게 판매할 수 있는 위치까지 운송하는데 소비된 인적, 물적 및 기타 자산의 가치
  - ⓒ 일반관리비 : 상(제)품의 구입(제조), 판매를 지원하는 활동으로 이에 관련되어 소비된 인적, 물적 및 기타 자산의 가치
  - ⓓ 마케팅비용 : 시장조사, 광고, 고객서비스의 활동에 소비된 인적, 물적 및 기타자산의 가치
  - ⓔ 이자비용 : 금융기관이나 타인으로부터 자금을 빌려 사용하고 지급한 대가
  - ⓕ 기타비용 : 이외의 기타비용
  - ⓖ 법인세비용 : 기업이 벌어들인 소득에 기초하여 계산된 법인의 세금

비용의 성격별 및 기능별 분류는 주로 상품매매와 관련된 비용을 구분한 것이며, 그 외 금융비용, 자산의 평가 및 처분손실 등은 성격별 및 기능별 비용에 모두 공통적으로 사용된다. 성격별 및 기능별 비용의 분류에 따라 작성되는 포괄손익계산서의 양식은 상품매매업에서 상세히 설명하였다.

③ 영업이익(손실)의 구분표시

영업이익(손실)은 기업의 주된 영업활동에서 발생된 수익에서 비용을 차감하여 계산한다. K-IFRS는 포괄손익계산서에서 영업이익(손실)을 구분하여 표시하도록 규정하고 있다. 영업이익의 표시는 성격별 및 기능별 표시방법에 따라 달라진다.

성격별(by nature) 표시방법의 경우 영업이익(손실)은 영업수익에서 성격별 영업비용을 차감하여 표시한다. 영업수익은 상품매매업의 경우 매출액이 되며 금융업인 경우 이자수익이나 유가증권평가 및 처분이익, 외환거래이익, 수수료수익, 배당금수익 등이 표시된다. 영업비용은 상품매매업인 경우 상품의 변

동, 상품매입액, 종업원급여, 감가상각비, 기타의 영업비용으로 표시하고, 금융업인 경우 이자비용, 유가증권평가 및 처분손실, 외환거래손실, 수수료비용 등으로 표시한다.

기능별(by function) 표시방법의 경우 영업이익(손실)은 수익에서 기능별 비용을 차감하여 표시한다. 수익은 상품매매업인 경우 매출액이 되며 서비스업은 용역수익이 표시된다. 다만 매출액(용역수익)은 총매출(용역)액에서 매출할인, 매출환입, 매출에누리 등을 차감한 순액을 표시한다. 비용은 경영기능(구매·제조·판매·물류·마케팅)에 따라 구분된 매출원가, 물류비, 마케팅비용, 일반관리비 등으로 구분하여 표시한다. K-IFRS는 매출원가는 반드시 구분하여 표시하도록 규정하고 있다. 일반적으로 기능별 비용은 매출원가, 판매비와관리비로 구분하고, 판매비와관리비에 물류비, 마케팅비용, 일반관리비를 포함시켜 표시하고 있다. 영업이익(손실)의 구분표시는 포괄손익계산서의 양식에서 예시한 것과 같다.

④ 기타포괄손익

수익과 구별되는 개념으로 기타포괄손익이 있다. 기타포괄손익(other comprehensive income & loss)은 미실현손익항목으로서 당기순손익으로 인식되지 않는 것을 말한다. 이의 해당항목은 당기손익에서 반영하지 않고 자본에 별도로 분류했다가 실현될 때 당기손익으로 재분류하거나 이익잉여금에 직접 반영하는 것이다. 실현될 때 당기손익에 재분류되는 기타포괄손익에는 매도가능금융자산평가손익, 현금흐름위험회피수단의 평가손익, 해외사업장외화환산손익이 있으며, 직접 이익잉여금에 반영될 기타포괄손익에는 재평가잉여금, 확정급여제도의 퇴직급여에서 발생하는 보험수리적 손익이 있다. 포괄손익계산서는 먼저 당기순손익을 중심으로 작성하고, 이에 기타포괄손익을 배열하여 당기총포괄이익에 이르는 과정이 나타나도록 작성된다.

3) 포괄손익계산서의 양식

포괄손익계산서는 계정식과 보고식으로 작성된다. 계정식(account form)은 포괄손익계산서를 차변과 대변으로 나누어서 차변에 비용계정을, 대변에 수익계정을 배열하여 작성한다. 보고식(report form)은 포괄손익계산서를 좌우를 구분하지 않고 수익과 비용을 순서대로 위에서 아래로 연속 표시하여 작성한다. 일반적으로 포괄손익계산서는 보고식으로 작성한다. 포괄손익계산서의 계정식 및 보고식 양식은 앞에서 예시하였다.

포괄손익계산서는 하나의 보고서로 표시하거나 별개의 보고서를 통하여 표시한다. K-IFRS 제1001호는 단일 포괄손익계산서와 별개의 손익계산서 중 하나를 선택하여 작성하도록 규정하고 있다. **단일 포괄손익계산서**(single statement of comprehensive income)는 당기순손익과 기타포괄손익의 구성요소를 구분하여 표시하되, 먼저 당기순손익의 발생과정을 표시하고, 그 아래에 기타포괄손익항목을 표시하여 하나의 보고서로 작성한다. **별개의 손익보고서**(seperate income statement)는 손익계산서와 포괄손익계산서를 별도로 작성한다. 포괄손익계산서는 당기순손익으로 시작하여 이어 기타포괄손익항목을 가감하여 총포괄손익을 표시한다. 아래에서는 성격별 비용분류에 따른 단일 포괄손익계산서와 기능별 비용분류에 따른 두 개의 보고서 양식을 예시한다.

포괄손익계산서(성격별) – 단일보고서

제×기 20×2년 1월 1일부터 20×2년 12월 31일까지
××회사 제×기 20×1년 1월 1일부터 20×1년 12월 31일까지 (단위 : 천원)

	20×2	20×1
영업수익	×××	×××
영업비용		
제품과 재공품의 변동	(×××)	(×××)
원재료와 소모품사용액	(×××)	(×××)
종업원급여	(×××)	(×××)
감가상각비와 기타상각비	(×××)	(×××)
기타의 영업비용	(×××)	(×××)
영업이익	×××	×××
기타수익	×××	×××
이자비용	(×××)	(×××)
기타비용	(×××)	(×××)
법인세비용차감전손익	×××	×××
법인세비용	(×××)	(×××)
당기순손익	×××	×××
기타포괄손익		
당기손익으로 재분류되지 않는 항목		
재평가잉여금	×××	×××
재측정요소	×××	×××
기타포괄손익과 관련된 법인세	(×××)	(×××)

당기손익으로 재분류될 수 있는 항목		
매도가능금융자산평가손익	×××	×××
해외사업환산손익	×××	×××
파생상품평가손익	×××	×××
기타포괄손익과 관련된 법인세	(×××)	(×××)
법인세비용차감후기타포괄손익	×××	×××
총포괄손익	×××	×××
당기순손익의 귀속		
지배기업소유주지분	×××	×××
비지배지분	×××	×××
총포괄손익의 귀속		
지배기업소유주지분	×××	×××
비지배지분	×××	×××
주당손익		
기본주당순손익	×××	×××
희석주당순손익	×××	×××

손익계산서(기능별) - 두 개 보고서

제×기 20×2년 1월 1일부터 20×2년 12월 31일까지
××회사 제×기 20×1년 1월 1일부터 20×1년 12월 31일까지 (단위 : 천원)

	20×2	20×1
매출액(수익)	×××	×××
매출원가	(×××)	(×××)
매출총이익	×××	×××
판매비와 관리비		
물 류 비	(×××)	(×××)
마케팅비용	(×××)	(×××)
일반관리비	(×××)	(×××)
영업이익	×××	×××
기타수익	×××	×××
이자비용	(×××)	(×××)
기타비용	(×××)	(×××)
법인세비용차감전순손익	×××	×××
법인세비용	(×××)	(×××)
당기순손익	×××	×××
당기순손익의 귀속		
지배기업소유주지분	×××	×××
비지배지분	×××	×××
주당손익		
기본주당순손익	×××	×××
희석주당순손익	×××	×××

포괄손익계산서(기능별) - 두 개 보고서

××회사	제×기 20×2년 1월 1일부터 20×2년 12월 31일까지 제×기 20×1년 1월 1일부터 20×1년 12월 31일까지	(단위 : 천원)
	20×2	**20×1**
당기순손익	×××	×××
기타포괄손익 :		
당기손익으로 재분류되지 않는 항목		
재평가잉여금	×××	×××
재측정요소	×××	×××
기타포괄손익과 관련된 법인세	(×××)	(×××)
당기손익으로 재분류될 수 있는 항목		
매도가능금융자산평가손익	×××	×××
해외사업환산손익	×××	×××
파생상품평가손익	×××	×××
기타포괄손익과 관련된 법인세	(×××)	(×××)
법인세비용차감후기타포괄손익	×××	×××
총포괄손익	×××	×××
총포괄손익의 귀속		
지배기업소유주지분	×××	×××
비지배지분	×××	×××
주당손익		
기본주당손익	×××	×××
희석주당순손익	×××	×××

2.4 자본변동표

자본변동표(statement of changes in equity)는 일정시점에 있어 자본의 크기와 일정기간 자본의 변동을 나타낸 재무보고서이다. 자본변동표에는 납입자본, 이익잉여금, 기타자본요소가 포함되며, 각 항목별로 기초잔액, 회계기간 중 변동내용, 기말잔액을 상세하게 나타내 준다. K-IFRS에 의한 자본변동표의 양식을 나타내면 다음과 같다.

자본은 주주와의 거래나 영업활동에 의해 손익이 발생하면 변동하게 된다. 예를 들어 주주와의 거래에서 유상증자나 감자, 무상증자나 감자가 이루어지면 자본금, 자본잉여금, 자본조정에 대한 변동이 발생하게 된다. 이에 비해 영업활동에 따라 당기순이익(손실)이 발생하면 이익잉여금이 변동한다. 손익거래 중 포괄손익계산서에 계상되지 않은 것으로서 자본거래가 아닌 것은 기타

자본변동표

제×기 20×2년 1월 1일부터 20×2년 12월 31일까지

×× 회사　　　제×기 20×1년 1월 1일부터 20×1년 12월 31일까지　　　(단위 : 원)

구 분	납입자본			이익잉여금		기타자본요소	총계
	자본금	자 본 잉여금	자본 조정	적립금	이 익 잉여금	기타포괄 손익누계액	
20×1년 1월1일	×××	×××	×××	×××	×××	×××	×××
회계정책변경누적효과					×××		×××
전기오류수정					×××		×××
수정 후 기초잔액	×××	×××	×××	×××	×××	×××	×××
전기 이익처분							
임의적립금의 이입				(×××)	×××		
연차배당					(×××)		(×××)
기타이익잉여금처분			×××	×××	(×××)		
기타변동사항							
중간배당					(×××)		(×××)
유상증자	×××	×××					×××
자기주식취득			(×××)				(×××)
기타포괄손익의 대체					×××	(×××)	
총포괄손익					×××	×××	×××
20×1년 12월 31일	×××	×××	×××	×××	×××	×××	×××
회계정책변경누적효과					×××		×××
전기오류수정					×××		×××
수정 후 기초잔액	×××	×××	×××	×××	×××	×××	×××
전기 이익처분							
임의적립금의 이입				(×××)	×××		
연차배당					(×××)		(×××)
기타 이익잉여금처분			×××	×××	(×××)		
기타변동사항							
중간배당					(×××)		(×××)
유상증자	×××	×××					×××
자기주식취득			(×××)				(×××)
기타포괄손익의 대체					×××	(×××)	
총포괄손익					×××	×××	×××
20×2년 12월 31일	×××	×××	×××	×××	×××	×××	×××

포괄손익누계액에서 자본의 증감을 가져온다. 자본변동표는 기초시점의 각 자본항목에 이러한 변동을 가감하여 기말시점의 잔액을 표시하게 된다.

2.5 현금흐름표

현금흐름표(cash flow statement)는 **일정기간 기업실체의 현금변동**을 나타낸 재무보고서이다. 현금은 영업활동, 투자활동, 재무활동의 영향에 따라 변동한다. 현금흐름표는 영업활동, 투자활동, 재무활동별로 현금유입과 현금유출을 나타내어 현금흐름을 보고한다. K-IFRS에 의한 현금흐름표의 양식을 나타내면 다음과 같다.

현금흐름표(직접법)

제×기 20×2년 1월 1일부터 20×2년 12월 31일까지
제×기 20×1년 1월 1일부터 20×1년 12월 31일까지

××회사 (단위 : 원)

	20×2	20×1
영업활동현금흐름		
고객으로부터 수취한 현금	×××	×××
공급자에게 지급한 현금	(×××)	(×××)
기타영업활동으로 수취한 현금	×××	×××
기타영업활동에서 지급한 현금	(×××)	(×××)
영업에서 창출된 현금	×××	×××
이자수입	×××	×××
이자지급	(×××)	(×××)
배당금수입	×××	×××
법인세지급	(×××)	(×××)
영업활동순현금흐름	×××	×××
투자활동현금흐름		
금융자산 취득	(×××)	(×××)
금융자산 처분	×××	×××
유형자산 취득	(×××)	(×××)
유형자산 처분	×××	×××
무형자산 취득	(×××)	(×××)
투자활동순현금흐름	×××	×××
재무활동현금흐름		
차입금 차입	×××	×××
차입금 상환	(×××)	(×××)
주식발행	×××	×××
재무활동순현금흐름	×××	×××
현금및현금성자산의 환율변동효과	×××	×××
현금및현금성자산의 증가(감소)	×××	×××
기초의 현금및현금성자산	×××	×××
기말의 현금및현금성자산	×××	×××

현금흐름표는 현금흐름의 전반적인 정보를 제공하며 이를 통해 포괄손익계산서와 재무상태표를 이해하는데 도움을 주게 된다. 예를 들어 영업활동에 의한 현금흐름은 포괄손익계산서의 당기순이익을 이해하는데 도움을 주며, 투자나 재무활동의 현금흐름은 재무상태표의 자산 · 부채 · 자본의 변동원인을 이해하는데 도움이 된다. 따라서 현금흐름표는 재무상태표나 포괄손익계산서가 제공하지 못하는 정보를 제공함으로써 이용자의 의사결정에 유익한 역할을 하게 된다. 현금흐름표의 구체적 내용은 본서의 후반부 현금흐름표에서 다루게 된다.

2.6 주석 등

주석(notes)은 재무상태표, 포괄손익계산서, 자본변동표, 현금흐름표에 추가하여 제공하는 정보를 말한다. 주석은 재무제표를 이해하는데 필요한 추가적 정보로서 재무제표의 본문에 표시되지 않는 사항을 보고한다. K-IFRS 제1001호는 다음의 내용을 순서에 따라 주석에 보고하도록 규정하고 있다.

① 한국채택국제회계기준을 준수하였다는 사실
② 적용한 중요한 회계정책의 요약
③ 재무상태표, 포괄손익계산서, 자본변동표 및 현금흐름표에 표시된 항목에 대한 보충정보. 이의 정보는 재무제표의 배열 및 각 재무제표에 표시된 개별 항목의 순서에 따라 표시한다.
④ 다음을 포함한 기타 공시
(가) 우발부채와 재무제표에서 인식하지 아니한 계약 상 약정사항
(나) 비재무적 공시항목, 예를 들어 기업의 재무위험관리목적과 정책

위와 같이 주석에 공시되는 내용에는 많은 것들이 포함되어 있다. 여기에는 일반적으로 회계정책, 재무제표의 각 항목에 대한 보충설명, 우발항목, 기업의 개황, 주요 영업내용과 경영활동, 특수관계자와 거래, 담보 및 보증, 보험가입내용, 재무상태표일 이후 발생한 사건, 지배기업과 연결실체 등이 포함된다.

주석은 내용의 설명이 필요한 경우 숫자가 아닌 문장의 형식을 통해 내용을 기술하게 된다. 또한 재무제표의 개별 항목을 주석으로 표시할 때는 관련

된 주석과 상호 연결시키는 기호 등을 본문과 주석에 일치시켜 표시하여야 한다. 주석에 기술되는 내용은 재무제표에 인식되지 않은 항목에 대한 정보도 추가하여 포함한다.

제3절 한국채택국제회계기준

3.1 일반적으로 인정된 회계원칙

일반적으로 인정된 회계원칙(generally accepted accounting principles, GAAP)은 회계정보를 작성하는데 일반적으로 타당하고 합리적으로 인정되는 기준을 말한다. **GAAP**는 회계실무에서 이루어지던 회계관습을 토대로 권위 있는 기관 및 전문가의 합의에 의해 만들어졌으며, 주로 개념체계나 회계절차로 구성되어 있다. 따라서 일반적으로 인정된 회계원칙은 회계행위의 지침이 되며, 회계실무를 지도하는 기준이 된다.

일반적으로 인정된 회계원칙은 사회제도로서 경제적 환경에 따라 많은 변화를 거듭하여 왔다. GAAP는 주로 나라별로 경제환경에 맞추어 제정되어 왔으며, 최근에는 글로벌 환경에 따라 모든 나라에 적용되는 국제회계기준에 통합되는 추세를 띠고 있다.

3.2 우리나라의 회계기준

우리나라는 1958년 처음으로 회계기준인 「기업회계원칙」과 「재무제표규칙」을 제정하였다. 이의 회계기준은 재무부 장관의 자문기구인 재정금융위원회에서 제정하였으며, 휴전 이후 경제를 재건하고 외자도입과 자본시장의 육성을 목적으로 만들어졌다. 이어 1970년대 급속한 경제성장과 함께 대규모 자본시장이 육성됨에 따라 1974년 「상장법인 등의 회계처리에 관한 규정」, 1975년 「상장법인 등의 재무제표에 관한 규칙」이 대통령 및 재무부령으로 제정되었다. 1981년에는 기존에 공존하던 규정과 규칙을 하나로 모아 「기업회계기준」을 제정하였으며, 1997년까지 정부에 의해 아홉 차례에 걸쳐 개정 및 보완되었다.

우리나라는 1999년도까지 정부부문(재무부, 금융감독위원회)에서 회계기준을 제정하여 왔다. 하지만 1997년 외환위기 이후 회계정보의 신뢰성과 투명성을 제고하기 위해 민간 회계기준제정기구를 설립하기로 세계은행(IBRD)과 합의하고 1999년 9월 한국회계기준원/회계기준위원회가 발족하였다. 정부는 이를 뒷받침하기 위해 2000년 1월에 주식회사의 외부감사에 관한 법률(제13조)을 개정하여 금융위원회가 회계처리기준에 관한 업무를 민간법인에 위탁할 수 있는 근거를 마련했으며, 2000년 7월 시행령을 통해 회계기준제정기관으로 한국회계기준원을 지정하였다. 한국회계기준원(Korea accounting institute, KAI)은 내부에 회계기준위원회(korea accounting standards board, KASB)를 설치하여 회계기준의 제정과 개정업무를 담당하게 하였다. KASB는 금융위원회가 제정한 기존의 기업회계기준을 그대로 두고 새로운 회계기준인 「기업회계기준서」를 제정하여 이를 대체하여 왔으며, 제정과정에서 국제회계기준의 내용을 대폭 반영하였다.

3.3 한국채택국제회계기준

우리나라는 기업의 국제환경에 맞추어 2007년 3월에 국제회계기준을 전면 도입하기로 결정하고 2011년부터 모든 상장기업은 한국채택국제회계기준을 의무적으로 적용하기로 하였다. 한국회계기준원은 이의 결정에 따라 국제회계기준을 한글로 번역하여 2007년 11월 23일 한국채택국제회계기준(K-IFRS, korean-international financial reporting standards)을 제정하였다. K-IFRS는 2011년부터 상장기업과 K-IFRS의 적용을 선택한 비상장기업에 적용된다. **한국채택국제회계기준**은 공식명칭으로 「**기업회계기준서**」로 사용하며, 영문으로 K-IFRS를 사용하여 기업회계기준인 K-GAAP와 구분하고 있다.

우리나라 기업회계기준은 한국채택국제회계기준, 일반기업회계기준, 특수분야 회계기준으로 구성되며, 이들은 각각 기업회계기준서와 기업회계기준해석서, 실무지침으로 이루어져 있다. 우리나라 회계기준을 제시하면 다음과 같다.

[우리나라 기업회계기준 체계]

회계기준	한국채택국제회계기준	일반회계기준	특수분야 회계기준
구성내용	• 기업회계기준서 • 기업회계기준해석서 • 실무지침	• 기업회계기준서 • 기업회계기준해석서 • 실무지침	• 기업회계기준서 • 기업회계기준해석서 • 실무지침
적용대상	상장기업, 비상장기업 중 선택기업	비상장기업	해당기업

한국채택국제회계기준은 2011년부터 상장기업은 모두 적용되며, 비상장기업은 자발적으로 이를 적용할 수 있다. 일반기업회계기준은 비상장기업에게 적용하며, 특수분야 회계기준은 관계법령에 따라 해당기업에 적용한다. 본서는 한국채택국제회계기준에 따라 서술되었으며, 문장에 나타나는 **K-IFRS는 한국채택국제회계기준을 의미한다.**

개념정리

▣ 문제 ▣

01 재무보고를 위한 개념체계가 무엇이며, 구성내용을 열거하시오.

02 일반목적재무보고의 목적이 무엇인지를 설명하시오.

03 유용한 재무정보의 질적 특성을 구성하는 요소를 제시하고 그 내용을 설명하시오.

04 목적적합하고 충실히 표현된 재무정보를 얻는데 나타나는 실무상의 제약요인을 제시하고 그 내용을 설명하시오.

05 재무제표의 기본가정이 무엇이며, 그 내용을 설명하시오.

06 재무상태표의 구성요소를 제시하고, 자산 · 부채 · 자본의 의의를 설명하시오.

07 포괄손익계산서의 구성요소를 제시하고, 수익과 비용의 의의를 설명하시오.

08 한국채택국제회계기준에 규정된 재무제표 요소의 인식기준을 열거하고 그 내용을 설명하시오.

09 수익을 인식하는 두 요건을 설명하고, 상품매매기업에서 '실현'의 결정적인 사건이 무엇인지 제시하고 설명하시오

10 비용을 인식하는 원칙을 설명하고, 수익과 비용의 인과관계를 찾기 어려운 경우 비용의 인식방법을 설명하시오.

11 한국채택국제회계기준에서 규정한 재무제표의 종류를 열거하고 설명하시오.

12 재무상태표에 표시되어야 할 최소한도 항목을 열거하고 설명하시오.

13 재무상태표의 작성기준에서 유동과 비유동성의 구분에 대하여 설명하시오.

14 유동자산 및 유동부채의 분류조건을 설명하시오.

15 포괄손익계산서의 작성양식에서 비용의 두 가지 표시방법을 비교하여 설명하시오.

16 포괄손익계산서의 작성양식에서 단일보고서와 별개의 보고서를 비교하여 설명하시오.

17 자본변동표의 구성항목을 설명하고 다른 재무제표와의 관계를 약술하시오.

18 현금흐름표의 구성항목을 설명하고 다른 재무제표와의 관계를 약술하시오.

19 주석의 의의와 표시되어야 할 정보내용을 설명하시오.

20 다음의 용어를 설명하시오.

- accrual basis
- recognition
- realization basis
- matching principle
- measurement
- historical cost
- by nature
- K-IFRS, GAAP

연 습 문 제

▣ 문제 [1]

다음은 여러 개념을 설명한 것이다. 빈칸에 적합한 단어나 문구를 기입하시오.

01 재무보고서에는 ( )가 주된 수단이 되며 영업보고서, ( ), 사업설명서, 경영자의 ( )과 전망 등이 있으며 계량적 정보와 함께 설명하는 ( )가 포함된다.

02 재무회계의 개념체계는 회계에 관련된 원칙이나 규칙들을 개념적으로 체계화한 ( )적 구조로서, 일반목적재무보고의 목적, 재무정보의 ( ) 특성, 재무제표와 관련하여 ( ), 구성요소, 인식 및 ( )기준이 포함된다.

03 일반목적재무보고의 목적은 현재 및 잠재적 ( ), 대여자 및 기타 채권자가 ( )에 관한 합리적 ( )을 할 수 있도록 ( )를 제공하는 것이다. K-IFRS는 재무보고서에 포함되는 유용한 정보로 보고기업에 대한 ( )자원과 ( ), 보고기업의 ( ) 자원 및 청구권의 ( )을 제시하고 있다.

04 유용한 재무정보의 질적 특성에는 ( ) 질적 특성과 ( ) 질적 특성이 있다. ( ) 질적 특성은 ( )과 충실한 표현으로 구분되고, ( ) 질적 특성에는 ( ), 검증가능성, ( ), 이해가능성이 있다.

05 재무제표의 기본가정에는 ( )과 계속기업이 있다. 발생기준은 거래를 현금이나 ( )의 수취 및 지급시점이 아니라, 당해 거래의 ( )한 기간에 인식하고 해당기간의 장부에 기록하여 재무제표에 표시하는 것을 말하며, 발생과 ( )의 개념을 포함한다. ( ) 가정은 예측가능한 기간에 걸쳐 영업을 계속할 것이며, 재무제표 작성에서 ( )와 관련된 개념이다.

06 재무상태표의 측정에 직접 관련되는 요소에는 자산, ( ), 자본이 있다. 자산이란 ( ) 사건의 결과로 기업이 ( )하고 있고 미래 경제적( )이 기업에 ( )될 것으로 기대되는 자원이다. 자산은 1년 기준에 따라 ( )과 비유동자산으로 구분한다.

07 부채란 과거사건에 의해 ( )하였으며, ( ) 효익을 갖는 자원이 기업으로부터 ( )됨으로써 이행될 것으로 기대되는 ( )이다. 자본은 기업의 자산에서 모든 ( )를 차감한 잔여지분으로 ( )이라고도 하며, 자

산에 대한 ( )의 잔여청구권을 나타낸다.

08 포괄손익계산서의 성과측정에 직접 관련되는 요소에는 ( )과 비용이 있다. 수익이란 자산의 ( )이나 증가 또는 ( )의 감소에 따라 자본의 증가를 초래하는 특정 회계기간 동안에 발생한 경제적 ( )의 증가로서, 지분참여자에 의한 ( )과 관련된 것은 제외한다. 비용은 자산의 유출이나 ( ) 또는 부채의 ( )에 따라 자본의 감소를 초래하는 특정 회계기간 동안에 발생한 경제적 효익의 ( )로서, 지분참여자에 대한 ( )와 관련된 것은 제외한다.

09 재무제표에 인식되기 위해서는 그 항목이 재무제표 요소의 ( )에 부합하고, 그 항목과 관련된 미래 ( ) 효익이 기업에 ( )되거나 기업으로부터 유출될 가능성이 높아야 하며, 그 항목의 ( ) 또는 가치를 신뢰성 있게 ( )할 수 있어야 한다.

10 측정이란 재무제표에 ( ) 되고 ( ) 되어야 할 재무제표의 ( )를 ( )으로 결정하는 과정을 말한다. 측정을 위해서는 재무제표 요소에 적용할 측정기준을 선택하여야 한다. 측정기준에는 ( ), 현행원가, 실현가능가치, ( ) 등이 있다.

11 K-IFRS는 전체 재무제표로 기말 ( ), 기간 포괄손익계산서, 기간 ( ), 기간 현금흐름표, ( )의 다섯 가지로 규정하고 있다.

12 재무상태표는 자산과 ( ) 및 자본으로 구성된다. 자산과 부채의 계정과목 배열은 유동성과 ( )으로 구분표시하거나 유동성 ( )에 따라 표시하는 방법이 있다. 유동자산으로 분류되려면 ( ) 내에 실현될 것으로 예상하거나 ( ) 또는 소비할 의도가 있는 것, ( ) 목적으로 보유하고 있는 것, 재무상태표일로부터 ( )개월 이내에 실현될 것으로 예상되는 것이어야 한다.

13 포괄손익계산서는 ( )과 비용으로 구성된다. K-IFRS ( )호는 포괄손익계산서에 표시해야 할 최소한도의 항목으로 수익, ( ), 금융원가, 법인세비용, ( ), 총포괄손익을 규정하고 있다. 작성양식은 비용을 ( ) 또는 기능별로 구분하여 표시하여야 하며, 또한 ( )의 보고서로 표시하거나 별개의 보고서를 통하여 표시한다.

14 자본변동표에는 납입자본, ( ), 기타 자본요소가 포함되며, 각 항목별로 기초잔액, 회계기간 중 ( ), 기말잔액을 상세하게 나타내 준다.

15 주석은 재무상태표 등에 ( )하여 제공하는 정보로서 각 항목에 대한 보충설명, 우발항목, ( ), 주요 영업내용과 경영활동 등을 포함한다.

▣ 문제 [2]

다음은 (주)닉스의 20×3년 12월 31일로 종료되는 회계연도의 재무자료이다.

[자료 1]

현금및현금성자산	₩678,000	매출채권	₩720,000
대 여 금	1,200,000	유가증권	1,070,000
미 수 금	710,000	미수수익	235,000
선 급 금	198,000	선급비용	68,000
산업재산권	552,000	보 증 금	590,000
기타금융자산	3,000,000	지분법적용투자자산	500,000
상 품	470,000	토 지	1,260,000
건 물	5,000,000	건물감가상각누계액	2,400,000

[추가자료 2]

1. 현금및현금성자산에는 현금, 당좌예금, 회사채(만기 2개월 이내) 등이 포함되어 있다.
2. 매출채권에는 ₩200,000의 장기매출채권이 포함되어 있다. 단, 장기매출채권은 정상영업주기의 일부에 해당하는 것이다.
3. 대여금에는 장기대여금이 ₩500,000이 포함되어 있다.
4. 유가증권에는 단기매매금융자산 ₩250,000, 만기보유금융자산 ₩540,000, 매도가능금융자산 ₩280,000이 포함되어 있으며, 만기보유와 매도가능금융자산은 12개월 이후에 매매 또는 만기 일자를 지닌 증권으로 이루어져 있다.
5. 미수금 중에는 재무상태표일로부터 14개월 이후에 받을 예정인 ₩430,000이 포함되어 있다.
6. 미수수익은 재무상태표일로부터 모두 6개월 이내에 받을 예정이다.
7. 선급금과 선급비용은 모두 정상영업주기에 해당하는 것이다.
8. 산업재산권은 특허권 ₩120,000, 저작권 ₩92,000, 컴퓨터소프트웨어 ₩340,000이 포함되어 있다.
9. 보증금은 영업보증금 ₩250,000과 임차보증금 ₩340,000으로 비유동자산이다.
10. 기타금융자산에는 정기예금 ₩1,000,000과 정기적금 ₩2,000,000이 포함되어 있으며, 모두 재무상태표일로부터 12개월 이후에 만기가 도래한다.
11. 건물은 제품생산의 공장이며, 토지는 공장부지에 사용된 부분 ₩760,000과 시세차익의 목적으로 보유한 나대지 ₩500,000으로 구성되어 있다.

【요구사항】

1. 자산을 유동자산과 비유동자산으로 구분하시오.
2. 유동자산과 비유동자산으로 표시된 자산부분의 재무상태표를 작성하시오.

▣ 문제 [3]

다음 (주)빅뱅의 20×3년 12월 31일로 종료되는 회계연도의 부채와 자본에 관한 회계자료이다.

[자료 1]

매입채무	₩700,000	차입금	₩850,000
미지급금	230,000	미지급비용	125,000
선수금	180,000	선수수익	130,000
퇴직급여부채	290,000	제품보증충당부채	210,000
임대보증금	300,000	미지급법인세	102,600
자본금	500,000	주식발행초과금	98,000
재평가잉여금	94,000	이익잉여금	32,000
법정적립금	100,000	임의적립금	150,000
매도가능금융자산평가이익	77,000	자기주식	60,000

[추가자료 2]

1. 차입금에는 2년 후에 상환될 장기차입금이 ₩500,000이 포함되어 있다.
2. 미지급금에는 재무상태표일로부터 12개월 이후에 지급될 ₩100,000이 포함되어 있다.
3. 미지급비용과 선수금, 선수수익은 모두 정상영업주기 내에 지급될 것이다.
4. 퇴직급여부채와 임대보증금은 모두 비유동항목이다.

【요구사항】

1. 부채를 유동부채와 비유동부채로 구분하시오.
2. 유동부채와 비유동부채로 표시된 부채부분의 재무상태표를 작성하시오.
3. 자본항목을 납입자본, 이익잉여금, 기타자본요소로 구분한 자본부분의 재무상태표를 작성하시오

▣ 문제 [4]

다음은 (주)쌈지의 20×3년 1월1일부터 12월 31일까지 발생한 수익과 비용에 관한 회계자료이다.

[자료 1]

매 출	₩1,500,000	이자수익	₩47,000
임 대 료	50,000	배당금수익	33,000
매출원가	500,000	대손상각비	50,000
소모품비	40,000	급 여	150,000
보 험 료	20,000	여비교통비	10,000
감가상각비	30,000	무형자산상각비	20,000
물 류 비	90,000	마케팅비용	130,000
이자비용	8,500	기타비용	1,900
토지재평가이익	1,200	매도가능금융자산평가이익	200
파생금융상품평가손실	400	법인세비용	9,600

[자료 2]

1. 이자수익과 임대료, 배당금수익은 기타수익에 해당하는 항목이다.
2. 대손상각비, 소모품비와 급여, 보험료, 여비교통비, 감가상각비, 무형자산상각비는 일반관리비에 해당하는 항목이다.
3. 토지재평가이익과 파생금융상품평가손실, 매도가능금융자산평가이익은 기타포괄손익항목이며, 이들 항목과 관련된 법인세는 ₩100이다.
4. 소수주주지분은 20%이다.

[요구사항]

1. 단일보고서에 의한 포괄손익계산서를 작성하시오. 단, 비용은 기능별 표시방법을 사용한다.

2. 별개의 보고서에 의한 포괄손익계산서를 작성하시오. 단, 비용은 기능별 표시방법을 사용한다.

▣ 문제 [5]

다음은 (주)노튼의 20×3년 12월 31일의 수정후잔액시산표와 추가자료이다.

[자료 1] 수정후잔액시산표

수정전시산표

(주)노튼 20×3년 12월 31일 (단위 : 원)

현금및현금성자산	30,000	매입채무	4,000
당좌예금	10,000	단기차입금	3,400
매출채권	5,000	단기미지급금	1,800

상 품	3,500	장기차입금	2,500
단기대여금	2,000	선 수 금	2,000
단기미수금	800	미지급법인세	1,200
미수수익	4,630	선수수익	400
매도가능금융자산	3,500	장기제품보증충당부채	1,500
장기대여금	4,000	장기미지급금	3,500
토 지	10,000	퇴직급여부채	2,700
건 물	30,000	임대보증금	300
산업재산권	2,000	건물감가상각누계액	1,300
선 급 금	1,700	자 본 금	55,500
임차보증금	2,800	주식발행초과금	1,550
장기미수금	1,500	토지재평가이익	720
자기주식	100	매도가능금융자산평가이익	610
매출원가	80,000	외화재무제표환산이익	500
물 류 비	2,500	법정적립금	780
일반관리비	1,300	임의적립금	500
마케팅비용	700	미처분이익잉여금	1,800
이자비용	180	매 출	100,000
기타비용	200	이자수익	4,000
법인세비용	150	임 대 료	6,000
	196,560		196,560

[자료 2] 추가자료

1. 매출채권과 매입채무는 모두 정상적 영업주기에 해당하는 항목이다.
2. 미수수익과 선급금, 선수수익, 선수금은 유동항목이며, 보증금과 퇴직급여부채 및 임대보증금은 비유동항목이다.
3. 매도가능금융자산은 유동항목 ₩1,500과 나머지 비유동항목이 포함되어 있다.
4. 토지에는 시세차익목적으로 보유한 투자부동산 ₩4,000이 포함되어 있다.
5. 당기에 발생한 토지재평가이익과 매도가능금융자산평가이익, 외화재무제표 환산이익은 각각 ₩120과 ₩110, ₩500이며, 이와 관련된 법인세비용은 ₩20이다.
6. 자본은 납입자본과 이익잉여금, 기타자본요소로 구분한다.

[요구사항]

1. 단일보고서에 의한 포괄손익계산서를 작성하시오. 단, 비용은 기능별 표시방법을 사용한다.
2. 유동과 비유동성으로 표시된 재무상태표를 작성하시오. 단, 보고식으로 작성한다.

제 3 부

ACCOUNTING PRINCIPLES

회계정보의 계정별 처리

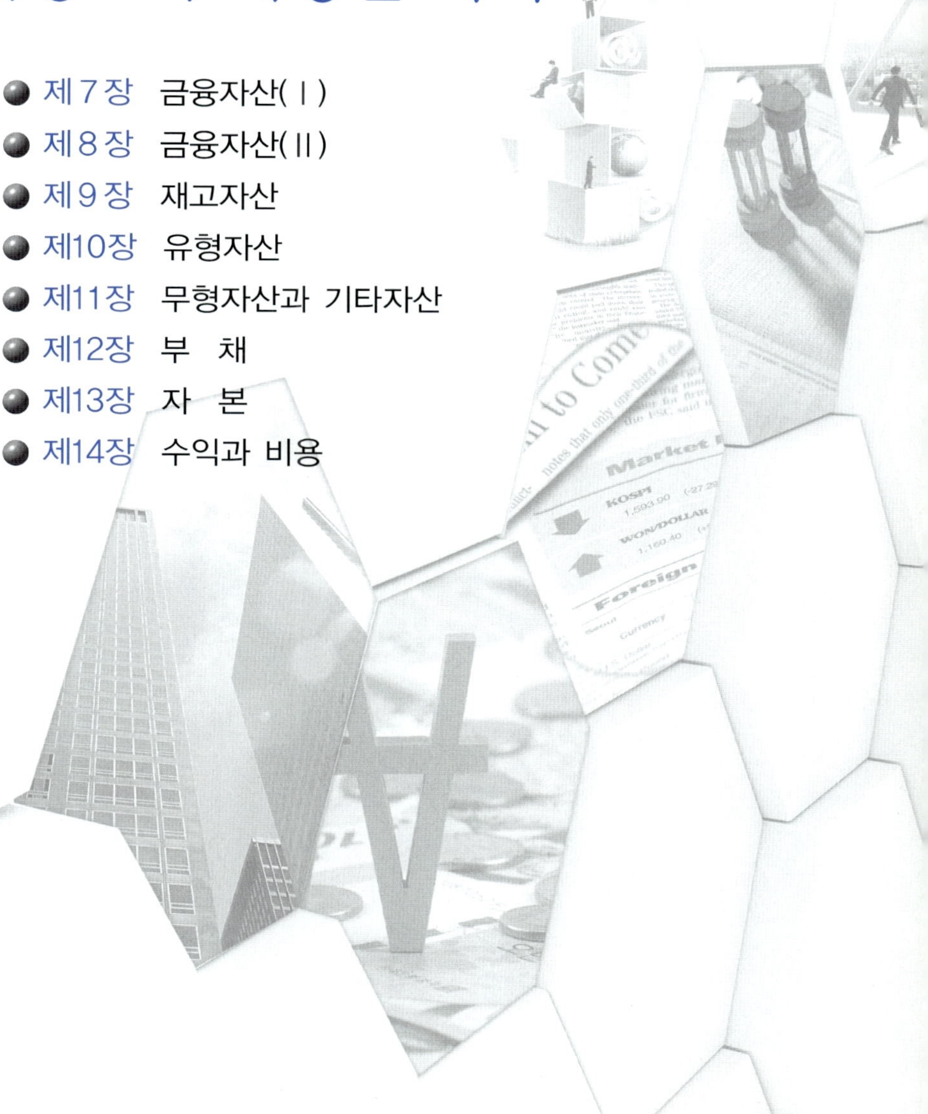

제 7 장

A C C O U N T I N G   P R I N C I P L E S

금융자산(I)

현금및현금성자산, 대여금 및 수취채권

|학|습|요|점|

- 금융자산은 무엇이며 재무상태표에서 어떻게 표시하는가?
- 현금및현금성자산의 의의와 구성내용은 무엇인가?
- 소액현금제도는 무엇이며 회계처리는 어떻게 하는가?
- 당좌예금의 의의와 은행계정조정표의 작성은 어떻게 하는가?
- 수취채권의 의의와 구성내용은 어떤 것인가?
- 수취채권의 손상개념과 객관적 증거에 해당하는 손상사건은 무엇인가?
- 손상차손의 회계처리방법은 어떤 것이 있는가?
- 장기수취채권은 무엇이며 평가방법에는 어떤 것이 있는가?

제1절 금융자산의 개념

1.1 금융자산의 의의

금융자산(financial asset)은 현금과 금융상품을 말한다. 현금은 교환의 수단으로서 거래의 인식과 측정에 기준이 되는 가장 기초적 금융자산이다. 금융상품(financial instruments)은 '거래당사자 일방에게 금융자산을 발생시키고 동시에 다른 거래상대방에게 금융부채나 지분상품을 발생시키는 모든 계약'을 말한다(K-IFSR 제1032호). 여기서 금융상품은 금융자산을 구성하는 주된 요소로서 다양한 형태의 자산, 부채, 지분상품, 파생상품이 포함되어 있다.

금융상품은 거래를 통해 한쪽 당사자에게 금융자산(권리)이 발생되고, 다른 당사자에게 금융부채(의무)나 지분상품이 발생하게 된다. 따라서 거래를 통해 금융상품을 보유하게 되면 금융자산을 인식하고, 금융상품을 발행하면 금융부채를 계상해야 한다.

금융상품은 일정한 화폐액을 주고받기로 한 계약상(contractual)의 권리와 의무로서 다양한 형태를 띠고 있다. 금융상품(자산)에는 대여금, 수취채권(외상매출금, 받을어음), 지분상품(보통주, 상환우선주 보유자), 채무상품(국 · 공 · 지방채, 회사채의 보유자), 금융기관의 정형화된 상품(정기예금, 정기적금) 등이 포함된다.

이들 금융상품은 모두 일정한 화폐액을 받기로 한 계약상의 권리로 이루어져 있다. 예를 들어 대여금이나 수취채권 등은 일정한 화폐액을 받기로 한 계약에서 발생된 권리로서 금융상품이며, 금융자산이 된다. 하지만 계약상 권리가 아니거나 화폐형태를 받기로 한 것이 아니면 금융상품으로 분류하지 않는다. 예를 들어 선급금(선수금)과 선급비용(선수수익), 제품보증부채 등은 화폐액이 아닌 상품이나 서비스를 주고받기로 한 계약이므로 금융상품이 아니며 따라서 금융자산(부채) 대신 기타자산(부채)으로 분류된다. 또한 환급금이나 미지급법인세는 계약이 아닌 법적 권리와 의무에서 발생한 것으로 금융자산 또는 금융부채에 포함되지 않는다.

1.2 금융자산의 표시

금융자산은 현금과 금융상품으로 구성된다. 금융상품은 보유자의 경우 금융자산을 인식하고, 발행자는 금융상품의 성격에 따라 금융부채 또는 지분상품으로 구분한다. K-IFSR 제1032호는 금융자산과 금융부채를 대응시켜 다음과 같이 분류하여 나타내고 있다.

[금융자산과 금융부채]

금 융 자 산	금 융 부 채
(1) 현금 (2) 다른 실체의 지분상품 : 보통주, 일부 우선주	
(3) – 현금 등 금융상품을 받기로 한 수취채권 예) • 대여금 • 매출채권(외상매출금, 받을어음) • 상환우선주 보유자 • 국 · 공 · 지방 · 회사채 보유자 – 유리한 조건으로 금융자산(부채)을 교환하기로 한 계약상의 권리 예) 풋옵션 또는 콜옵션 권리보유자 (4) 수량이 확정되지 않은 수취할 자기지분상품	(3) – 현금 등 금융상품을 주기로 한 지급채무 예) • 차입금 • 매입채무(외상매입금, 지급어음) • 상환우선주 발행자 • 국 · 공 · 지방 · 회사채 발행자 – 불리한 조건으로 금융자산(부채)을 교환하기로 한 계약상의 의무 예) 풋옵션 또는 콜옵션 의무부담자 (4) 수량이 확정되지 않은 인도할 자기지분상품

위의 분류는 금융자산과 금융부채의 연계성을 고려하여 금융상품을 구분한 것이다. 하지만 금융자산(부채)은 금융상품의 특성과 정보의 성격을 고려하고, 자산(부채)의 인식 및 측정기준에 맞추어 재무상태표에 표시하게 된다. 일반적으로 금융자산은 현금, 대여금 및 수취채권, 기타금융자산으로 구분하여 표시하는 것이 편리하다. 여기서 기타금융자산에는 지분상품과 채무상품으로 구성되며, 인식 및 측정기준에 맞추어 당기손익인식금융자산, 만기보유금융자산, 매도가능금융자산으로 구분하여 표시한다. 당기손익인식금융자산은 당기손익인식지정금융자산과 단기매매금융자산으로 구분하여 표시하도록 규정하고 있다. 우선 이해를 돕기 위해 금융자산의 항목을 정리하면 다음과 같다.

본 장에서는 현금및현금성자산과 대여금 및 수취채권에 대하여 설명한다. 기타금융자산은 다음 장에서 다루게 된다.

[금융자산의 표시]

(1) 현금및현금성자산 : 현금과 현금화 가능성이 높은 단기투자자산(지분상품 제외)
(2) 대여금 및 수취채권 : 지급금액이 확정되었거나 확정될 수 있으며 활성거래시장* 에서 가격이 공시되지 않는 비파생금융자산
(3) 기타금융자산
① 당기손익인식금융자산 :
a. 당기손익인식지정금융자산 : 공정가치에 의해 평가하고 평가손익을 당기 손익에 반영하는 금융자산으로 최초 인식시점에 지정한 것
b. 단기매매금융자산 : 단기매매목적으로 취득하거나, 공동으로 운영되는 포트폴리오의 일부로서 단기차익목적으로 거래되는 금융자산(파생상품 포함)
② 만기보유금융자산 : 만기까지 보유할 적극적 의도와 능력에 따라 보유한 비파생금융자산
③ 매도가능금융자산 : 당기손익인식금융자산과 만기보유금융자산에 분류되지 않는 항목으로 매도가능항목으로 지정된 비파생금융자산

* 활성거래시장 : 거래되는 항목이 동질적이며, 구매자와 판매자가 언제든지 찾을 수 있고, 가격이 공개되어 이용가능한 시장을 말한다.

제2절 현금및현금성자산

현금및현금성자산(cash & cash equivalent)은 **현금**이나 **요구불예금, 취득 당시 만기 3개월 이내인 현금성자산**을 말한다. 이들 현금은 영업활동의 필요에 따라 즉시 현금으로 전환할 수 있는 지급수단으로서, 기업이 직접 현금으로 가지고 있거나 은행에 예금형태로 보관하고, 또는 정형화된 금융상품으로 가지고 있는 것을 말한다. 다음에서는 현금, 예금, 현금성자산으로 나누어 설명하기로 한다.

현 금	• 통 화 : 지폐, 동전 • 통화대용증권 : 타인발행당좌수표, 우편환증서, 송금환 • 요 구 불 예 금 : 보통예금, 당좌예금
현금성 자산	• 취득 당시 만기가 3개월 이내인 금융상품

2.1 현 금

현금(cash)은 기업이 지급수단으로 가지고 있는 통화(currency)나 통화대용증권(other currency)을 말한다. 통화는 지폐나 동전을 말하며 외국의 통화를 포함한다. 통화대용증권은 통화와 언제든지 교환이 가능한 타인발행 당좌수표, 은행발행 자기앞수표, 송금환 등의 유가증권을 말한다. 통화와 통화대용증권의 구체적 형태를 열거하면 다음과 같다.

통　　　화: 지폐, 동전

통화대용증권: 타인발행 당좌수표, 은행발행 자기앞수표, 송금수표, 우편환증서, 여행자수표, 만기가 도래한 공·사채 이자표, 배당금지급통지표, 만기도래어음 등을 말한다. 우표나 수입인지는 교환이 자유롭지 못하므로 현금으로 분류되지 않고, 금액이 크면 선급비용이나 소모품으로 처리하고 작은 금액은 즉시 비용으로 처리한다.

기업은 영업활동에서 통화나 통화대용증권을 주고받으면 현금계정에 기입한다. 예를 들어 상품을 판매하고 통화나 통화대용증권을 받으면 현금계정의 차변에 기입하고, 상품을 구입하고 이를 지급하면 현금계정의 대변에 기입하게 된다. 간단한 〈예제 7-1〉을 통하여 현금계정의 기입과정을 학습하기로 한다.

예제 [7-1]

• 다음의 거래를 분개하고 총계정원장에 전기하시오.

5월 1일 현금 ₩500,000과 은행발행 자기앞수표 ₩500,000을 출자하여 (주)지니를 설립하다.

10일 사무실용 책상과 의자 ₩500,000을 구입하고 위의 자기앞수표로 지급하다.

14일 은서상회로부터 상품 ₩300,000을 구입하고 현금 ₩100,000을 지급하고 잔액 외상하다.

20일 승주상회에 상품 ₩400,000을 판매하고 하나은행앞 자기앞수표를 받다.

31일 금월 종업원 급여 ₩100,000을 현금으로 지급하다.

해답 ≪≪≪

1. 분개장 분개

일 자	분 개 기 록			
5월 1일	(차) 현 금	1,000,000	(대) 자 본 금	1,000,000
10일	(차) 비 품	500,000	(대) 현 금	500,000
14일	(차) 매 입	300,000	(대) 현 금	100,000
			매입채무	200,000
20일	(차) 현 금	400,000	(대) 매 출	400,000
31일	(차) 급 여	100,000	(대) 현 금	100,000

2. 총계정원장 전기

현 금 No. ×××

5/ 1	자 본 금	1,000,000	5/10	비 품	500,000
20	매 출	400,000	14	매 입	100,000
			31	급 여	100,000

현금출납장

현금의 수입과 지출은 현금계정을 통하여 기록하게 된다. 현금거래는 영업활동에서 빈번하게 발생하며 그때마다 원장에 기록하는 것은 번거롭고 불편하게 된다. 기업은 현금의 부정거래를 통제하고 현재 보유액을 항상 파악할 수 있도록 현금출납장을 사용하여 기록하게 된다.

현금출납장(cash book)은 현금계정을 보조하는 장부이다. 현금출납장에는 현금의 거래일자, 거래내용, 수입금액, 지출금액, 현금잔액이 기록된다. 현금출납장의 수입란은 현금계정의 차변, 지출란은 현금계정의 대변금액과 동일하게 기입되며, 두 장부의 차변과 대변의 잔액은 반드시 일치해야 한다. 〈예제 7-1〉을 사용하여 현금출납장의 기입방법을 예시하면 다음과 같다.

예제 [7-2]

- 〈예제 7-1〉의 거래를 사용하여 현금출납장을 작성하시오.

해답 <<<<

현금출납장

월	일	적 요	수 입	지 출	잔 액
5	1	현금출자 회사설립	₩1,000,000		₩1,000,000
	10	책상, 의자, 비품구입		₩500,000	500,000
	14	은서상사 상품매입		100,000	400,000
	20	승주상회 상품판매	400,000		800,000
	31	종업원 급여지급		100,000	700,000
		차월이월		700,000	0
계			1,400,000	1,400,000	
6	1	전월이월	700,000		700,000

소액현금제도

현금은 지급수단으로 쉽게 사용되지만 취급과정에서 도난이나 부정행위가 발생하는 위험이 따르게 된다. 기업은 이러한 위험을 줄이기 위해 다른 거래처로부터 현금이나 수표를 받으면 즉시 은행에 예입하고, 모든 지불은 수표를 발행하여 처리하게 된다. 하지만 일상적으로 발생하는 우편료, 소모품비, 교통비 등을 일일이 수표를 발행하면 번거롭고 불편하게 된다. 최근에는 기업들이 법인카드를 사용하여 소액을 결제하므로 소액현금제도도 점차 퇴색되어가고 있다.

기업은 소액현금제도를 도입하여 소액경비를 별도로 관리하게 된다. 소액현금제도(petty cash system)는 각 부서의 담당자에게 미리 일정한 금액을 지급하고, 정기적으로 소액거래에 대한 내용을 보고받아 다시 부족액을 채워주는 방법을 말한다. 소액현금제도에는 사용한 현금의 보충방법에 따라 정액자금전도제와 부정액자금전도제로 구분된다.

정액자금전도제(imprest system)는 소액현금을 사전에 일정한 금액으로 설정하여 당좌수표로 지급하고, 사용 후 지출에 대한 내용을 보고받으면 사용한 금액만큼을 보충하여 항상 기초의 소액현금을 일정액으로 유지하는 제도이다. 기업의 회계담당자는 설정된 소액현금의 해당금액을 당좌수표를 발행하여 사용담당자에게 넘겨주며, 이때 소액현금계정 차변과 당좌예금계정 대변에 분개기록하고 원장에 전기한다.

소액현금의 사용에 관한 회계처리는 보고받을 때까지 하지 않는다. 하지만 사용담당자(용도계원)는 소액현금출납장에 사용내역을 기록하고 증빙서류를 보관하게 된다. 사용부서로부터 소액현금의 사용내역이 보고되면, 기업의 회계담당자는 해당비용계정 차변과 소액현금계정 대변에 분개하고 원장에 전기한다. 이 경우 다시 사용금액만큼 당좌수표로 보충하게 되며, 소액현금계정 차변과 당좌예금계정 대변에 분개 · 전기하게 된다. 기말이 되어 재무상태표를 작성할 때에는 각 부서에서 사용하고 남아 있는 소액현금을 현금및현금성자산계정에 모두 포함시켜 표시한다.

부정액자금전도제는 소액현금의 기초금액을 일정하게 설정하지 않고 보충할 때에도 그때의 사정을 감안하여 지급하며, 현금잔액이 없을 때 수시로 보충해 주는 방법이다. 따라서 소액현금은 보충이 이루어질 때마다 달라지는 점이 정액자금전도제와 다르며, 다만 회계처리는 위의 방법과 같은 절차를 따르게 된다. 간단한 〈예제 7-3〉를 통하여 두 방법의 회계처리를 학습하기로 한다.

예제 [7-3]

- (주)해피-유는 빈번한 소액거래를 통제하기 위해 정액자금전도제를 5월부터 도입하기로 하였다. 소액현금의 설정금액으로 ₩1,000,000을 결정하였으며, 사용내역의 보고와 함께 부족금액을 보충하여 항상 기초금액이 일정하게 유지되도록 하였다.

5월 1일 소액현금으로 당좌수표 ₩1,000,000을 발행하여 사용담당자에게 지급하다.

31일 부서담당자로부터 아래와 같이 당월분 사용내역을 보고받고, 사용한 금액만큼 다시 당좌수표 ₩478,000을 발행하여 지급하다.

5월 중 경비지출 영수증 내용			
• 통신비	₩105,000	• 문방구 등 소모품비	₩95,000
• 시내교통비	128,000	• 고객접대비	150,000
• 5월 31일 소액현금 잔액:	₩522,000		

☞ **요구사항**

1. 위의 사례는 정액자금전도제를 예시한 것이다. 거래를 분개하시오.
2. 만약 부정액자금전도제를 채택하여, 5월 31일에 소액현금으로 당좌수표 ₩400,000을 발행하였을 경우 분개를 하시오.

해답

일 자	분개기록			
5월 1일	(차) 소액현금	1,000,000	(대) 당좌예금	1,000,000
31일	(차) 통 신 비	105,000	(대) 소액현금	478,000
	소모품비	95,000		
	여비교통비	128,000		
	접 대 비	150,000		
	(차) 소액현금	478,000	(대) 당좌예금	478,000

1. 정액자금전도제와 분개

일 자	분개기록			
5월 1일	정액자금전도제와 동일			
31일	정액자금전도제와 동일			
	(차) 소액현금	400,000	(대) 당좌예금	400,000

현금과부족

현금은 빈번한 거래로 인하여 기록이 누락되거나 도난, 분실 등으로 장부상의 잔액이 실제와 일치하지 않은 경우가 때때로 발생한다. 이러한 경우에는 원인이 밝혀질 때까지 현금과부족(cash over and short)계정을 설정하여 임시로 회계처리하게 된다. 예를 들어 실제잔액이 장부보다 부족하면 현금과부족계정 차변과 현금계정 대변에 기입하고, 실제잔액이 장부보다 많으면 현금계정 차변과 현금과부족계정 대변에 기입한다. 현금과부족계정은 회계기간 중에 나타나는 일시적 계정이므로 그 원인이 밝혀지면 해당계정에 대체하게 된다. 결산시까지 원인이 판명되지 않으면 부족액은 잡손실, 과다액은 잡이익으로 처리하여 당기의 수익과 비용에 반영한다. 간단한 〈예제 7-4〉를 통하여 현금과부족계정의 기입방법을 학습하기로 한다.

예제 [7-4]

• 다음은 민지상점의 거래이다. 거래를 분개하시오.

6월 18일 현금출납장의 장부잔액은 ₩500,000인데 금고의 실제잔액을 조사한 결과 ₩480,000으로 나타났다.
30일 현금이 부족한 원인으로 ₩10,000은 종업원의 교통비 지급액을 기입하지 않은 것으로 밝혀졌다.
12월 31일 나머지 ₩10,000은 원인이 밝혀지지 않고 결산을 하였다.

해답 <<<

일 자	분 개 기 록			
6월 18일	(차) 현금과부족	20,000	(대) 현 금	20,000
30일	(차) 여비교통비	10,000	(대) 현금과부족	10,000
12월 31일	(차) 잡 손 실	10,000	(대) 현금과부족	10,000

2.2 은행예금

예금은 금융기관에 보관된 현금을 의미한다. 은행예금(cash in bank)은 영업활동에 사용할 운전자금이나 여유자금을 은행에 예치한 현금을 말한다. 은행예금에는 요구불예금과 저축성예금으로 구분된다. 요구불예금은 기업의 요구에 따라 입금과 출금이 자유롭게 이루어지는 예금으로, 필요에 따라 수시로 현금으로 전환하여 운영자금으로 사용하게 된다. 요구불예금에는 보통예금, 당좌예금, 자유예금이 있으며, 현금과 거의 차이가 없으므로 재무상태표에서 현금및현금성자산에 통합하여 표시한다. 저축성예금은 이자수익을 얻기 위해 일정기간 은행에 예치하는 예금을 말한다. 저축성예금은 사전에 예금기간이 설정되어 있어 만기 이전에 현금으로 전환하기 어려우며 중도에 해약하는 경우 계약된 이자수익을 얻을 수 없게 된다. 저축성예금에는 정기예금, 정기적금이 있다. 여기서는 기업에서 일반적으로 사용하는 당좌예금과 이에 관련된 은행계정조정표를 다루기로 한다.

당좌예금

당좌예금(checking account)은 은행과 당좌계약을 맺고 당좌계좌를 개설하여 현금을 입금하고, 당좌수표를 발행하여 인출하는 예금을 말한다. 당좌예금은 현금, 수표 등으로 입금하고, 당좌수표를 발행하여 대금을 지급하므로 현금의 보관이나 도난, 분실, 부정을 방지하는 편리한 지급수단이다. 당좌예금은 자산에 속하므로 통화나 통화대용증권을 예입하면 당좌예금계정 차변에 기입하고, 당좌수표를 발행하여 대금을 지급하면 당좌예금계정 대변에 기입한다. 따라서 당좌예금계정은 잔액이 차변에 발생하며 은행에 예금되어 있는 현재 잔액을 표시하게 된다. 간단한 〈예제 7-5〉를 통해 당좌예금계정의 기입방법을 학습하기로 한다.

예제 [7-5]

• 다음은 미주상점의 거래이다. 거래를 분개하고 당좌예금계정에 전기하시오.

6월 1일 파란은행과 당좌거래를 체결하고 현금 ₩1,500,000을 예입하다.

9일 우리상점으로부터 상품 ₩280,000을 매입하고 당좌수표 #001을 발행하여 지급하다.

11일 둘리상점의 매입채무 ₩100,000을 당좌수표 #002를 발행하여 상환하다.

20일 흘리상점에 상품 ₩350,000을 판매하고 대금은 우리상점 발행 당좌수표를 받아 파란은행에 당좌예입하다.

해답 《《《

일 자	분개기록			
6월 1일	(차) 당좌예금	1,500,000	(대) 현 금	1,500,000
9일	(차) 매 입	280,000	(대) 당좌예금	280,000
11일	(차) 매입채무	100,000	(대) 당좌예금	100,000
20일	(차) 당좌예금	350,000	(대) 매 출	350,000

당 좌 예 금 No. ×××

6/1	현 금	1,500,000	6/9	매 입	280,000
20	매 출	350,000	11	매입채무	100,000

기업은 물건을 사고팔면서 대부분 수표를 사용하여 대금을 받거나 지급하게 된다. 수표를 빈번하게 사용하면 현금처럼 도난, 분실, 부정거래가 자주 나

타나며 이를 관리하기 위해 당좌예금출납장을 사용하게 된다. 당좌예금출납장은 당좌예금계정을 보조하는 장부로서 예입과 인출을 그때마다 기록하여 은행의 예금잔액을 항상 표시하게 된다. 당좌예금출납장은 당좌거래를 개설한 은행별로 작성하며, 장부형식과 기장방법은 현금출납장과 동일하다. 앞의 〈예제 7-5〉를 사용하여 당좌예금출납장을 작성하면 다음과 같다.

파란은행

당좌예금출납장

월	일	적 요	예 입	인 출	잔 액
6	1	은행에 현금 예입	₩1,500,000		₩1,500,000
	9	우리상점 상품매입대금 지급(#001)		₩280,000	1,220,000
	11	둘리상점의 매입채무 상환(#002)		100,000	1,120,000
	20	흘리상점의 상품판매대금 예입	350,000		1,470,000

당좌예금의 인출은 당좌예금의 잔액범위 안에서 이루어지는 것이 원칙이다. 당좌예금의 잔액을 초과하여 수표를 발행하면 은행은 지급을 거절하며 부도수표(dishonored check)가 발생하게 된다. 하지만 은행과 사전에 당좌차월계약을 체결하면 잔액의 한도를 초과하여 수표를 발행하여 대금을 지급할 수 있다. 당좌차월계약은 거래은행에 근저당을 설정하고, 제공된 자산의 일정금액을 한도로 당좌예금을 초과하여 수표를 발행하는 제도이다.

당좌차월(bank overdraft)은 예금잔액을 초과하여 발행한 수표금액을 말한다. 당좌잔액을 초과하여 수표를 발행하면 당좌예금계정의 대변에 잔액이 발생하며 갚아야 할 채무를 나타내게 된다. 회계기간 중에는 당좌예금과 당좌차월을 구분하지 않고 당좌예금계정에서 모두 처리하며, 결산시점에서 당좌예금계정의 차변에 잔액이 발생하면 당좌예금이므로 현금및현금성자산계정에 포함하여 표시하고, 대변에 잔액이 나타나면 은행으로부터 차입한 것이므로 단기차입금계정으로 유동부채에 보고한다. 만약, 두 은행과 당좌거래를 개설하고 A은행은 당좌예금, B은행은 당좌차월이 나타나게 되면, 이를 상계하지 않고 유동자산과 유동부채로 각각 재무상태표에 별도로 공시하게 된다. 〈예제 7-6〉을 통해 당좌예금계정에서 당좌예금과 당좌차월을 처리하는 방법을 학습하기로 한다.

예제 [7-6]

• 다음은 바다상점의 거래이다. 거래를 분개하고 당좌예금계정에 전기하시오.

7월 1일 파란은행과 당좌거래 및 당좌차월계약을 체결하고, 당좌개설보증금 ₩5,000,000과 당좌예금 ₩500,000을 타인발행 당좌수표로 예입하다.

8일 하나상점으로부터 상품 ₩400,000을 매입하고 당좌수표 #001을 발행하여 지급하다.

11일 두산상점의 매입채무 ₩300,000을 당좌수표 #002를 발행하여 상환하다.

20일 민주상점에 상품 ₩150,000을 판매하고 대금은 우리상점 발행 당좌수표를 받아 파란은행에 당좌예입하다.

해답

일 자	분개기록			
7월 1일	(차) 당좌예금	500,000	(대) 현 금	5,500,000
	장기예금	5,000,000		
8일	(차) 매 입	400,000	(대) 당좌예금	400,000
11일	(차) 매입채무	300,000	(대) 당좌예금	300,000
20일	(차) 당좌예금	150,000	(대) 매 출	150,000

당 좌 예 금 No. ×××

7/1	현 금	500,000	7/8	매 입	400,000
20	매 출	150,000	11	매입채무	300,000

* 7/20 현재 당좌예금은 대변잔액이 ₩50,000이므로, 결산일에는 이를 당좌차월로 계상하고, 재무상태표에는 단기차입금으로 보고하게 된다.
* 당좌개설보증금은 장기예금계정을 설정하여 기록하며 당좌예금과는 무관하다.

은행계정조정표

회사 측의 당좌예금잔액은 일정시점에서 은행 측의 당좌예금 원장잔액과 일치하여야 한다. 하지만 회사나 은행이 입금과 출금의 일부를 잘못 기록하거나 누락하고, 또는 각각 다른 시점에 기록하게 되면 일정시점의 두 잔액은 불일치하게 된다. 기업이 이러한 상황에서 당좌예금잔액에만 맞추어 수표를 발행하게 되면 당좌예금(차월)을 초과하는 어려움을 맞이할 수 있다. 따라서 회사는 정기적으로 불일치의 원인을 조사하여 해당계정을 수정할 필요가 있다. 최근에는 기업이 온라인을 통해 은행거래를 하게 되고 인터넷으로 자료를 수시로 받을 수 있어, 은행계정조정표의 작성이 간편하고 중요성도 줄어들고 있다.

은행계정조정표(bank reconciliation)는 회사 측의 당좌예금잔액과 은행 측의 원장잔액을 비교하여 불일치의 원인을 조사하고 조정하는 서식을 말한다. 회사는 대개 월말에 자신이 기록하고 있는 당좌예금의 잔액과 은행에서 발급하는 당좌예금잔액증명서를 대조하여 두 기록이 일치하는지를 확인하게 된다. 은행계정조정표는 재무상태표에 당좌예금계정을 정확하게 보고하기 위하여 작성하게 되며, 정기적으로 예금의 입금과 출금을 관리하기 위해 내부통제수단으로 널리 사용하게 된다.

은행계정조정표는 다음의 세 가지 방법으로 작성할 수 있다.

첫째, 회사 측 잔액을 은행 측 잔액에 일치시켜 조정하는 것이다.
둘째, 은행 측 잔액을 회사 측 잔액에 일치시켜 조정하는 것이다.
셋째, 회사 측과 은행 측 모두 조정하여 현재 정확히 표시되어야 할 잔액을 찾아내는 것이다.

일반적으로 위의 두 방법은 불일치의 원인은 파악할 수 있지만 현재 표시되어야 할 정확한 잔액은 알 수 없는 단점이 있다. 실무에서는 논리적으로 타당한 세 번째 방법을 가장 많이 사용하고 있다. 다음은 세 번째 방법을 전제로 회사 측과 은행 측이 조정해야 하는 불일치의 원인을 알아보기로 한다.

(i) 회사 측 가산항목－회사미통지예금(deposit by third parties)
외상매출금이 온라인을 통해 송금되거나 만기어음의 추심과 예금이자 등은 은행 측 잔액에는 입금으로 처리되었으나, 아직 회사에 통보가 늦어져 장부에 입금기록을 하지 않은 경우가 있다. 이것은 회사 측 장부잔액에 가산되어야 할 항목이다.

(ii) 은행 측 가산항목－은행미기록예금(deposit in transit)
회사는 은행에 수표를 예입하고 장부에 입금기록하였으나, 은행은 마감시간 이후에 입금되어 기록이 다음 날에 이루어지는 경우가 있다. 이는 은행측 잔액에 가산되어야 한다.

(iii) 회사 측 차감항목－수수료비용 등(bank service charges)

은행은 추심수수료나 당좌차월 이자를 전산을 통해 원장잔액으로부터 차감하여 기록하게 되며, 회사는 아직 통보를 받지 않아 장부잔액에서 출금처리하지 않은 경우가 있다. 또한 회사가 수표를 은행에 예입하여 회사와 은행이 모두 입금기록하였는데, 추심과정에서 수표가 부도되어 은행은 원장잔액에서 차감처리하였으나, 회사에는 아직 통보가 되지 않아 장부잔액에서 차감되지 않은 경우도 있다. 이는 회사 측 장부에서 차감시켜야 한다.

(iv) 은행 측 차감항목－기발행미인출수표(outstanding checks)

회사는 수표를 발행하고 장부에서 출금기록하였으나, 수표소지인이 아직 은행에 청구하지 않아 은행 측 잔액에는 출금 처리되지 않은 경우가 있다. 이는 은행 측 잔액에서 차감하여야 한다.

(v) 회사 또는 은행 측 오류수정 항목(entry error)

회사가 거래금액을 잘못 기입하거나 입금한 수표가 부도로 판명되면 회사 측 잔액을 수정해야 한다. 은행이 다른 회사의 거래를 당사의 예금에 기록하면 은행 측 잔액을 수정하게 된다. 이와 같이 오류의 내용에 따라 발생된 측에서 수정하게 된다.

은행계정조정표에서 차이의 원인이 밝혀지고 이를 회사 측과 은행 측이 바르게 조정하면 두 잔액은 일치하여야 한다. 회사 측은 은행계정조정표에 나타난 조정항목을 수정분개를 통해 회사의 당좌예금잔액을 바르게 고쳐두어야 한다. 하지만 은행측은 잘못 처리된 오류는 수정하지만 나머지 조정항목은 기록시점의 일시적 차이에서 나타난 것으로 수정하지 아니한다. 〈예제 7-7〉을 통해 은행계정조정표를 작성하는 방법을 학습하기로 한다.

예제[7-7]

• (주)에릭슨은 블루은행과 당좌거래를 하고 있으며, 매월 말일 은행계정조정표를 작성하여 회사와 은행의 예금잔액을 조정하고 있다. 12월 31일 현재 회사의 장부잔액은 ₩358,000이며, 은행의 당좌예금잔액은 ₩302,520이다. 조사로부터 두 잔액에서 차이가 나타난 원인은 다음과 같이 밝혀졌다.

1. 거래처 앤디상점이 외상매출금 ₩12,800을 당좌이체하였으나 회사는 아직 통보받지 않았다.

2. 회사가 12월 31일 오후 4시 10분에 입금한 수표 ₩50,000이 은행에서 1월 3일 입금처리하였다.
3. 은행 측이 12월분 당좌수수료 ₩1,780을 부과하여 당좌예금계좌에서 차감하였는데 회사는 아직 통보받지 못하였다.
4. 회사가 상품을 매입하고 발행한 당좌수표 ₩20,500이 아직 은행에 제시되지 않고 있다.
5. 거래처에서 받아 예입한 수표 ₩37,000이 부도로 판명되었으나 회사는 아직 모르고 있다.

☞ 요구사항

1. 은행계정조정표를 작성하시오.

2. 회사 측이 기말결산 시에 해야 할 수정분개를 하시오.

해답 ≪≪≪

1. 은행계정조정표 작성

은행계정조정표

(주)에릭슨 20××년 12월 31일 (단위 : 원)

	회사 측 잔액	은행 측 잔액
• 12월 31일 수정전 잔액	₩358,000	₩302,520
• 조정항목		
(1) 외상매출금 입금	12,800	
(2) 은행 측 미기입예금		50,000
(3) 당좌거래수수료	(1,780)	
(4) 기발행미인출수표		(20,500)
(5) 부도수표	(37,000)	
• 12월 31일 정확한 잔액	₩332,020	₩332,020

2. 회사 측의 분개

일 자	분 개 기 록			
매출채권 회수	(차) 당좌예금	12,800	(대) 매출채권	12,800
수수료 계상	(차) 수수료비용	1,780	(대) 당좌예금	1,780
부도수표 처리	(차) 매출채권 (부도수표)	37,000	(대) 당좌예금	37,000

기타예금

기업은 영업에 필요한 일부의 자금만 현금으로 금고에 보관하고 그 외는 모두 은행에 예금하게 된다. 일반적으로 당좌예금이 지급수단으로 편리하기 때문에 많이 사용하지만 자금의 형편에 따라 보통예금, 정기예금, 정기적금 등을 이용하기도 한다. 회사는 예금거래가 발생하면 일반적으로 **당좌예금**과 **기타예금**계정을 설정하여 회계처리하게 된다. 당좌예금은 회사의 주된 지급수단으로 사용되고, 또한 현금을 인출하려면 반드시 당좌수표를 발행해야 하기 때문에 다른 예금과 분리하여 별도계정을 사용하게 된다. 그 외 보통예금이나 정기예금, 정기적금은 모두 기타예금이라는 계정으로 처리하며, 이들 금액이 크면 별도계정으로 각각 사용하기도 한다. 이와 같이 예금은 여러 가지 이름으로 계정과목을 사용하여 관리하지만 재무상태표에 보고할 때에는 예금기간과 사용목적의 제한에 따라 계정과목을 분류하여 계상하게 된다.

기타예금 중에서 사용이 제한되어 있는 예금이 있다. 이들 예금은 만기기간에 따라 단기예금과 장기예금으로 구분되어 보고되는데, 이때 제한내용을 재무제표의 주석사항에서 공시하여야 한다. **사용이 제한되어 있는 예금**에는 대출액에 대해 일정비율로 예치시킨 양건예금, 차입금에 대해 담보로 제공된 예금, 당좌개설보증금 등이 있다.

2.3 현금성자산

현금성자산(cash equivalent)은 현금을 단기간 운용할 목적으로 취득한 유가증권과 금융상품을 말한다. 현금성자산이 되려면 첫째, 큰 거래비용 없이 현금으로 전환이 용이하고, 둘째, 이자율 변동에 따른 가치변동의 위험이 중요하지 않은 금융상품으로서, 셋째, 취득 당시 만기일 또는 상환일이 3개월 이내인 것을 말한다.

현금성자산에는 취득 당시 만기가 3개월 이내인 채권으로서 국채 · 공채 · 사채나, 3개월 이내에 환매할 목적으로 구입한 환매채, 취득 당시 3개월 이내인 상환우선주, 계약기간이 3개월 이내인 투자신탁의 초단기수익증권, 취득 당시 3개월 이내인 정기예금 · 정기적금 등의 단기금융상품이 있다. 여기서 3개월이란 취득당시로부터 만기가 3개월 이내인 것을 말한다. 이들 현금성자산은 모두 곧바로 쉽게 현금으로 전환할 수 있으므로 현금및현금성자산계정에 통합하여 재무상태표에 보고한다.

예제 [7-8]

• 금융기관에서 취급하는 정형화된 단기금융상품을 열거하고 상품의 내용을 설명하시오.

정형화된 단기금융상품들

• 기 업 어 음: CP(commercial paper)는 신용이 높은 우량기업이 자금조달을 목적으로 발행하는 단기 무담보어음을 말한다. 발행기업의 신용도와 실세금리의 변동에 따라 변동금리가 적용되며 어음기간은 270일 이내이다. 무담보어음이므로 부도에 따른 위험이 있지만 수익률이 높은 장점이 있다.

• 양도성예금증서: CD(certificate of deposit)는 은행이 정기예금에 대하여 발행하는 무기명 예금증서이다. 이는 고객이 맡긴 정기예금에 이자를 합하여 만기에 일정한 금액을 지급한다는 것을 약속하는 예금증서로서, 은행이 원금과 이자의 합한 금액을 발행시점 이자율로 할인한 금액의 증서를 고객에게 발행한다. 정기예금과 유사하지만 타인에게 양도가능하다는 점이 다르고 예치기간은 60일 내지 270일이다.

• 어음관리계좌: CMA(cash management account)는 투자금융회사나 종합금융회사가 고객으로부터 받은 예탁금을 어음, 양도성예금증서, 국공채 등 단기금융상품에 직접 투자하여 운용의 수익금을 고객에게 돌려주는 실적배당상품이다. 만기는 180일이고 입출금이 자유로우며, 이자는 후불이고 만기가 경과되면 원리금이 자동으로 재투자되어 신규로 운용된다.

• 환매조건부채권: RP(repurchase agreement)는 금융기관이 일정기간 후에 확정금리를 보태어 되사는 조건으로 발행하는 채권이다. 이는 경과기간에 따른 확정이자를 지급하는 채권이며, 주로 금융기관이 보유한 국공채나 특수채권을 담보로 발행하므로 환금성이 보장되는 이점이 있다. 자금의 운용기간을 자유롭게 정할 수 있고 이익률도 높아 단기투자목적에 적합하다.

• 금 전 신 탁: 금전신탁(money in trust)은 신탁업무 취급 금융기관이 고객으로부터 여유자금을 위탁받아 운영하고 그 실적을 배당하는 금융상품이다.

참고 초단기금융상품(MMF, money market fund)은 투자신탁회사가 고객으로부터 자금을 모아 펀드를 구성한 후 금리가 높은 만기 1년 미만의 CP, CD, 콜 등의 단기금융상품에 집중투자하여 얻은 수익을 고객에게 되돌려주는 만기 30일 이내의 초단기금융상품이다. 만기가 30일 이내이므로 현금및현금성자산계정에 통합하여 표시한다.

2.4 현금과 예금, 금융상품의 공시

기업은 현금거래를 현금계정, 당좌예금계정, 기타예금계정을 사용하여 기록한다. 현금계정에는 통화와 통화대용증권을 기록하고, 현금출납장을 통해 거래의 상세한 내용을 보조기록한다. 당좌예금계정은 현금이나 타인발행의 수표를 예입하거나 수표발행에 따른 예금인출을 기록하며, 당좌예금출납장을 통해 거래의 상세한 내용을 보조기록한다.

기타예금계정에는 당좌예금을 제외한 보통예금, 정기예금, 정기적금 등의 다양한 형태의 예금을 기록한다. 기타예금 중 정기예금과 정기적금은 만기가 재무상태표일로부터 12개월 이내에 도래하면 유동자산으로 분류하고, 12개월 이후로 도래하면 비유동자산으로 분류된다. 현금성자산은 정형화된 금융상품으로 취득당시 만기가 3개월 이내인 것은 현금계정에 기록하고, 3개월 이후인 것은 기타금융자산(단기금융상품)계정으로 기록하여 재무상태표에 계상한다.

현금거래는 이와 같이 기중에 현금이나 당좌예금, 기타예금, 단기금융상품 계정 등으로 구분하여 기록한다. 기말이 되면 이들 계정은 현금및현금성자산과 기타금융자산의 항목에 포함시켜 재무상태표에 표시한다. 구체적으로 현금(통화와 통화대용증권)과 요구불예금(당좌예금과 보통예금), 현금성자산(취득당기 만기 3개월 이내인 정형화된 금융상품)은 현금및현금성자산 계정에 통합하여 표시한다. 이의 계정은 현금이거나 즉시 현금으로 전환이 가능한 것으로서 내부통제와 별도의 관리가 필요하다.

정기예금이나 정기적금, 정형화된 금융상품 중 현금및현금성자산에 포함되지 않는 것은 기타금융자산 계정에 통합하여 표시한다. 기타금융자산계정은 단기매매목적으로 이를 보유하거나 재무상태표일로부터 12개월 이내에 현금으로 실현될 것으로 예상되면 유동자산에 표시한다. 하지만 단기매매목적이 아니거나 12개월 이후에 현금으로 전환될 예정이면 비유동자산에 표시한다. 당좌차월은 단기차입금으로서 유동부채에 표시하며, A은행의 당좌예금과 B은행의 당좌차월은 상계하지 않고 각각 별도로 표시한다. 금융상품 중 사용이 제한된 예금은 그 내용을 주석으로 기재하여야 한다. 지금까지 설명한 내용을 토대로 재무상태표에 표시할 계정과목과 공시구분을 나타내면 다음과 같다.

[현금및현금성자산과 기타금융자산 공시]

재무상태표 표시	포함되는 항목내용
◎ 유동자산 • 현금및현금성자산 :	• 통화 – 지폐, 동전 • 통화대용증권 – 타인발행 당좌수표, 은행자기앞수표, 송금수표,우편환증서, 만기 사채이자표, 만기도래어음 등 • 요구불예금 – 당좌예금, 보통예금, 자유예금 • 현금성자산 – 취득 당시 만기 3개월 이내인 다음의 상품 정기예금 · 정기적금, 기업어음 · 양도성예금증서 · 어음관리계좌 · 환매채 등
• 기타금융자산	• 결산일 현재 만기 1년 이내 정기예금 · 정기적금 · 사용제한 예금 • 결산일 현재 1년 이내 현금으로 전환할 정형화된 다음의 금융상품 기업어음 · 양도성예금증서 · 어음관리계좌 · 환매채 · 금전신탁 등 • 단기매매목적으로 보유하고 있는 유가증권 등
◎ 비유동자산 • 기타금융자산	• 결산일 현재 만기 1년 이상의 정기예금 · 정기적금 · 사용제한 예금 • 결산일 현재 1년 이후 현금으로 전환할 정형화된 다음의 금융상품 기업어음 · 양도성예금증서 · 어음관리계좌 · 환매채 · 금전신탁 등 • 매도가능 및 만기보유목적으로 소유한 유가증권 등

예제 [7-9]

• 다음은 (주)피델리티의 2010년 12월 31일 수정후시산표의 금융자산에 관한 자료이다.

수정후시산표

(주)피델리티 2010년 12월 31일 (단위 : 원)

현 금	250,000	당좌차월	250,000
당좌예금	300,000		
보통예금	450,000		
정기적금	800,000		
정기예금	850,000		
당좌개설보증금	280,000		

[추가자료]

1. 정기예금은 사용제한이 없으며, 다만 만기가 다른 금액이 포함되어 있다.
   • 만기 2011년 1월 31일 : ₩150,000
   • 만기 2011년 10월 1일 : ₩500,000

• 만기 2012년 3월 31일 : ₩200,000

2. 정기적금은 모두 감채기금목적으로 적립한 것으로 만기는 다음과 같다.
   • 만기 2011년 10월 30일 : ₩500,000
   • 만기 2013년 12월 31일 : ₩300,000

☞ **요구사항**

• 기업회계기준서에 의하여 2010년 12월 31일 부분재무상태표를 작성하시오.

해답 ≪≪≪

부분재무상태표

(주)피델리티 2010년 12월 31일 현재 (단위 : 원)

자산	금액	부채	금액
유동자산		유동부채	
현금및현금성자산	1,150,000	단기차입금	250,000
기타금융자산	1,000,000		
비유동자산			
기타금융자산	780,000		

재무제표에 대한 주석사항

1. 회사의 개황
2. 사용이 제한된 예금 :

과 목	예금의 종류와 금액	사용제한내역
기타금융자산(유동)	정기적금 ₩500,000	감채기금
기타금융자산(비유동)	정기적금 ₩300,000	감채기금

【해설】

1. 현금및현금성자산 = 현금(₩250,000) + 당좌예금(₩300,000) + 보통예금(₩450,000) + 현금성자산(정기예금 ₩150,000)
2. 기타금융자산(유동자산) = 정기예금(₩500,000) + 정기적금(₩500,000)
3. 기타금융자산(비유동자산) = 정기예금(₩200,000) + 정기적금(₩300,000) + 당좌개설보증금(₩280,000)

제3절 대여금 및 수취채권

3.1 대여금 및 수취채권의 개념

(1) 정 의

수취채권(receivables)은 기업이 영업활동에서 재화나 용역을 외상으로 판매하고 대금을 다음에 받기로 한 것을 말한다. 수취채권은 일정기간이 경과하여 받을 날짜가 도래하면 채권의 청구를 통해 현금으로 교환하게 된다. 수취채권은 영업활동을 위해 보유하는 실물자산을 제외하면 자산의 대부분을 차지하며, 영업활동에서 지속적으로 발생하여 현금의 회수과정이 계속 반복된다.

대여금(loan)은 기업이 유휴자금을 대여하고 미래에 현금을 수취할 권리를 획득하는 것을 말한다. 기업은 현금을 대여하는 과정에서 차용증서나 어음을 받음으로써 미래 회수가능성을 높이게 된다. K-IFRS 제1039호는 대여금 및 수취채권(loan & receivables)을 '지급금액이 확정되었거나 확정될 수 있으며, 활성거래시장에서 가격이 공시되지 않는 비파생금융자산'으로 정의하고, 금융자산으로 분류하고 있다. 대여금은 수취채권의 광의의 개념에 포함되므로 먼저 수취채권을 설명하고 기타채권에서 대여금을 다룬다.

(2) 분 류

수취채권은 영업활동의 성격, 현금결제 기간에 따라 여러 가지 종류로 구분된다. 먼저 영업활동의 성격을 기준으로 하면 일반적 상거래활동에 의한 채권과 기타거래활동에 의한 채권으로 구분된다. 일반적 상거래의 활동이란 기업의 주된 영업활동을 말하는데 이는 상품이나 제품을 판매하거나 용역을 제공하는 과정에서 발생하는 채권을 말한다. 상품의 판매나 용역의 제공에서 발생하는 채권을 매출채권이라고 한다.

매출채권(trade receivables)은 기업의 주된 영업활동인 재화나 용역의 판매에서 발생된 수취채권으로서, 도래일자에 현금을 청구할 수 있는 금전채권이다. 매출채권은 상품을 제조 · 판매하는 기업의 주된 수취채권으로서 외상매출금과 받을어음이 포함된다. 여기서 외상매출금은 일반적 상거래에서 발생한 채권으로서 어음상의 채권이 아닌 것을 말한다. 이에 비해 받을어음은 일반적 상거래에서 발생한 어음상의 채권을 말한다.

한편 기타거래활동에 따라 여러 종류의 채권이 발생한다. 기타거래활동이란 매출과 관련 없이 발생하는 것을 말한다. 기타활동에 따른 수취채권에는 대여금, 미수금, 미수수익, 선급금, 선급비용 등이 있다. 기타채권 중 대여금과 미수금은 일정한 **화폐액**을 주고받기로 한 **계약상**의 권리로서 금융자산이며, 미수수익과 선급금, 선급비용은 화폐액이 아닌 상품이나 서비스를 주고받기로 한 계약이므로 금융자산에 포함되지 않는다. 따라서 대여금과 미수금은 수취채권에서 다루고 나머지는 기타자산에서 설명하기로 한다.

수취채권(대여금)이 발생하면 상대방은 지급채무(차입금)가 발생한다. 수취채권과 지급채무는 동일거래에 대해 발생된 채권과 채무이므로 함께 설명하는 것이 편리하지만 재무상태표의 구성에 따라 지급채무는 부채에서 설명하기로 한다. 지금까지 설명한 수취채권의 종류를 지급채무와 비교하여 나타내면 다음과 같다. 참고로 이들 항목은 금융자산(부채)에 포함되는 수취채권과 지급채무를 나타낸다.

[수취채권과 지급채무]

수취채권	• 매출채권 : 상거래에서 발생한 **매출채권**으로 외상매출금, 받을어음 • 기타채권 : 상거래 이외의 거래에서 발생한 채권으로 **대여금, 미수금**
지급채무	• 매입채무 : 상거래에서 발생한 **매입채무**로 외상매입금, 지급어음 • 기타채무 : 상거래 이외의 거래에서 발생한 채무로 **차입금, 미지급금**

기업회계기준서는 수취채권을 기간에 따라 분류하여 재무상태표에 보고한다. 재무상태표 작성일자를 기준으로 만기가 1년 이내에 도래하는 것은 유동자산에 보고한다. 만기가 1년 이후에 도래하면 비유동자산에 보고한다.

3.2 매출채권

상거래가 일어나면 즉시 현금을 주고받거나 일정기간 후에 대금을 수수하게 된다. 대금을 결제하는 방법에는 외상거래와 어음거래로 구분할 수 있다.

외상거래는 상품이나 용역을 매매하고 미래 일정 날짜에 현금을 주고받기로 한 경우로서, 이때는 외상매출금이 발생한다. 어음거래는 상품이나 용역을 매매하고 어음을 통해 만기일자에 현금으로 결제하는 것으로서, 이때는 받을어음이 발생하게 된다. 이와 같이 상거래에서 나타나는 외상 및 어음상의 채권을 매출채권이라고 한다. 이들 채권은 영업거래에서 가장 중요하고 빈번하게 발생하는 것으로서 효과적인 관리가 필요하다.

본 절에서는 외상거래와 어음거래를 구분하여 장부의 기록과정과 계정의 수정항목을 학습하기로 한다. 외상 및 어음채권에 관한 대손회계는 수취채권의 손상(대손)처리에서 상세하게 다루게 된다.

1) 외상매출금

기업이 상품이나 용역을 제공하고 대금을 일정기간 후에 받기로 하면 외상매출금이 발생한다. 외상매출금은 상품매매기업에서 주된 채권이며 큰 비중을 차지하고 있다. 여기서는 외상거래에 대한 회계기록과 이들 계정의 수정에 따른 회계처리를 학습하기로 한다.

(1) 외상매매거래의 기록

상품이나 용역을 외상으로 거래하면 외상매출금 계정이 발생한다. 외상매출금은 받을어음을 포함하여 매출채권으로 기록한다. 외상매출금(accounts receivable)은 상품이나 용역을 신용으로 판매한 경우에 나타난다. 외상매출금은 기중에 외상거래가 발생할 때마다 원장에 기록하며, 해당기간에 발생한 외상총액은 계정을 통해 알 수 있다. 하지만 계정에서는 어느 거래처에서 발생된 것인가는 알 수 없다. 따라서 기업은 각 거래처별로 외상의 채권을 매출처원장을 사용하여 기록하게 된다.

매출처원장(customers ledger)은 외상매출금(받을어음 포함)의 채권을 각 거래처별로 분리하여 기록한 것이다. 이의 원장은 외상거래를 거래처별로 기록한 것으로 매출채권계정을 보조하는 장부이다. 간단한 〈예제 7-10〉을 통하여 외상거래에 대한 분개장, 총계정원장, 보조원장에 기록하는 절차를 학습하기로 한다.

예제 [7-10]

• 다음은 상품매매에 관한 거래이다. 거래를 분개장에 분개하고 총계정원장과 보조원장에 전기하시오.

6월 1일 바다상점에서 외상으로 상품 ₩200,000을 매입하다.
8일 하늘상점에 외상으로 상품 ₩100,000을 판매하다.
11일 둥지상점에서 상품 ₩120,000을 외상으로 매입하고, 인수운임 ₩10,000을 당좌수표를 발행하여 지급하다.
14일 둥지상점에서 매입한 상품 중 주문과 다른 품목 ₩20,000을 반품하다.
18일 하늘상점으로부터 외상매출금 ₩50,000을 동점 발행 당좌수표를 받아 당좌예입하다.
25일 바다상점에 외상매입금 ₩100,000을 당좌수표를 발행하여 지급하다.
30일 유미상점에 외상으로 상품 ₩80,000을 매출하고, 발송운임 ₩20,000을 당좌수표를 발행하여 지급하다.

해답

1. 분개장 분개

일 자	분개기록			
6월 1일	(차) 매 입	200,000	(대) 매입채무	200,000
8일	(차) 매출채권	100,000	(대) 매 출	100,000
11일	(차) 매 입	130,000	(대) 매입채무	120,000
			당좌예금	10,000
14일	(차) 매입채무	20,000	(대) 매입에누리와환출	20,000
18일	(차) 당좌예금	50,000	(대) 매출채권	50,000
25일	(차) 매입채무	100,000	(대) 당좌예금	100,000
30일	(차) 매출채권	80,000	(대) 매 출	80,000
	운 반 비	20,000	당좌예금	20,000

2. 총계정원장 전기 - 매출채권, 매입채무

매출채권 No. ×××

6/8 매 출	100,000	6/18 당좌예금	50,000
30 매 출	80,000		

매입채무 No. ×××

6/14 매입환출	20,000	6/1 매 입	200,000
25 당좌예금	100,000	11 매 입	120,000

3. 보조원장 전기 – 매출처원장, 매입처원장

매출처원장

하 늘 상 점 No. ×××

차변	대변
6/8 상품매출100,000	6/18 현금회수 50,000

유 미 상 점 No. ×××

차변	대변
6/30 상품매출80,000	

매입처원장

바 다 상 점 No. ×××

차변	대변
6/25 현금지급 100,000	6/1상품매입 200,000

둥 지 상 점 No. ×××

차변	대변
6/14 반 품 20,000	6/11상품매입 120,000

매출채권계정은 회계기간에 발생된 외상채권의 총액이 기록되며, 채권의 구체적 내용은 매출처원장에 기록되어 있다. 〈예제 7-10〉에서 보면 매출채권계정의 차변은 외상거래의 총액으로 ₩180,000이 기록되어 있다. 이를 거래처별로 나타내면 하늘상점의 차변 ₩100,000과 유미상점의 차변 ₩80,000으로 기록되어, 매출처원장의 총합계 ₩180,000은 매출채권의 차변과 일치하게 된다. 이와 같이 매출채권은 합계 및 잔액이 항상 매출처원장의 합계 및 잔액과 일치한다. 여기서 매출채권을 통제계정이라 하며, 매출처원장을 통제계정을 보조하는 보조원장이라 한다.

(2) 매출채권의 수정

기업은 외상으로 상품을 거래하면 매출채권의 계정에 기록하고, 거래 후 여러 가지 사건이 발생하면 관련계정을 수정하게 된다. 거래 후에 발생하는 사건에는 주문조건과 달라 상품을 반품하거나, 품질불량이 발견되어 값을 깎아 주기도 하며, 때때로 대금을 조기에 결제함으로써 할인을 받기도 하고, 채무자가 지급할 수 없을 경우에는 불량채권으로 상각하기도 한다. 이들 사건이 발생하면 모두 매출과 매출채권의 계정을 수정하여야 한다. 여기서는 반품이나 에누리, 할인의 문제를 설명하고, 불량채권의 대손은 별도의 절에서 다루게 된다. 장기성 채권 · 채무의 현재가치평가는 재무회계과목에서 학습하게 된다.

기업은 주문한 상품이 도착하면 주문조건과 일치하는지를 상품을 검수하게 된다. 검수결과 상품의 색깔, 크기, 수량, 품질이 주문과 현저히 다를 경우 반품을 하게 되며, 품질에 사소한 결함이 발견되면 값을 깎아 주게 된다. 주문과 달라 상품을 반품하게 되면 판매자는 매출환입을 기록하게 된다. 이에 비해 사소한 품질은 반품보다 상품의 가격을 깎아 주게 된다. 이 경우 판매자는 매출에누리를 기록하게 된다. **매출환입**과 **매출에누리**는 모두 매출과 매출채권 계정을 수정해야 하는 점에서 동일하므로 기업회계기준서는 **매출에누리와환입**계정을 사용하여 회계처리하게 된다. 이에 관해서는 상품매매기업의 회계에서 상세히 설명하였다.

상품을 외상으로 판매하는 경우 매매대금은 현금거래에 비교하여 외상기간에 해당하는 이자만큼 가산하여 매기게 된다. 일반적으로 외상거래는 대금의 지급조건에 할인혜택을 부여하게 된다. 예를 들어 대금의 지급조건으로 '2/10, n/30' 으로 표시하면, 이는 구입시점 이후 10일 이내에 현금으로 지급할 경우 매매대금의 2%를 할인하고, 할인기간 10일이 경과하면 매매대금 전액을 지급하되 30일 이내에 지급하여야 함을 말한다. 구매자는 현금의 여유가 발생하면 할인기간에 일정금액의 할인을 받고 상품대금을 조기상환하게 된다. 이 경우 할인조건에 따라 매매대금에서 차감하게 되는 **현금할인**의 금액을 판매자는 매출할인으로 기록하게 된다. 매출할인이 발생하면 매출계정과 함께 매출채권계정은 그만큼 수정이 이루어지게 된다.

매출할인이 발생하면 총액법과 순액법에 따라 회계처리를 한다. **총액법**(gross method)은 고객이 할인기간 이후에 대금을 지급할 것으로 가정하고, 판매 시점에 판매대금 전액을 매출과 매출채권의 계정에 기록한다. 이후 할인기간에 현금을 지급하면 현금할인액을 매출할인으로 인식하여 매출액에서 차감하는 형식으로 기재한다. **순액법**(net method)은 고객이 할인기간에 대금을 지급할 것으로 가정하고, 판매시점에 현금할인액을 제외한 순액을 매출과 매출채권의 계정에 기록한다. 만약, 고객이 할인기간에 현금할인을 이용하지 않으면 해당하는 할인기간경과액을 이자수익으로 인식하는 방법이다.

판매자의 입장에서 보면 고객이 대금을 언제 지급할지 모르므로 현금을 지급할 때까지 매출할인에 대하여 회계처리할 수 없게 된다. 따라서 **K-IFRS는 매출할인에 대하여 총액법과 순액법을 사용하며, 총액법을 사용하는 경우 매출할인액을 매출에누리와 환입처럼 수익(매출)에서 차감하도록 규정하고 있다.** 간단한 〈예제 7-11〉을 통하여 매출할인의 회계처리를 학습하기로 한다.

예제 [7-11]

• 혜교상점은 효리상점으로부터 향수 포이즌 ₩300,000을 '2/10, n/30'의 신용조건으로 매입하였다. 이 경우 판매자의 입장에서 총액법과 순액법에 따라 회계처리를 나타내시오.

해답

구 분	총액법	순액법
매출시점	(차) 매출채권 300,000 (대) 매 출 300,000	(차) 매출채권 294,000 (대) 매 출 294,000
할인기간 현금수취	(차) 현 금 294,000 매출할인 6,000 (대) 매출채권 300,000	(차) 현 금 294,000 (대) 매출채권 294,000
할인기간 이후 현금수취	(차) 현 금 300,000 (대) 매출채권 300,000	(차) 현 금 300,000 (대) 매출채권 294,000 이자수익 6,000

(3) 외상매출금의 양도

기업은 유동성부족에 따라 외상매출금을 양도(매각)하고 자금을 조기에 회수한다. 기업이 외상매출금을 양도하는 것은 회사가 현금이 부족하거나, 채권의 회수에 시간이 오래 걸리고 회수비용이 많이 들기 때문에 발생한다. **팩토링**(factoring)은 기업이 외상매출금을 금융기관 등에 양도하고 대금을 조기에 회수하는 것을 말한다. 기업은 팩토링을 통해 외상매출금을 양도하고 회수기간에 해당하는 이자와 수수료를 차감한 잔액을 조기회수함으로 현금매출의 효과를 얻게 된다. 금융기관은 **팩터**(factor, 채권매수인 및 대금회수인)로서 대금을 대신 회수하고 이자와 수수료수익을 얻게 된다. 외상매출금의 양도에 대한 기업, 팩터, 외상거래처의 관계를 나타내면 다음의 그림과 같다.

외상매출금이 양도되면 채권의 소유권은 기업에서 금융기관에게 이전된다. 따라서 기업은 자산의 매각처럼 외상매출금의 양도에 대한 회계처리를 하여야 한다. 예를 들면 금융기관은 외상매출금의 회수에 나타나는 일정부분의 위험(금융비용)을 기업에게 부담시키게 되는데, 기업은 이를 금융자산처분손실로

[외상매출금과 팩토링계약]

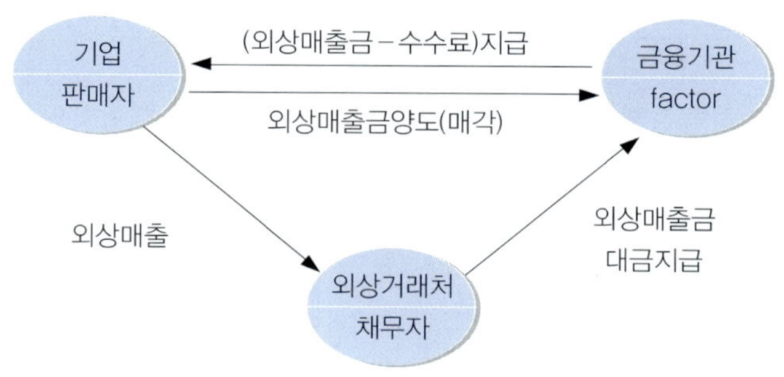

인식해야 한다. 금융기관은 또한 금융비용 외에도 채권인수 이후에 발생가능한 매출에누리와 환입, 매출할인에 대비하여 일정부분의 금액을 유보(차감)하고 잔액을 지급하는데, 기업은 이를 팩토링미수금으로 회계처리한다. 후에 실제로 매출에누리와환입, 매출할인이 발생하면 그만큼 팩토링미수금과 상계하고 금융기관으로부터 잔액을 받고 거래를 종결한다. 이들 내용을 토대로 외상매출금의 양도에 관한 일련의 분개기록을 나타내면 다음과 같다. 또한 간단한 〈예제 7-12〉를 통하여 외상매출금의 양도에 대한 회계처리를 학습한다.

구 분	분 개 기 록			
외상매출금 양도(매각)	(차) 현 금	×××	(대) 매출채권	×××
	팩토링미수금	×××		
	금융자산처분손실	×××		
외상매출금 잔액회수	(차) 현 금	×××	(대) 팩토링미수금	×××
	수익(매출에누리와환입)	×××		
	수익(매출할인)	×××		

예제 [7-12]

• 다음은 외상매출금의 양도에 관한 거래이다. 설희상점의 입장에서 거래를 분개하시오.

6월 1일 설희상점은 하늘은행과 팩토링계약을 체결하고 외상매출금 1,000,000을 양도하였다. 하늘은행은 외상매출금의 4%를 금융비용으로 부과하고, 매출에누리와환입 및 매출할인의 발생에 대비하여 6%에 해당하는 금액을 제외하고 ₩900,000을 설희상점에 지급하다.

30일 하늘은행은 매출에누리와 환입 ₩20,000과 매출할인 ₩10,000이 발생하고 나머지를 모두 회수함에 따라 이를 제외하고 ₩30,000을 설희상점에 지급하다.

해답 《《《

1. 분개장에 분개

일 자	분개기록			
6월 1일	(차) 현 금	900,000	(대) 매출채권	1,000,000
	팩토링미수금	60,000		
	금융자산처분손실	40,000		
30일	(차) 현 금	30,000	(대) 팩토링미수금	60,000
	매출(매출에누리와환입)	20,000		
	매출(매출할인)	10,000		

기업은 상품을 판매하거나 용역을 제공하고 대금은 신용카드로 결제하는 경우가 있다. **신용카드결제**는 오늘날 대부분의 지급형태로서 이는 외상매출금의 팩토링과 유사한 거래이다. 신용카드거래는 판매자, 구매자, 신용카드회사로 구성된다. 기업이 상품을 판매하고 신용카드로 결제하면, 신용카드회사는 일정비율의 수수료를 제외하고 대금을 지급한다. 이는 마치 기업이 외상으로 상품을 판매하고, 외상매출금을 신용카드회사에 매각하여 수수료를 차감한 실수금을 받는 것과 동일하다. 이에 대한 분개기록을 나타내면 다음과 같다.

구 분	분개기록			
신용카드 판매시점	(차) 외상매출금	×××	(대) 매 출	×××
신용매출전표 현금회수	(차) 현 금	×××	(대) 외상매출금	×××
	이자비용	×××		

2) 받을어음

기업이 상품을 판매하거나 용역을 제공하고 어음을 받으면 받을어음으로 기록한다. 받을어음은 상품을 판매하고 대금으로 어음을 받았을 때 나타나는 채권을 말한다. 여기서는 어음의 의의를 알아보고, 어음거래의 회계기록, 어음의 배서, 어음의 부도, 어음의 개서와 융통에 관하여 학습하기로 한다.

(1) 어음의 의의

상품을 판매하면 현금이나 수표로 대금을 지급하거나 어음을 사용하여 다음에 현금으로 결제하게 된다. 어음(notes)은 일정한 날짜에 일정한 장소에서 일정한 금액을 지급하겠다는 유가증권을 말한다. 어음은 요식증권으로서 상법에서 규정한 일정 양식에 필수적 기재사항을 기입함으로써 효력이 발생하게 된다.

어음은 발행성격에 따라 여러 가지로 구분된다. 발행목적에 따르면 상업어음과 금융어음으로 나누어진다. 상업어음(commercial bills)은 상품을 매매하고 대금의 지급수단으로 발행한 것이며 진성어음이라고 한다. 금융어음(accommodation bills)은 상품대금의 지급보다는 할인을 통해 자금을 조달하는데 사용하는 것으로 융통어음이라고 한다. 실제로 기업들은 기업어음CP(commercial paper)를 발행하여 할인을 통해 현금을 조달하기도 한다.

상법에서는 어음을 약속어음과 환어음으로 구분한다. 약속어음(promissory note)은 어음의 발행인이 어음수취인에게 일정한 날짜와 장소에서 일정금액을 지급할 것을 약속한 증권이다. 이 경우 어음발행인은 어음상의 채무가 발생하고, 수취인은 어음상의 채권을 가지게 된다. 어음은 상거래과정에서 배서를 통해 다른 사람에게 양도할 수 있으며 이때 최종 소지인이 어음상 채권자가 된

약 속 어 음

신화 귀하 마가0115599891

금 ₩ ***10,000,000***

위의 금액을 귀하 또는 귀하의 지시인에게 이 약속어음과 상환하여 지급하겠습니다.

지급기일 : 2010년 12월 31일	발 행 일 : 2010년 12월 1일
지 급 지 : 서 울	발 행 지 : 부 산
지급장소 : 하늘은행 바다지점	발 행 인 : 한국대학교 총장 한국인

점선 아래의 앞뒷면은 전산처리 부분이오니 글씨를 쓰거나 더럽히지 마십시오.

0000¨ 0135629¨ 321¨ 19574 : 00 0000¨ 07¨

다. 약속어음을 가지고 있는 사람은 어음의 만기일자가 도래하면 거래은행에서 추심을 통해 현금으로 전환하며, 이때 발행인이 자금이 없어 지급을 거절하면 부도가 된다.

환어음(bill of exchange)은 발행인이 지급인에게 일정한 날짜와 장소에서 일정금액을 수취인에게 지급하도록 위탁하는 증서이다. 예를 들어 발행인이 지급인에게 외상매출채권을 가지고 있고 수취인에 대하여는 외상매입채무가 있으면, 발행인은 환어음을 발행하여 지급인에게 자기 대신 수취인에게 대금을 지급하도록 위탁할 수 있게 된다. 이 경우 발행인은 환어음을 작성하여 수취인에게 상품매입대금으로 지급하며, 수취인은 환어음의 지급인에게 제시하여 어음의 인수서명을 받아 만기에 추심을 위해 보관하게 된다. 이때 어음지급인은 수취인에게 어음의 인수서명을 함으로써 어음상의 채무를 지게 되며, 수취인은 어음상의 채권을 가지게 된다. 약속어음이나 환어음은 모두 만기일에 거래은행을 통하여 약속금액을 결제하게 된다. 기업실무에서는 주로 약속어음을 사용하며, 환어음은 무역거래에 제한적으로 사용된다. 상거래를 통하여 나타나는 약속어음과 환어음의 흐름을 나타내면 다음과 같다.

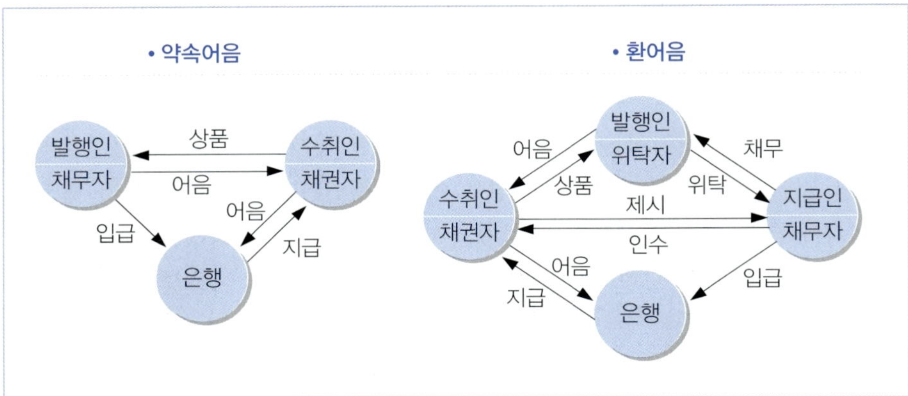

최근에는 종이로 인쇄된 실물어음 대신에 전자어음이 사용되기 시작하였다. 전자어음제도는 2005년 9월부터 시행되었으며, 2009년 11월부터 자산총액 100억원 이상 주식회사와 상장기업은 의무적으로 실시하고 있다. 전자어음은 전산시스템을 통해 유통 · 보관되기 때문에 위조 · 변조가 어렵고, 분실 위험이 적으며 실명에 따라 거래 투명성이 확보되는 장점이 있다. 또한 전자어음도 배서양도가 가능하다.

(2) 받을어음

회계는 어음을 받을어음과 지급어음으로 구분한다. 받을어음(notes receivable)은 상품을 판매하고 매매대금으로 받은 것으로 어음상의 채권을 나타낸다. 상거래에서 어음상의 채권(받을어음)이 발생하면 매출채권계정 차변에 기입하고, 채권이 소멸하면 대변에 기입한다.

예를 들어 기업이 상품을 판매하고 약속어음이나 환어음을 수취하면 매출채권계정 차변에 기입하고, 이 어음을 양도하거나 추심을 통해 회수하면 대변에 기입한다. 실무에서는 매출채권 대신에 받을어음계정을 사용하여 어음상의 채권을 별도로 관리하고 있다. 하지만 결산기말에는 받을어음을 매출채권에 포함시켜 재무상태표에 계상하게 된다. 매출채권의 차변과 대변에 기록되는 어음의 성격을 나타내면 다음과 같다. 또한 간단한 〈예제 7-13〉을 통하여 어음거래의 회계처리를 학습하기로 한다.

매 출 채 권	
• 약속어음 수취	• 어음대금 회수
• 환어음 수취	• 어음 배서양도
	• 어음할인
	• 어음부도

예제 [7-13]

• 다음은 상품매매에 관한 거래이다. 거래를 분개장에 분개하고 총계정원장에 전기하시오.

7월 1일 유미상점에 상품 ₩120,000을 판매하고 대금은 약속어음 #003(발행일 7월 1일, 만기일 7월 20일, 지급장소 하나은행)을 받다.

9일 에릭상점으로부터 상품 ₩90,000을 매입하고 약속어음 #202(발행일 7월 9일, 만기일 7월 26일, 지급장소 우리은행)을 발행하여 교부하다.

11일 쌈지상점에의 기존 외상매출대금 ₩70,000을 동점 발행 환어음 #007(지급인 효리, 발행일 7월 11일, 만기일 8월 30일, 지급장소 민지은행)을 받아 효리에게 제시하여 인수를 받다.

18일 수정상점의 기존 외상매입금 ₩50,000을 약속어음 #008(발행일 7월 18일, 만기일 9월 10일, 지급장소 우리은행)을 발행하여 교부하다.

20일 유미상점에서 받은 약속어음 #003을 하나은행에서 추심하여 현금으로 받다.

26일 에릭상점에 발행한 약속어음 #202의 제시가 있어 당좌예금에서 인출되다.

해답 ≪≪≪

1. 분개장에 분개

일 자	분개기록			
7월 1일	(차) 매출채권	120,000	(대) 매 출	120,000
9일	(차) 매 입	90,000	(대) 매입채무	90,000
11일	− 회계처리 없으며, 받을어음기입장에만 기록 −			
18일	− 회계처리 없으며, 지급어음기입장에만 기록 −			
20일	(차) 현 금	120,000	(대) 매출채권	120,000
26일	(차) 매입채무	90,000	(대) 당좌예금	90,000

2. 총계정원장 전기 − 매출채권, 매입채무

매 출 채 권 No. ×××

7/1 매 출 120,000	7/20 현 금 120,000

매 입 채 무 No. ×××

7/26 당좌예금 90,000	7/9 매 입 90,000

(3) 받을어음기입장

어음은 상거래에서 흔하게 나타난다. 기업은 빈번하게 나타나는 어음을 효과적으로 관리하기 위해 보조장부를 사용하게 된다. **받을어음기입장**(note receivable book)은 어음을 받은 일자에 따라 거래내용 · 금액 · 어음종류 · 발행인 등을 기록하여 관리하는 보조장부이다. 〈예제 7−13〉을 사용하여 받을어음기입장을 작성하면 다음 표와 같다.

받을어음기입장

20××	적 요	금 액	어음종류	어음번호	지급인	발행인	발행일	만기일	지급장소	만기처리	
7/1	상품매출	120,000	약	#003	유미상점	유미상점	7/1	7/20	하나은행	7/20	현금입금
11	외상매출금	70,000	환	#007	효리상점	쌈지상점	11	8/30	민지은행		

(4) 어음의 배서

어음은 자유롭게 양도할 수 있는 유가증권이다. 어음소지인은 만기일 전에 대금지급이나 현금할인을 위해 어음상의 권리를 양도하게 된다. 어음을 양도하려면 수취인의 요구에 따라 어음 뒷면에 양도의사를 표시하고, 기명날인하여 양수인에게 교부하게 된다. 이것을 **어음배서**(endorsement)라고 하며, 양도인을 배서인, 양수인을 피배서인이라고 한다. 배서한 어음은 발행인이 만기일에 대금을 결제하지만 때때로 발행인의 현금사정이 어려워 부도가 발생하며, 이때는 배서인이 상환해야 할 의무를 지니게 된다. 이와 같이 어음은 발행인이 지급의무가 있지만 부도가 발생할 경우에는, 배서인이 이의 채무를 부담하게 되는데 이를 **우발채무**(contingent liabilities)라고 한다. 어음의 배서에는 추심위임배서, 대금지급을 위한 배서양도, 어음할인을 위한 배서양도로 구분된다.

추심위임배서

어음소지인은 만기일에 거래은행을 통하여 어음을 현금으로 교환하여 달라는 추심을 의뢰하게 된다. **추심**(collection)이란 은행이 소지인으로부터 의뢰받은 수표나 어음을 지급인에게 제시하여 현금으로 교환하고, 이를 소지인에게 지급하는 것을 말한다. 기업은 은행에 추심을 의뢰하면서 어음 뒷면에 **추심위임배서**를 하여 넘겨준다. 이 경우 어음은 은행에게 넘겨졌지만 어음상의 권리는 소지인이 가지고 있으므로 매출채권계정은 수정하지 않는다. 기업은 은행으로부터 추심이 완료되어 당좌예금계좌에 입금되었다는 통지를 받으면 당좌예금계정 차변과 매출채권계정 대변에 기입하여 어음상의 채권을 소멸시키게 된다. 은행의 추심에는 수수료가 발생하는데 이를 수수료비용으로 처리한다. 간단한 〈예제 7-14〉를 통하여 추심위임배서의 회계처리를 학습한다.

예제 [7-14]

• 다음은 어음에 관한 거래이다. 거래를 분개하시오.

7월 3일 유미상점에서 상품판매로부터 받은 약속어음 ₩100,000을 거래은행에 추심의뢰하고 추심수수료 ₩1,000을 현금으로 지급하다.

6일 위의 어음이 만기일에 추심되어 당점의 당좌예금계좌에 입금되었다는 통지를 받다.

해답 <<<

일 자	분개기록			
7월 3일	(차) 수수료비용	1,000	(대) 현 금	1,000
6일	(차) 당 좌 예 금	100,000	(대) 매 출 채 권	100,000

배서양도

기업은 상품을 매입하면서 소지하고 있던 받을어음을 대금으로 지급하기도 한다. 이 경우 소지한 어음의 뒷면에 배서하여 넘겨주게 되는데 이를 **배서양도**라고 한다. 기업이 상품을 매입하고 소지하고 있던 받을어음을 배서양도하면 매출채권계정의 대변에 기입하여 어음상의 채권을 소멸시키게 된다. 또한 상품을 판매하고 거래처가 배서한 어음을 양수하게 되면 어음상의 채권이 발생하므로 매출채권계정의 차변에 기입한다. 간단한 〈예제 7-15〉를 통하여 배서양도의 회계처리를 학습한다.

예제 [7-15]

• 다음은 어음에 관한 거래이다. 거래를 분개하시오.

7월 3일 유미상점으로부터 상품 ₩300,000을 매입하고, 소지하고 있던 받을어음 #009(지급인 현정상점, 발행일 6월 1일, 만기일 7월 20일, 지급장소 하나은행, 금액 ₩300,000)을 배서양도하다.

20일 위의 배서양도한 약속어음이 만기일에 정상적으로 결제되다.

해답 <<<

일 자	분개기록			
7월 3일	(차) 매 입	300,000	(대) 매 출 채 권	300,000
20일	– 회계처리 없으며, 받을어음기입장에만 기록 –			

어음할인

기업은 만기일 이전에 소지하고 있는 어음을 할인을 통해 현금으로 융통할 수 있다. 일반적으로 은행에 소지한 어음을 배서양도하고 만기일까지의 해당이자를 차감한 금액을 받게 되는데 이를 **어음의 할인**(discount)이라고 한다. 어음할인은 할인시점에 은행으로부터 현금을 차입하여 사용하는 것과 같으므로, 할인시점에서 만기까지의 해당이자액을 차감한 금액을 받게 되며, 이의 이자액을 **할인료**라고 한다. 어음할인료는 할인시점에 매출채권(받을어음)을 매각한 것으로 간주하여 **금융자산처분손실**계정으로 처리한다. 간단한 〈예제 7-16〉을 통해 어음할인의 회계처리를 학습한다.

예제 [7-16]

• 다음은 어음에 관한 거래이다. 거래를 분개하시오.

7월 1일 혜교상점으로부터 받은 약속어음 ₩300,000(무이자부어음, 발행일 5월 1일, 만기일 7월 31일)을 하나은행에서 연 12%로 할인받다.

31일 위의 할인어음이 만기일에 정상적으로 결제되다.

해답

일 자	분개기록			
7월 1일	(차) 현 금	297,000	(대) 매출채권	300,000
	금융자산처분손실	3,000		
31일	– 회계처리 없으며, 받을어음기입장에만 기록 –			

* ₩300,000 × 12% × 1/12 = ₩3,000

기업이 소지하고 있던 받을어음을 대금지급이나 할인을 하면 배서양도의 행위가 따르게 된다. 어음을 배서양도하는 경우, 어음채무자가 만기일에 결제를 하지 못하고 부도를 내면, 배서인이 피배서인에게 어음금액을 상환해야 하는 채무를 지니게 된다. 어음을 다른 사람에게 배서양도하는 경우에 부담하는 상환의무는 어음이 부도가 나면 채무로 되고, 정상적으로 결제가 되면 채무가 되지 않는 특수한 것으로 **우발채무**라고 한다. K-IFRS는 재무상태표일 현재 만기가 도래하지 않은 배서어음이나 할인어음은 우발채무이므로 주석으로 공시하도록 규정하고 있다.

(5) 어음의 부도

어음의 만기일이 되면 소지인은 어음의 채무자(발행인)에게 대금을 청구하게 된다. 어음채무자는 만기일 이전에 거래은행의 당좌예금계좌에 어음대금이 결제되도록 해당금액을 입금하여야 한다. 하지만 채무자가 자금부족으로 충분한 금액을 입금하지 않으면, 은행은 만기일에 어음의 결제를 거절하며 이를 **어음의 부도**라고 한다. 어음이 부도되면 소지인은 어음 · 수표법에 따라 발행인이나 배서인에게 어음금액의 상환청구권을 행사하게 된다. **상환청구권**(with recourse)은 어음소지인이 어음의 발행인이나 배서양도인에게 어음을 제시하고, 어음대금과 법정이자(만기일부터 청구일까지)를 청구할 수 있는 권리를 말한다.

어음이 부도되면 소유어음인지 배서양도어음인지에 따라 회계처리가 달라진다. 소유하고 있는 어음이 부도되면 아무런 회계처리 없이 상환청구를 하게 되며, 상환청구결과 현금이 회수되면 매출채권을 감소시키고 회수불능으로 판명되면 대손처리하게 된다. 할인어음이나 배서양도한 어음이 부도되면 은행이나 피배서인으로부터 상환청구에 응하여 현금을 지급하게 되는데, 이때 매출채권계정의 차변에 기입하여 다시 어음상의 채권을 발생시키고 부도난 어음을 받게 된다. 이 부도어음은 다시 발행자나 다른 배서인에게 상환청구를 하게 되며, 이 경우 현금을 회수하게 되면 매출채권계정의 대변에 기입하여 어음상의 채권을 소멸시키고, 회수가 불가능하면 대손처리하게 된다. 간단한 〈예제 7-17〉을 통하여 어음부도에 관한 회계처리를 학습한다.

예제 [7-17]

• 다음은 어음에 관한 거래이다. 거래를 분개하시오.

7월 1일 소희상점으로부터 받은 약속어음 ₩200,000이 부도처리되다.

10일 위의 부도어음을 배서인에게 상환청구하여 어음금액을 현금으로 회수하다.

12일 민지상점에서 받은 약속어음 ₩400,000을 우리은행에서 할인하고, 할인료 ₩20,000을 차감한 실수금을 당좌예입하다.

20일 할인한 민지상점의 약속어음이 부도나서 우리은행에 어음의 액면금액을 현금으로 지급하다.

31일 부도어음을 배서인에게 상환청구하여 어음의 액면금액을 현금으로 회수하다.

해답 《《《

일 자	분 개 기 록			
7월 1일	- 회계처리 없음 -			
10일	(차) 현 금	200,000	(대) 매출채권	200,000
12일	(차) 당좌예금	380,000	(대) 매출채권	400,000
	금융자산처분손실	20,000		
20일	(차) 매출채권	400,000	(대) 현 금	400,000
31일	(차) 현 금	400,000	(대) 매출채권	400,000

(6) 어음의 개서와 금융어음

어음은 만기일에 거래은행 당좌예금계좌를 통하여 대금을 결제하게 된다. 하지만 기업의 자금사정이 어려우면 어음소지인의 승낙을 얻어 어음지급을 연기하게 되며, 신어음을 발행하여 만기된 어음과 교환한다. 이와 같이 어음의 지급연기에 따라 만기된 구어음을 신어음으로 대체하는 것을 어음의 개서(renewal of notes)라고 한다. 어음의 개서가 이루어지면 지급일자의 연장에 따른 이자를 현금으로 지급하거나 새로운 어음금액에 가산하게 되며, 이 경우 새로 발행하는 어음은 채권 · 채무가 발생하고 구어음은 채권 · 채무가 소멸하게 된다. 간단한 〈예제 7-18〉을 통하여 어음개서의 회계처리를 학습한다.

예제 [7-18]

• 다음은 어음에 관한 거래이다. 거래를 분개하시오.

7월 11일 은서상점으로부터 받은 약속어음 ₩500,000이 만기가 되었으나, 동점의 요구에 따라 액면 ₩300,000만 승낙하여 새로운 약속어음

₩300,000을 수령하고, 이자 ₩20,000을 포함한 현금 ₩220,000을 받아 당좌예입하다.

15일 준서상점에 매입대금으로 발행한 약속어음 ₩200,000이 금일 만기가 되었으나, 소지인의 승낙을 받아 2개월 연장하기로 하고 이자 ₩10,000을 포함시켜 새로운 약속어음을 발행하여 교부하다.

해답 <<<

일 자	분개기록			
7월 11일	(차) 매출채권	300,000	(대) 매출채권	500,000
	당좌예금	220,000	이자수익	20,000
15일	(차) 매입채무	200,000	(대) 매입채무	210,000
	이자비용	10,000		

기업은 상품을 매입하고 어음을 발행하여 대금을 지급하지만 때때로 어음을 발행하여 현금을 조달하기도 한다. 상거래의 대금으로 발행하는 어음을 상업어음(commercial bill) 또는 진성어음이라 하고, 자금조달을 위해 발행하는 어음을 금융어음(accommodation bill) 또는 융통어음이라 한다. **금융어음**은 어음을 발행하여 교부(수취)하고 자금을 차입(대여)하며, 만기가 되면 어음을 추심하여 차입금이나 대여금을 결제하게 된다. 따라서 어음을 제공하고 자금을 차입하면 단기차입금계정으로 처리하고, 어음을 받아 보관하고 자금을 대여하면 단기대여금계정으로 처리하게 된다. 금융어음은 일반적으로 만기가 3개월에서 6개월 정도로 발행되며, 따라서 단기대여금 또는 단기차입금으로 회계처리한다. 간단한 〈예제 7-19〉를 통하여 금융어음의 회계처리를 학습한다.

예제 [7-19]

• 다음은 어음에 관한 거래이다. 거래를 분개하시오.

8월 1일 지훈상점에 현금 ₩500,000을 대여하고 동점 발행의 약속어음을 받다.

15일 상은상점에 현금 ₩300,000을 차입하고 동액의 약속어음을 발행하여 교부하다.

해답 <<<

일 자	분개기록			
8월 1일	(차) 단기대여금	500,000	(대) 현 금	500,000
15일	(차) 현 금	300,000	(대) 단기차입금	300,000

(7) 어음거래의 재무상태표 보고

어음거래는 다음의 세 가지 방법으로 회계처리하여 보고한다.

첫째, 일반적 상거래에서 발생된 받을어음은 매출채권계정에 기록하여 재무상태표에 보고한다.

둘째, 어음을 받고 자금을 대여하면 단기대여금계정에 기록하여 재무상태표에 보고한다.

셋째, 일반적 상거래나 자금조달이 아닌 거래에서 어음을 받으면 미수금계정에 기록하여 재무상태표에 보고한다.

어음은 만기가 1년 이내이면 매출채권과 단기대여금, 미수금계정으로 처리하여 유동자산에 보고한다. 어음의 만기가 1년 이후이면 장기성매출채권, 장기대여금, 장기미수금계정으로 처리하여 비유동자산에 보고한다.

3.3 기타의 채권

1) 미수금

영업활동은 일반적 상거래가 대부분이지만 주된 영업활동이 아닌 거래에서 채권이 발생하기도 한다. **주된 영업활동이 아닌 거래**에서 대금을 다음에 받기로 하면 미수금이 발생한다. **미수금**(other receivables)은 주된 영업활동이 아닌 거래에서 발생한 수취채권이다. 예를 들어 토지, 건물, 비품, 단기매매증권을 매각하고 대금을 다음에 받기로 하면 미수금이 발생한다. 이 경우 매각대금으로 어음을 받으면 받을어음 대신 미수금계정으로 처리하며, 현금을 대여하고 어음을 받으면 단기대여금계정으로 처리한다는 점을 유의해야 한다.

미수금은 재무상태표일로부터 1년 이내에 대금일자가 도래하면 유동자산에 보고한다. 하지만 1년 이후에 대금일자가 도래하면 비유동자산에 보고한다. 간단한 〈예제 7-20〉을 통해 미수금의 회계처리를 학습하기로 한다.

예제 [7-20]

• 다음의 거래를 분개하시오.

8월 1일 미주상점은 건물을 ₩3,800,000(취득원가 ₩2,000,000, 감가상각누계액 ₩1,000,000)에 매각하고 대금 중 ₩2,000,000은 현금을 받아 당좌예입하고 잔액은 월말에 받기로 하다.

31일 거래은행으로부터 건물의 대금 중 잔액이 당좌이체로 입금되었다는 통지를 받다.

해답

일 자	분개기록			
8월 1일	(차) 당좌예금	2,000,000	(대) 건 물	2,000,000
	미 수 금	1,800,000	유형자산처분이익	2,800,000
	감가상각누계액	1,000,000		
31일	(차) 당좌예금	1,800,000	(대) 미 수 금	1,800,000

2) 대여금

기업은 자금의 여유가 발생하면 유휴자금을 빌려주고, 자금이 부족하면 현금을 빌려 사용한다. 대여금(loans)은 자금을 대여하였을 때 발생하는 수취채권이다. 예를 들어 차용증서나 어음을 받고 현금을 빌려주면 대여금계정의 차변과 현금계정의 대변에 기입한다. 여기서 어음을 받고 현금을 대여한 경우도 받을어음 대신 단기대여금계정으로 처리함을 유의하여야 한다.

대여금은 재무상태표일로부터 1년 이내에 대금일자가 도래하면 단기대여금으로 유동자산에 보고한다. 하지만 대금일자가 1년 후에 도래하면 장기대여금으로 비유동자산에 보고한다. 간단한 〈예제 7-21〉을 통하여 대여금의 회계처리를 학습한다.

예제 [7-21]

- 다음의 거래를 분개하시오.
- 수정상점은 자금이 풍부하여 약속어음 #003(액면금액 ₩3,000,000, 만기 3개월)을 받고 민우상점에 현금을 대여하였다. 이자율은 연 12%이며 만기시점에 이자와 함께 원금을 현금으로 회수하였다.

해답 ≪≪≪

구 분	수정상점			
자금대여	(차) 단기대여금	3,000,000	(대) 현 금	3,000,000
자금회수	(차) 현 금	3,090,000	(대) 단기대여금	3,000,000
			이자수익	90,000

* ₩3,000,000 × 12% × 3/12 = ₩90,000

제4절 수취채권의 손상

4.1 손상의 의의

기업은 거래활동으로부터 매출채권이나 대여금, 미수금 등의 수취채권을 보유하게 된다. 이러한 수취채권은 회수일자에 대부분 현금으로 받게 되지만, 때때로 채무자의 자금사정이나 파산, 행방불명 등으로 채권을 회수하지 못하게 된다. **손상**(impairment)은 기업이 보유하고 있는 채권의 일부 또는 전부가 거래처(채무자)의 부도나 파산으로 인하여 현금회수가 불가능하게 된 것을 말한다. 손상은 일반적으로 매출채권에서 많이 발생하며 기타채권에서 그리 흔하게 발생하지는 않는다. 일반적으로 수취채권에 발생된 손상을 **대손**(bad debt)이라고 하며, **손상차손**(loss on impairment)을 **대손상각비**(bad debt expenses)라고 한다. 여기서는 수취채권 중 단기채권(매출채권과 기타채권)의 손상에 대한 회계처리를 살펴본다. 장기수취채권의 손상은 미래현금흐름을 현재가치로 평가하는 기타금융자산(제8장)에서 다루게 된다.

4.2 손상발생의 징후검토

수취채권은 보고기간마다 손상에 대한 객관적 증거 여부를 검토하고, 이에 따라 손상에 대한 회계처리를 한다. 손상은 수취채권(금융자산 : 매출채권과 대여금, 미수금 등)을 최초 인식 후 하나 이상의 손상사건이 발생하고, 그 결과 손상되었다는 객관적 증거(objective evidence)가 있으며, 그 손상사건이 금융자산(또는 금융자산의 집합)의 추정미래현금흐름에 영향을 미친 경우에 인식되며, 이때 손상차손이 발생된 것으로 본다. 여기서 손상은 하나의 사건에 의해 또는 여러 사건의 복합적 결과에 따라 나타날 수 있다. K-IFRS 제1039호는 손상되었다는 객관적 증거로 다음의 손상사건을 제시하고 있다.

[손상의 객관적 증거에 해당하는 손상사건]

① 채무자(금융자산 발행자나 지급의무자)의 중요한 재무적 어려움(예: 부도발생)
② 이자지급이나 원금상환의 불이행이나 지연과 같은 계약 위반
③ 채무자의 재무적 어려움에 관련된 경제적 또는 법률적 이유로 인한 당초 차입조건의 불가피한 완화
④ 채무자의 파산이나 기타 재무구조조정 등의 가능성이 높은 상태

4.3 손상차손의 추정

기업은 수취채권에 대한 손상사건이 발생하고, 이의 객관적 증거로 인식되면 손상차손(금액)을 추정해야 한다. 손상차손은 장부금액에서 추정미래현금흐름을 차감하여 계산한다(K-IFRS 제1039호). 여기서 추정미래현금흐름은 손상사건에 따라 받을 수 없게 된 수취채권의 금액을 차감하고 회수할 수 있는 미래현금흐름을 말한다. 따라서 아직 발생하지 않은 손상은 미래의 신용손실(손상사건)을 고려하지 않으며 또한 손상차손은 기말 수취채권의 일정비율 또는 채권연령대별로 예상액을 일정비율로 추산하는 것은 인정되지 않는다.

◈ 손상차손 : 장부금액 − 손상시점에서 추정한 미래현금흐름

손상차손은 수취채권(금융자산)의 개별적 또는 집합단위별로 추정한다. 우선 중요한 금융자산이 있으면 개별적으로 손상발생의 객관적인 증거가 있는지 검토한다. 개별적으로 손상검토를 하여 손상차손을 인식 및 추정하거나 기존 손상차손을 계속 인식하며, 이의 경우는 해당자산이 속하는 집합적인 손상검토에 포함하지 않는다. 개별적 검토에서 손상발생의 객관적 증거가 없다면, 그 금융자산의 중요성에 관계없이 유사한 신용위험군에 포함시켜 이들 자산의 과거 손상차손 경험에 근거하여 손상을 추정한다.

집합단위별 추정은 유사한 개별 자산수가 많고, 그러한 자산을 신용위험등급별로 적절히 구분하여 손상을 검토하는 것이 적합할 때 사용된다. 예를 들어 통신회사(KT, SKT)의 통신요금(매출채권)이나 카드대여금은 수백만 개의 소액채권으로 구성되어 있다. 이 경우 요금(대여금) 하나하나에 손상을 검토하는 것은 실익이 없으며, 이를 집합채권으로 하여 신용위험별로 손상을 검토하는 것이 필요하다. 집합자산(채권)은 계약조건과 신용위험특성(예, 상품형태, 산업, 지역위치, 담보유형, 연체경험)에 따라 몇 개의 등급으로 분류하고, 해당 금융자산별로 미래현금흐름을 추정한다. 미래현금흐름은 당해 금융자산집합의 신용위험과 유사한 자산의 과거 손상차손 경험에 근거하거나, 경험이 충분하지 않는 경우 비교가능한 유사기업의 경험을 사용하여 추정한다. 하지만 집합자산에 대해 손상검토과정에서 개별적으로 손상이 확인된 경우에는 당해 개별자산을 집합자산에서 별도로 분리하여야 한다.

손상차손은 단일 금액이나 일정범위의 금액으로 추정할 수 있다. 일정범위의 금액으로 추정하는 경우에는 그 범위 내의 금액 중 최선의 추정치를 손상차손으로 인식한다. 이때 보고기간 말에 존재하는 상황에 대하여 재무제표가 발행되기 전에 이용가능한 모든 관련정보를 고려한다.

손상차손은 당기손익으로 인식한다. 인식 후 후속기간 중에 손상차손의 금액이 감소(회복)하면 그 감소가 손상을 인식한 후에 발생한 사건과 관련(개별자산)된 경우(예, 채무자의 신용등급향상)에는 이미 인식한 손상차손을 직접 환입한다. 하지만 집합자산의 손상차손의 추정에 따라 개별자산과 관련성을 확인할 수 없으면 기말 손상차손 추정과정에서 충당금의 조정을 통해 환입한다.

4.4 손상차손의 회계처리

수취채권의 손상은 직접상각법과 충당금설정법에 따라 회계처리한다. K-IFRS 제1039호는 두 가지 방법 모두 인정하고 있다. 아래에서는 예제를 통해 직접상각법과 충당금설정법을 설명한다. 일반적으로 실무에서는 손상차손을 대손상각비로, 손상차손환입을 대손충당금환입계정을 사용하고 있다.

(1) 직접상각법

직접상각법(direct writ-off method)은 손상차손금액을 당기의 대손비용으로 처리하고, 이를 수취채권에서 직접 차감하는 방법이다. 손상에 대한 회계처리는 손상발생시점, 손상회복, 보고기말에 나타난다.

기업은 기중에 특정 채권에 손상사건이 발생하고, 이로 인하여 현금회수가 불가능하다고 판단되면 회수불능금액을 당기비용으로 인식한다. 구체적으로 대손상각비(손상차손)계정 차변과 수취채권계정 대변에 기입하고 원장에 전기한다. 여기서 직접상각법은 발생된 손상차손을 당기손실(대손상각비)로 인식하고 동시에 수취채권에서 직접차감하게 된다.

구 분	분개기록			
손상발생시점	(차) 대손상각비 (또는 손상차손)	×××	(대) 수취채권	×××
손상회복시점	(차) 현 금 (또는 수취채권)	×××	(대) 금융자산손상차손환입 (또는 대손상각비)	×××
보고기간 말	(차) 대손상각비 (또는 손상차손)	×××	(대) 수취채권	×××

기업은 때때로 후속기간 중에 손상차손의 금액이 감소(회복)되고 그 감소가 손상을 인식한 후에 발생한 사건과 객관적으로 관련된 경우를 만나게 된다. 예를 들어 집합자산이나 개별자산에서 손실로 처리된 손상사건이 해결되어 다시 수취채권으로 회복되거나 또는 현금으로 즉시 회수될 수 있다. 이때는 이미 인식한 손상차손을 당기이익으로 환입하게 된다. 구체적으로 집합자산의 손상사건이 완전히 해결되어 수취채권이 회복(또는 현금회수)되면 수취

채권(또는 현금)계정 차변과 금융자산손상차손환입계정 대변에 기입하고 원장에 전기한다. 여기서 개별자산으로서 당기에 손상차손으로 인식한 채권은 대손상각비계정의 대변에 기입하여 대손상각비를 취소한다.

기업은 보고기간 말에 모든 수취채권(수취채권집합)에 대하여 손상사건의 객관적 증거를 검토한다. 그 결과 손상의 증거가 확인되면 손상차손금액을 당기손실(대손상각비)로 인식하고 동시에 수취채권에서 직접 차감한다. 지금까지 설명한 세 가지 경우에 대하여 직접상각법의 회계처리를 나타내면 앞에서와 같다. 또한 〈예제 7-22〉를 통해 직접상각법을 학습한다.

예제 [7-22]

• 다음은 (주)미로의 외상매출금과 손상에 관한 자료이다. 거래를 분개하고, 보고년도 말 부분재무상태표와 포괄손익계산서를 표시하시오.

1월 20일 전기에 판매한 외상매출금 ₩240,000이 거래처의 파산으로 회수가 불가능 한 것으로 확인되었다. 이 금액 중 ₩150,000은 전기말 보고시점에 손상차손으로 인식한 것이다.

4월 12일 3월 20일에 설희상점에 외상으로 판매했던 ₩45,000이 당점의 부도로 회수가 불가능한 것으로 판명되었다.

6월 24일 전기에 판매한 외상매출금 중 ₩70,000이 거래처의 회생으로 회수가 가능하게 되었다.

10월 20일 4월에 손상차손으로 처리했던 외상매출금 중 ₩20,000이 현금으로 회수되었다.

12월 31일 연말 현재 외상매출금 잔액은 ₩700,000이며, 이들 채권에 대해 손상을 검토한 결과 소희상점에 판매한 ₩73,000이 당점의 부도로 인하여 회수가 불가능한 것으로 추정되었다.

해답 «««

1. 분개장에 분개

일 자	분개기록			
1월 20일	(차) 대손상각비 (또는 손상차손)	90,000*	(대) 매출채권	90,000
4월 12일	(차) 대손상각비 (또는 손상차손)	45,000	(대) 매출채권	45,000
6월 24일	(차) 매출채권	70,000	(대) 금융자산손상차손환입	70,000
10월 20일	(차) 현 금	20,000	(대) 대손상각비	20,000
12월 31일	(차) 대손상각비 (또는 손상차손)	73,000	(대) 매출채권	73,000

* 손상차손 ₩240,000 중 ₩150,000은 전기말에 인식하였으므로 차액 ₩90,000만 회계처리한다.

2. 부분재무상태표와 부분포괄손익계산서

부분재무상태표

⋮	
매출채권	627,000

부분포괄손익계산서

⋮	
대손상각비	(188,000)
금융자산손상차손환입	70,000
계	(118,000)

(2) 충당금설정법

충당금설정법(allowance method)은 손상차손금액을 당기의 대손비용으로 처리하고, 이를 대손충당금을 사용하여 수취채권에서 차감하는 방법이다. 구체적으로 매 보고기간 말에 모든 수취채권에 대해 손상사건의 객관적 증거를 검토하고, 객관적 손상이 추정되면 회수불능채권을 당기비용(대손상각비)으로 처리하고 이를 대손충당금계정의 대변에 기록한다. 여기서 대손충당금은 손상차손누계액으로서, 수취채권의 차감적 평가계정이며, 따라서 재무상태표에서는 수취채권에 차감하여 공시한다. 회계처리는 손상발생시점, 손상회복, 보고기말에 나타난다.

기업은 기중에 특정 채권에 손상사건이 발생하고, 이로 인하여 현금회수가 불가능하다고 판단되면 회수불능금액을 대손충당금과 상계하도록 회계처리한다. 만약 대손충당금잔액이 회수불능금액보다 작으면, 부족액은 대손상각비로 처리하여 당기손실로 인식한다. 이와 같이 충당금설정법은 전기채권이 당기에 손상으로 나타나면 이를 대손충당금과 상계하여 전기의 비용과 연계되도록 처리하는 것이다. 따라서 당기에 나타난 전기채권의 손상은 당기의 손익에 영향을 미치지 않게 된다. 하지만 발생된 손상이 대손충당금잔액을 초과하면 당기의 대손상각비로 처리하게 된다.

구 분	분개기록		
(차) 대손충당금	×××	(대) 수취채권	×××
대손상각비*	×××		

* 실제 손상발생액이 대손충당금잔액보다 클 때 그 차액

기업은 때때로 거래처의 회생으로 손상차손으로 처리했던 채권이 후속기간 중에 회복되는 경우가 있다. 이 경우 회복된 채권이 손상을 인식한 후에 발생한 사건과 객관적으로 관련된 것으로 밝혀지면 인식한 손상차손을 대손충당금을 조정하여 환입한다. 이때 회계처리는 과거기간에 인식했던 손상차손의 취소분개와 수취채권의 회수분개로 이루어지며, 이들 두 분개를 결합하여 하나로 다음과 같이 처리한다.

구 분	분개기록			
손상차손 취소	(차) 수취채권	×××	(대) 대손충당금	×××
수취채권 회수	(차) 현 금	×××	(대) 수취채권	×××
최종분개	(차) 현 금	×××	(대) 대손충당금	×××

위의 경우는 과거기간에 인식했던 손상차손이 회복되고, 대손충당금잔액이 충분한 경우이다. 하지만 당기에 실제로 나타난 손상이 대손충당금잔액보다 많으면 그 차액은 대손상각비로 처리되며, 때때로 이의 대손상각비로 처리된 채권이 다시 회복되는 경우가 있다. 이때에는 대손충당금을 조정하지 않고 대손상각비를 취소한다. 이 경우도 회계처리는 손상차손의 취소분개와 수취채권의 회수분개로 이루어지며, 결합하여 하나의 분개로 처리한다.

구 분	분개기록			
손상차손 취소	(차) 수취채권	×××	(대) 대손상각비	×××
수취채권 회수	(차) 현 금	×××	(대) 수취채권	×××
최종분개	(차) 현 금	×××	(대) 대손상각비	×××

기업은 보고기간 말에 모든 수취채권(수취채권집합)에 대하여 손상사건의 객관적 증거를 평가한다. 그 결과 손상의 증거가 확인되면 손상차손금액을 추정하고, 결산전 대손충당금잔액과 비교하여 부족분은 추가설정하고, 초과분은 차액을 환입한다. 이의 분개를 나타내면 다음과 같다. 또한 앞의 예제를 통해 충당금설정법을 학습한다.

구 분	분개기록			
부족분 설정	(차) 대손상각비*	×××	(대) 대손충당금	×××
초과분 환입	(차) 대손충당금**	×××	(대) 대손충당금환입	×××

* 부족분 = 기말추정손상차손금액 − 결산 전 대손충당금잔액
** 초과분 = 결산 전 대손충당금잔액 − 기말추정손상차손금액

예제 [7-23]

• 〈예제 7-22〉를 이용하여 거래를 분개하고, 보고년도 말 부분재무상태표와 포괄손익계산서를 표시하시오. 단, 전기말 대손충당금잔액은 ₩150,000이다.

해답

1. 분개장에 분개

일 자	분개기록			
1월 20일	(차) 대손충당금	150,000	(대) 매출채권	240,000
	대손상각비	90,000		
4월 12일	(차) 대손상각비 (또는 손상차손)	45,000	(대) 매출채권	45,000
6월 24일	(차) 매출채권	70,000	(대) 대손충당금	70,000
10월 20일	(차) 현 금	20,000	(대) 대손상각비	20,000
12월 31일	(차) 대손상각비* (또는 손상차손)	3,000	(대) 대손충당금	3,000

* 부족분 : 3,000 = 73,000 − 70,000

2. 부분재무상태표와 포괄손익계산서

부분재무상태표

⋮	
매출채권	700,000
(대손충당금)	(73,000)
	627,000

부분포괄손익계산서

⋮	
대손상각비	(118,000)

장기수취채권 제5절

5.1 장기수취채권의 평가

기업은 거래활동으로부터 매출채권이나 대여금, 미수금 등의 수취채권을 보유하게 된다. 이러한 수취채권은 대부분 1년 이내에 현금으로 회수하지만 때때로 장기간 채권으로 남게 되는 경우도 있다. 여기서 단기채권과 장기채권은 화폐의 시간가치에 따라 두 채권의 현재가치는 다르게 된다. 따라서 현재 시점에서 단·장기 수취채권을 수취할 금액대로 보고하면 장기일수록 과대평가될 것이다.

수취채권은 미래에 수취하게 될 금액을 현재가치로 평가하여 재무상태표에 표시해야 한다. K-IFRS 제1039호는 수취채권을 최초 인식시점에 공정가치로 측정하여 표시하도록 규정하고 있다. 공정가치(fair value)는 합리적인 판단력과 거래의사가 있는 독립된 당사자 사이에서 거래되는 자산의 교환금액이며, 최선의 추정치는 활성거래시장에서 공시되는 시장가격이다. 하지만 대여금이나 매출채권, 미수금 등은 활성시장이 없으므로 미래현금흐름을 할인한 현재가치를 공정가치로 사용한다.

현재가치(present value)는 미래에 발생하게 될 현금흐름을 일정한 이자율을 적용하여 현재시점으로 할인한 금액을 말한다. 여기서 일정이자율은 당해 거래의 유효이자율을 사용한다. 유효이자율(effective interest rate)은 당해 금융상품의 예상되는 미래현금흐름의 현재가치를 당해 금융자산의 순장부금액과 정확히 일치시키는 이자율을 말한다. 일반적으로 거래가 독립된 당사자 사이에서 합리적으로 이루어진다면 유효이자율은 거래발생(기록)시점의 시장이자율(market interest rate)과 일치한다.

수취채권은 유효이자율을 사용하여 미래현금흐름을 현재가치로 계산한 공정가치를 기록한다. 단기수취채권은 미래에 수취할 금액과 현재가치의 차이가 적어 그다지 중요하지 않으므로 거래금액을 장부에 기록한다. 하지만 장기 수취채권은 수취될 미래현금흐름과 이의 현재가치는 크게 차이가 나므로 화폐의 시간가치를 고려하여 현재가치(공정가치)로 평가하여 기록해야 한다. 예를 들어 상품이나 건물 등을 매각하고 대가로 어음을 받게 되면 만기시점의 어음액면금액을 현재가치로 계산하여 수취채권으로 기록하게 된다. 본 절에서는 장기수취채권의 현재가치계산과 회계처리를 학습한다.

5.2 장기수취채권의 회계처리

상품이나 건물 등의 거래는 주로 어음교환을 통해 장기수취채권이 발생한다. 어음에 따른 미래현금흐름은 두 가지 경우로 구분된다. 하나는 어음의 보유기간 중 이자를 주고받지 않고 만기에 액면금액(원금)만을 받는 경우가 있다. 다른 하나는 어음보유기간 중에 일정한 이자를 주고받고 만기에 액면금액을 받는 경우가 있다.

(1) 보유기간 중에 이자를 주고받지 않는 경우

먼저 어음보유기간 중에 이자를 주고받지 않는 경우를 검토한다. 예를 들어 소현상점은 장부금액 ₩700,000, 공정가치 ₩751,310인 건물을 2010년 초에 매각하고 대금으로 3년만기 무이자 약속어음 ₩1,000,000을 받았다. 이 경우 연초 자산매각시점의 시장이자율이 10%이라면 수취채권(미수금)의 현재가치는 다음과 같이 계산된다.

수취채권(미수금)의 현재가치 – 무이자 받을어음

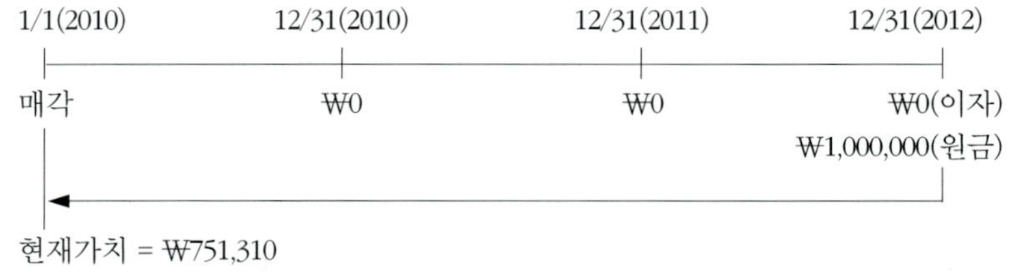

이자의 현재가치 : ₩0 × 2.4869(3년, 10%, 연금현가계수)	=	₩0
원금의 현재가치 : ₩1,000,000 × 0.75131(3년, 10%, 현가계수)	=	751,310
현재가치 :		₩751,310

위의 경우 기업은 건물을 매각하면 현금으로 공정가치인 ₩751,310을 받게

될 것이다. 하지만 3년만기 무이자 약속어음으로는 액면금액 ₩1,000,000을 받는다. 여기서 공정가치 ₩751,310은 미래현금흐름 ₩1,000,000을 시장이자율 10%로 할인한 것으로 현재가치라고 한다. 또한 미래현금흐름(어음의 액면금액)의 현재가치와 건물의 공정가치를 일치시켜주는 이자율을 유효이자율이라 하며, 매매거래시점의 시장이자율 10%와 일치한다.

기업은 장기수취채권의 회계처리로 두 가지 방법을 사용할 수 있다. 하나는 수취채권계정의 차변에 **현재가치**(공정가치)를 기록하는 것이다. 예제의 경우 미수금계정의 차변에 ₩751,310(현재가치)과 건물계정의 대변에 ₩700,000(장부가액)을 기입하고 차액은 유형자산처분이익계정의 대변에 ₩51,310을 기록한다. 여기서 미수금(수취채권)의 명목금액(어음액면금액) ₩1,000,000과 현재가치 ₩751,310과의 차액 ₩248,690은 수취채권의 내용연수 동안 상각처리를 통해 이자수익으로 인식하게 된다. 자산의 매매거래에서 나타나는 수취채권의 인식, 보유기간 중의 이자수익 및 만기시점의 현금회수에 대한 분개를 나타내면 다음과 같다.

<table>
<tr><th>일 자</th><th>분 개 기 록</th><th>수취채권과 장부금액, 회수</th></tr>
<tr><td>2010. 01. 01.
(매각시점)</td><td>(차) 미 수 금 751,310
(대) 건 물 700,000
유형자산처분이익 51,310</td><td rowspan="5">미 수 금 No. ×××
1/1 건물 751,310 | 12/31 현금1,000,000
12/31 이자 75,131 |
이자 82,644 |
이자 90,915 |
1,000,000 | 1,000,000</td></tr>
<tr><td>12. 31.</td><td>(차) 미 수 금 75,131
(대) 이자수익 75,131</td></tr>
<tr><td>2011. 12. 31.</td><td>(차) 미 수 금 82,644
(대) 이 자 수 익 82,644</td></tr>
<tr><td>2012. 12. 31.</td><td>(차) 미 수 금 90,915
(대) 이자수익 90,915</td></tr>
<tr><td></td><td>(차) 현 금 1,000,000
(대) 미 수 금 1,000,000</td></tr>
</table>

표에서 보면 미수금(수취채권)은 거래시점에 공정가치 ₩751,310이 기입되고, 매년 유효이자액과 액면이자액의 차액만큼 장부금액이 증가되어 만기시점에 명목금액(어음 액면금액) ₩1,000,000으로 된다. 여기서는 무이자 어음이므로 액면이자액이 없어 유효이자액 전부가 매년 증가된다. 유효이자액은 '장부금액×유효이자율'로 계산되며, 액면이자액은 '액면금액×액면이자율'로 계산된다. 매년 계산되는 유효이자액과 장부금액의 변동내용을 보여주는 상각표

를 작성하면 다음과 같다.

유효이자율법에 의한 상각표				
일 자	장부가액	유효이자 (장부금액×10%**)	액면이자 (액면금액×0%***)	상각액 (유효이자 − 액면이자)
2010. 01.01.	₩751,310			
12.31.	826,441	₩75,131	₩0	₩75,131
2011. 12.31.	909,085	82,644	0	82,644
2012. 12.31.	1,000,000	90,915*	0	90,915
계		₩248,690	0	₩248,690

* 단수차이 조정, **는 유효이자율, *** 는 액면이자율을 나타낸다.

위의 상각표에 따르면 매년 장부금액은 전기의 장부금액에 당기의 상각액(유효이자액−액면이자액)을 합하여 계산된다. 이때 매년도 말 장부금액(전기 장부금액±당기상각액)을 상각후원가라고 한다. **상각후원가**는 수취채권의 최초 공정가치(현재가치)에 매년 상각액을 더하여 계산한 것으로, 수취채권은 매년도 말 상각후원가로 평가된다.

한편, 장기수취채권의 다른 회계처리방법은 차변에 현재가치(공정가치)가 아닌 **명목(어음액면)금액**을 기록하는 것이다. 예제의 경우 미수금계정의 차변에 ₩1,000,000(어음액면금액)을 기입하고, 대변에 건물계정 ₩700,000(장부금액)과 현재가치할인차금계정 ₩248,690, 유형자산처분이익계정 ₩51,310액을 기록한다. **현재가치할인차금**은 수취채권의 만기금액과 최초 인식시점 장부금액(현재가치)과의 차이로서, 내용연수 동안 이자수익으로 인식된다. 또한 현재가치할인차금계정은 수취채권에 대한 **차감적 평가계정**이며, 따라서 재무상태표에서는 수취채권의 명목금액에서 현재가치할인차금을 차감하여 장부금액을 표시한다.

K-IFRS 제1039호는 위의 두 가지 회계처리방법을 모두 인정하고 있다. 앞의 예제를 사용하여 명목금액과 현재가치할인차금을 사용한 회계처리를 나타내면 다음과 같다.

일 자	분 개 기 록	수취채권과 장부금액, 회수
2010. 01. 01. (매각시점)	(차) 미 수 금 1,000,000 (대) 건 물 700,000 현재가치할인차금 248,690 유형자산처분이익 51,310	
12. 31.	(차) 현재가치할인차금 75,131 (대) 이자수익 75,131	
2011. 12. 31.	(차) 현재가치할인차금 82,644 (대) 이자수익 82,644	
2012. 12. 31.	(차) 현재가치할인차금 90,915 (대) 이자수익 90,915 (차) 현 금 1,000,000 (대) 미 수 금 1,000,000	

미 수 금 No. ×××

차변			대변	
1/1	건물	751,310	12/31 현금	1,000,000
12/31	이자	75,131		
	이자	82,644		
	이자	90,915		
		1,000,000		1,000,000

(2) 보유기간 중에 이자를 주고받는 경우

이제 어음보유기간 중에 이자를 주고받는 경우를 검토한다. 예를 들어 설희상점은 장부금액 ₩700,000, 공정가치 ₩801,048인 건물을 2010년 초에 매각하고 대금으로 3년만기 약속어음(액면이자율 연2%, 매년 말 지급) ₩1,000,000을 받았다. 이 경우 연초 자산매각시점의 시장이자율이 10%이라면 수취채권(미수금)의 현재가치는 다음과 같이 계산된다.

수취채권(미수금)의 현재가치 – 이자부 받을어음

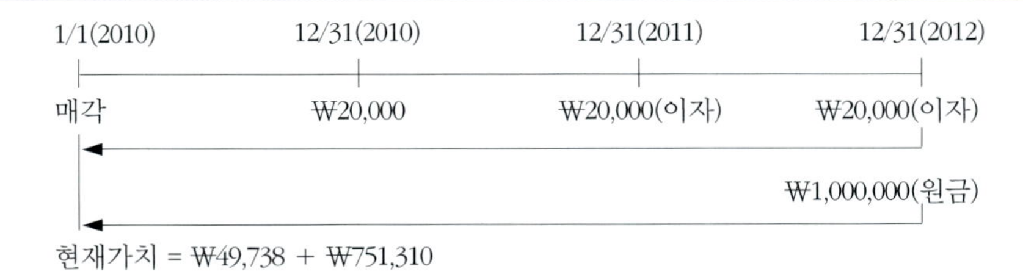

이자의 현재가치 : ₩20,000×2.4869(3년, 10%, 연금현가계수)	=	₩49,738
원금의 현재가치 : ₩1,000,000×0.75131(3년, 10%, 현가계수)	=	751,310
현재가치 :		₩801,048

위의 경우 기업은 건물을 매각하면 현금으로 공정가치인 ₩801,048을 받게 될 것이다. 하지만 3년만기 약속어음(액면이자율 연2%, 매년 말 지급) ₩1,000,000을 받는다. 여기서 공정가치 ₩801,048은 미래현금흐름(매년 이자수익 ₩20,000

과 만기 원금 ₩1,000,000)을 시장이자율 10%로 할인한 것으로 현재가치라고 한다. 또한 미래현금흐름의 현재가치와 건물의 공정가치를 일치시켜주는 이자율을 유효이자율이라 하며, 매매거래시점의 시장이자율 10%와 일치한다.

기업은 회계처리로 앞의 예처럼 두 가지 방법을 사용할 수 있다. 하나는 수취채권계정의 차변에 현재가치를 기록하는 것이다. 예제의 경우 미수금계정의 차변에 ₩801,048(현재가치)과 건물계정의 대변에 ₩700,000(장부가액)을 기입하고 차액은 유형자산처분이익계정의 대변에 ₩101,048을 기록한다. 여기서 미수금(수취채권)의 명목금액(어음 액면금액) ₩1,000,000과 현재가치 ₩801,048과의 차액 ₩198,952는 수취채권의 보유기간 동안 상각처리를 통해 이자수익으로 인식하게 된다. 또한 기업은 보유기간 동안 인식하는 총이자수익은 상각액 이자와 액면이자의 합계 ₩258,952(=198,952+60,000)이 된다. 따라서 기업이 건물매각에 의해 받게 되는 총수취액과 현재가치, 총이자수익과의 관계를 나타내면 다음과 같다. 표에서 총수취액과 현재가치의 차이가 총이자수익되는 것을 확인할 수 있다.

총수취액	: 명목금액 ₩1,000,000 + 액면이자 ₩60,000(₩20,000×3) =	₩1,060,000
(현재가치)	: 현재가치 (801,048)=	(801,048)
총이자수익	: 할 인 액 ₩198,752 + 액면이자 ₩60,000(₩20,000×3) =	₩258,952

예제에서 보유기간 중에 이자를 주고받는 경우에 있어 수취채권의 인식, 보유기간 중의 이자수익 및 만기시점의 현금회수에 대한 분개를 나타내면 다음과 같다. 또한 참고로 매년 계산되는 유효이자액과 장부금액의 변동내용을 보여주는 상각표를 작성하면 다음과 같다.

일 자	분 개 기 록	수취채권과 장부금액, 회수
2010. 01. 01. (매각시점)	(차) 미 수 금 801,048 (대) 건 물 700,000 유형자산처분이익 101,048	미 수 금 No. ××× (차변) 1/1 건물 801,048 12/31 이자 60,105 이자 66,115 이자 72,732 1,000,000 (대변) 12/31 현금1,000,000 1,000,000
12. 31.	(차) 미 수 금 60,105 (대) 이자수익 60,105	
2011. 12. 31.	(차) 미 수 금 66,115 (대) 이 자 수 익 66,115	
2012. 12. 31.	(차) 미 수 금 72,732 (대) 이자수익 72,732 (차) 현 금 1,000,000 (대) 미 수 금 1,000,000	

유효이자율법에 의한 상각표				
일 자	장부가액	유효이자 (장부금액×10%**)	액면이자 (액면금액×2%***)	상각액 (유효이자 – 액면이자)
2010. 01.01.	₩801,048			
12.31.	861,153	₩80,105	20,000	₩60,105
2011. 12.31.	927,268	86,115	20,000	66,115
2012. 12.31.	1,000,000	92,732*	20,000	72,732
계		₩258,952	60,000	₩198,952

* 단수차이 조정, ** 는 유효이자율, *** 는 액면이자율을 나타낸다.

또한 다른 회계처리방법은 차변에 현재가치가 아닌 명목금액을 기록하는 것이다. 예제의 경우 미수금계정의 차변에 ₩1,000,000(어음액면금액)을 기입하고, 대변에 건물계정 ₩700,000(장부금액)과 현재가치할인차금계정 ₩198,952, 유형자산처분이익계정 ₩101,048을 기록한다. 여기서 어음보유기간에 액면이자를 받는 경우의 현재가치할인차금 ₩198,952는 액면이자를 받지 않는 경우 ₩248,690보다 적은데, 이는 보유기간 중에 액면이자를 받기 때문이다.

일 자	분 개 기 록	수취채권과 장부금액, 회수	
2010. 01. 01.	(차) 미 수 금 1,000,000	미 수 금 No. ×××	
(매각시점)	(대) 건 물 700,000	1/1 건물 801,048	12/31 현금1,000,000
	현재가치할인차금 198,952	12/31 이자 60,105	
	유형자산처분이익 101,048	이자 66,115	
12. 31.	(차) 현재가치할인차금60,105	이자 72,732	
	(대) 이자수익 60,105	1,000,000	1,000,000
2011. 12. 31.	(차) 현재가치할인차금66,115		
	(대) 이 자 수 익 66,115		
2012. 12. 31.	(차) 현재가치할인차금72,732		
	(대) 이자수익 72,732		
	(차) 현 금 1,000,000		
	(대) 미 수 금 1,000,000		

장기수취채권에 관한 회계처리는 화폐의 시간가치에 대한 이해가 필요하다. 화폐의 시간가치에 대한 설명은 다음 장에서 다루게 되므로 먼저 이를 학습하기 바란다.

개 념 정 리

▣ 문제 ▣

01 금융자산의 의의와 구성내용을 설명하시오.

02 현금및현금성자산에서 현금성자산이란 무엇이며, 구성내용을 열거하시오.

03 소액현금제도의 의의와 장점을 설명하시오.

04 은행예금의 의의와 종류를 열거하고 그 내용을 설명하시오.

05 당좌차월이 발생하였을 경우 회계처리와 공시방법을 설명하시오.

06 은행계정조정표의 의의와 작성방법을 설명하시오.

07 금융기관에서 취급하는 정형화된 금융상품을 열거하고, 재무상태표의 어느 계정으로 분류하여 공시하게 되는지를 설명하시오.

08 현금, 예금, 금융상품이 재무상태표에서 어떻게 공시되는지를 설명하시오.

09 수취채권(대여금 포함)의 의의와 구성내용을 설명하시오.

10 매출채권계정에서 금액을 수정하는 경우를 예를 들어 설명하시오.

11 어음의 의의와 종류를 열거하고 그 내용을 설명하시오.

12 추심위임배서, 양도배서, 할인배서의 회계처리 차이점을 비교하여 설명하시오.

13 기타채권의 구성내용과 회계처리를 설명하시오.

14 수취채권의 손상에서 손상의 개념을 설명하시오.

15 손상차손의 객관적 증거에 해당하는 손상사건을 예를 들어 설명하시오.

16 손상차손의 회계처리방법을 열거하고, 처리방법을 설명하시오.

17 장기수취채권의 평가방법을 설명하시오.

18 다음의 용어를 설명하시오.

- financial assets
- financial instruments
- cash equivalent
- petty cash system
- bank overdraft
- bank reconciliation
- checking account
- loan & receivables
- factoring
- trade receivables
- gross method
- accommodation bill
- endorsement
- notes receivables
- collection
- bad debt expense
- impairment
- loss on impairment
- impairment
- fair value
- present value
- direct writ-off method
- allowance method
- effective interest rate
- market interest rate
- contingent liabilities

연습문제

▣ 문제 [1]

다음은 여러 개념을 설명한 것이다. 빈칸에 적합한 단어나 문구를 기입하시오.

01 금융자산은 현금과 (   )을 말한다. 금융상품은 거래당사자 일방에게 (   )을 발생시키고 동시에 다른 거래상대방에게 금융부채나 (   )을 발생시키는 모든 계약을 말한다. 금융상품은 일정한 (   )을 주고받기로 한 (   )의 권리와 의무로서 다양한 형태를 띠고 있다. 일반적으로 금융자산은 현금, 대여금 및 (   ), 기타금융자산으로 구분하여 표시하는 것이 편리하다. 기타금융자산에는 지분상품과 (   )으로 구성되며, 인식 및 측정기준에 맞추어 당기손익인식금융자산, (   ), 매도가능금융자산으로 구분하여 표시한다.

02 현금및현금성자산은 현금이나 (   ), 취득 당시 만기 3개월 이내인 (   )을 말한다. 현금성자산이 되려면 첫째, 큰 (   ) 없이 현금으로 전환이 용이하고, 둘째, (   ) 변동에 따른 (   )의 위험이 중요하지 않은 금융상품으로서, 셋째, 취득 당시 만기일 또는 상환일이 (   ) 이내인 것을 말한다. 현금성자산에는 취득 당시 만기가 3개월 이내인 국채 · 공채 · (   ), 3개월 이내에 환매할 목적으로 구입한 (   ), 취득 당시 3개월 이내인 상환우선주, 계약기간이 3개월 이내인 투자신탁의 (   ), 취득 당시 3개월 이내인 정기예금 · (   ) 등의 단기금융상품이 있다.

03 (   )는 각 부서의 담당자에게 미리 일정한 금액을 지급하고 정기적으로 소액거래에 대한 내용을 보고받고 다시 부족액을 채워주는 방법을 말한다. 소액현금제도에는 사용한 현금의 보충방법에 따라 (   )와 부정액자금전도제로 구분된다.

04 회계기간 중에는 (   )과 당좌차월을 구분하지 않고 당좌예금계정에서 모두 처리하며, 결산시점에서 당좌예금계정의 차변에 잔액이 발생하면 당좌예금이므로 (   )에 포함하여 표시하고, 대변에 잔액이 나타나면 은행으로부터 차입한 것이므로 (   )의 계정과목으로 유동부채에 보고 한다.

05 은행계정조정표는 세 가지 방법으로 작성할 수 있다. 첫째, 회사 측 잔액을 (   ) 잔액에 일치시켜 조정하는 것이다. 둘째, (   ) 잔액을 회사 측 잔액에 일치시켜 조정하는 것이다. 셋째, (   )과 은행 측 모두 조정하여 현재

정확히 표시되어야 할 잔액을 찾아내는 것이다. 실무에서는 논리적으로 타당한 (　　　) 방법을 가장 많이 사용하게 된다.

06 현금거래는 기중에 현금이나 (　　　), 기타예금, 단기금융상품계정 등으로 구분하여 기록한다. 기말이 되면 이들 계정은 현금및현금성자산과 (　　　)의 항목에 포함시켜 재무상태표에 표시한다.

07 수취채권은 일반적 (　　　)에 의한 채권과 기타 거래활동에 의한 채권으로 구분된다. 일반적 상거래의 활동이란 기업의 주된 (　　　)을 말하는데 이는 상품의 판매나 용역의 제공에서 발생하는 채권을 (　　　)이라고 한다. 기타 거래활동이란 매출과 관련 없이 발생하는 것으로, 일정한 화폐액을 주고받기로 한 계약상의 권리인 (　　　)과 미수금이 있다.

08 (　　　)은 기업이 외상매출금을 금융기관 등에 양도하고 대금을 조기에 회수하는 것을 말한다.

09 기업이 보유하고 있는 수취채권의 일부 또는 전부가 거래처(채무자)의 부도나 (　　　)으로 인하여 현금회수가 불가능하게 된 것을 (　　　)이라 한다. 손상은 일반적으로 (　　　)에서 많이 발생하며 기타채권에서 그리 흔하게 발생하지는 않는다. 일반적으로 수취채권에 발생된 손상을 (　　　)이라고 하며, 손상차손을 (　　　)라고 한다.

10 기업은 수취채권에 대한 (　　　)이 발생하고, 이의 객관적 증거로 인식되면 손상차손을 추정해야 한다. (　　　)은 장부금액에서 (　　　)을 차감하여 계산한다. 손상차손은 수취채권의 (　　　) 또는 집합단위별로 추정한다.

11 수취채권의 손상은 직접상각법과 (　　　)에 따라 회계처리한다. (　　　)은 손상차손금액을 당기의 대손비용으로 처리하고, 수취채권에서 직접 차감하는 방법이다. (　　　)은 손상차손금액을 당기의 대손비용으로 처리하고, 이를 대손충당금을 사용하여 수취채권에서 차감하는 방법이다.

12 단기채권과 (　　　)채권은 화폐의 시간가치에 따라 두 채권의 (　　　)는 다르게 된다. 따라서 현재시점에서 단 · 장기 수취채권을 수취할 금액대로 보고하면 장기일수록 (　　　)될 것이다. 수취채권은 미래에 수취하게 될 금액을 현재가치로 평가하여 재무상태표에 표시해야 한다. K-IFRS 제1039호는 수취채권을 최초 인식시점에 (　　　)로 측정하여 표시하도록 규정하고 있다.

▣ 문제 [2]

다음은 (주)닉스가 20××년 12월 31일 현재 금고에 보관되어 있는 통화 등의 자산이다. 기말 현금및현금성자산의 잔액은 얼마인가?

통 화	₩1,000	지하철공채(만기 미도래)	₩45,500
타인발행 당좌수표	12,000	배당금지급통지표	6,000
우편환증서	8,000	우 표	600
타인발행 약속어음	23,500	만기 이자표	3,500
직원급료 가불증서	10,000	취득 시 만기 2개월 RP	2,000

▣ 문제 [3]

(주)이솝키드는 7월 1일에 소액현금으로 ₩300,000을 설정하였다. 회사는 정액자금전도제도를 채택하고 있으며 월말에 사용부서로부터 거래내역을 보고 받고 부족분을 당좌수표를 발행하여 지급하고 있다. 다음은 7월분 소액경비지출에 관한 보고내용이며 즉시 부족분을 당좌수표를 발행하여 지급하였다.

통 신 비	₩11,000	여비교통비	₩38,500
소 모 품 비	42,000	접 대 비	26,000

【요구사항】

1. 7월 1일 소액현금의 설정에 대하여 분개를 하시오.
2. 7월 31일 거래내역보고에 따른 분개를 하시오.
3. 7월 31일 소액현금의 보충에 대한 분개를 하시오.

▣ 문제 [4]

(주)빈폴키드는 뱅크 파라다이스와 당좌거래를 하고 있으며 매월 말일 은행계정조정표를 작성하여 회사와 은행 간의 예금잔액 차이를 조정하고 있다. 6월 30일 은행에 당좌예금잔액을 조회한 결과 ₩195,000이었으며, 회사의 장부잔액은 ₩219,000이었다. 조사결과 차이의 원인은 다음과 같다.

1. 거래처 혜교네 상점으로부터 외상매출금 ₩98,000이 당좌이체되었으나 회사에는 아직 통보되지 않고 있다.
2. 회사는 상품을 매입하고 당좌수표 #001(₩145,000)을 발행하였으나 아직 은행에는 제시되지 않아 인출이 이루어지지 않았다.
3. 은행은 당좌차월에 대한 이자 ₩30,000을 계정잔액에서 차감하여 가져갔으나 회사는 아직 통보를 받지 않고 있다.
4. 6월 30일 오후 4시 30분에 입금한 당좌수표 ₩150,000이 7월 2일에 입금처리

되었다.

5. 거래처 올인상회로부터 판매대금을 당좌수표 ₩178,500을 받아 당좌예입하였는데 회사는 ₩187,500으로 기입하였다.
6. 거래처 하늘상점으로부터 받아 예입한 당좌수표 ₩78,000이 부도로 판명되었다는 사실을 뒤늦게 알게 되었다.

【요구사항】

1. 은행계정조정표를 작성하시오.
2. 기말결산 시에 회사가 해야 할 수정분개를 나타내시오.

▣ 문제 [5]

다음은 (주)써스데이아이랜드의 2010년 12월 부분수정전잔액시산표와 결산수정사항의 일부를 나타낸 것이다.

부분수정전시산표

(주)써스데이아이랜드 2010년 12월 31일 (단위 : 원)

현　금	480,000	당좌차월(B)	374,344
소액현금	300,000	⋮	
당좌예금(A)	304,300		
보통예금	350,000		
정기적금	1,200,000		
정기예금	1,950,000		
당좌개설보증금	400,000		
단기매매금융자산	2,890,000		

[추가자료]

1. 당사는 소액현금제도를 시행하고 있으며, 해당부서로부터 12월의 사용내역을 아래와 같이 보고받고 부족분을 당좌수표(A)를 발행하여 지급하다.

통 신 비	₩21,000	여비교통비	₩45,000
소 모 품 비	89,000	접 대 비	71,000

2. 기말현재 현금잔액은 ₩470,000이며, 현금과부족 원인은 밝혀지지 않았다.
3. 당사는 A, B 두 은행과 당좌거래를 하고 있는데, 12월 31일 현재 은행에 당좌예금잔액을 조회한 결과 A은행은 ₩251,000, B은행은 당좌차월 ₩340,000이었다. 조사결과 차이의 원인은 다음과 같았다.

[A 은행]

(1) 동서상회의 매입채무를 상환하기 위해 발행한 수표 ₩48,000이 아직 은행에 제시되지 않았다.

(2) 남북상점의 외상매출금 ₩38,700이 온라인으로 당좌이체되었으나 아직 회사는 통보를 받지 못하고 있다.

(3) 12월 31일 오후 4시 30분에 예입한 수표 ₩100,000이 은행에서 1월 2일 입금처리하였다.

(4) 북남상회로부터 받아 예입한 수표 ₩40,000이 부도처리되었다는 사실이 발견되었다.

[B은행]

(1) 거래처로부터 외상매출금 ₩34,500을 온라인으로 당좌이체되었으나 회사는 아직 통보받지 못하였다.

(2) 당좌차월에 대한 이자 ₩1,056을 회사에 아직 통보하지 못하였다.

(3) 거래처(외상매출금)에서 받은 당좌수표 ₩8,700을 은행에 예입하고, 회사는 ₩7,800으로 장부기입하였다.

4. 정기예금은 감채기금목적으로 설정되어 있으며, 이 중 ₩950,000은 만기가 2011년 7월 30일이며, ₩1,000,000은 만기가 2012년 10월 30일이다. 정기적금은 용도의 제한이 없으며 ₩700,000은 만기가 2011년 1월 31일(가입일 2010년 2월 1일)이고, ₩500,000은 만기가 2012년 5월 31일이다.

5. 단기매매금융자산은 모두 2010년도 중에 취득하였으며 취득원가와 12월 31일 시장가액은 다음과 같다. 엔진 사채는 이자일이 12월 31일이며 이자표(₩10,000)를 가지고 있다.

종 류	수 량	취득원가	공정가액
노스페이스 주식	50주	₩390,000	₩350,000
나이키 주식	100주	640,000	530,000
엔진 사채	200좌	1,860,000	1,920,000
계		2,890,000	2,800,000

【요구사항】

1. 소액현금과 현금과부족에 대한 기말수정분개를 하시오.
2. A, B은행에 대한 은행계정조정표를 작성하고 회사 측이 해야 할 분개를 표시하시오.
3. 2010.12.31. 현재 현금및현금성자산, 기타금융자산(유동자산), 기타금융자산(비유동자산)의 금액을 계산하시오.

4. 단기매매금융자산의 기말평가를 실시하고 분개를 표시하시오.

▣ 문제 [6]

다음은 (주)순수의 20×1년 12월 31일 금융자산에 관련된 계정잔액이다. 요구사항에 대답하시오.

1. 현　　금	₩10,000	9. 지하철공채(만기 60일)	₩45,500
2. 당좌예금(하나은행)	120,000	10. 배당금지급통지표	16,000
3. 자유예금	80,000	11. 양도성예금증서	300,000
4. 당좌개설보증금	23,500	12. 환매채(만기 30일)	150,000
5. 당좌차월(블루은행)	70,000	13. 타인발행당좌수표	80,000
6. 만기사채이자표	18,000	14. 정기적금	400,000
7. 만기도래어음	32,000	15. 금전신탁(10개월신탁)	200,000
8. 정기예금	500,000	16.어음관리계좌(만기 180일)	100,000

[추가자료]

1. 정기예금은 20×1년 11월 1일에 설정하였으며, 이 중 ₩150,000은 만기가 20×2년 1월 31일이며, ₩200,000은 만기가 20×2년 6월 30일이며, 나머지는 만기가 20×3년 1월 31일이다.
2. 정기적금은 20×1년 10월 1일에 가입하였으며, 현재 적립된 금액 중 ₩200,000은 만기가 20×2년 9월 30일이며, 나머지는 만기가 20×3년 11월 30일이다.
3. 양도성예금증서는 ₩100,000이 만기가 20×2년 7월 30일이며, 나머지는 만기가 20×3년 2월 27일이다.

[요구사항]

(주)순수의 20×1년 12월 31일 현재 재무상태표에 현금및현금성자산과 기타금융자산(유동자산, 비유동자산)으로 분류될 금액을 구분하여 나타내시오.

▣ 문제 [7]

(주)토이저러스는 20×2년 11월 1일 하늘은행과 팩토링계약을 체결하고, 외상매출금 ₩2,000,000을 양도하였다. 하늘은행은 외상매출금의 2%를 금융비용을 부과하고, 매출에누리와환입에 대비하여 채권의 5%를 유보할 것을 요청하였으며, 당사는 이를 수용하고 매각대금을 현금으로 받다.

11월 30일　금융회사는 1회차로 외상매출금 ₩1,000,000에 대하여 매출에누리와환입이 ₩50,000이 발생하여 이를 제외한 ₩950,000을 회수하였다.

12월 31일 금융회사는 2회차로 매출에누리와환입 발생액 ₩45,000을 제외한 ₩955,000을 현금회수함에 따라 이를 제외하고 ₩5,000을 토이저러스에 지급하고 거래를 종결하였다.

【요구사항】

1. (주)토이저러스의 20×2년 12월 31일까지 수령하는 현금을 계산하시오.
2. (주)토이저러스의 외상매출금의 양도에 따른 분개를 나타내시오.

▣ 문제 [8]

(주)샤넬은 20×2년 10월 1일 샤넬 No.5를 판매하고 그 대금으로 고객이 발행한 약속어음 ₩2,000,000(무이자부어음, 발행 10월 1일, 만기 12월 31일)을 받았다. (주)샤넬은 11월 1일 하늘은행에 이의 약속어음을 연 12%의 이자율로 할인하고 현금을 당좌예입하였다. 어음은 할인과 함께 모든 권리와 의무는 은행에 이전되었다.

【요구사항】

1. 10월 1일 행할 분개를 나타내시오.
2. 11월 1일 어음할인과 관련하여 행할 분개를 나타내시오.

▣ 문제 [9]

다음은 (주)지오다노의 매출채권과 대손처리에 관한 자료를 나타낸 것이다. 요구사항에 대답하시오.

20×1년 1월 1일 : 대손충당금의 대변잔액이 ₩28,000이다.

2월 8일 : 전기에 판매한 매출채권 중 ₩40,000이 거래처 부도로 회수가 불가능한 것으로 판명되다. 단, 이 금액 중 ₩28,000은 전기말 보고시점에 손상차손을 인식한 것이다.

4월 10일 : 당기에 판매한 매출채권 중 ₩10,000이 회수가 불가능한 것으로 판명되다.

7월 18일 : 전기에 손상차손으로 인식한 매출채권 ₩10,000이 회사의 회생에 따라 현금으로 회수되다.

9월 28일 : 4월 10일에 손상차손으로 인식한 매출채권 중 ₩5,000이 거래처 회생으로 회수가 가능하게 되었다.

12월 31일 : 연말 현재 외상매출금 잔액은 ₩2,500,000이며, 이들 집합채권에 대해 손상을 검토한 결과 신용위험과 과거 손상차손 경험에 근거하여 다음과 같이 추정되었다.

연 령	금 액	채권회수율(%)	대손추정액
30일 이하	₩1,000,000	99	
30일 ~ 60일	800,000	98	
60일 ~ 90일	400,000	90	
90일 ~ 120일	200,000	88	
120일 초과	100,000	0	
합 계	₩2,500,000		

【요구사항】

1. 위의 표에서 대손추정액을 기입하시오
2. K-IFRS에 따라 일자별로 분개하시오.
3. 결산기말에 재무상태표에 표시될 매출채권의 장부금액을 계산하시오.
4. 직접상각법에 따라 일자별로 분개하시오.

▣ 문제 [10]

다음은 (주)여름향기의 유형자산의 구입과 매각에 관한 거래이다. 요구사항에 대답하시오.

20×2년 1월 1일 : Digital Sense 기계장치를 구입하고 약속어음 #001(액면금액 ₩1,000,000, 액면이자율 연 8%, 만기 20×4년 12월 31일)을 발행하여 교부하다. 현재 유효이자율은 10%이다.

3월 1일 : 장부금액 ₩800,000, 공정가치 ₩826,450인 건물을 매각하고 대금으로 2년만기 무이자약속어음 #301(액면금액 ₩1,000,000, 액면이자율 연0%, 만기 20×4. 2. 28.)을 받다. 현재 유효이자율은 10%이다.

【요구사항】

1. 기계장치구입에 따른 현재가치를 구하시오.
2. 기계장치의 회계처리에 필요한 유효이자율법에 의한 상각표를 작성하시오.
3. 20×2. 1. 1.과 20×2. 12. 31., 20×3. 12. 31., 20×4. 12. 31.의 분개를 나타내시오.
4. 건물매각에 따른 현재가치를 구하시오.
5. 건물의 회계처리에 필요한 유효이자율법에 의한 상각표를 작성하시오.

6. 20×2. 3. 1.과 20×2. 12. 31., 20×3. 12. 31., 20×4. 2. 28.의 분개를 나타내시오.
※ 참고로 이자율 10%에 대한 ₩1의 현가계수와 연금현가계수는 다음과 같다.

구 분	기 간		
	1	2	3
₩1 현가계수	0.90909	0.82645	0.75131
₩1 연금현가계수	0.90909	1.73554	2.48685

제 8 장

A C C O U N T I N G   P R I N C I P L E S

금융자산(II)

당기손익인식금융자산, 만기보유금융자산, 매도가능금융자산

|학|습|요|점|

- 기타금융자산은 무엇이며 어떤 종류가 있는가?
- 당기손익인식금융자산은 무엇이며 최초 및 후속측정은 어떠한가?
- 만기보유금융자산은 무엇이며 최초 및 후속측정은 어떠한가?
- 매도가능금융자산은 무엇이며 최초 및 후속측정은 어떠한가?
- 금융자산의 손상은 무엇이며 손상사유에는 어떤 것이 있는가?
- 금융자산의 손상차손은 어떻게 측정하고 회계처리하는가?

제1절 기타금융자산

1.1 기타금융자산의 의의

금융자산은 현금과 금융상품을 말한다. 금융상품은 일정한 화폐액을 주고받기로 한 계약상의 권리와 의무로서 다양한 형태를 띠고 있다. 금융상품에는 대여금, 수취채권, 지분상품, 채무상품, 금융기관의 정형화된 상품 등이 포함된다. 요컨대 금융자산은 현금및현금성자산, 대여금, 수취채권, 지분상품, 채무상품, 금융기관의 정형화된 상품으로 구성된다.

금융자산은 금융상품의 특성과 정보의 성격을 고려하고, 자산의 인식과 측정기준에 맞추어 재무상태표에 표시한다. 일반적으로 금융자산은 현금및현금성자산, 대여금 및 수취채권, 기타금융자산으로 구분하여 표시하는 것이 편리하다. 여기서 **기타금융자산**(other financial assets)은 금융자산 중 현금및현금성자산과 대여금 및 수취채권을 제외한 것을 말한다. 기타금융자산은 주식 및 사채 등의 유가증권과 금융기관이 취급하는 금융(투자)상품으로 이루어진다.

1.2 기타금융자산의 분류

기타금융자산은 대부분 유가증권으로 지분상품과 채무상품으로 구성된다. K-IFRS(제1039호, 제1107호)는 현금및현금성자산과 대여금 및 수취채권을 제외한 금융자산을 당기손익인식금융자산, 만기보유금융자산, 매도가능금융자산으로 구분하도록 규정하고 있다. 따라서 기타금융자산은 당기손익인식금융자산, 만기보유금융자산, 매도가능금융자산으로 구분하여 재무상태표에 표시하게 된다.

당기손익인식금융자산은 금융기관이 단기적 시세차익을 얻기 위하여 취득한 금융자산이 주가 되며, 최초 취득시점에 당기손익인식항목으로 지정한 유가증권과 파생상품, 금융기관이 취급하는 금융상품을 말한다. 만기보유금융자산은 만기까지 보유할 적극적 의도와 능력에 따라 보유한 채무상품과 금융기관이 취급하는 금융상품을 말한다. 매도가능금융자산은 매도가능항목으로 지정한 지분상품과 채무상품, 금융기관이 취급하는 금융상품을 말한다. 기타금융자산의 구성항목과 이들 계정과목을 간단하게 설명하면 다음과 같다.

[기타금융자산]

(1) 당기손익인식금융자산 : 공정가치의 평가에 따른 변동액을 당기손익으로 처리하는 금융자산 • 당기손익인식지정금융자산 : 최초 취득시점에 당기손익인식항목으로 지정한 유가증권과 파생상품 및 금융기관의 금융상품을 말한다. 이들은 공정가치의 변동에 따라 나타난 차액을 당기손익으로 처리한다. • 단기매매금융자산 : 단기시세차익을 목적으로 취득한 금융자산을 말한다. 이는 금융기관이 단기수익을 목적으로 금융자산을 운용할 때 주로 나타나는 계정이다.
(2) 만기보유금융자산 : 만기까지 보유할 적극적 의도와 능력에 따라 보유한 비파생금융자산 • 채무상품 : 만기까지 보유할 목적으로 보유한 채무상품으로 당기손익인식금융자산과 매도가능금융자산에 해당하지 않는 것을 말한다. • 금융상품 : 만기까지 보유할 목적으로 보유한 금융상품(금융기관 취급)으로, 현금및현금성자산과 당기손익인식금융자산으로 분류되지 않는 것을 말한다.
(3) 매도가능금융자산 : 매도가능항목으로 지정한 비파생금융자산 • 지분상품 : 당기손익인식금융자산에 해당하지 않는 지분상품을 말한다. • 채무상품 : 당기손익인식금융자산에 해당하지 않고, 만기까지 보유할 의도가 없는 채무상품을 말한다. • 금융상품 : 금융기관이 취급하는 금융상품으로, 현금및현금성자산과 당기손익인식금융자산 및 만기보유금융자산으로 분류되지 않는 금융상품을 말한다.

* 당기손익인식금융자산과 매도가능금융자산은 회계기말에 공정가치로 평가하고, 만기보유금융자산, 대여금 및 수취채권은 원칙적으로 상각후원가로 평가한다.

기타금융자산은 계정과목에 따라 측정기준과 평가손익의 처리가 달라진다. 이에 관한 구체적 내용은 계정과목별로 구분하여 설명하기로 한다.

제2절 당기손익인식금융자산

2.1 당기손익인식금융자산의 의의

(1) 당기손익인식지정금융자산

당기손익인식금융자산(financial instruments at fair value through profit or loss)은 공정가치로 측정하며, 공정가치의 변동액을 당기손익으로 처리하는 금융자산을 말한다. 당기손익인식금융자산에는 당기손익인식지정금융자산과 단기매매금융자산으로 분류한다.

당기손익인식지정금융자산(designated financial assets at fair value through profit & loss)은 최초 인식시점에 당기손익인식항목으로 지정한 금융상품을 말한다. 기업은 금융자산을 당기손익인식항목으로 지정하면 기말에 공정가치로 측정하고, 공정가치의 변동액을 당기손익에 반영하게 된다. 공정가치가 반영된 회계정보는 의사결정에 보다 적합한 정보속성을 지니게 된다. 따라서 공정가치의 측정에 따라 목적적합한 정보를 제공할 수 있으면 금융자산을 당기손익인식금융자산으로 지정할 수 있다.

기업은 때때로 유휴자금으로 금융자산에 투자하여 단기수익을 추구한다. 예를 들어 기업이나 벤처캐피탈, 뮤추얼펀드 등은 지분상품이나 채무상품, 금융기관이 취급하는 금융상품을 구입하여, 이자나 배당금, 공정가치의 차액을 통해 수익을 추구한다. 이 경우 공정가치의 변동을 당기손익에 반영하는 것이 더욱 적합한 정보를 제공할 수 있다면 금융자산을 당기손익인식항목으로 지정할 수 있다. 하지만 활성시장(active market)이 없어 공시가격이 없고, 공정가치를 신뢰성 있게 측정할 수 없는 지분상품은 당기손익인식항목으로 지정할 수 없다.

(2) 단기매매금융자산

단기매매금융자산(financial assets held for trading)은 단기간 내에 매매를 통해 시세차익을 얻으려고 보유한 금융자산을 말한다. 일반적으로 투자은행(금융업)이 공동으로 운영하는 포트폴리오를 통해 단기차익을 위해 매매하는 금융상품의 경우에 나타나며, 기업의 경우는 거의 없다.

2.2 당기손익인식금융자산의 인식과 최초 측정

(1) 인 식

기업은 금융상품의 계약당사자가 될 때 당기손익인식금융자산으로 인식하고 재무상태표에 계상한다. 예를 들어 기업이 지분상품이나 채무상품, 금융기관이 취급하는 금융상품을 매입하게 되면 계약시점에 당기손익인식금융자산을 재무상태표에 보고한다. 금융자산을 매매거래의 정형화된 시스템에 의해 매입하는 경우 매매일에 인식한다.

(2) 최초 측정

당기손익인식금융자산은 최초 인식시 **공정가치**(fair market value)로 측정하여 취득원가로 기록한다. 이 경우 당기손익인식금융자산의 취득에 직접 관련되어 나타나는 **거래원가**(transaction costs)는 당기비용으로 처리하고, 취득원가에 포함시키지 않는다. 이에 해당하는 거래원가에는 해당자산의 취득 및 발행, 처분에 나타나는 법률 및 회계 자문료, 중개수수료, 증권수수료, 양도세 및 인지세 등이 포함된다. 참고로 만기보유금융자산이나 매도가능금융자산은 이들 거래원가(부대비용)를 공정가치(취득원가)에 가산한다.

당기손익인식금융자산이 **채무상품**이면 구입시점에 지불한 이자부분을 제외하고 순취득금액을 공정가치(취득원가)로 측정한다. 일반적으로 채무상품(예, 사채)은 발행시점에서 이자지급일 사이에 계속 이자가 증식되어간다. 이 경우 이자지급일 사이에 채무상품을 구입하면 매입가격에는 최종이자지급일 이후 구입일 현재까지 발생한 이자가 포함되어 있다. 따라서 금융자산의 취득원가는 매입가격에서 미수이자를 차감하여 계산하여야 한다. 예를 들어 사채(액면금액 ₩100,000, 발행 2010. 1. 1. 이자율 연 12%, 이자지급 연말)를 5월 1일에 매입하고 현금 ₩104,000을 지급하였다면, 당기손익인식금융자산 ₩100,000과 미수이자 ₩4,000으로 구분하여 기록한다. 간단한 〈예제 8-1〉을 통해 당기손익인식금융자산의 공정가치 측정과 회계처리를 학습한다.

예제 [8-1]

- (주)소현은 단기적 시세차익을 목적으로 주식과 사채를 구입하였다. 이의 유가증권은 당기손익인식지정금융자산에 해당한다. 분개장에 일자별로 분개를 표시하시오.

6월 1일 (주)설희가 발행한 주식 10주(액면 ₩5,000)를 활성거래시장 가격으로 주당 ₩10,000에 매입하고, 중개수수료 ₩2,000을 현금으로 지급하다.

7월 1일 (주)설희가 발행한 사채(액면금액 ₩100,000, 이자율 연 12%, 이자지급일 연말)를 발생이자를 포함하여 ₩106,000에 매입하고, 중개수수료 ₩1,000을 포함하여 현금으로 지급하다.

해답 ≪≪≪

일 자	분 개 기 록			
6월 1일	(차)당기손익인식금융자산	100,000	(대) 현 금	102,000
	수수료비용	2,000		
7월 1일	(차)당기손익인식금융자산	100,000	(대) 현 금	107,000
	미수이자	6,000		
	수수료비용	1,000		

2.3 당기손익인식금융자산의 후속측정

(1) 기말평가

당기손익인식금융자산은 **공정가치**로 평가한다. 이때 공정가치의 변동에 따른 평가손익은 **당기손익인식금융자산평가손실** 또는 **당기손익인식금융자산평가이익**계정으로 당기손익에 반영한다. 여기서 공정가치는 **활성거래시장**이 있을 경우 시장가격이 된다. 활성시장이 없으면 합리적 평가방법을 사용하여 공정가치를 결정한다. 간단한 〈예제 8-2〉를 통해 회계처리를 학습한다.

예제 [8-2]

• (주)론스타는 20××년 6월 10일에 단기적 시세차익을 목적으로 포스코, 삼성전자, 현대자동차의 주식과 한보철강의 사채를 구입하였다. 이들 유가증권은 모두 12월 31일 시장으로부터 거래시세를 입수하였다. 각 유가증권의 취득원가와 공정가치는 다음과 같다.

종 목	취득원가	공정가치
포스코 주식	W500,000	W600,000
삼성전자 주식	1,400,000	1,300,000
현대자동차 주식	1,500,000	1,350,000
한보철강 사채	920,000	960,000
계	W4,320,000	W4,210,000

☞ **요구사항**

1. 앞의 금융상품이 당기손익인식금융자산일 경우 기말평가와 회계처리를 나타내시오.

해답

기말평가와 분개기록			
(차) 당기손익인식금융자산평가손실	110,000	(대) 당기손익인식금융자산	110,000
또는			
(차) 당기손익인식금융자산평가손실	250,000	(대) 당기손익인식금융자산	250,000
(차) 당기손익인식금융자산	140,000	(대) 당기손익인식금융자산평가이익	140,000

* 포스코	: ₩600,000	−	₩500,000	=	₩100,000	평가이익
삼성전자	: 1,300,000	−	1,400,000	=	(100,000)	평가손실
현대자동차	: 1,350,000	−	1,500,000	=	(150,000)	평가손실
한보철강	: 960,000	−	920,000	=	40,000	평가이익
계	: ₩4,210,000	−	₩4,320,000	=	₩(110,000)	평가손실

(2) 처 분

당기손익인식금융자산은 보유기간 중에 배당수익이나 이자수익을 얻거나 시장상황에 따라 처분을 통해 시세차익을 추구하게 된다. 당기손익인식금융자산을 처분하는 경우에는 장부금액과 처분가액을 비교하여 **처분손익**을 계산한다. 예를 들어 처분가액이 장부금액보다 낮으면 **금융자산처분손실**이 발생하고, 반대로 처분가액이 장보가액보다 높으면 **금융자산처분이익**이 발생한다. 여기서 유의할 것은 처분손익은 처분가액과 취득원가가 아닌 처분가액과 장부금액의 차이로 계산한다는 것이다. 또한 처분가액은 매각대금에서 매각 관련 수수료를 차감한 금액이다.

기업은 동일 금융상품을 여러 차례 나누어 다른 가격으로 구입한다. 이 경우 처분시점에서 매각하는 상품의 단가를 결정해야 한다. 단가결정방법에는 개별법, 선입선출법, 가중평균법이 있는데 기업회계기준서는 **가중평균법**(이동평균법)을 사용하도록 규정하고 있다. 따라서 장부금액은 계속 인식되는 부분과 제거되는 부분을 처분일 현재 각 부분의 상대적 공정가치에 따라 배분하여 계산한다.

금융자산 중 채무상품은 미수이자를 고려하여 회계처리한다. 예를 들어 이자지급일 사이에 처분하면, 먼저 처분시점까지 발생된 이자수익(미수이자)을 인식하고, 매각대금 중 이자수익을 제거한 금액과 직전 이자지급일의 장부금액을 비교하여 처분손익을 계상한다. 간단한 〈예제 8-3〉을 통해 당기손익인식금융자산의 처분에 따른 회계처리를 학습하기로 한다.

예제 [8-3]

• 다음은 (주)골드만삭스의 당기손익인식금융자산에 관한 자료이다.

5월 1일 (주)LG 주식 100주를 활성거래시장 가격으로 주당 ₩7,000에 매각하고, 매각수수료 ₩20,000을 지급하였다. LG 주식은 2월 1일 50주(주당 ₩5,000), 3월 20일 200주(주당 ₩6,000)를 취득한 것으로 이동평균법에 의해 단가를 계산하였다.

9월 1일 (주)설희가 발행한 사채(액면금액 ₩100,000, 이자율 연 12%, 이자지급일 연말)를 발생이자를 포함하여 ₩107,000에 매각하고, 중개수수료 ₩1,000을 지급하다. (주)설희의 사채(1월 1일 발행)는 7월 1일 ₩106,000에 매입한 것이다.

☞ **요구사항**

1. 기업회계기준서에 따라 각 일자별로 회계처리를 나타내시오.

해답 ≪≪≪

일 자	분 개 기 록			
5월 1일	(차) 현 금	680,000*	(대) 당기손익인식금융자산	580,000**
			금융자산처분이익	100,000
9월 1일	(차) 미수이자***	2,000	(대) 이자수익	2,000
	(차) 현 금****	106,000	(대) 당기손익인식금융자산	100,000
	금융자산처분손실	2,000	미수이자	8,000*****

* 100주 × ₩7,000 − ₩20,000 = ₩680,000
1주당 장부금액 = (50주 × ₩5,000 + 200주 × ₩6,000) ÷ 250주 = ₩5,800
** 처분주식의 장부금액 = 100주 × ₩5,800 = ₩580,000
*** ₩100,000 × 12% × 2/12 = ₩2,000
**** ₩107,000 − ₩1,000 = ₩106,000

만기보유금융자산 제3절

3.1 만기보유금융자산의 의의

만기보유금융자산(held-to-maturity investments)은 만기가 고정되었고, 지급금액이 확정되었거나 확정될 수 있는 비파생금융상품으로서 만기까지 보유할 적극적인 의도와 능력을 가진 금융자산을 말한다. 만기보유금융자산에는 채무상품과 금융기관이 취급하는 금융상품으로 구성된다. 지분(주식)상품은 만기가 없거나 고정되어 있지 않으므로 여기에 해당되지 않는다. 만기보유금융자산 중 금융기관이 취급하는 금융상품은 회계처리가 간단하므로 본 절에서는 채무상품 특히 사채(채권)를 중심으로 살펴본다.

채무상품과 금융상품이 만기보유금융자산에 포함되려면, 최초 인식시점에 당기손익인식항목으로 지정되지 않고, 매도금융자산으로 지정되지 않아야 한다. 또한 금융기관이 취급하는 금융상품은 현금및현금성자산에 분류되는 것은 제외된다. 한편 당 회계연도 또는 직전 2개 회계연도에 만기보유금융자산 중 경미한 금액 이상을 만기일 전에 매도했거나 재분류한 사실이 있는 경우에는 만기보유금융자산으로 분류할 수 없다. 이것은 만기까지 보유할 적극적 의도와 능력에 부합되지 않기 때문이다. K-IFRS는 다음의 요건을 통해 만기보유금융자산을 분류하고 있다.

[만기보유금융자산의 분류]

(1) 당기손익인식금융자산과 매도가능금융자산에 해당하지 않고,
(2) 현금및현금성자산에 분류되지 않으며,
(3) 만기까지 보유할 적극적 의도와 능력이 있고,
(4) 당기 또는 직전 2개 회계연도에 만기일 전에 만기보유금융자산을 매도 및 재분류하지 않았을 때 만기보유증권으로 계상할 수 있다.

3.2 만기보유금융자산의 인식과 측정

(1) 인 식

기업은 금융상품의 **계약당사자가 될 때** 만기보유금융자산으로 인식하고 재무상태표에 계상한다. 예를 들어 기업이 채무상품, 금융기관이 취급하는 금융상품을 매입하게 되면 계약시점에 만기보유금융자산을 재무상태표에 인식한다. 금융자산을 매매거래의 정형화된 시스템에 의해 매입하는 경우 매매일에 인식한다.

(2) 최초 측정

만기보유금융자산은 최초 인식 시 **공정가치**로 측정하여 취득원가로 기록한다. 이 경우 만기보유금융자산의 취득에 직접 관련되어 나타나는 **거래원가**는 취득원가에 포함시켜 측정한다. 이에 해당하는 거래원가에는 해당자산의 취득 및 발행, 처분에 나타나는 법률 및 회계 자문료, 중개수수료, 증권수수료, 양도세 및 인지세 등이 포함된다. 참고로 당기손익인식금융자산은 이들 거래원가(부대비용)를 공정가치(취득원가)에 포함시키지 않는다. 만기보유금융자산이 **채무상품**이면 구입시점에 지불한 이자부분을 제외하고 순취득금액을 공정가치(취득원가)로 측정한다. 이에 대한 회계처리는 당기손익인식금융자산과 같다. 간단한 〈예제 8-4〉를 통해 만기보유금융자산의 최초 인식과 측정의 회계처리를 학습한다.

예제 [8-4]

• (주)핑클은 2011. 1. 1. 유휴자금으로 이자수익과 시세차익을 목적으로 로레알이 발행한 사채를 구입하여 만기까지 보유하기로 하였다. 구입한 사채의 발행조건은 다음과 같다. 당사는 아래의 사채를 활성시장에서 ₩950,262(매입수수료 ₩10,000 포함 가격임)에 취득하였다.

액면금액 : ₩1,000,000	발 행 일 : 2011년 1월 1일
만 기 : 2013년 12월 31일	액면이자율 : 연 8%
이자지급일 : 매년 12월 31일	시장이자율 : 연 10%

☞ **요구사항**

1. 사채의 공정가치(발행금액)를 계산하시오.
2. 사채취득(발행)에 대한 투자자(발행자)의 입장에서 회계처리를 나타내시오.

해답

1. 사채의 공정가치 계산

사채의 공정가치(발행금액) 계산 – 할인발행		
이자의 현재가치 : ₩80,000×2.4869(3년, 10%, 연금현가계수)	=	₩198,952
원금의 현재가치: ₩1,000,000×0.75131(3년, 10%, 현가계수)	=	751,310
발행금액* :		₩950,262

* 발행금액 속에 매입수수료 ₩10,000 포함시켜 구입하였다.

2. 투자사채의 구입과 판매의 회계처리

일 자	투자자의 회계처리	발행자의 회계처리
1월 1일 (2011년)	(차) 만기보유금융자산 950,262 (대) 현 금 950,262	(차) 현 금 950,262 사채할인발행차금 49,738 (대) 사 채 1,000,000

앞의 〈예제 8-4〉는 채무상품 중 사채를 예시하였다. 사채는 시장에서 거래되는 공정가치를 지급하고 취득하게 된다. **사채의 공정가치는 사채의 원금과 이자를 시장이자율에 의해 할인한 현재가치가 된다.** 여기서 구입수수료(거래원가)가 발생하면 이를 취득원가에 포함시키게 된다. 사채를 만기까지 보유할 목적으로 구입하면 만기보유금융자산계정 차변과 현금계정 대변에 취득원가를 기록하게 된다.

사채의 공정(발행)가치는 사채증권에 표시된 액면이자율과 실제 시장(유효)이자율의 크기에 따라 달라진다. 액면이자율과 시장이자율이 같으면 공정가치는 액면금액과 같게 된다. 하지만 액면이자율이 낮으면 할인발행되어 공정가치는 액면가액보다 낮아진다. 액면이자율이 높으면 할증발행되어 공정가치가 액면가액보다 높게 된다. 예제에서는 액면이자율(8%)이 시장이자율(10%)보다 낮으므로 할인발행되어 공정가치(₩950,262)가 액면가액(₩1,000,000)보다 낮게 나타났다. 따라서 사채의 구입자(투자자)는 만기보유금융자산계정 차변과 현금계정 대변에 공정가치(발행금액) ₩950,262을 기록한다.

사채의 발행자는 현금계정 차변에 ₩950,262과 사채할인발행차금계정 차변에 ₩49,738을 기입하고 사채계정 대변에 ₩1,000,000을 기록한다. 여기서 발행금액은 공정가치와 같으므로 구입자(만기보유금융자산계정)와 발행자(현금계정)는 반대의 입장에서 동일 금액을 기록한다. 따라서 사채를 구입하고 회계처리하려면 발행자의 회계처리(제12장 부채)를 참조하는 것이 이해하는데 도움이 된다. 위의 예제는 할인발행된 경우이며, 액면 및 할증발행되는 사례는 제12장 부채에서 구입(발행)자의 회계처리를 참고하기 바란다. 또한 국채나 공채 등의 채무상품도 회계처리는 사채와 동일하다.

3.3 만기보유금융자산의 후속측정

만기보유금융자산은 유효이자율법을 적용하여 상각후원가로 측정한다. 상각후원가는 기초 만기보유금융자산의 장부금액에 '상각액 = 유효이자 – 액면이자' 를 가산한 것이다. 만기보유금융자산은 만기까지 보유할 자산이며, 만기에 받게 될 금액이 확정되어 있으므로 보유기간에 공정가치로 평가하지 않는다. 예를 들어 채무상품인 사채를 구입하여 만기까지 보유하면, 보유기간에는 공정가치(시장가격)로 평가하지 않고, 유효이자율을 사용하여 기초 장부금액에 '상각액 = 유효이자 – 액면이자' 를 가감한 상각후원가로 평가한다. 여기서는 채무상품인 사채를 전제로 만기보유금융자산의 취득 후에 나타나는 이자수익의 인식, 기말평가, 처분의 문제를 검토한다.

(1) 이자수익의 인식

사채(채무상품, 만기보유금융자산)를 구입하면 투자금액의 시장이자율에 해당하는 이자를 받는다. 투자자는 **'투자(장부)금액×시장이자율' 에 해당하는 이자**를 받게 되는데 이를 유효이자라고 한다. 유효이자(effective interest)는 '투자금액의 장부금액×투자시점의 시장이자율' 에 의해 계산된 금액을 말한다. 여기서 투자시점의 시장이자율을 유효이자율이라 한다.

유효이자는 액면이자와 다를 수 있다. 예를 들어 할인발행된 사채를 구입한 경우를 보기로 하자. 〈예제 8-4〉에서는 시장이자율이 10%일 때 발행자는 8%(액면이자율)의 이자를 주기로 하고 사채를 발행하였다. 이 경우 투자자는 사채의 투자금액이 ₩950,262이므로 받아야 할 (유효)이자는 ₩95,026(₩950,262 ×10%)이 된다. 하지만 실제로 이자를 받는 금액은 ₩80,000(₩1,000,000×8%)이므로 첫해에 ₩15,026(₩95,026 - ₩80,000)만큼 차이가 발생한다. 차액 ₩15,026은 유효이자와 액면이자의 차이로서, 근본적으로는 시장이자율 10%와 액면이자율 8% 때문에 발생한 것이다. 투자자는 매년 작게 받게 되는 이자차액을 만기보유금융자산계정 차변에 계상하여 만기에 그만큼 많이 받는다.

예제에서 3년 동안 차액을 연도별로 계산하면 ₩15,026, ₩16,529, ₩18,183이며 모두 합하여 ₩49,738이 된다. 따라서 투자자는 만기보유금융자산계정(투자액, ₩950,262)에 이의 차액만큼 매년 가산하여 만기에는 ₩49,738이 증가된 ₩1,000,000을 받게 된다. 즉, 투자자는 ₩950,262를 투자하여 매년 이자 ₩80,000을 실제로 받고 만기에 ₩1,000,000(투자액 ₩950,262에 이자차액 ₩49,738을 가산한 액면금액)을 회수한다. 여기서 연도별 차액 '상각액 = 유효이자 - 액면이자'는 유효이자율법에 따라 계산하며, 제12장을 참고하여 학습하기 바란다.

투자자는 이자를 받기로 한 날짜와 결산기말에 이자수익에 대한 회계처리를 하여야 한다. 이자수령일과 기말결산일이 같으면 결산수정분개를 통해 이자수익을 인식한다. 하지만 이자수령일과 기말결산일이 다르면 두 날짜에 각각 이자수익을 인식하고 만기보유금융자산계정을 수정한다. 두 날짜가 같고 할인발행된 경우에 이자수익은 다음과 같이 회계처리한다. 할증발행된 경우의 이자수익은 제12장을 참고하기 바란다.

① 만기보유금융자산의 장부금액을 확인한다.
② 유효이자(장부금액×발행시점의 시장이자율)를 계산한다.
③ 이자차액 '상각액 = 유효이자 - 액면이자'를 계산한다.
④ 현금계정 차변에 액면이자의 실제 수령액과 만기보유금융자산계정 차변에 이자차액(상각액)을 기입하고, 이자수익계정 대변에 유효이자를 기록한다.

〈예제 8-5〉를 이용하여 사채할인발행의 경우 이자수익의 회계처리를 학습하기로 하자. 여기서 이자수익은 유효이자율법에 따라 인식되며 투자자의 회계처리는 발행자와 반대로 나타나게 되므로 서로 비교하여 이해하여 두기로 하자.

예제 [8-5]

• 〈예제 8-4〉를 이용하여 요구사항에 대하여 대답하시오.

☞ 요구사항

1. 유효이자와 액면이자, 추가 이자수익(상각액)을 계산하시오.
2. 보유기간에 나타나는 이자수익에 대한 회계처리를 투자자(발행자)의 입장에서 나타내시오.

해답 《《《

1. 유효이자와 액면이자, 추가 이자수익(상각액) 계산

유효이자, 액면이자, 추가 이자수익 계산표 – 유효이자율법

일 자	장부금액 (액면금액–할인차금)	유효이자 (장부금액×유효이자율)	액면이자 (액면금액×액면이자율)	상각액(추가 이자수익) (유효이자–액면이자)
2011년 초	₩950,262			
2011년 말	965,288	₩95,026	₩80,000	₩15,026
2012년 말	981,817	96,529	80,000	16,529
2013년 말	1,000,000	98,183*	80,000	18,183
계		₩289,738	₩240,000	₩49,738

* 단수차이 조정

** 위의 유효이자와 추가 이자수익 계산표는 발행자가 작성하는 사채할인발행차금 상각표와 동일하다. 이는 동일 사채를 투자자와 발행자가 정반대의 입장에서 회계처리하기 때문이다. 사채발행할인차금 상각표는 제12장 사채할인발행의 예제를 비교하기 바란다.
유효이자는 실제 투자액에 발행시점 시장이자율을 곱하여 계산하며, 이때 시장이자율을 유효이자율이라 한다.

2. 이자수익의 회계처리

일 자	투자자의 회계처리	발행자의 회계처리
12월 31일 (2011년)	(차) 현　　금　　80,000 만기보유금융자산 15,026 (대) 이 자 수 익　95,026	(차) 이자비용　　95,026 (대) 현　　금　　80,000 사채할인발행차금15,026
12월 31일 (2012년)	(차) 현　　금　　80,000 만기보유금융자산 16,529 (대) 이 자 수 익　96,529	(차) 이 자 비 용　　95,529 (대) 현　　금　　80,000 사채할인발행차금16,529
12월 31일 (2013년)	(차) 현　　금　　80,000 만기보유금융자산 18,183 (대) 이자수익　98,183	(차) 이 자 비 용　　98,183 (대) 현　　금　　80,000 사채할인발행차금18,183

* 만기보유금융자산과 사채할인발행차금에 계상된 ₩15,026은 각각 이자수익과 이자비용을 추가로 인식한 것으로 시장이자율과 액면이자율의 차이를 원금에 조정하는 역할을 한다.

(2) 기말평가

사채를 구입하여 보유하면 기말평가를 하게 된다. 만기보유금융자산은 상각후원가에 따라 기말평가를 한다. **상각후원가**(amortized costs)는 매연도 만기보유금융자산의 기초장부금액에 당해 연도의 상각액을 가산한 것을 말한다. 여기서 상각액은 유효이자율법에 따라 계산된 유효이자와 액면이자의 차액으로, 사채에서 시장(유효)이자율과 액면이자율의 차이에서 발생된 것으로 장부금액에 가감하는 항목이다. 요컨대 만기보유금융자산은 최초 인식시점에 공정가치로 기록하고, 보유기간에는 상각후원가로 평가하여 조정한다. 따라서 만기보유증권은 보유기간 중에 공정가치의 변동을 평가이익과 평가손실을 인식하지 않는다. 기말에 공정가치로 평가하지 않는 것은 사채를 만기까지 보유할 예정이므로 기말마다 나타나는 시세변동은 의미가 없기 때문이다.

상각후원가는 유효이자율법에 의해 계산한다. **유효이자율법**(effective interest method)은 **사채의 장부금액(해당시점의 실질부채)에 사채발행시점의 시장이자율(유효이자율)을 곱하여 매연도 이자수익(비용)을 계상하는 방법**이다. 유효이자는 액면이자에 할인발행으로 인한 이자차액을 가산한 것이다. 따라서 할인으로 인해 추가적으로 인식하는 이자는 '유효이자－액면이자'가 되며 이를 상각액이라 하며, 사채발행자는 사채할인발행차금상각액이라 한다. 유효이자율법으로 상각액(사채할인발행차금상각액)을 계산하려면 해당시점마다 장부금액을 알아야 하므로 상각표를 작성하여 계산하는 것이 편리하다. 〈예제 8-5〉에서 만기까지 보유기간에 나타나는 **상각액(추가 이자수익 = 유효이자 - 액면이자)의 계산과정**을 학습하였으므로 참고하기 바란다.

만기보유금융자산의 계정은 매기말 상각후원가로 평가되어 수정된다. 〈예제 8-5〉를 통하여 설명하여 보자. 투자자는 사채를 할인하여 ₩950,262를 취득하고 만기보유금융자산계정 차변에 기록한다. 이 경우 연말에 받아야 할 유효이자는 ₩95,026(₩950,262 × 10%)이 된다. 하지만 실제이자는 ₩80,000(₩1,000,000 × 8%)을 받게 되므로 첫해에 ₩15,026(₩95,026-₩80,000)만큼 차액이 발생한다. 차액 ₩15,026은 유효이자와 액면이자의 차이로서 장부금액(만기보유금융자산계정)에 가산하여 만기에 원금을 통하여 받게 된다. 따라서 첫해에 이자수익이 인식되면 만기보유금융자산계정의 장부금액은 ₩965,288이 되고, 이의 금액이 2011년 말 만기보유금융자산의 상각후원가가 된다. 이와 같은 방법으로 2012년과 2013년도 말에는 각각 ₩981,817과 ₩1,000,000으로 조정되어 만기에는 액면금액과 같게 된다. 이들 만기보유금융자산의 장부금액(상각후원가)은 시장이자율에 따라 조정된 것으로 각 연도말 시장가격과 일치하게 된다. 따라서 만기보유금융자산은 상각후원가로 평가되어 장부금액이 기록되며 공정가치(시장가격)를 고려하지 않는다. 또한 보유기간 중에 상각후원가와 공정가치(시장가격)가 일시적으로 차이가 나더라도, 만기시점에는 ₩1,000,000(액면금액)으로 종료되므로 기중의 평가손익은 의미가 없게 된다.

투자자는 만기일에 사채발행자로부터 원금(액면금액)을 회수하게 된다. 여기서 액면금액은 사채증권에 인쇄된 금액으로 만기시점의 장부금액(만기보유금융자산계정)과 같다. 또한 투자자는 부득이 사정에 의해 만기보유금융자산을 보유기간 중에 매도하는 경우가 있는데, 이에 대한 회계처리는 당기손익인식금융자산과 같다. 다만 만기보유금융자산을 중간에 매각하면 새로 구입하는 금융자산을 만기보유금융자산으로 분류하는데 제한을 받게 됨을 유의해야 한다. 앞의 예제를 사용하여 상각후원가와 만기보유금융자산계정의 조정과정, 만기회수를 학습한다.

예제 [8-6]

• 〈예제 8-4〉를 사용하여 요구사항에 대하여 답하시오.

☞ 요구사항

1. 유효이자와 액면이자, 추가 이자수익(상각)액을 계산하시오.
2. 보유기간 중 이자수익 회계처리 후 만기보유금융자산계정을 나타내시오.
3. 2013년 말 만기회수에 대한 회계처리를 나타내시오.

해답 ≪≪≪

1. 유효이자와 액면이자, 추가 이자수익(상각)액 계산

유효이자, 액면이자, 추가 이자수익 계산표 – 유효이자율법

일 자	장부금액 (액면금액-할인차금)	유효이자 (장부금액×유효이자율)	액면이자 (액면금액×액면이자율)	상각액(추가 이자수익) (유효이자-액면이자)
2011년 초	₩950,262			
2011년 말	965,288	₩95,026	₩80,000	₩15,026
2012년 말	981,817	96,529	80,000	16,529
2013년 말	1,000,000	98,183*	80,000	18,183
계		₩289,738	₩240,000	₩49,738

* 단수차이 조정

2. 이자수익 회계처리 후 만기보유금융자산계정(상각후원가)

만기보유금융자산계정과 상각후원가(장부금액)

12월 31일	만기보유금융자산 No. ×××			
(2011년*)	1/1	현 금	950,262	* 상각후원가 = ₩965,288 (₩15,026 포함)
(2012년**)	12/31	이자수익	15,026*	** 상각후원가 = ₩981,817 (₩16,529 포함)
(2013년***)		이자수익	16,529**	*** 상각후원가 = ₩1,000,000 (₩18,183 포함)
		이자수익	18,183***	

3. 2013년 말 만기사채의 회수

일 자	투자자의 회계처리	발행자의 회계처리
12월 31일	(차) 현 금 1,000,000	(차) 사 채 1,000,000

제4절 매도가능금융자산

4.1 매도가능금융자산의 의의

매도가능금융자산(available-for-sale financial assets)은 매도가능항목으로 지정한 비파생금융자산 또는 다음으로 분류되지 않는 비파생금융자산을 말한다.

(1) 대여금 및 수취채권
(2) 만기보유금융자산
(3) 당기손익인식금융자산

매도가능금융자산에는 당기손익인식금융자산에 포함되지 않는 지분상품(주식), 만기까지 보유할 의도가 없는 채무상품(사채), 그리고 금융기관이 취급하는 각종 금융상품(펀드)이 포함된다. 요컨대 당기손익인식금융자산이나 만기보유금융자산으로 분류되지 않는 주식과 사채, 그리고 금융기관이 취급하는 금융상품이 매도가능금융자산이 된다. 다만 주식의 경우 발행회사의 의결권 있는 주식 중 20% 이상을 보유하면, 이를 지분법적용투자주식으로 분류한다. K-IFRS는 다음의 요건을 통해 매도가능금융자산을 분류하고 있다.

[매도가능금융자산의 분류]

(1) 당기손익인식금융자산에 해당하지 않는 지분상품, (2) 당기손익인식금융자산에 해당하지 않고 만기까지 보유할 의도가 없는 채무상품, (3) 현금및현금성자산과 당기손익인식금융자산 및 만기보유금융자산으로 분류되지 않는 금융자산

매도가능금융자산은 이와 같이 당기손익인식금융자산이나 만기보유금융자산, 지분법적용투자주식에 포함되지 않는 유가증권이 주된 요소로서, 이를 지분상품과 채무상품으로 나누어 측정을 검토한다. 기업은 유휴자금으로 지분 및 채무상품이나 금융상품을 구입하여 배당금이나 이자, 시세차익의 이익을 얻게 된다.

4.2 매도가능금융자산의 측정–지분상품

(1) 인 식

기업은 금융상품의 계약당사자가 될 때 매도가능금융자산으로 인식하고 재무상태표에 계상한다. 예를 들어 기업이 지분상품(주식)을 매입하게 되면 계약시점에 매도가능금융자산을 재무상태표에 인식한다. 금융자산을 매매거래의 정형화된 시스템에 의해 매입하는 경우 매매일에 인식한다.

(2) 최초측정

매도가능금융자산은 최초 인식 시 공정가치로 측정하여 취득원가로 기록한다. 이 경우 매도가능금융자산의 취득에 직접 관련되어 나타나는 거래원가는 취득원가에 포함시켜 측정한다. 이에 해당하는 거래원가에는 해당자산의 취득 및 발행, 처분에 나타나는 법률 및 회계 자문료, 중개수수료, 증권수수료, 양도세 및 인지세 등이 포함된다. 취득원가는 기말평가를 위해 종목별로 산정하여 관리하면 편리하다. 회계기간 중에는 매도가능금융자산(주식)으로부터 현금배당을 받게 된다. 배당금은 받을 권리가 확정(배당결의시점)되는 시점에 배당금수익계정에 기록하여 당기손익으로 인식한다. 하지만 때때로 발행회사로부터 현금배당 대신에 주식배당이나 무상증자를 받는 경우도 있다. 무상증자나 주식배당에 따라 받은 주식은 보유하고 있는 투자주식의 실질가치가 증가하는 것이 아니므로 별도의 수익으로 인식하지 않는다. 간단한 〈예제 8-7〉을 통해 매도가능금융자산의 최초 인식과 측정의 회계처리를 학습한다.

예제 [8-7]

• (주)골드만삭스는 배당금과 시세차익을 목적으로 매도가능금융자산(주식)을 구입하였다. 요구사항에 대하여 대답하시오.

5월 31일 당사는 장기적 배당금과 시세차익을 목적으로 (주)삼성전자가 발행한 주식 200주(발행주식 총수의 1%)를 주당 ₩30,000에 매입하고 수수료 ₩50,000과 함께 현금을 지급하다.

7월 7일 당사는 유효자금을 이식하기 위해 (주)LG가 발행한 주식 100주(발행주식 총수의 0.5%)를 주당 ₩70,000에 매입하고 수수료

₩60,000과 함께 현금을 지급하다.

10월 31일 (주)LG로부터 배당금 ₩200,000을 현금으로 받다.

☞ **요구사항**

1. 일자별로 필요한 회계처리를 나타내시오.

해답 ≪≪≪

일 자	분 개 기 록			
5. 31.	(차) 매도가능금융자산	6,050,000	(대) 현 금	6,050,000
7. 7.	(차) 매도가능금융자산	7,060,000	(대) 현 금	7,060,000
10. 31.	(차) 현 금	200,000	(대) 배당금수익	200,000

(3) 후속측정

매도가능금융자산을 구입하여 보유하면 기말평가를 하게 된다. 매도가능금융자산은 **공정가치**에 따라 기말평가를 한다. 평가에 따라 나타난 **평가손익**은 재무상태표와 포괄손익계산서에서 당기손익이 아닌 **기타포괄손익**(other comprehensive income)으로 처리한다. 구체적으로 매도가능금융자산평가손익은 포괄손익계산서에서 당기순손익 아래의 기타포괄손익항목에 계상하고, 재무상태표에서는 자본의 기타자본요소(기타포괄손익누계액계정)항목에 계상하여, 미실현평가손익에 관한 정보를 제공함을 유의해야 한다.

매도가능금융자산은 **활성거래시장**의 유무에 따라 **공정가치법과 원가법**에 의해 평가하도록 K-IFRS는 규정하고 있다. 예를 들어 취득한 주식과 사채가 한국거래소시장에 거래되고 있으면 공정가치에 의해 평가를 하게 된다. 하지만 취득한 주식과 사채가 상장되어 있지 않거나 거래정지에 따라 시장가격이 없으면 원가법에 따라 평가한다. 지분상품(투자주식)의 활성거래시장의 유무와 평가방법을 나타내면 다음과 같다.

지분상품(투자주식)의 평가방법

지분율	당기손익인식금융자산(20% 미만)	매도가능금융자산(20% 미만)		지분법적용 투자주식(20% 이상)	
시장성	있음	있음	없음	있음	없음
평가방법	공정가치법	공정가치법	원가법	지분법	
평가차익	당기순이익	기타포괄손익	없음	당기순이익	

주식은 취득 후에도 거래시장에서 가격이 하락하거나 상승을 반복하게 된다. 매도가능금융자산(투자주식)은 거래시장에서 형성된 공정가치에 따라 기말평가를 하게 된다. 구체적으로 기말평가의 내용을 살펴보면 다음과 같다.

① 활성거래시장이 있는 매도가능금융자산은 공정가치법으로 평가하고, 활성거래시장이 없는 증권은 원가법으로 평가한다.
② 공정가치법을 적용하는 경우 공정가치는 활성거래시장의 시장가격을 사용한다.
③ 공정가치가 취득원가(직전 연도 장부금액)보다 높으면, 매도가능금융자산계정 차변과 **매도가능금융자산평가이익계정** 대변에 차액을 기록한다. 공정가치가 취득원가(직전 연도 장부금액)보다 낮으면, **매도가능금융자산평가손실계정** 차변과 매도가능금융자산계정 대변에 차액을 기록한다. 이때 평가는 종목별로 하게 되지만 평가이익과 평가손실은 서로 상계하여 결과만을 회계처리하므로 유의하여야 한다. 예를 들어 A주식, B주식, C주식을 가지고 있으면 A · B · C 종목별로 공정가치와 취득원가를 비교하여 평가이익과 손실을 계산한다. 이때 A주식은 평가이익이 ₩10,000 발생하고 B주식은 평가손실이 ₩5,000 나타나면, 서로 상계하여 평가이익 ₩5,000으로 회계처리한다. 이와 같이 종목별로 평가하려면 보조장부에 시장가격(공정가치)을 기록하여 유지하여야 한다.
④ 매도가능금융자산평가이익과 매도가능금융자산평가손실은 재무상태표의 자본 중 기타자본요소에 기타포괄손익누계액으로 보고한다. 구체적으로 매도가능금융자산평가이익과 손실은 아직 실현된 것이 아니므로, 재무상태표의 이익잉여금(당기손익)에 보고하지 않으며, 장기간 보유하는 동안 나타나는 평가이익과 손실을 누적시켜, 기타자본요소에 계상하는 것이 타당하다. 하지만 당기손익인식금융자산(주식)은 가까운 미래에 매매되어 실현될 것이므로 평가이익과 평가손실을 당기의 포괄손익계산서에 계상하게 된다.
⑤ 매도가능금융자산평가이익과 손실은 매도가능금융자산을 처분하는 시점에서 금융자산처분이익과 금융자산처분손실에서 조정하게 된다.
⑥ 활성시장이 없는 주식은 원가법을 적용하여 평가한다. 원가법은 취득시에 원가를 기록하고 기말에도 장부금액을 그대로 유지하는 것을 말

한다. 따라서 기말에도 평가에 대한 회계처리는 나타나지 않는다. 간단한 〈예제 8-8〉을 통해 매도가능금융자산의 기말평가에 대하여 회계처리를 익히도록 한다.

예제 [8-8]

• 다음은 (주)버버리의 매도가능금융자산에 관한 거래이다. 요구사항에 대하여 대답하시오.

2010년 5월 11일 당사는 장기적 배당금과 시세차익을 목적으로 (주)리바이스가 발행한 주식 100주(발행주식 총수의 1%)를 주당 ₩5,000에 매입하고 수수료 ₩50,000과 함께 현금을 지급하다.

7월 10일 당사는 여유자금을 이식하기 위해 (주)캘빈클라인이 발행한 주식 50주(발행주식총수의 0.5%)를 주당 ₩6,000에 매입하고 수수료 ₩60,000과 함께 현금을 지급하다.

9월 31일 당사는 장기적 배당과 시세차익을 목적으로 (주)동화나라가 발행한 주식 30주(발행주식 총수의 0.3%)를 주당 ₩8,000에 매입하고 수수료 ₩50,000과 현금을 지급하다.

12월 31일 기말공정가치는 다음과 같다.

회 사	취득원가	공정가치	비 고
(주)리바이스	₩550,000	₩500,000	시장성 있음
(주)캘빈클라인	360,000	400,000	시장성 있음
(주)동화나라	290,000	310,000*	시장성 없음

* 순자산공정가치에 투자지분율을 곱하여 계산하였음.

2011년 4월 30일 (주)리바이스로부터 배당금 ₩50,000을 현금으로 받다.

5월 31일 (주)캘빈클라인의 주식 50주를 주당 ₩7,000에 처분하고 수수료 ₩20,000을 차감한 잔액을 현금으로 받다.

12월 31일 기말공정가치는 다음과 같다.

회 사	취득원가 2010년	공정가치 2010년	공정가치 2011년	비 고
(주)리바이스	₩550,000	₩500,000	₩520,000	시장성 있음
(주)동화나라	290,000	310,000*	250,000	시장성 없음

* 순자산공정가치에 투자지분율을 곱하여 계산하였음.

☞ 요구사항

1. 일자별로 필요한 회계처리를 나타내시오.
2. 기말수정분개를 반영한 부분재무상태표(2010.과 2011.)를 작성하시오.

해답 <<<

1. 일자별 분개기록

일 자	분 개 기 록			
2010. 5. 11.	(차) 매도가능금융자산(리바이스)	550,000	(대) 현 금	550,000
7. 10.	(차) 매도가능금융자산(캘빈클라인)	360,000	(대) 현 금	360,000
9. 31.	(차) 매도가능금융자산(동화나라)	290,000	(대) 현 금	290,000
12. 31.	(차) 매도가능금융자산평가손실 (기타포괄손익누계액)	50,000	(대) 매도가능금융자산(리바이스)	50,000
	(차) 매도가능금융자산(캘빈클라인)	40,000	(대) 매도가능금융자산평가이익 (기타포괄손익누계액)	40,000
2011. 4. 30.	(차) 현 금	50,000	(대) 배당금수익	50,000
5. 31.	(차) 현 금	330,000	(대) 매도가능금융자산(캘빈클라인)	400,000
	매도가능금융자산평가이익	40,000		
	매도가능금융자산처분손실	30,000*		
12. 31.	(차) 매도가능금융자산(리바이스)	20,000	(대) 매도가능금융자산평가손실	20,000

* 매도가능금융자산처분손실 = ₩330,000−₩400,000+₩40,000 = (₩30,000)

2. 부분재무상태표 작성

부분재무상태표

(주)버버리 2010년 12월 31일 현재 (단위 : 원)

⋮		⋮	
⋮		자 본	
기타금융자산		⋮	
매도가능금융자산	1,190,000	기타자본요소	
		매도가능금융자산평가손실	(10,000)

부분재무상태표

(주)버버리 2011년 12월 31일 현재 (단위 : 원)

⋮		⋮	
⋮		자 본	
기타금융자산		⋮	
매도가능금융자산	810,000	기타자본요소	
		매도가능금융자산평가손실	(30,000)

예제에서 리바이스와 캘빈클라인의 주식은 활성시장이 있으므로 공정가치법을 적용하고, 동화나라 주식은 활성시장이 없으므로 원가법을 적용하여 기말평가를 한다. 리바이스 주식은 가격이 하락하였으므로 매도가능금융자산평가손실계정 차변에 ₩50,000을 기입하여 평가손실을 계상하고, 캘빈클라인 주식은 가격이 상승하였으므로 매도가능금융자산평가이익계정 대변에 ₩40,000을 기록하여 평가이익을 계상한다. 하지만 동화나라 주식은 거래시장이 없으므로 공정가치를 알 수 없어 취득원가대로 기록을 유지하게 된다. 기말평가에 따라 나타난 평가이익과 손실은 서로 상계하여 매도가능금융자산평가손실 ₩10,000만을 재무상태표에 보고하게 된다.

회사는 주식을 보유하는 동안 가격이 적절할 때 처분하여 시세차익을 얻는다. **매도가능금융자산을 처분하는 경우에는 보유기간에 나타난 매도가능금융자산평가이익과 손실계정을 모두 반영하여 처분손익을 계산하여야 한다.** 처분에 대한 회계처리가 이루어지면 종목별로 설정되었던 매도가능금융자산평가이익과 손실, 매도가능금융자산계정은 모두 제거되고 거래가 완결된다. 매도가능금융자산의 처분이익과 손실은 다음의 두 단계로 계산된다.

① 처분가액에서 장부금액을 차감한다.
② 차감한 결과(①)에 매도가능금융자산평가이익은 가산하고, 매도가능금융자산평가손실은 차감한다. 계산결과 양의 값은 **금융자산처분이익**이 되며 음의 값은 **금융자산처분손실**이 된다. 계산식을 나타내면 다음과 같다. 간단한 〈예제 8-9〉를 통해 매도가 능금융자산의 처분에 따른 회계처리를 학습하기로 한다.

금융자산처분손익 = 처분가액
−[장부금액 ± 자본항목으로 인식된 누적평가손익]
(취득원가와 동일한 금액이 된다)

예제 [8-9]

• 다음은 (주)지오다노의 매도가능금융자산에 관한 거래이다. 요구사항에 대하여 대답하시오.

2010년 10월 11일 당사는 장기적 배당금과 시세차익을 목적으로 (주)엔진이 발행한 주식 50주(발행주식 총수의 1%)를 주당 ₩5,000에 매입하고 수수료 ₩30,000과 함께 현금을 지급하다.

12월 31일 연말 자본시장에서 엔진주식은 주당 ₩4,000으로 거래되었다 .

☞ 요구사항

1. 주식취득에 대한 회계처리를 나타내시오.
2. 기말평가를 하시오.
3. 2011. 3. 5. 엔진주식을 주당 ₩4,500에 처분하고 수수료 ₩20,000을 차감한 잔액을 현금으로 받은 경우에 회계처리를 나타내시오.
4. 2011. 3. 5. 엔진주식을 주당 ₩6,500에 처분하고 수수료 ₩20,000을 차감한 잔액을 현금으로 받은 경우에 회계처리를 나타내시오.

해답

1. 일자별 분개기록

일 자	분 개 기 록			
2010. 10. 11.	(차) 매도가능금융자산(엔진)	280,000	(대) 현 금	280,000
12. 31.	(차) 매도가능금융자산평가손실 (기타포괄손익누계액)	80,000	(대) 매도가능금융자산(엔진)	80,000
2011. 3. 5.	(차) 현 금	205,000	(대) 매도가능금융자산(엔진)	200,000
	금융자산처분손실*	75,000	매도가능금융자산평가손실	80,000
3. 5.	(차) 현 금	305,000	(대) 매도가능증권(엔진)	200,000
			매도가능증권평가손실	80,000
			매도가능증권처분이익	25,000**

* 금융자산처분손실 = ₩205,000−₩200,000−₩80,000 = (₩75,000)

** 금융자산처분이익 = ₩305,000−₩200,000−₩80,000 = ₩25,000

4.3 매도가능금융자산의 측정–채무상품

(1) 인 식

기업은 금융상품의 **계약당사자가 될 때** 매도가능금융자산으로 인식하고 재무상태표에 계상한다. 예를 들어 기업이 채무상품(사채)을 매입하게 되면 계약시점에 매도가능금융자산을 재무상태표에 인식한다. 금융자산을 매매거래의 정형화된 시스템에 의해 매입하는 경우 매매일에 인식한다.

(2) 최초 측정

매도가능금융자산은 최초 인식 시 **공정가치**로 측정하여 취득원가로 기록한다. 이 경우 매도가능금융자산의 취득에 직접 관련되어 나타나는 **거래원가**는 취득원가에 포함시켜 측정한다. 이에 해당하는 거래원가에는 해당자산의 취득 및 발행, 처분에 나타나는 법률 및 회계 자문료, 중개수수료, 증권수수료, 양도세 및 인지세 등이 포함된다. 예를 들어 사채는 시장에서 거래되는 공정가치를 지급하고 취득하게 된다. 사채의 공정가치는 사채의 원금과 이자를 시장이자율에 의해 할인한 현재가치가 된다. 여기서 구입수수료가 발생하면 이를 취득원가에 포함시키게 된다. 사채(채무상품)를 구입하면 매도가능금융자산계정 차변과 현금계정 대변에 취득원가를 기록하게 된다. 간단한 사채의 〈예제 8-10〉을 통해 매도가능금융자산(채무상품)의 취득에 관한 회계처리를 익히도록 한다.

예제 [8-10]

• (주)SK Ⅱ 은 2010. 1. 1. 유휴자금으로 이자수익과 시세차익을 목적으로 로레알이 발행한 사채를 구입하여 장기간 보유하기로 하였다. 구입한 사채의 발행조건은 다음과 같다.

액면금액 : ₩1,000,000	발 행 일 : 2010년 1월 1일
만 기 : 2012년 12월 31일	액면이자율 : 연 8%
이자지급일 : 매년 12월 31일	시장이자율 : 연 10%

☞ **요구사항**

1. 당사는 한국거래소시장으로부터 앞의 사채를 ₩950,262(수수료 ₩20,000 포함)에 구입하였다. 사채취득(발행)에 대한 투자자(발행자)의 입장에서 회계처리를 나타내시오. 참고로 사채의 공정가치계산은 만기보유금융자산에서 설명하였으므로 참고하기 바란다.

해답 ≪≪≪

1. 매도가능금융자산(투자사채)의 취득에 관한 회계처리

일 자	투자자의 회계처리	발행자의 회계처리
1월 1일 (2010년)	(차) 매도가능금융자산 950,262 (대) 현 금 950,262	(차) 현 금 950,262 사채할인발행차금 49,738 (대) 사 채 1,000,000

(3) 후속측정

매도가능금융자산을 구입하여 보유하면 기말평가를 하게 된다. 매도가능금융자산은 **공정가치**에 따라 기말평가를 한다. 평가에 따라 나타난 **매도가능금융자산평가손익**은 재무상태표나 포괄손익계산서에서 당기손익이 아닌 **기타포괄손익**으로 처리한다.

매도가능금융자산 중 채무상품을 보유하면 이자수익, 기말평가, 매각처분에 대한 회계처리가 발생한다. 예를 들어 사채(채무상품)를 구입하면 이자를 받기로 한 날짜와 기말결산시점에 발생된 이자수익을 계상해야 한다. 이자금액은 **'투자(장부)금액×시장(유효)이자율'**에 의해 계산되는데 이를 **유효이자**라고 한다. 유효이자는 액면이자와 다를 수도 있다. 예를 들어 할인발행된 사채를 구입한 경우를 보기로 하자. 〈예제 8-10〉에서는 시장이자율이 10%일 때 발행자는 8%(액면이자율)의 이자를 주기로 하고 사채를 발행한다. 이 경우 투자자는 사채의 투자금액이 ₩950,262일 때 받아야 할 이자는 ₩95,026(₩950,262×10%)이 된다. 하지만 실제로 이자를 받는 금액은 ₩80,000(₩1,000,000×8%)이므로 첫 해에 ₩15,026(₩95,026-₩80,000)만큼 차이가 발생한다. 차액 ₩15,026은 유효이자와 액면이자의 차이로서 근본적으로는 시장이자율 10%와 액면이자율 8% 때문에 발생한 것이다. 투자자는 매년 적게 받게 되는 이자차액을 매

도가능금융자산계정 차변에 계상하여 만기에 일괄적으로 받게 된다.

채무상품(매도가능금융자산)의 보유자는 이자를 받기로 한 날짜에 이자수익에 대한 회계처리를 하여야 한다. **이자수익에 대한 회계처리**는 다음과 같다.

① 매도가능금융자산(투자사채)의 장부금액을 확인한다.
② 유효이자(장부금액×발행시점의 시장이자율)를 계산한다.
③ 이자차액 '유효이자－액면이자'를 계산한다.
④ 현금계정 차변에 액면이자의 실제 수령액을 기입하고, 매도가능금융자산계정 차변에 이자차액, 이자수익계정 대변에 유효이자를 기록한다.

〈예제 8－11〉을 이용하여 사채할인발행의 경우 이자수익의 회계처리를 학습하기로 하자. 여기서 이자수익은 유효이자율법에 따라 인식되며 채무상품보유자(투자자)의 회계처리는 발행자와 반대로 나타나게 됨을 충분히 이해하여 두기로 하자. 참고로 매도가능금융자산(채무상품)의 이자수익에 관한 회계처리는 제3절 만기보유금융자산에서 설명한 만기(투자)사채의 이자수익에 대한 회계처리와 동일함으로 참고하기 바란다.

예제 [8－11]

• 〈예제 8－10〉을 이용하여 요구사항에 대답하시오.

☞ **요구사항**

1. 유효이자표를 작성하고 유효이자, 액면이자, 추가 이자수익을 계산하시오.
2. 보유기간에 나타나는 이자수익에 대한 회계처리를 투자자(발행자)의 입장에서 나타내시오.

해답 ≪≪≪

1. 유효이자와 추가 이자수익 계산표

유효이자, 액면이자, 추가 이자수익 계산표 – 유효이자율법				
일 자	장부금액 (액면금액–할인차금)	유효이자 (장부금액×유효이자율)	액면이자 (액면금액×액면이자율)	상각액(추가 이자수익) (유효이자–액면이자)
2010년 초	₩950,262			
2010년 말	965,288	₩95,026	₩80,000	₩15,026
2011년 말	981,817	96,529	80,000	16,529
2012년 말	1,000,000	98,183*	80,000	18,183
계		₩289,738	₩240,000	₩49,738

* 단수차이 조정

2. 이자수익의 회계처리

일 자	투자자의 회계처리	발행자의 회계처리
12월 31일 (2010년)	(차) 현 금 80,000 매도가능금융자산 15,026 (대) 이 자 수 익 95,026	(차) 이자비용 95,026 (대) 현 금 80,000 사채할인발행차금 15,026
12월 31일 (2011년)	(차) 현 금 80,000 매도가능금융자산 16,529 (대) 이 자 수 익 96,529	(차) 이 자 비 용 95,529 (대) 현 금 80,000 사채할인발행차금 16,529
12월 31일 (2012년)	(차) 현 금 80,000 매도가능금융자산 18,183 (대) 이자수익 98,183	(차) 이 자 비 용 98,183 (대) 현 금 80,000 사채할인발행차금 18,183

사채는 취득 후에도 거래시장에서 가격이 하락하거나 상승을 반복하게 된다. 투자자는 거래시장에서 형성된 공정가치에 따라 기말평가를 하게 된다. 구체적으로 기말에 이루어지는 투자사채의 평가절차를 살펴보면 다음과 같다.

① 매도가능금융자산(투자사채)은 공정가치법에 따라 기말평가를 한다.

② 취득원가와 액면금액이 다를 경우(할인 · 할증발행)에는 그 차액을 상환기간에 걸쳐 유효이자율법에 따라 상각하고, 이를 취득원가(매도가능금융자산계정)와 이자수익에 가감한다. 여기서 취득원가에 상각액을 가산하면 해당시점의 장부금액이 된다.

③ 결산시점에 공정가치(시장가격)와 장부금액(매도가능금융자산)을 비교하여 차액을 계산한다. 공정가치가 직전 연도 장부금액보다 높으면 매도

가능금융자산계정 차변과 **매도가능금융자산평가이익계정** 대변에 차액을 기록한다. 공정가치가 직전 연도 장부금액보다 낮으면 **매도가능금융자산평가손실계정** 차변과 매도가능금융자산계정 대변에 차액을 기록한다.

④ 매도가능금융자산평가이익과 매도가능금융자산평가손실은 아직 실현된 것이 아니므로, 포괄손익계산서에서 당기손익이 아닌 기타포괄손익항목에 계상하며, 재무상태표에는 자본 중 기타자본요소(기타포괄손익누계액계정)에 계상한다. 〈예제 8-12〉를 이용하여 사채할인발행의 경우 기말평가에 대한 회계처리를 학습하기로 한다.

예제 [8-12]

• 〈예제 8-10〉을 사용하여 요구사항에 대답하시오. 단, 다음은 매도가능금융자산(투자사채)에 대한 일련의 거래이다.

☞ **요구사항**

1. 2010년 말 이자수익을 회계처리하시오.
2. 2010년 말 이자수익 처리 후 매도가능금융자산계정(장부금액)을 나타내시오.
3. 2010년 말 사채의 공정가치가 ₩975,000일 경우 기말평가를 하고 매도가능증권계정(장부금액)을 나타내시오.
4. 2011년 말 이자수익을 회계처리하시오.
5. 2011년 말 이자수익 처리 후 매도가능금융자산계정(장부금액)을 나타내시오.
6. 2011년 말 사채의 공정가치가 ₩980,000일 경우 기말평가를 하고 매도가능금융자산계정(장부금액)을 나타내시오.
7. 2011년 말 기말평가가 이루어진 후 매도가능금융자산계정(장부금액)을 나타내시오.
8. 2012년 1월 1일 사채를 ₩900,000에 매각한 경우 회계처리를 나타내시오.

해답

1. 2010년 말 이자수익의 회계처리

일 자	투자자의 회계처리	발행자의 회계처리
12월 31일 (2010년)	(차) 현 금 80,000 매도가능금융자산 15,026 (대) 이자수익 95,026*	(차) 이자비용 1,000,000 (대) 현 금 80,000 사채할인발행차금 15,026

* 추가 이자수익(유효이자-액면이자)은 〈예제 8-11〉 유효이자와 추가 이자수익 계산표를 참고

2. 2010년 말 이자수익의 회계처리 후 매도가능금융자산계정과 장부금액

매도가능금융자산계정과 장부금액		
12월 31일 (2010년)	매도가능금융자산 No. ××× 1/1 현 금 950,262 | 12/31 이자수익 15,026 |	* 장부금액 = ₩950,262 + ₩15,026 = ₩965,288

3. 2010년 말 기말평가와 평가 후 매도가능금융자산계정(장부금액)

분개기록 – 기말평가			
12월 31일 (2010년)	(차) 매도가능금융자산 9,712 (대) 매도가능금융자산평가이익 9,712** (기타포괄손익누계액)	매도가능금융자산 1/1 현 금 950,262 12/31 이자수익 15,026 평가이익 9,712	* 장부금액= 950,262+15,026 +9,712=975,000
** 매도가능금융자산평가이익 = ₩975,000 – ₩965,288 = ₩9,712			

4. 2011년 말 이자수익의 회계처리

일 자	투자자의 회계처리	발행자의 회계처리
12월 31일 (2011년)	(차) 현 금 80,000 매도가능금융자산 16,529 (대) 이자수익 96,529	(차) 이자비용 96,529 (대) 현 금 80,000 사채할인발행차금 16,529

5. 2011년 말 이자수익의 회계처리 후 매도가능금융자산계정과 장부금액

매도가능금융자산계정과 장부금액		
12월 31일 (2011년)	매도가능금융자산 No. ××× 1/1 현 금 950,262 | 12/31 이자수익 15,026 | 평가이익 9,712 | 이자수익 16,529 |	* 장부금액 = ₩950,262+ ₩15,026 + ₩9,712+ ₩16,529 = ₩991,529

6. 2011년 말 기말평가

분개기록 – 기말평가			
12월 31일 (2011년)	(차) 매도가능금융자산평가이익 9,712 매도가능금융자산평가손실 1,817** (기타포괄손익누계액) (대) 매도가능금융자산 11,529**	매도가능금융자산 No. ××× 1/1 현 금950,262 12/31 이자수익 15,026 평가이익 9,712 이자수익 16,529	12/31 평가손실 11,529
** 매도가능금융자산평가손실 = ₩980,000 – ₩991,529 = ₩(11,529) = ₩(11,529) + ₩9,712 = ₩(1,817)			

7. 2011년 기말평가 후 매도가능금융자산계정과 장부금액

매도가능증권계정과 장부금액			
12월 31일 (2011년)	매도가능증권 No. ×××		* 장부금액
	1/1 현 금 950,262 12/31 이자수익 15,026 평가이익 9,712 이자수익 16,529	2/31 평가손실 11,529	= ₩950,262+ ₩15,026 + ₩9,712+ ₩16,529 − ₩11,529 = ₩980,000

8. 2012년 1월 1일 매도가능금융자산(투자사채)의 처분

구 분	분 개 기 록			
2012. 1. 1.	(차) 현 금	900,000	(대) 매도가능금융자산	980,000
	금융자산처분손실	81,817**	매도가능금융자산평가손실	1,817

** 매도가능증권처분손실 = ₩900,000 − ₩980,000 − ₩1,817 = ₩(81,817)

기업은 사채를 보유하는 동안 가격이 적절할 때 처분하여 시세차익을 얻는다. 매도가능금융자산을 처분하는 경우에는 보유기간에 나타난 매도가능금융자산평가이익과 손실계정을 모두 반영하여 처분손익을 계산하여야 한다. 처분에 대한 회계처리가 이루어지면 종목별로 설정되었던 매도가능금융자산평가이익과 손실, 매도가능금융자산 계정은 모두 제거되고 거래가 완결된다. 매도가능금융자산처분이익과 손실은 다음의 두 단계로 계산된다.

① 처분가액에서 장부금액을 차감한다.
② 차감한 결과(①)에 매도가능금융자산평가이익은 가산하고, 매도가능금융자산평가손실은 차감한다. 계산결과 양의 값은 **금융자산처분이익**이 되며 음의 값은 **금융자산처분손실**이 된다. 계산식을 나타내면 다음과 같다. 앞의 예제에서 회계처리를 학습하기로 한다.

금융자산처분손익 = 처분가액
− [장부금액 ± 자본항목으로 인식된 누적평가손익]
(취득원가와 동일한 금액이 된다)

금융자산의 손상 제5절

5.1 손상발생의 사유

기업은 거래활동으로부터 당기손익인식금융자산, 만기보유금융자산, 대여금 및 수취채권, 매도가능금융자산의 금융자산을 보유하게 된다. 일반적으로 이들 금융자산은 필요할 때 현금으로 회수되지만 때때로 거래상대방의 자금사정이나 파산 등으로 회수가 어려울 때가 있다. 손상은 기업이 보유하고 있는 금융자산의 일부 또는 전부를 거래상대방의 부도나 파산으로 현금회수가 불가능하게 된 것을 말한다. 여기서 당기손익인식금융자산은 결산 때마다 공정가치로 평가하고, 평가손익을 당기손익에 반영하므로 손상차손으로 회계처리할 대상이 아니다. 하지만 대여금 및 수취채권, 만기보유금융자산, 매도가능금융자산은 결산기말에 객관적 손상여부를 검토하고 회계처리를 하여야 한다.

손상은 금융자산(대여금 및 수취채권, 만기보유금융자산, 매도가능금융자산)을 최초 인식 후 하나 이상의 손상사건이 발생하고, 그 결과 손상되었다는 객관적 증거(objective evidence)가 있으며, 그 손상사건이 금융자산(또는 금융자산의 집합)의 추정미래현금흐름에 영향을 미친 경우에 인식되며, 이때 손상차손이 발생된 것으로 본다. 여기서 손상은 하나의 사건에 의해 또는 여러 사건의 복합적 결과에 따라 나타날 수 있다. K-IFRS 제1039호는 손상되었다는 객관적 증거로 다음의 손상사건을 제시하고 있다.

(1) 다음은 금융자산의 손상을 나타내는 객관적인 징후들이다.

① 금융자산의 발행자나 지급의무자의 중요한 재무적 어려움

② 이자지급이나 원금상환의 불이행이나 지연과 같은 계약위반

③ 채무자의 재무적 어려움에 관련된 경제적 또는 법률적 이유로 인한 당초 차입조건의 불가피한 완화

④ 채무자의 파산이나 기타 재무구조조정 등의 가능성이 높은 상태

⑤ 재무적 어려움으로 당해 금융자산에 대한 활성거래시장의 소멸

⑥ 금융자산의 집합에 포함된 개별 금융자산의 추정미래현금흐름의 감소

를 식별할 수 없지만, 최초인식 후 당해 금융자산 집합의 추정미래현금흐름에 측정가능한 감소가 있다는 것을 시사하는 관측가능한 자료

⑦ 지분상품의 공정가치가 원가 이하로 중요하게 또는 지속적으로 하락하는 경우

(2) 다음은 금융자산의 손상을 객관적이라고 볼 수 없는 징후들이다.

① 미래 사건의 결과로 예상되는 손상차손은 발생가능성이 높다고 하더라도 인식하지 않는다.(예, 예상 부도가능성, 실업률 증가, 경기하강국면으로 진입)

② 금융상품이 공적시장에서 거래되지 않아 활성거래시장이 소멸하더라도 그것만으로 손상의 증거가 되는 것은 아니다.

③ 신용등급이 하락한 사실만으로는 손상의 증거가 되지 않는다. 하지만 기타 적절한 이용가능한 정보를 함께 고려한 경우에는 손상의 증거가 될 수 있다.

④ 유효이자율의 증가에 따라 현재가치의 감소에 의한 채무증권의 공정가치감소가 반드시 손상의 증거가 되는 것은 아니다.

5.2 장기채권의 손상차손

대여금과 수취채권은 단기와 장기 채권으로 구분된다. 단기대여금 및 수취채권은 기말에 채무자의 파산 등의 사유로 회수불가능 하게 되면 대손상각비로 계상하여 손상차손을 반영한다. 이에 관해서는 제7장에서 설명하였다.

장기대여금 및 수취채권은 최초 인식시점에 미래현금흐름을 현재가치로 측정한 공정가치를 기록하고, 보유기간 중에 상각후원가로 평가한다. 장기대여금 및 수취채권은 기말에 손상이 발생하였다는 객관적 증거가 있는 경우, 손상차손(대손)을 인식하여야 한다. 손상차손은 장부금액에서 **회수가능액**을 차감한 차액이 된다.

◈ 손상차손 : 장부금액 − 회수가능액(추정 미래현금흐름의 현재가치*)
* 최초 인식시점에 계산된 유효이자율로 할인한 금액

손상차손은 해당자산의 장부금액에서 손상차손을 **직접차감**(직접상각법)하거나, 대손충당금계정을 사용하여 손상차손을 **간접차감**(충당금설정법)한다. 여기서 손상차손은 **금융자산손상차손** 또는 대손상각비계정을 사용하여 당기손실로 계상한다. 간단한 〈예제 8-13〉을 통해 장기채권의 손상차손을 학습한다.

예제 [8-13]

• (주)헤라는 20×2년 1월 1일에 향수추출기계(장부금액 ₩9000,000, 공정가치 ₩900,524)를 매각하고 장기성어음을 받았다. 당사의 결산일은 매년 말이며, 관련 자료는 다음과 같다.

(1) 장기성어음은 액면금액 ₩1,000,000, 만기 3년, 액면이자율 연 6%, 이자지급일은 매년 12월 31일이며, 매매거래시점에 시장(유효)이자율은 연 10%이다.

(2) 20×3년 말 어음발행회사의 유동성위기로 20×4년부터 이자회수가 어렵게 되었으며, 만기시점에 액면금액의 60%만 회수할 수 있을 것으로 예상되었다.

☞ **요구사항**

1. 장기성어음의 각 연도말 장부금액(상각후원가)을 계산하시오.
2. 20×3년 말 계상될 손상차손을 계산하시오.
3. 장기성어음과 관련하여 20×4년 말까지 행할 회계처리를 표시하시오.

해답 ≪≪≪

1. 장기성어음의 장부금액 – 유효이자율법에 의한 상각표

유효이자, 액면이자, 추가 이자수익 계산표 – 유효이자율법

일 자	장부금액 (액면금액–할인차금)	유효이자 (장부금액×유효이자율)	액면이자 (액면금액×액면이자율)	상각액(추가 이자수익) (유효이자–액면이자)
20×2년 초	₩900,524			
20×2년 말	930,576	₩90,052	₩60,000	₩30,052
20×3년 말	963,634	93,058	60,000	33,058
20×4년 말	1,000,000	96,366*	60,000	36,366
계		₩279,476	₩180,000	₩99,476

* 단수차이 조정

2. 20×3년 말 장기성어음의 손상차손

1/1(20×2)	12/31(20×2)	12/31(20×3)	12/31(20×4)
취득		현재가치(10%)	₩0(이자)
		= ₩545,455 ←	₩600,000(액면금액)

* 20×3년말 손상차손 : ₩963,634 − ₩545,455(₩600,000÷1.1) = ₩418,179

3. 일자별 회계처리

일 자	분개기록			
20×2. 1. 1.	(차) 미 수 금	900,524	(대) 유형자산	900,000
			유형자산처분이익	524
	또는			
	(차) 미 수 금	1,000,000	(대) 유형자산	900,000
			현재가치할인차금	99,476
			유형자산처분이익	524
12. 31.	(차) 현 금	60,000	(대) 이자수익	90,052
	미 수 금	30,052		
	(현재가치할인차금)			
20×3. 12. 31.	(차) 현 금	60,000	(대) 이자수익	93,058
	미 수 금	33,058		
	(현재가치할인차금)			
	(차) 금융자산손상차손***	418,179	(대) 미 수 금*	418,179
			(대손충당금)**	

* 직접상각법, ** 충당금설정법,
*** 장부금액 (₩963,634) − 회수가능액 (₩545,455) = ₩418,179

5.3 만기보유금융자산의 손상차손

만기보유금융자산은 대부분 채무상품으로 구성되며, 기말에 상각후원가로 평가한다. 상각후원가로 기록된 만기보유금융자산의 장부금액이 손상되었다는 객관적 증거가 확인되면, 손상차손을 인식한다. 손상차손은 해당자산의 장부금액에서 추정미래현금흐름의 현재가치를 차감하여 계산한다. 여기서 추정미래현금흐름은 발생된 것을 기준으로 하며 아직 발생하지 않는 미래의 신용손실은 고려하지 않는다. 손상차손은 해당자산의 장부금액에서 손상차손을 직접차감(직접상각법)하거나, 대손충당금계정을 사용하여 손상차손을 간접차감(충당금설정법)한다. 여기서 손상차손은 **금융자산손상차손계정**을 사용하여 당기손실로 계상한다.

◈ 손상차손 : 장부금액 − 회수가능액(추정 미래현금흐름의 현재가치*)
* 최초 인식시점에 계산된 유효이자율로 할인한 금액

손상차손은 기록한 후 보유기간에 **손상이 회복**되고, 이러한 회복이 손상을 인식한 후에 발생한 사건(예, 채무자의 신용등급 향상)과 객관적으로 관련된 경우에는 회복된 금액을 **당기이익**으로 인식한다. 다만, 회복 후 장부금액은 손상을 인식하지 않았다면 회복일 현재 인식했을 상각후원가를 초과하지 않아야 한다. 회복된 금액은 **손상차손회복계정**을 사용하거나 또는 **손상차손누계액계정**을 조정하여 당기이익으로 계상한다. 간단한 〈예제 8-14〉를 통해 만기보유금융자산의 채무상품에 대한 손상차손을 학습한다.

예제 [8-14]

• (주)샤롯데는 20×2년 1월 1일에 채무증권을 ₩925,393에 취득하고 만기보유금융자산으로 분류하였다. 당사의 결산일은 12월 31일이며, 관련 자료는 다음과 같다. 요구사항에 대답하시오.

(1) 채무증권은 액면금액 ₩1,000,000, 만기 3년, 액면이자율 연 7%, 이자지급일은 매년 12월 31일이며, 매매거래시점에 시장(유효)이자율은 연 10%이다.

(2) 20×2년 말 채무증권의 발행회사가 재무적 곤경으로 법정관리상태가 되었으며, 이에 따라 20×3년에 액면이자의 회수가 어렵고, 만기 시에 액면금액의 80%만을 회수할 수 있을 것으로 예상되었다.

(3) 위의 채무증권 발행회사는 20×3년 말에 경기상승에 따라 재무상태가 호전되어 법정관리에서 해제되었으며, 따라서 20×3년 말 이자뿐만 아니라 만기에 원금상환 및 이자지급이 정상적으로 이루어질 것으로 판단된다.

☞ **요구사항**

1. 유효이자표를 작성하고 유효이자, 액면이자, 추가 이자수익을 계산하시오.
2. 20×2. 1. 1. 취득시점의 회계처리를 나타내시오.
3. 20×2. 12. 31. 이자수익과 손상차손에 대한 회계처리를 나타내시오.
4. 20×3. 12. 31. 손상차손회복에 대한 회계처리를 나타내시오.

해답

1. 유효이자와 추가 이자수익(상각액) 계산표

유효이자, 액면이자, 추가 이자수익 계산표 – 유효이자율법

일 자	장부금액 (액면금액–할인차금)	유효이자 (장부금액×유효이자율)	액면이자 (액면금액×액면이자율)	상각액(추가 이자수익) (유효이자–액면이자)
20×2년 초	₩925,393			
20×2년 말	947,932	₩92,539	₩70,000	₩22,539
20×3년 말	972,725	94,793	70,000	24,793
20×4년 말	1,000,000	97,275*	70,000	27,275
계		₩284,607	₩210,000	₩74,607

* 단수차이 조정

2. 20×2. 1. 1. 취득시점의 회계처리

일 자	투자자의 회계처리	발행자의 회계처리
1월 1일 (20×2년)	(차) 만기보유금융자산 925,393 (대) 현 금 925,393	(차) 현 금 925,393 사채할인발행차금 74,607 (대) 사 채 1,000,000

3. 20×2. 12. 31. 이자수익과 손상차손의 회계처리

일 자	분 개 기 록
20×2. 12. 31.	(차) 현 금 70,000 (대) 이자수익 92,539 만기보유금융자산 22,539 (차) 금융자산손상차손 286,775* (대) 만기보유금융자산 286,775

* 20×2년 말 손상차손 : 장부금액(상각후원가) – 회수가능액
= ₩947,932 – ₩661,157(= ₩800,000 ÷ 1.1^2)
= ₩286,775

4. 20×3. 12. 31. 이자수익과 손상차손회복에 대한 회계처리

일 자	분 개 기 록			
20×3. 12. 31.	(차) 만기보유금융자산	311,568*	(대) 손상차손회복	311,568

* 20×3년 말 손상차손회복액 :
손상차손이 없었을 경우 상각후원가 – 손상차손 회복전 상각후원가
= ₩972,725 – ₩661,157
= ₩311,568

5.4 매도가능금융상품의 손상차손

(1) 원가를 장부금액으로 하는 지분상품

기업은 장기적 보유목적으로 지분상품을 구입하면, 최초 인식 시 공정가치(평가기법)로 평가하여 취득원가로 기록한다. 하지만 지분상품의 활성거래시장이 없어 공시가격을 알 수 없으면 기말평가는 취득원가로 유지한다. 원가를 장부금액으로 유지하는 지분상품이 기말 객관적인 손상의 징후가 발생하면 손상차손을 인식하고 당기손실로 처리한다. 이 경우 손상차손은 장부금액에서 **회수가능액**을 차감한 차액이 된다.

◈ 손상차손 : 장부금액 – 회수가능액(추정미래현금흐름의 현재가치*)
* 유사한 금융자산의 현행 시장이자율로 할인한 금액

위의 경우 당기손실로 처리한 손상차손이 회복되면, 당기손익으로 환입하지 않고, 원가법에 맞게 별도의 회계처리를 하지 않는다.

(2) 공정가치를 장부금액으로 하는 지분상품

일반적으로 지분상품(매도가능금융자산)은 활성거래시장이 있으므로, 기말에 **공정가치**로 평가하여 **평가손익**을 재무상태표의 자본 중 기타자본요소에 매도가능금융자산평가손익계정으로 계상한다. 이의 지분상품이 기말에 손상발생의 객관적 증거가 확인되면, 매도가능금융자산평가이익(손실)으로 처리하여 기타자본요소로 계상한 누적평가손익을 자본에서 재분류하여 **금융자산손상차**

손계정으로 당기손실로 처리한다. 즉, 해당자산이 제거되지 않았지만 매도가능금융자산평가손익(기타자본요소, 자본)을 금융자산손상차손계정으로 당기손실(손익)에 계상한다. 이 경우 손상차손은 다음과 같이 계산된다.

> ◈ 손상차손 : ① − ②
> ① 공정가치가 취득원가에 미달하는 금액
> ② 이전 기간에 이미 당기손익으로 인식한 해당금융자산의 손상차손

위의 경우 당기손실로 처리한 **손상차손이 회복**되면, 당기손익으로 환입하지 않고, 다시 **매도가능금융자산평가손익계정**으로 처리하여 재무상태표(기타자본요소)와 포괄손익계산서(기타포괄손익)에 계상한다. 간단한 〈예제 8-15〉를 통해 매도가능금융자산의 지분상품에 대한 손상차손을 학습한다.

예제 [8-15]

• 다음은 (주)밀레의 매도가능금융자산의 지분상품에 관한 거래이다. 요구사항에 답하시오. 당사의 결산일은 12월 31일이다.

(1) 당사는 기중에 (주)지오지아와 (주)노스페이스로부터 다음의 주식을 매입하였다. (주)지오지아는 비상장회사로서 활성시장이 없으며, (주)노스페이스는 한국거래소시장에 직상장되어 시장가격이 공시되고 있다. 다만 (주)지오지아의 주식은 유사한 금융자산의 현행 시장이익률을 사용하여 추정미래현금흐름의 현재가치를 공정가치로 한 것이다.

구 분	취득원가	공정가치			
		20×6년 말	20×7년 말	20×8년 말	20×9년 말
(주)지오지아 보통주	₩10,000	12,000	7,000	5,000	11,000
(주)노스페이스 보통주	50,000	40,000	20,000	18,000	45,000

(2) (주)지오지아는 20×7년에 워크아웃이 시작되었으나 20×9년 경기상승으로 원상회복되었다.

(3) (주)노스페이스는 누적된 손실로 20×7, 20×8년 말 주가가 하락되었으며, 이는 장기간 회복하기가 어려울 것으로 판단된다. 하지만 20×9년에 야외스포츠 붐에 따라 영업실적이 호전되어 주가가 다시 회복되었다.

☞ **요구사항**

1. (주)지오지아의 각 연도말 필요한 회계처리를 나타내시오.
2. (주)노스페이스의 각 연도말 필요한 회계처리를 나타내시오.

해답

1. (주)지오지아의 각 연도말 회계처리

일 자	분 개 기 록			
20×6. 12. 31.	−회계처리 없음, 원가법−			
20×7. 12. 31.	(차) 금융자산손상차손	3,000	(대) 매도가능금융자산	3,000
20×8. 12. 31.	(차) 금융자산손상차손	2,000	(대) 매도가능금융자산	2,000
20×9. 12. 31.	−회계처리 없음, 원가법*−			

* 원가로 장부금액을 유지하는 지분상품은 손상차손의 환입은 인식하지 않는다.

2. (주)노스페이스의 각 연도말 회계처리

일 자	분 개 기 록			
20×6. 12. 31.	(차) 매도가능금융자산평가손실	10,000[1]	(대) 매도가능금융자산	10,000
20×7. 12. 31.	(차) 매도가능금융자산평가손실	20,000[2]	(대) 매도가능금융자산	20,000
	(차) 금융자산손상차손	30,000[3]	(대) 매도가능금융자산평가손실	30,000
20×8. 12. 31.	(차) 매도가능금융자산평가손실	2,000[4]	(대) 매도가능금융자산	2,000
	(차) 금융자산손상차손	2,000[5]	(대) 매도가능금융자산평가손실	2,000
20×9. 12. 31.	(차) 매도가능금융자산	27,000[6]	(대) 매도가능금융자산평가이익	27,000

* 1) ₩40,000 − ₩50,000 = ₩(10,000)
2) ₩20,000 − ₩40,000 = ₩(20,000)
3) (₩20,000 − ₩50,000) − ₩0 = ₩(30,000)
4) ₩18,000 − ₩20,000 = ₩(2,000)
5) (₩18,000 − ₩50,000) − ₩(30,000) = ₩(2,000)
6) ₩45,000 − ₩18,000 = ₩27,000, 손상차손의 환입은 매도가능금융자산평가이익계정으로 기타자본요소(재무상태표)와 기타포괄손익(포괄손익계산서)으로 계상.

(3) 공정가치를 장부금액으로 하는 채무상품

매도가능금융자산 중 채무상품은 기말에 공정가치변동액을 계산하여 매도가능금융자산평가손익(기타포괄손익)으로 인식한다. 이의 채권상품에 손상발생의 객관적인 증거가 기말에 확인되면 손상차손을 인식한다. **손상차손**은 지금까지 누적시킨 매도가능금융자산평가손익누계액을 자본(기타자본요소)에서 제거하여 이를 **당기손익**(금융자산손상차손)으로 재분류하여 계상한다. 이때 자본(기타자본요소)에서 당기손익으로 재분류되는 누적손실(손상차손)은 공정가치가 취득원가(상각후원가)에 미달하는 금액으로 하되, 이전기간에 이미 당기손익으로 인식한 해당금융자산의 손상차손을 차감하여 계산한다.

> ◈ 손상차손 : ① − ②
> ① 공정가치[1]가 취득원가[2]에 미달하는 금액
> ② 이전 기간에 이미 당기손익으로 인식한 해당금융자산의 손상차손
>
> 1) 현행 시장이자율로 할인한 추정미래현금흐름의 현재가치
> 2) 상각후원가

손상차손을 기록한 후 후속기간에 채무상품의 공정가치가 증가하고, 그 증가가 손상차손을 인식한 후에 발생한 사건과 객관적으로 관련된 경우(예, 채무자의 신용등급 향상)에는 **환입**하여 **당기이익**으로 인식한다. 환입에 관해서는 만기보유금융자산에서 설명하였으므로 참고하기 바란다. 간단한 〈예제 8-16〉을 통해 매도가능금융자산의 채무상품에 대한 손상차손을 학습한다.

예제 [8-16]

- (주)바나바나는 20×8년 1월 1일에 채무증권을 ₩925,393에 취득하고 매도가능금융자산으로 분류하였다. 당사의 결산일은 12월 31일이며, 관련 자료는 다음과 같다. 요구사항에 답하시오.

(1) 채무증권은 액면금액 ₩1,000,000, 만기 3년, 액면이자율 연 7%, 이자지급일은 매년 12월 31일이며, 매매거래시점에 시장(유효)이자율은 연 10%이다.

(2) 위의 채무증권과 유사한 상품의 현행 시장이자율은 20×8년 말 12%, 20×9년 말 15%이었다. 이에 따라 채무증권의 20×8년 말 공정가치는 ₩915,490, 20×9년 말 공정가치는 ₩695,652으로 시장에 형성되었다.

(3) 20×9년 말 채무증권의 발행회사가 재무적 곤경으로 법정관리상태가 되었으며, 이에 따라 2010년에 액면이자의 회수가 어렵고, 만기 시에 액면금액의 80%만을 회수할 수 있을 것으로 예상되었다.

☞ 요구사항

1. 유효이자표를 작성하고 유효이자, 액면이자, 추가이자수익을 계산하시오.
2. 20×8. 1. 1. 취득시점의 회계처리를 나타내시오.
3. 20×8. 12. 31. 이자수익과 평가손익에 대한 회계처리를 나타내시오.
4. 20×9. 12. 31. 이자수익과 평가손익, 손상차손에 대한 회계처리를 나타내시오.

해답 ≪≪≪

1. 유효이자와 추가이자수익(상각액) 계산표

유효이자, 액면이자, 추가 이자수익 계산표 – 유효이자율법

일 자	장부금액 (액면금액－할인차금)	유효이자 (장부금액×유효이자율)	액면이자 (액면금액×액면이자율)	상각액(추가 이자수익) (유효이자－액면이자)
20×8년 초	₩925,393			
20×8년 말	947,932	₩92,539	₩70,000	₩22,539
20×9년 말	972,725	94,793	70,000	24,793
2010년 말	1,000,000	97,275*	70,000	27,275
계		₩284,607	₩210,000	₩74,607

* 단수차이 조정

2. 20×8. 1. 1. 취득시점의 회계처리

일 자	투자자의 회계처리	발행자의 회계처리
1월 1일 (20×8년)	(차) 매도가능금융자산 925,393 (대) 현 금 925,393	(차) 현 금 925,393 사채할인발행차금 74,607 (대) 사 채 1,000,000

3. 20×8. 12. 31. 이자수익과 평가손익의 회계처리

일 자	분 개 기 록			
20×8. 12. 31.	(차) 현 금	70,000	(대) 이자수익	92,539
	매도가능금융자산	22,539		
	(차) 매도가능금융자산평가손실	32,442*	(대) 매도가능금융자산	32,442

1/1(20×8) 12/31(20×8) 12/31(20×9) 12/31(2010)

취득 현재가치(12%) = ₩915,490 ← ₩70,000(이자) ₩70,000(이자) ₩1,000,000(액면금액)

• 20×8년 말 평가손실 : ₩915,490－₩947,932 = ₩(32,442)

4. 20×9. 12. 31. 이자수익과 평가손실, 손상차손에 대한 회계처리

일 자	분 개 기 록			
20×9. 12. 31.	(차) 현 금	70,000	(대) 이자수익	94,793
	매도가능금융자산	24,793		
	(차) 매도가능금융자산평가손실	244,631*	(대) 매도가능금융자산	244,631
	(차) 금융자산손상차손	277,073	(대) 매도가능금융자산평가손실	277,073

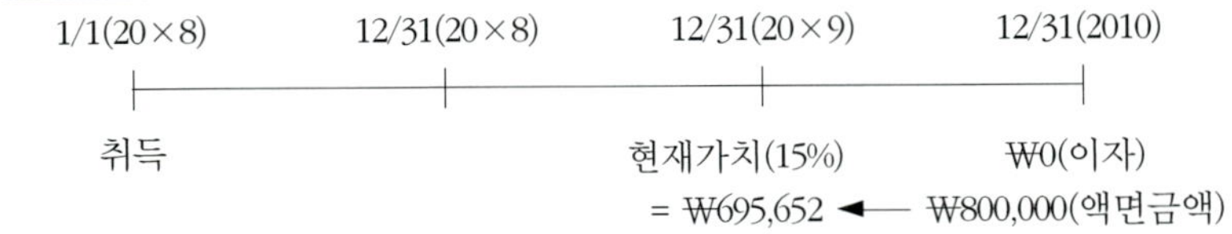

* 20×9년 말 평가손실 : ₩695,652－₩940,283 = ₩(244,631)

앞에서 대여금 및 수취채권, 만기보유금융자산, 매도가능금융자산의 금융자산별로 손상차손에 대하여 설명하였다. 손상차손은 금융자산의 종류와 지분 및 채무상품에 따라 다르다. 지금까지 설명한 내용을 토대로 금융자산별 기말평가기준, 손상차손의 계산과 회계처리를 요약하면 다음과 같다.

[기말평가와 손상차손의 회계처리]

구 분	대여금 및 수취채권	만기보유금융자산	매도가능금융자산		
			원가상품	채무상품	지분상품
기말평가	상각후원가	상각후원가	원가	공정가치	공정가치
평가손익	–	–	–	기타포괄손익	기타포괄손익
손상차손	상각후원가 – 회수가능액	상각후원가 – 회수가능액	취득원가 –회수가능액	① – ②	① – ②
손상차손환입	환입(당기손익)	환입(당기손익)	환입불가	환입(당기손익)	환입(기타포괄손익)
공정가치(회수가능액)계산	최초인식 유효이자율	최초인식 유효이자율	–	현행 유효이자율	–

① : (취득원가－공정가치), ② : 과거 인식 손상차손

금융자산의 분류변경 제6절

금융자산의 분류변경(reclassification adjustment)은 대여금 및 수취채권, 당기손익인식금융자산, 만기보유금융자산, 매도가능금융자산 사이의 분류를 변경하는 것을 말한다. 기업은 경제적 실질이 변화하지 않아도 경영성과가 나쁘면 평가방법을 바꾸어 보고이익을 조정하려는 유혹을 받게 된다. 따라서 기업회계기준서는 금융자산의 분류를 엄격하게 제한하고 있다. 다음에서는 금융자산의 분류변경에 대한 내용을 간단히 설명한다.

첫째, 대여금 및 수취채권, 만기보유금융자산, 매도가능금융자산은 당기손익인식금융자산으로 재분류할 수 없다. 이는 상각후원가(대여금 및 수취채권, 만기보유금융자산)로 보고되었거나 공정가치(매도가능금융자산)로 평가하여 당기순이익이 아닌 자본(기타포괄손익)으로 보고한 금융상품의 평가이익을 재분류를 통해 당기이익으로 계상하는 것은 제한하기 위하여 금지하였다.

둘째, 당기손익인식금융상품의 경우 이에 포함된 파생상품과 당기손익인식으로 지정한 금융상품은 다른 금융자산으로 재분류할 수 없다. 또한 단기매매금융상품도 다른 금융상품으로 재분류할 수 없다. 다만 일반적이지 않고 단기간에 재발할 가능성이 매우 낮은 드문 상황(세계적 경제 및 금융위기)에 따라 단기간 매매목적을 바꾼 경우는 예외적으로 다른 금융자산으로 재분류할 수 있다. 이 경우 이전에 인식했던 평가손익은 환입하지 않고, 재분류시점의 공정가치가 변경된 새로운 금융자산의 원가 또는 상각후원가가 된다.

셋째, 만기보유금융자산(상품)은 보유의도와 능력의 변화에 따라 더 이상 만기보유가 적절하지 않으면 매도가능금융자산으로 재분류하는 것만 허용된다. 이 경우 공정가치를 다시 측정하여 매도가능금융자산에 기록한다. 또한 최근 2년간(당기 포함) 만기보유금융자산을 처분했거나 재분류한 때에는 어느 금융상품도 만기보유금융자산으로 분류할 수 없다.

넷째, 대여금 및 수취채권의 분류변경에 대하여 K-IFRS는 특별히 규정하지 않았다. 따라서 대여금 및 수취채권은 다른 금융자산으로 분류변경을 하지 않는 것으로 알려져 있다. 한편 일반적으로 금융상품을 분류변경할 때에는 변경시점의 공정가치로 평가하여 다른 금융자산으로 대체한다. 시장성을 상실한 단기매매금융(지분)상품의 매도가능금융자산으로 분류변경은 변경시점의 공정가치를 새로운 취득원가로 한다. 이 경우 분류변경일까지의 미실현보유손익은 당기손익으로 인식한다. 지금까지 설명한 내용을 기초로 금융자산의 분류변경을 요약하면 다음과 같다.

[금융자산의 분류변경]

구 분		변경 후			
		당기손익인식금융자산	만기보유금융자산	매도가능금융자산	대여금 및 수취채권
변경 전	당기손익인식파생상품	−	×	×	×
	당기손익인식지정상품	−	×	×	×
	단기매매금융자산	−	○(예외적)	○(예외적)	○(예외적)
	만기보유금융자산	×	−	○	×
	매도가능금융자산	×	○	−	○
	대여금 및 수취채권	×	×	×	−

보론 화폐의 시간가치

1. 이자의 개념

화폐는 같은 금액이라도 시점에 따라 그 가치가 다르게 된다. 예를 들어 물가가 오르게 되면 사과 한 개를 오늘 살 수 있는 현금과 내일 살 수 있는 현금의 크기가 다르게 된다. 이런 경우 오늘 현금이 내일 현금보다 더 가치가 있다고 말한다. **화폐의 시간가치**(time value of money)란 이와 같이 **시간이 지남에 따라 화폐의 가치에 차이가 발생하는 것**을 말한다. 시간가치는 유동성과 미래현금에 대한 불확실성에 따라 결정되는 것으로 알려져 있다.

기업은 현금을 빌려 쓰고 이자를 주게 된다. **이자**(interest)란 화폐의 사용대가를 말한다. 예를 들어 현금 만원을 한 달 동안 빌려주면 두 시점 간에 화폐가치가 감소하게 되는데, 이에 대한 보상으로 이자를 지급하게 된다. 따라서 이자는 화폐의 시간가치와 밀접하게 관련되어 있다.

이자를 계산하는 방법에는 단리이자법과 복리이자법이 있다. **단리**(simple interest)법은 각 기간마다 원금에 대해서만 이자를 계산하게 된다. 하지만 **복리**(compound interest)법은 각 기간마다 원금뿐만 아니라 '이자에 대해서도 이자'를 계산하게 된다. 예를 들어 원금 ₩10,000을 연 10% 이자율로 3년간 대여하였을 때 상환일자에 받게 되는 원금과 이자의 합계는 다음과 같다. 아래 표에서 보면 복리이자계산법은 원금과 함께 이자에 대하여도 이자를 계산하므로 시간이 경과할수록 기간별 이자가 단리계산보다 크게 증가하게 된다.

단리이자		복리이자	
• 원 금	₩10,000	• 원 금	₩10,000
• 이 자		• 이 자	
• 20×9년 : 10,000×10% =	1,000	• 20×9년 : 10,000×10% =	1,000
• 2010년 : 10,000×10% =	1,000	• 2010년 : 11,000×10% =	1,100
• 2011년 : 10,000×10% =	1,000	• 2011년 : 12,100×10% =	1,210
계	₩13,000	계	₩13,310

기업은 모든 거래를 화폐로 측정하여 기록한다. 이들 중에는 미래에 현금을 받거나 지급해야 하는 채권 · 채무를 현재시점의 가치로 계산할 필요가 나타나게 된다. 예를 들어 3년 뒤에 투자사채를 현재시점에 구입하려면, 미래시점의 사채금액을 이자율로 할인하여 현재 시세를 계산하여야 한다. 본 절에서는 이자율을 사용하여 화폐의 미래가치와 현재가치를 계산하는 방법을 알아보기로 한다.

2. 미래가치

(1) 목돈의 미래가치

미래가치(future value)란 현재의 일정금액을 미래의 시점에서 계산한 가치를 말한다. 예를 들어 오늘 은행에 ₩10,000을 연 10% 이자율로 정기예금하면, 3년 후의 가치는 원금에 이자 ₩3,310(=1,000+1,100+1,210)을 합한 ₩13,310이 될 것이다. 여기서 은행에 처음 예금한 금액이 원금이 되고, 만기에 받게 되는 원리금합계가 미래가치(목돈)가 된다. 은행은 이러한 방법으로 정기예금이나 정기적금의 미래가치를 계산하고 있다.

미래가치는 복리이자계산법을 사용하여 계산한다. 현재의 원금을 P_0, 기간별 이자율을 r, 이자를 I, 예금기간을 n으로 표시하면 1년째 말, 2년째 말, n년째 말의 미래가치는 다음과 같이 계산된다.

목돈의 미래가치계산			
1년째 말	2년째 말	…	n년째 말
$P_1 = P_0 + I$ $= P_0 + P_0 \times r$ $= P_0(1 + r)$	$P_2 = P_1(1 + r)$ $= P_0(1 + r)(1 + r)$ $= P_0(1 + r)^2$	…	$P_n = P_{n\text{-}1}(1 + r)$ ⋮ $= P_0(1 + r)^n$
$P_1 = 10{,}000 + 10{,}000 \times 10\%$ $= 10{,}000(1 + 10\%)$	$P_2 = 11{,}000(1 + 10\%)$ $= 10{,}000(1 + 10\%)^2$	…	$P_n = P_{n\text{-}1}(1 + r)$ ⋮ $= 10{,}000(1 + 10\%)^n$

위의 표에서 보면 2년째 말 미래가치는 원금에 $(1 + 10\%)^2$를 곱하여 계산하며, 이런 방법으로 n년째 말 미래가치는 원금에 $(1 + 10\%)^n$을 곱하여 계산하고 있다. 여기서 원금에 $(1 + r)^n$을 곱하면 n년째 말에 얻을 수 있는 미래가치(원리금합계)를 계산할 수 있음을 알 수 있다. 실무에서는 매년 이자를 별도로 계산하고 이를 모두 합계하여 n년 후의 미래가치를 계산하지 않고, $(1 + r)^n$의 값을 이용하여 쉽게 미래가치를 계산하고 있다. 미래가치를 쉽게 계산하려면 $(1 + r)^n$을 미리 만들어 두어야 한다. **$(1 + r)^n$**은 원금 ₩1에 대한 미래가치를 이자율 r과 기간 n에 맞추어 계산한 것으로, 이를 **종가계수**(미래가치계수)라고 한다. 예를 들어 연 이자율 10%와 3년의 종가계수는 $(1 + 10\%)^3 = 1.33100$이 되며, 여기서 1.33100을 종가계수라고 한다. 이자율 r과 연도 n을 사용하여 종가계수를 표로 나타내면 다음과 같다.

종가표 – ₩1의 미래가치								
n, r	1%	2%	3%	4%	5%	6%	7%	10%
1	1.0100	1.0200	1.0300	1.0400	1.0500	1.0600	1.0700	1.1000
2	1.0201	1.0404	1.0609	1.0816	1.1025	1.1236	1.1449	1.2100
3	1.0303	1.0612	1.0927	1.1249	1.1576	1.1910	1.2250	**1.3310**
4	1.0406	1.0824	1.1255	1.1699	1.2155	1.2625	1.3108	1.4641

5	1.0510	1.1041	1.1593	1.2167	1.2763	1.3382	1.4026	1.6105
6	1.0615	1.1262	1.1941	1.2653	1.3401	1.4185	1.5007	1.7716
7	1.0721	1.1487	1.2299	1.3159	1.4071	1.5036	1.6058	1.9487
8	1.0829	1.1717	1.2668	1.3686	1.4775	1.5938	1.7182	2.1436
9	1.0937	1.1951	1.3048	1.4233	1.5513	1.6895	1.8385	2.3579
10	1.1046	1.2190	1.3439	1.4802	1.6289	1.7908	1.9672	2.5937

위의 표는 기간 1~10회, 이자율 1~10%에서 ₩1에 대한 종가계수(미래가치)를 표시하고 있다. 회사가 원금 ₩10,000을 연 10% 이자율로 은행에 정기예금하면, 3년 말에는 ₩13,310(=₩10,000×1.3310)의 목돈을 얻게 된다. 이와 같이 원금에 종가계수를 곱하여 쉽게 미래가치를 계산하게 된다. 하지만 6개월마다 복리이자를 계산하면 3년 후에는 ₩10,000의 미래가치가 ₩17,716 (=₩10,000×1,7716)이 되는데, 이때 n=3 대신 n=6을 사용하게 됨을 유의하여야 한다.

예제 [8-17]

• 원금 ₩3,000,000을 6개월 이자율 5%로 3년간 정기예금하였을 때 3년 후의 미래가치를 구하시오. 단, 이자는 연 2회 계산하며, 앞의 종가표로부터 종가계수를 사용한다.

해답

• P_3 = ₩3,000,000 × $(1+5\%)^6$ = ₩3,000,000 × 1.3401 = ₩4,020,300

(2) 연금의 미래가치

연금(annuity)은 일정기간 동일한 금액을 계속적으로 지급하는 것을 말한다. 이는 기간마다 현금흐름의 크기가 같은 것이 특징이다. 예를 들어 매달 같은 금액을 납부하는 정기적금이나, 자동차를 구입하고 매달 같은 금액으로 상환하는 할부구매 등이 여기에 해당한다.

연금의 미래가치란 매기 일정금액을 지급할 때, 연금이 끝나는 시점에서 각 연금의 미래가치를 합계한 것을 말한다. 예를 들어 3년 동안 매년 말 ₩10,000씩 연 10% 이자율로 은행에 적금하면, 3년 후의 미래가치는 다음과 같이 계산된다.

[연금의 미래가치계산]

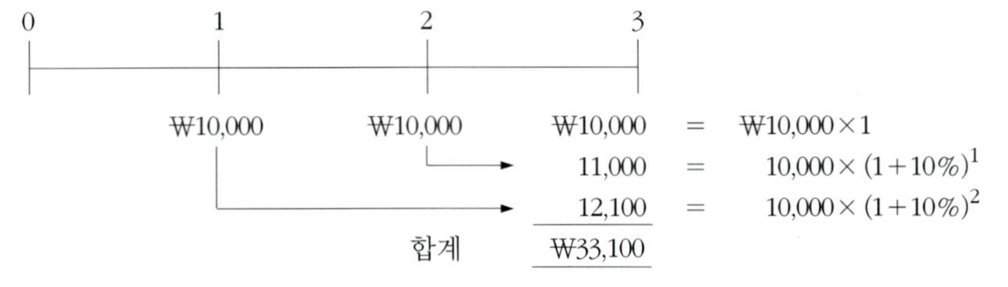

위에서 적금(연금)의 미래가치는 매년 적금하는 동일의 금액(연금)을 각각 복리이자계산법에 따라 미래가치를 계산하고, 모두 합하여 산정하게 된다. 이를 등식으로 나타내면 다음과 같다.

$$\text{연금미래가치} = ₩10{,}000 \times (1 + 0.1)^2 + ₩10{,}000 \times (1 + 0.1)^1 + ₩10{,}000 \times (1 + 0.1)^0$$
$$= ₩10{,}000 \times \{(1 + 0.1)^2 + (1 + 0.1)^1 + (1 + 0.1)^0\}$$

위의 등식에서 연금의 미래가치는 매년 적금하는 동일금액 ₩10,000에 각 연도에 해당하는 개별종가계수 $(1 + 0.1)^2$, $(1 + 0.1)^1$, $(1 + 0.1)^0$을 곱하고, 이를 모두 합하여 계산하고 있다. 여기서 $\{(1 + 0.1)^2 + (1 + 0.1)^1 + (1 + 0.1)^0\}$의 값을 연금종가계수라고 한다. **연금종가계수**는 개별종가계수를 합계한 것으로 ₩1원에 대한 연금현금흐름의 미래가치를 나타낸다. 다음표에서 개별종가계수가 1.0000, 1.1000, 1.2100이므로, 연금종가계수는 3.3100(=1.000 + 1.1000 + 1.2100)이 된다. 이자율 r과 연도 n을 사용하여 연금종가계수를 표로 나타내면 다음과 같다.

연금 종가표 – 정상연금 ₩1의 미래가치								
n, r	1%	2%	3%	4%	5%	6%	7%	10%
1	1.0000	1.0000	1.0000	1.0000	1.0000	1.0000	1.0000	1.0000
2	2.0100	2.0200	2.0300	2.0400	2.0500	2.0600	2.0700	2.1000
3	3.0301	3.0604	3.0909	3.1216	3.1525	3.1836	3.2149	3.3100
4	4.0604	4.1216	4.1836	4.2465	4.3101	4.3746	4.4399	4.6410
5	5.1010	5.2040	5.3091	5.4163	5.5256	5.6371	5.7507	6.1051
6	6.1520	6.3081	6.4684	6.6330	6.8019	6.9753	7.1533	7.7156
7	7.2135	7.4343	7.6625	7.8983	8.1420	8.3938	8.6540	9.4872
8	8.2857	8.5830	8.8923	9.2142	9.5491	9.8975	10.260	11.436
9	9.3685	9.7546	10.159	10.583	11.027	11.491	11.978	13.579
10	10.462	10.950	11.464	12.006	12.578	13.181	13.816	15.937

위의 표는 기간 1~10회, 이자율 1~10%에서 현금 ₩1에 대한 연금종가계수(미래가치)를 표시하고 있다. 회사가 3년간 매년 말 ₩10,000씩 연 10% 이자율로 은행에 적금하면, 3년 말에는 ₩33,100(= ₩10,000×3.3100)의 목돈을 얻게 된다. 이와 같이 매년 적금하는 부금(연금)에 연금종가계수를 곱하면 쉽게 연금의 미래가치를 계산하게 된다.

예제 [8-18]

- 지민상사는 한국병원과 종업원의 건강진단계약을 체결하고, 3년 동안 매년 1회씩 종합검진을 받기로 하였다. 검진료는 회사가 전액 부담하며 매년 말 ₩2,000,000씩 현금으로 지급하기로 하였다. 시장이자율이 연 10%일 경우 3년 말에 모든 검진료를 한꺼번에 지급한다면 얼마가 되는지 계산하시오. 단, 개별종가계수와 연금종가계수를 사용하여 각각 계산하시오. 이들 종가계수는 위의 표를 이용하시오.

해답

- 개별 종가계수 이용

P_3 = ₩2,000,000×1.0000 + ₩2,000,000×1.1000 + ₩2,000,000×1.2100

= ₩6,620,000

• 연금종가계수 이용 :

P_3 = ₩2,000,000×3.3100= ₩6,620,000

3. 현재가치

(1) 목돈의 현재가치

현재가치(present value)란 미래에 발생하게 될 현금흐름을 현재시점에서 계산한 가치를 말한다. 현재가치는 미래가치와 역의 관계에 있다. 예를 들어 연 이자율 10%로 오늘 은행에 ₩10,000을 예금하면 3년 후에 ₩13,310이 되는데, 여기서 3년 후의 ₩13,310은 현재의 ₩10,000과 가치가 같게 된다.

현재가치를 구하는 공식은 미래가치를 계산하는 식으로부터 쉽게 도출된다. 예를 들어 현재의 현금을 P_0, 기간별 이자율을 r, n년 후의 현금을 P_n으로 표시하면 미래가치로부터 현재가치는 다음과 같이 계산된다.

목돈의 현재가치계산		
미래가치계산		현재가치계산
$P_n = P_0(1+r)^n$	미래가치 ←·→ 현재가치	$P_0 = P_n \times \frac{1}{(1+r)}$
P_3 = ₩10,000$(1+10\%)^3$ = ₩13,310	미래가치 ←·→ 현재가치	P_0 = ₩13,310 × $\frac{1}{(1+10\%)^3}$ = ₩10,000

위의 표에서 현재가치 P_0은 미래가치 P_n에 $1/(1+r)^n$을 곱하여 계산하고 있음을 알 수 있다. 예로서 3년 뒤의 미래가치 ₩13,310에 0.75131{= $1/(1+10\%)^3$}을 곱하면 현재가치 ₩10,000이 계산된다. 여기서 $\mathbf{1/(1+r)^n}$은 미래가치를 현재가치로 계산하는 할인계수로서 **현가계수**라 한다. 현가계수 $1/(1+r)^n$은 종가계수 $(1+r)^n$의 역수로서, 미래가치와 현재가치는 서로 역의 관계임을 보여준다. 이제 현재가치는 미래가치에 현가계수를 곱하여 쉽게 계산하게 된다. 현재가치를 쉽게 계산하려면 $1/(1+r)^n$을 미리 만들어 두어야 한다. 이자율 r과

연도 n을 사용하여 현가계수를 표로 나타내면 다음과 같다.

현가표 – ₩1의 현재가치								
n, r	1%	2%	3%	4%	5%	6%	7%	10%
1	0.9901	0.9804	0.9709	0.9615	0.9524	0.9434	0.9346	0.9091
2	0.9803	0.9612	0.9426	0.9246	0.9070	0.8900	0.8734	0.8264
3	0.9706	0.9423	0.9151	0.8890	0.8638	0.8396	0.8163	**0.7513**
4	0.9610	0.9238	0.8885	0.8548	0.8227	0.7921	0.7629	0.6830
5	0.9515	0.9057	0.8626	0.8219	0.7835	0.7473	0.7130	0.6209
6	0.9420	0.8880	0.8375	0.7903	0.7462	0.7050	0.6663	0.5645
7	0.9327	0.8706	0.8131	0.7599	0.7107	0.6651	0.6227	0.5132
8	0.9235	0.8535	0.7894	0.7307	0.6768	0.6274	0.5820	0.4665
9	0.9143	0.8368	0.7664	0.7026	0.6446	0.5919	0.5439	0.4241
10	0.9053	0.8203	0.7441	0.6756	0.6139	0.5584	0.5083	0.3855

위의 표는 기간 1~10회, 이자율 1~10%에서 ₩1에 대한 현가계수(현재가치)를 표시하고 있다. 현가표를 이용하면 미래시점의 일정금액을 현재가치로 쉽게 계산할 수 있다. 예를 들어 표에서 이자율이 10%일 때 3년 후 ₩1의 현가계수는 ₩0.7513이므로, 3년 후 ₩1,000,000의 현재가치는 ₩751,300(= ₩1,000,000 ×0.7513)이 될 것이다.

예제 [8-19]

• 3년 만기 약속어음(액면금액 ₩3,000,000, 기간 중 이자지급 없음)을 받았을 경우 현재가치를 계산하시오. 단, 이자율은 6개월간 5%이며, 반년마다 복리이자를 적용한다.

해답

• $P_0 = ₩3{,}000{,}000 \times \frac{1}{(1+5\%)^6} = ₩3{,}000{,}000 \times 0.7462 = ₩2{,}238{,}600$

(2) 연금의 현재가치

연금의 현재가치란 매년 말 받게 되는 일정금액의 현금흐름을 현재가치로 환산한 합계를 말한다. 예를 들어 사채(액면 ₩100,000)를 구입하여 3년 동안 매년 말 10%의 이자를 받기로 한다면, 이자수익에 대한 현재가치는 다음과 같이 계산된다.

[연금의 현재가치계산]

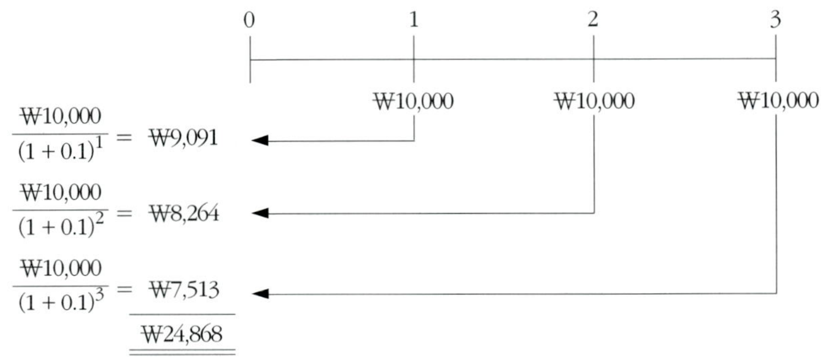

앞에서 이자수익(연금)의 현재가치는 매년 말의 이자 ₩10,000(연금)을 각각 이자율로 할인하여 현재가치를 계산하고, 모두 합하여 산정하게 된다. 이를 등식으로 나타내면 다음과 같다.

$$\text{연금의 현재가치} = ₩10{,}000 \times \frac{1}{(1+0.1)^1} + ₩10{,}000 \times \frac{1}{(1+0.1)^2} + ₩10{,}000 \times \frac{1}{(1+0.1)^3}$$

$$= ₩10{,}000 \times \left(\frac{1}{(1+0.1)^1} + \frac{1}{(1+0.1)^2} + \frac{1}{(1+0.1)^3} \right)$$

위의 등식에서 연금의 현재가치는 매년 말의 동일금액(연금) ₩10,000에 대하여 각 연도에 해당하는 개별현가계수 $1/(1+0.1)^1$, $1/(1+0.1)^2$, $1/(1+0.1)^3$을 곱하고 이를 모두 합하여 계산하고 있다. 여기서 $\{1/(1+0.1)^1 + 1/(1+0.1)^2 + 1/(1+0.1)^3\}$의 값을 연금현가계수라고 한다. **연금현가계수**는 개별현가계수를 합계한 것으로 ₩1원에 대한 연금현금흐름의 현재가치를 나타낸다. 표에서 개별현가계수가 0.9091, 0.8264, 0.7513이므로 연금현가계수는 2.4868(= 0.9091 + 0.8264 + 0.7513)이 된다. 이자율 r과 연도 n을 사용하여 연금현가계수를 표로 나타내면 다음과 같다.

연금 현가표 – 정상연금 ₩1의 현재가치								
n, r	1%	2%	3%	4%	5%	6%	7%	10%
1	0.9901	0.9804	0.9709	0.9615	0.9524	0.9434	0.9346	0.9091
2	1.9704	1.9416	1.9135	1.8861	1.8594	1.8334	1.8080	1.7355
3	2.9410	2.8839	2.8286	2.7751	2.7232	2.6730	2.6243	**2.4869**
4	3.9020	3.8077	3.7171	3.6299	3.5460	3.4651	3.3872	3.1699
5	4.8534	4.7135	4.5797	4.4518	4.3295	4.2124	4.1002	3.7908
6	5.7955	5.6014	5.4172	5.2421	5.0757	4.9173	4.7665	4.3553
7	6.7282	6.4720	6.2303	6.0021	5.7864	5.5824	5.3893	4.8684
8	7.6517	7.3255	7.0197	6.7327	6.4632	6.2098	5.9713	5.3349
9	8.5660	8.1622	7.7861	7.4353	7.1078	6.8017	6.5152	5.7590
10	9.4713	8.9826	8.5302	8.1109	7.7217	7.3601	7.0236	6.1446

위의 표는 기간 1~10회, 이자율 1~10%에서 현금 ₩1에 대한 연금현가계수를 표시하고 있다. 연금현가계수를 이용하면 연금의 현재가치는 쉽게 계산된다. 앞의 예에서 사채(액면 ₩100,000)를 구입하여 3년 동안 매년 말 10%의 이자를 받기로 한 경우 이자수익(연금)의 현재가치는 ₩24,868(=₩10,000 × 2.4868)이 된다.

예제 [8-20]

- (주)향기는 이스라엘로부터 새로 개발된 향기제조기를 도입하기로 하고, 필요한 자금은 사채를 발행하여 조달하기로 하였다. 회사는 20××년 1월 1일 3년 만기 사채(액면금액 ₩2,000,000, 시장이자율 연 10%)를 사채시장을 통하여 발행하였다. 개별현가계수와 연금현가계수는 위의 해당표를 이용하시오.

☞ **요구사항**

1. 앞의 사채의 발행에 따라 나타나는 현금흐름을 도표로 표시하시오.

2. 사채시세는 미래현금흐름(정기적인 이자와 만기 상환액)의 현재가치에 의해 결정된다. 사채시장에서 거래될 시세를 계산하시오.

해답 ≪≪≪

1. 사채발행에 따른 미래현금흐름

1/1	12/31	12/31	12/31
발행	₩200,000	₩200,000	₩200,000(이자) ₩2,000,000(원금)

2. 사채시세

• 개별현가계수 이용 : P_0 = ₩200,000 × 0.9091 + ₩200,000 × 0.8264 + ₩200,000 × 0.7513 + ₩2,000,000 × 0.7513

= ₩1,999,960

• 연금현가계수 이용 : P_0 = ₩200,000 × 2.4869 + ₩2,000,000 × 0.7513

= ₩1,999,980*

* 두 계산법에 따라 나타난 차이 ₩20은 단수조정에 의한 것임.

개 념 정 리

▣ 문제 ▣

01 기타금융자산의 의의와 구성내용을 설명하시오.

02 당기손익인식금융자산은 무엇이며, 구성내용을 열거하시오.

03 당기손익인식금융자산은 인식과 최초측정은 어떻게 이루어지는지 설명하시오.

04 당기손익인식금융자산의 기말평가와 처분에 나타나는 회계처리를 설명하시오.

05 만기보유금융자산의 의의와 분류기준을 설명하시오.

06 만기보유금융자산의 인식과 최초측정을 설명하시오.

07 만기보유금융자산에서 채무증권(사채)의 공정가치 결정방법을 설명하시오.

08 만기보유금융자산에서 채무증권(사채)의 발행방법과 이자수익의 인식방법을 설명하시오.

08 만기보유금융자산의 기말평가방법을 설명하시오.

10 매도가능금융자산의 의의와 분류기준을 설명하시오.

11 매도가능금융자산의 지분상품에 대하여 인식, 최초측정, 후속측정의 내용을 설명하시오.

12 매도가능금융자산의 채무상품에 대하여 인식, 최초측정, 후속측정의 내용을 설명하시오.

13 금융자산 손상의 의의와 객관적 증거를 열거하여 설명하시오.

14 장기채권의 손상차손에 대하여 회계처리를 설명하시오.

15 만기보유금융자산의 손상차손과 손상회복에 대하여 회계처리를 설명하시오.

16 매도금융자산의 원가법, 공정가치법(지분 및 채무상품)에 대한 손상차손의 회계처리방법을 설명하시오.

17 금융자산의 분류변경에 대한 원칙을 설명하시오.

18 다음의 용어를 설명하시오.

- other financial assets
- active market
- fair market value
- transaction costs
- effective interest
- amortized costs
- objective evidence
- effective interest method
- available-for-sale financial assets
- held-to-maturity investments
- financial instruments at fair value through profit or loss

연 습 문 제

▣ 문제 [1]

다음은 여러 개념을 설명한 것이다. 빈칸에 적합한 단어나 문구를 기입하시오.

01 금융자산은 현금과 (　　　)을 말한다. 금융상품에는 대여금, 수취채권, (　　　), 채무상품, 금융기관의 정형화된 상품 등이 포함된다. 일반적으로 금융자산은 (　　　), 대여금 및 수취채권, 기타금융자산으로 구분한다. 여기서 기타금융자산은 (　　　), 만기보유금융자산, (　　　)으로 구분하여 재무상태표에 표시하게 된다.

02 당기손익인식금융자산에는 (　　　)과 단기매매금융자산으로 분류한다. 당기손익인식지정금융자산은 최초인식시점에 (　　　)으로 지정한 금융상품을 말한다. 기업은 금융자산을 당기손익인식항목으로 지정하면 기말에 (　　　)로 측정하고, 공정가치의 변동액을 (　　　)에 반영하게 된다. (　　　)은 단기간 내에 매매를 통해 시세차익을 얻으려고 보유한 금융자산을 말한다.

03 당기손익인식금융자산은 (　　　)가 될 때 인식하고 재무상태표에 계상한다. 당기손익인식금융자산은 최초인식 시 (　　　)로 측정하여 취득원가로 기록한다. 이 경우 당기손익인식금융자산의 취득에 직접 관련되어 나타나는 (　　　)는 당기비용으로 처리하고, (　　　)에 포함시키지 않는다. 당기손익인식금융자산은 기말에 공정가치로 평가하고, 이의 변동에 따른 평가손익은 (　　　)계정으로 당기손익에 반영한다.

04 (　　　)은 만기가 고정되었고, 지급금액이 확정되었거나 확정될 수 있는 비파생금융상품으로서 만기까지 보유할 적극적인 의도와 (　　　)을 가진 금융자산을 말한다. 만기보유금융자산은 최초인식시점에 (　　　)로 기록하고, 보유기간에는 (　　　)로 평가하여 조정하게 된다. 상각후원가는 매연도 만기보유금융자산의 기초 장부금액에 당해 연도의 (　　　)을 가산한 것을 말한다. 따라서 만기보유증권은 보유기간 중에 공정가치의 변동을 (　　　)과 평가손실을 인식하지 않는다.

05 매도가능금융자산에는 당기손익인식금융자산에 포함되지 않는 (　　　), 만기까지 보유할 의도가 없는 채무상품, 그리고 금융기관이 취급하는 (　　　)이 포함된다. 매도가능금융자산은 최초인식 시 (　　　)로 측정하여 취득원가로 기

록한다. 매도가능금융자산은 활성거래시장의 유무에 따라 공정가치법과 (　　　)에 의해 평가하도록 K-IFRS는 규정하고 있다. 매도가능금융자산은 활성거래시장이 있는 경우 (　　　)에 따라 기말평가를 하고, 평가에 따라 나타난 평가손익은 (　　　)으로 처리하며, 재무상태표의 (　　　)에 계상한다. 매도가능금융자산을 처분하는 경우에는 보유기간에 나타난 (　　　)계정을 모두 반영하여 처분손익을 계산하여야 한다.

06 장기대여금 및 수취채권은 기말에 손상이 발생하였다는 객관적 증거가 있는 경우, (　　　)을 인식하여야 한다. 손상차손은 장부금액에서 (　　　)을 차감한 차액이 된다. 손상차손은 해당자산의 장부금액에서 손상차손을 직접차감하거나, (　　　)계정을 사용하여 손상차손을 간접차감한다. 여기서 손상차손은 금융자산손상차손 또는 (　　　)계정을 사용하여 당기손실로 계상한다.

07 만기보유금융자산은 대부분 (　　　)으로 구성되며, 기말에 (　　　)로 평가한다. 상각후원가로 기록된 만기보유금융자산의 장부금액에 손상되었다는 객관적 증거가 확인되면, (　　　)을 인식한다. 손상차손은 해당자산의 장부금액에서 추정미래현금흐름의 (　　　)를 차감하여 계산한다. 손상차손은 기록한 후 보유기간에 손상이 (　　　)되고, 이러한 회복이 손상을 인식한 후에 발생한 사건과 객관적으로 관련된 경우에는 회복된 금액을 (　　　)으로 인식한다.

08 매도가능금융자산의 지분상품은 활성거래시장이 있으므로, 기말에 (　　　)로 평가하여 평가손익을 재무상태표의 자본항목(　　　)으로 계상한다. 이의 지분상품이 기말에 손상발생의 객관적 증거가 확인되면, 기타포괄손익으로 처리하여 자본항목으로 계상한 (　　　)을 자본에서 재분류하여 금융자산손상차손계정으로 (　　　)로 처리한다. 위의 경우 당기손실로 처리한 손상차손이 회복되면, 당기손익으로 환입하지 않고, 다시 (　　　)으로 처리하여 자본항목에 계상한다. 채무상품은 기말에 공정가치변동액을 계산하여 (　　　)으로 인식한다. 이의 채권상품에 손상발생의 객관적인 증거가 기말에 확인되면 (　　　)을 인식한다. 손상차손은 지금까지 누적시킨 (　　　)을 자본에서 제거하여 이를 (　　　)으로 재분류하여 계상한다. 손상차손을 기록한 후 후속기간에 채무상품의 (　　　)가 증가하고, 그 증가가 손상차손을 인식한 후에 발생한 사건과 객관적으로 관련된 경우(예, 채무자의 신용등급 향상)에는 환입하여 (　　　)으로 인식한다.

▣ 문제 [2]

(주)메릴린치는 20×8년에 단기적 시세차익을 목적으로 유가증권을 취득하고, 당기손익인식금융자산으로 분류하였다. 당사의 결산일은 12월 31일이다. 요구사항에 답하시오.

4월 8일 굿모닝증권을 통하여 르노삼성자동차 주식 10주(주당 액면 ₩5,000)를 주당 ₩15,000에 매입하고 주식대금은 당좌수표 #001을 발행하여 지급하고, 매입수수료 ₩2,000은 현금으로 지급하다.

9월 8일 굿모닝증권을 통하여 현대자동차주식회사 사채 100좌를 1좌당 ₩9,600에 매입하고 사채대금은 당좌수표 #002를 발행하여 지급하고 매입수수료 ₩10,000을 현금으로 지급하다.

【요구사항】

1. 거래일자별로 취득시점의 회계처리를 나타내시오.
2. 20×8. 12. 31. 부분재무상태표를 작성하시오.

▣ 문제 [3]

(주)골드만삭스는 다음과 같은 당기손익인식금융자산의 포트폴리오를 가지고 있다. 당사의 결산일은 12월 31일이다. 요구사항에 답하시오.

종 목	취득(20×8.10.1)	기말(20×8.12.31)	수익(20×9.3.31)	처분(2010.5.31)
LG전자 주식 100주	주당 ₩13,000	주당 ₩12,000	배당금 ₩97,000	주당 ₩15,000
롯데건설 주식 100주	주당 ₩9,600	주당 ₩9,800	배당금 ₩50,000	주당 ₩9,300
	₩2,260,000	₩2,180,000		₩2,430,000

【요구사항】

1. 취득시점의 회계처리를 나타내시오.
2. 20×8년 말 기말평가에 대한 회계처리를 나타내시오.
3. 20×9년도 기중거래의 회계처리를 하시오.
4. 2010년도 매각처분에 대한 회계처리를 하시오.

▣ 문제 [4]

(주)론스타는 단기적 시세차익을 목적으로 다음과 같이 채무상품에 투자하였다. 요구사항에 대답하시오. 당사의 결산일은 12월 31일이다. 일자별로 필요한 회계처리를

나타내시오.

9월 1일 포스코사채(액면금액 ₩1,000,000, 이자율 12%, 이자지급일 12월 31일)를 ₩980,000(미수이자 ₩80,000 포함)에 취득하고, 거래수수료 ₩20,000을 현금지급하다.

8일 롯데건설 사채 100좌(좌당 액면금액 ₩10,000, 액면이자율 12%, 이자지급일 12월 31일)를 좌당 ₩9,600에 매입하고, 거래수수료 ₩30,000을 현금으로 지급하다. 매입금액에는 발생이자(8개월)가 포함되어 있다.

10월 31일 포스코사채를 ₩900,000에 매각하고 수수료 ₩15,000을 현금지급하다.

12월 31일 롯데건설로부터 사채이자를 현금으로 받았으며, 사채의 공정가치는 좌당 ₩9,000이다.

▣ 문제 [5]

(주)백병원은 20×8. 1. 1. 여유자금으로 이자수익을 목적으로 지멘스메디칼이 발행한 사채를 구입하여 만기까지 보유하기로 하였다. 구입한 사채의 발행조건은 다음과 같다.

- 액면가액 : ₩1,000,000
- 발 행 일 : 20×8년 1월 1일
- 만 기 : 2010년 12월 31일
- 액면이자율 : 연 10%
- 이자지급일 : 매년 12월 31일
- 시장이자율 : 연 10%

【요구사항】

1. 사채의 발행가액을 계산하시오.
2. 만기보유금융자산(사채)의 유효이자, 액면이자, 추가이자(상각액)의 계산표를 작성하시오.
3. 보유기간 중 이자수익의 회계처리를 나타내시오.
4. 만기사채의 회수에 대한 회계처리를 나타내시오.

▣ 문제 [6]

(주)알마니는 20×8. 1. 1. 여유자금으로 이자수익을 목적으로 라코스떼가 발행한 사채를 구입하여 만기까지 보유하기로 하였다. 구입한 사채의 발행조건은 다음과 같다.

- 액면가액 : ₩1,000,000
- 발 행 일 : 20×8년 1월 1일
- 만 기 : 2010년 12월 31일
- 액면이자율 : 연 12%
- 이자지급일 : 매년 12월 31일
- 시장이자율 : 연 10%

【요구사항】

1. 사채의 발행가액을 계산하시오.
2. 만기보유금융자산(사채)의 유효이자, 액면이자, 추가이자(상각액)의 계산표를 작성하시오.
3. 보유기간 중 이자수익의 회계처리를 나타내시오.
4. 만기사채의 회수에 대한 회계처리를 나타내시오.

▣ 문제 [7]

(주)니꼴은 유휴자금으로 매매차익을 목적으로 지분상품을 구입하고, 매도가능금융자산으로 분류하였다. 요구사항에 대하여 답하시오.

20×9년 5월 11일 당사는 장기적 배당금과 시세차익을 목적으로 (주)캘빈클라인이 발행한 주식 100주(발행주식 총수의 2%)를 주당 ₩6,000에 매입하고 수수료 ₩40,000과 함께 현금을 지급하다.

7월 10일 당사는 여유자금을 이식하기 위해 (주)베네통이 발행한 주식 50주(발행주식 총수의 2.5%)를 주당 ₩7,000에 매입하고 수수료 ₩60,000과 함께 현금을 지급하다.

9월 30일 당사는 장기적 배당과 시세차익을 목적으로 (주)압소바가 발행한 주식 30주(발행주식 총수의 0.9%)를 주당 ₩6,000에 매입하고 수수료 ₩20,000과 현금을 지급하다.

12월 31일 기말공정가치는 다음과 같다.

회 사	취득원가	공정가치	비 고
(주)캘빈클라인	₩640,000	₩500,000	시장성 있음
(주)베 네 통	410,000	450,000	시장성 있음
(주)압 소 바	200,000	250,000*	시장성 없음

* 순자산공정가치에 투자지분율을 곱하여 계산하였음.

2010년 4월 30일 (주)캘빈클라인으로부터 배당금 ₩50,000을 현금으로 받다.

5월 31일 (주)캘빈클라인의 주식 50주를 주당 ₩7,000에 처분하고 수수료 ₩20,000을 차감한 잔액을 현금으로 받다.

12월 31일 기말공정가치는 다음과 같다.

회 사	취득원가 20×9년	공정가치 20×9년	공정가치 2010년	비 고
(주)캘빈클라인	₩640,000	₩500,000	₩290,000	시장성 있음
(주)베네통	410,000	450,000	430,000	시장성 있음
(주)압소바	200,000	250,000*	180,000	시장성 없음

* 순자산공정가치에 투자지분율을 곱하여 계산하였음.

【요구사항】

1. 일자별로 필요한 회계처리를 나타내시오.
2. 기말수정분개를 반영한 부분재무상태표(20×9년과 2010년)를 작성하시오.

▣ 문제 [8]

(주)에스티로더는 유휴자금으로 매매차익을 목적으로 채무상품을 구입하고, 매도가능금융자산으로 분류하였다. 구입한 사채의 발행조건은 다음과 같다. 요구사항에 대하여 대답하시오.

- 액면금액 : ₩1,000,000
- 발 행 일 : 20×9년 1월 1일
- 만 기 : 2011년 12월 31일
- 액면이자율 : 연 12%
- 이자지급일 : 매년 12월 31일
- 시장이자율 : 연 10%

■ 당사는 한국거래소시장으로부터 위의 사채를 ₩1,049,738(수수료 ₩20,000포함)에 구입하였다. ₩1의 현가계수(10%, 3년)는 0.75131이며, 연금 ₩1의 현가계수(10%, 3년)는 ₩2.4869이다.

■ 20×9년 말과 2010년 말, 활성시장에서 공정가치는 각각 ₩1,030,000, ₩1,020,000이었다. 당사는 2011년 1월 1일 사채를 ₩1,010,000에 매각하고 수수료 ₩20,000을 차감한 현금을 받았다.

【요구사항】

1. 사채취득에 대한 투자자(발행자)의 입장에서 회계처리를 나타내시오.
2. 사채보유기간의 유효이자, 액면이자, 추가이자(상각액)의 계산표를 작성하시오.
3. 20×9년 말과 2010년 말 매도가능금융자산의 기말평가를 나타내시오.
4. 2011년 1월 1일 매도가능금융자산의 처분에 대한 회계처리를 나타내시오.

▣ 문제 [9]

(주)노스페이스는 유휴자금으로 20×9년 1월 1일에 채무증권을 ₩975,131에 취득하고

만기보유금융자산으로 분류하였다. 당사의 결산일은 12월 31일이며, 관련 자료는 다음과 같다. 요구사항에 대답하시오.

(1) 채무증권은 액면금액 ₩1,000,000, 만기 3년, 액면이자율 연 9%, 이자지급일은 매년 12월 31일이며, 매매거래시점에 시장(유효)이자율은 연 10%이다.

(2) 20×9년 말 채무증권의 발행회사가 재무적 곤경으로 주거래은행으로부터 당좌거래정지처분을 받았으며, 2010년에 액면이자의 회수가 어렵고, 만기 시에 액면금액의 70%만을 회수할 수 있을 것으로 예상되었다.

(3) 위의 채무증권 발행회사는 2010년 말에 경기상승에 따라 재무상태가 호전되어 당좌거래가 회복되었으며, 따라서 2010년 말 이자뿐만 아니라 만기에 원금상환 및 이자지급이 정상적으로 이루어질 것으로 판단된다.

【요구사항】

1. 채무증권의 취득에 대한 회계처리를 나타내시오.
2. 채무증권의 보유기간에 대한 유효이자, 액면이자, 추가이자(상각액)의 계산표를 작성하시오.
3. 20×9년 말의 이자수익과 손상차손에 대한 회계처리를 나타내시오.
4. 2010년 말의 이자수익과 손상차손회복에 대한 회계처리를 나타내시오.
5. 채무증권의 만기회수에 대한 회계처리를 나타내시오.

▣ 문제 [10]

다음은 (주)피앤지의 매도가능금융자산의 지분상품에 관한 거래이다. 요구사항에 대답하시오. 당사의 결산일은 12월 31일이다.

(1) 당사는 기중에 (주)브라운과 (주)SK-Ⅱ로부터 다음의 주식을 매입하였다. (주)브라운은 비상장회사로서 활성시장이 없으며, (주)SK-Ⅱ는 한국거래소시장에 직상장되어 시장가격이 공시되어 있다. 다만 (주)브라운의 주식은 유사한 금융자산의 현행 시장이익률을 사용하여 추정미래현금흐름의 현재가치를 공정가치로 한 것이다.

구 분	취득원가	공정가치			
		20×9년 말	2010년 말	2011년 말	2012년 말
(주)브라운 보통주	₩20,000	23,000	13,000	10,000	21,000
(주)SK-Ⅱ 보통주	30,000	25,000	10,000	8,000	28,000

(2) (주)브라운은 2010년에 워크아웃이 시작되었으나 2012년 경기상승으로 원상회복되었다.

(3) (주)SK-Ⅱ는 누적된 손실로 2010년 말 주가가 하락되었으며, 이는 장기간 회복하기가 어려울 것으로 판단된다. 하지만 2012년에 선크림의 붐에 따라 영업실적이 호전되어 주가가 다시 회복되었다.

【요구사항】

1. (주)브라운의 각 연도말 필요한 회계처리를 나타내시오.
2. (주)SK-Ⅱ의 각 연도말 필요한 회계처리를 나타내시오.

▣ 문제 [11]

(주)오휘는 20×9년 1월 1일에 채무증권을 ₩875,655에 취득하고 매도가능금융자산으로 분류하였다. 당사의 결산일은 12월 31일이며, 관련 자료는 다음과 같다. 요구사항에 대답하시오.

(1) 채무증권은 액면금액 ₩1,000,000, 만기 3년, 액면이자율 연 5%, 이자지급일은 매년 12월 31일이며, 매매거래시점에 시장(유효)이자율은 연 10%이다.

(2) 2010년 말 채무증권의 발행회사가 재무적 곤경으로 재무구조조정을 받게 되었으며, 이에 따라 2011년에 액면이자의 회수가 어렵고, 만기 시에 액면금액의 70%만을 회수할 수 있을 것으로 예상되었다.

(3) 위의 채무증권과 유사한 상품의 현행 시장이자율은 20×9년 말 11%, 2010년 말 13%이었다. 이에 따라 채무증권의 20×9년 말 공정가치는 ₩897,246, 2010년 말 공정가치는 ₩619,472로 시장에 형성되었다.

【요구사항】

1. 유효이자표를 작성하고 유효이자, 액면이자, 추가이자수익을 계산하시오.
2. 20×9. 1. 1. 취득시점의 회계처리를 나타내시오.
3. 20×9. 12. 31. 이자수익과 평가손익에 대한 회계처리를 나타내시오.
4. 2010. 12. 31. 이자수익과 평가손익, 손상차손에 대한 회계처리를 나타내시오.

제 9 장

ACCOUNTING PRINCIPLES

재고자산

|학|습|요|점|

- 재고자산은 무엇이며 어떤 종류가 있는가?
- 기말시점에 재고자산에 포함되는 항목은 어떤 것이 있는가?
- 판매조건에 따른 재고자산의 취득원가는 어떻게 계산되는가?
- 재고자산의 수량과 단가를 결정하는 방법은 어떤 것이 있는가?
- 재고자산의 평가방법과 각 방법의 장단점은 무엇인가?
- 재고자산 수량감소와 단가하락의 회계처리는 어떻게 하는가?

제1절 재고자산의 의의

재고자산(inventories)은 기업이 정상적인 영업활동과정에서 판매를 위하여 보유하는 자산을 말한다. 상품매매회사의 경우 판매하려고 보유하고 있는 상품이 재고자산이 된다. 제조회사는 생산된 제품과 제조과정에 있는 재공품, 반제품, 원재료, 소모품이 재고자산이 된다. 이들 자산은 모두 판매를 목적으로 보유함으로 재고자산이 되며, 대개 1년 이내에 판매되므로 유동자산으로 분류한다.

어떤 항목을 재고자산으로 분류하는가는 기업의 주된 영업활동이 무엇인가에 따라 달라진다. 예를 들어 종합병원이 휠체어를 구입하면 환자를 운반하는 수단으로 비유동자산이 되지만, 의료기기상점이 판매하려고 이를 구입하면 상품으로 재고자산이 된다. 마찬가지로 기업이 유휴자금의 이식을 목적으로 다른 회사의 주식을 구입하면 당기손익인식금융자산이나 매도가능금융자산으로 분류되지만, 증권회사가 이를 판매하기 위하여 보유하면 상품으로 분류한다.

재고자산에 포함되는 항목에는 여러 가지가 있다. K-IFRS는 기업의 성격에 따라 재고자산을 분류하고 있다. 이들 계정과목을 간단하게 설명하면 다음과 같다.

상　품: 기업이 정상적인 영업활동과정에서 판매를 목적으로 구입한 상품·미착상품·적송품 등을 말하며, 부동산 매매업은 판매를 목적으로 보유한 토지·건물·기타 이와 유사한 부동산을 상품으로 분류한다.
제　품: 기업이 판매하기 위하여 내부에서 제조한 생산품을 말한다.
반제품: 자기회사가 제조한 중간제품과 부분품을 말한다.
재공품: 생산하는 제조과정에 있는 제품을 말한다.
원재료: 완제품을 제조·가공할 목적으로 구입한 원료와 재료 등을 말한다.
소모품: 내용연수가 1년 미만인 예비부품과 수선용구를 말한다.

재고자산은 자산 중 큰 비중을 차지하고 당기순이익 결정에 직접적인 영향을 주게 되므로 중요하게 다루어진다. 기업은 상품을 판매하여 '매출'이라는 수익을 얻게 되며, 동시에 상품의 취득원가는 '매출원가'라는 비용으로 계상되어 상품매매이익을 계산한다. 따라서 재고자산의 평가는 매출원가를 통하여 당기순이익 결정에 직접적으로 영향을 미치게 된다.

재고자산은 여러 가지 회계처리문제가 뒤따르게 된다. 첫째, 재고자산을 구입하면 취득원가를 어떻게 측정할 것인가를 결정하여야 한다. 둘째, 기말이 되면 보유하고 있는 재고자산의 원가를 결정하여야 하는데 이때 기말재고자산에 포함될 항목이 정해져야 한다. 셋째, 기말에 상품매매이익을 계산하기 위하여 판매된 상품과 아직 보유하고 있는 상품의 원가를 배분하여야 한다. 넷째, 기중에 재고로 보유하고 있는 과정에서 발생한 감모손실과 평가손실을 추정하여야 한다. 아래에서는 이들 문제를 다루기로 한다.

제2절 재고자산의 취득원가

기업이 재고자산을 구입하면 구입대금뿐만 아니라 해당자산을 목적대로 사용할 때까지 발생한 지출액을 포함시켜 취득원가를 계산한다. 따라서 재고자산의 취득원가에는 매입원가, 전환원가, 재고자산을 현재의 장소에 현재의 상태로 이르게 하는데 발생한 기타 원가를 모두 포함한다. 재고자산의 취득원가는 자산이 구입되었느냐 제조되었느냐에 따라 계산형식이 달라진다.

◈ 재고자산의 취득원가 = 매입원가 + 전환원가 + 기타원가

매입원가(purchase costs)는 매입가격에 수입관세와 제세금(과세당국으로부터 추후 환급받을 수 있는 금액은 제외), 매입운임, 하역료는 가산하고, 매입할인, 리베이트 및 기타 유사한 항목은 차감하여 계산한다. 전환원가(conversion costs)는 제조기업의 경우에 원재료를 제품으로 만드는데 발생하는 직접노무비와 변동 및 고정 제조간접비를 말한다. 기타원가(other costs)는 재고자산을

현재의 장소에 현재의 상태로 이르게 하는데 발생한 원가를 말한다. 예를 들어 특정 고객을 위한 제품디자인원가는 비제조간접원가이지만 기타원가에 해당한다.

2.1 상품의 취득원가

기업이 판매를 목적으로 다른 회사에서 물건을 구입하면 제품 대신 상품으로 기록한다. **상품의 취득원가**는 **구입대금**에 **부대비용**을 포함시켜 계산한다. **부대비용**에는 매입수수료, 운반비, 보험료, 하역비 등이 포함된다. 여기서 운반비는 선적지인도기준과 도착지인도기준에 따라 회계처리가 달라진다. **선적지인도기준**은 선적시점에서 상품의 소유권이 매입자에게 이전되므로 매입자가 운임을 부담하게 된다. 따라서 매입자는 지급한 반입운임을 상품의 매입원가에 포함시켜 회계처리하게 된다. 이에 비하여 **도착지인도기준**은 도착시점에 상품의 소유권이 매입자에게 이전되므로 운임을 판매자가 부담하게 된다. 따라서 판매자는 지급한 운반비를 판매비와관리비에 포함시켜 계상하게 되고 매입자는 이를 상품원가에 포함시키지 않는다.

상품을 매입하면 취득원가를 매입계정에 기록한다. 하지만 구입한 상품이 주문과 다르거나 품질불량, 대금의 조기상환이 발생하면 매입계정에 기록된 취득원가를 수정하여야 한다. 수정이 필요한 경우는 매입환출과 매입에누리, 매입할인이 발생했을 때 발생한다. 예를 들어 구입한 상품이 주문과 다르거나 파손이 발견되면 반품을 하게 되며, 조그만 파손이나 결함의 경우에는 반품보다 값을 깎아 에누리하고, 외상기간 전에 대금을 조기상환하면 매입할인을 받게 된다. 이들 경우에는 장부에 기입된 매입원가를 낮추어 수정하여야 한다. 매입원가의 수정에 필요한 분개를 나타내면 다음과 같다.

구 분	분개기록			
상품매입	(차) 매 입	×××	(대) 매입채무 또는 현금	×××
매입에누리와환출	(차) 매입채무 또는 현금	×××	(대) 매 입 또는 매입에누리와환출	×××
매입할인	(차) 매입채무	×××	(대) 현 금 또는 매입(할인)	×××

상품을 반품하거나 에누리를 받게 되면 외상거래의 경우 매입채무가 적어지게 되며, 현금거래이면 해당금액만큼 되돌려 받게 된다. 일반적으로 상품계정은 (이월)상품, 매입, 매출계정으로 분할하여 기입하게 된다. 상품을 세 계정으로 분할하는 경우 반품과 에누리, 할인은 모두 매입계정을 사용하여 기입하게 된다. 하지만 큰 기업은 매입에누리와환출, 매입할인을 매입계정으로부터 분리하여 별도의 계정으로 사용하게 되며, 포괄손익계산서에서는 총매입 아래에 매입에누리와환출, 매입할인을 차감하여 당기순매입액을 계산하는 형식으로 공시하게 된다.

상품의 취득원가는 현재의 장소에 현재의 상태에 이르게 하는데 발생한 원가도 포함된다. 하지만 상품의 보관원가, 현재상태에 이르게 하는데 간접적으로 발생한 원가, 판매원가는 취득원가가 아닌 발생한 기간의 비용으로 인식한다.

2.2 제품의 취득원가

기업이 물건을 제조하면 상품 대신 제품으로 기록한다. 제품의 취득원가는 생산과정에 발생된 제조원가가 제품의 원가로 된다. **제품의 제조원가는 재료비, 노무비, 제조경비로 구성되며, 기초재공품원가에 당기에 투입된 총원가를 가산하고 기말재공품원가를 차감하여 계산한다.** 여기서 재공품원가는 가공과정에 있는 미완성제품의 원가로서 생산양식에 따라 다양한 방법으로 계산된다. 요컨대 제품의 제조원가를 정확히 계산하려면 기말재공품의 원가가 올바르게 계산되어야 한다. 제조원가의 계산방법과 제품원가의 결정은 원가 · 관리회계과목에서 다루므로 여기서는 생략한다. 마찬가지로 재공품, 반제품의 원가도 원가계산에서 다루게 된다. 다만 제조기업도 제품을 만들어 판매를 통해 영업이익을 추구하고 있으므로, 제품의 제조원가를 계산하는 것 외에는 상품매매기업처럼 회계절차가 이루어지게 된다.

제3절 재고자산에 포함될 항목

일반적으로 상품거래에서 상품을 받고 대금을 주게 되면 재고자산의 인식 문제는 쉽게 해결된다. 하지만 매매거래에서 상품의 인도시점과 소유권의 이전시점이 일치하지 않는 경우에는, 기말재고수량을 결정하는데 주의를 기울여야 한다. 기말재고수량의 결정은 재고자산에 포함시켜야 할 항목을 정하는 것으로 **소유권의 유무, 점유여부, 계약조건, 상관습을 고려**하여야 한다. 본 절에서는 기말재고자산으로 포함시키는데 다소 주의를 요하는 매매형태를 다루어 보기로 한다. 이들 항목에는 다음의 네 가지가 있다.

① 상품을 구입하여 소유권은 이전되었으나 실물이 아직 도착하지 않은 미착상품
② 상품을 받았으나 소유권이 이전되지 않은 수탁상품
③ 상품을 보냈으나 소유권이 이전되지 않은 위탁 및 시용상품
④ 소유권은 이전하였으나 아직 상품을 인도하지 않은 경우

미착상품

미착상품(goods in transit)은 상품을 주문하였으나 운송 중에 있어 아직 도착하지 않은 상품을 말한다. 이 경우 재고자산의 인식은 **매매계약조건에 기재된 법적 소유권의 유무**가 기준이 된다. 운송 중에 있는 상품의 소유권은 선적지인도기준이나 도착지인도기준에 따라 달라진다.

선적지인도기준은 선적시점에서 소유권이 매입자에게 이전되는 것으로, 미착상품은 매입자가 재고자산으로 계상하여야 한다. **도착지인도기준**은 목적지 도착시점에서 소유권이 매입자에게 이전되는 것으로, 미착상품은 판매자가 재고자산에 포함시켜야 한다. 예를 들어 결산일에 운송 중에 있는 상품은 선적지인도기준의 경우에는 매입자가 재고자산으로 보고하고, 도착지인도기준의 경우에는 판매자가 재고자산에 포함시키게 된다. 따라서 선적지인도기준의 경우 매입자는 미착상품을 매입계정에 계상하고, 판매자는 매출계정에 반영시켜 매출원가와 매출액을 포괄손익계산서에 보고하게 된다.

위탁판매

위탁판매(consignment sales)는 자기소유의 상품을 타인에게 위탁하여 판매하는 것을 말한다. 여기서 상품의 판매를 의뢰하는 사람을 위탁자(consignor)라 하며, 상품을 받아 판매를 대신하는 사람을 수탁자(consignee)라 한다. 위탁자가 탁송한 상품은 적송품이 되며 수탁자가 보관한 상품은 수탁품이 된다.

위탁된 상품은 수탁자가 보관하고 있지만 소유권은 위탁자에게 있다. 위탁매매에서 수탁자는 위탁자로부터 상품을 받아 자기의 명의로 고객에게 판매하지만, 소유권과 계산은 모두 위탁자 이름으로 이루어지며, 수탁자는 판매에 대한 수수료를 위탁자에게 청구할 수 있는 권리를 가지게 된다. 따라서 재고자산의 포함 여부는 위탁상품의 소유권이 위탁자에서 고객에게 언제 이전되는가에 달려 있다.

K-IFRS는 위탁판매의 경우 수익은 수탁자가 위탁상품을 판매한 날에 인식하도록 규정하고 있다. 이는 '위탁상품을 고객에게 판매하는 날'이 소유권의 이전시점이므로 판매이전에는 위탁상품을 위탁자의 재고자산에 포함시키게 된다. 따라서 위탁판매의 경우에는 위탁상품이 수탁자의 창고에 보관되어 있지만, 결산일 현재 판매되지 않은 위탁상품은 위탁자의 기말재고자산에 포함시켜 매출원가와 매출액을 계산하여야 한다. 여기서 위탁상품을 적송하는 과정에서 발생한 운임은 재고자산원가에 포함시키게 된다.

시용판매

시용판매(sales on approval)는 고객이 사전에 상품을 시험적으로 사용한 후 구매할 의사가 있으면 구매하고, 그렇지 않으면 이를 반환하는 조건으로 매매하는 특수한 판매형태이다. 예를 들어 새로 출시한 화장품을 단골에게 보내면, 고객은 이를 사용한 후 구매하고 싶으면 구매의사를 표시하고, 그렇지 않으면 이를 반품하는 경우이다.

K-IFRS는 시용판매의 경우 '매입자가 매입의사를 표시한 날'에 수익을 인식하도록 규정하고 있다. 따라서 기말현재 매입자로부터 매입의사를 받지 않은 시송품은 창고에 없지만 기말재고자산에 포함시켜야 한다. 실무에서는 구매자가 일정기한 내에 구매의사를 표시하지 않거나 반품을 하지 않는 경우가 있으며, 이때는 상관습에 따라 일정기간이 경과한 날에 판매가 이루어진 것으

로 회계처리한다.

할부판매

할부판매(installment sales)는 상품을 판매하고 대금을 일정기간 분할하여 지급하는 판매를 말한다. 할부판매는 일반적으로 대금의 지급이 완료될 때까지 상품의 법적 소유권이 판매자에게 있다. 하지만 할부상품은 소비자가 실제로 목적대로 사용하고 있고, 상품과 관련된 경제적 효익이나 위험이 소비자에게 사실상 이전되어 있는 것으로 볼 수 있다. 따라서 **할부판매의 경우 상품의 법적 소유권이 판매자에게 있더라도, 판매시점에 소비자에게 상품이 판매된 것으로 보아, 판매자는 이를 기말재고자산에서 포함시키지 않게 된다.** 지금까지 설명한 판매형태는 모두 상품의 이전과 대금의 수취가 동시에 이루어지지 않는 특수한 매매로서, 기말시점에 재고자산의 포함을 결정할 때 주의를 기울여야 한다. 간단한 〈예제 9-1〉을 들어 이들 매매에 대한 수익의 인식과 기말재고자산의 포함여부를 학습한다.

예제 [9-1]

• 다음은 현영상점의 상품거래에 관한 내용이다. 요구사항에 대답하시오.

1. 20×3년 12월 26일에 LA 앤디상점으로부터 상품 ₩550,000을 매입하고, 매입운임 ₩50,000을 포함하여 현금으로 지급하였다. 매매계약조건에는 도착예정일(20×4. 1. 10.)과 선적지인도기준이 포함되어 있다.
2. 20×3년 12월 20일에 도착지인도기준으로 상품을 구입하여 12월 29일에 도착하였다. 상품의 매입가격은 ₩235,000이며, 운임은 ₩15,000이다. 아직 송장을 받지 못하여 장부에 기록하지 못하고 있다.
3. 20×3년 12월 18일 서귀포 민지상점에 상품 ₩760,000을 위탁하고, 적송운임 ₩40,000을 지급하였다. 12월 31일 현재 민지상점은 아직 상품을 판매하지 않고 있으며, 판매가격은 ₩900,000인 것으로 예상하고 있다.
4. 20×3년 12월 10일 단골고객 10명에게 시용판매하기 위하여 신상품 ₩1,000,000을 발송하였다. 기말현재 3명으로부터 상품 ₩400,000에 대하여 구입의사를 받았지만, 나머지는 아무런 통보를 받지 못하고 있다. 구입여부는 20×4년 1월 10일까지 알려주도록 요청하였다.

5. 20×3년 12월 1일 상품 ₩500,000을 할부판매하였다. 할부조건은 5개월 할부와 월말 온라인을 통하여 대금을 납부하는 것이다. 12월 31일 아직 첫 번째 부금을 받지 못하고 있다.
6. 20×3년 12월 31일 현재 창고에 보관 중인 재고자산원가는 ₩2,500,000인 것으로 파악되었다.

☞ **요구사항**

1. 앞의 각 사건별로 12월 31일 현재 기말재고자산에 포함 여부와 재고자산원가를 표시하시오.
2. 12월 31일 현재 전체 재고자산원가를 계산하시오.

해답 ≪≪≪

1. 사건별 재고자산 여부와 금액

사건별 구분	재고자산 포함 여부	재고자산 포함될 금액		
1. 선적지인도기준	미착상품: 포 함	매입가격	₩550,000	
		매입운임	50,000	₩600,000
2. 도착지인도기준	미착상품: 포 함	매입가격	235,000	
		매입운임	판매자 부담	235,000
3. 위탁판매상품	적송품: 미판매분 포함	상품원가	760,000	
		적송운임	40,000	800,000
4. 시용판매상품	시송품: 미구매의사분 포함	구매의사표시하지 않은 부분		600,000
5. 할부판매상품	할부상품: 포함하지 않음	모두 판매로 인식		0

2. 기말 전체재고액 계산

(1) 재고실사액		₩2,500,000
(2) 조정액		
① 선적지인도기준 :	₩600,000	
② 도착지인도기준 :	235,000	
③ 위탁판매 :	800,000	
④ 시용판매 :	600,000	2,235,000
(3) 기말재고액		₩4,735,000

제4절 재고자산의 원가결정

재고자산은 원칙적으로 취득원가로 기록된다. 취득원가는 매입원가나 제조원가에 부대비용을 가산하며, 이에 매입에누리와환출 및 매입할인을 차감하여 계산한다. 여기서 부대비용은 해당재고자산을 고객에게 판매가능한 상태로 전환하는데 드는 것으로 반입운임, 보관료, 하역비, 보험료, 제반 세금 등이 포함된다.

결산기말에 기간손익을 계산하려면 재고자산의 취득원가를 확정하여야 한다. 이때 취득원가는 기초상품재고액에 당기상품매입액을 가산하여 계산한 것으로 판매가능상품원가라고 한다. 판매가능상품원가는 다시 당기에 판매한 매출원가와 판매하지 못한 기말재고액으로 구분된다. 이를 계산식으로 나타내면 다음과 같다.

• 기초상품재고액	×××		
• 당기상품매입액	×××		
• 판매가능상품원가	×××	=	• 판매된 상품원가 : **매출원가** • 판매 안 된 상품원가 : **기말상품재고액**

기말에 매출총이익은 매출액에서 매출원가를 차감하여 계산하며, 매출원가는 판매가능상품원가에서 기말재고액을 차감하여 계산하게 된다. 기말재고액은 상품재고장에서 계산하고 실지재고조사의 내용을 반영하여 확정한다. 상품재고장은 상품의 입 · 출고를 수량과 단가로 나누어 기록한 보조장부로서 기초상품재고액, 당기상품매입액, 당기에 판매된 상품의 매출원가, 기말상품재고액에 관한 정보를 제공한다. 따라서 매출원가와 기말재고액은 상품재고장에서 '수량×단가'에 의해 금액이 계산되며, 실지재고조사의 내용을 가감하여 확정된다. 본 절에서는 수량과 단가를 결정하는 여러 가지 방법들에 대하여 살펴보고 매출원가와 기말재고액을 계산하기로 한다.

4.1 재고자산의 수량결정

(1) 계속기록법

계속기록법(perpetual inventory system)은 상품을 구입하고 판매할 때마다 상품종류별로 수량을 상품재고장에 계속적으로 기록하는 방법이다. 이 방법은 기초재고수량이나 구입수량, 판매수량이 기록되어 항상 현재 재고수량을 알려준다. 기말재고수량은 당기판매가능수량(기초재고수량 + 당기매입수량)에서 당기판매수량을 차감하여 계산한다. 이를 계산식으로 나타내면 다음과 같다.

◈ 기초재고수량 + 당기매입수량 − 당기판매수량 = 기말재고수량

기업은 최근 전산화된 재고관리시스템을 이용하여 계속기록법으로 재고자산을 관리하고 있다. 전산재고관리시스템은 상품을 구입할 때마다 수량과 단가를 기록하고, 상품을 판매할 때 수량과 단가(구입단가 또는 원가흐름가정)를 기록하여 재고자산의 전체적인 정보를 신속하게 갱신시키게 된다. 백화점이나 슈퍼마켓에서는 바코드시스템을 이용하여 상품의 구입뿐만 아니라, 판매시점에서 바코드의 스캔을 통해 재고자산의 수량과 금액을 즉시 기록한다.

(2) 실지재고조사법

실지재고조사법(periodic inventory system)은 정기적으로 실지재고조사를 실시하여 재고수량을 파악하는 방법이다. 이 방법은 상품을 구입할 때 상품재고장에 수량과 단가를 기록하지만 판매할 때에는 장부에 아무런 기록을 하지 않는다. 따라서 기중에는 실지재고조사를 하지 않으므로 현재 남아 있는 상품의 재고수량을 알 수 없다.

기말재고수량은 기말에 실지재고조사를 통하여 파악한다. 당기판매수량은 당기판매가능상품수량(기초재고수량 + 당기매입수량)에서 실지재고수량을 차감하여 계산하고 매출원가를 계산한다. 이를 계산식으로 나타내면 다음과 같다.

◈ 기초재고수량 + 당기매입수량 − 기말실지재고수량 = 단기판매수량

(3) 혼합법

혼합법은 계속기록법과 실지재고조사법을 병행하여 실시하는 방법이다. 이 방법은 상품을 구입하고 판매할 때마다 상품별로 상품재고장에 수량을 계속 기록하고, 정기적으로 실지재고조사를 통하여 장부와 실제의 차이를 조정하는 것이다. 혼합법은 이들 두 방법을 단독으로만 사용할 때 발생하는 단점을 보완하기 위하여 사용한다.

계속기록법과 실지재고조사법은 모두 단점을 지니고 있다. 두 방법은 모두 기중에 도난이나 파손으로 발생하는 재고수량의 감소를 반영하지 못한다. 계속기록법은 실지재고조사를 하지 않기 때문에 감모량을 파악할 수 없으며, 따라서 재고감모량만큼 기말재고수량이 과대평가된다. 실지재고조사법은 재고조사 때에 포함되지 않은 수량은 모두 판매된 것으로 가정하므로 재고감모량만큼 기말재고수량이 과소평가된다. 따라서 기중에 발생된 재고감모수량을 파악하여 관리하고 이를 관리부주의에 따른 손실로 회계처리하려면, 기중에 계속기록법을 사용하여 수량을 기록하고, 기말에 실지재고조사를 통해 차이수량을 파악하는 것이 필요하다. 이러한 방법을 혼합법이라 한다. 간단한 〈예제 9-2〉를 통하여 두 방법의 문제점과 혼합법의 필요성을 알아보기로 한다.

예제 [9-2]

- 해피아이상점은 월초에 지난 달에 판매하고 이월된 상품 80개가 있었다. 당기에는 같은 상품 980개를 구입하여 기중에 720개를 판매하였다. 기말실지재고조사를 실시하였는데 남아 있는 상품은 300개였다. 이 경우 계속기록법, 실지재고조사법, 혼합법에 따라 기말재고수량을 계산하시오.

해답

기말재고수량계산
① 계속기록법 : 기초재고수량(80) + 당기매입수량(980) − 당기판매수량(720) = **기말재고수량(340)**
② 실지재고조사법 : 기초재고수량(80) + 당기매입수량(980) − **기말재고수량(300)** = 당기판매수량(760)
③ 혼합법 : 기초재고수량(80) + 당기매입수량(980) − 당기판매수량(720) = 재고감모수량(40) + **기말재고수량(300)**

4.2 재고자산의 단가결정-원가흐름의 가정

(1) 원가법

실지재고조사나 계속기록에 의해 재고수량이 결정되면 상품별 단위가격(단가)을 결정하여야 한다. 수량과 단가를 결정하는 것은 기간손익의 계산과 관련된 중요한 회계정책에 속한다. 일반적으로 기말재고액은 원가법에 따라 평가하는데, 이외에도 시가법, 저가법, 소매재고법, 매출총이익법 등이 있다. 여기서는 원가법에 대하여 알아보고 기타 재고자산평가에서 소매재고법과 매출총이익법을 다루기로 한다.

재고자산의 단위가격 결정방법	
원 가 법	기타 추정법
① 개별법 ② 선입선출법 ③ 후입선출법 ④ 평균법	① 소매재고법 ② 매출총이익법

원가법은 취득원가를 단가로 사용하여 기말재고액을 계산하는 것을 말한다. 기업이 같은 상품을 구입하면서 매번 같은 단가로 구입하면 단가의 결정과정은 필요 없게 된다. 하지만 같은 상품을 매번 다른 단가로 구입하게 되면, 기말재고액과 매출원가를 계산할 때 어느 단가를 적용할 것인가를 결정하여야 한다. 이론적으로는 상품을 구입할 때마다 각 상품에 레이블(단가)을 붙여두고, 판매할 때마다 또는 기말재고에 레이블에 표시된 단가(취득원가)를 적용하여 매출원가와 기말재고액을 계산할 수 있다.

판매가 빈번하게 이루어지고 상품의 종류가 많아지면, 재고자산에 개별적인 단가를 붙여 관리하는 것이 불가능하고 관리비용이 너무 많이 발생한다. 이러한 경우 상품을 사고파는 물량의 흐름과 관계없이 일정한 원칙에 따라 판매수량과 기말재고에 적용하는 원가를 결정하게 되는데, 이를 원가흐름의 가정(cost flow assumption)이라 한다. 원가흐름의 가정은 기말재고나 판매수량에 어느 취득원가(단가)를 적용할 것인가를 결정하는 방법으로서 개별법, 선입선출법, 후입선출법, 평균법이 있다.

수량과 단가를 결정하는 회계방침이 정해지면 상품재고장에서 기말재고액과 매출원가를 계산하게 된다. 상품재고장은 상품종류별로 거래가 일어날 때마다 입

고란, 출고란, 잔액란에 수량, 단가, 금액을 기록하는 보조장부이다. 여기서 **출고란**에 단가를 기록하는 방법에는 계속단가기록법과 기말단가기록법이 있다. **계속단가기록법**은 상품을 판매할 때마다 출고란에 단가를 기록하고, **기말단가기록법**은 상품을 판매할 때마다 단가를 기록하지 않고 기말에 일괄하여 기록하게 된다. 하지만 입고란의 수량 및 단가와 출고란의 수량은 계속단가기록법이나 기말단가기록법 모두 계속기록하여야 함을 유의하여야 한다. 다음에서는 개별법, 선입선출법, 후입선출법, 평균법에 대하여 계속단가기록법이나 기말단가기록법을 적용하여 기말재고액과 매출원가를 계산하는 방법을 학습한다. 이들 방법을 설명하는데 사용할 재고자산의 자료를 〈예제 9-3〉을 통하여 제시하면 다음과 같다.

예제 [9-3]

• 다음은 준서상점의 상품거래에 관한 내용이다. 요구사항에 대답하시오.

구 분	수 량(개)	단 가	총원가
기초재고(1. 1.)	200	₩10	₩2,000
매 입(7. 8.)	400	13	5,200
매 입(10.5.)	500	15	7,500
계	1,100		₩14,700
매 출(6.11.)	100	100개/@10	
매 출(9.10.)	300	300개/@13	
매 출(12.7.)	300	100개/@10, 200개/@15	
판매수량	700		
기말재고(12.31.)	400	100개/@13, 300개/@15	
계	1,100		

☞ **요구사항**

1. 개별법, 선입선출법, 후입선출법, 평균법에 의해 계속단가기록법에 의한 상품재고장을 작성하고 매출원가와 기말재고액을 계산하시오.
2. 개별법, 선입선출법, 후입선출법, 평균법에 의해 기말단가기록법에 의한 기말상품재고액과 매출원가를 계산하시오.
3. 각 방법에 의해 계산된 매출원가와 기말재고액의 비교표를 작성하고 설명하시오. 단, 판매단가는 ₩50(6. 11.), ₩60(9. 10.), ₩70(12. 7.)이다.

해답 ≪≪≪

• 해답은 다음의 본문에서 각 방법을 설명하면서 제시한다.

① 개별법

개별법(specific identification method)은 상품을 구입할 때 레이블(단가)을 붙여 두고, **레이블에 나타난 단가에 따라 매출원가와 기말재고액을 계산하는 방법**이다. 개별법은 실제 판매되는 상품에 해당단가를 적용하므로 실제 물량흐름과 원가흐름이 일치하게 되며, 가장 정확하게 원가를 계산하는 방법이다. 하지만 상품의 종류와 수량이 많고 거래가 빈번하게 이루어지는 오늘날에는 거의 사용할 수가 없다. 개별법은 상호 대체하여 사용할 수 없는 제품이나 특정 프로젝트별로 생산되는 제품, 서비스의 원가를 계산할 때 사용되고 있다.

예제를 사용하여 개별법에 의한 매출원가와 기말재고액을 계산하여 보자. 매출원가와 기말재고액은 상품재고장에서 계산되는데, 계속단가기록법과 기말단가기록법에 따라 개별법의 적용과정을 설명하기로 한다. 먼저 개별법에 따라 계속단가기록법에 의한 상품재고장을 작성하면 다음과 같다.

계속단가기록법

상품재고장 (개별법)

월일	적 요	입 고			출 고			잔 액		
		수량	단가	금액	수량	단가	금액	수량	단가	금액
1. 1.	전기이월	200	10	2,000				200	10	2,000
6.11.	매 출				100	10	1,000	100	10	1,000
7. 8.	매 입	400	13	5,200				100 400	10 13	1,000 5,200
9.10.	매 출				300	13	3,900	100 100	10 13	1,000 1,300
10.5.	매 입	500	15	7,500				100 100 500	10 13 15	1,000 1,300 7,500
12.7.	매 출				100 200	10 15	1,000 3,000	100 300	13 15	1,300 4,500
12.31.	• 판매가능상품 • 매 출 원 가 • 기말재고액	1,100개		₩14,700	700개		₩8,900	400개		₩5,800

위에서는 개별법에 따라 상품재고장을 계속단가기록법으로 작성하고 있다.

개별법은 상품을 판매할 때 레이블에 표시된 단가를 사용하여 **매출원가**를 계산하며, 기말에 재고로 남아 있는 상품도 레이블에 표시된 단가를 사용하여 **기말재고액**을 계산한다. 여기서 판매가능상품원가가 매출원가와 기말재고액으로 배분되는 과정을 표시하면 다음과 같다. 판매가능상품원가는 기초상품재고액에 당기상품매입액을 가산한 것으로, 이의 금액은 당기에 판매된 매출원가와 판매하고 남은 상품의 기말재고액으로 배분되게 된다.

기초상품재고액	₩2,000	매출원가	₩8,900
당기상품매입액	12,700	기말상품재고액	5,800
판매가능상품원가	₩14,700	계	₩14,700

기말단가기록법

기말단가기록법은 상품재고장에서 출고란의 단가를 판매할 때마다 기록하지 않고 기말에 일괄적으로 파악하는 방법이다. 개별법에서는 상품마다 개별적으로 레이블이 붙어 있고 거기에 단가가 표시되어 있으므로, 기말에 일괄적으로 남아 있는 상품의 원가를 계산하는 것은 쉽다. 기말상품재고액은 남아 있는 상품의 레이블에 표시되어 있는 원가를 합하여 계산하며, 매출원가는 판매가능상품액에서 기말상품재고액을 차감하여 계산한다. 앞의 상품재고장에서 기말상품재고액은 ₩5,800(100개 × ₩13 + 300개 × ₩15)이며, 매출원가는 ₩8,900(₩14,700 − ₩5,800)으로 계산된다. 따라서 개별법을 사용하면 계속단가기록법과 기말단가기록법을 사용한 결과는 항상 같아지게 된다. 각자 스스로 그 이유를 생각하여 보기 바란다.

② 선입선출법

선입선출법(first-in first-out, FIFO)은 **먼저 구입한 상품을 먼저 판매하고, 기말에 남아 있는 상품은 최근에 구입한 것**들로 구성되어 있다는 가정에서 매출원가와 기말상품재고액을 배분하는 방법이다. 따라서 **매출원가**는 먼저 구입한 상품의 원가로 구성되고, **기말상품재고액**은 나중에 구입한 상품의 원가로 계산된다. 이 방법은 실제로 나중에 구입한 상품을 판매하면서 먼저 구입한 상품의 원가를 사용하여 원가를 배분하게 되므로, 물량흐름과 원가흐름은 일치하지 않고 다르게 짝지어지는 결과를 가져 온다. 〈예제 9-3〉을 이용하여 선입선출법에 따른 원가배분의 과정을 설명하기로 한다. 먼저 계속단가기록법에 따라 상품재고장을 작성하면 다음과 같다.

상품재고장 (선입선출법)

월 일	적 요	입 고			출 고			잔 액		
		수량	단가	금액	수량	단가	금액	수량	단가	금액
1. 1.	전기이월	200	10	2,000				200	10	2,000
6.11.	매 출				100	10	1,000	100	10	1,000
7. 8.	매 입	400	13	5,200				100 400	10 13	1,000 5,200
9.10.	매 출				100 200	10 13	1,000 2,600	200	13	2,600
10.5.	매 입	500	15	7,500				200 500	13 15	2,600 7,500
12.7.	매 출				200 100	13 15	2,600 1,500	400	15	6,000
12.31.	판매가능상품 매 출 원 가 기말재고액	1,100개		₩14,700	700개		₩8,700	400개		₩6,000

계속단가기록법

위에서는 선입선출법에 따라 상품재고장을 계속단가기록법으로 작성하고 있다. 이 방법은 상품을 판매할 때 무조건 먼저 구입한 상품부터 판매되는 것으로 가정하므로, 먼저 구입한 상품의 원가를 적용하여 매출원가가 계산된다. 선입선출법을 사용하여 판매가능상품원가로부터 매출원가와 기말재고액을 배분하는 과정을 나타내면 아래와 같다.

기초상품재고액	₩2,000	매출원가	₩8,700
당기상품매입액	12,700	기말상품재고액	6,000
판매가능상품원가	₩14,700	계	₩14,700

기말단가기록법

기말단가기록법은 상품재고장에서 출고란의 단가를 판매할 때마다 기록하지 않고 기말에 일괄적으로 파악하게 된다. 이 방법에 따라 가장 최근의 단가로 기말재고액을 계산하려면, 기말재고수량이 가장 나중에 구입한 수량보다 많은지 적은지를 확인하여야 한다. 기말재고수량이 가장 최근에 구입한 수량보다 적으면 최근 단가 하나만을 사용하지만, 오히려 많으면 최근으로부터 몇 번째에 해당하는 수량묶음인지 확인하여 이에 해당하는 단가를 적용하여야 한다. 앞의 예제에서는 기말재고수량이 400개이고 가장 최근의 구입수량이 500개이므로, 기말재고는 마지막 구입한 상품 500개 중 400개가 남아 있는 것으로 볼 수 있다. 따라서 기말상품재고액은 가장 최근의 단가를 사용하여 계산한 ₩6,000(400개×₩15)이 되고, 매출원가는 판매가능상품원가에서 이를 차감한 ₩8,700(₩14,700 − ₩6,000)이 된다. 선입선출법에서도 계속단가기록법과 기말단가기록법에 의해 계산된 결과는 같아지게 된다.

③ 후입선출법

후입선출법(last-in first-out, LIFO)은 가장 나중에 구입한 상품을 먼저 판매하고, 기말에 남아 있는 상품은 먼저 구입한 상품으로 구성되어 있다는 가정에서 매출원가와 기말재고액을 배분하는 방법이다. 따라서 매출원가는 가장 최근에 구입한 상품의 원가로 계산되고, 기말재고액은 가장 먼저 구입한 상품의 원가로 구성된다. 이 방법은 실제로 먼저 구입한 상품을 판매하면서 최근 구입한 상품의 원가를 사용하여 원가를 배분하게 되므로, 물량흐름과 원가흐름이 일치하지 않고 다르게 짝지어지는 결과를 가져온다. 한편 K-IFRS에서는 후입선출법을 인정하지 않는다. 하지만 세무목적에서는 후입선출법을 사용할 수 있으며, 다른 방법과 비교하기 위하여 설명한다. 〈예제 9-3〉을 사용하여 후입선출법에 따른 원가배분의 과정을 설명하기로 한다. 먼저 계속단가기록법에 따라 상품재고장을 작성하면 다음과 같다.

상품재고장 (후입선출법)

월 일	적 요	입 고			출 고			잔 액		
		수량	단가	금액	수량	단가	금액	수량	단가	금액
1. 1.	전기이월	200	10	2,000				200	10	2,000
6.11.	매 출				100	10	1,000	100	10	1,000

7.8.	매 입	400	13	5,200				100 400	10 13	1,000 5,200
9.10.	매 출				300	13	3,900	100 100	10 13	1,000 1,300
10.5.	매 입	500	15	7,500				100 100 500	10 13 15	1,000 1,300 7,500
12.7.	매 출				300	15	4,500	100 100 200	10 13 15	1,000 1,300 3,000
12.31.	• 판매가능상품 • 매 출 원 가 • 기말재고액	1,100개		₩14,700	700개		₩9,400	400개		₩5,300

계속단가기록법

앞에서는 후입선출법에 따라 상품재고장을 계속단가기록법으로 작성하고 있다. 이 방법은 상품을 판매할 때 무조건 나중에 구입한 상품부터 판매되는 것으로 가정하므로, 최근에 구입한 상품의 원가를 적용하여 **매출원가**가 계산되어진다. 후입선출법을 사용하여 판매가능상품원가로부터 매출원가와 기말재고액을 배분하는 과정을 나타내면 아래와 같다.

기초상품재고액	₩2,000	매출원가	₩9,400
당기상품매입액	12,700	기말상품재고액	5,300
판매가능상품원가	₩14,700	계	₩14,700

기말단가기록법

기말단가기록법은 상품재고장에서 출고란의 단가를 판매할 때마다 기록하지 않고 기말에 일괄적으로 파악하게 된다. 이 방법에 따라 가장 먼저 구입한 단가로 기말재고액을 계산하려면, 기말재고수량이 가장 먼저 구입한 수량보다 많은지 적은지를 확인하여야 한다. 기말재고수량이 가장 먼저 구입한 수량보다 적으면 처음 구입한 상품의 단가 하나만을 사용하지만, 오히려 많으면 처음으로부터 몇 번째에 해당하는 수량묶음인지 확인하여 이에 해당하는 단가를 적용하여야 한다. 앞의 예제에서는 기말재고수량이 400개이고 처음으로부터 구입한 수량이 200개, 400개이므로, 기말재고는 첫 번째 구입한 상품 200개와 두 번째 구입한 상품 200개가 남아 있는 것으로 볼 수 있다. 따라서 **기말상품재고액**은 처음 두 단가를 사용하여 계산한 ₩4,600(200개×₩10+200개×₩13)이 되고, **매출원가**는 판매가능상품원가에서 이를 차감한 ₩10,100(₩14,700－₩4,600)이 된다. 후입선출법에서는 계속단가기록법과 기말단가기록법에 의해 계산된 결과는 달라질 수 있다. 이러한 차이는 계속단가기록법이 판매 직전에 구입한 상품의 원가로 매출원가를 계산하고, 이를 판매가능상품원가에서 차감하여 기말재고액을 계산하는데 비하여, 기말단가기록법은 무조건 처음 구입한 상품의 원가로 기말재고액을 계산하기 때문에 발생하게 된다.

④ 평균법

평균법(average cost method)은 **기말에 남아 있는 상품에 기초상품과 당기 구입한 상품이 평균**적으로 섞여있다고 가정하고, 매출원가와 기말재고액을 배분하는 방법이다. 따라서 **매출원가**와 **기말재고액**은 판매가능상품원가를 평균한 평균단가로 계산하게 된다. 평균단가를 계산하는 방법에는 상품을 구입할 때마다 계산하는 이동평균법과 기말에 일괄하여 계산하는 총평균법이 있다.

가중(이동)평균법－계속단가기록법

이동평균법(moving average method)은 **상품을 구입할 때마다 가중평균단가를 구하고, 판매 시에는 가중평균단가**를 사용하여 출고란의 단가를 기록하는 방법이다. 따라서 상품을 구입할 때마다 가중평균단가는 갱신되며, 이의 단가를 사용하여 출고란에서 판매된 상품의 매출원가가 계산된다. 여기서 가중평균단가는 매입액, 매입부대비용, 매입에누리와환출, 매입할인을 모두 고려하여 계산한다. 하지만 매출에누리와 매출할인은 판매단가의 차감항목이므로 상품재고장에 기록하지 않고, 매출환입은 출고수량의 차감항목으로 기록하여야 한다. 이 방법은 실제로 어느 시점의 구입상품을 판매하더라도 항상 판매 전 가중평균단가를 사용하여 원가를 배분하게 되므로, 물량흐름과 원가흐름은 일치하지 않고 다르게 짝지어지는 결과를 가져온다. 이동평균법은 구입시점마다 평균단가를 구하여 장부에 기입해야 하므로 **계속단가기록법과 결합**되어 나타난다. 〈예제 9-3〉을 사용하여 이동평균법에 의한 상품재고장을 작성하면 다음과 같다.

상품재고장 (이동평균법)

월 일	적 요	입 고			출 고			잔 액		
		수량	단가	금액	수량	단가	금액	수량	단가	금액
1. 1.	전기이월	200	10	2,000				200	10	2,000
6.11.	매 출				100	10	1,000	100	10	1,000
7. 8.	매 입	400	13	5,200				500	12.4	6,200
9.10.	매 출				300	12.4	3,720	200	12.4	2,480
10.5.	매 입	500	15	7,500				700	14.26	9,980*
12.7.	매 출				300	14.26	4,276	400	14.26	5,704*
12.31.	• 판매가능상품 • 매 출 원 가 • 기말재고액	1,100개 ₩14,700			700개 ₩8,996			400개 ₩5,704		

* 단가의 소수점 반올림 때문에 발생하는 차이 보완

앞에서는 이동평균법에 따라 상품재고장을 계속단가기록법으로 작성하고 있다. 이 방법은 상품을 판매할 때 무조건 판매 직전의 가중평균단가를 사용하여 매출원가를 계산하게 된다. 가끔 가중평균단가를 구하는 과정에서 단가가 소수점으로 나타나며, 따라서 출고란과 잔액란의 합계가 판매가능상품원가와 일치하도록 조정해야 하는 문제가 발생되기도 한다. 이동평균법을 사용하여 판매가능상품원가로부터 매출원가와 기말재고액을 배분하는 과정을 나타내면 아래와 같다.

기초상품재고액	₩2,000	매출원가	₩8,996
당기상품매입액	12,700	기말상품재고액	5,704
판매가능상품원가	₩14,700	계	₩14,700

총평균법 – 기말단가기록법

총평균법(weighted average method)은 일정기간의 **판매가능상품 총액을 판매가능상품수량으로 나눈 평균단가**로 **매출원가**와 **기말재고액**을 계산하는 방법이다. 이 방법은 **상품을 구입하고 판매할 때에는 수량만 기중에 기록하고, 기말에 총평균단가를 계산**하면 그때 당기판매수량과 기말재고수량에 단가를 기입하여 매출원가와 기말재고액을 계산한다. 총평균법은 실제로 어느 시점의 구입상품을 판매하더라도 항상 총평균단가를 사용하여 원가를 배분하게 되므로, 물량흐름과 원가흐름은 일치하지 않고 다르게 짝지어지는 결과를 가져온다. 이 방법은 대량생산을 하거나 유류와 같은 동일 물질의 상품이 한곳에 혼합 보관되는 경우에 적용하기 편리하며, 단가계산과 장부절차가 단순하여 실무에서 가장 많이 사용되고 있다. 총평균법은 기말에 재고수량이 구해지면 총평균단가로 장부에 기입해야 하므로 **기말단가기록법과 결합**되어 나타난다. 예제 9-3을 사용하여 총평균법에 의한 상품재고장을 작성하면 다음과 같다.

상품재고장 (총평균법)

월 일	적 요	입 고			출 고			잔 액		
		수량	단가	금액	수량	단가	금액	수량	단가	금액
1. 1.	전기이월	200	10	2,000				200		
6.11.	매 출				100			100		
7. 8.	매 입	400	13	5,200				500		
9.10.	매 출				300			200		
10.5.	매 입	500	15	7,500				700		
12.7.	매 출				300			400		
12.31.	판매가능상품	1,100개		₩14,700						
	매 출 원 가				700개	₩13.36	₩9,356*			
	기말재고액							400개	₩13.36	₩5,344*

$$\text{총평균단가} = \frac{\text{기초상품재고액} + \text{당기상품매입액}}{\text{기초재고수량} + \text{당기순매입수량}} = \frac{₩2,000 + ₩12,700}{200\text{개} + 900\text{개}} = ₩13.36$$

* 단가의 소수점 반올림 때문에 발생하는 차이 보완

위에서는 총평균법에 따라 상품재고장을 기말단가기록법으로 작성하고 있다. 이 방법은 기말실지재고조사에 따라 수량이 결정되면 총평균단가를 사용하여 매출원가를 계산하게 된다. 가끔 총평균단가를 구하는 과정에서 단가가 소수점으로 나타나며, 따라서 매출원가와 기말재고액의 합계가 판매가능상품원가와 일치하도록 조정해야 하는 문제가 발생되기도 한다. 평균법에서는 계속단가기록(이동평균)법과 기말단가기록(총평균)법에 의해 계산된 결과가 다르게 된다. 이러한 차이는 계속단가기록법은 구입할 때마다 평균단가를 구하여 판매 시마다 매출원가를 계산하고, 기말단가기록법은 기말에 일괄적으로 총평균단가를 총판매수량에 적용하여 매출원가를 구하기 때문에 발생하게 된다. 총평균법을 사용하여 판매가능상품원가로부터 매출원가와 기말재고액을 배분하는 과정을 나타내면 아래와 같다.

기초상품재고액	₩2,000	매출원가	₩9,356
당기상품매입액	12,700	기말상품재고액	5,344
판매가능상품원가	₩14,700	계	₩14,700

⑤ 각 방법의 비교

지금까지 상품의 단가결정에 있어 일정한 원가흐름에 가정하여 매출원가와 기말상품재고액을 배분하는 과정을 살펴보았다. 각 방법은 단가를 결정짓는 가정이 다르므로 원가배분의 결과도 다르게 된다. 각 단가결정방법에 따라 계산된 매출원가와 기말재고액을 요약하면 다음과 같다.

위의 표에서 나타난 결과를 기초로 원가흐름의 가정에 대한 내용을 요약하면 다음과 같다.

구 분	원가배분	개별법	선입선출법	후입선출법	평균법
계속단가기록법	매출원가	8,900	8,700	9,400	8,996
	기말재고	5,800	6,000	5,300	5,704
	매출이익	35,100	35,300	34,600	35,004
기말단가기록법	매출원가	8,900	8,700	10,100	9,356
	기말재고	5,800	6,000	4,600	5,344
	매출이익	35,100	35,300	33,900	34,644

첫째, 개별법은 판매된 상품이나 기말재고상품에 실제로 구입한 해당원가가 적용되므로, 매출원가와 기말재고액을 가장 정확하게 계산하는 방법이다. 따라서 서로 대체하여 사용할 수 없는 재고자산이나 특정 프로젝트별로 생산되는 제품 및 서비스는 개별법을 적용하여 원가를 배분하여야 한다. 하지만 서로 교환하여 사용할 수 있는 동일의 제품을 빈번하게 매매하여 일일이 해당제품의 원가를 식별하는 것이 불가능하면, 원가흐름의 가정에 따라 선입선출법, 후입선출법, 평균법 중 선택하여 사용하게 된다.

둘째, 재고자산원가는 '수량×단가'로 계산되며, 수량은 계속기록법과 실지재고조사법, 혼합법에 따라 파악된다. 계속기록법과 실지재고조사법은 기중에 도난이나 파손으로 발생된 재고수량의 감소원인을 반영할 수 없으므로, 기중에 계속기록법을 사용하여 수량을 기록하고, 기말에 실지재고조사를 통해 차이수량을 파악하는 혼합법을 적용하여야 한다. 단가는 상품재고장에서 출고란의 단가를 결정하는 것으로 계속단가기록법과 기말단가기록법이 있다. 계속단가기록법은 원가흐름의 가정에 따라 판매시점마다 단가를 계속기록하며, 기말단가기록법은 기말에 일괄적으로 단가를 기록하는 것으로 두 방법에 따라 재고자산원가는 다르게 나타나기도 한다. 여기서 두 기록법의 차이는 상품재고장에서 출고란의 단가를 판매시점마다 계속기록하는가 또는 기말에 일괄적으로 기입하는가에 있으며, 입고란의 수량과 단가, 금액은 두 방법 모두 구입시점마다 계속기록하게 됨을 유의하여야 한다.

셋째, 이동평균법은 상품을 구입할 때마다 기입하게 되므로 계속단가기록법에 나타나며, 총평균법은 기말에 총구입수량이 파악되어야 단가가 결정되므로 기말단가기록법에 나타나게 된다. 이동평균법은 최근 구입한 상품에 평균단가를 그때그때 반영하므로 상품이 빈번하게 거래될수록 선입선출법과 비슷한 기말상품재고액을 표시하게 된다. 총평균법은 기초재고의 낮은 단가가 평균단가에 포함되어 이동평균법보다 기말재고액이 낮게 표시된다.

넷째, 개별법은 물량흐름과 원가흐름이 같고 계속단가기록법과 기말단가기록법에 의해 나타난 결과는 같게 된다. 선입선출법은 물량흐름과 원가흐름은 다르게 짝지어지지만 계속단가기록법과 기말단가기록법의 결과는 같게 된다.

다섯째, 일반적으로 물가가 상승하는 경우에는 다음의 규칙적인 결과가 나타난다. 만약 기말상품재고가 기초상품재고보다 많으면 각 방법별로 기말상품재고액, 매출원가, 매출이익의 크기순서는 다음과 같게 나타난다.

기말재고 : 선입선출법 > 이동평균법 ≥ 총평균법 > 후입선출법
매출원가 : 선입선출법 < 이동평균법 ≤ 총평균법 < 후입선출법
매출이익 : 선입선출법 > 이동평균법 ≥ 총평균법 > 후입선출법

위의 표에서 보면 상품의 구입단가(물가)가 계속상승하는 경우에는 선입선출법이 매출이익을 가장 많이 보고하고, 후입선출법이 가장 적게 보고한다. 인플레이션이 있는 때에는 되도록 상품의 보유이익을 제거하고 실질이익을 나

타내려면, 판매가격에 판매시점의 원가를 짝지어 나타내는 후입선출법이 유익한 방법임을 알 수 있다. 또한 평균법은 기말상품재고액이나 매출원가, 매출이익이 선입선출법과 후입선출법의 중간으로 나타나며, 이동평균법은 선입선출법에 가까운 것으로 위의 표에서 확인할 수 있다. 만약 기말상품재고가 기초상품재고보다 감소하게 되면 위의 결과와 반대로 나타나게 된다.

K-IFRS는 개별법, 선입선출법, 평균법은 회계원칙으로 인정하고 있고, 후입선출법은 인정하지 않는다. 후입선출법은 오래전에 취득한 상품의 단가를 기말재무상태표에 반영하게 됨으로, 다른 방법에 비해 재무상태와 영업성과를 왜곡시키게 되어, 사용을 제한한다. 기업은 재무상태나 경영성과를 가장 잘 나타내주는 방법을 선택하게 되며, 채택한 방법은 정당한 사유가 없는 경우 변경하지 않고 계속사용하여야 한다. 다만 부득이한 경우에는 변경할 수 있지만 변경의 사유와 내용, 정당성을 주석에서 충분히 공시하여야 한다. 재고자산의 수량이나 단가를 결정하는 방법은 기말재고액과 매출원가를 결정짓고 이익을 조작할 수 있으므로, 이와 같이 정당한 이유를 충분히 공시하도록 요구하게 된다.

(2) 기타의 재고자산의 평가방법

앞에서는 원가법에 따라 상품재고장에서 기말상품재고액을 계산하였다. 본 절에서는 상품재고장이 아닌 다른 방법으로 원가흐름을 가정하여 기말상품재고액을 평가하기로 한다. 때때로 상품의 종류별로 입고와 출고를 관리하는 것이 경제적이지 못한 경우도 있으며, 화재나 도난 등으로 수량이나 단가에 관한 정확한 정보를 이용할 수 없는 경우도 있다. 이러한 경우에는 특별한 원가흐름의 가정에 따라 매출원가계산과 기말상품재고를 추정하게 된다. 재고자산의 추정에는 소매재고법과 매출총이익법이 있으며 K-IFRS는 소매재고법만 인정하고 있다.

① 소매재고법

소매재고법(retail inventory method)은 **소매가로 표시된 기말상품재고액에 원가율을 곱하여 기말상품재고액을 추정하는 것**으로 **매출가격환원법**이라 한다. 이 방법은 편의점이나 할인점 등에서 다양한 여러 상품을 낮은 단가로 빈번하게 판매하는 경우 일일이 상품재고장에 기록하는 것이 경제적이지 못하고, 기말에 실지재고조사를 하는 것이 어려울 때 사용하게 된다. 또한 백화점의 경우에는 정가판매가 충실하게 지켜지고 판매가격과 원가율을 정확하게 알고 있으면, 소매가격에 대한 원가율로서 기말재고액을 쉽게 추정할 수 있어 이를 사용하게 된다.

소매재고법이 적용되려면 기초상품의 원가와 소매가, 당기상품매입원가와 소매가, 당기매출액의 세 가지 자료를 알아야 한다. 이의 세 가지 자료는 상품을 구입할 때마다 원가장부와 매가장부를 준비하여 구입원가와 판매가액을 기록하게 된다.

소매재고법은 기말상품재고의 판매가격계산, 원가율계산, 기말상품재고원가 및 매출원가계산의 세 단계로 진행된다. 첫째, 상품의 매가장부에서 판매가능상품매가(기초상품의 매가 + 당기매입상품의 매가)를 구하고, 여기에 당기에 판매된 매출액을 차감하여 매가기준 기말상품재고액을 계산한다. 둘째, 판매가능상품원가를 판매가능상품매가로 나누어 원가율을 계산한다. 셋째, 매가기준 기말상품재고액에 원가율을 곱하여 기말상품재고액을 계산한다. 매출원가는 판매가능상품원가에서 기말상품재고액을 차감하여 계산하게 된다. 구입원가와 판매가격의 자료와 소매재고법의 절차를 나타내면 아래와 같다.

[상품계정의 원가 · 매가자료와 소매재고법 절차]

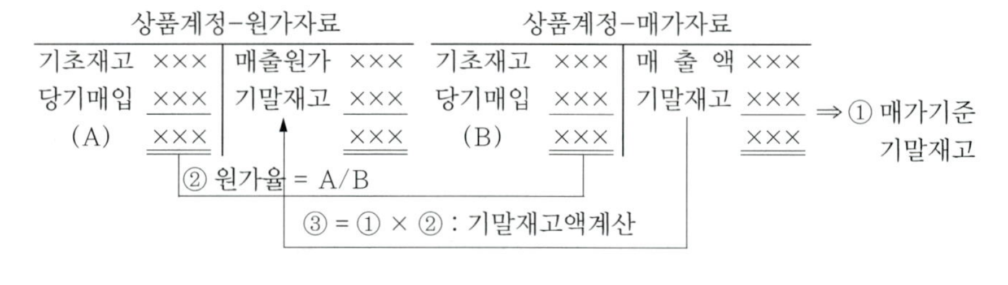

도표에서 보면, 첫 번째로 매가기준 기말재고액을, 상품계정에 기록된 판매가능상품매가(B)에서 매출액을 차감하여 구하게 된다. 두 번째는 판매가능상품원가(A)를 판매가능상품매가(B)로 나누어 원가율을 구한다. 세 번째로 매가기준 기말재고에 원가율을 곱하여 원가기준 기말재고액을 구하고, 판매가능상품원가에서 기말재고액을 차감하여 매출원가를 계산하게 된다.

K-IFRS는 원칙적으로 개별법, 선입선출법, 평균법 중 기업에 적합한 방법에 의해 기말재고액을 평가하도록 요구하고 있다. 다만 많은 종류의 유사상품을 빈번하게 판매하는 할인점, 편의점, 백화점의 경우, 원가법의 적용이 어렵고

소매재고법이 적합한 때에 한하여 이익률이 유사한 상품군별로 적용할 수 있다. 간단한 〈예제 9-4〉를 통하여 소매재고법에 의한 기말재고액과 매출원가를 추정하여 보기로 한다.

예제 [9-4]

• 다음은 Lotte 백화점의 상품매매에 관한 자료이다. Lotte 백화점은 소매재고법에 의하여 기말재고액과 매출원가를 추정하고 있다. 요구사항에 답하시오.

	원 가	매 가
기초상품재고액	₩200,000	₩320,000
당기상품매입액	2,622,400	3,600,000
매 출 액		3,800,000

☞ **요구사항**

1. 매가기준 기말상품재고액을 계산하시오.
2. 원가율을 계산하시오.
3. 기말상품재고액과 매출원가를 추정하시오.

해답 <<<

1. 매가기준 기말재고액계산
   • 매가기준 기말재고액 : ₩320,000 + ₩3,600,000 − ₩3,800,000 = ₩120,000

2. 원가율계산
   • 원가율 : $\dfrac{\text{원가 : ₩200,000 + ₩2,622,400}}{\text{매가 : ₩320,000 + ₩3,600,000}} = 72\%$

3. 기말재고액과 매출원가계산
   • 기말재고액 : ₩120,000 × 72% = ₩86,400
   • 매출원가 : ₩2,822,400 − ₩86,400 = ₩2,736,000

상품계정의 원가 · 매가자료와 소매재고법 절차 요약

상품계정-원가자료				상품계정-매가자료			
기초재고	200,000	매출원가	2,736,000	기초재고	320,000	매 출 액	3,800,000
당기매입	2,622,400	기말재고	86,400	당기매입	3,600,000	기말재고	120,000
계	2,822,400	계	2,822,400	계	3,920,000	계	3,920,000

② 매출총이익법

매출총이익법(gross margin method)은 과거의 **평균매출총이익률을 이용하여 판매가능상품원가를 매출원가와 기말상품재고액에 배분**하는 방법이다. 이 방법은 화재나 수해, 도난 등으로 재고자산이 소실되어 이를 실지재고조사에 의해 파악할 수 없을 때, 과거의 매출총이익률을 이용하여 매출원가와 기말재고액을 추정하는 것이다. 이는 주로 보험회사가 손실의 규모를 추정하거나, 회계감사가 재고자산의 타당성을 검토할 때 사용하고 있다.

매출총이익법이 적용되려면 과거 평균매출총이익률, 기초상품재고액과 당기상품매입액, 당기매출액의 세 가지 자료가 있어야 한다. 기초상품재고액과 당기상품재고액은 기업의 회계자료나 거래처로부터 기록을 조회하여 파악한다. 또한 당기매출액도 거래처나 기업의 기록으로부터 자료를 파악하여 구한다. 평균매출총이익률은 기업의 과거자료에서 유사한 제품군별로 계산되어 알려져 있는 매출총이익률로서 매출총이익을 매출액으로 나누어 계산한다.

매출총이익법은 매출원가의 추정, 판매가능상품원가의 계산, 기말재고액의 추정의 세 단계로 진행된다. 첫 번째로 매출액에 매출원가율(1 − 매출총이익률)을 곱하여 매출원가를 추정한다. 또는 매출액에서 매출총이익(매출액×매출총이익률)을 차감하여 매출원가를 추정할 수도 있다. 두 번째는 기초상품재고액에 당기상품매입액을 가산하여 판매가능상품원가를 계산한다. 세 번째는 판매가능상품원가에서 매출원가를 차감하여 기말상품재고액을 추정하게 된다. 매출총이익법에 의해 매출원가와 기말재고액을 추정하는 절차를 표시하면 다음과 같다.

매출총이익법의 절차		
• 판매가능상품원가 ②		×××
− 기초상품재고액	×××	
− 당기상품매입액	×××	
• 매출원가 추정 ①		(×××)
− 매 출 액	×××	
− 매출총이익	(×××)	
• 기말상품재고액 추정 ③		×××

매출총이익법은 기업의 매출총이익률이 일정하게 유지된다는 가정에 기초

하고 있다. 하지만 매출총이익률이 유사 상품군별로 일정하게 유지한다는 것이 어렵고, 상품군별의 구성결합이 과거의 자료와 동일하기 어려우므로, 추정의 정확성과 검증가능성이 낮은 것이 사실이다. 따라서 K-IFRS는 매출총이익법에 의한 재고자산의 추정은 인정하지 않고 있다. 다만 보험회사는 보험금을 계산하기 위해 손실규모를 평가하거나, 회계감사에서 재고자산의 타당성을 개략적으로 파악하는데 사용하고 있다. 간단한 〈예제 9-5〉를 통하여 매출총이익법에 의한 기말재고액과 매출원가를 추정하여 보기로 한다.

예제 [9-5]

• 둘리상점은 관리소홀로 창고에 화재가 발생하여 보관하고 있던 재고자산이 소실되었다. 당사의 원시증빙과 거래처의 거래실적을 조회하여, 기초시점부터 화재시점까지 거래내역을 파악한 결과 아래의 자료를 얻었다. 요구사항에 답하시오.

기초상품재고액 :	₩300,000
당기상품매입액 :	2,600,000
당기순매출액 :	3,200,000
과거 3년 평균매출총이익률은 25% 이다.	

☞ **요구사항**

1. 매출총이익법을 사용하여 판매가능상품원가를 매출원가와 기말상품재고액에 배분하시오.
2. 화재로 보관 중이던 재고자산이 거의 소실되었다. 다만 화재에서 타지 않고 남아 있는 상품을 평가한 결과 ₩90,000인 것으로 나타났다. 화재로 인한 재고자산손실을 추정하시오.

해답 «««

1. 매가기준 기말재고액계산

총매출이익률법의 절차		
• 판매가능상품원가 ②		₩2,900,000
－ 기초상품재고액	₩300,000	
－ 당기상품매입액	2,600,000	

• 매출원가 추정 ①		(2,400,000)
– 매 출 액	3,200,000	
– 매출총이익	(800,000)*	
• 기말상품재고액 추정 ③		₩ 500,000

* 매출총이익 : ₩3,200,000 × 0.25 = ₩800,000

2. 화재손실액계산

• 기말재고액 추정치 :	₩500,000
• 재고자산 잔존가치 :	90,000
• 추정화재손실 :	₩410,000

제5절 재고자산감모손실과 평가손실

5.1 재고자산감모손실

상품은 보관하는 과정에서 도난이나 분실, 증발, 파손, 마모 등으로 인하여, 기말 실제재고수량이 상품재고장에 기록된 장부의 재고수량보다 적게 되는데, 이를 재고자산감모손실(loss due to inventory shrinkages)이라 한다. 이러한 재고자산감모수량은 기말에 계산된다. 기중에는 상품재고장을 사용하여 계속기록법에 따라 구입과 판매시점마다 상품수량을 기록하고, 기말이 되면 상품재고장에서 장부상 남아 있는 재고수량이 확정된다. 기말에 실지재고조사를 통하여 창고에 남아 있는 실제수량을 파악하면, 장부상의 재고수량과 비교하여 재고감모수량을 계산하게 된다.

재고수량의 감모에 따라 재고자산감모손실이 발생하면, 장부상의 기말재고액을 감소시키고 감모손실을 비용으로 처리한다. 재고자산감모손실은 경영활동에서 정상적으로 발생한 경우 매출원가에 가산하며, 관리의 잘못으로 발생한 비정상적인 것은 기타비용(재고자산감모손실)으로 처리한다. 예를 들어 비용의 기능별표시방법에서는 재고자산감모손실을 매출원가계정에서 차감하여 기타비용계정에 대체한다. 성격별 표시방법에서는 재고자산감모손실을 매입계정에서 차감하여 기타비용계정에 대체한다. 간단한 〈예제 9-6〉을 통하여 재고자산감손실에 관한 회계처리를 학습하기로 한다.

예제 [9-6]

• 다음은 앤듀상점의 부분수정전시산표와 기말수정사항을 나타낸 것이다. 요구사항에 대답하시오.

부분수정전시산표

앤듀상점 20××년 12월 31일 (단위 : 원)

⋮		⋮	
상 품	80,000		
⋮		⋮	
매 입	450,000	매 출	480,000
⋮		⋮	

[기말수정사항]

• 상품재고장에 기록되어 있는 기말상품재고액은 ₩120,000이며, 실지재고조사에 따라 나타난 기말상품재고액은 ₩100,000이다. 여기서 감모손실 ₩20,000 중 ₩8,000은 비정상적으로 발생된 것이다.

☞ **요구사항**

1. 기능별 표시방법에 따라 기말수정분개, 매출원가계정, 부분재무상태표와 부분포괄손익계산서를 나타내시오.
2. 성격별 표시방법에 따라 기말수정분개, 부분재무상태표와 부분포괄손익계산서를 나타내시오.

해답

1. 기능별 표시방법의 의한 회계처리

(1) 기말수정분개

일 자	기말수정분개			
12월 31일	(차) 매출원가	80,000	(대) 상 품	80,000
	매출원가	450,000	매 입	450,000
	상 품	100,000*	매출원가	100,000
	(차) 기타비용(재고자산감모손실)	8,000	(대) 매출원가	8,000

* 실지재고조사에 나타난 기말실제상품재고액을 표시

매 출 원 가 No. 000

12/31	기초상품	80,000	12/31	기말상품	100,000
	당기매입	450,000		기타비용	8,000
				매출원가	422,000
		530,000			530,000

(2) 부분재무상태표와 부분포괄손익계산서

부분재무상태표

앤듀상점 20××. 12. 31. 현재

자　　산	
유동자산	
현금및현금성자산	
⋮	
재고자산	
상　　품	**100,000**
⋮	

부분포괄손익계산서

앤듀상점 20××. 1. 1. ~ 12. 31. (단위 : 원)

매출액	480,000
매출원가	**(422,000)**
매출총이익	58,000
판매비와 관리비	
물류비	(×××)
일반관리비	(×××)
마케팅비용	(×××)
영업이익	×××
기타수익	×××
기타비용	(8,000)
⋮	⋮

2. 성격별 표시방법의 의한 회계처리

(1) 기말수정분개

일　자	기말수정분개			
12월 31일	(차) 상　　품	20,000	(대) 상품의 변동*	20,000
	(차) 기타비용(재고자산감모손실)	8,000	(대) 매입	8,000

＊상품의 변동

① (기초〉기말)	(차) 상품의 변동	×××	(대) 상　　품	×××
② (기초〈기말)	(차) 상　　품	×××	(대) 상품의 변동	×××

• ①은 비용성격, ②는 수익성격을 나타냄. 참고 : 매출원가 = 상품매입액 ± 상품의 변동

(2) 부분재무상태표와 부분포괄손익계산서

부분재무상태표

앤듀상점 20××. 12. 31. 현재

자　　산	
유동자산	
현금및현금성자산	
⋮	
재고자산	
상　　품	**100,000**
⋮	

부분포괄손익계산서

앤듀상점 20××. 1. 1. ~ 12. 31. (단위 : 원)

영업수익	480,000
영업비용	
상품의 변동	**20,000**
상품매입액	**(442,000)**
종업원급여	×××
감가상각비	×××
⋮	
영업이익	×××
기타수익	×××
기타비용	(8,000)
⋮	

5.2 저가주의와 재고자산평가손실

상품은 보관하는 과정에서 물리적 손상, 진부화, 판매가격하락, 신상품 출시 등으로 취득원가(장부금액)가 공정가치보다 하락하게 된다. 이런 때에는 기말에 상품을 공정가치로 평가하여 재무상태표에 보고하여야 한다. 여기서 취득원가와 공정가치 중 낮은 금액으로 기말의 재고자산을 평가하게 되는데 이를 저가주의라고 한다. K-IFRS는 저가주의에 의해 재고자산을 평가하도록 규정하고 있다.

저가법의 의의

저가법(lower of cost or market basis)은 취득원가와 순실현가능가치를 비교하여 낮은 가액으로 평가하는 것을 말한다. 예를 들어 (취득)원가가 순실현가능가치보다 낮으면 (취득)원가로 평가하고, 반대로 순실현가능가치가 원가보다 낮으면 순실현가능가치로 평가한다. 순실현가능가치가 원가보다 낮은 경우 이의 차액을 **재고자산평가손실**(loss due to decline in market value of inventory)이라 한다. 여기서 **순실현가능가치**(net realizable value)는 정상적인 영업과정의 예상판매가격에서 예상되는 추가 완성원가와 판매비용을 차감한 것으로 일반적으로 공정가치라고 한다. 요컨대 저가법은 재고자산의 공정가치가 취득원가보다 하락하여 재고자산평가손실이 발생하면 이를 인식하지만 상승하여 재고자산평가이익이 발생하면 이를 인식하지 않는다.

◈ 저가법에 의한 재고자산 = min(취득원가, 순실현가능가치)

저가법에 적용되는 취득원가는 상품재고장에서 계산된 기말원가를 말한다. 이의 기말원가(단가)는 개별법, 선입선출법, 평균법의 하나를 적용하여 상품매매를 기록한 것으로, 원가흐름의 가정에서 어느 방법을 선택하는가에 따라 다르게 나타나게 됨을 유의해야 한다.

원재료 및 소모품 등을 투입하여 생산한 제품이 원가 이상으로 판매될 것으로 예상되면, 원재료 및 소모품 등에 대하여 저가법을 적용하지 않는다. 따라서 실무에서는 상품, 제품, 재공품에 대해서만 저가법을 적용하게 된다.

저가법의 적용방법

기업은 여러 가지 종류의 상품을 보유하게 된다. 이 경우 저가법은 상품종류별로 또는 조별 및 전체 상품을 기준으로 적용할 수 있다. 따라서 어느 방법을 적용하는가에 따라 평가손실이 다르게 계산된다. **종목별 평가**(individual item basis)는 상품종류별로 순실현가능가치와 원가를 비교하여 낮은 가격으로 측정한다. **조별 평가**(major category basis)는 유사한 상품의 집단을 기준으로 순실현가능가치와 원가를 비교하여 낮은 가격으로 측정한다. **총액평가**(aggregate basis)는 전체 상품의 총액으로 순실현가능가치와 원가를 비교하여 낮은 가격으로 기말재고액으로 평가하게 된다. 여기서 총액평가는 상품별 평가이익과 평가손실의 합계가 손실로 나타날 때 평가손실을 인식하므로 이 과정에서 평가이익이 반영되어지며, 종목별 평가는 상품별로 평가손실이 발생했을 때만 손실로 인식하므로 평가이익은 모두 인정하지 않게 된다. 따라서 종목별 평가가 총액평가나 조별 평가보다 평가손실이 높게 계상되는 결과를 가져오게 된다.

K-IFRS는 보수주의 원칙에 따라 종목별 기준에 따라 저가주의를 적용하도록 요구하고 있다. 하지만 재고자산이 서로 유사하게 관련되어 있으면 조별기준으로 평가할 수 있지만, 총액기준은 인정하지 않는다. 간단한 〈예제 9-7〉을 통하여 종목별, 조별, 총액별 평가를 학습하기로 한다.

예제 [9-7]

• 다음은 유진상점의 상품재고장에 나타난 기말상품의 자료이다.

상품종목	실제수량	취득단가	판매단가	판매비(단위당)
웰빙메론	100개	₩120	₩110	₩10
골든키위	200개	200	220	15
빈폴자켓	40벌	780	820	15
패딩점퍼	100벌	900	1,000	90
둘리로봇	150세트	640	620	10
토이레고	60세트	800	840	30

☞ **요구사항**

• 저가법을 적용하였을 때 종목별, 조별, 총액별 기준에 따라 나타나는 평가손실을 계산하시오.

해답 《《《

• 재고자산평가손실계산

상품종목	취득원가	순실현가치	평 가 손 실		
			종목별 평가	조별평가	총액평가
웰빙메론	₩12,000	₩10,000	₩2,000		
골든키위	40,000	41,000	-		
계	52,000	51,000		1,000	
빈폴자켓	31,200	32,200	-		
패딩점퍼	90,000	91,000	-		
계	121,200	123,200		-	
둘리로봇	96,000	91,500	4,500		
토이레고	48,000	48,600			
계	144,000	140,100		3,900	
총계	₩317,200	₩314,300	₩6,500	₩4,900	₩2,900

저가법의 회계처리

저가법에 따라 재고자산을 평가하는 경우, 순실현가능가치가 취득원가보다 하락하면 평가손실이 발생한다. 이러한 재고자산의 가치하락은 제품의 환경변화 때문에 발생하는 것으로 일반적으로 발생한 기간에 비용으로 인식하게 된다. **K-IFRS는 재고자산을 순실현가능가치로 평가하고, 나타난 평가손실은 감액이 발생한 기간에 비용으로 인식하도록 규정하고 있다.**

재고자산은 후속기간에도 매번 순실현가치를 재평가해야 한다. 이의 경우 재고자산의 감액을 초래했던 상황이 해소되거나 경제환경의 변동으로 순실현가능가치가 상승하고 이의 명백한 증거가 있는 경우에는 최초의 장부금액을 초과하지 않는 범위 내에서 평가손실을 환입하고, 환입액을 발생한 기간의 매출원가에서 차감한다. 따라서 새로운 장부금액은 취득원가와 수정된 순실현가능가치 중 작은 금액이 된다.

재고자산평가손실은 다음과 같이 회계처리한다. 비용을 기능별로 표시하는 경우에는 평가손실을 매출원가에 포함시키며, 성격별로 표시하는 경우에는 「취득원가 - 평가손실」의 금액을 기준으로 재고자산의 변동을 계산한다. 간단한 〈예제 9-8〉을 통하여 재고자산의 평가손실에 대한 회계처리를 학습한다.

예제 [9-8]

• 다음은 은서상점의 부분수정전시산표와 기말수정사항을 나타낸 것이다. 요구사항에 대답하시오.

부분수정전시산표

은서상점 20××년 12월 31일 (단위 : 원)

차변	금액	대변	금액
⋮		⋮	
상 품	50,000	⋮	
⋮		⋮	
매 입	780,000	매 출	620,000
⋮		⋮	

[기말수정사항]

• 상품재고장과 기말실지재고조사에 따라 기말재고자산의 자료는 다음과 같다.
• 상품재고장의 재고수량과 실지재고조사수량은 같은 것으로 나타났다.

상품종목	실제수량	취득단가	판매단가	판매비(단위당)
고로쇠딸기	160kg	900	950	70
제주한라봉	180kg	850	900	10
제주흑감자	260kg	300	320	30

☞ **요구사항**

1. 저가법을 적용하였을 때 종목별 기준에 따라 나타나는 평가손실을 계산하시오.
2. 기능별 표시방법에 따라 기말수정분개와 부분재무상태표와 부분포괄손익계산서를 나타내시오.
3. 성격별 표시방법에 따라 기말수정분개와 부분재무상태표와 부분포괄손익계산서를 작성하시오.

해답

1. 종목별 기준에 의한 평가손실

상품종목	취득원가	순실현가치	평가손실
고로쇠딸기	₩144,000	₩140,800	₩3,200
제주한라봉	153,000	160,200	–
제주흑감자	78,000	75,400	2,600
합계	₩375,000	₩376,400	₩5,800

* 저가법에 의한 기말재고자산금액 : ₩369,200(=₩375,000 – ₩5,800)

2. 기능별 표시방법의 의한 회계처리

(1) 기말수정분개

일 자	기말수정분개			
12월 31일	(차) 매출원가	50,000	(대) 상 품	50,000
	매출원가	780,000	매 입	780,000
	상 품	369,200*	매출원가	369,200

* 실지재고수량에 대한 저가법에 의한 기말실제상품재고액을 표시

매 출 원 가 No. ×××

12/31	기초상품	50,000	12/31	기말상품	369,200
	당기매입	780,000		**매출원가**	**460,800**
		830,000			830,000

(2) 부분재무상태표와 부분포괄손익계산서

부분재무상태표

은서상점 20××. 12. 31. 현재

자 산	
유동자산	
현금및 현금성자산	
⋮	
재고자산	
상 품	**369,200**
⋮	

부분포괄손익계산서

은서상점 20××. 1. 1. ~ 12. 31. (단위 : 원)

매출액	620,000
매출원가	**(460,800)**
매출총이익	159,200
판매비와 관리비	
물류비	(×××)
일반관리비	(×××)
마케팅비용	(×××)
영업이익	×××
기타수익	×××
이자비용	(×××)
기타비용	(×××)
⋮	⋮

3. 성격별 표시방법의 의한 회계처리

(1) 기말수정분개

일 자	기말수정분개			
12월 31일	(차) 상 품	319,200	(대) 상품의 변동*	319,200

* 상품의 변동

① (기초>기말)	(차) 상품의 변동	×××	(대) 상 품	×××
② (기초<기말)	(차) 상 품	×××	(대) 상품의 변동	×××

• ①은 비용성격, ②는 수익성격을 나타냄. 참고 : 매출원가 = 상품매입액 ± 상품의 변동

(2) 부분재무상태표와 부분포괄손익계산서

부분재무상태표

앤듀상점 20××. 12. 31. 현재

자 산	
유동자산	
현금및현금성자산	
⋮	
재고자산	
상 품	**369,200**
⋮	

부분포괄손익계산서

앤듀상점 20××. 1. 1. ~ 12. 31. (단위 : 원)

영업수익	620,000
영업비용	
상품의 변동	**319,200**
상품매입액	**(780,000)**
종업원급여	(×××)
감가상각비	(×××)
⋮	
영업이익	×××
기타수익	×××
이자비용	(×××)
기타비용	(×××)
⋮	⋮

개 념 정 리

▣ 문제 ▣

01 재고자산의 의의와 이에 포함되는 계정과목을 설명하시오.

02 재고자산의 취득원가를 구성하는 요소를 열거하여 설명하시오.

03 기말시점에 운송 중인 상품은 어떻게 처리하여야 하는지 설명하시오.

04 위탁판매의 의의와 이와 관련된 상품의 회계처리를 설명하시오.

05 시용판매의 의의와 이와 관련된 상품의 회계처리를 설명하시오.

06 할부판매의 의의와 이의 회계처리방법을 설명하시오.

07 판매가능상품원가의 의의와 매출원가 및 기말상품재고액과의 관계를 설명하시오.

08 '재고자산 = 수량 × 단가'에서 수량을 파악하는 방법의 종류를 설명하시오.

09 '재고자산 = 수량 × 단가'에서 원가흐름의 가정이란 무엇이며, 단가의 결정방법을 열거하고 내용을 설명하시오.

10 재고자산의 구입단가가 상승하고 있을 때, 선입선출법과 후입선출법이 재무상태표와 포괄손익계산서에 미치는 영향을 비교하여 설명하시오.

11 인플레이션 하에서 재고자산을 평가할 때, 선입선출법과 후입선출법이 세금결정에 미치는 영향을 설명하시오.

12 총평균법과 가중(이동)평균법의 차이를 설명하시오.

13 소매재고법의 의의와 회계처리절차를 설명하시오.

14 매출총이익률법의 의의와 회계처리절차를 설명하시오.

15 재고자산감모손실과 재고자산평가손실의 의의와 회계처리방법을 설명하시오.

16 저가주의의 의의와 재고자산평가손실에 대하여 설명하시오.

17 재고자산의 평가에서 종목별, 조별, 총액기준의 적용방법과 그 결과를 설명하시오.

18 다음의 용어를 설명하시오.

- work in process
- goods in transit
- consignment sales
- sales on approval
- installment sales
- perpetual inventory system
- fair value
- FIFO
- periodic inventory
- cost flow assumption
- LIFO
- moving average method
- weighted average method
- retail inventory method
- lower of cost or market basis
- net realizable value
- current replacement cost
- specific identification method

연 습 문 제

▣ 문제 [1]

다음은 여러 개념을 설명한 것이다. 빈칸에 적합한 단어나 문구를 기입하시오.

01 재고자산은 기업이 (　　　)인 영업활동과정에서 (　　　)를 위하여 보유하는 자산을 말한다. 상품매매회사는 판매하려고 보유하고 있는 (　　　)이 재고자산이 되며, 제조회사는 생산된 (　　　)과 제조과정에 있는 (　　　) 및 반제품, 제품을 생산하는데 사용되는 (　　　)와 소모품이 재고자산이 된다.

02 재고자산의 취득원가는 매입원가, (　　　), 기타원가로 구성된다. 매입원가는 매입가격에 (　　　)와 제세금, (　　　), 하역료가 포함되며, (　　　), 리베이트는 제외된다. 전환원가는 제조기업의 경우 원재료를 (　　　)으로 전환하는데 발생하는 (　　　)와 변동 및 고정제조간접비를 말한다. 기타원가는 재고자산을 현재 상태로 이르게 하는데 발생하는 원가를 말한다.

03 상품의 취득원가는 (　　　)에 부대비용을 포함시켜 계산한다. 부대비용에는 매입수수료, (　　　), 보험료, 하역비 등이 포함된다. 여기서 운반비는 선적지인도기준인 경우 매입자가 지출한 (　　　)을 상품의 매입원가에 포함시켜 회계처리하게 된다. 이에 비하여 (　　　)은 (　　　)가 지급한 운반비를 판매비와 관리비에 포함시켜 계상하게 된다.

04 제품의 취득원가는 다른 회사로부터 완성된 제품을 취득한 것이 아니므로 생산과정에 발생된 (　　　)가 제품의 원가로 된다. 제품의 제조원가는 (　　　), 노무비, (　　　)로 구성되며, 당기에 투입된 총원가에서 (　　　)를 차감하여 계산한다.

05 결산일 현재 운송 중에 있는 미착상품은 선적지인도기준의 경우에는 (　　　)가 재고자산으로 보고하고, (　　　)의 경우에는 판매자가 재고자산에 포함시키게 된다. 위탁판매의 경우에는 위탁상품이 (　　　)의 창고에 보관되어 있지만, 결산일 현재 판매되지 않은 위탁상품은 (　　　)의 기말재고자산에 포함시켜 매출원가와 매출액을 계산하여야 한다. 시용판매는 '매입자가 (　　　)를 표시한 날'에 수익을 인식하도록 규정하고 있으므로, 기말현재 고객으로부터 매입의사를 받지 않은 시송품은 (　　　)가 기말재고자산에 포함시켜야 한다.

06 기말에 매출총이익은 매출액에서 (　　　)를 차감하여 계산하며, 매출원가는 (　　　)에서 기말재고액을 차감하여 계산하게 된다.

07 매출원가와 기말재고액은 (　　　)에서 '수량×단가'에 의해 금액이 계산되며 실지재고조사의 내용을 가감하여 확정된다. (　　　)을 기입하는 방법에는 계속기록법과 (　　　), 혼합법이 있다. 실무에서는 (　　　)을 주로 사용하며 이는 기중에 (　　　)을 사용하여 수량을 장부에 기록하고, 기말에 실지재고조사를 통해 실제수량을 파악하여 재고감모량을 산정하게 된다.

08 상품재고장의 출고란에 기록하는 (　　　)를 결정하는 방법에는 개별법, (　　　), 후입선출법, 평균법이 있다. (　　　)은 상품을 판매할 때 레이블에 표시된 단가를 사용하여 매출원가를 계산하며, 기말에 재고로 남아 있는 상품도 (　　　)에 표시된 단가를 사용하여 기말상품재고액을 계산한다. (　　　)은 먼저 구입한 상품을 먼저 판매하고 기말에 남아 있는 상품은 (　　　)에 구입한 것들로 구성되어 있다는 가정에서, 매출원가와 기말상품재고액을 배분하는 방법이다. (　　　)의 경우 매출원가는 가장 최근에 구입한 상품의 원가로 계산되고, (　　　)은 가장 먼저 구입한 상품의 원가로 구성된다. 가중(이동)평균법은 상품을 구입할 때마다 (　　　)는 갱신되며 이의 단가를 사용하여 출고란에서 판매된 상품의 (　　　)가 계산된다. (　　　)은 상품을 구입하고 판매할 때에는 (　　　)만 기중에 기록하고, 기말에 (　　　)를 계산하면 그때 당기판매수량과 기말재고수량에 단가를 기입하여 매출원가와 기말재고액을 계산한다.

09 상품의 구입단가(물가)가 계속상승하는 경우에는 (　　　)이 매출이익을 가장 많이 보고하고 후입선출법이 가장 적게 보고한다. 인플레이션이 있는 때에는 되도록 상품의 보유이익을 제거하고, 실질이익을 나타내려면 판매가격에 판매시점의 원가를 짝지어 나타내는 (　　　)이 유익한 방법임을 알 수 있다. 또한 (　　　)은 기말재고액이나 매출원가, 매출이익이 (　　　)과 후입선출법의 중간으로 나타나며, (　　　)은 선입선출법에 가까운 것으로 확인할 수 있다.

10 소매재고법은 소매가로 표시된 기말상품재고액에 (　　　)을 곱하여 기말상품재고액을 추정하는 것으로 (　　　)이라 한다. 소매재고법은 (　　　)의 판매가격계산, 원가율계산, 기말상품재고원가 및 (　　　)계산의 세 단계로 진행된다.

11 재고자산은 보관하는 과정에서 (　　　), 진부화, 판매가격하락으로 취득원가가 (　　　)보다 하락한다. 저가주의는 취득원가와 (　　　)를 비교하여 낮은 가격으로 평가하는 것을 말한다. 여기서 순실현가능가치가 원가보다 낮으면 (　　　)이 발생한다. 또한 재고자산은 보관과정에서 분실, 증발, (　　　), 마

모 등에 따라 장부수량보다 (   ) 수량이 적게 되는데, 이를 (   )이라 한다. 재고자산의 감모손실과 (   ) 손실은 발생된 기간의 (   )으로 처리한다.

▣ 문제 [2]

다음은 닉스상사의 20××년 12월 31일 전후에 발생한 상품거래이다.

1. Seattle 딕스상점으로부터 상품 ₩205,000을 구입하다. 구입조건은 선적지인도조건, 선적일은 12월 28일이며 다음 달 4일에 도착예정이다.
2. 필리핀 Dole회사로부터 파인애플 ₩120,000을 구입하다. 판매조건은 도착지인도조건, 선적일은 12월 24일이며 다음 달 5일에 도착예정이다.
3. 당사는 제주상점에 상품 ₩130,000(원가, ₩100,000)을 외상으로 판매하다. 판매조건은 선적지인도조건, 선적일은 12월 27일이며 다음 달 6일에 도착예정이다.
4. 당사는 LA 우리상사에 상품 ₩90,000(원가, ₩50,000)을 외상으로 판매하다. 판매조건은 도착지인도조건, 선적일은 12월 29일이며 다음 달 7일에 도착예정이다.
5. 당사는 홍콩상사에 상품 ₩110,000(원가, ₩90,000)을 외상으로 판매하다. 판매조건은 도착지인도기준, 선적일은 12월 20일이며 12월 30일 도착하다.
6. 당사는 도쿄상점에 상품판매를 위탁하고 12월 3일 상품 ₩200,000을 적송하다. 수탁자는 12월 20일에 상품 ₩210,000(원가, ₩120,000)을 판매하고 나머지는 창고에 보관하고 있다.
7. 당사는 12월 15일에 시송품 ₩300,000(판매가, ₩360,000)을 단골고객에게 적송하다. 기말현재 3명의 고객으로부터 ₩100,000(원가)을 구입하겠다는 통보를 받았다.

[요구사항]

◎ 상품에 대한 아래의 기초자료를 토대로 표에 나타난 각 계정금액을 계산하시오. 단, 기초자료에는 위의 상품거래가 아직 반영되지 않았다.

- 기초상품재고액 ₩600,000
- 당기상품매입액 ₩1,000,000
- 기말상품재고액 ₩200,000
- 당기매출액 ₩2,500,000

◎ 상품거래에 따른 계정내역

	매입액	기말재고	매출액
• 수정전 금액	₩1,000,000	₩200,000	₩2,500,000
• 수정내용 :			
1. 상품구입 : 선적지인도조건			
2. 상품구입 : 도착지인도조건			
3. 상품판매 : 선적지인도조건			

4. 상품판매 : 도착지인도조건
5. 상품판매 : 도착지인도조건
6. 위탁판매
7. 시용판매 ________ ________ ________
• 수정액 합계 ________ ________ ________
• 수정후 금액 ________ ________ ________

문제 [3]

다음은 캘빈상점의 20××년도 상품거래에 관한 자료이다. 요구사항에 대답하시오.

구 분	수 량(개)	단 가	총원가
기초재고(1. 1)	300	₩20	₩6,000
매 입(7.15)	300	25	7,500
매 입(10.9)	600	30	18,000
계	1,200		₩31,500
매 출(6. 8)	100	100개/@20	
매 출(9.20)	300	200개/@25, 100개/@20	
매 출(12.2)	200	100개/@20, 100개/@30	
판매수량	600		
기말재고(12.31)	600	100개/@25, 500개/@30	
계	1,200		

【요구사항】

1. 개별법을 사용하여 계속단가기록법과 기말단가기록법에 의한 상품재고장을 작성하고, 매출원가와 기말재고액을 계산하시오.
2. 선입선출법, 후입선출법, 가중(이동)평균법을 사용하여 계속단가기록법에 의한 상품재고장을 작성하고, 매출원가와 기말재고액을 계산하시오.
3. 선입선출법, 후입선출법, 총평균법을 사용하여 기말단가기록법에 의한 매출원가와 기말재고액을 계산하시오.
4. 각 방법에 따라 나타난 매출원가와 기말재고액을 비교하고, 재무제표에 미치는 영향을 설명하시오.

문제 [4]

세븐일레븐 편의점은 소매재고법을 사용하여 재고자산을 평가하고 있다. 다음은 20××년의 재고자산에 관한 자료이다. 요구사항에 대답하시오.

	원 가	매 가
기초상품재고액	₩411,250	₩587,500
당기상품매입액	3,150,000	4,500,000
매 출 액		4,887,500

【요구사항】

1. 매가기준 기말상품재고액을 계산하시오.
2. 원가율을 계산하시오.
3. 기말상품재고액과 매출원가를 추정하시오.

▣ 문제 [5]

칠칠상점은 관리소홀로 상품보관창고에 화재가 발생하여 보관하고 있던 재고자산이 소실되었다. 당점의 원시증빙과 거래처의 거래실적을 조회하여 기초시점부터 화재시점까지 거래내역을 파악한 결과 다음의 자료를 얻었다. 요구사항에 답하시오.

• 기초상품재고액 :	₩2,000,000
• 당기상품매입액 :	9,600,000
• 매입에누리와환출 :	400,000
• 당기총매출액 :	12,200,000
• 매출에누리와환입 :	700,000
• 과거 3년 평균매출총이익률은 25% 이다.	

【요구사항】

1. 매출총이익법을 사용하여 판매가능상품원가를 매출원가와 기말재고액에 배분하시오.
2. 화재로 보관 중이던 재고자산이 거의 소실되었다. 다만 화재에서 타지 않고 남아있는 상품을 평가한 결과 ₩290,000인 것으로 나타났다. 화재로 인한 재고자산손실을 추정하시오.

▣ 문제 [6]

다음은 슈가상점의 부분수정전시산표와 기말수정사항을 나타낸 것이다. 요구사항에 답하시오.

부분수정전시산표

슈가상점	20××년 12월 31일		(단위 : 원)
⋮		⋮	
상 품	180,000	⋮	
⋮		⋮	
매 입	750,000	매 출	1,280,000
⋮		⋮	
⋮			

[기말수정사항]

상품재고장에 기록되어 있는 기말상품재고액은 ₩320,000이며, 실지재고수량조사에 따라 나타난 기말상품재고액은 ₩200,000이다.

【요구사항】

1. 기능별 표시방법에 따라 기말수정분개, 매출원가계정, 부분재무상태표와 부분포괄손익계산서를 나타내시오.
2. 성격별 표시방법에 따라 기말수정분개, 부분재무상태표, 부분포괄손익계산서를 나타내시오.

▣ 문제 [7]

뉘앙스상점은 저가법에 따라 재고자산을 평가한다. 다음은 20×9년의 재고자산에 관한 자료이다. 요구사항에 답하시오.

상 품	재고수량	단위원가	시가(20×9.12.31)		시가(2010.12.31)	
			판매단가	추정판매비	판매단가	추정판매비
헤 라	100개	₩6,000	₩5,700	₩30	₩6,200	₩20
설화수	200	12,000	13,000	100	11,000	200
SK Ⅱ	50	10,000	9,000	200	10,700	100

【요구사항】

1. 총액기준에 따라 2년간의 저가법에 의한 재고자산평가손실을 계산하시오.
2. 종목별 기준에 따라 2년간의 저가법에 의한 재고자산평가손실을 계산하시오.

▣ 문제 [8]

다음은 베이비복스 상점의 부분수정전시산표와 기말수정사항을 나타낸 것이다. 요구사항에 답하시오.

부분수정전시산표

베이비복스상점 20××년 12월 31일 (단위 : 원)

차변	금액	대변	금액
⋮		⋮	
상 품	400,000	⋮	
⋮		⋮	
매 입	2,800,000	매 출	3,500,000
매출에누리와환입	100,000	매입에누리와환출	50,000
매출할인	40,000	매입할인	30,000
⋮		⋮	

[기말수정사항]

상품재고장에 기록되어 있는 기말상품재고의 실지재고수량과 공정(시장)가치는 다음과 같다.

상 품	장부수량	실지수량	단위원가	판매단가	추정판매비
랩 CD	20장	16장	₩10,000	₩9,500	₩130
R&D CD	30	28	9,000	11,000	100
록 CD	15	15	11,000	10,800	200

[요구사항]

1. 기능별 및 성격별 표시방법에 따라 기말수정분개를 나타내시오.
2. 기능별 및 성격별 표시방법에 따라 수정후시산표를 작성하시오.
3. 기능별 및 성격별 표시방법에 따라 부분재무상태표와 부분포괄손익계산서를 작성하시오.

제 10 장

ACCOUNTING PRINCIPLES

유형자산

|학|습|요|점|

- 유형자산은 무엇이며 어떤 종류가 있는가?
- 유형자산의 인식기준과 취득원가의 구성요소는 무엇인가?
- 유형자산의 취득 유형별로 원가는 어떻게 측정되는가?
- 유형자산의 취득 후의 지출은 어떻게 회계처리하는가?
- 유형자산의 감가상각 본질은 무엇인가?
- 유형자산의 감가상각단위, 회계처리방법은 어떻게 하는가?
- 유형자산의 원가 · 재평가모형은 어떻게 회계처리하는가?
- 유형자산의 손상과 회계처리는 어떻게 이루어지는가?
- 유형자산의 제거의 유형과 회계처리는 어떻게 하는가?

제1절 유형자산의 의의와 종류

1.1 유형자산의 의의

유형자산(property, plant and equipment)은 재화의 생산, 용역의 제공, 타인에 대한 임대 또는 자체적 사용을 목적으로 보유하는 물리적 형태가 있는 자산으로, 1년을 초과하여 사용할 것으로 예상되는 자산을 말한다. 이러한 정의에 따라 유형자산의 특징을 살펴보면 다음과 같다.

① 유형자산은 정상적인 영업활동에 사용할 목적으로 보유하게 된다. 따라서 판매를 목적으로 자산을 보유하면 재고자산으로 분류하고, 투자를 목적으로 취득하면 투자자산으로 분류하여야 한다. 예를 들어 회사가 토지를 구입하여 공장을 짓고 이를 통하여 재화를 생산하여 영업활동을 하게 되면 토지는 유형자산으로 분류된다. 하지만 회사가 유휴자금으로 토지를 구입하고 시세에 따라 차익을 얻으려고 보유하면 토지는 투자(부동산)자산으로 분류한다. 또한 부동산회사가 판매를 목적으로 토지를 구입하여 보유하면 토지는 상품(재고자산)으로 구분한다.

② 유형자산은 미래 용역잠재력을 지닌 자산으로 여러 회계기간에 걸쳐 수익창출에 사용할 목적으로 보유한다. 여기서 미래 용역잠재력은 1년 이상 여러 회계기간에 걸쳐 영업이익을 가져다주는 능력을 말한다. 따라서 유형자산은 용역잠재력이 있는 한 계속 보유하여 영업활동에 사용하며, 영업수익을 얻는데 당기에 소모된 용역잠재력은 감가상각비로 계상하여 비용으로 인식한다.

③ 유형자산은 물리적 형태를 지닌 실물자산이다. 유형자산은 물리적 형태를 지닌 자산이며 물리적 형태가 없으면 무형자산으로 분류된다. 예를 들어 특허권이나 상표권, 저작권 등은 미래 영업수익을 가져다주는 용역잠재력이 있지만 물리적 형태가 없으므로 유형자산이 아닌 무형자산으로 분류된다.

1.2 유형자산의 종류

기업은 영업활동을 수행하기 위해 여러 종류의 자산을 사용한다. 유형자산을 일정한 기준에 따라 몇 가지 계정과목으로 구분하게 된다. K-IFRS는 감가상각 대상 여부에 따라 토지, 설비자산, 건설중인자산, 기타 유형자산으로 구분하여 표시하고 있다. K-IFRS를 토대로 유형자산의 계정과목을 나타내면 다음과 같다. 하지만 기업의 특성에 따라 별도 계정과목으로 표시하거나 통합하여 적절하게 표시할 수 있다.

- 토 지: 영업활동에 사용할 목적으로 취득한 대지 · 임야 · 전답 · 잡종지로 한다.
- 건 물: 건물과 냉난방 · 조명 · 통풍 및 기타의 부속설비로 한다.
- 기 계 장 치: 기계장치와 운송설비(콘베어, 기중기 등)와 기타의 부속설비로 한다.
- 구 축 물: 교량 · 궤도 · 저수지 · 갱도 · 굴뚝 · 정원설비, 도로포장 및 기타의 토목 설비 또는 공작물 등으로 한다.
- 건설중인자산: 유형자산의 건설 · 제작에 사용되는 재료비 · 노무비 · 경비로 하며, 건설에 지출한 도급금액 및 취득한 기계 등을 포함한다. 이는 건설이 완성되기 전에 지출한 금액을 처리하는 임시계정으로 완성시점에 본 계정(건물 등)으로 대체한다.
- 기타유형자산: 위에 속하지 아니한 유형자산으로 차량운반구, 선박, 항공기, 사무용비품 등이 있다. 유형자산의 특징을 가지는 예비부품과 수선용구는 취득시점에 재고자산으로 분류하고, 사용시점에 당기손익으로 인식한다. 다만, 한 회계기간 이상 사용할 것으로 예상되는 경우는 예비부품과 수선용구를 유형자산으로 분류한다.

유형자산에 관련되어 나타나는 회계처리는 여섯 가지 문제로 나누어진다.

첫째, 인식과 측정의 문제로 취득원가에 포함되는 항목을 식별하고 구입형태에 따라 원가를 측정한다.

둘째, 취득 후 지출로서 자본적 지출과 수익적 지출을 다루게 된다.

셋째, 감가상각으로 취득원가를 회계기간에 비용으로 배분하는 문제를 다루게 된다.

넷째, 재평가로서 자산을 공정가치로 평가하여 회계처리하는 방법을 다루게 된다.

다섯째, 손상차손으로 장부금액이 회수가능액에 미달하는 경우의 회계처리를 다루게 된다.

여섯째, 자산제거에 따른 유형자산처분손익의 회계를 다루게 된다.

예제 [10-1]

• 다음은 서로 독립된 거래이다. 요구사항에 대답하시오.

1. 은성보세장치주식회사가 수출용 컨테이너를 운반하기 위해 보유하는 트레일러
2. 주식회사 지삭이 보유하고 있는 대표이사 업무용 승용차
3. 르노삼성자동차가 고객으로부터 주문받아 제조하여 보유하고 있는 SM 7 승용차
4. 르노삼성자동차가 시세차익에 따라 팔려고 보유하고 있는 토지
5. 르노삼성자동차가 종업원 숙소를 지으려고 구입한 토지
6. 하늘임대회사가 농가에게 임대하려고 구입한 트렉터
7. 바다부동산회사가 수요자에 판매하려고 보유하고 있는 토지
8. 고려건설주식회사가 아파트 신축분양을 목적으로 구입한 토지

☞ **요구사항**

• 위의 거래에 나타난 자산항목과 계정과목을 나타내시오.

해답

(1) 유형자산, 차량운반구
(2) 유형자산, 차량운반구
(3) 재고자산, 제품
(4) 투자자산, 투자부동산
(5) 유형자산, 토지
(6) 유형자산, 차량운반구
(7) 재고자산, 상품
(8) 재고자산, 용지

유형자산의 최초인식과 측정 제2절

2.1 최초인식과 원가측정

유형자산은 미래 경제적 효익이 기업에 유입될 가능성이 높고, 원가를 신뢰성 있게 측정할 수 있을 때 인식한다. K-IFRS는 유형자산으로 인식되기 위해서는 다음의 두 가지 조건을 모두 충족하도록 요구하고 있다.

[유형자산 인식기준]

① 자산으로부터 발생하는 미래 경제적 효익이 기업에 유입될 가능성이 높다.
② 자산의 원가를 신뢰성 있게 측정할 수 있다.

유형자산은 취득원가로 기록한다. 취득원가는 해당자산을 취득하여 본래 사용목적에 맞는 장소에 설치하고, 사용가능한 상태에 이르는데 지출된 현금 또는현금등가액으로 측정한다. 취득원가에는 자산의 구입가격 또는 제작원가에 설치장소 준비원가, 최초 운송원가, 시운전원가 등 취득과 직접 관련된 부담금이 포함된다. 하지만 대금지급이 신용기간을 초과하여 이연되는 경우, 현

[유형자산의 취득원가]

(1) 구입가격 : 관세, 환급불가능한 취득 관련세금 가산, 매입할인과 리베이트 차감
(2) 직접관련원가 : 자산 가동에 필요한 장소와 상태에 이르게 하는데 직접 관련된 원가
[관련원가의 예] ① 유형자산의 매입 또는 건설과 직접 관련되어 발생한 종업원급여
② 설치장소 준비원가
③ 최초의 운송 및 취급관련 원가
④ 설치원가 및 조립원가
⑤ 유형자산이 정상적으로 작동되는지 여부를 시험하는 과정에서 발생하는 원가, 단 시험과정에서 생산된 재화(예, 장비의 시험과정에서 생산된 시제품)의 순매각금액은 당해 원가에서 차감한다.
⑥ 전문가에게 지급하는 수수료
(3) 해체 · 제거 · 복구비 : 자산을 해체, 제거하거나 부지를 복구하는데 소요될 것으로 최초에 추정되는 원가

금가격상당액과 실제 총지급액과의 차액은 신용기간의 이자로 인식하고 원가에 포함시키지 않는다. 구입대금을 조기에 지급할 경우에 나타나는 매입할인과 리베이트도 원가에 포함되지 않는다. K-IFRS는 취득원가의 구성요소로 앞에서와 같이 규정하고 있다.

하지만 경영진이 의도하는 방식으로 자산을 가동하는데 필요한 장소와 상태에 이르게 한 후에는 원가를 더 이상 인식하지 않는다. 또한 자산의 취득 또는 사용가능한 상태로 준비하는 과정에 직접적으로 관련이 없는 일반관리비나 경비도 취득원가에 포함하지 않는다.

예제 [10-2]

• 다음은 20×9년 (주)퍼시스가구의 거래이다. 요구사항에 대답하시오.

1. 퍼시스가구는 공장용 부지를 매입하고 ₩100,000을 지급하다.
2. 공장용 부지 중 조그만 동산의 흙과 바위 등을 채석하여 제거하는데 ₩500,000 지급하였으며, 채굴된 흙과 자갈은 건축자재상에게 ₩100,000을 받고 판매하다.
3. 부지중개료, 취득세 및 등기비용 ₩10,000을 지급하다.
4. 가구제작용 자동스프레이기계를 ₩400,000에 구입하고 현금지급하다. 기계운반, 설치, 시운전비로 ₩100,000을 추가지급하다.
5. 자동스프레이기계는 공기오염의 방지에 사용할 환경분담금 ₩3,000을 추가 지급하였으며, 기계시운전 과정에 사용될 연료 ₩500을 구입하여 소모하였다.
6. 위의 신축업무를 담당하는 실무자를 선정하고 3개월 동안에 매월 급여 ₩30,000을 지급하였다. 단, 담당자는 부지와 기계구입에 6 : 4의 시간을 소비하였다.

☞ **요구사항**

• 위의 거래에서 공장용부지와 기계의 취득원가에 포함되는 요소를 표시하시오.

해답

(1) 공장용부지 : 매입비용(₩100,000), 채석비용－부대수익(₩500,000－₩100,000), 직접 관련 종업원급여(₩10,000×3개월×6/10),

직접 관련비용(중개료 · 취득세 · 등기비, ₩10,000)
(2) 기계 : 매입비용(₩400,000), 직접 관련 종업원급여(₩10,000×3개월×4/10), 직접 관련비용(운반 · 설치 · 시운전, ₩100,000), 간접 관련비용(시운전 연료, ₩500), 환경분담금(간접비, ₩3,000)

2.2 취득유형별 원가측정

유형자산의 취득원가는 **원칙적으로 구입가액(또는 제작원가)에 자산을 사용할 수 있도록 준비하는데 관련된 직접비용, 해체 · 제거 또는 부지복구에 소요되는 추정원가를 가산한 금액**이 된다. 여기서 부대비용은 자산을 취득하여 본래의 목적활동에 사용하기까지 소요된 모든 지출액을 말한다. 구입가액과 부대비용은 자산의 취득방법에 따라 여러 가지 형태로 나타나게 된다. 아래에서는 취득방법에 따라 유형자산의 취득원가를 결정하는 문제를 살펴보기로 한다.

(1) 외부구입의 경우

기업은 영업에 필요한 자산을 주로 외부에서 구입하여 사용한다. 자산을 취득하면 매입시점에 구입가격을 지급하고, 또한 취득 후 본래의 목적대로 사용하기까지 여러 가지의 부대비용을 지출한다. 토지의 경우 부대비용에는 중개수수료, 등기수수료, 취득세, 등록세, 토지구획정리비, 토지정지비용이 발생하며, 기계장치의 경우 운반비, 하역비, 보관비, 등록비, 설치비, 시운전비 등이 나타난다. 이와 같이 유형자산을 외부에서 구입하게 되면 취득원가는 구입가격으로 지급한 현금지출액(또는 대가로 재화 및 용역을 제공하면 이에 해당하는 현금등가액)에 부대비용을 가산하여 지출한 금액을 계산한다.

예제 [10-3]

• (주)엔진은 20×9년 영업활동에 사용할 목적으로 다음의 유형자산을 구입하였다. 일자별로 분개하시오.

10월 10일 특수신발을 제조하는 공장을 짓기 위해 토지를 ₩50,000,000에 구입하고 당좌수표 #001을 발행하여 교부하였다. 자산을 구입하면서 중개수수료 ₩120,000과 토지정지비용 ₩200,000, 취득세 및 등록세 ₩300,000을 현금으로 지급하였다.

11월 20일 독일로부터 새로운 기계장치 ₩2,000,000을 구입하고 대금은 6개월 만기 약속어음 #002를 발행하여 지급하였다. 기계장치를 설치하면서 독일기술자가 내한하여 머물렀으며 체류비용 ₩130,000, 설치비용 ₩150,000, 시운전비용 ₩100,000을 현금으로 지급하였다. 한편 기계장치 시운전과정에서 시제품이 생산되어 이를 ₩50,000에 현금으로 처분하였다.

해답

일 자	분개기록			
10월 10일	(차) 토　　지	50,620,000	(대) 당좌예금	50,000,000
			현　　금	620,000
11월 20일	(차) 기계장치	2,330,000	(대) 미지급금	2,000,000
			현　　금	330,000*

* 시제품의 판매가치는 시운전비용에서 차감하게 되고 수익으로 계상하지 않는다.

기업은 때때로 자산을 구입하고 대금은 장기간 나누어 지급하기도 한다. 여기서 대금을 **장기후(연)불조건**으로 또는 일반적인 **신용기간을 초과**하여 지급하는 경우에는 구입시점의 **현금가격상당액**을 취득원가로 기록해야 한다. 이 경우 현금상당액과 실제 총지급액은 차이가 발생하게 되는데 차액은 신용기간(채무의 만기)에 걸쳐 이자비용으로 인식해야 한다. 간단한 〈예제 10-4〉를 통해 장기연불조건에 의해 유형자산을 취득하는 회계처리를 학습한다.

예제 [10-4]

• (주)설화수는 20×9년 영업활동에 사용할 점포를 구입하고 약속어음 #003(액면 ₩90,000, 무이자부, 3년만기)을 발행하여 지급하였다. 당사는 매년 ₩30,000씩 균등상환하기로 하였다. 어음발행시점에 유사한 어음의 유효

이자율은 연 10%이었다. 점포의 취득원가, 신용기간에 인식할 이자비용(현재가치할인발행차금), 상각표, 취득시점과 1차년도 말의 회계처리를 나타내시오.

해답 ≪≪≪

- 점포 취득원가(현재가치) : ₩30,000×2,4869(3년, 10%, 연금현가계수)=₩74,607
- 인식할 이자비용(현재가치할인발행차금) : ₩90,000－₩74,607＝₩15,393
- 현재가치할인발행차금상각액(이자비용)계산－유효이자율법

시 점	상각액(a)	미상각현재가치 할인발행차금(b)	매년균등상환액 지급전 장부금액(c)	매년균등상환액 지급후 장부금액(d)
취득		₩15,393	₩74,607	₩74,607
1차년도 말	₩7,461	7,932	82,068	52,068
2차년도 말	5,207	2,725	57,275	27,275
3차년도 말	2,725*	0*	30,000	0
계	₩15,393	－	－	－

* 단수차이 조정, (a)=「전기의 d」×10%, (b)=「전기의 b」－(a),
(c)=(90,000, 60,000, 30,000)－(b), (d)=(c)－30,000

- 1차년도 말 회계처리

일 자	분 개 기 록			
취득시점	(차) 건 물	74,607	(대) 장기미지급금	90,000
	현재가치할인차금	15,393		
1차년도 말	(차) 이자비용	7,461	(대) 현재가치할인차금	7,461
	장기미지급금	30,000	현 금	30,000

기업은 때때로 토지나 건물, 기계장치 등을 구입하면서 거래특성상 취득까지 **장기간이 소요**되는 경우가 있다. 예를 들어 건설회사에 의뢰하여 건물을 짓거나 주문을 통해 기계를 특별제작하는 경우는 수개월에 걸쳐 계약금, 중도금, 잔금을 지급하게 된다. 이때에는 취득이 완료될 때까지 지출한 금액을 건설중인자산으로 처리하고, 완료 시 해당 유형자산계정으로 대체한다. 건설중인자

산은 건설중인 건물뿐만 아니라 모든 유형자산이 포함된다. 또한 자산취득에 장기간이 소요되는 경우에는 이의 기간에 나타나는 차입원가(이자비용)의 처리문제가 나타난다. K-IFRS는 적격자산(qualified assets, 의도된 용도로 사용하거나 판매가능한 상태에 이르게 하는데 상당한 기간을 요구하는 자산)은 취득, 건설 또는 제조와 직접 관련된 차입원가(건설자금이자)를 당해 자산의 원가에 포함하도록 규정하고 있다. 간단한 〈예제 10-5〉를 통해 취득에 장기간이 소요되는 경우의 회계처리를 학습한다.

예제 [10-5]

• 다음은 20×9년 (주)카라의 자산에 관한 거래이다. 유형자산의 취득에 관한 분개를 나타내시오.

1월 1일 카라는 상품진열대를 특수제작하기로 하고, 하늘기계에 계약금 ₩2,000,000을 은행에서 차입하여 지급하다. 은행차입금의 이자(연 10%)는 12월 31일에 지급하기로 하였다.

12월 31일 하늘기계로부터 제작된 기계를 인수하고 제작잔금 ₩1,000,000과 설치비 ₩200,000, 시운전비 ₩100,000을 지급하다. 은행차입금 이자를 현금지급하다.

해답

일 자	분개기록			
1월 1일	(차) 현 금	2,000,000	(대) 차 입 금	2,000,000
	건설중인자산	2,000,000	현 금	2,000,000
12월 31일	(차) 이 자 비 용	200,000	(대) 현 금	1,500,000
	건설중인자산	1,500,000	이자비용	200,000
	기계장치	3,500,000	건설중인자산	3,500,000

기업은 때때로 **여러 종류의 자산을 일괄(lump-sum)적으로 구입**하기도 한다. 여러 자산을 한꺼번에 구입하면 종종 개별 구입가격보다 다소 저렴하게 구입할 수 있다. 이 경우 취득원가 총액은 공정가액보다 작아지게 되고 개별 자산의 취득원가는 정확히 구분할 수가 없다. 자산을 일괄구입하는 경우 개별

자산의 취득원가는 각 자산의 상대적 시장가치(공정가액)를 기준으로 총취득원가를 배분하여 계산한다. 하지만 공정가치를 알 수 없는 경우에는 감정가액이나 과세표준액을 이용할 수 있다. 예를 들어 건물과 대지를 한꺼번에 구입하면 그 매입대금은 토지와 건물의 원가로 분할하여 계산한다. 하지만 구입한

예제 [10-6]

• (주)팀버랜드는 20×9년 영업활동에 사용할 목적으로 건물이 지어져 있는 토지를 ₩70,000,000에 구입하고 당좌수표 #009를 발행하여 지급하였다. 구입에 관련하여 중개수수료 ₩500,000, 취득세 및 등록세 ₩1,500,000을 현금으로 지급하였다. 구입당시 토지와 건물의 감정가액은 토지 ₩37,520,000, 건물 ₩18,480,000으로 나타났다. 이 경우 유형자산의 취득에 따른 분개를 하시오.

해답

일 자	분개기록			
10월 10일	(차) 토 지	48,240,000	(대) 당좌예금	70,000,000
	건 물	23,760,000	현 금	2,000,000

※ 총취득원가 = ₩70,000,000 + ₩500,000 + ₩1,500,000 = ₩72,000,000
토지 : 건물 = ₩37,520,000 : ₩18,480,000 = 67 : 33
토지 : ₩72,000,000 × 67% = ₩48,240,000
건물 : ₩72,000,000 × 33% = ₩23,760,000

대지 위의 건물을 영업에 활용하지 않고 철거하여 새로운 건물을 신축하면, 일괄구입이 아니므로 철거비용을 포함시켜 모두 토지의 취득원가에 계상한다. 이 경우 철거된 건물 폐자재의 판매액은 토지의 취득원가에서 차감한다.

(2) 자가건설의 경우

기업은 때때로 영업에 필요한 자산을 직접 제작하거나 건설하여 사용하기도 한다. 자가건설자산은 제작과 건설에 소요된 직접재료비와 직접노무비에 건설 후 실제 사용가능한 상태로 준비하는데 지출하는 관련비용을 포함시켜

취득원가를 계산한다. 건설기간 중에는 이들 발생비용을 **건설중인자산계정**에 집계하며, 완성되는 시점에 본 계정(건물, 기계장치 등)에 대체하여 표시한다. 건설중인자산은 아직 완성이 되지 않아 수익을 얻을 수 없으므로 건설기간 중에는 감가상각을 하지 않는다.

예제 [10-7]

- (주)코리아건설은 20×9년 새로운 본사사옥을 자가건설하여 사용하기로 하고, 다음의 일정에 따라 건설이 이루어졌다. 일자별로 분개하시오.

5월 10일 건물을 짓는데 필요한 공사비(재료비, 노무비) ₩28,000,000을 당좌수표 #010을 발행하여 교부하였다.

9월 20일 건물공사비 ₩15,000,000을 추가로 지급하고 당좌수표 #011을 발행하여 교부하였다.

11월 5일 건물이 완공되어 잔여공사비 ₩10,000,000을 당좌수표 #012를 발행하여 지급하고, 취득세와 등록세 ₩3,000,000을 현금으로 지급하였다.

해답

일 자	분개기록			
5월 10일	(차) 건설중인자산	28,000,000	(대) 당 좌 예 금	28,000,000
9월 20일	(차) 건설중인자산	15,000,000	(대) 당 좌 예 금	15,000,000
11월 5일	(차) 건설중인자산	13,000,000	(대) 당 좌 예 금	10,000,000
			현 금	3,000,000
	건 물	56,000,000	건설중인자산	56,000,000

(3) 교환거래

기업은 때때로 현재 소유하고 있는 유형자산을 동종 또는 이종의 유형자산과 교환하여 취득하기도 한다. 예를 들어 다른 사람이 소유하는 토지, 건물, 기계장치 등을 취득하고 자기소유의 토지나 주식을 제공하는 경우가 있다. 기업회계기준서는 이들 두 비화폐성(화폐성과 비화폐성자산의 혼합)자산의 교환에 의한 취득은 거래가 가지는 상업적 실질(실제로 사고파는 성질) 유무에 따라 취득한 자산의 공정가치, 제공한 자산의 공정가치, 제공한 자산의 장부금액 중 하나를 선택하여 측정하도록 규정하고 있다. K-IFRS가 규정한 측정기준을 제시하면 다음과 같다.

[교환거래의 원가결정]

① 상업적 실질이 있는 교환거래 : 원칙 – 제공한 자산의 공정가치
(이종자산의 교환거래) – 처분손익 인식
② 상업적 실질이 없는 교환거래 : 원칙 – 제공한 자산의 장부금액
(동종자산의 교환거래) – 처분손익 인식 안함.

상업적 실질이 있는 교환은 기능이나 성질이 서로 다른 자산을 거래한 것으로, 이로 인해 경제적 실질에 변화가 발생하며, 구자산을 처분하여 신자산을 구입한 것으로 볼 수 있다. 이것은 이종자산의 교환으로 간주하고 제공한 자산의 공정가치(또는 취득한 자산의 공정가치)를 취득원가로 기록하고, 교환에 따른 처분손익을 인식한다.

상업적 실질이 없는 경우는 기능이나 성질이 서로 동일한 자산을 거래한 것으로, 구자산의 수익획득과정이 완료되고 신자산의 수익획득과정이 새로 시작되는 것이 아니라 구자산의 수익획득과정이 계속 진행된는 것으로 간주한다. 따라서 이의 경우는 상업적 실질이 없으므로 교환으로 보지 않으며, 공정가치가 아닌 제공한 자산의 장부금액으로 기록하고 처분손익도 인식하지 않는다. 간단한 〈예제 10-8〉을 통해 교환거래의 취득에 따른 회계처리를 학습한다.

예제 [10-8]

• 한국대학교는 20×9년 기존 컴퓨터를 (주)델컴퓨터의 기존 컴퓨터와 교환으로 취득하였다. 교환되는 두 컴퓨터의 자료는 다음과 같다. 요구사항에 답하시오. 단, 제공자산의 공정가치가 명백한 것으로 한다.

구 분	한국대학 컴퓨터	델 컴퓨터
취득원가	₩100,000	₩130,000
감가상각누계액	60,000	80,000
공정가치	30,000	60,000

☞ **요구사항**

1. 상업적 실질이 있는 경우 두 회사의 회계처리를 나타내시오.
2. 상업적 실질이 없는 경우 두 회사의 회계처리를 나타내시오.

해답

1. 상업적 실질이 있는 경우

구 분	분 개 기 록				
한국대학교	(차) 감가상각누계액(한국)	60,000	(대) 비 품(한국)	100,000
	비 품(델)	30,000		
	유형자산처분손실	10,000		
(주)델	(차) 감가상각누계액(델)	80,000	(대) 비 품(델)	130,000
컴퓨터	비 품(한국)	60,000	유형자산처분이익	10,000

2. 상업적 실질이 없는 경우

구 분	분 개 기 록			
한국대학교	(차) 감가상각누계액(한국)	60,000	(대) 비 품(한국)	100,000
	비 품(델)	40,000		
(주)델	(차) 감가상각누계액(델)	80,000	(대) 비 품(델)	130,000
컴퓨터	비 품(한국)	50,000		

(4) 복구원가

기업은 때때로 영업상 토양, 수질, 대기, 방사능오염을 유발할 시설을 보유하게 된다. 예를 들면 원자력발전소나 해상구조물, 쓰레기매립장, 저유시설 등은 이러한 유형자산에 해당한다. 이들 자산은 사용이 종료되면 **원상회복**을 위하여 해당자산을 **제거, 해체**하거나 또는 **부지를 복원**해야 하며, 이에 비용이 발생한다. 기업회계기준서는 해당자산의 **복구원가**가 **부채의 인식요건**을 충족하는 경우 복구원가의 현재가치를 해당유형자산의 취득원가에 포함시키고, 동액을 **복구충당부채계정**으로 처리하도록 요구하고 있다. 이것은 자산을 사용하기 위해 부담해야 할 취득원가에 최초 취득시점의 취득원가뿐만 아니라 사용이 종료된 후의 회피불가능한 지출액도 포함되어야 하기 때문이다. 간단한 〈예제 10-9〉를 통해 복구원가의 회계처리를 학습한다.

예제 [10-9]

• (주)스탠더드정유는 20×3년 1월 1일 부산·진해경제자유지역 내에 저유시설을 구축하고 시설비 ₩2,000,000을 지급하였다. 저유시설은 5년 뒤 제거하며 오염된 토양을 원상회복하도록 계약하였다. 이의 원상복구에는 ₩600,000의 비용이 발생할 것으로 추정된다. 할인율은 10%를 사용한다. 저유시설의 취득원가를 계산하고 회계처리를 하시오. 현가계수(10%, 5년)는 0.62092이다.

해답 ≪≪≪

• 취득원가계산

1/1(20×3) ─── 12/31 ─── … ─── 12/31 ─── 12/31(20×7)

취득시 지출액	₩2,000,000		
복구원가 현재가치	372,552	◀────	복구원가 ₩600,000
취득원가	₩2,372,552		

• 회계처리

일 자	분 개 기 록			
1. 1. (20×3)	(차) 구 축 물	2,372,552	(대) 현 금 복구충당부채	2,000,000 372,552

(5) 무상취득의 경우

기업은 때때로 대주주나 채권자, 정부, 지방자치단체로부터 유형자산을 증여받는 경우가 있다. 자산을 취득하고 대가를 지불하지 않으면 엄격하게 취득원가는 '0'이 된다. 하지만 취득한 자산은 미래에 영업수익을 창출하는데 사용되므로, 용역잠재력을 적절한 가치로 평가하여 자산으로 계상하여야 한다. K-IFRS는 증여, 기타 무상으로 취득한 자산은 공정가치(시장가치)로 평가하여 차변에 해당자산으로 계상하고, 대변에 자산수증이익으로 계상하도록 규정하고 있다. 자산을 무상으로 취득하는 경우에도 취득세와 등록세를 부담하게 되므로 이는 모두 취득원가에 포함시켜야 된다.

예제 [10-10]

- (주)대우는 최고경영자의 잘못으로 회사가 파산되어 본사사옥을 채권자에게 채무변제로 이전하였다. 대주주 A씨는 10월 10일 회사를 소생시키기 위해 자기가 소유하고 있는 명동밀레니엄빌딩(시세 ₩15,000,000,000)을 회사에 기증하였다. (주)대우는 기증받은 건물에 대하여 소유권을 등기하고, 취득세와 등록세 ₩3,500,000을 현금으로 지급하였다. (주)대우의 회계처리를 나타내시오.

해답

일 자	분개기록			
10월 10일	(차) 건　　물	15,003,500,000	(대) 자산수증이익	15,000,000,000
			현　　금	3,500,000

제3절 유형자산의 후속 인식과 측정

기업은 유형자산을 구입하여 영업에 사용하면서 자산과 관련하여 여러 가지 지출을 한다. 지출은 주로 자산을 사용하는 과정에서 새로운 부품을 교체하거나 수리하는데 발생하며, 이를 통해 자산의 기능을 유지하거나 새로운 기능을 개선한다.

자산을 사용하는 과정에서 나타난 지출은 그 성격에 따라 수익적 지출과 자본적 지출로 구분한다. **수익적 지출**(revenue expenditure)은 자산의 사용과정에서 나타난 기능저하를 처음수준으로 유지하는데 지출된 것을 말한다. 이 지출은 수리 등에 따라 자산의 가치가 현재보다 증가된 것이 아니고 단지 당기의 수익창출에 기여한 것이므로, 당기비용으로 처리한다. **자본적 지출**(capital expenditure)은 신부품의 교체나 개량, 증설을 통하여 기존보다 더 높은 성능을 개선하는데 지출된 것을 말한다. 이의 지출은 성능의 개량에 따라 자산가치가 증가되므로 해당계정에 포함시켜 자산을 증가시키며, 수익이 지속되는 연도에 감가상각을 통해 비용으로 인식한다.

자산의 사용기간에 나타나는 지출을 수익적 지출과 자본적 지출로 명확하게 구분하는 것은 실무에서 쉬운 것이 아니다. 일반적으로 수선이나 개량에 따라 **자산의 내용연수의 증가나 미래의 수익능력에 증가**를 가져오면 자본적 지출로 처리하고, 단순히 **자산의 기능을 원상회복하고 기존 성능을 유지**하는데 그치면 수익적 지출로 인식한다. K-IFRS는 지출의 결과 ① 내용연수의 증가, ② 생산능력의 증대, ③ 상당한 원가절감이나 품질향상 중의 하나가 충족되면 자산의 용역잠재력이 증가함으로 자본적 지출로 처리하며, 지출의 결과 수선 · 유지를 위한 경상적인 지출, 일정금액 이하의 소액지출, 비능률적이거나 비합리적인 지출의 경우는 수익적 지출로 처리하도록 요구하고 있다.

자산의 사용가능기간 중 정기적으로 발생하는 종합검사, 분해수리, 주요 부품이나 구성요소의 정기적 교체로서 ① 해당지출을 별개의 감가상각대상자산으로 인식하여 감가상각할 수 있으며, ② 인식조건(자산성, 측정가능성)을 충족하는 경우에는 자본적 지출로 처리할 수 있다. 예를 들어 용광로의 경우 일정시간 사용 후 내화벽돌의 교체가 필요하고, 항공기 경우 좌석이나 취사실을 교체를 하며, 이들 자산은 또한 계속적으로 가동하기 위해 정기적인 종합검사를 실시한다. 이와 같이 주요 부품의 정기적 교체나 종합검사에서 발생하는 비용은 원가의 인식기준을 충족하는 경우가 많아 유형자산의 장부금액에 가산하게 된다. 간단한 〈예제 10-11〉을 통해 유형자산 취득 후 지출에 대한 회계처리를 학습한다.

예제 [10-11]

• 다음은 서로 독립된 거래이다. 각 거래에 대하여 분개하시오.

1. 회사는 건물에 대하여 대대적인 개조와 수리를 하면서 ₩6,000,000의 현금을 지급하였다. 이 중 ₩5,000,000은 에어컨의 설치에 사용하였고 나머지는 창문의 보수에 사용하였다.
2. 기계장치에 대해 정기적 검사를 하고 새로운 부품 ₩500,000을 교체하면서 현금을 지급하였다.
3. 기계장치(수동식)에 자동식 부품 ₩1,500,000을 교체하고 당좌수표 #005

를 발행하여 지급하였다. 기계장치가 자동으로 전환됨에 따라 인건비가 월 ₩200,000 절감되는 것으로 나타났다.

4. 공장건물의 외벽을 도색하고 페인트 및 인건비 ₩300,000을 현금으로 지급하였다.
5. 기계장치를 일렬에서 셀 형태로 재배치하고, 전문가의 인건비 ₩3,000,000을 당좌수표로 지급하였다. 새로운 배치로 인해 생산수량이 10% 증가하였다.
6. 항공기의 좌석과 취사실을 개조하고 부품 및 인건비 ₩5,000,000 지급하다.

해답 ≪≪≪

구 분	분개기록			
(1) 자본적 지출	(차) 건 물	5,000,000	(대) 현 금	6,000,000
수익적 지출	수 선 비	1,000,000		
(2) 수익적 지출	(차) 수 선 비	500,000	(대) 현 금	500,000
(3) 자본적 지출	(차) 기계장치	1,500,000	(대) 당좌예금	1,500,000
(4) 수익적 지출	(차) 수 선 비	300,000	(대) 현 금	300,000
(5) 자본적 지출	(차) 기계장치	3,000,000	(대) 당좌예금	3,000,000
(6) 자본적 지출	(차) 항 공 기	5,000,000	(대) 현 금	5,000,000

제4절 유형자산의 감가상각

4.1 감가상각의 본질

유형자산은 수익을 얻는데 사용됨으로써 가치가 감소하고 그 잠재력이 점차 적어지게 된다. 회사는 자산을 사용하여 수익을 얻게 되면 수익을 창출하는데 사용된 자산의 가치를 측정하여 비용으로 계상하는데 이를 감가상각이라 한다. **감가상각**(depreciation)은 유형자산의 취득원가에서 잔존가액을 차감하고, 이를 내용연수에 걸쳐 비용으로 배분하는 체계적 절차를 말한다. 이때 매년 비용으로 계상되는 금액을 **감가상각비**라고 한다.

수익을 얻는데 기여한 자산의 가치를 정확하게 측정하는 것은 쉬운 것이 아니다. 회계는 사용에 따른 자산의 가치감소를 직접 측정하지 않고, 취득원가를 사용기간에 걸쳐 체계적인 방법으로 배분하여 해당수익에 대응시켜 비용으로 계상한다. 이와 같이 감가상각은 자산의 사용에 따른 가치감소를 측정하기 위하여 자산을 평가하는 것보다, 수익을 얻는 기간에 비용을 적절하게 대응시키기 위해 취득원가를 배분하는 것으로 성격을 규정하고 있다.

감가상각이 이루어지면 재무상태표는 해당자산의 취득원가를 가치감소 만큼 낮추어 표시하고, 포괄손익계산서는 감가상각비를 해당수익에 대응시켜 당기순이익을 정확하게 나타낼 수 있다. 이와 같이 감가상각은 취득원가를 체계적으로 배분하여 해당수익에 대응시킴으로써, 기말에 유형자산의 장부가액과 당기순이익이 적정하게 표시하는 역할을 한다.

자산의 사용에 따라 가치감소분을 인식하면 이를 감가상각이나 상각, 감모상각의 용어를 사용하여 표시한다. 감가상각(depreciation)은 유형자산의 소모분에 대한 원가를 의미하며, 상각(amortization)은 특허권이나 상표권의 무형자산에 대한 소멸된 원가, 감모상각(depletion)은 광산 및 산림의 천연자산에 대한 고갈성 원가를 의미한다. 실무에서는 감가상각비와 상각계정을 사용하여 회계처리한다.

4.2 감가상각단위와 회계처리

(1) 감가상각단위

기업은 각 자산(계정)별로 구분하여 감가상각을 계상한다. 하지만 유형자산을 구성하는 일부의 원가가 당해 유형자산의 전체원가와 비교하여 중요하다면, 해당유형자산을 감가상각할 때 그 부분은 별도로 구분하여 감가상각한다. 예를 들어 항공기의 동체와 엔진을 별도로 구분하여 감가상각하는 것이 적절할 수 있다. 유형자산의 일부를 별도로 구분하여 감가상각하는 경우에는 동일한 유형자산을 구성하고 있는 나머지 부분도 별도로 구분하여 감가상각한다.

(2) 감가상각의 회계처리

기업은 감가상각비(상각)를 계산하면 당기손익으로 인식한다. 하지만 제조공정에 사용된 자산의 감가상각비는 제조원가로서 제품원가(자산)로 보고하고 판매시점에 매출원가(비용)로 보고된다. 자산의 사용에 따른 가치감소를 발생과 동시에 장부에 기장하는 것이 불가능하므로 기말에 감가상각을 실시한다. 기말에 감가상각액이 결정되면 감가상각비계정의 차변과 감가상각누계액계정의 대변에 기록한다.

(차) 감가상각비	×××	(대) 감가상각누계액	×××

여기서 차변에 나타나는 감가상각비는 포괄손익계산서의 판매비와관리비나 또는 제조원가의 일부로서 매출원가에 보고된다. 예를 들어 상품을 판매하는 상품매매기업은 건물의 감가상각비를 모두 판매비와관리비에 보고한다. 하지만 제조기업의 경우 공장건물의 감가가상각비는 제조원가에 포함시켜 매출원가로 보고하고, 사무실 건물은 감가상각비를 판매비와관리비에 보고하게 된다. 대변에 나타나는 감가상각누계액은 취득원가 중 지금까지 감가상각한 금액을 누계한 것으로, 재무상태표의 유형자산 해당계정에 차감항목으로 표시한다. 회계처리에서 대변에 감가상각누계액(간접법)으로 기록하면 자산의 취득원가, 감가상각누계액, 현재시점의 장부가액(취득원가−감가상각누계액)에 대한 정보를 한꺼번에 알려주는 장점이 있다. 참고로 직접법은 차변에 감가상각비, 대변에 건물(또는 해당계정)을 기록하여 건물의 취득원가를 직접차감하며, 따라서 간접법과 같은 충분한 정보를 알 수 없다. 감가상각누계액을 재무상태표에 표시하는 형식을 나타내면 다음과 같다.

유형자산		
⋮		
건　물	×××	
감가상각누계액	(×××)	×××

4.3 감가상각의 요소

기말에 감가상각비를 계산하려면 감가상각대상금액, 감가상각기간(내용연수), 감가상각방법이 결정되어야 한다. 여기서는 감가상각대상자산과 감가상각기간에 대하여 알아보고 감가상각방법은 다음 절에서 살펴보기로 한다.

감가상각대상금액

감가상각대상금액(depreciation base)은 자산을 사용하여 수익을 얻는 기간에 감가상각비로 계상할 수 있는 총금액을 말한다. 이는 취득원가에서 잔존가액을 차감하여 계산한다. 여기서 잔존가액(scrap value, salvage value)은 유형자산의 내용연수가 끝나는 시점에 자산을 처분하여 얻을 수 있는 금액에서 처분비용을 차감한 것이다. 잔존가액은 자산을 실제로 처분하기 전에 추정하게 되므로 정확성을 기하기 어렵고 상당히 주관적일 수 있다. 실무에서는 잔존가치가 적고 추정하기가 어려우므로 일반적으로 '0'으로 가정하게 된다. 기업회계기준서는 당해 자산의 성격과 업종 등을 고려하여 객관적으로 정하도록 하고 있으며, 세법에서는 유형자산의 잔존가액을 '0'으로 규정하고 있다.

감가상각기간

감가상각은 유형자산을 사용가능한 때부터 시작한다. 일반적으로 경영진이 의도하는 방식으로 자산을 가동하는데 필요한 장소와 상태에 이른 때부터 시작한다. 감가상각은 유형자산을 매각예정자산으로 분류하거나 재무상태표에서 제거하지 않는 한 내용연수에 걸쳐 실시한다. 따라서 내용연수결정이 중요하다.

내용연수(economic life, useful life)는 자산을 사용하여 수익을 얻을 수 있는 최대기간을 말한다. 내용연수를 추정하려면 자산의 가치가 감소되는 원인을 고려하여야 한다. 자산의 가치가 감소되는 요인에는 물리적 요인과 경제적 요인이 있다.

물리적 요인은 자산을 사용하거나 시간이 경과되어 자산에 마모, 손상, 훼손, 부식 등이 발생하여 가치가 감소되는 것을 말한다. 이러한 물리적 감모는 사용에 따라 서서히 발생하며 나중에 정상적 기능이 어려워져 폐기처분하게 된다. 경제적 요인은 진부화되거나 부적응하여 자산의 가치가 감소되는 것을 말한다. 진부화(obsolescence)는 새로운 대체자산이 개발되어 기존 자산의 가치가 감소되는 것이다. 부적응(inadequacy)은 기업의 규모가 확대되거나 생산방법의 변경, 시장환경이 변화되어 자산을 본래의 목적대로 사용하는 것이 어려워 가치가 감소되는 것이다.

최근에는 물리적 요인보다 경제적 요인에 따라 자산의 가치가 더 많은 영향을 받는 것으로 알려져 있다. 기술이 급속히 발전하게 되면 물리적 수명보다 기능적 진부화가 빨라지므로, 내용연수를 추정하는데 자산의 용도, 기술발전에 따른 대체필요성 등의 요소를 충분히 고려하여야 한다. 실무에서는 대부분 세법에서 규정하고 있는 기준내용연수를 사용하거나 일정비율을 가감하여 결정한다.

4.4 감가상각방법

취득원가가 결정되고 내용연수와 잔존가액이 추정되면 감가상각방법을 결정하여야 한다. **감가상각방법**은 감가상각비를 계산하는 방법이다. 감가상각비를 계산하는 방법은 자산에 내재되어 있는 미래 경제적 효익의 예상소비형태를 반영하여 선정하고, 예상소비형태가 변하지 않는 한 매 회계기간에 일관성 있게 적용한다. 감가상각방법은 매 회계연도 말에 계속 재검토한다. 이러한 기준에 따라 감가상각방법을 분류하면 다음과 같다.

- 정액상각법: 정액법
- 체감잔액법: 정률법, 이중체감법, 연수합계법
- 비례법: 작업시간비례법, 생산량비례법

K-IFRS는 정액법, 체감잔액법, 생산량비례법에 따라 감가상각하도록 규정하고 있다. 따라서 기업은 자산에 내재되어 있는 미래 경제적 효익의 예상소비형태에 맞추어 적절한 감가상각방법을 선정하여 사용할 수 있으며, 일단 채택한 방법은 특별한 사유가 없으면 매기 계속하여 적용하여야 한다.

① 정액법

정액법(straight-line method)은 감가상각대상금액(취득가액−잔존가액)을 내용연수에 걸쳐 매년 동일한 금액으로 상각하는 것이다. 정액법은 자산의 가치가 시간의 경과에 따라 비례적으로 발생한다는 가정에 근거하고 있다. 따라서 매기 수익을 얻는데 자산을 일정하게 사용하는 경우에는 정액법을 사용하는 것이 적합하다. 정액법을 적용하면 연간 감가상각비는 다음과 같이 계산된다.

• 연간감가상각비 $= \dfrac{\text{취득원가} - \text{잔존가액}}{\text{내용연수}} = \dfrac{\text{감가상각대상금액}}{\text{내용연수}}$

예제 [10-12]

• (주)에코로바는 20×3년 1월 1일에 새로운 기계장치 ₩4,000,000을 구입하고 당좌수표를 발행하여 교부하였다. 이 기계장치는 5년 동안 사용할 수 있을 것으로 추정되며 5년 후 잔존가치는 취득원가의 10%로 추정된다.

☞ **요구사항**

• 위의 기계장치에 대하여 정액법에 의한 연도별 감가상각비를 계산하고, 연말 분개를 표시하시오.

해답 ≪≪≪

1. 감가상각표

연 도	계산근거	감가상각비	감가상각누계액	장부가액
• 취득 시				₩4,000,000
• 20×3년	(₩4,000,000 − ₩400,000) × 1/5	₩720,000	₩720,000	3,280,000
• 20×4년	(4,000,000 − 400,000) × 1/5	720,000	1,440,000	2,560,000
• 20×5년	(4,000,000 − 400,000) × 1/5	720,000	2,160,000	1,840,000
• 20×6년	(4,000,000 − 400,000) × 1/5	720,000	2,880,000	1,120,000
• 20×7년	(4,000,000 − 400,000) × 1/5	720,000	3,600,000	400,000
계		₩3,600,000		

2. 감가상각비 분개, 매년 동일

(차) 감가상각비 720,000 (대) 감가상각누계액 720,000

② 체감잔액법

일반적으로 자산을 새로 구입하면 초기에는 높은 성능을 발휘하게 되므로 가동률이 높고 수익이 많이 발생하기 마련이다. 하지만 자산을 오랫동안 사용하면 가동률이 떨어져 수익이 감소하게 되며, 기계장치에 대한 수선비는 증가되어 간다. 또한 기술발전이 빠를수록 진부화에 따라 자산가치가 급속하게 낮아져 초기에 많은 감가상각이 필요하게 된다.

체감잔액법(diminishing balance method)은 취득 초기에는 많이 상각하고, 시간이 경과함에 따라 점차 적게 상각하는 방법이다. 구체적으로 유형자산의 사용으로 순이익(수익－수선비)이 많이 발생하는 초기에는 감가상각비를 많이 계상하고, 순이익이 감소하는 후기일수록 점차 감가상각비를 낮게 계상하는 것이다. 이렇게 하면 수익능력에 맞추어 비용을 계상하게 되므로 수익 · 비용의 대응이 정확하게 지켜지게 된다. 또한 체감잔액법을 적용하면 수선비가 점차 많이 발생하는 후기에는 감가상각비를 적게 계상하게 되어, 내용연수기간에 일정수준의 총비용을 인식할 수가 있다. 체감잔액법에는 정률법, 이중체감법, 연수합계법이 있다.

정률법

정률법(fixed percentage method)은 취득원가에서 감가상각누계액을 차감한 장부가액(미상각잔액)에 대하여 매기 일정률로 감가상각비를 계산하는 방법이다. 정률법을 적용하면 연간 감가상각비는 다음과 같이 계산된다.

• 연간 감가상각비 = 장부가액×상각률*
= (취득원가－감가상각누계액)×상각률

$$* \text{상각률} = 1 - \sqrt[n]{\frac{\text{잔존가액}}{\text{취득원가}}}, \quad n\text{: 감가상각계산횟수}$$

정률법은 상각률의 산정에서 잔존가액을 반영하게 되므로 감각상각비의 계산에서는 잔존가액을 고려하지 않는다. 여기서 상각률을 계산할 때 'n'은 내용연수가 아니라 감가상각횟수를 사용하게 된다. 예를 들어 내용연수가 3년인 건물을 6개월마다 결산을 하면 n은 6을 사용하게 된다. 또한 잔존가액이 '0'인 경우에는 상각률이 100%가 되어버리므로, 이의 경우에는 잔존가액을

'1'로 간주하여 계산하게 된다. 실무에서는 세법에서 제시하고 있는 내용연수별 상각률표의 상각률을 이용하여 쉽게 감가상각비를 계산하고 있다.

예제 [10-13]

• <예제 10-12>를 이용하여 정률법에 의한 감가상각비를 계산하시오.

해답 ⋘

연 도	계산근거	감가상각비	감가상각누계액	장부가액
• 취득 시				₩4,000,000
• 20×3년	₩4,000,000×0.369*	₩1,476,000	₩1,476,000	2,524,000
• 20×4년	2,524,000×0.369	931,356	2,407,356	1,592,644
• 20×5년	1,592,644×0.369	587,686	2,995,042	1,004,958
• 20×6년	1,004,958×0.369	370,830	3,365,872	634,128
• 20×7년	634,128×0.369	234,128**	3,600,000	400,000
계		₩3,600,000**		

* 상각률 $= 1 - \sqrt[5]{400,000/4,000,000}$, ** 소숫점 차이조정

이중체감법 – 정액법의 배법

이중체감법(double declining balance method)은 정률법과 동일한 방법으로 감가상각비를 계산하는데, 다만 정액법에 의한 상각률의 두 배를 상각률로 사용하게 된다. 여기서 사용되는 정액법에 의한 상각률의 두 배는 정률법 상각률의 근사치가 된다. 따라서 이 방법은 정률법의 이론에 계산이 간단한 정액법의 장점을 결합한 것이다. 이중체감법에 의한 연간 감가상각비는 다음과 같이 계산된다.

• 연간 감가상각비 = 장부가액×상각률*
= (취득원가 – 감가상각누계액)×상각률

* 상각률 = 2× 정액법의 상각률
$= 2\times\frac{1}{n}$, n: 내용연수

이중체감법은 정률법과 마찬가지로 기초장부가액에 상각률을 곱하여 구하게 되므로, 감가상각비 계산과정에서 잔존가액을 사용하지 않는다. 하지만 상각률을 계산할 때 잔존가액을 반영하지 않았으므로, 내용연수가 끝나는 연도의 최종 장부가액이 잔존가액이 되도록 감가상각비를 조정해 주어야 한다.

예제 [10-14]

• 〈예제 10-12〉를 이용하여 이중체감법에 의한 감가상각비를 계산하시오.

해답

연 도	계산근거	감가상각비	감가상각누계액	장부가액
• 취득 시				₩4,000,000
• 20×3년	₩4,000,000×0.4*	₩1,600,000	₩1,600,000	2,400,000
• 20×4년	2,400,000×0.4	960,000	2,560,000	1,440,000
• 20×5년	1,440,000×0.4	576,000	3,136,000	864,000
• 20×6년	864,000×0.4	345,600	3,481,600	518,400
• 20×7년	518,400 − 400,000**	118,400	3,600,000	400,000
계		₩3,600,000		

* 상각률 = 2×(1/5) = 0.4. ** 잔존가액과의 일치에 따른 차이조정

연수합계법

연수합계법(sum of the years' digits method)은 감가상각대상금액(취득원가−잔존가액)에 상각률을 곱하여 감가상각비를 계산한다. 여기서 상각률은 분모에 내용연수의 합계를, 분자에 내용연수의 역순(당해 연도를 포함한 잔여내용연수)을 넣어 계산하게 된다. 따라서 분모는 모든 연도에 동일하지만 분자는 매년 작아져 감가상각비가 체감하게 된다. 연수합계법에 의한 연간 감가상각비는 다음과 같이 계산된다.

• 연간 감가상각비 = 장부가액×상각률*
= (취득원가 − 잔존가액)×상각률

$$* \text{상각률} = \frac{\text{내용연수의 역순}}{\text{내용연수의 합계}} \quad \text{또는} \quad \frac{\text{당해 연도포함 잔여내용연수}}{\text{내용연수의 합계}}$$

예제 [10-15]

• 〈예제 10-12〉를 사용하여 연수합계법에 의한 감가상각비를 계산하시오.

해답

연 도	계산근거	감가상각비	감가상각누계액	장부가액
• 취득 시				₩4,000,000
• 20×3년	(₩4,000,000−₩400,000)×5/15	₩1,200,000	₩1,200,000	2,800,000
• 20×4년	(4,000,000−400,000)×4/15	960,000	2,160,000	1,440,000
• 20×5년	(4,000,000−400,000)×3/15	720,000	2,880,000	864,000
• 20×6년	(4,000,000−400,000)×2/15	480,000	3,360,000	518,400
• 20×7년	(4,000,000−400,000)×1/15	240,000	3,600,000	400,000
계		₩3,600,000		

③ 비례법

비례법은 자산의 사용량에 따라 감가상각비를 계산하는 것이다. 이 방법은 시간의 경과보다 사용량이나 산출량에 따라 자산가치가 감소하는 것으로 가정하고 있다. 비례법에는 작업시간비례법과 생산량비례법이 있다.

작업시간비례법(use method)은 사용가능한 작업시간에서 당기에 사용한 작업시간비율만큼 감가상각비를 계산하는 것이다. 예를 들어 기계장치의 경우 내용연수 동안 사용가능한 총작업시간을 추정한다. 매년 실제사용시간이 밝혀지면 총작업시간에 대한 당기사용작업시간의 비율을 계산하고, 감가상각대상금액에 이를 곱하여 감가상각비를 계산하게 된다.

생산량비례법(production method)은 추정총생산량에서 당기의 실제 생산량 비율만큼 감가상각비를 계산하는 것이다. 삼림이나 유전, 광산과 같은 천연자원은 그 가치가 벌목이나 채굴한 양에 비례하여 감소되므로, 추정총생산량에 대한 당기의 실제생산량의 비율을 기준으로 감가상각비를 계산하게 된다. 예를 들어 석탄광산을 구입하면 땅속에 묻혀 있는 총매장량을 추정하게 된다. 매년 실제채굴량이 밝혀지면 총매장량에 대한 당기 실제 생산량의 비율을 계산하고, 감가상각대상금액에 이를 곱하여 감가상각비를 계산하게 된다. 작업시간 및 생산량비례법은 유형자산으로부터 총가용자원을 추정할 수 있고, 자산으로부터 얻는 수익이 가용자산의 사용에 비례하는 경우에 수익 · 비용의 대응을 가장 잘 나타내게 된다. 작업시간비례법과 생산량비례법에 의한 연간 감가상각비는 다음과 같이 계산된다.

- 작업시간비례법 : 연간감가상각비 = 감가상각대상금액 × $\frac{\text{당기사용시간}}{\text{총사용가능시간}}$
- 생산량비례법 : 연간감가상각비 = 감가상각대상금액 × $\frac{\text{당기생산량}}{\text{총생산가능량}}$

예제 [10-16]

- (주)에코로바는 20×3년 1월 1일에 새로운 기계장치 ₩4,000,000을 구입하고 약속어음을 발행하여 교부하였다. 이 기계장치는 5년 동안 사용할 수 있을 것으로 추정되며 5년 후 잔존가치는 취득원가의 10%로 추정된다.
- 새로운 기계장치는 내용연수 동안 총 5,000시간 작업할 수 있고, 총 10,000 단위 제품을 생산할 수 있을 것으로 추정되었다. 연도별로 실제 작업시간과 실제 생산량은 다음과 같이 밝혀졌다.

연 도	작업시간	생산수량
20×3년	800시간	1,500개
20×4년	1,200	2,500
20×5년	900	3,000
20×6년	1,400	2,000
20×7년	700	1,000
계	5,000시간	10,000개

☞ **요구사항**

- 위의 기계장치에 대하여 작업시간비례법과 생산량비례법에 의한 연도별 감가상각비를 계산하시오.

해답 ≪≪≪

- 작업시간비례법

연 도	계산근거	감가상각비	감가상각누계액	장부가액
• 취득 시				₩4,000,000
• 20×3년	₩3,600,000×800/5,000	₩576,000	₩576,000	3,424,000
• 20×4년	3,600,000×1,200/5,000	864,000	1,440,000	2,560,000
• 20×5년	3,600,000×900/5,000	648,000	2,088,000	1,912,000
• 20×6년	3,600,000×1,400/5,000	1,008,000	3,096,000	904,000
• 20×7년	3,600,000×700/5,000	504,000	3,600,000	400,000
계		₩3,600,000		

• 생산량비례법

연 도	계산근거	감가상각비	감가상각누계액	장부가액
• 취득 시				₩4,000,000
• 20×3년	₩3,600,000×1,500/10,000	₩540,000	₩540,000	3,460,000
• 20×4년	3,600,000×2,500/10,000	900,000	1,440,000	2,560,000
• 20×5년	3,600,000×3,000/10,000	1,080,000	2,520,000	1,480,000
• 20×6년	3,600,000×2,000/10,000	720,000	3,240,000	760,000
• 20×7년	3,600,000×1,000/10,000	360,000	3,600,000	400,000
계		₩3,600,000		

4.5 토지와 건설중인자산

일반적으로 유형자산은 감가상각의 대상이 된다. 하지만 토지와 건설중인 자산은 감가상각대상에서 제외된다. 토지는 보유하고 있는 동안 감가상각비를 인식하지 않는다. 토지도 수익을 얻는데 기여하게 되므로 수익 · 비용의 대응에 따라 비용을 인식하는 것이 타당한 것처럼 생각할 수 있다. 그러나 토지는 잠재력이 감소하지 않고 계속 사용할 수 있으므로, 내용연수가 무한정으로 간주되어 감가상각비는 인식하지 않는 것이다.

건설중인자산은 건설기간 중에 한하여 감가상각을 인식하지 않는다. 이 자산은 건설기간 중에 수익이 발생하지 않으므로 비용의 인식을 완성 이후로 미룬 것으로 생각할 수 있다. 하지만 완성되어 본 계정에 대체되면 수익에 대응하여 감가상각비를 계상하여야 한다.

제5절 유형자산의 재평가

유형자산은 취득원가로 최초 인식하면 그 분류별로 동일하게 원가모형 또는 재평가모형 중 하나를 회계정책으로 선택하고 일관성 있게 적용해야 한다. **원가모형**(cost model)은 취득원가를 장부금액으로 기록하고, 이를 기준으로 감가상각과 손상차손을 회계처리하는 것을 말한다. 따라서 최초 인식시점 이후에 자산의 공정가치가 변동하더라도 이를 장부에 반영하지 않는다. 다만, 손상의 객관적 증거가 인식되면 이의 가치감소를 기록하고, 인식원가를 초과하는 공정가치의 상승은 인식하지 않는다. **재평가모형**(revaluation model)은 취득 후 공정가치가 변동하면 이를 반영하는 것을 말한다. 본 절에서는 재평가모형에 대하여 설명한다.

5.1 재평가모형의 의의

재평가는 재평가모형의 선택에 따라 회계기말에 자산의 공정가치를 측정하고 이를 장부금액에 반영하는 것을 말한다. 구체적으로 유형자산은 재평가일의 공정가치에서 감가상각누계액과 손상차손누계액을 차감한 금액을 장부금액으로 한다. 재평가모형은 기업의 영업특성이 공정가치를 반영하는 것이 적절하다고 판단될 때 회계정책으로 선택한다. 재평가모형을 선택하면 자산의 공정가치가 상승하거나 하락하면 모두 장부금액에 반영된다.

재평가는 해당자산이 포함되는 **동일분류**의 모든 항목에 실시한다. 이것은 동일분류에 있는 특정 항목만을 선택적으로 재평가하거나 또는 서로 다른 기준일에 평가된 금액을 하나의 계정으로 표시하면 혼합된 정보를 이해하는데 어려움이 있기 때문이다. 따라서 특정 항목의 유형자산을 재평가할 때는 해당자산이 포함되는 **분류 전체**를 대상으로 실시한다. K-IFRS는 영업상 유사한 성격과 용도를 기준으로 유형자산의 동일분류로서 다음과 같이 예시하고 있다.

[재평가와 유형자산의 분류항목]

① 토지	② 토지와 건물	③ 기계장치	④ 선박
⑤ 항공기	⑥ 차량운반구	⑦ 집기	⑧ 사무용비품

재평가모형은 유형자산의 공정가치를 측정하여 반영한다. **공정가치**는 원칙적으로 **시장가격**을 사용한다. 예를 들어 토지와 건물은 시장상황을 반영하여 도출된 공인감정평가금액을 공정가치로 사용한다. 또한 설비장치와 기계장치는 각 자산의 사용정도를 반영한 감정에 의한 시장가격을 공정가치로 간주한다. 하지만 해당자산에 대한 시장정보가 없는 경우는 **이익접근법**이나 **상각후대체원가법**에 따라 측정한 값을 사용한다. 예를 들어 이익접근법은 해당유형자산으로부터 창출될 미래현금순유입액을 추정하여 이를 현재가치로 할인하거나, 또는 유사한 유형자산의 공정가치에다 자산 간 이익률 등의 차이를 반영하여 결정한다.

재평가는 유형자산의 공정가치가 변동되는 정도에 따라 **평가빈도**를 결정한다. 구체적으로 공정가치의 변동이 급격하고 중요한 크기로 일어나면 매년 재평가를 해야 한다. 하지만 공정가치의 변동이 중요하지 않으면 3년 또는 5년마다 실시할 수도 있다. 일반적으로 재평가된 자산의 공정가치가 장부금액과 중요하게 차이가 나는 경우에는 추가적인 재평가 필요하다.

5.2 재평가의 회계처리

재평가모형은 회계기말에 자산의 공정가치를 측정하고 이를 장부금액에 반영하게 된다. 이때 공정가치와 장부금액의 차액을 조정해야 되는데, 재평가시점의 감가상각누계액은 비례법이나 순액법에 따라 조정한다.

비례법은 재평가 후 자산의 장부금액이 재평가금액(재평가시점의 공정가치)과 일치하도록 감가상각누계액과 총장부금액을 비례적으로 조정하는 것이다. 여기서 총장부금액은 감가상각누계액과 손상차손누계액을 차감하기 전의 장부금액을 의미한다.

순액법은 총장부금액에서 기존의 감가상각액을 제거한 후 자산의 순장부금액이 재평가금액과 같아지도록 총장부금액을 조정하는 것이다. 이 방법은 건물을 재평가할 때 자주 사용된다. 한편 재평가로 인하여 유형자산의 장부금액이 증가한 경우에는 그 증가액을 재평가잉여금계정으로 표시하여 기타포괄손익으로 처리하고, 자본(기타포괄손익누계액)으로 계상한다.

유형자산은 재평가에 따라 공정가치가 장부금액보다 낮은 경우도 발생한다. 재평가에 따라 나타난 장부금액의 감소액을 재평가손실이라 한다. **재평가손실**은 재평가이익과 달리 기타포괄손실이 아닌 **당기손실**로 인식한다. 다만, 동일자산에 대한 재평가잉여금이 있으면 해당재평가잉여금에서 먼저 감소시킨다.

재평가잉여금은 해당자산이 제거될 때 이익잉여금으로 대체할 수 있다. 이 경우 재평가잉여금은 이익조작을 방지하기 위하여 당기손익의 인식과정을 거치지 않고 직접 이익잉여금으로 대체한다. 따라서 유형자산을 제거할 때 당해 유형자산과 관련된 재평가잉여금을 유형자산처분손익에 가감하지 못한다. 간단한 〈예제 10-17〉을 이용하여 재평가에 대한 회계처리를 학습한다.

예제 [10-17]

• (주)쌤소나이트는 20×5. 12. 31설비자산 ₩500,000(취득원가 ₩800,000, 감가상각누계액 ₩300,000)을 재평가하고, 평가결과 공정가치가 ₩600,000(기초대비 20% 상승)으로 상승한 것으로 평가하였다. 당사는 재평가모형으로 회계처리하도록 선택하였다. 20×6. 1. 1. 설비자산을 ₩1,100,000에 처분하였다.

☞ **요구사항**

1. 비례법에 따라 재평가를 실시하고 회계처리를 나타내시오.
2. 순액법에 따라 재평가를 실시하고 회계처리를 나타내시오.
3. 설비자산의 처분에 대한 회계처리를 나타내시오. 단, 순액법에 따라 재평가를 실시한 것으로 가정한다.

해답 «««

1. 비례법

① 장부금액계산	재평가 전	재평가 후	조정액
설비자산	₩800,000	₩960,000	₩160,000
감각상각누계액	(300,000)	(360,000)	(60,000)
장부금액	₩500,000	₩600,000	₩100,000
② 회계처리 (조정액)	(차) 설비자산 160,000	(대) 감가상각누계액 60,000 재평가잉여금 100,000 (기타포괄이익)	

2. 순액법

① 장부금액계산	재평가 전	재평가 후	조정액
설비자산	₩800,000	₩600,000	₩(200,000)
감각상각누계액	(300,000)	(0)	300,000
장부금액	₩500,000	₩600,000	₩100,000
② 회계처리 (조정액)	(차) 감가상각누계액 300,000	(대) 설비자산 200,000 재평가잉여금 100,000 (기타포괄이익)	

3. 설비자산처분에 대한 회계처리-순액법

일 자	분 개 기 록			
1. 1. (20×6)	(차) 현 금	1,100,000	(대) 설비자산	600,000
			유형자산처분이익	500,000
	(차) 재평가잉여금	100,000	(대) 이익잉여금	100,000

제6절 유형자산의 손상과 제거

6.1 유형자산의 손상

유형자산은 기업이 취득하여 보유하고 있는 동안 자산의 회수가능액이 장부금액보다 낮아지는 경우가 발생한다. 기업은 매 보고기간마다 유형자산의 개별 자산별로 손상징후(indication of impairment)를 검토하고, 손상징후가 확인되면 먼저 회수가능액을 추정해야 한다. 유형자산의 **회수가능액**(recoverable amount)은 다음과 같이 추정한다.

◆ 회수가능액 : Max(① 순공정가치, ② 사용가치)
① 순공정가치 : 공정가치에서 처분부대원가를 차감한 금액 ② 사용가치 : 유형자산에서 창출될 것으로 기대되는 미래현금흐름의 현재가치

유형자산은 장부금액을 회수가능액 이상으로 기록할 수 없다. 일반적으로 유형자산은 감가상각을 통하여 장부금액이 점차 감소하므로 장부금액이 회수가능액보다 높게 기록될 가능성도 희박하다. 하지만 회수가능액이 장부금액보다 낮아지면 유형자산의 손상징후를 확인하고 평가감을 기록하게 된다.

K-IFRS는 유형자산의 회수가능액이 장부금액에 미달하는 경우에는 장부금액을 회수가능액으로 조정하고 그 차액(손상차손)을 당기손실(유형자산손상차손)로 처리하도록 요구하고 있다. 이 경우 회계처리는 유형자산손상차손계정 차변과 손상차손누계액계정 대변에 차액을 기록한다.

◆ 손상차손＝장부금액－회수가능액			
(차) 유형자산손상차손(당기손익)	×××	(대) 손상차손누계액(자산차감)	×××

손상차손이 인식되면 장부금액은 회수가능액으로 조정된다. 손상이 기록된 이후에 다시 회수가능액이 상승하여 장부금액을 초과하면 손상차손 인식 전의 장부금액을 한도로 당기이익(유형자산손상차손환입)으로 처리한다.

◆ 손상차손환입＝회수가능액* －장부금액, * 한도 : 손상 전의 장부금액			
(차) 손상차손누계액(자산차감)	×××	(대) 유형자산손상차손환입(당기손익)	×××

유형자산은 일반적으로 손해보험에 가입한다. 이 경우 손상, 소실, 또는 포기된 유형자산에 대하여 보상금을 받는다. 예를 들어 화재, 홍수 등 천연재해에 따라 유형자산에 보험사고(손상)가 발생하면 보험회사로부터 보험금을 받

을 수 있다. 이때에는 보상금을 수취할 권리가 발생하는 시점에 보험차익 또는 재해손실계정으로 당기손익에 계상한다. 간단한 〈예제 10-18〉을 통해 유형자산의 손상에 대한 회계처리를 학습한다.

예제 [10-18]

• (주)해운대는 20×5. 1. 1. 토지와 기계장치를 구입하고 원가모형을 적용하기로 하였다. 요구사항에 답하시오. 단, 기계장치는 잔존가치 ₩0, 내용연수 3년, 정액법으로 상각한다.

구 분	취득원가	회수가능액	
	20×5. 1. 1.	20×5년 말	20×6년 말
토 지	₩500,000	₩550,000	₩450,000
기계장치	300,000	160,000	100,000

☞ **요구사항**

1. 토지에 대하여 연도별 감가상각과 손상회계를 나타내시오.
2. 기계장치에 대하여 연도별 감가상각과 손상회계를 나타내시오.
3. 20×6년 말 부분재무상태표를 나타내시오.

해답

1. 토지의 회계처리

일 자	분 개 기 록
12. 31. (20×5)	* 토지는 감가상각하지 않음 * 회수가능액 >장부금액이므로 손상없음
12. 31. (20×6)	(차) 손상차손(당기손익) 50,000 (대) 손상차손누계액(토지) 50,000

* 20×5년 말 장부금액 : 취득원가－감가상각누계액－손상차손누계액＝회수가능액(손상후원가)

** 20×6년 말 장부금액 : ₩500,000－₩0－₩50,000＝₩450,000(회수가능액, 손상후원가)

2. 기계장치의 회계처리

일 자	분개기록			
12. 31.	(차) 감가상각비	100,000	(대) 감가상각누계액	100,000
(20×5)*	(차) 손상차손(당기손익)	40,000	(대) 손상차손누계액(기계)	40,000
12. 31.	(차) 감가상각비	80,000	(대) 감가상각누계액	80,000
(20×6)**	(차) 손상차손누계액(기계)	20,000	(대) 손상차손환입(당기손익)	20,000

* 20×5년 말 장부금액 : ₩300,000 − ₩100,000 − ₩40,000 = ₩160,000(회수가능액, 손상후원가)

** 20×6년 말 장부금액 : ₩300,000 − ₩180,000 − ₩20,000 = ₩100,000(회수가능액, 손상후원가)

3. 20×6년 말 부분재무상태표

부분재무상태표

(주)해운대 — 20×6. 12. 31. 현재 — (단위 : 원)

⋮		
토지	₩500,000	
손상차손누계액	(50,000)	₩450,000
기계장치	300,000	
감가상각누계액	(180,000)	
손상차손누계액	(20,000)	100,000
⋮		

6.2 유형자산의 제거

유형자산은 내용연수 동안 영업활동에 사용하려고 구입한다. 하지만 기업의 사정에 따라 자산을 매각하여 새로운 것으로 교체를 하거나 내용연수가 다하여 폐기처분을 한다. 이와 같이 기업이 필요하여 스스로 매각, 폐기하는 것을 **자발적 처분**이라 한다. 이에 비하여 화재나 홍수에 의해 자산을 폐기하거나 법원이나 정부기관에 의해 강제적으로 매각하는 **비자발적 처분**도 발생하게 된다.

유형자산은 매각 등을 통하여 자발적으로 처분하면 회계처리는 간단하다. 구체적으로 유형자산의 제거로 발생하는 손익은 순매각금액에서 장부금액을 차감하여 계산하며, 이에 따라 나타난 유형자산처분손익은 당기손익에 계상한다. 여기서 처분대가(순매각금액)는 공정가치가 되는데, 대금의 수취가 장기에 걸쳐 이루어지면 처분시점의 현금가격상당액(현재가치)으로 인식하고, 명목금액과 현금가격상당액과의 차이는 유효이자율법에 따라 이자수익으로 인식한다. 회계기간 중에 처분이 이루어지면 기초시점에서 처분시점까지 감가상각비를 고려하여 장부금액을 계산해야 한다.

유형자산은 때때로 화재, 홍수, 도난, 수용 등에 따라 비자발적으로 처분하게 되는데 이때 처분손익은 매각의 경우처럼 계산하여 회계처리한다. 또한 유형자산을 더 이상 사용하는 것이 비경제적이면 이를 폐기처분하는데, 이때는 장부금액이 유형자산처분손실이 된다. 간단한 〈예제 10-19〉를 통해 유형자산의 제거에 대한 회계처리를 학습한다.

예제 [10-19]

• (주)마루는 20×5년 1월 1일에 기계장치 ₩1,000,000을 구입하였다. 이 기계장치는 내용연수가 3년이며, 잔존가액은 취득원가의 10%로 추정되었고 정액법으로 감가상각하고 있다. 회사는 20×6년 9월 1일에 기계장치를 처분하고 대금 ₩300,000을 현금으로 받았다.

☞ **요구사항**

• 위 기계장치의 처분시점에서 이루어지는 회계처리를 나타내시오.

해답

구 분	분개기록			
처분시점까지 감가상각비 계상	(차) 감가상각비	200,000*	(대) 감가상각누계액	200,000
유형자산 처분손익 계산	(차) 현 금	300,000	(대) 기계장치	1,000,000
	감가상각누계액	500,000		
	유형자산처분손실	200,000		

* 감가상각비＝(₩1,000,000－₩100,000)÷3×8/12＝₩200,000

개 념 정 리

▣ 문제 ▣

01 유형자산이 무엇이며 이 자산으로 분류되기 위한 조건을 설명하시오.

02 유형자산의 종류를 열거하고 각 항목을 간단하게 설명하시오.

03 유형자산의 최초 인식기준을 설명하시오.

04 유형자산의 취득원가에 포함되어야 하는 항목을 설명하시오.

05 유형자산을 외부에서 구입할 경우 회계처리에서 유의할 항목을 설명하시오.

06 유형자산을 자가건설, 교환취득, 무상취득한 경우에 회계처리를 설명하시오.

07 자본적 지출과 수익적 지출을 구분하는 기준을 제시하고 구체적 사례를 설명하시오.

08 감가상각의 의미를 설명하시오.

09 감가상각단위와 회계처리방법을 설명하시오.

10 감가상각비와 감가상각누계액의 의미를 설명하시오.

11 감가상각비계산방법 중 정액법과 체감잔액법(정률법)을 비교하여 설명하시오.

12 토지와 건설중인자산의 경우 감가상각문제를 어떻게 처리하는지를 설명하시오.

13 유형자산의 원가모형과 재평가모형을 비교하여 설명하시오.

14 재평가의 회계처리에서 비례법과 순액법을 비교하여 설명하시오.

15 유형자산의 손상에서 회수가능액의 측정방법을 설명하시오.

16 손상차손의 계산과 회계처리방법을 설명하시오.

17 유형자산의 자발적 제거의 예를 들어 회계처리를 설명하시오.

18 유형자산의 비자발적 제거의 예를 들어 회계처리를 설명하시오.

19 다음의 용어를 설명하시오.

- fixed percentage method
- tangible assets
- service potential
- indication of impairmen
- plant assets
- land
- salvage, scrap value
- depletion
- obsolescence
- revenue expenditure
- inadequacy
- building
- capital expenditure
- depreciation
- amortization
- diminishing balance method
- recoverable amount
- economic life
- construction in progress
- double declining balance method
- sum of the years' digits method
- straight-line method

연 습 문 제

문제 [1]

다음은 여러 개념을 설명한 것이다. 빈칸에 적합한 단어나 문구를 기입하시오.

01 유형자산은 재화의 (　　　), (　　　)의 제공, 타인에 대한 (　　　) 또는 자체적 사용을 목적으로 보유하는 물리적 (　　　)가 있는 자산으로 1년을 초과하여 사용할 것으로 예상되는 자산을 말한다. K-IFRS는 감가상각 대상 여부에 따라 토지, (　　　), 건설중인자산, 기타유형자산으로 구분하여 표시하고 있다.

02 유형자산의 취득원가는 원칙적으로 (　　　)에 자산을 사용할 수 있도록 준비하는데 관련된 직접비용, 해체, (　　　), 또는 부지복구에 소요되는 추정원가를 가산한 금액이 된다. (　　　)은 제작과 건설에 소요된 (　　　)와 직접노무비에 건설 후 실제 사용가능한 상태로 준비하는데 지출되는 관련비용을 포함시켜 취득원가를 계산한다. (　　　)이 있는 교환은 이종자산의 교환으로 간주하고 (　　　)의 공정가치를 취득원가로 기록하고, 교환에 따른 처분손익을 인식한다. 상업적 실질이 없는 경우는 기능이나 성질이 서로 (　　　)한 자산을 거래한 것으로, 구자산의 (　　　)과정이 계속 진행되는 것으로 간주하며, (　　　)가 아닌 제공한 자산의 (　　　)으로 기록하고 처분손익도 인식하지 않는다. 증여, 기타 무상으로 취득한 자산은 (　　　)으로 평가하여 자산으로 계상하고 이를 (　　　)으로 대변에 계상하도록 규정하고 있다.

03 (　　　) 지출은 기존 성능을 유지하는데 드는 지출로서 이에 따라 자산의 가치가 현재보다 증가되는 것이 아니므로 당기수익의 창출에 기여한 것으로 간주하여 (　　　)으로 처리하게 된다. 자본적 지출은 개량 등에 따라 (　　　)가 증가되므로 이의 지출을 해당(　　　)계정에 포함시켜 그 수익이 지속되는 연도에 (　　　)하여 비용으로 인식하게 된다. K-IFRS는 지출의 결과 내용연수의 증가, (　　　)의 증가, 상당한 원가절감이나 (　　　) 중의 하나가 충족되면 자산의 용역잠재력이 증가함으로 (　　　) 지출로 처리하며, 지출의 결과 수선·유지를 위한 (　　　)인 지출, 일정금액 이하의 (　　　), 비능률적이거나 비합리적인 지출의 경우는 (　　　)적 지출로 처리하도록 요구하고 있다.

04 감가상각은 유형자산의 ( )에서 잔존가액을 차감하여 이를 ( )에 걸쳐 비용으로 ( )하는 체계적 절차를 말한다. 감가상각비를 계산하려면 ( ), 내용연수, ( )이 결정되어야 한다. 감가상각대상금액은 자산을 사용하여 수익을 얻는 기간에 ( )로 계상할 수 있는 총금액으로 취득원가에서 ( )을 차감하여 계산한다. 내용연수는 자산의 ( )적 수명과 경제적 기능을 고려하여 추정한다. 감가상각방법은 ( ), 체감잔액법, ( ) 등 자산에 적합한 방법을 선택하여 매년 계속적으로 적용하여야 한다.

05 ( )은 취득가액에서 잔존가액을 차감한 ( )을 내용연수에 걸쳐 매년 동일한 금액으로 상각하는 것이다. 체감상각법은 취득 ( )에는 많이 상각하고 시간이 경과함에 따라 점차 적게 상각하는 방법이다. 체감상각법에는 정률법, ( ), 연수합계법이 있다. ( )은 취득원가에서 ( )을 차감한 장부가액에 대하여 매기 일정률로 ( )를 계산하는 방법이다.

06 유형자산은 취득원가로 최초 인식하면 그 ( )별로 동일하게 원가모형 또는 ( )모형 중 하나를 회계정책으로 선택하고 일관성 있게 적용해야 한다. 유형자산은 재평가일의 공정가치에서 ( )과 손상차손누계액을 차감한 금액을 ( )으로 한다. 재평가는 해당자산이 포함되는 ( ) 분류의 모든 항목에 실시한다. 재평가모형은 유형자산의 ( )를 측정하여 반영한다. 공정가치는 원칙적으로 ( )을 사용한다. 시장정보가 없는 경우는 ( )이나 상각후대체원가법에 따라 측정한 값을 사용한다. 재평가모형은 회계기말에 자산의 공정가치를 측정하고 이때 공정가치와 장부금액의 차액은 비례법이나 ( )에 따라 조정한다. 재평가로 인하여 유형자산의 장부금액이 증가한 경우에는 그 증가액을 ( )으로 표시하여 기타포괄손익으로 처리하고, ( )으로 계상한다. 재평가에 따라 나타난 장부금액의 감소액을 ( )이라 하며, 이는 재평가이익과 달리 기타포괄손실이 아닌 ( )로 인식한다.

07 유형자산은 기업이 취득하여 보유하고 있는 동안 자산의 ( )이 장부금액보다 낮아지는 경우가 발생한다. K-IFRS는 유형자산의 회수가능액이 ( )에 미달하는 경우에는 장부금액을 회수가능액으로 조정하고 그 차액을 ( )로 처리하도록 요구하고 있다.

08 유형자산은 매각 등을 통하여 자발적으로 처분하면, 유형자산의 제거로 발생하는 손익은 ( )에서 장부금액을 차감하여 계산하며, 이에 따라 나타난 ( )은 당기손익에 계상한다.

■ 문제 [2]

다음은 (주)아이리스의 영화촬영을 위한 토지, 건물, 구축물 구입에 관한 거래이다. 토지, 건물, 구축물의 취득원가를 계산하시오.

1. 기존 건물이 있는 부지를 ₩1,000,000에 구입하다.
2. 기존 건물을 철거하고 철거비 ₩150,000을 지급하다. 철거자재를 매각하고 현금 ₩20,000을 받다.
3. 부지의 취득 및 등록세 ₩80,000을 지급하다.
4. 부지매입 중개수수료 ₩10,000을 지급하다.
5. 촬영세트장 건축허가비 ₩100,000을 지급하다.
6. 촬영세트장 건축설계비 ₩140,000을 지급하다.
7. 촬영장 신축을 위한 부지굴착비용 ₩200,000을 지급하다.
8. 촬영장 공사원가 ₩1,500,000을 지급하다.
9. 조경공사비 ₩70,000을 지급하다.
10. 진입도로 포장공사비 ₩230,000을 지급하다.
11. 주차장과 울타리 공사비 ₩200,000을 지급하다.
12. 촬영장 공사를 위한 차입금이자 ₩30,000을 지급하다.

■ 문제 [3]

다음은 서로 독립된 거래이다. 거래별로 분개하고 해당자산의 취득원가를 구하시오.

1. 딕스상사는 공장을 짓기 위해 토지 ₩5,000,000을 매입하고 대금 ₩3,000,000은 당좌수표를 발행하고 잔액은 약속어음을 발행하여 교부하였다. 또한 취득세와 등록세 ₩350,000을 현금으로 지급하고, 중개수수료와 토지측량 및 정지비용으로 현금 ₩400,000을 지급하였다.
2. 노스페이스는 본사건물의 건설과 관련하여 다음의 거래가 발생하였다.

   3월 8일　건축설계비 ₩1,000,000과 현장감독자 인건비 ₩500,000 현금지급
   6월 5일　건축재료비와 노무비 ₩1,500,000 현금지급
   8월 1일　건설관련 직접경비 ₩300,000 현금지급하고 준공검사 완료
   9월 1일　건물취득세와 등록세 ₩380,000 현금지급

3. (주)리바이스는 옷감을 제조하는 기계장치를 구입하고 구입대금 ₩2,500,000과 운송비 ₩100,000, 운송보험료 ₩80,000, 설치비 ₩55,000, 시운전비 ₩25,000을 현금으로 지급하였다. 시운전과정에 발생한 시제품은 시장에서 판매하여 현금 ₩70,000을 받았다

4. 영업용 컴퓨터 ₩3,000,000을 매입하고 A4용지 ₩50,000과 함께 현금으로 지급하였다.
5. 영업활동에 사용하기 위하여 건물이 포함된 토지를 ₩10,000,000에 매입하고 약속어음을 발행하여 교부하였다. 구입당시 토지와 건물의 감정가격은 ₩6,500,000과 ₩4,500,000이었다.
6. 듀오상사는 독지가로부터 공정가액 ₩2,800,000인 웨딩홀을 증여받았다.
7. 둘리상사는 급매물로 나온 기계장치를 ₩4,800,000에 취득하였다. 이 기계장치의 공정가액은 ₩6,000,000이다.

▣ 문제 [4]

다음은 서로 독립된 거래이다. 거래별로 회계처리를 나타내시오.

1. 업무용 트럭의 배터리가 수명이 다하여 새로운 것으로 교체하면서 현금 ₩50,000을 지급하다.
2. 공장건물의 두 개 층을 증축하고 공사비 ₩23,000,000을 현금으로 지급하다.
3. 본사건물의 외벽을 도색하고 공사비 ₩3,000,000을 현금으로 지급하다.
4. 하늘아파트에 엘리베이터와 감시카메라를 설치하고 공사비 ₩5,000,000을 당좌수표를 발행하여 지급하다.
5. 업무용 승용차에 새로운 엔진 ₩8,500,000을 교체하고 수리비 ₩280,000과 함께 직불카드를 사용하여 지급하다.

▣ 문제 [5]

가톨릭 강남병원은 기존 MRI를 메이요클리닉의 IMRT와 교환으로 취득하였다. 교환되는 두 의료기기의 자료는 다음과 같다. 요구사항에 대답하시오. 단, 제공자산의 공정가치가 명백한 것으로 한다.

구 분	가톨릭 강남병원	메이요클리닉
취득원가	₩10,000,000	₩13,000,000
감가상각누계액	6,000,000	10,000,000
공정가치	2,500,000	3,000,000
가톨릭 현금지급	1,000,000	
메이요 현금수취		1,000,000

【요구사항】

1. 상업적 실질이 있는 경우 두 회사의 회계처리를 나타내시오.
2. 상업적 실질이 없는 경우 두 회사의 회계처리를 나타내시오.

▣ 문제 [6]

(주)구룡포는 20×6년 1월 1일 영일만에 원유저장시설을 구축하고 시설비 ₩45,000,000을 지급하였다. 원유저장시설은 10년 뒤 제거하고 오염된 토양을 원상회복하도록 계약하였다. 이의 원상복구에는 ₩20,000,000의 비용이 발생할 것으로 추정된다. 할인율은 10%를 사용한다. 원유저장시설의 취득원가를 계산하고 회계처리를 하시오. 현가계수(10%, 10년)는 0.38554 이다.

▣ 문제 [7]

(주)민들레영토는 20×5. 1. 1. 취사용 급식장치 ₩10,000,000을 구입하고 현금을 지급하였다. 이의 급식장치는 내용연수와 잔존가액이 각각 4년 및 ₩1,000,000으로 추정되었다. 구입한 급식장치를 사용하면 내용연수 동안 총 300,000명의 식사를 제공할 수 있고, 이때 급식장치의 총작업시간은 60,000시간이 필요하게 된다. 실제로 매년 이루어진 급식량과 작업시간은 다음과 같다. 회사의 결산일은 12월 31일이다.

연 도	생 산 량	작 업 시 간
20×5	50,000명	12,000시간
20×6	120,000	22,000
20×7	90,000	17,000
20×8	40,000	9,000
계	300,000명	60,000시간

【요구사항】

다음의 감가상각방법에 따라 매년 인식해야 할 감가상각비를 계산하시오.

1. 정액법
2. 정률법(상각률, 0.438)
3. 이중체감법(상각률, 0.5)
4. 연수합계법
5. 작업시간비례법
6. 생산량비례법

▣ 문제 [8]

다음은 칠칠회사의 20×5년에 발생한 회계거래이다. 요구사항에 답하시오.

1월 1일 공장건물 ₩20,000,000을 구입하고 당좌수표를 발행하여 지급하다.

7월 1일 구입한 건물에 엘리베이터와 냉난방시설 ₩5,000,000을 설치하고 공사비를 현금으로 지급하다.

9월 1일 제품제조를 위한 기계장치 ₩10,000,000을 구입하고 약속어음을 발행하여 교부하다.

10월 1일 기계장치를 정기검사하고 수리비 ₩400,000을 현금으로 지급하다.

[요구사항]

1. 일자별로 나타난 거래를 분개하시오.
2. 12월 31일 결산에 즈음하여 감가상각비를 계산하시오. 건물은 정액법에 따라 감가상각하며 내용연수는 4년, 잔존가액은 ₩2,000,000으로 추정된다. 기중에 발생한 자본적 지출은 월할 상각하지 않고 기존 자산과 같은 방법으로 감가상각한다는 점에 유의하여야 한다. 기계장치는 정률법(상각률, 0.438)으로 상각하며 내용연수는 4년이며 잔존가액은 취득원가의 10%로 추정된다.

▣ 문제 [9]

(주)톰보이는 20×5년 4월 1일에 재킷 제조용 기계장치 ₩15,000,000을 구입하고 약속어음(만기 180일)을 발행하여 교부하였다. 이 기계장치는 내용연수와 잔존가액이 각각 4년과 ₩1,000,000으로 추정된다. 20×6년 7월 1일에 새로운 기계장치로 교체하기 위해 현재의 기계장치를 ₩9,000,000에 처분하고 현금을 받았다. 결산일은 매년 12월 31일이며 월할기준에 따라 상각한다.

[요구사항]

1. 정액법으로 감가상각하는 경우 필요한 분개를 하시오.
2. 연수합계법으로 감가상각하는 경우 필요한 분개를 하시오.

▣ 문제 [10]

다음은 소현회사의 회계거래 내용이다. 요구사항에 답하시오. 단, 재평가회계처리는 순액법에 따른다.

1. 20×5. 1. 1. 공장용 건물을 ₩50,000,000에 구입하고 당좌수표를 발행하였다. 건물

은 내용연수와 잔존가액이 각각 10년과 ₩0으로 추정되었다. 감가상각은 정액법에 따라 이루어지며 결산일은 12월 31일이다.

2. 20×5년 말 재평가 결과 건물의 공정가치는 ₩46,800,000이었다.
3. 20×6년 말 재평가 결과 건물의 공정가치는 ₩40,000,000이었다.
4. 20×7년 초 건물을 ₩39,000,000에 매각하였다.

【요구사항】

1. 20×5. 1. 1. 취득분개를 나타내시오.
2. 20×5. 12. 31. 감가상각과 재평가회계처리를 나타내시오.
3. 20×6. 12. 31. 감가상각과 재평가회계처리를 나타내시오.
4. 20×7. 1. 1. 건물의 매각시점의 필요한 회계처리를 나타내시오.

문제 [11]

(주)해운대는 20×5. 1. 1. 토지와 기계장치를 구입하고 원가모형을 적용하기로 하였다. 요구사항에 답하시오. 단, 기계장치는 잔존가치 ₩0, 내용연수 3년, 정액법으로 상각한다.

구 분	취득원가	회수가능액			
	20×5. 1. 1.	20×5년 말		20×6년 말	
		순공정가치	사용가치	순공정가치	사용가치
토 지	₩500,000	₩550,000	₩540,000	₩450,000	₩470,000
기계장치	300,000	160,000	170,000	100,000	90,000

【요구사항】

1. 토지에 대하여 연도별 감가상각과 손상회계를 나타내시오.
2. 기계장치에 대하여 연도별 감가상각과 손상회계를 나타내시오.
3. 20×6년 말 부분재무상태표를 나타내시오.

문제 [12]

(주)스와로브스키는 20×5년 1월 1일에 기계장치 ₩2,000,000을 구입하였다. 이 기계장치는 내용연수가 4년이며, 잔존가액은 취득원가의 10%로 추정되었다. 회사는 20×6년 8월 1일에 기계장치를 처분하고 대금 ₩1,300,000을 현금으로 받았다.

【요구사항】

1. 기계장치의 처분에 대한 회계처리를 나타내시오. 단, 감가상각은 정액법을 사용한다.
2. 기계장치의 처분에 대한 회계처리를 나타내시오. 단, 감가상각은 연수합계법을 사용한다.

제 11 장

ACCOUNTING PRINCIPLES

무형자산과 기타자산

|학|습|요|점|

- 무형자산은 무엇이며 어떤 종류가 있는가?
- 무형자산의 인식조건과 취득원가는 어떻게 결정되는가?
- 연구 및 개발단계에서 무형자산의 인식조건은 어떠한가?
- 무형자산의 유한 및 비한정내용연수에서 회계처리법은 어떠한가?
- 무형자산의 원가 및 재평가모형의 의의와 회계처리는 무엇인가?
- 무형자산의 손상차손은 어떻게 처리하는가?
- 영업권의 종류와 상각은 어떻게 처리하는가?
- 투자부동산의 인식기준, 최초 측정, 재평가는 어떻게 처리하는가?

제1절 무형자산

1.1 무형자산의 의의와 종류

(1) 무형자산의 의의

기업은 영업활동에 건물이나 기계장치뿐만 아니라 특허권, 라이선스, 지적재산권, 시장에 대한 지식과 상표 등을 사용한다. 여기서 영업활동에 사용되는 특허권, 라이선스 등을 무형자산이라 한다.

무형자산(intangible assets)은 물리적 형체는 없지만 식별가능하고 기업이 통제하고 있으며 미래 경제적 효익이 있는 자산을 말한다. K-IFRS는 무형자산이 되기 위한 세 가지 조건으로 식별가능성, 자원에 대한 통제, 미래 경제적 효익을 제시하고 있다.

[무형자산의 정의를 위한 충족조건]

(1) 식별가능성 : 자산이 분리가능하다.
자산이 계약상 권리 또는 기타 법적 권리로부터 발생한다.
(2) 통제 : 미래 경제적 효익을 제3자의 접근으로부터 제한할 수 있다.
(3) 미래 경제적 효익 : 미래 경제적 효익은 매출, 용역수익, 원가절감 또는 자산의 사용에 따른 기타 효익의 형태로 발생할 수 있다.

식별가능성(identifiability)은 무형자산을 분리할 수 있고, 무형자산이 계약상 권리 또는 기타 법적 권리로부터 발생한 것을 말한다. 첫째, 자산은 기업에서 분리하거나 분할할 수 있고, 개별(또는 관련된 계약)적으로, 자산이나 부채와 함께 매각, 이전, 라이선스, 임대, 교환할 수 있어야 한다. 둘째, 자산이 계약상 권리 또는 기타 법적 권리로부터 발생하여야 한다. 이들 두 요건 중 하나를 충족하면 식별가능한 자산으로 본다.

통제(control)는 당해 기업만이 해당무형자산으로부터 미래 경제적 효익을 확보할 수 있고, 그 효익을 제3자로부터 접근을 제한할 수 있는 것을 말한다. 무형자산의 미래 경제적 효익에 대한 통제능력은 일반적으로 법원에서 강제할 수 있는 법적 권리에서 나오며, 법적 권리가 없는 경우에는 통제를 증명하기 어렵다. 따라서 법적 권리는 무형자산의 정의를 충족하는데 중요한 요소가 된다. 예를 들어 **시장에 대한 지식** 및 **기술적 지식**으로부터 미래 경제적 효익이 발생하고, 이러한 지식이 저작권, 계약상의 제약이나 법에 의한 종업원의 기밀유지의무와 같은 법적 권리에 의해 보호되는 경우는 통제능력이 있으므로 무형자산으로 될 수 있다. 다른 예로는 **숙련된 종업원**이나 훈련을 통해 습득된 **종업원의 기술**이 미래 경제적 효익을 가져주지만 법적 권리로 보호되지 않으면 통제능력이 어려워 무형자산의 정의를 충족하지 못한다. 또한 기업이 고객과의 좋은 관계를 유지함으로써 고정고객, 고객충성도, 시장점유율을 확보할 수 있고, 이를 통해 미래 경제적 효익을 창출할 수 있지만 법적 권리나 그것을 통제할 기타 방법이 없으면 무형자산으로 인식될 수 없다.

미래 경제적 효익(future economic benefits)은 무형자산으로부터 재화의 매출이나 용역수익, 원가절감 또는 자산의 사용에 따른 기타 효익의 형태로 발생하는 것을 말한다. 예를 들어 제조기업에서 지적재산권을 사용하여 미래 제조원가를 감소시킬 수 있고, 새로운 제품을 생산하여 미래수익을 증가시킬 수 있으면 이는 미래 경제적 효익이 있는 것으로 간주된다. 하지만 미래 경제적 효익을 얻기 위해 지출이 발생하여도 그 결과 매출 및 원가절감 등의 효익이 없으면 그 지출은 발생시점의 비용으로 계상한다. 일반적으로 무형자산은 그 효익이 특정 기업에만 가치가 있고, 내용연수를 결정하기 어려우며, 그 가치가 상대적 경쟁력에 의해 좌우되므로 미래 경제적 효익 여부를 결정하는데 매우 불확실성이 높은 것이 사실이다.

(2) 무형자산의 분류

기업은 영업활동에 필요한 여러 형태의 무형자산을 취득하여 사용한다. 예를 들어 과학적 · 기술적 지식, 새로운 공정이나 시스템의 설계와 실행, 라이선스, 지적재산권, 시장에 대한 지식과 상표(브랜드명 및 출판표제 포함) 등을 취득하거나 개발하여 사용한다. 구체적으로 이들에는 컴퓨터소프트웨어, 특허권, 저작권, 영화필름, 고객목록, 모기지관리용역권, 어업권, 수입할당량, 프랜차이즈, 고객이나 공급자와의 관계, 고객의 충성도, 시장점유율과 판매권 등이 포함된다.

무형자산은 영업활동에 유사한 성격과 용도를 가진 항목끼리 묶어서 분류한다. 예를 들어 브랜드명, 제호 · 출판표제, 컴퓨터소프트웨어, 라이선스 · 프랜차이즈, 저작권 · 특허권 · 산업재산권 · 용역운영권, 기법 · 방식 · 모형설계 · 시제품, 개발 중인 무형자산 등으로 분류한다. 이들 분류를 기초로 실무에서 사용하는 무형자산을 구분하면 다음과 같다.

- 개발비 : 개발단계에서 발생한 지출액 중 미래 경제적 효익이 기업에 유입될 가능이 높고, 취득원가를 신뢰성 있게 측정가능한 것으로 한다.
- 프랜차이즈 : 특정 상호에 따라 상품이나 용역을 일정한 지리적 영역 내에서 독점적으로 제조 · 판매할 수 있는 것을 말한다.
- 산업재산권 : (일괄표시하거나 구분표시한다)
  - 특허권 : 특정 발명을 특허법에 등록하여 일정기간 독점 및 배타적으로 이용할 수 있는 권리를 말한다.
  - 실용신안권 : 제품의 모양 · 구조 또는 결합 등의 실용적인 고안을 관계법에 등록하여 일정기간 독점 및 배타적으로 이용할 수 있는 권리를 말한다.
  - 의장권 : 제품의 디자인(고안)을 관계법에 등록하여 일정기간 독점 및 배타적으로 이용할 수 있는 권리를 말한다.
  - 상표권 : 특정 상표를 관계법에 등록하여 일정기간 독점 및 배타적으로 이용할 수 있는 권리를 말한다.
- 기타 무형자산
  - 라이선스 : 특정 기술(지식)이나 제품을 일정기간 독점 및 배타적으로 이용할 수 있는 권리를 말한다.
  - 저작권 : 특정 저작물(영화, 음반, 서적)의 복제 · 번역 · 방송 · 상연 등을 일정기간 독점 및 배타적으로 이용할 수 있는 권리를 말한다.
  - 소프트웨어 : 소프트웨어를 구입하는데 지출한 금액을 말한다.
  - 어업권 : 일정한 수면에서 일정기간 독점 및 배타적으로 어업을 경영할 수 있는 권리를 말한다.
  - 임차권리금 : 토지나 건물을 임차할 때 전세권이나 보증금 이외에 추가적으로 지급한 금액을 말한다.
  - 시추권 : 특정 지역에서 광물자원을 추출할 수 있는 권리를 말한다.

무형자산은 회계처리에 편리하게끔 외부취득과 내부창출로 분류하기도 한다. 외부취득의 경우, 무형자산은 자산별 개별취득과 사업결합취득으로 구분하여 검토한다. 무형자산은 대부분 외부로부터 개별로 취득하지만, 영업권과 같이 사업결합거래를 통해 취득하는 것도 있다. 내부창출의 경우, 연구단계와 개발단계에서 나타나는 무형자산의 취득을 검토하는 것으로 개발비가 여기에 해당한다. 아래에서는 먼저 무형자산의 인식과 측정을 알아보고, 이어 개별취득, 내부창출 무형자산의 개발비, 결합거래의 영업권을 차례대로 살펴본다.

1.2 무형자산의 인식과 측정

(1) 무형자산의 인식

무형자산은 정의에 충족하면, **미래 경제적 효익이 기업에 유입**될 가능성이 높고, **취득원가를 신뢰성 있게 측정**할 수 있을 때 인식한다. K-IFRS는 무형자산의 인식조건을 다음과 같이 제시하고 있다.

◆ 무형자산의 인식조건 – 모두 충족

① 자산에서 발생하는 미래 경제적 효익이 기업에 유입될 가능성이 높다.
② 자산의 취득원가를 신뢰성 있게 측정할 수 있다.

무형자산의 정의와 인식기준은 무형자산을 취득하거나 내부적으로 창출하기 위하여 최초로 발생한 원가, 취득이나 완성 후에 증가 · 대체 · 수선을 위하여 발생한 원가에 적용한다. 일반적으로 최초개별취득과 사업결합취득은 미래 경제적 효익의 유입가능성 조건을 항상 충족하는 것으로 간주한다. 하지만 취득 후의 지출은 무형자산에 내재된 미래 경제적 효익의 기존 유지에 필요한 것이 대부분이고, 또한 기업 전체를 위한 지출로서 개별 무형자산에 직접 귀속시키기 어려우므로 인식조건의 충족 여부를 매우 엄격히 검토하여야 한다. 다음에서는 인식조건의 충족을 전제로 무형자산의 취득원가 측정을 개별 취득과 내부창출의 경우로 나누어 검토한다.

(2) 무형자산의 측정

① 외부 개별취득

무형자산은 최초 인식할 때는 취득원가로 측정한다. 무형자산을 개별로 구입하는 경우 일반적으로 취득원가는 **구입가격**에 **직접 관련원가**를 가산한 것으로 한다. K-IFRS는 개별로 취득하는 무형자산의 취득원가로 다음 항목을 제시하고 있다.

[무형자산의 취득원가]

(1) 구입가격 : 관세, 환급불가능한 취득 관련 세금 가산, 매입할인과 리베이트 차감 (2) 직접관련원가 : 자산을 의도한 목적에 사용할 수 있도록 준비하는데 직접 관련된 원가 [관련원가의 예] : ① 그 자산을 사용가능한 상태로 만드는데 직접적으로 발생한 종업원급여 ② 그 자산을 사용가능한 상태로 만드는데 직접적으로 발생한 전문가수수료 ③ 그 자산이 적절하게 기능을 발휘하는지 검사하는데 발생하는 원가
(3) 직접관련제외 : ① 새로운 제품이나 용역의 홍보원가(광고와 판매촉진 활동원가 포함) (발생 즉시 비용) ② 새로운 지역 또는 고객대상으로 사업수행에 따른 원가(교육비 포함) ③ 관리원가와 기타 일반경비원가

무형자산 취득원가의 인식은 그 자산을 경영자가 의도하는 방식으로 운용될 수 있는 상태에 이르면 중지한다. 따라서 무형자산을 사용하거나 재배치하는데 발생하는 원가는 자산의 장부금액에 포함하지 않는다. 예를 들어 이미 무형자산을 사용할 수 있는 상태에 이르렀으면, 이때 발생한 원가는 취득원가에 포함되지 않으며, 이때 발생된 초기 영업손실도 취득원가에 포함되지 않는다.

무형자산에 대한 대금지급기간이 일반적인 신용기간보다 긴 경우 취득원가는 현금가격상당액이 된다. 이때 현금가격상당액과 실제 총지급액의 차이는 신용기간에 걸쳐 이자비용으로 인식한다. 간단한 〈예제 11-1〉을 통해 외부로부터 개별 무형자산을 취득한 경우의 회계처리를 학습한다.

예제 [11-1]

• 다음은 서로 독립된 거래이다. 요구사항에 대답하시오.

1. 은성낚시는 Seattle Fishing co.로부터 줄낚시 특허권(장부금액 ₩10,000)을 ₩20,000에 취득하다.
2. 주식회사 시세이도는 오휘로부터 안티에이징 연구프로젝트(장부금액 ₩200,000)를 ₩1,000,000에 취득하다.
3. 르노삼성자동차는 벤츠회사로부터 자동차 향기발산장치비법을 공증된 사용포기 및 기밀유지 각서를 받고 ₩5,000,000에 취득하다.
4. 르노삼성자동차는 리얼타임 고객고충처리시스템의 소프트웨어를 ₩1,250,000에 취득하다.
5. 르노삼성자동차는 도장로보트기계장치(CNC)의 제어프로그램을 ₩5,000,000에 취득하다.
6. (주)하늘항공은 정부로부터 가덕도공항에 착륙권을 ₩100,000,000에 할당받다. 공항착륙권은 공정가치가 ₩300,000,000인 것으로 추정된다.
7. (주)바다는 부산북항의 부두사용권(장부금액 ₩50,000,000, 공정가치 ₩100,000,000)을 (주)우주의 달나라 여행운영권과 교환하여 취득하다. 이의 교환은 상업적 실질을 갖는 거래이다.
8. (주)부산e-FM은 라디오 주파수 사용권(장부금액 ₩90,000,000, 공정가치 ₩200,000,000)을 KBS의 텔레비전 주파수 사용권과 교환하다. 이의 거래는 상업적 실질에 해당하지 않는 거래이다.

☞ **요구사항**

• 위의 거래에 나타난 (무형)자산항목과 취득원가를 나타내시오.

해답 ≪≪≪

(1) 특허권(무형자산, ₩20,000)
(2) 연구프로젝트(무형자산, ₩1,000,000)
(3) 제조비법(무형자산, ₩5,000,000)
(4) 컴퓨터소프트웨어(무형자산, ₩1,250,000)
(5) 기계장치(유형자산, ₩5,000,000)
(6) 공항착륙권*(무형자산, ₩300,000,000)
(7) 부두사용권(무형자산, ₩100,000,000)
(8) 주파수사용권(무형자산, ₩90,000,000)

* 공정가치와 지급대가의 차이는 정부보조금(차감계정) 또는 이연수익으로 처리한다.

② 내부창출 무형자산 – 개발비

기업은 미래 경제적 효익을 창출하기 위해 기본적 연구를 하거나 신제품의 개발활동, 광고 및 교육활동을 계속적으로 수행한다. 기업은 연구 및 개발 등의 활동을 통해 무형자산을 창출하게 된다.

내부창출 무형자산(internally generated intangible assets)은 기업 내에서 연구나 개발활동 등을 통하여 창출한 것으로 무형자산의 정의와 인식조건을 충족한 것을 말한다. 내부적으로 창출된 산출물은 무형자산의 인식기준을 충족하는지 평가하기가 쉽지 않다. 구체적으로 이들 산출물은 미래 경제적 효익이 있는지를 추정하기가 어렵고, 식별할 수 있는 인식시점이나 자산의 원가를 신뢰성 있게 측정하기가 쉽지 않다.

어떤 경우에는 내부창출 무형자산의 원가가 내부창출 영업권, 일상적인 경영관리활동에서 발생하는 비용과 구분하기도 어렵다. 따라서 내부적으로 창출된 상표(brands)나 제호(mastheads), 출판표제(publishing titles), 고객목록(customer lists) 및 이와 유사한 항목에 지출한 금액는 무형자산으로 인식하지 않고 당기비용으로 계상한다. K-IFRS는 내부창출 무형자산에 대하여 정의(미래 경제적 효익의 존재, 통제 및 식별가능성)와 인식조건(미래 경제적 효익의 유입가능성, 신뢰성 있는 측정가능성)에 이어 추가적으로 연구단계와 개발단계로 나누어 자산 여부를 평가하도록 요구하고 있다.

연구단계

연구는 새로운 과학적 및 기술적 지식이나 이해를 얻기 위하여 수행하는 독창적이고 계획적인 탐구활동을 말한다. **연구단계**(research phase)에서는 미래 경제적 효익을 창출할 신제품에 대하여 여러 개발가능성을 탐색하는 것으로 이 단계에서 발생하는 지출은 무형자산의 정의와 인식기준을 충족할 수 없다. 따라서 연구단계에서 발생한 지출은 해당기간의 비용으로 인식한다. K-IFRS는 연구단계에 속하는 활동으로 다음의 예를 제시하고 있다.

◆ 연구단계의 활동 예시
① 새로운 지식을 얻고자 하는 활동 ② 연구결과나 기타 지식을 탐색, 평가, 최종 선택, 응용하는 활동 ③ 재료, 장치, 제품, 공정, 시스템이나 용역에 대한 여러 가치 대체안을 탐색하는 활동

④ 새롭거나 개선된 재료, 장치, 제품, 공정, 시스템이나 용역에 대한 여러 가지 대체안을 제안, 설계, 평가, 최종선택하는 활동

연구단계는 활동으로 나타난 결과물을 식별하기 어렵고, 통제 및 미래 경제적 효익의 유입가능성을 추정하기 어려우므로 이들 지출을 모두 비용(연구비)으로 처리한다. 더욱이 연구비를 비용이나 자산 중 하나로 선택하여 처리하도록 허용하면 기업에서 이익의 조정수단으로 이용할 수도 있다. 또한 연구비와 광고비, 교육훈련비 등은 장기적으로 미래의 수익창출에 기여하는 것으로 생각할 수 있으나 확실성보다 불확실성이 크고, 객관성이 부족하므로 지출한 기간의 비용으로 처리하는 것이 타당하다. 따라서 K-IFRS는 연구단계에서 발생된 지출은 비용으로 처리하고, 또한 연구단계와 개발단계로 구분할 수 없는 경우에도 그 프로젝트에 발생한 지출은 모두 연구단계에 지출한 것으로 처리하도록 요구하고 있다.

개발단계

개발은 상업적인 생산이나 사용 전에 연구결과나 관련지식을 새롭게 하거나, 현저히 개량된 재료, 장치, 제품, 공정, 시스템 및 용역의 생산을 위한 계획이나 설계에 적용하는 활동을 말한다. **개발단계**(development phase)는 연구단계에서 가장 성공가능성이 높은 것으로 결정된 아이디어를 상업화하기 위해 시제품을 만들고 금형을 설계하며, 제품을 제조 및 시험하는 것을 말한다. 개발단계는 연구단계보다 훨씬 더 진전되어 있는 상태이기 때문에 어떤 경우에는 내부프로젝트의 개발단계에서는 무형자산을 식별할 수 있으며, 그 무형자산이 미래 경제적 효익을 창출할 것임을 제시할 수 있다. 개발단계에서 일어나는 구체적 활동을 예시하면 다음과 같다.

◆ 개발단계활동의 예시

① 생산 및 사용 전의 시제품과 모형의 설계, 제작 및 시험하는 활동
② 새로운 기술과 관련된 공구, 지그, 주형, 금형 등을 설계하는 활동
③ 상업적 생산 목적으로 실현가능한 경제적 규모가 아닌 시험공장을 설계, 건설, 가동하는 활동
④ 신규 또는 개선된 재료, 장치, 제품, 공정, 시스템이나 용역에 대하여 최종적으로 선정된 안을 설계, 제작, 시험하는 활동

개발단계는 신제품의 개발과 관련하여 여러 가지 지출이 발생한다. 이러한 지출이 아래의 여섯 가지 조건을 모두 충족하면 **개발비**라는 계정과목의 무형자산으로 인식하고, 그 외의 경우는 **경상개발비**의 계정과목으로 해당기간의 비용으로 처리한다. 개발단계에서 무형자산으로 인식할 수 있는 조건을 제시하면 다음과 같다.

◆ 개발단계에서 무형자산의 인식조건
① 무형자산을 완성할 수 있는 기술적 실현 가능성 ② 무형자산을 완성하여 사용하거나 판매하려는 기업의 의도 ③ 무형자산을 사용하거나 판매할 수 있는 기업의 능력 ④ 무형자산의 미래 경제적 효익의 창출방법(거래시장 여부, 사용유용성) ⑤ 무형자산의 개발 · 판매 · 사용에 필요한 기술적, 재정적 자원 입수가능성 ⑥ 무형자산 관련지출을 신뢰성 있게 측정할 수 있는 능력

개발비(development costs)는 개발단계에서 무형자산의 인식조건을 충족하고, 개발활동에 발생된 비용을 측정하여 계산한다. 개발비는 최초로 인식할 때는 취득원가로 측정한다. 취득원가는 무형자산의 창출과 제조, 그리고 경영자가 의도하는 방식으로 운영될 수 있게 준비하는데 필요한 직접 관련된 모든 원가를 포함한다. 직접 관련된 원가에 포함되는 항목을 예시하면 다음과 같다.

[개발비(취득원가)에 포함되는 항목]

(1) 무형자산의 창출에 사용되었거나 소비된 자료원가, 용역원가 등 (2) 무형자산의 창출을 위하여 발생한 종업원 급여 (3) 법적 권리를 등록하기 위한 수수료 (4) 무형자산의 창출에 사용된 특허권과 라이선스의 상각비	
취득원가 제외 : (발생 즉시 비용)	① 무형자산의 창출과 관련 없는 판매비, 관리비, 기타 일반경비 지출 ② 무형자산이 계획된 성과를 달성하기 전에 발생한 명백한 비효율로 인한 손실과 초기 영업손실 ③ 무형자산을 운용하는 직원의 교육훈련과 관련된 지출

내부창출 무형자산은 연구단계, 개발단계, 생산단계로 이어지는 활동에서 취득된다. 여기서 연구단계에서 발생된 지출은 모두 연구비계정에 계상되어 당기비용으로 처리된다. 개발단계에서 발생된 지출은 무형자산의 정의와 인식

[연구단계, 개발단계, 생산단계와 회계처리]

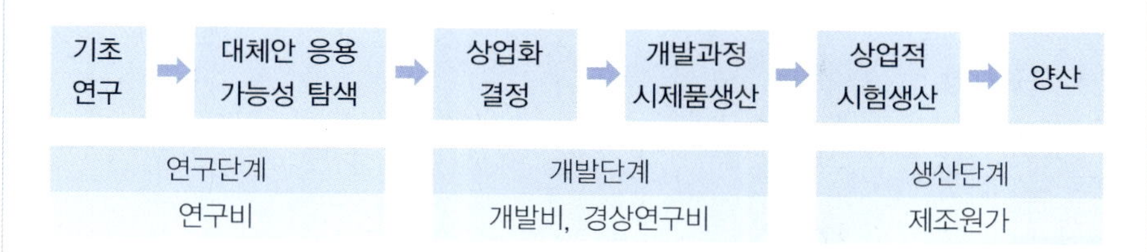

기준을 충족하고 개발단계 무형자산 인식조건 여섯 가지를 모두 충족하면 개발비계정에 계상하여 무형자산으로 처리하고, 그렇지 않으면 경상개발비계정으로 당기비용에 계상한다. 이때 무형자산(개발비)의 취득원가는 무형자산 인식조건을 모두 충족한 이후에 발생한 지출만 포함된다. 연구, 개발, 생산단계와 지출액의 회계처리를 나타내면 위와 같다. 또한 간단한 〈예제 11-2〉를 통해 내부창출 무형자산의 회계처리를 학습한다.

예제 [11-2]

• 다음은 (주)니꼴의 회계거래이다. 요구사항에 답하시오.

1. 새로운 지식을 탐구하기 위해 연구를 실시하고 관련비용 ₩300,000을 지급하다.
2. 새로운 재료와 공정에 대한 여러 대체안 중 최종선택하는 활동비용으로 ₩200,000을 지급하다.
3. 새로운 기술을 개발하는데 사용될 공구, 지그, 금형의 설계비로 ₩800,000을 지급하다.
4. 새로 고안하여 최종선정된 장치와 시스템의 설계, 제작, 테스트 비용으로 ₩850,000을 지급하다.
5. 새로 개발한 제품의 상업생산에 정기품질검사에 ₩500,000을 지급하다.
6. 연구실의 전용시설물을 설치하고 관련건축비 ₩200,000을 지급하다.
7. 새로 개발한 제조공정을 시험하기 위한 시험공정 설계 및 건설비 ₩700,000을 지급하다.
8. 새로 개발한 지적재산권의 개발과 등록에 ₩900,000을 지급하다.
9. 새로 개발한 제품의 자체 브랜드 개발에 ₩400,000을 지급하다.

10. 신제품의 판매에 대한 교육훈련비로 ₩1,000,000을 지급하다.

☞ **요구사항**

• 앞의 거래에 나타난 지출을 해당항목(계정과목)과 취득원가로 나타내시오.

해답 ≪≪≪

(1) 연구비(당기비용, ₩300,000)
(2) 연구비(당기비용, ₩200,000)
(3) 개발비(무형자산, ₩800,000)
(4) 개발비(무형자산, ₩850,000)
(5) 제조원가(제품-재고자산, ₩500,000)
(6) 연구비(당기비용, ₩200,000)
(7) 개발비(무형자산, ₩700,000)
(8) 지적재산권(무형자산, ₩900,000)
(9) 경상개발비(당기비용, ₩400,000)
(10) 판매비와관리비(당기비용, ₩1,000,000)

1.3 무형자산의 상각

(1) 내용연수가 유한한 무형자산

무형자산은 내용연수에 따라 회계처리가 달라진다. 내용연수에는 일정기간으로 **한정**(finite)된 경우와 무한은 아니지만 **비한정**(indefinite)적인 경우로 구분된다. 내용연수가 한정적인 경우는 상각하고, 비한정적인 경우는 상각하지 않는다.

무형자산은 내용연수가 유한한 경우 상각대상금액을 내용연수 동안 체계적인 방법으로 배분하여 비용으로 계상한다. 무형자산의 회계처리는 직접법 또는 간접법으로 처리한다. **직접법**은 차변에 무형자산상각비, 대변에 무형자산계정으로 회계처리한다. 이는 대변에 상각누계액계정을 사용하지 않고 해당 무형자산계정을 사용하여 취득원가에서 상각액을 직접차감한다. 실무에서는 일반적으로 직접법을 많이 사용하고 있다. 하지만 직접법을 사용하면 완전공시의 원칙에 따라 상각누계액을 공시하여야 한다. **간접법**은 차변에 무형자산상각비, 대변에 무형자산상각누계액계정으로 회계처리한다.

내용연수

무형자산은 여러 가지 요인을 고려하여 내용연수를 결정한다. 무형자산의 **내용연수**는 주로 경제적 요인과 법적 요인에 의해 영향을 받는다. **경제적 요인**은 자산의 미래 경제적 효익이 획득되는 기간을 결정하고, **법적 요인**은 기업이 그 효익에 대한 접근을 통제할 수 있는 기간을 제한한다. 내용연수는 이러한 요인에 의해 결정된 기간 중 짧은 기간으로 한다.

K-IFRS는 내용연수를 결정하는데 고려할 요소로 여덟 가지를 제시하고 있다. 구체적으로 경제적 요소에는 자산의 사용방식과 경영진에 의해 효율적으로 관리될 수 있는지 여부, 해당자산과 제품수명주기가 비슷한 자산의 내용연수에 관한 정보, 기술 및 공학, 상업적 진부화 정도, 해당자산의 산업안정성과 제품의 시장수요 변화, 기존 및 잠재적 경쟁자의 예상전략, 해당자산의 미래 경제적 효익을 획득하는데 유지비용 수준과 비용부담능력이 있다. 법적 요소에는 해당자산 통제기간과 사용 법적 기간, 다른 자산에 의해 내용연수가 결정되는지 여부를 제시하고 있다.

잔존가치

내용연수가 유한한 경우 무형자산의 **잔존가치**는 다음 두 가지 조건 중 어느 하나에 해당하지 않는다면 영(0)으로 한다. K-IFRS는 잔존가치가 영(0)으로 되는 조건으로 다음 두 가지 중 하나에 해당하지 않을 것을 요구하고 있다.

◆ 잔존가치 영(0)으로 되기 위한 제외 조건
① 내용연수 종료시점에 제3자가 자산을 구입하기로 한 약정이 있다. ② 무형자산의 활성거래시장이 있고 다음을 모두 충족한다. • 잔존가치를 그 활성거래시장에 기초하여 결정할 수 있다. • 그러한 활성거래시장이 내용연수 종료시점에 존재할 가능성이 높다.

상각기간과 상각방법

무형자산의 상각(amortization)은 자산이 사용가능한 때부터 시작한다. 구체적으로 자산을 경영자가가 의도하는 방식으로 사용가능한 위치와 상태에 이르렀을 때 상각을 시작한다. 무형자산의 상각은 자산이 매각예정자산으로 분류되는 날과 자산이 재무상태표에서 제거되는 날 중 이른 날에 중지한다.

무형자산은 자산의 경제적 효익이 소비되는 형태를 반영하여 상각방법은 선택한다. 이러한 상각방법에는 **정액법, 체감잔액법, 생산량비례법**이 있다. 하지만 소비되는 형태를 신뢰성 있게 결정할 수 없을 때에는 정액법을 사용한다. 상각방법은 미래 경제적 효익의 예상되는 소비형태가 변동하지 않는다면 매 회계기간에 일관성 있게 적용한다.

무형자산의 상각액은 일반적으로 당기손익으로 인식한다. 하지만 자산에 내재된 미래 경제적 효익이 다른 자산의 생산에 소모된 경우 , 그 자산의 상각비용은 다른 자산의 원가를 구성하여 장부금액에 포함한다. 예를 들어 제조과정에 사용된 무형자산(특허권 등)은 재고자산(제품)의 원가에 포함된다. 간단한 〈예제 11-3〉을 통해 무형자산의 상각에 관한 회계처리를 학습한다.

예제 [11-3]

• (주)KT는 20×5. 1. 1. SKT로부터 영업활동에 사용할 목적으로 고객목록을 ₩8,000,000에 취득하였다. 당사는 고객목록을 사용하여 앞으로 5년간 상당한 미래 경제적 효익을 얻을 것으로 예상하고 있다. 잔존가치는 없으며 정액법에 따라 상각한다. 20×5. 1. 1.과 12. 31.에 필요한 분개를 나타내시오.

해답

일 자	분개기록			
1월 1일 (20×5)*	(차) 고객관계무형자산	8,000,000	(대) 현 금	8,000,000
12월 31일 (20×5)	(차) 고객관계무형자산상각비	1,600,000*	(대) 고객관계무형자산	1,600,000

* (₩8,000,000 − ₩0)/5 = ₩1,600,000

(2) 내용연수가 비한정인 무형자산

무형자산은 그 자산이 순현금유입을 창출할 것으로 기대되는 기간에 대하여 예측가능한 제한이 없을 경우 내용연수가 비한정인 것으로 본다.

내용연수가 비한정인 무형자산은 상각하지 아니한다. 여기서 '비한정'은 무한을 의하지는 않는다. 따라서 기업은 매 회계연도 말에 무형자산에 대하여 순현금유입의 창출기간을 평가하고 그 내용연수가 비한정에 해당하는지를 검토해야 한다. 만약, 내용연수에 대한 평가가 변경되면 비한정에서 유한 내용연수로 변경하여 상각한다.

1.4 무형자산의 재평가

무형자산은 최초인식 후 원가모형이나 재평가모형 중 하나를 회계정책으로 선택하여 무형자산의 분류별로 동일하게 적용해야 한다. 원가모형은 취득원가를 장부금액으로 기록하고, 이를 기준으로 상각과 손상차손을 회계처리하는 것을 말한다. 따라서 최초인식시점 이후에 자산의 공정가치가 변동하더라도 이를 장부에 반영하지 않는다. 다만, 손상의 객관적 증거가 인식되면 이의 가치감소를 기록하며, 원가를 초과하는 공정가치의 상승은 인식하지 않는다. 여기서는 무형자산의 재평가모형에 대하여 검토한다.

(1) 재평가모형의 의의

재평가는 재평가모형(revaluation model)의 선택에 따라 회계기말에 자산의 공정가치를 측정하고 이를 장부금액에 반영하는 것을 말한다. 구체적으로 무형자산은 재평가일의 공정가치에서 상각누계액과 손상차손누계액을 차감한 금액을 장부금액으로 한다. 여기서 공정가치는 활성거래시장을 기초로 결정한다.

무형자산은 자산의 특성상 활성거래시장(active market)이 존재하지 않는 것이 일반적이다. 그것은 무형자산이 재화처럼 대량생산할 수 있는 일반상품이 아니며, 또한 해당회사에만 독특한 가치는 갖기 때문에 시장보다는 개별 매도자와 매수자 사이의 합의에 따라 거래되기 때문이다. 예를 들어 브랜드, 신문제호, 음악과 영화 출판권, 특허권이나 상표는 성격상 활성거래시장이 없다. 무형자산의 활성거래시장이 없어서 재평가할 수 없으면 취득원가에서 상각누계액과 손상차손누계액을 차감한 금액으로 표시한다.

재평가모형은 기업의 영업특성이 공정가치를 반영하는 것이 적절하다고 판단될 때 회계정책으로 선택한다. 재평가모형을 선택하면 자산의 공정가치가 상승하거나 하락하면 모두 장부금액에 반영된다.

동일분류별로 재평가

재평가는 해당자산이 포함되는 **동일분류**의 모든 항목에 실시한다. 이것은 동일분류에 있는 특정 항목만을 선택적으로 재평가하거나 또는 서로 다른 기준일에 평가된 금액을 하나의 계정으로 표시하면 혼합된 정보를 이해하는데 어려움이 있기 때문이다. 따라서 특정 항목의 무형자산을 재평가할 때는 해당 자산이 포함되는 **분류 전체**를 대상으로 실시한다.

재평가 빈도

재평가는 무형자산의 공정가치가 변동되는 정도에 따라 **평가빈도**를 결정한다. 구체적으로 공정가치의 변동이 급격하고 중요한 크기로 일어나면 매년 재평가를 해야 한다. 하지만 공정가치의 변동이 중요하지 않으면 빈번하게 재평가할 필요가 없다. 일반적으로 재평가된 자산의 공정가치가 장부금액과 중요하게 차이가 나는 경우에는 추가적인 재평가가 필요하다. 공정가치는 활성거래시장을 기초로 결정하고 매 보고기간마다 자산의 장부금액이 중요하게 차이가 나지 않도록 주기적으로 재평가를 실시한다.

(2) 재평가의 회계처리

재평가모형은 회계기말에 자산의 **공정가치**를 측정하고 이를 장부금액에 반영하게 된다. 이때 공정가치와 장부금액의 차액을 조정해야 되는데, 재평가 시점의 (감가)상각누계액은 **비례법**이나 **순액법**에 따라 조정한다. 비례법과 순액법은 유형자산에서 설명하였다.

무형자산은 재평가로 인하여 공정가치가 장부금액보다 높으면 재평가잉여금이 나타난다. **재평가잉여금**은 공정가치에서 장부금액을 차감한 차액을 말한다. 재평가잉여금은 기타포괄손익으로 인식하고 자본에 가산한다.

무형자산은 재평가에 따라 공정가치가 장부금액보다 낮은 경우도 발생한다. 재평가에 따라 나타난 장부금액의 감소액을 **재평가손실**이라 한다. 재평가손실은 재평가이익과 달리 기타포괄손실이 아닌 **당기손실**로 인식한다.

다만, 동일자산에 대한 재평가잉여금이 있으면 해당재평가잉여금에서 먼저 감소시킨다.

재평가잉여금은 해당자산이 제거될 때 이익잉여금으로 대체할 수 있다. 이 경우 재평가잉여금은 이익조작을 방지하기 위하여 당기손익의 인식과정을 거치지 않고 직접 이익잉여금으로 대체한다. 따라서 무형자산을 제거할 때 당해 무형자산과 관련된 재평가잉여금은 무형자산처분손익에 가감하지 못한다. 간단한 〈예제 11-4〉를 사용하여 재평가에 대한 회계처리를 학습한다.

예제 [11-4]

- (주)헤라은 영업활동에 사용할 목적으로 다음의 특허권을 취득하였다. 일자별로 분개하시오.

7월 1일 설화수로부터 향수추출비법을 공증된 포기 및 기밀유지 각서를 받고 ₩10,000,000에 매입하고 당좌수표 #001을 발행하여 교부하였다. 자산을 구입하면서 중개수수료 ₩120,000을 현금으로 지급하였다.

12월 31일 향수제조비법에 대하여 상각을 실시하다. 제조비법은 법령에 따라 10년을 사용할 수 있고 잔존가치는 ₩0이다. 상각방법은 정액법을 사용한다. 최초취득 후에 이의 자산은 재평가법을 채택하였다. 현재 이 비법은 공정가치는 ₩9,000,000인 것으로 확인되었다. 내용연수는 최초측정된 것과 같다.

해답

일 자	분 개 기 록			
7월 1일	(차) 향수추출비법	10,120,000	(대) 당 좌 예 금	10,000,000
			현 금	120,000
12월 31일	(차) 향수추출비법상각비	506,000*	(대) 향수추출비법	506,000
	(차) 향수추출비법평가손실 (당기손익)	614,000**	(대) 향수추출비법	614,000

* (₩10,120,000−₩0)/10×0.5=₩506,000,

** ₩9,000,000−(₩10,120,000−₩506,000)=₩(614,000)

1.5 무형자산의 손상과 제거

(1) 무형자산의 손상

무형자산은 기업이 취득하여 보유하고 있는 동안 자산의 회수가능액이 장부금액보다 낮아지는 경우가 발생한다. 기업은 상각회계를 적용하는 내용연수가 유한한 무형자산의 경우 매 보고기간마다 무형자산의 개별 자산별로 손상징후를 검토하고, 손상징후가 확인되면 먼저 회수가능액을 추정해야 한다. 회수가능액은 유형자산에서 설명한 바와 같이 추정한다.

원가모형을 적용하는 경우 손상차손과 환입은 당기손익으로 인식한다. 손상환입은 과거 손상차손을 인식하기 전 장부금액의 (상각후)잔액을 한도로 인식한다.

재평가모형을 적용하는 경우 손상차손은 재평가감소액으로 처리한다. 구체적으로 손상차손은 당해 자산에서 발생한 재평가잉여금에 해당하는 금액까지는 기타포괄손실로 인식하고, 이를 초과하는 금액은 당기손실로 인식한다. 하지만 후속기간에 회복되어 손상차손을 환입할 때는 환입액을 재평가증가액으로 처리한다. 요컨대 손상차손환입은 당해 자산의 손상차손을 과거에 당기손실로 인식한 부분까지는 당기이익으로 인식하고 이를 초과하는 부분은 기타포괄이익으로 인식한다.

내용연수가 비한정인 무형자산은 상각하지 아니한다. 이 경우 비한정인 무형자산은 자산손상을 나타내는 징후와 관계없이 회수가능액을 추정하고 장부금액과 비교하여 손상검사를 실시해야 한다. 구체적으로 비한정 무형자산은 상각을 하지 않아 장부금액을 조정하지 않으므로 ① 매년 손상징후를 검토하고, ② 손상징후가 있을 때마다 검사한다. 손상차손에 대한 회계처리는 유한한 무형자산과 같다. 간단한 〈예제 11-5〉를 통해 무형자산의 손상에 대한 회계처리를 학습한다.

예제 [11-5]

• (주)시원은 20×5. 1. 1. 진로로부터 영업활동에 사용할 목적으로 상표권을 ₩10,000,000에 취득하였다. 당사는 상표권을 최초취득원가로 기록하고, 원가모형을 채택하여 후속 회계처리를 하기로 하였다. 상표권은 미래 경제적

효익으로 인한 현금흐름을 정확히 측정할 수 없어 내용연수를 결정할 수 없다. 20×5년 말과 20×6년 말 회수가능액이 각각 ₩9,000,000, ₩10,800,000으로 추정되었다. 회수가능액의 등락은 손상의 회복에 따른 것이다. 필요한 분개를 나타내시오.

해답

일 자	분개기록			
1월 1일	(차) 상표권	10,000,000	(대) 현 금	10,000,000
12월 31일 (20×5)	(차) 무형자산손상차손-상표권	1,000,000*	(대) 손상차손누계액-상표권	1,000,000*
12월 31일 (20×6)	(차) 손상차손누계액-상표권	1,000,000**	(대) 손상차손환입-상표권	1,000,000

* 내용연수가 비한정이므로 상각을 하지 않는다.
손상차손 = ₩9,000,000 − ₩10,000,000

** 환입은 손상차손 전 장부금액을 한도적용, 환입 = 취득원가 − 장부금액

(2) 무형자산의 제거

무형자산은 처분하거나, 사용 또는 처분으로부터 미래 경제적 효익이 기대되지 않으면 이를 장부에서 제거한다. 무형자산은 제거하는 때에 제거손익을 인식해야 한다. 제거손익은 다른 자산과 마찬가지로 순처분대가와 장부금액의 차이로 계산한다. 제거손익은 판매후재리스를 제외하고는 당기손익으로 처리한다.

◆ 무형자산의 제거조건

① 처분하는 때
② 사용이나 처분으로부터 미래 경제적 효익이 기대되지 않을 때

무형자산의 처분대가는 최초에는 공정가치로 인식한다. 무형자산에 대한 대금의 수취가 지연되면, 받는 대가는 현금가격상당액으로 한다. 받은 대가의 명목금액과 현금가격상당액의 차이는 유효이자율을 반영하여 이자수익으로 인식한다. 간단한 〈예제 11-6〉을 통해 무형자산의 제거에 대한 회계처리를 학습한다.

예제 [11-6]

• (주)오아시스는 20×5년 1월 1일에 마이클잭슨재단으로부터 Thriller(저작권)를 ₩1,000,000에 구입하였다. 이의 음반저작권은 내용연수가 10년이며, 잔존가치는 없고 매년 정액법으로 상각하고 있다. 2011. 12. 31.에 이의 음반은 더 이상 미래 경제적 효익이 기대되지 않아서 폐기하기로 하였다. 2011. 12. 31. 회계처리를 나타내시오.

해답 《《《

구 분	분개기록			
폐기시점까지 상각비계상	(차) 저작권상각비	100,000	(대) 저작권–Thriller	100,000
폐기손익계산	(차) 무형자산폐기손실	300,000*	(대) 저작권–Thriller	300,000

* 폐기손실＝폐기시점 장부금액(취득원가–7년간 상각비)

제2절 영업권

2.1 영업권의 의의와 종류

(1) 영업권의 의의

영업권(goodwill)은 경쟁기업에 비해 초과이익을 얻을 수 있는 능력을 말한다. 이는 경영진, 제조기법, 고객관계, 고객충성도, 노사관계, 입지조건, 기업이미지 등이 다른 기업에 비교하여 우수하기 때문에 발생한다. 영업권은 독립적으로 현금흐름을 창출하지 못하므로, 다른 무형자산과 분리하여 식별하기 어렵고, 개별적으로 분리하여 판매하거나 교환될 수 없으며, 기업(또는 사업) 전체와 관련지어 확인할 수 있는 특성을 갖는다.

영업권은 사업결합 시 취득대가가 순자산의 공정가치보다 클 때 발생하지만 극히 이례적으로 취득대가가 공정가치에 미달하는 경우도 있다. 이런 경우는 사업을 강제로 매각하거나 자산 및 부채의 평가오류에 의해 나타난다. 취득대가가 순자산의 공정가치에 미달하는 것을 **부의영업권**(negative goodwill)이라 한다. K-IFRS는 부의영업권을 인정하지 않으며, 자산이나 부채가 누락 없이 정확히 평가되었을 경우, 차액(취득대가-순자산의 공정가치)을 사업결합시점에 **염가구매이익**으로 인식한다.

(2) 영업권의 종류

영업권은 발생형태에 따라 사업결합으로 취득한 영업권과 내부창출 영업권으로 구분한다. **사업결합으로 인한 영업권**은 기업이 다른 기업이나 사업을 매수하거나 합병하는 경우에 발생하는 영업권을 말한다. **내부창출 영업권**은 기업이 동종 다른 기업보다 오랫동안 우수하게 영업하는 과정에서 스스로 창출된 영업권을 말한다. 내부창출 영업권은 취득원가를 신뢰성 있게 측정하기 어렵고, 스스로 통제하고 식별할 수 없기 때문에 K-IFRS는 인정하지 않는다.

◆ 영업권의 구분

① 사업결합으로 취득한 영업권 : 기업이 다른 기업이나 사업을 매수하거나 합병하는 경우에 발생하는 영업권을 말한다.
② 내부창출 영업권 : 기업이 동종 다른 기업보다 오랫동안 우수하게 영업하는 과정에서 스스로 창출된 영업권을 말한다.

2.2 영업권의 인식과 측정

영업권은 사업결합할 때 무형자산의 인식조건(미래 경제적 효익의 유입가능성, 신뢰성 있게 측정가능)을 모두 충족한 것으로 간주하고 자산으로 인식한다. 하지만 내부창출 영업권은 취득원가를 신뢰성 있게 측정할 수 없고 통제와 식별가능성도 어렵기 때문에 자산으로 인식하지 않는다.

영업권은 **'사업결합대가-순자산의 공정가치'** 에 의해 취득원가를 측정한다. 영업권의 측정에는 공정가치를 이용하고 장부금액은 사용하지 않는다. 구체적으로 기업(사업) 전체의 평가액에서 기업(사업)을 구성하고 있는 확인가능한 순자산(자산-부채)의 공정가치를 차감한 금액을 영업권의 취득원가로 계상한다. K-IFRS는 영업권을 개별적으로 식별하거나 평가할 수 없으므로 종합적으로 측정하도록 요구하고 있다. 간단한 〈예제 11-7〉을 통해 사업결합에서 영업권의 회계처리를 학습한다.

예제 [11-7]

• (주)SK정유는 20×5년 10월 1일 부산물을 가공하는 KM케미컬회사를 합병하기로 하고 매수 대금 ₩1,600,000을 당좌수표를 발행하여 지급하였다. 합병일 현재 KM케미컬의 재무상태표는 다음과 같다. 순자산공정가치법에 따라 영업권을 계산하고 합병에 관한 회계처리를 나타내시오.

재무상태표

KM케미컬 20××년 10월 1일 (단위 : 원)

자 산	장부금액	공정가치	부채 · 자본	장부금액	공정가치
현 금	360,000	360,000	매입채무	280,000	280,000
매출채권	98,000	98,000	단기차입금	150,000	150,000
재고자산	102,000	188,000	미지급비용	20,000	20,000
토 지	460,000	550,000			
건 물	250,000	320,000			
기계장치	150,000	240,000	자 본 금	800,000	-
특 허 권	0	100,000	이익잉여금	170,000	-
계	1,420,000		계	1,420,000	

해답

1. 영업권 : 합병대가 − 순자산의 공정가치
   ₩1,600,000−(₩1,856,000−₩450,000)=₩194,000

2. 합병에 관한 회계처리

분 개 기 록			
(차) 현 금	360,000	(대) 매입채무	280,000
매출채권	98,000	단기차입금	150,000
재고자산	188,000	미지급비용	20,000
토 지	550,000	당좌예금	1,600,000
건 물	320,000		
기계장치	240,000		
특 허 권	100,000		
영 업 권	**194,000**		

2.3 영업권의 상각과 손상

(1) 영업권의 상각

무형자산은 내용연수에 따라 상각 여부가 결정된다. 내용연수에는 일정기간으로 한정된 경우와 무한은 아니지만 비한정적인 경우로 구분된다. 내용연수가 한정적인 경우는 상각하고, 비한정적인 경우는 상각하지 않는다.

영업권은 비한정 내용연수를 갖는 것으로 간주한다. 그것은 영업권의 경우 내용연수를 정확하게 측정할 수 없고 일반적으로 계속적으로 자산이 인식되기 때문이다. 따라서 영업권은 비한정자산으로 인식하여 상각하지 않으며 대신 손상차손의 대상이 된다.

(2) 영업권의 손상

영업권은 사업결합(business combination)으로 취득한 후 매년 또는 손상을 시사하는 징후가 있을 때마다 손상검사를 하여야 한다. 구체적으로 영업권은 비한정 내용연수를 가진 무형자산과 함께 손상징후가 있을 때마다 또는 최소 매 회계연도마다 손상검사를 하여야 한다.

손상징후가 확인되면 손상차손을 인식한다. 손상차손은 회수가능액이 장부금액에 미달되는 그 차액을 말한다. 손상차손은 당기손익으로 인식하고, 그 자산의 장부금액을 회수가능액으로 감소시켜야 한다. 여기서 회수가능액은 순공정가치와 사용가치 중 큰 금액으로 하며, 측정방법은 유형자산에서 설명한 것과 같다.

회수가능액은 원칙적으로 개별 자산별로 측정한다. 하지만 자산에서 창출되는 현금유입액을 독립적으로 식별할 수 없으면 당해 자산이 속하는 현금창출단위(cash generating unit)별로 결정하게 된다. 영업권은 사업결합에서 취득한 것으로 독립적으로 현금유입액을 측정할 수 없다. 따라서 영업권은 사업결합에 따라 기대되는 현금창출단위별로 배분된 금액을 기초로 손상차손을 검토한다. 영업권이 속한 현금창출단위에서 발생한 손상차손은 영업권에 배분된 금액을 영업권의 장부금액에서 감액시키고, 나머지 손상차손은 같은 현금창출단위에 속하는 다른 자산에 장부금액비례법에 따라 감액시킨다.

영업권에 인식된 손상차손은 인식한 후 회복된 금액을 환입하지 아니한다.

영업권의 손상 후 회복은 그 금액이 내부창출된 영업권의 증가액일 수 있으며, 또한 측정이 주관적이거나 객관성이 부족하므로 인식하지 않는다.

예제 [11-8]

• (주)애니콜은 20×5. 1. 1. (주)퀄컴의 휴대폰사업부를 인수하고 ₩1,500,000(순자산의 공정가치, ₩1,400,000)을 당좌수표를 발행하여 지급하였다. 이때 인수대가와 식별가능한 순자산의 공정가치와의 차액 ₩100,000을 영업권으로 기록하였다. 휴대폰사업부의 식별가능한 자산들은 내용연수 10년 동안 정액법으로 상각하기로 하였다. 이들 자산의 잔존가치는 없는 것으로 한다. 20×5. 12. 31. 인수한 휴대폰사업부의 회수가능액은 ₩1,200,000인 것으로 추정되었다. 휴대폰사업부를 하나의 현금창출단위로 가정하고 20×5. 12. 31. 손상검사와 회계처리를 나타내시오.

해답 <<<<

1. 손상차손의 계산

구 분	영업권	식별가능 순자산	합 계
총장부금액	₩100,000	₩1,400,000	₩1,500,000
상각누계액		(140,000)	(140,000)
장부금액	100,000	1,260,000	1,360,000
회수가능액			1,200,000
손상차손			₩160,000

2. 손상차손의 배부

구 분	영업권	식별가능 순자산	합 계
총장부금액	₩100,000	₩1,400,000	₩1,500,000
상각누계액		(140,000)	(140,000)
장부금액	100,000	1,260,000	1,360,000
손상차손	(100,000)	(60,000)	(160,000)
손상차손 반영 후 장부금액	₩0	₩1,200,000	1,200,000

3. 회계처리

(차) 손상차손	160,000	(대) 영 업 권	100,000
		제 자 산	60,000

투자부동산 제3절

3.1 투자부동산의 의의

투자부동산(investment property)은 임대수익이나 시세차익 또는 두 가지 모두를 얻기 위하여 소유자나 금융리스이용자가 보유하고 있는 토지나 건물 등의 부동산을 말한다. 구체적으로 투자부동산은 임대수익이나 시세차익을 얻기 위하여 보유하는 부동산으로 기업이 보유하는 다른 자산과 거의 **독립적으로 현금흐름을 창출**한다. 이에 비해 **자가사용 부동산**(owner-occupied property)은 재화의 생산이나 용역의 제공 또는 관리활동에 사용하기 위하여 보유하고 있는 업무용 부동산으로 유형자산에 포함된다. 또한 기업은 판매를 목적으로 부동산을 보유하며 이를 재고자산이라 한다. 따라서 투자부동산은 업무용 부동산이나 재고자산 부동산과 구별된다. K-IFRS는 투자부동산의 정의와 사례를 다음과 같이 제시하고 있다.

◆ 투자부동산의 정의와 사례

(1) 정의 : 임대수익이나 시세차익 또는 두 가지 모두를 얻기 위하여 소유자나 금융리스의 이용자가 보유하고 있는 토지와 건물을 말한다.
(2) 사례 : ① 장기 시세차익을 얻기 위해 보유하고 있는 토지, 건물
② 장래 사용목적을 결정하지 못한 채로 보유하고 있는 토지, 건물
(3) 제외 : ① 영업과정에서 판매목적으로 보유하고 있는 토지, 건물-재고자산
② 영업과정에서 판매목적으로 건설 또는 개발 중인 토지, 건물-재고자산
③ 제3자를 위해 건설 또는 개발 중인 토지, 건물-재고자산
④ 자가사용 부동산-유형자산
⑤ 개발 중인 투자부동산-개발 완료 때까지 유형자산(건설중인자산)

3.2 투자부동산의 인식과 측정

(1) 인식기준

투자부동산은 자산에서 발생하는 미래 경제적 효익이 기업에 유입될 가능

성이 높고, 자산의 원가를 신뢰성 있게 측정할 수 있을 때 인식된다.

◆ 투자부동산 인식기준

① 투자부동산에서 발생하는 미래 경제적 효익의 유입가능성이 높다.
② 투자부동산의 원가를 신뢰성 있게 측정할 수 있다.

투자부동산의 원가는 이 인식기준에 따라 발생시점에 평가한다. 투자부동산의 원가에는 취득하기 위하여 최초로 발생한 원가와 후속적으로 발생한 추가원가, 대체원가 또는 유지원가를 포함한다.

(2) 최초측정

투자부동산은 최초인식시점에 원가로 측정하며, 거래원가를 포함한다. 구입한 투자부동산의 원가는 **구입금액**과 구입에 **직접 관련이 있는 지출**로 구성된다. 직접 관련이 있는 지출의 예로는 법률용역의 대가로 전문가에게 지급하는 수수료, 부동산 구입과 관련된 세금 및 그 밖의 거래원가가 있다.

자가건설한 투자부동산의 원가는 건설 또는 개발이 완료된 시점까지 투입된 원가이다. 이 경우 건설이나 개발이 완료될 때까지는 **건설중인자산**(유형자산)으로 분류하고, 건설이나 개발이 완료되는 시점에 투자부동산으로 재분류한다.

투자부동산을 교환거래로 취득하는 경우, 최초 원가는 유형자산의 교환거래에 준하여 측정하며, 이에 관한 내용도 유형자산의 규정을 준용한다.

3.3 투자부동산의 재평가

(1) 평가방법의 선택

투자부동산은 최초측정 후 **원가모형**이나 **공정가치모형** 중 하나를 선택하여 모든 투자부동산의 재평가에 적용한다. 구체적으로 원가모형이나 공정가치모형 중 하나를 선택하면 모든 투자부동산에 동일하게 적용하여야 한다. 다만 회계정책의 변경으로 거래, 그 밖의 사건이나 상황을 더욱 적절하게 표시하는 경우에는 공정가치모형에서 원가모형으로, 원가모형에서 공정가치모형으로 변경할 수 있다. 이때 공정가치모형에서 원가모형으로 변경하는 것은 회계정보를 적절하게 표시할 가능성이 낮다.

(2) 공정가치모형

투자부동산에 대하여 **공정가치모형**을 선택한 경우에는 최초인식 후 모든 투자부동산을 공정가치로 측정한다. 다만 운용리스에서 리스이용자가 보유하는 부동산에 대한 권리를 투자부동산으로 분류하는 경우, 투자부동산에 대한 평가방법은 선택할 수 없으며 공정가치만 적용한다.

공정가치의 변동으로 발생하는 투자부동산의 평가손익은 발생한 기간의 당기손익에 반영한다. 이때 공정가치는 매각이나 다른 형태의 처분으로 발생할 수 있는 거래원가를 차감하지 않고 산정하며, 보고기간 말의 현재 시장상황을 반영한다. 공정가치모형은 감가상각을 반영한 후에 적용한다.

공정가치모형을 적용하는 경우 손상의 회계는 별도로 규정되어 있지 않다. 그것은 하락한 공정가치에는 손상된 가치가 반영되어 있기 때문이다. 간단한 〈예제 11-9〉를 통해 투자부동산의 공정가치모형을 학습한다.

예제 [11-9]

• (주)SKT는 20×5. 1. 1. 임대수익을 목적으로 건물을 ₩500,000에 취득하였다. 건물은 내용연수가 10년이며 잔존가치는 없고, 정액법으로 상각한다. 20×5년 말과 20×6년 말 건물의 공정가치는 각각 ₩580,000, ₩490,000이었다. 건물은 공정가치모형에 의해 재평가한다. 공정가치가 하락한 경우는 별도의 손상징후가 없는 것으로 가정한다. 건물과 관련된 일련의 회계처리를 나타내시오.

해답 《《《

• 회계처리

일 자	분개기록			
12. 31. (20×5)	(차) 감가상각비	50,000	(대) 감가상각누계액	50,000
12. 31. (20×5)	(차) 감가상각누계액 투자부동산-건물	50,000 80,000	(대) 투자부동산평가이익 (당기이익)	130,000

12. 31. (20×6)	(차) 감가상각비	58,000	(대) 감가상각누계액	58,000
12. 31. (20×6)	(차) 감가상각누계액 투자부동산평가손실	58,000 32,000	(대) 투자부동산-건물	90,000

(3) 원가모형

투자부동산에 대하여 **원가모형**을 선택한 경우에는 최초인식 후 모든 투자부동산을 원가모형으로 측정하고, 당해 투자부동산의 공정가치는 주석으로 공시해야 한다. 또한 투자부동산의 원가모형은 손상회계를 적용한다.

제4절 기타자산

4.1 기타자산의 의의

기타자산은 금융자산, 재고자산, 유형자산, 무형자산, 투자부동산에 속하지 않는 자산을 말한다. 기타자산에 포함되는 항목을 제시하면 다음과 같다.

- 선 급 금 : 상품 등을 매입하기 위하여 인수 전에 대금의 일부 또는 전부를 지급한 것을 말한다.
- 보 증 금 : 타인의 부동산을 일정기간 사용하기 위하여 담보로서 임대인에게 지급한 것. 예를 들면 전세권, 임차보증금, 영업보증금 등이 있다.
- 미수수익 : 서비스를 제공한 대가로 발생한 당기수익이며, 아직 현금으로 받지 못한 것. 예를 들면 미수이자, 미수임대료 등이 있다.
- 선급비용 : 서비스를 제공받기 전에 미리 대가를 지급한 것으로 다음 회계기간에 속하는 것. 예를 들면 선급보험료, 선급임차료 등이 있다.

기타자산은 재무상태표일로부터 12개월 이내에 실현될 것으로 예상되면 유동자산으로 계상하고, 그 이외의 항목은 비유동자산으로 분류한다. 간단한 〈예제 11-10〉을 통해 기타자산의 회계처리를 학습한다.

예제 [11-10]

• 다음의 거래를 효리상점과 혜교상점의 입장에서 분개하시오.

8월 1일 효리상점은 혜교상점에 샤넬 #5를 ₩500,000에 주문하고 계약금으로 ₩50,000을 당좌수표 #007을 발행하여 교부하다.

15일 효리상점은 주문한 상품이 도착하여 대금 중 ₩200,000을 현금으로 지급하고 잔액은 월말에 지급하기로 하다.

해답

일 자	효리상점			혜교상점		
8월 1일	(차) 선 급 금	50,000		(차) 현 금	50,000	
	(대) 당좌예금		50,000	(대) 선 수 금		50,000
15일	(차) 매 입	500,0000		(차) 선 수 금	50,000	
	(대) 선 급 금		50,000	현 금	200,000	
	현 금		200,000	매 출 채 권	250,000	
	매입채무		250,000	(대) 매 입		500,000

개 념 정 리

▣ 문제 ▣

01 무형자산이 무엇이며 이의 자산으로 분류되기 위한 조건을 설명하시오.

02 무형자산의 종류를 열거하고 각 자산의 의의를 설명하시오.

03 무형자산의 인식조건을 열거하고 설명하시오.

04 무형자산의 취득원가에 포함되어야 하는 항목을 설명하시오.

05 내부창출 무형자산의 인식 여부를 설명하시오.

06 연구단계와 개발단계에 해당하는 활동을 예시하고 설명하시오.

07 개발단계에서 무형자산의 인식조건을 제시하고 설명하시오.

08 무형자산의 내용연수에서 유한자산과 비한정자산의 구분과 회계처리를 설명하시오.

09 무형자산의 상각기간과 상각방법을 설명하시오.

10 무형자산의 원가평가모형을 설명하시오.

11 무형자산의 재평가모형을 설명하기오.

12 무형자산의 재평가모형에 대한 회계처리를 설명하시오.

13 무형자산의 손상징후는 어떻게 확인하는가를 설명하시오.

14 무형자산의 원가모형에서 손상차손의 회계처리를 설명하시오.

15 무형자산의 재평가모형에서 손상차손의 회계절차를 설명하시오.

16 영업권의 의의와 종류를 설명하시오.

17 영업권의 상각에 대한 K-IFRS의 규정을 설명하시오.

18 투자부동산의 의의와 사례를 열거하여 설명하시오.

19 투자부동산의 인식기준과 최초측정을 설명하시오.

20 투자부동산의 재평가방법을 설명하시오.

21 다음의 용어를 설명하시오.

- intangible assets
- identifiability
- publishing titles
- control
- negative goodwill
- research phase
- development phase
- mastheads
- development costs
- amortization
- revaluation model
- finite
- negative goodwill
- owner-occupied property
- indefinite
- cash generating unit
- future economic benefits
- internally generated intangible assets
- business combination

연 습 문 제

▣ 문제 [1]

다음은 여러 개념을 설명한 것이다. 빈칸에 적합한 단어나 문구를 기입하시오.

01 무형자산은 물리적 형체는 없지만 (　　　)하고 기업이 (　　　)하고 있으며 미래 경제적 효익이 있는 자산을 말한다. K-IFRS는 무형자산이 되기 위한 세 가지 조건으로 식별가능성, 자원에 대한 통제, (　　　)을 제시하고 있다.

02 무형자산은 정의에 충족하면, 미래 경제적 (　　　)이 기업에 유입될 가능성이 높고, 취득원가를 (　　　)있게 측정할 수 있을 때 인식한다. 무형자산을 개별로 구입하는 경우 일반적으로 취득원가는 (　　　)에 직접 관련원가를 가산한 것으로 한다.

03 내부창출 무형자산은 기업 내에서 연구나 (　　　)활동 등을 통하여 창출한 것으로 무형자산의 정의와 인식조건을 충족한 것을 말한다. 연구단계에서는 미래 경제적 효익을 창출할 신제품에 대하여 여러 (　　　)을 탐색하며, 이 단계에서 발생하는 지출은 무형자산의 정의와 (　　　)을 충족할 수 없어, 발생한 지출은 해당기간의 (　　　)으로 인식한다. 개발단계는 (　　　)보다 훨씬 더 진전되어 있는 상태이기 때문에 어떤 경우에는 내부프로젝트의 개발단계에서는 무형자산을 식별할 수 있으며, 신제품의 개발과 관련하여 여러 가지 지출이 발생한다.

04 무형자산의 내용연수는 일정기간으로 (　　　)된 경우와 무한은 아니지만 비한정적인 경우로 구분된다. 내용연수가 한정적인 경우는 (　　　)하고, (　　　)적인 경우는 상각하지 않는다. 무형자산의 내용연수는 주로 (　　　)요인과 법적 요인에 의해 영향을 받는다. 무형자산은 자산의 경제적 효익이 (　　　)되는 형태를 반영하여 상각방법은 선택하며, 상각방법에는 정액법, (　　　), 생산량비례법이 있다.

05 무형자산은 최초인식 후 원가모형이나 (　　　)모형 중 하나를 회계정책으로 선택하여 무형자산의 분류별로 (　　　)하게 적용해야 한다. 재평가는 재평가모형의 선택에 따라 회계기말에 자산의 (　　　)를 측정하고 이를 장부금액에 반영하는 것을 말한다. 재평가는 무형자산의 공정가치가 변동되는 정도에 따라 (　　　)를 결정한다. 무형자산은 재평가로 인하여 (　　　)가 장부금액보다

높으면 재평가잉여금이 나타난다. 재평가잉여금은 기타포괄손익으로 인식하고 (　　　)에 가산한다.

06 기업은 상각회계를 적용하는 내용연수가 (　　　)한 무형자산의 경우 매 보고기간마다 무형자산의 개별 자산별로 (　　　)를 검토하고, 손상징후가 확인되면 먼저 (　　　)을 추정해야 한다. 원가모형을 적용하는 경우 (　　　)과 환입은 당기손익으로 인식한다. 재평가모형을 적용하는 경우 손상차손은 당해 자산에서 발생한 재평가잉여금에 해당하는 금액까지는 (　　　)로 인식하고, 이를 초과하는 금액은 당기손실로 인식한다. 하지만 후속기간 회복되어 손상차손을 환입할 때는 환입액을 (　　　)으로 처리한다.

07 영업권은 발생형태에 따라 (　　　)으로 취득한 영업권과 내부창출 영업권으로 구분한다. 내부창출 영업권은 기업이 (　　　) 다른 기업보다 오랫동안 우수하게 영업하는 과정에서 스스로 창출된 영업권을 말한다. 내부창출 영업권은 취득원가를 (　　　) 있게 측정하기 어렵고, 스스로 통제하고 식별할 수 없기 때문에 K-IFRS는 인정하지 않는다. 영업권은 (　　　)에서 순자산의 공정가치를 (　　　)하여 취득원가를 측정한다. 영업권은 손상징후가 확인되면 (　　　)을 인식한다. 손상차손은 회수가능액이 (　　　)에 미달되는 그 차액을 말한다. 손상차손은 (　　　)으로 인식하고, 그 자산의 장부금액을 회수가능액으로 감소시켜야 한다.

08 투자부동산은 (　　　)이나 시세차익 또는 두 가지 모두를 얻기 위하여 소유자나 (　　　)이용자가 보유하고 있는 토지나 (　　　) 등의 부동산을 말한다. 구입한 투자부동산의 원가는 구입금액과 구입에 (　　　)이 있는 지출로 구성된다. 투자부동산은 최초측정 후 원가모형이나 (　　　)모형 중 하나를 선택하여 모든 투자부동산의 재평가에 적용한다. 공정가치의 변동으로 발생하는 투자부동산의 손익은 발생한 기간의 (　　　)에 반영한다.

09 투자부동산에 대하여 (　　　)을 선택한 경우에는 최초인식 후 모든 투자부동산을 원가모형으로 측정하고, 당해 투자부동산의 (　　　)는 주석으로 공시해야 한다. 또한 투자부동산의 원가모형은 손상회계를 적용한다.

10 기타자산은 금융자산, 재고자산, 유형자산, 무형자산, 투자부동산에 속하지 않는 자산으로 선급금, (　　　), (　　　), 선급비용 등이 있다.

▣ 문제 [2]

다음은 서로 독립된 거래이다. 거래별로 분류되어야 할 자산항목과 계정과목을 나타내시오.

1. KT는 Apple사로부터 i-폰 제조비법을 공증된 사용포기 및 기밀유지 각서를 받고 ₩980,000에 취득하다.
2. C1은 진로로부터 두꺼비 상표를 ₩500,000에 취득하다.
3. JYP는 SM으로부터 가요 Gee를 ₩250,000에 취득하다.
4. Busan e-Fm은 정부로부터 TV방송국 운영권은 ₩40,000에 할당받다. 이의 공정가치는 ₩20,000,000이다.
5. 여성중앙은 레이디경향으로부터 '엘레강스' 출판표제를 ₩300,000에 취득하다.

▣ 문제 [3]

다음은 미래 경제적 효익을 창출하기 위한 연구활동이다. 이들 활동을 연구단계와 개발단계의 활동으로 구분하시오.

1. 연구결과나 기타 지식을 탐색, 평가, 최종 선택, 응용하는 활동
2. 생산 및 사용 전의 시제품과 모형의 설계, 제작 및 시험하는 활동
3. 상업적 생산목적으로 실현가능한 경제적 규모가 아닌 시험공장을 설계, 건설, 가동하는 활동
4. 새로운 지식을 얻고자 하는 활동
5. 새로운 기술과 관련된 공구, 지그, 주형, 금형 등을 설계하는 활동
6. 재료, 장치, 제품, 공정, 시스템이나 용역에 대한 여러 가지 대체안을 탐색하는 활동
7. 신규 또는 개선된 재료, 장치, 제품, 공정, 시스템이나 용역에 대하여 최종적으로 선정된 안을 설계, 제작, 시험하는 활동
8. 새롭거나 개선된 재료, 장치, 제품, 공정, 시스템이나 용역에 대한 여러 가지 대체안을 제안, 설계, 평가, 최종 선택하는 활동

▣ 문제 [4]

(주)SKT는 SMART폰을 통해 TV와 PC 기능을 동시에 사용할 수 있는 핵심 칩을 개발하기로 하고 세 팀의 프로젝트를 운용하고 있다. 각 프로젝트별 발생된 지출과 활동결과는 다음과 같다.

개발비용	프로젝트-Y	프로젝트-U	프로젝트-Z
• 재 료 비	₩500,000	₩330,000	₩190,000
• 인 건 비	1,500,000	660,000	210,000
• 위탁용역비	450,000	230,000	120,000
• 기타 경비	100,000	70,000	50,000
계	₩2,550,000	₩1,290,000	₩570,000
개발활동결과	· 시제품완성 · 미래수익확실	· 개발단계 · 미래수익불확실	· 연구단계 · 기초연구수행

【요구사항】

1. 위의 프로젝트에서 연구비, 경상개발비, 개발비를 구분하고 이유를 설명하시오.
2. 연구 · 개발활동과 관련된 회계처리를 나타내시오.
3. 개발비의 경우 결산기말에 ₩300,000 상각하기로 하였다면 회계처리를 나타내시오.

▣ 문제 [5]

(주)포천막걸리는 영업활동에 사용할 목적으로 다음의 특허권을 취득하였다. 일자별로 분개하시오.

7월 1일 산성막걸리로부터 새로운 막걸리와인제조비법을 공증된 포기 및 기밀유지각서를 받고 ₩20,000,000에 매입하고 당좌수표 #001을 발행하여 교부하였다. 자산을 구입하면서 공증비 ₩120,000을 현금으로 지급하였다.

12월 31일 와인제조비법에 대하여 상각을 실시하다. 제조비법은 법령에 따라 10년을 사용할 수 있고 잔존가치는 ₩0이다. 상각방법은 정액법을 사용한다. 최초취득 후에 이의 자산은 재평가법을 채택하였다. 현재 이 비법의 공정가치는 ₩17,500,000인 것으로 확인되었다. 내용연수는 최초 측정된 것과 같다.

▣ 문제 [6]

Coca Inc.는 20×5. 1. 1. Pepsi Inc.로부터 영업활동에 사용할 목적으로 브랜드를 ₩10,000,000에 취득하였다. 당사는 매수브랜드를 최초취득원가로 기록하고, 원가모형을 채택하여 후속 회계처리를 하기로 하였다. 매수브랜드는 미래 경제적 효익으로 인한 현금흐름을 10년간 측정할 수 있을 것으로 예상하여 이를 내용연수로 결정하였다. 매수브랜드의 잔존가치는 없다. 20×5년 말과 20×6년 말 회수가능액이 각각 ₩8,550,000, ₩8,000,000으로 추정되었다. 회수가능액의 등락은 손상의 회복에 따른 것이다. 필요한 분개를 나타내시오.

▣ 문제 [7]

(주)SM은 20×5년 1월 1일에 JYP로부터 nobady(저작권)를 ₩2,000,000에 구입하였다. 이의 음반저작권은 내용연수가 10년이며, 잔존가치는 없고 매년 정액법으로 상각하고 있다. 2011. 12. 31.에 이의 음반은 더 이상 미래 경제적 효익이 기대되지 않아서 폐기하기로 하였다 . 2011. 12. 31. 회계처리를 나타내시오.

▣ 문제 [8]

(주)SKⅡ는 20×5년 1월 1일에 향수의 원료를 공급하는 샤넬랑콤을 매수 · 합병하였다. 이 합병대가로 당좌수표 ₩1,200,000을 발행하여 교부하였다. 합병시점에서 샤넬랑콤의 재무상태표는 다음과 같다. 순자산공정가치법에 따라 영업권을 계산하고 합병에 관한 회계처리를 나타내시오.

재무상태표

샤넬랑콤 20×5년 1월 1일 현재 (단위 : 원)

자 산	장부금액	공정가치	부채 · 자본	장부금액	공정가치
현 금	280,000	280,000	매입채무	178,000	178,000
매출채권	108,000	108,000	단기차입금	200,000	200,000
재고자산	92,000	120,000	미지급비용	50,000	50,000
토 지	260,000	450,000			
건 물	300,000	380,000	자 본 금	500,000	
특 허 권	0	90,000	이익잉여금	112,000	
계	1,040,000		계	1,040,000	

【요구사항】

1. 영업권을 계산하시오.
2. 합병에 관한 분개를 나타내시오.

▣ 문제 [9]

(주)CJ은 20×5. 1. 1. (주)VISTA의 영상사업부를 인수하고 ₩900,000(순자산의 공정가치, ₩800,000)을 당좌수표를 발행하여 지급하였다. 이때 인수대가와 식별가능한 순

자산의 공정가치와의 차액 ₩100,000을 영업권으로 기록하였다. 영상사업부의 식별 가능한 자산들은 내용연수 5년 동안 정액법으로 상각하기로 하였다. 이들 자산의 잔존가치는 없는 것으로 한다. 20×5. 12. 31. 인수한 영상사업부의 회수가능액은 ₩500,000인 것으로 추정되었다. 영상사업부를 하나의 현금창출단위로 가정하고 20×5. 12. 31. 손상검사와 회계처리를 나타내시오.

▣ 문제 [10]

(주)아델리스는 20×5. 1. 1. 임대수익을 목적으로 건물을 신축하여 ₩20,00,000에 취득하였다. 건물은 내용연수가 10년이며 잔존가치는 없다. 20×5년 말과 20×6년 말 건물의 공정가치는 각각 ₩21,600,000과 ₩19,000,000이었다. 건물은 공정가치모형에 의해 재평가한다. 공정가치가 하락한 경우는 별도의 손상징후가 없는 것으로 가정한다. 건물과 관련된 일련의 회계처리를 나타내시오.

제 12 장

ACCOUNTING PRINCIPLES

부 채

|학|습|요|점|

- 부채는 무엇이며 어떤 종류가 있는가?
- 금융부채는 무엇이며, 어떻게 측정하는가?
- 사채는 무엇이며 발행금액은 어떻게 결정되는가?
- 액면 · 할인 · 할증발행은 무엇이며 어떻게 회계처리하는가?
- 유효이자율법에 의한 상각이란 무엇이며 어떻게 회계처리하는가?
- 전환사채와 신주인수권부사채는 무엇이며 어떻게 회계처리하는가?
- 충당부채란 무엇이며 인식기준과 회계처리는 어떻게 하는가?

제1절 부채의 의의

1.1 부채의 의의

부채(liabilities)는 '과거 사건에 의하여 발생하였으며, 경제적 효익이 내재된 자원이 기업으로부터 유출됨으로써 이행될 것으로 기대되는 현재의무'를 말한다. 여기서 부채는 세 가지의 요소에 의해 정의되고 있다.

> ◆ 부 채
>
> 과거사건에 의해 발생하였으며 경제적 효익이 내재된 자원이 기업으로부터 유출됨으로써 이행될 것으로 기대되는 현재의무이다.

첫째, 부채는 과거의 거래나 그 밖의 사건에서 발생한다. 예를 들어 재화를 구입하거나 용역을 제공받으면 매입채무가 발생하며, 은행으로부터 대출을 받으면 상환의무(차입금)가 발생한다. 하지만 미래 발생이 예상되는 자원의 유출은 과거 거래나 사건에 기인하지 않으므로 부채의 정의를 충족하지 못한다.

둘째, 부채는 기업이 현재시점에서 부담하는 경제적 의무이다. 의무는 특정 방법으로 실행하거나 수행할 책무 또는 책임을 말하며, 이에는 계약이나 법규에 따라 법률적 강제력이 있는 의무와 정상적인 거래실무, 관행 또는 원활한 거래관계를 유지하는데 발생한 의무가 있다. 예를 들어 재화와 용역을 구입하면 매입채무의 법적 강제력이 있는 책임이 발생하며, 보증기간 중 제품하자에 지출이 예상되는 충당부채는 정상적인 거래실무에 해당하는 책임이다. 하지만 이들 책임은 현재시점의 의무이며, 미래 약속(특정 자산을 취득하겠다는 경영진의 의사결정)은 의무와 구분된다.

셋째, 부채는 미래에 경제적 효익의 희생이 발생한다. 현재 의무는 미래에 주로 현금지급, 다른 자산의 이전, 용역의 제공, 다른 의무로 대체, 부채의 자본전환 등의 방법으로 이행된다. 한편 의무는 채권자의 권리포기나 권리상실 등 다른 방법에 의해서 소멸되기도 한다.

부채는 위의 정의에 해당하고 인식기준을 충족할 때 재무제표에 계상한다.

부채는 현재 의무의 이행에 따라 경제적 효익이 내재된 자원의 유출가능성이 높고, 결제된 금액에 대해 신뢰성 있게 측정할 수 있을 때 재무상태표에 인식한다. 하지만 일반적으로 미이행계약에 따른 의무는 부채로 인식되지 않는다.

◆ 부채의 인식조건

현재 의무의 이행에 따라 경제적 효익이 내재된 자원의 유출가능성이 높고, 결제된 금액에 대해 신뢰성 있게 측정할 수 있을 때 재무상태표에 인식한다.

1.2 부채의 종류

부채는 상환기간, 성격, 상환의 불확실성을 기준으로 유동부채와 비유동부채, 금융부채와 비금융부채, 확정부채와 충당부채로 구분한다. 이들 기준에 따른 부채의 종류를 살펴본다.

(1) 유동부채와 비유동부채

유동부채(current liabilities)는 재무상태표일로부터 12개월 이내에 결제될 것으로 예상되는 부채를 말한다. 따라서 유동부채는 기업의 정상적인 영업주기 내에 상환 등을 통하여 소멸이 예상되는 매입채무, 미지급비용, 선수금, 선수수익 등의 부채와 보고기간 말로부터 1년 이내에 상환되어야 하는 단기차입금 등이 있다.

비유동부채(non-current liabilities)는 재무상태표일로부터 12개월 이후에 결제될 것으로 예상되는 부채를 말한다. 따라서 보고기간 말로부터 1년 후 또는 정상영업주기가 1년 이상인 경우는 정상영업주기 후에 만기가 도래하는 부채로서 사채, 신주인수권부사채, 전환사채, 장기차입금, 장기제품보증충당부채, 이연법인세부채 등이 있다.

(2) 금융부채와 비금융부채

금융부채(financial liabilities)는 부채의 정의를 충족하는 계약상의 의무로서, 현금 또는 자기지분상품 등의 금융자산으로 결제되는 부채를 말한다. 따라서 현금으로 상환하는 매입채무, 미지급금, 차입금, 사채 등이 포함된다.

비금융부채(non-financial liabilities)는 금융부채가 아닌 부채를 말한다. 비금융부채에 해당하는 항목으로는 판매된 제품의 품질보증의무 또는 제조과정에서 발생한 환경오염을 제거할 의무 등을 들 수 있다.

(3) 확정부채와 충당부채

확정부채(determinable liabilities)는 재무상태표일 현재 부채가 확실히 존재하고, 부채의 금액이 확정되어 있으며, 부채의 지급시기를 비교적 정확히 알 수 있는 부채를 말한다.

충당부채(provisions)는 재무상태표일 현재 부채의 존재가 불확실하거나 지출의 시기 또는 금액이 불확실한 부채를 말한다.

제2절 금융부채

2.1 금융부채의 분류와 측정

(1) 금융부채의 분류

금융부채는 부채의 정의를 충족하는 계약상의 의무로서, 현금 또는 자기지분상품 등의 금융자산으로 결제되는 부채를 말한다. K-IFRS는 금융부채를 다음과 같이 분류한다.

◆ 금융부채

① 당기손익인식금융부채 : 공정가치 변동액을 당기손익에 반영하는 부채
- (a) 당기손익인식지정금융부채 : 최초인식시점에 당기손익인식으로 지정한 금융부채
- (b) 단기매매금융부채 : 금융기관이 단기적 시세차익을 얻기 위하여 매매한 금융부채

② 기타금융부채 : 매입채무, 미지급금, 미지급비용, 차입금, 사채, 예수금 등 당기손익인식금융부채를 제외한 대부분의 금융부채

(2) 금융부채의 측정

금융부채는 최초측정 시 공정가치로 측정한다. 당기손익인식금융부채는 부채발행 시 발행과 직접 관련된 거래원가는 당기비용으로 처리한다. 이에 해당하는 거래원가에는 중개수수료, 규제기관 한국거래소의 부과금 및 세금을 말한다. 당기손익인식금융부채가 아닌 경우는 당해 금융부채의 발행과 직접 관련되는 거래원가는 최초인식하는 공정가치에서 차감한다. 최초측정에 나타나는 거래원가의 회계처리를 예시하면 다음과 같다.

구 분	분개기록			
당기손익인식 금융부채	(차) 수수료비용	×××	(대) 현 금	×××
기타의 금융부채	(차) 금융부채	×××	(대) 현 금	×××

금융부채는 최초인식 이후 후속측정으로 당기손익인식금융부채의 경우 공정가치로 측정한다. 이때 나타나는 공정가치변동분은 당기손익에 반영한다. 기타 금융부채는 유효이자율법을 적용하여 상각후원가로 측정한다. 이때 나타나는 평가손익은 당해 금융부채가 제거되었을 때 당기손익으로 인식하거나 상각과정을 통해 당기손익으로 인식한다.

아래에서는 금융부채의 유형별로 회계처리를 검토한다. 금융부채 중 당기손익인식금융부채는 당기손익인식금융자산과 회계처리가 동일함으로 참고하기 바란다. 따라서 기타 금융부채를 중심으로 매입채무, 차입금, 미지급금, 미지급비용, 예수금을 살펴보기로 한다.

2.2 금융부채의 유형별 회계처리

(1) 매입채무

매입채무(trade payables)는 기업의 주된 영업활동인 재화나 용역의 구입에서 발생된 지급채무로서 지급일이 도래하면 현금을 지불해야 하는 금전채무이다. 매입채무는 상품의 제조 · 판매하는 기업의 주된 지급채무로서 외상매입금과 지급어음이 포함된다.

외상매입금(account payable)은 일반적 상거래에서 발생한 채무로서 어음상의 채무가 아닌 것을 말한다. 외상매입금은 기중에 외상거래가 발생할 때마다 원장에 기록하며 해당기간에 발생한 외상총액은 계정을 통해 알 수 있다. 하지만 계정에서는 어느 거래처에서 발생된 것인가는 알 수 없다. 따라서 기업은 각 거래처별로 외상의 채무를 매입처원장을 사용하여 기록하게 된다. **매입처원장**(creditors ledger)은 외상매입금(지급어음 포함)의 채무를 각 거래처별로 분리하여 기록한 것이다. 이의 원장은 외상거래를 거래처별로 기록한 것으로 매입채무계정을 보조하는 장부이다.

지급어음(notes payable)은 일반적 상거래에서 발생한 어음상의 채무를 말한다. 상거래에서 어음상의 채무(지급어음)가 발생하면 매입채무계정 대변에 기입하고 채무가 소멸하면 차변에 기입한다. 예를 들어 기업이 상품을 매입하고 약속어음을 발행하거나 환어음을 인수하면 매입채무계정 대변에 기입하고 어음금액을 지급하면 차변에 기입하게 된다. 실무에서는 매입채무 대신에 지급어음계정을 사용하여 어음상의 채무를 별도로 관리하고 있다. 하지만 결산기말에는 이들 계정을 매입채무계정에 포함시켜 재무상태표에 계상하게 된다.

기업은 외상으로 상품을 거래하면 매입채무의 계정에 기록하고 거래 후 여러 가지 사건이 발생하면 관련계정을 수정하게 된다. 거래 후에 발생하는 사건에는 주문조건과 달라 상품을 반품하게 되면 매입자는 **매입환출**을 기록하고, 이에 비해 사소한 품질은 반품보다 상품의 가격을 깎아 주게 되며, 이 경우 매입자는 **매입에누리**를 기록한다. 매입환출과 매입에누리는 모두 매입채무계정을 수정해야 하는 점에서 동일하므로 **매입에누리와환출계정**을 사용하여 처리하고 있다. 또한 구매자는 현금의 여유가 발생하면 할인기간에 일정금액의 할인을 받고 상품대금을 조기상환한다. 이 경우 할인조건에 따라 매매대금에서 차감하는 **현금할인**의 금액을 구매자는 매입할인으로 기록한다. 간단한 〈예제 12-1〉을 통해 상품거래에서 나타나는 매입채무에 관한 회계처리를 학습한다.

예제 [12-1]

• 다음은 20×3년 상품매매에 관한 거래이다. 거래를 분개장에 분개하고 총계정원장과 보조원장에 전기하시오.

6월 1일 바다상점에서 외상으로 상품 ₩200,000을 매입하다.

6월 8일 하늘상점에 외상으로 상품 ₩100,000을 판매하고, 대금은 약속어음 #003(발행일 6월 8일, 만기일 6월 28일, 지급장소 하나은행)을 받다.

6월 11일 둥지상점에서 상품 ₩120,000을 외상으로 매입하고, 약속어음 #202(발행일 6월 11일, 만기일 6월 21일, 지급장소 우리은행)을 발행하여 교부하고, 인수운임 ₩10,000을 당좌수표를 발행하여 지급하다.

6월 14일 둥지상점에서 매입한 상품 중 주문과 다른 품목 ₩20,000을 반품하다.

6월 16일 에릭상점에 상품 ₩150,000을 판매하고, 대금은 약속어음 #005(발행일 6월 16일, 만기일 7월 6일, 지급장소 하나은행)를 받다.

6월 18일 하늘상점으로부터 외상매출금 ₩50,000을 동점 발행 당좌수표를 받아 당좌예입하다.

6월 20일 효리상점으로부터 외상으로 향수 포이즌 ₩300,000을 '2/10. n/30' 의 신용조건으로 매입하다..

6월 25일 바다상점에 외상매입금 ₩100,000을 당좌수표를 발행하여 지급하다.

6월 28일 효리상점에 외상매입금 ₩300,000을 할인조건을 이용하여 현금으로 지급하다.

6월 30일 유미상점에 외상으로 상품 ₩80,000을 매출하고, 발송운임 ₩20,000을 당좌수표를 발행하여 지급하다.

해답

1. 분개장 분개

일 자	분 개 기 록			
6월 1일	(차) 매 입	200,000	(대) 매입채무	200,000
8일	(차) 매출채권	100,000	(대) 매 출	100,000
11일	(차) 매 입	130,000	(대) 매입채무	120,000

			당좌예금	10,000
14일	(차) 매입채무	20,000	(대) 매입에누리와환출	20,000
16일	(차) 매출채권	150,000	(대) 매 출	150,000
18일	(차) 당좌예금	50,000	(대) 매출채권	50,000
20일	(차) 매 입	300,000	(대) 매입채무	300,000
25일	(차) 매입채무	100,000	(대) 당좌예금	100,000
28일	(차) 매입채무	300,000	(대) 현 금	294,000
			매입할인	6,000
30일	(차) 매출채권	80,000	(대) 매 출	80,000
	운 반 비	20,000	당좌예금	20,000

2. 총계정원장 전기－매출채권, 매입채무

매출채권 No. ×××

차변	대변
6/8 매 출 100,000	6/18 당좌예금 50,000
16 매 출 150,000	
30 매 출 80,000	

매입채무 No. ×××

차변	대변
6/14 매입환출 20,000	6/1 매 입 200,000
25 당좌예금 100,000	11 매 입 120,000
28 매 입 300,000	

3. 보조원장 전기－매출처원장, 매입처원장

매출처원장

하늘상점 No. ×××

차변	대변
6/8 상품매출 100,000	6/18 현금회수 50,000

에릭상점 No. ×××

차변	대변
6/16 상품매출 150,000	

유미상점 No. ×××

차변	대변
6/30 상품매출 80,000	

매입처원장

바다상점 No. ×××

차변	대변
6/25 현금지급 100,000	6/1 상품매입 200,000

둥지상점 No. ×××

차변	대변
6/14 반 품 20,000	6/11 상품매입 120,000

효리상점 No. ×××

차변	대변
6/28 현 금 294,000	6/20 상품매입 300,000
매입할인 6,000	

(2) 차입금

차입금(borrowings)은 자금을 차입하였을 때 발생한 지급채무이다. 예를 들어 차용증서나 어음을 제공하고 현금을 빌려오면 차입금계정의 대변과 현금계정의 차변에 기입한다. 여기서 약속어음을 발행하여 교부하고 현금을 차입하여도 지급어음 대신 단기차입금계정으로 처리하여야 한다. 차입금은 단기차입금과 장기차입금으로 구분된다.

단기차입금(short-term loan payable)은 1년 이내에 상환되는 지급채무이다. 예를 들어 기업이 약속어음을 발행하여 은행에 제공하고 자금을 차입하면 단기차입금으로 분류한다. 이때 기업어음(commercial paper)은 상업어음과 구분하여 금융어음(또는 융통어음)이라 한다.

기업은 이자지급 또는 무이자의 조건으로 기업어음을 발행한다. 기업이 **이자부어음**(interest-bearing note)을 발행하여 은행에 제공하고 단기차입을 할 경우, 단기차입금계정에 어음의 액면금액을 계상하여 재무상태표에 표시하며, 발생이자는 구분하여 기록한다. 이에 비해 **무이자부어음**(noninterest-bearing note)은 은행에 제공하고 단기차입을 할 경우, 이자 및 수수료를 차감한 금액만을 받게 된다. 이때 차감된 이자 및 수수료를 **단기차입금할인차금** 또는 **지급어음할인차금**(discount on notes payable)으로 처리한다. 이의 금액은 지급어음의 만기에 걸쳐 상각하여 이자비용을 계상한다. 또한 지급어음할인차금은 지급어음의 차감계정으로 재무상태표에 단기차입금을 차감하는 형식으로 보고한다.

기업은 당좌차월계약에 따라 당좌예금잔액을 초과하여 당좌수표를 발행할 수 있다. 이때 당좌예금잔액을 초과하여 발행한 당좌수표의 금액을 당좌차월이라한다. **당좌차월**(bank draft)은 초단기성부채이다. 당좌차월은 당좌차월계정을 사용하여 회계처리하거나, 당좌예금계정의 대변계정에 기입할 수 있으며, 단기차입금계정에 포함시킬 수 있다. K-IFRS는 당좌차월을 단기차입금에 포함시켜 표시하도록 규정하고 있다. 단기차입금은 재무상태표에 유동부채로 보고한다. 간단한 〈예제 12-2〉를 통해 단기차입금에 대한 회계처리를 학습한다.

예제 [12-2]

- 지원상회는 20×3. 10. 1. 자금이 부족하여 약속어음 #003(액면금액 : ₩3,000,000, 1년 만기)을 발행하여 하늘은행에 제공하고, 연 8% 할인한 자금을 조달하였다. 요구사항에 대답하시오.

☞ **요구사항**

1. 지원상회가 20×3. 10. 1.에 필요한 분개를 하시오
2. 지원상회가 부담하는 유효이자율을 계산하시오.
3. 지원사회가 20×3. 12. 31.에 필요한 기말수정분개를 표시하시오.
4. 20×3. 12. 31. 부분재무상태표를 나타내시오.

해답 <<<

1. 20×3. 10. 1. 분개

일 자	분 개 기 록			
10월 1일	(차) 현 금	2,7600,000	(대) 단기차입금	3,000,000
	단기차입금할인차금	240,000		

2. 유효이자율

• $유효이자율 = \frac{이자부담액}{현금수취액} = \frac{₩240,000}{₩2,760,000} = 0.087$(또는 8.7%)

3. 20×3. 12. 31. 기말수정분개

일 자	분 개 기 록			
12월 31일	(차) 이자비용	60,000	(대) 단기차입금할인차금	60,000

4. 부분재무상태표

부분재무상태표		
부 채		
유동부채 :		
단기차입금	₩3,000,000	
차감 : 단기차입금할인차금	(180,000)	₩2,820,000

장기차입금(long-term loan payable)은 1년 이후에 상환되는 지급채무이다. 예를 들어 기업이 약속어음을 발행하여 은행에 제공하고 장기로 자금을 차입하면 장기차입금으로 분류한다. 이때 자금융통을 목적으로 장기기업어음을 발행하면 장기매입채무계정이 아닌 장기차입금계정에 계상한다. 장기차입금은 원칙적으로 유효이자율에 의해 현재가치로 평가해야 한다. 현재가치의 평가와 유효이자율은 금융자산의 장기대여금에서 상세히 설명하였으므로 참고하기

바란다. 장기차입금은 재무상태표의 비유동부채에 보고한다.

(3) 미지급금과 미지급비용, 예수금

미지급금(account payable-nontrade)은 주된 영업활동이 아닌 거래에서 발생한 지급채무이다. 예를 들어 토지, 건물, 비품, 단기매매금융자산을 구입하고 대금을 다음에 주기로 하면 미지급금이 발생한다. 이 경우 구입대금으로 어음을 발행하여 교부하면 지급어음 대신 미지급금계정으로 처리하며, 현금을 차입하고 약속어음을 발행하면 단기차입금계정으로 처리한다는 점을 유의해야 한다.

미지급비용(accrued liabilities)은 서비스의 계속적 계약에 따라 서비스를 받고 아직 대가를 지급하는 않은 경우에 발생한다. 예를 들어 자금차입이나 사무실의 임차, 보험서비스를 받고 비용이 발생하였으나 아직 대가를 지급하지 않으면 지급채무인 미지급비용계정의 대변에 기록한다. 일반적으로 미지급금과 미지급비용은 서로 혼동하기 쉽다. 미지급금은 확정된 부채로서 지급기일이 이미 다가와 지급의무가 발생하였으나 아직 지급하지 않은 채무이다. 이에 비해 미지급비용은 계약에 따라 계속적으로 용역을 받고 있지만 그 대가의 지급기일이 도래하지 않아 지급을 하지 못하고 있는 것을 말한다. 예를 들어 미지급보험료나 미지급이자의 경우 아직 지급일자는 오지 않았지만 기말시점의 수정분개에서 비용의 계상과 함께 채무를 표시하고, 지급일자가 다가와 지급하지 못하면 이는 확정채무로서 미지급금으로 수정하게 된다.

예수금(returnable deposits)은 정상적인 영업활동 이외에서 발생한 것으로 일시적으로 보관한 채무이다. 예수금은 종업원이나 거래처로부터 미래 돈을 받아 보관한 후 제3자에게 지급하는 경우에 발생한다. 예를 들어 종업원의 급여를 지급하면서 소득세 · 소득할주민세 · 국민연금 · 건강보험료 · 고용보험료 등을 공제하여 보관하게 되는데 이때 예수금계정의 대변에 기록하여 부채를 나타낸다. 기업은 종업원에 대한 국민연금 · 건강보험료 · 고용보험료 등을 회사부담금과 합하여 해당기관에 납부하는데 이때 예수금계정의 차변에 기입하여 채무를 감소시킨다. 여기서 회사가 부담하는 국민연금 · 건강보험료 · 고용보험료는 복리후생비로 처리하여 판매비와관리비로 보고한다. 간단한 〈예제 12-3〉을 통하여 미지급금, 미지급비용, 예수금에 관한 회계처리를 학습한다.

예제 [12-3]

• 다음의 거래를 분개하시오.

8월 1일 미주상점은 사무용 책상 ₩300,000을 매입하고 약속어음 #005(만기일 8월 20일)를 발행하여 교부하다.

10일 사무용 책상의 매입대금으로 발행한 약속어음이 만기가 되어 당좌예금계좌에서 결제되었다는 통보를 받다.

31일 8월분 보험료 ₩500,000이 발생하였는데 매 익월 10일에 지급하고 있다. 회사는 8월분 종업원 급여 ₩5,000,000을 계상하고 소득세 ₩480,000, 소득할주민세 ₩48,000, 국민연금 ₩60,000, 건강보험료 ₩90,000, 고용보험료 ₩100,000을 차감한 잔액을 현금으로 지급하다.

9월 10일 회사는 8월분 보험료 ₩500,000을 납부하다.

20일 회사는 소득세 · 소득할주민세 · 국민연금 · 건강보험료 · 고용보험료를 해당기관에 현금으로 납부하다. 또한 국민연금 등의 회사부담금 ₩250,000도 함께 납부하다.

해답

일 자	분개기록			
8월 1일	(차) 비 품	300,000	(대) 미지급금	300,000
10일	(차) 미지급금	300,000	(대) 당좌예금	300,000
31일	(차) 보 험 료	500,000	(대) 미지급비용	500,000
	(차) 급 여	5,000,000	(대) 현 금	4,222,000
			예 수 금	778,000
9월 10일	(차) 미지급비용	500,000	(대) 현 금	500,000
20일	(차) 예 수 금	778,000	(대) 현 금	1,028,000
	복리후생비	250,000		

(4) 미지급법인세

기업은 영업활동으로부터 이익이 발생하면 일정기간에 획득한 소득(이익)에 대하여 국가에 세금을 납부한다. 기업이 납부하는 세금을 법인세라 한다. **법인세비용**(corporate income taxes)은 기업이 벌어들인 소득에 대하여 국가에 납부하는 조세이다. 법인세비용은 법인(기업)이 납세주체로서 일정기간에 벌어들인 소득에 대하여 일정한 세율을 곱하여 산정한다.

법인세는 중간과 연말에 납부한다. 중간예납은 법인세법에 따라 회계연도가 6개월을 초과하는 경우 회계연도 개시일로부터 6개월간을 중간예납기간으로 하여 일정한 계산방법에 따라 계산된 금액을 납부하는 것이다. 회계연도 말에는 정확한 법인세를 계산하고, 이미 지급한 중간예납세액을 차감한 잔액은 미지급법인세 또는 선급법인세로 계상한다. 따라서 미지급법인세는 결정세액이 중간예납세액보다 많을 때 발생하며 지급해야 할 부채가 된다. 간단한 〈예제 12-4〉를 통하여 법인세의 회계처리를 학습한다.

예제 [12-4]

• 다음의 거래를 분개하시오.

7월 1일 (주)미소는 당해 연도의 중간예납세액으로 ₩3,000,000을 국세청에 납부하다.

12월 31일 회사는 연말결산에 따라 법인세를 ₩5,000,000으로 결정하였다.

해답 ≪≪≪

일 자	분 개 기 록			
7월 1일	(차) 선급법인세	3,000,000	(대) 현 금	3,000,000
12월 31일	(차) 법인세비용	5,000,000	(대) 선급법인세	3,000,000
			미지급법인세	2,000,000

(5) 사 채

사채는 사채증권을 발행하고 일반대중으로부터 자금을 장기적으로 차입한 금융부채이다. 사채는 기업의 자금을 조달하는 주된 수단이며, 또한 발행방법, 발행금액의 결정, 이자지급, 사채할인(증)발행차금과 상각, 사채상환 등 여러 가지 중요한 회계처리가 나타나므로 다음 절에서 별도로 상세히 설명한다.

제3절 사채

3.1 사채의 의의

사채(bond)란 사채증권을 발행하고 일반대중으로부터 자금을 장기적으로 차입한 것을 말한다. 사채증권에는 이자율과 이자지급일, 만기에 상환하는 액면금액이 인쇄되어 있으며, 유가증권시장에서 일반에게 판매하여 자금을 조달하게 된다. 기업이 사채를 발행하면 사채계정과목으로 기록하여 비유동부채에 보고한다. 하지만 회사가 사채를 구입하면 유가증권에 투자한 것이므로, 단기매매목적으로 취득한 것은 당기손익인식금융자산으로 분류하고, 장기수익목적으로 구입한 것은 매도가능금융자산 또는 만기보유금융자산으로 회계처리한다. 이같이 사채의 취득에 관한 회계는 금융자산에서 학습하였다.

사채를 발행한 회사는 정기적으로 이자(비용)를 지급하며, 만기에는 액면금액을 상환하게 된다. 여기서 사채증권에 인쇄된 이자율을 액면이자율(face rate of interest) 또는 표시이자율이라고 하며, 만기에 상환하는 금액을 액면금액(face value)이라고 한다. 이자지급일은 보통 1년, 6개월, 3개월 등으로 정해지며, 매 이자지급일에는 액면이자액(액면가액×이자율)을 이자로 지급한다. 사채는 이자지급이 편리하도록 사채증권에 이자표(coupon)를 인쇄하여 두고 이자날짜에 이를 오려서 현금과 교환하게 된다.

3.2 사채발행금액의 결정

사채의 시장가격(market price)은 사채의 미래현금흐름(이자와 원금)을 발행시점의 시장이자율로 할인한 현재가치로서, 발행시점의 사채공정가치가 된다. 여기서 시장이자율(market interest rate)은 자본시장에서 수요와 공급이 만나는 점에서 결정되는 이자율로서 여러 경제환경을 반영한 것이다.

사채의 발행금액(issue price)은 사채의 미래현금흐름(이자와 원금)을 발행시점의 유효이자율로 할인한 현재가치가 된다. 여기서 유효이자율(effective interest rate)은 사채의 미래현금흐름 현재가치와 발행금액을 일치시키는 할인율이다. 일반적으로 사채발행비가 존재하지 않는 경우에는 발행시점의 시장이자율과 유효이자율은 같게 된다. 하지만 사채발행비가 나타나면 사채시장가격과 발행가격(시장가격−사채발행비)이 다르게 되므로 시장이자율과 유효이자율은 다르다. 본 장에서는 사채의 발행비용이 없는 경우를 전제로 설명하기로 한다.

사채의 발행금액은 발행비용이 없다면 액면이자율과 시장이자율의 관계에 따라 결정된다. 사채증권에 표시된 액면이자율이 발행시점의 시장이자율과 같으면, 발행금액은 액면금액과 같게 된다. 하지만 액면이자율이 시장이자율보다 낮다면, 발행금액은 액면금액 이하로 할인발행하게 된다. 그것은 사채구입자에게 시장이자율에 해당하는 이자를 주지 못하므로 이에 해당하는 부분을 발행시점에서 보상하여 싸게 팔아야 하기 때문이다. 반대로 액면이자율이 시장이자율보다 높으면 발행금액은 액면금액 이상으로 할증발행하게 된다. 왜냐하면 사채구입자에게 시장이자율보다 많은 이자를 정기적으로 지급하게 되므로, 정상이자보다 많이 주는 부분을 발행시점에서 회수가 되도록 비싸게 팔아야 하기 때문이다. 사채발행비용이 있는 경우는 본 장의 후반부에 설명한다.

이와 같이 사채는 액면이자율과 시장이자율(발행시점)과의 관계에 따라 **액면발행, 할인발행, 할증발행**의 세 가지로 분류된다. 참고로 액면이자율과 시장이자율의 크기에 따라 발행형태를 분류하면 다음과 같다. 아래에서는 발행형태에 따라 사채의 회계처리를 학습하기로 한다.

이자율의 관계	발행금액과 액면금액의 관계	발행형태
액면이자율 = 시장이자율	발행금액 = 액면금액	액면발행
액면이자율 < 시장이자율	발행금액 < 액면금액	할인발행
액면이자율 > 시장이자율	발행금액 > 액면금액	할증발행

3.3 사채의 회계처리

(1) 사채의 액면발행

사채를 발행하면 정기적으로 액면이자를 지급하고 만기에 액면금액(원금)을 상환하게 된다. 여기서 액면금액은 발행금액과 같지 않은 경우가 있으며, 이때에는 이자비용으로 계상되는 금액이 액면발행, 할인발행, 할증발행에 따라 달라진다. 여기서는 액면발행을 전제로 사채의 발행금액과 이자비용, 상환에 관한 회계처리를 다루기로 한다. 우선 설명에 필요한 사례를 제시하면 다음과 같다.

사례 [1]

• (주)피앤지는 새로운 기능성 화장품을 생산하는 라인을 증설하기로 하고, 필요한 자금을 사채를 발행하여 조달하기로 하였다. 사채는 20×3년 1월 1일 발행하며 조건은 다음과 같다.

- 액 면 금 액: ₩1,000,000
- 액면이자율: 연 10%
- 시장이자율: 연 10%
- 만 기: 20×5년 12월 31일
- 이자지급일: 매년 12월 31일

☞ **요구사항**

• 사채의 발행, 이자지급, 상환에 관련하여 일자별로 회계처리를 나타내시오.

해답 ≪≪≪

• 해답은 발행형태별로 각각 해당설명에서 제시하기로 한다.

회사는 사채를 판매하고 액면금액만큼 현금을 받는 경우가 있다. 이와 같이 발행금액이 액면금액과 같아지는 경우를 액면발행이라고 한다. **액면발행은 액면이자율과 시장이자율이 같을 때 발생**한다.

사례를 이용하여 이를 살펴보기로 하자. 사채의 발행금액은 이자와 원금의 현재가치와 같다. 회사는 사례에서 3년 동안 매년 말 액면이자 ₩100,000을 세 번 지급하게 되므로 이를 현재가치로 할인하면 ₩248,690(= ₩100,000 × 2.4869)이 된다. 3년 말에는 원금 ₩1,000,000을 상환해야 하므로, 이를 현재가치로 할인하면 ₩751,310(= ₩1,000,000 × 0.75131)이 된다. 따라서 발행금액은 이자와 원금의 현재가치인 ₩1,000,000(= ₩248,690 + ₩751,310)이 되며, 이는 액면금액과 같게 됨을 알 수 있다. 이러한 경우는 사채를 발행하는 사람이나 구입하는 사람이 모두 시장이자율로 이자를 주기로 약속했기 때문이다. 즉, 시장이자율 10%만큼 액면이자율(10%)을 주고 사채를 발행하면 현금 ₩1,000,000(액면금액, 발행금액)을 받게 된다. **사채의 발행금액을 계산하는 과정**을 표시하면 다음과 같다.

사채발행금액의 계산 - 액면발행

1/1(20×3)	12/31(20×3)	12/31(20×4)	12/31(20×5)
발행	₩100,000	₩100,000	₩100,000(이자) ₩1,000,000(원금)

• 이자의 현재가치 :	₩100,000×2.4869(3년, 10%, 연금현가계수) =	₩248,690
• 원금의 현재가치 :	₩1,000,000×0.75131(3년, 10%, 현가계수) =	751,310
• 발 행 금 액 :		₩1,000,000

사채를 액면발행하면 발행시점에 받게 되는 액면금액을 장부에 기록한다. 위의 경우 현금계정 차변에 ₩1,000,000을 기입하고 사채계정 대변에 ₩1,000,000을 기록한다. 또한 3년 동안 연말에 이자를 지급하면 이자비용계정 차변에 ₩100,000을 기입하고 현금계정 대변에 ₩100,000을 기록한다. 이자비용은 포괄손익계산서에 보고한다. 만기가 되는 3년째 말에는 원금을 상환하며, 이때에는 사채계정 차변에 ₩1,000,000과 현금계정 대변에 ₩1,000,000을 기록하여 부채를 소멸시키게 된다.

위의 사채발행에 따른 일자별 회계처리를 나타내면 다음과 같다. 참고로 사채를 구입한 투자자의 입장에서 나타나는 분개를 비교하여 표시한다. 투자자는 사채구입을 당기손익인식금융자산, 매도가능금융자산, 만기보유금융자산으로 표시하게 되는데 이에 관하여는 앞에서 설명하였다. 여기서는 사채를 만기까지 보유하는 것으로 가정한다.

일 자	발행자의 회계처리	구입자의 회계처리
1월 1일 (20×3년)	(차) 현 금 1,000,000 (대) 사 채 1,000,000	(차) 만기보유금융자산 1,000,000 (대) 현 금 1,000,000
12월 31일 (20×3년)	(차) 이자비용 100,000 (대) 현 금 100,000	(차) 현 금 100,000 (대) 이자수익 100,000
12월 31일 (20×4년)	(차) 이자비용 100,000 (대) 현 금 100,000	(차) 현 금 100,000 (대) 이자수익 100,000
12월 31일 (20×5년)	(차) 이자비용 100,000 (대) 현 금 100,000	(차) 현 금 100,000 (대) 이자수익 100,000
12월 31일 (20×5년)	(차) 사 채 1,000,000 (대) 현 금 1,000,000	(차) 현 금 1,000,000 (대) 만기보유금융자산 1,000,000

(2) 사채의 할인발행

회사는 사채를 판매하고 액면금액보다 현금을 적게 받는 경우가 있다. 이와 같이 발행금액이 액면금액보다 적은 경우를 할인발행이라고 한다. **할인발행은 액면이자율이 시장이자율보다 낮을 때 발생**한다.

사례를 이용하여 이를 살펴보기로 하자. 사례에서 액면이자율을 8%로 가정한다. 이때 사채의 발행금액은 이자와 원금의 현재가치로서 다음과 같이 계산된다. 회사는 3년 동안 매년 말 액면이자 ₩80,000을 세 번 지급하게 되므로 이를 현재가치로 할인하면 ₩198,952(= ₩80,000 × 2.4869)이 된다. 3년 말에는 원금 ₩1,000,000을 상환해야 하므로 이를 현재가치로 할인하면 ₩751,310(= ₩1,000,000 × 0.75131)이 된다. 따라서 발행금액은 이자와 원금의 현재가치인 ₩950,262(= ₩198,952 + ₩751,310)이 되며, 이는 액면금액보다 적음을 알 수 있다. 이러한 경우는 사채를 발행하는 사람이 시장이자율보다 이자를 적게 주기로 약속했기 때문에 원금을 전부 받을 수 없게 된다. 즉, 시장이자율 10%보다 액면이자율(8%)이 2% 낮기 때문에 구입자는 이에 해당하는 이자의 현재가치(₩49,738)만큼 원금을 적게 주게 되므로 사채의 발행금액은 ₩950,262이 되어 액면금액보다 적어진다. **사채의 발행금액을 계산하는 과정**을 표시하면 다음과 같다.

사채발행금액의 계산 – 할인발행

1/1(20×3)	12/31(20×3)	12/31(20×4)	12/31(20×5)
발행	₩80,000	₩80,000	₩80,000(이자) ₩1,000,000(원금)

• 이자의 현재가치 :	₩80,000 × 2.4869(3년, 10%, 연금현가계수) =	₩198,952
• 원금의 현재가치 :	₩1,000,000 × 0.75131(3년, 10%, 현가계수) =	751,310
• 발 행 가 액 :		₩950,262

사채를 할인발행하면 발행시점에 수령하는 실제금액을 현금계정 차변에 기록한다. 하지만 만기에 갚아야 할 금액은 액면금액이므로 사채계정 대변에 액면금액을 기입해야 한다. 따라서 차액(액면금액 – 발행금액)은 사채할인발행차금계정 차변에 기입하여 발행시 할인된 금액을 표시하게 된다. 위의 경우

현금계정 차변에 ₩950,262과 사채할인발행차금계정 차변에 ₩49,738을 기입하고 사채계정 대변에 ₩1,000,000을 기록한다. **사채할인발행차금**(discount on bonds payable)은 사채의 차감적 평가계정으로서 차변잔액이지만 재무상태표에서 사채의 차감항목으로 기재하게 된다. 이때 사채(액면)금액에서 사채할인발행차금을 차감한 잔액을 장부금액이라 하며, 이는 그 시점에서 회사가 부담하는 실제부채가 된다.

회사는 3년 동안 매년 말에 이자를 지급하게 된다. 이자비용은 실제로 지급하는 액면이자뿐만 아니라 사채할인발행에 따른 이자율차이(= 시장이자율 − 액면이자율)만큼 추가적으로 계상하여야 한다. 이의 차이는 사채할인발행차금에 포함되어 있으므로, 이를 일정한 방법에 따라 나누어 사채기간에 계상하게 된다. 사채할인발행차금을 매년도 이자비용으로 나누는 상각법에는 정액법과 유효이자율법이 있다. K-IFRS는 유효이자율법만 인정하고 있다.

유효이자율법(effective interest method)이란 **사채의 장부금액(해당 시점의 실질부채)에 사채발행시점의 시장이자율(유효이자율)을 곱하여 매년도 이자비용을 계상하는 방법**이다. 유효이자액은 액면이자에 할인발행으로 인한 이자비용을 가산한 것이다. 따라서 할인으로 인해 추가적으로 인식하는 이자비용은 '유효이자 − 액면이자' 가 되며 이를 사채할인발행차금의 상각액이라 한다. 유효이자율법으로 사채할인발행차금을 상각하려면, 해당시점마다 장부금액을 알아야 하므로, 상각표를 작성하여 계산하는 것이 편리하다. 사례를 이용하여 3년 동안 나타나는 **사채할인발행차금상각액(추가이자비용 = 유효이자 − 액면이자)을 계산**하면 다음과 같다.

사채할인발행차금 상각표 − 유효이자율법

일 자	장부금액 (액면금액−할인차금)	유효이자 (장부금액×유효이자율)	액면이자 (액면금액×액면이자율)	상각액(추가이자비용) (유효이자−액면이자)
20×3년 초	₩950,262			
20×3년 말	965,288	₩95,026	₩80,000	₩15,026
20×4년 말	981,817	96,529	80,000	16,529
20×5년 말	1,000,000	98,183*	80,000	18,183
계		₩289,738	₩240,000	₩49,738

* 단수차이 조정

회사는 매년 말에 유효이자액(= 액면이자 + 사채할인발행차금상각액)을 이자비용으로 회계처리한다. 예를 들어 20×3년 말에는 이자비용계정 차변에 ₩95,026을 기입하고 현금계정 대변에 ₩80,000과 사채할인발행차금계정 대변에 ₩15,026을 기록한다. 이자비용은 포괄손익계산서에 보고한다. 같은 방법으로 매년 액면이자와 사채할인발행차금상각액을 이자비용으로 회계처리하면, 만기시점에 사채계정은 ₩1,000,000으로 액면금액이 되며 사채할인발행차금계정은 '0'이 된다. 만기에 사채를 상환하면 사채계정 차변에 ₩1,000,000을 기입하고 현금계정 대변에 ₩1,000,000을 기록하게 된다. 사채의 상환이 이루어지면 사채계정도 잔액이 '0'이 되어 사채거래는 완결된다.

지금까지 사채할인발행을 토대로 발행, 이자지급, 상환에 관한 회계처리를 설명하였다. 이의 회계처리를 일자별로 정리하면 다음과 같다. 참고로 사채를 구입한 투자자의 입장에서 나타나는 분개를 비교하여 표시한다. 단, 사채는 만기까지 보유하는 것으로 가정한다.

일 자	발행자의 회계처리	구입자의 회계처리
1월 1일 (20×3년)	(차) 현 금 950,262 사채할인발행차금 49,738 (대) 사 채 1,000,000	(차) 만기보유금융자산 950,262 (대) 현 금 950,262
12월 31일 (20×3년)	(차) 이자비용 95,026 (대) 현 금 80,000 사채할인발행차금 15,026	(차) 현 금 80,000 만기보유금융자산 15,026 (대) 이자수익 95,026
12월 31일 (20×4년)	(차) 이자비용 96,529 (대) 현 금 80,000 사채할인발행차금 16,529	(차) 현 금 80,000 만기보유금융자산 16,529 (대) 이자수익 96,529
12월 31일 (20×5년)	(차) 이자비용 98,183 (대) 현 금 80,000 사채할인발행차금 18,183	(차) 현 금 80,000 만기보유금융자산 8,183 (대) 이자수익 98,183
12월 31일 (20×5년)	(차) 사 채 1,000,000 (대) 현 금 1,000,000	(차) 현 금 1,000,000 (대) 만기보유금융자산 1,000,000

(3) 사채의 할증발행

회사는 사채를 판매하고 액면금액보다 현금을 많이 받는 경우가 있다. 이와 같이 발행금액이 액면금액보다 큰 경우를 할증발행이라고 한다. **할증발행은 액면이자율이 시장이자율보다 높을 때 발생**한다. [사례 1]을 이용하여 이를 살펴보기로 하자. 사례에서 액면이자율을 12%로 가정한다. 이때 사채의 발행금액은 이자와 원금의 현재가치로서 다음과 같이 계산된다. 회사는 3년 동안 매년 말 액면이자 ₩120,000을 세 번 지급하게 되므로, 이를 현재가치로 할인하면 ₩298,428(= ₩120,000 × 2.4869)이 된다. 3년 말에는 원금 ₩1,000,000을 상환해야 하므로 이를 현재가치로 할인하면 ₩751,310(= ₩1,000,000 × 0.75131)이 된다. 따라서 발행금액은 이자와 원금의 현재가치인 ₩1,049,738(= ₩298,428 + ₩751,310)이 되며, 이는 액면금액보다 많음을 알 수 있다. 이러한 경우는 사채를 발행하는 사람이 시장이자율보다 이자를 많이 주기로 약속했기 때문에, 원금보다 이자율 차액만큼 더 많이 주게 된다. 즉, 시장이자율 10%보다 액면이자율(12%)이 2% 높기 때문에, 발행자는 이에 해당하는 이자의 현재가치(₩49,738)만큼 많이 주게 되며, 사채의 발행금액은 ₩1,049,738이 되어 액면금액보다 많아진다. **사채의 발행금액을 계산하는 과정**을 표시하면 다음과 같다.

사채발행금액의 계산 – 할증발행

1/1(20×3)	12/31(20×3)	12/31(20×4)	12/31(20×5)
발행	₩120,000	₩120,000	₩120,000(이자) ₩1,000,000(원금)

• 이자의 현재가치 :	₩120,000 × 2.4869(3년, 10%, 연금현가계수) =	₩298,428
• 원금의 현재가치 :	₩1,000,000 × 0.75131(3년, 10%, 현가계수) =	751,310
• 발 행 가 액 :		₩1,049,738

사채를 할증발행하면 발행시점에 수령하는 실제금액을 현금계정 차변에 기록한다. 하지만 만기에 갚아야 할 금액은 액면금액이므로 사채계정 대변에 액면금액을 기입해야 한다. 또한 차액(액면금액 – 발행금액)은 사채할증발행차금 대변에 기입하여 발행시 할증된 금액을 표시하게 된다. 위의 경우 현금계정 차변에 ₩1,049,738을 기입하고, 사채계정 대변에 ₩1,000,000과 사채할증발행차금계정 대변에 ₩49,738을 기록한다. **사채할증발행차금**(premium on bonds payable)은 사채의 가산적 평가계정으로서, 재무상태표에서 사채의 가산항목으로 기재하게 된다. 이때 사채(액면)가액에서 사채할증발행차금을 가산한 금액을 장부금액이라 하며, 이는 그 시점에서 회사가 부담하는 실제부채가 된다.

회사는 3년 동안 매년 말에 이자를 지급하게 된다. 이자비용은 실제로 지급하는 액면이자에서 사채할증발행에 따른 이자율차이(= 액면이자율 − 시장이자율)를 차감하여 계상하여야 한다. 그것은 사채발행 시에 이자율차이만큼 이자를 이미 지급하였기 때문에, 실제 이자지급액에서 이에 해당하는 이자의 현재가치를 차감하여 이자비용으로 계상하여야 하기 때문이다. 차감할 이자는 사채할증발행차금에 포함되어 있으므로, 이를 일정한 방법에 따라 나누어 사채기간에 반영하게 된다. 매년도 이자비용에서 차감할 사채할증발행차금은 유효이자율법을 사용하여 계산하도록 K-IFRS는 규정하고 있다.

유효이자율법이란 사채의 장부금액(해당시점의 실질부채)에 사채발행시점의 시장이자율(유효이자율)을 곱하여 매년도 이자비용을 계상하는 방법이다. 유효이자액은 액면이자에 할증발행으로 인한 이자비용을 차감한 것이다. 따라서 할증발행 때문에 추가적으로 차감해야 하는 이자비용은 '액면이자−유효이자'가 되며 이를 사채할증발행차금의 상각액이라 한다. 유효이자율법으로 사채할증발행차금을 상각하려면 해당시점마다 장부금액을 알아야 하므로 상각표를 작성하여 계산하는 것이 편리하다. [사례 1]을 이용하여 3년 동안 나타나는 **사채할증발행차금상각액(차감할 이자비용 = 액면이자−유효이자)을 계산**하면 다음과 같다.

사채할증발행차금 상각표 − 유효이자율법

일 자	장부금액 (액면금액+할증차금)	유효이자 (장부금액×유효이자율)	액면이자 (액면금액×액면이자율)	상각액(차감이자비용) (액면이자−유효이자)
200×3년 초	₩1,049,738			
200×3년 말	1,034,712	₩104,974	₩120,000	₩15,026
200×4년 말	1,018,183	103,471	120,000	16,529
200×5년 말	1,000,000	101,817*	120,000	18,183
계		₩310,262	₩360,000	₩49,738

* 단수차이 조정

회사는 매년 말에 유효이자액(= 액면이자 − 사채할인발행차금상각액)을 이자비용으로 회계처리한다. 예를 들어 2009년 말에는 이자비용계정 차변에 ₩104,974과 사채할증발행차금계정 차변에 ₩15,026을 기입하고 현금계정 대변에 ₩120,000을 기록한다. 이자비용은 포괄손익계산서에 보고한다. 같은 방법으로 매년 유효이자액을 이자비용으로 처리하고 사채할증발행차금을 상각하면, 사채의 만기시점에는 사채계정은 ₩1,000,000으로 액면금액이 되며 사채할증발행차금계정은 '0'이 된다. 만기에 사채를 상환하면 사채계정 차변에 ₩1,000,000을 기입하고 현금계정 대변에 ₩1,000,000을 기록하게 된다. 사채의 상환이 이루어지면 사채계정도 잔액이 '0'이 되어 사채거래는 완결된다.

지금까지 사채할증발행을 토대로 발행, 이자지급, 상환에 관한 회계처리를 설명하였다. 이의 회계처리를 일자별로 정리하면 다음과 같다. 참고로 사채를 구입한 투자자의 입장에서 나타나는 분개를 비교하여 표시한다. 단, 사채는 만기까지 보유하는 것으로 가정한다.

일 자	발행자의 회계처리	구입자의 회계처리
1월 1일 (20×3년)	(차) 현 금 1,049,738 (대) 사 채 1,000,000 사채할증발행차금 49,738	(차) 만기보유금융자산 1,049,738 (대) 현 금 1,049,738
12월 31일 (20×3년)	(차) 이자비용 104,974 사채할증발행차금 15,026 (대) 현 금 120,000	(차) 현 금 120,000 (대) 만기보유금융자산 15,026 이자수익 104,974
12월 31일 (20×4년)	(차) 이자비용 103,471 사채할증발행차금 16,529 (대) 현 금 120,000	(차) 현 금 120,000 (대) 만기보유금융자산 16,529 이자수익 103,471
12월 31일 (20×5년)	(차) 이자비용 101,817 사채할증발행차금 18,183 (대) 현 금 120,000	(차) 현 금 120,000 (대) 만기보유금융자산 18,183 이자수익 101,817
12월 31일 (20×5년)	(차) 사 채 1,000,000 (대) 현 금 1,000,000	(차) 현 금 1,000,000 (대) 만기보유금융자산 1,000,000

유효이자율법은 매년 말 장부금액에 유효이자율을 곱하여 이자비용을 계상하는 방법이다. 여기서 장부금액은 각 시점에서 회사가 지니고 있는 실제부채를 나타내고, 유효이자율은 발행시점의 시장이자율로서 실질이자에 해당한다. 따라서 유효이자율법은 실제이자를 비용으로 계상하게 되므로 이론적으로 타당한 방법이다.

(4) 이자지급이 1년에 2회 이상인 경우

사채를 발행하고 3개월 또는 6개월마다 이자를 지급하는 경우가 있다. 이 경우에는 사채발행금액의 계산과 회계처리내용이 연 1회 이자를 지급하는 경우와 다르게 된다. [사례 1]을 이용하여 이를 살펴보기로 하자. 앞의 사례에서 6월 30일과 12월 31일에 이자를 지급하고 액면(시장)이자율이 8%(10%)인 경우를 가정한다. 이때 사채의 발행금액은 이자와 원금의 현재가치로서 다음과 같이 계산된다.

사채발행금액의 계산 − 할인발행, 연 2회 이자지급

1/1(20×3)		12/31(20×3)		12/31(20×4)		12/31(20×5)
발행	₩40,000	₩40,000	₩40,000	₩40,000	₩40,000	₩40,000(이자) ₩1,000,000(원금)

- 이자의 현재가치 : ₩40,000×5.0757(6년, 5%, 연금현가계수) = ₩203,028
- 원금의 현재가치 : ₩1,000,000×0.74622(6년, 5%, 현가계수) = 746,220
- 발 행 가 액 : ₩949,248

회사는 매년 액면이자 ₩40,000씩 두 번, 3년 동안 모두 여섯 차례 지급하게 되므로 이를 현재가치로 할인하면 ₩203,028(=₩40,000×5.0757)이 된다. 3년 말에는 원금 ₩1,000,000을 상환해야 하므로 이를 현재가치로 할인하면 ₩746,220(=₩1,000,000×0.74622)이 된다. 따라서 발행금액은 이자와 원금의 현재가치인 ₩949,248(=₩203,028+₩746,220)이 된다. 이는 사채를 할인하여 발행한 경우로서 발행금액을 계산하는 원리는 위에서와 같다. 하지만 **이자를 연 2회 3년 동안 모두 6회 지급하므로, 6년 및 5%에 해당하는 연금현가계수(이자부분)와 현가계수(원금부분)를 사용하는 점**이 연 1회 이자지급의 경우와 다르다.

회사는 3년 동안 매년 6월 30일과 12월 31일에 이자를 지급하게 된다. 이자비용은 실제로 지급하는 액면이자뿐만 아니라, 사채할인발행에 따른 이자율 차이(=시장이자율−액면이자율)만큼 추가적으로 계상하여야 한다. 이 차이는 사채할인발행차금에 포함되어 있으므로, 이를 유효이자율법에 따라 사채기간(3년, 연 2회, 6회)에 나누어 계상하게 된다. 여기서 할인으로 인해 추가적으로 인식하는 이자비용은 액면이자율 4%(8%×6/12)와 유효이자율 5%(10%×6/12), 6개월을 1년으로 가정하여 사채할인발행차금의 상각액을 구하여 사용한다. 액면이자율 4%와 유효이자율 5%를 사용하여, 3년 동안 6회에 걸쳐 나타나는 사채할인발행차금의 상각액(추가이자비용=유효이자−액면이자)을 계산하면 다음과 같다.

사채할인발행차금 상각표 – 유효이자율법				
일 자	장부금액 (액면금액–할인차금)	유효이자 (장부금액×유효이자율)	액면이자 (액면금액×액면이자율)	상각액(추가이자비용) (유효이자–액면이자)
20×3. 1. 1.	₩949,248			
20×3. 6. 30.	956,710	₩47,462	₩40,000	₩7,462
20×3. 12. 31.	964,546	47,836	40,000	7,836
20×4. 6. 30.	972,773	48,227	40,000	8,227
20×4. 12. 31.	981,412	48,639	40,000	8,639
20×5. 6. 30.	990,483	49,071	40,000	9,071
20×5. 12. 31.	1,000,000	49,517*	40,000	9,517
계		₩290,712	₩240,000	₩50,752

* 단수차이 조정

사채의 회계처리는 앞의 할인발행의 경우와 같다. 즉, 발행시점에 수령하는 실제금액을 현금계정 차변에 기록하고, 사채계정 대변에 액면금액을 기입해야 한다. 따라서 차액(액면금액 – 발행금액)은 사채할인발행차금계정 차변에 기입하여 발행 시 할인된 금액을 표시하게 된다. 이자비용은 6월 30일과 12월 31일에 유효이자액(= 액면이자 + 사채할인발행차금상각액)을 기록하게 된다. 즉, 이자비용계정 차변에 유효이자액을 기입하고 현금계정 대변에 액면이자, 사채할인발행차금계정 대변에 상각액을 기록한다. 만기에 사채를 상환하면 사채계정 차변과 현금계정 대변에 원금을 기록하여 사채거래를 완결시키게 된다.

앞에서 설명한 사채발행금액과 사채할인발행차금의 상각표를 토대로 발행, 이자지급, 상환에 관한 회계처리를 정리하면 다음과 같다. 참고로 사채를 구입한 투자자의 입장에서 나타나는 분개를 비교하여 표시한다. 단, 사채는 만기까지 보유하는 것으로 가정한다.

일 자	발행자의 회계처리		구입자의 회계처리	
1월 1일 (20×3년)	(차) 현 금 사채할인발행차금 (대) 사 채	949,248 50,752 1,000,000	(차) 만기보유금융자산 (대) 현 금	949,248 949,248
6월 30일 (20×3년)	(차) 이자비용 (대) 현 금 사채할인발행차금	47,462 40,000 7,462	(차) 현 금 만기보유금융자산 (대) 이자수익	40,000 7,462 47,462

12월 31일 (20×3년)	(차) 이자비용 47,836 (대) 현 금 40,000 사채할인발행차금 7,836	(차) 현 금 40,000 만기보유금융금융자산 7,836 (대) 이자수익 47,836
⋮	⋮	⋮
12월 31일 (20×5년)	(차) 이자비용 49,517 (대) 현 금 40,000 사채할인발행차금 9,517	(차) 현 금 40,000 만기보유금융자산 9,517 (대) 이자수익 49,517
12월 31일 (20×5년)	(차) 사 채 1,000,000 (대) 현 금 1,000,000	(차) 현 금 1,000,000 (대) 만기보유금융자산 1,000,000

(5) 이자지급기간과 회계연도의 불일치

기중에 사채를 발행하면 이자지급기간과 회계연도는 일치하지 않고 다르게 된다. 이러한 경우에는 회계기간별로 이자수익을 인식하여야 한다. 또한 사채할인발행차금이나 사채할증발행차금이 있으면 회계기간별로 계산하여 반영하여야 한다. [사례 1]을 이용하여 이를 살펴보기로 하자. 앞의 사례에서 20×3년 4월 1일에 3년 만기 사채를 발행하고 액면이자율이 8%(이자지급일 매년 3월 31일)인 경우를 가정한다. 이때 사채의 발행금액은 이자와 원금의 현재가치로서 다음과 같이 계산된다.

회사는 매년 액면이자 ₩80,000씩 3년 동안 모두 세 차례 지급하게 되므로 이를 현재가치로 할인하면 ₩198,952(= ₩80,000 × 2.4869)이 된다. 3년 말에는 원금 ₩1,000,000을 상환해야 하므로 이를 현재가치로 할인하면 ₩751,310(= ₩1,000,000 × 0.75131)이 된다. 따라서 발행금액은 이자와 원금의 현재가치인 ₩950,262(= ₩198,952 + ₩751,310)이 되며, 이는 액면금액보다 적음을 알 수 있다. 이는 사채를 할인하여 발행한 경우로서 발행금액을 계산하는 원리는 아래와 같다.

사채발행금액의 계산 – 할인발행, 기중발행

4/1(20×3)	3/1(20×4)	3/1(20×5)	3/1(20×6)
발행	₩80,000	₩80,000	₩80,000(이자) ₩1,000,000(원금)

• 이자의 현재가치 :	₩80,000 × 2.4869(3년, 10%, 연금현가계수) =	₩198,952
• 원금의 현재가치 :	₩1,000,000 × 0.75131(3년, 10%, 현가계수) =	751,310
• 발 행 가 액 :		₩950,262

회사는 매년 3월 31일에 이자를 지급하게 된다. 이자비용은 실제로 지급하는 액면이자뿐만 아니라 사채할인발행에 따른 이자율차이(= 시장이자율 − 액면이자율)만큼 추가적으로 계상하여야 한다. 이 차이는 사채할인발행차금에 포함되어 있으므로, 이를 유효이자율법에 따라 사채기간(3년)에 나누어 계상하게 된다. 여기서 할인으로 인해 추가적으로 인식하는 이자비용은 사채할인발행차금상각액(추가이자비용 = 유효이자 − 액면이자)을 계산하여 사용하게 된다. 1년 기준으로 사채할인발행차금상각액을 계산하면 다음과 같다.

사채할인발행차금 상각표 − 유효이자율법

일 자	장부금액 (액면가액−할인차금)	유효이자 (장부금액×유효이자율)	액면이자 (액면금액×액면이자율)	상각액(추가이자비용) (유효이자−액면이자)
20×3. 4. 1.	₩950,262			
20×4. 3. 31.	965,288	₩95,026	₩80,000	₩15,026
20×5. 3. 31.	981,817	96,529	80,000	16,529
20×6. 3. 31.	1,000,000	98,183*	80,000	18,183
계		₩289,738	₩240,000	₩49,738

* 단수차이 조정

사채발행에 대한 회계처리를 살펴보기로 하자. 사채를 발행하면 4월 1일에 실제로 수령하는 금액을 현금계정 차변에 기록하고, 사채계정 대변에 액면금액을 기입해야 한다. 따라서 차액(액면금액 − 발행금액)은 사채할인발행차금계정 차변에 기입하여 발행시 할인된 금액을 표시하게 된다. 이자비용은 기말결산일(12월 31일)과 이자지급일(3월 31일)에 유효이자액(= 장부금액×발행금액)을 기록하게 된다. 여기서 결산시점에는 이자비용계정 차변에 유효이자액을 기입하고, 미지급이자계정 대변에 액면이자와 사채할인발행차금계정 대변에 상각액을 기록한다. **미지급이자계정**은 기말시점에 이자비용이 발생하였으나 실제 지급은 이자지급일에 이루어지므로 경과이자를 지급해야 하는 채무로 계상한 것이다.

이처럼 이자지급기간과 회계연도가 다르면 결산일까지 발생된 이자를 이자비용으로 인식하고 이를 미지급이자로 계상하여야 한다. 이자지급일에는 실제 이자지급액(액면이자)에서 전기에 인식한 미지급이자를 상계하여 이자비용을 계상한다. [사례 1]에서는 액면이자와 상각액(추가이자비용), 유효이자액을

1년 기준으로 계산하였다. 따라서 결산시점에는 경과이자와 이에 따른 상각액을 해당월수에 비례하여 다시 안분하여 계상하게 된다. 사례를 사용하여 12월 31일과 3월 31일에 인식해야 할 유효이자를 나타내면 다음과 같다.

기간별 유효이자, 액면이자, 상각액계산

4/1	12/31	3/31	12/31	3/31	12/31	3/31
발행	₩71,270	₩23,756*	₩72,397	₩24,132	₩73,637	₩24,546(유효이자)
	60,000	20,000	60,000	20,000	60,000	20,000(액면이자)
	11,270	3,756	12,397	4,132	13,637	4,546(상각액)

* ₩95,026(1년분 유효이자)×3/12(3개월분), 액면이자 및 상각액 계산원리 동일

위 표에서 1년분의 유효이자(경과이자) 및 액면이자, 상각액을 9개월분과 3개월분으로 분할하여 계산하였다. 따라서 첫해 12월 31일에는 이자비용계정 차변에 ₩71,270을 기입하고, 미지급이자계정 대변 ₩60,000과 사채할인발행차금계정 대변에 ₩11,270을 기록하게 된다. 3월 31일에는 이자비용계정 차변 ₩23,756과 미지급이자계정 차변에 ₩60,000을 기입하고, 현금계정 대변 ₩80,000과 사채할인발행차금계정 대변에 ₩3,756을 기록하게 된다. 같은 방법으로 3년간 이자비용을 계상한다. 사채를 상환하면 사채계정 차변과 현금계정 대변에 원금을 기록하여 사채거래를 완결시키게 된다.

앞에서 설명한 사채발행금액과 사채할인발행차금의 상각표를 토대로 발행, 이자지급, 상환에 관한 회계처리를 정리하면 다음과 같다. 참고로 사채를 구입한 투자자의 입장에서 나타나는 분개를 비교하여 표시한다. 단, 사채는 만기까지 보유하는 것으로 가정한다.

일 자	발행자의 회계처리	구입자의 회계처리
4월 1일 (20×3년)	(차) 현 금 950,262 사채할인발행차금 49,738 (대) 사 채 1,000,000	(차) 만기보유금융자산 950,262 (대) 현 금 950,262
12월31일 (20×3년)	(차) 이자비용 71,270 (대) 미지급이자 60,000 사채할인발행차금 11,270	(차) 미수이자 60,000 만기보유금융자산 11,270 (대) 이자수익 71,270
3월 31일	(차) 이자비용 23,756	(차) 현 금 80,000

(20×4년)	미지급이자 60,000 (대) 현 금 80,000 사채할인발행차금 3,756	만기보유금융자산 3,756 (대) 미수이자 60,000 이자수익 23,756
12월31일 (20×4년)	(차) 이자비용 72,397 (대) 미지급이자 60,000 사채할인발행차금 12,397	(차) 미수이자 60,000 만기보유금융자산 12,397 (대) 이자수익 72,397
3월 31일 (20×5년)	(차) 이자비용 24,132 미지급이자 60,000 (대) 현 금 80,000 사채할인발행차금 4,132	(차) 현 금 80,000 만기보유금융자산 4,132 (대) 미수이자 60,000 이자수익 24,132
12월31일 (20×5년)	(차) 이자비용 73,637 (대) 미지급이자 60,000 사채할인발행차금 13,637	(차) 미수이자 60,000 만기보유금융자산 13,637 (대) 이자수익 73,637
3월31일 (20×6년)	(차) 이자비용 24,564 미지급이자 60,000 (대) 현 금 80,000 사채할인발행차금 4,564	(차) 현 금 80,000 만기보유금융자산 4,564 (대) 미수이자 60,000 이자수익 24,564
3월31일 (20×6년)	(차) 사 채 1,000,000 (대) 현 금 1,000,000	(차) 현 금 1,000,000 (대) 만기보유금융자산1,000,000

(6) 사채발행비

사채를 발행하려면 사채권의 인쇄비나 인수수수료, 광고비 등이 필요하게 된다. 이와 같이 사채를 발행하는데 나타나는 비용을 **사채발행비**(debenture issuance costs)라고 한다. K-IFRS는 사채발행비를 최초인식하는 **공정가치(사채발행금액)에서 차감**하여 처리하도록 요구하고 있다. 따라서 액면발행이나 할인발행된 경우에는 이를 사채할인발행차금에 포함시켜 처리하게 되며, 할증발행된 경우에는 사채할증발행차금에서 차감하여 처리하게 된다. 예를 들어 3년 만기 사채(액면금액, ₩1,000,000)를 액면이자율 연 10%, 시장이자율 12%의 조건으로 발행하면 발행가액은 ₩951,963일 것이다. 이때 사채발행비로 현금 ₩38,763을 지급하였다면 회계처리는 다음과 같이 이루어진다.

구 분	분 개 기 록			
사채발행시	(차) 현 금 사채할인발행차금	951,963 48,037	(대) 사 채	1,000,000
사채발행비 지급	(차) 사채할인발행차금	38,763	(대) 현 금	38,763

앞에서와 같이 처리하면 사채발행에 따라 유입되는 순현금은 ₩913,200(₩951,963 – 38,763)이 되며, 사채할인발행차금은 ₩86,800이 된다. 사채할인발행차금 ₩86,800은 발행시점에 나타난 사채할인발행차금 ₩48,037에 사채발행비 ₩38,763을 가산한 것이 된다.

(7) 사채의 상환

사채는 대부분 만기에 원금(액면금액)을 상환하게 된다. **만기시점에는 장부금액과 액면금액이 같게 되므로 사채의 상환에 따른 손익은 발생하지 않는다.** 따라서 만기에 현금으로 상환하면 사채계정 차변과 현금계정 대변에 각각 액면금액을 기록하여 회계처리를 완료하게 된다. 이에 관한 회계처리는 액면·할인·할증발행의 사례에서 설명을 하였으므로 확인하여 익혀두기로 하자.

회사는 때때로 **만기 이전에 사채의 일부나 전부를 상환하는 경우**가 있다. 이 경우에는 사채장부금액과 상환금액의 차이를 **당기손익(사채상환손익)**으로 처리한다. 사채상환이익과 사채상환손실은 당기의 비용으로 보고한다. 간단한 〈예제 12-5〉를 사용하여 조기상환에 따른 회계처리를 학습하기로 한다.

예제 [12-5]

- (주)설화수는 새로운 기능성 화장품을 생산하는 라인을 증설하기로 하고 필요한 자금을 사채를 발행하여 조달하기로 하였다. 사채는 20×3년 1월 1일 발행하며 조건은 다음과 같다.

액 면 금 액: ₩1,000,000	만　　기: 20×5년 12월 31일
액면이자율: 연 8%	이자지급일: 매년 12월 31일
시장이자율: 연 10%	

- 사채의 발행금액은 다음과 같다.

사채발행금액의 계산 – 할인발행		
• 이자의 현재가치:	₩80,000 × 2.4869(3년, 10%, 연금현가계수) =	₩198,952
• 원금의 현재가치:	₩1,000,000 × 0.75131(3년, 10%, 현가계수) =	751,310
• 발　행　가　액:		₩950,262

• 사채할인발행차금상각표는 다음과 같다.

사채할인발행차금 상각표 – 유효이자율법				
일 자	장부금액 (액면금액-할인차금)	유효이자 (장부금액×유효이자율)	액면이자 (액면금액×액면이자율)	상각액(추가이자비용) (유효이자–액면이자)
20×3년 초	₩950,262			
20×3년 말	965,288	₩95,026	₩80,000	₩15,026
20×4년 말	981,817	96,529	80,000	16,529
20×5년 말	1,000,000	98,183*	80,000	18,183
계		₩289,738	₩240,000	₩49,738

* 단수차이 조정

• 회사는 발행 후 2년 동안 다음과 같이 회계처리하였다.

일 자	분개기록			
1월 1일 (20×3년)	(차) 현 금 사채할인발행차금	950,262 49,738	(대) 사 채	1,000,000
12월 31일 (20×3년)	(차) 이자비용	95,026	(대) 현 금 사채할인발행차금	80,000 15,026
12월 31일 (20×4년)	(차) 이자비용	96,529	(대) 현 금 사채할인발행차금	80,000 16,529

☞ 요구사항

• 회사가 20×5년 1월 1일에 사채를 ₩956,788과 ₩989,500에 각각 상환한 경우 회계처리를 나타내시오.

해답

구 분	분개기록			
• ₩956,788에 상환한 경우	(차) 사 채	1,000,000	(대) 사채할인발행차금 현 금 사채상환이익	18,183 956,788 25,029
• ₩989,500에 상환한 경우	(차) 사 채 사채상환손실	1,000,000 7,683	(대) 사채할인발행차금 현 금	18,183 989,500

(8) 전환사채

의 의

전환사채(convertible bonds)는 일정기간 후에 사채권자가 전환을 청구하면 보통주로 전환될 수 있는 권리가 부여된 사채를 말한다. 전환사채는 일반사채에 주식전환권이 첨부된 것으로, 보통주로 전환되면 전환사채는 소멸된다.

기업은 전환사채를 발행하면 두 가지의 이점이 있다. 첫째, 전환사채가 주식으로 전환될 경우, 부채가 자본으로 바뀌게 되므로 재무구조가 건전해진다. 둘째, 전환사채는 일반사채에 비해 전환권이 추가되어 있으므로 사채발행이 쉽고, 또한 높은 금액으로 발행할 수 있다.

투자자는 전환사채를 구입하는데 두 가지 이점을 갖는다. 첫째, 발행회사의 주가가 상승하면 투자자는 주식으로 전환하여 기중에 배당소득을 얻고, 처분을 통해 매매차익을 얻을 수 있다. 둘째, 발행회사의 주가가 하락하면 사채로부터 계속 이자소득을 향유하는 최적의 투자기회를 얻는다. 이와 같이 전환사채는 발행회사와 투자자에게 이점을 주게 됨으로 실무에서 많이 활용되고 있다.

회계처리

기업은 전환사채를 공정가치로 발행한다. 전환사채의 공정가치는 전환권의 이점 때문에 동일한 액면이자율의 일반사채보다 높다. 이때 전환사채의 공정가치(발행금액)는 부채요소(전환사채)와 자본요소(전환권대가)로 구성된다. 예를 들어 시장이자율이 10%일 때, 회사는 현재신용상태로 3년 만기, 액면이자율 10%, 액면금액 ₩1,000,000의 일반사채를 액면금액으로 발행할 수 있다. 이때 회사가 3년 만기, 액면이자율 8%, 액면금액 ₩1,000,000의 전환사채를 액면금액으로 발행하였다. 이 경우 일반사채와 전환사채는 동일하게 ₩1,000,000의 액면금액으로 발행하면서 전환사채는 일반사채보다 이자를 연 2%만큼 적게 주게 된다. 이의 이자율차이는 전환사채에 부여된 전환권의 가치 때문이다. 따라서 전환권대가(공정가치)는 전환사채의 발행금액(액면금액)에서 동일조건의 일반사채 현재가치를 차감하여 계산할 수 있다. 전환권대가를 계산하면 다음과 같다.

◆ 전환사채 = 일반사채(부채요소) + 전환권(자본요소)
◆ 전환권대가 = 전환사채 발행금액 − 동일조건의 일반사채 현재가치

◆ 계산예 :
① 일반사채(부채요소)* : ₩80,000 × 2.4869 + ₩1,000,000 × 0.75131 = ₩950,262
② 전환권대가(자본요소) = ₩1,000,000 − ₩950,262 = ₩49,738

* 전환사채 내의 일반사채(부채)요소를 말한다.

기업은 전환사채의 발행금액(공정가치)을 측정하고, 이어 동일조건을 갖는 일반사채의 현재가치(발행금액)를 계산하여, 전환권대가(전환사채의 발행금액−일반사채의 현재가치)를 계산하도록 K-IFRS는 규정하고 있다. 여기서 전환권대가는 일반사채에 주식으로 전환되는 권리의 가치로서 자본항목(자본유지조정)으로 분류된다.

위의 계산에서 보면, 일반사채 ₩1,000,000을 액면금액으로 발행할 수 있는 이자율이 10%이므로 전환사채의 부채요소에 적용할 수 있는 할인율은 10%가 된다. 따라서 전환사채 액면금액 ₩1,000,000은 부채요소(동일조건 일반사채의 현재가치)인 ₩950,262와 자본요소인 전환권의 공정가치 ₩49,738로 구분된다.

회계처리는 전환사채의 액면발행으로 받게 되는 ₩1,000,000을 현금계정 차변과 전환사채계정 대변에 기록하고, 전환권의 공정가치 ₩49,738을 전환권조정계정 차변과 전환권대가 대변에 기록한다. 여기서 전환권조정은 사채할인발행차금과 동일한 전환사채의 차감항목이며, 전환권대가는 자본항목(자본유지조정)으로 분류된다. 전환사채의 발행에 따른 회계처리와 부분재무상태표를 나타내면 다음과 같다.

구 분	분 개 기 록			
전환사채 발 행	(차) 현 금	1,000,000	(대) 전환사채	1,000,000
	전환권조정	49,738	(대) 전환권대가	49,738

부분재무상태표

부 채			
전환사채	₩1,000,000		
전환권조정	(49,738)	₩950,262(일반사채)	총현금유입액 ₩1,000,000
자 본			
전환권대가		₩49,738(전환권가치)	

투자자는 일정기간 후에 전환사채를 보통주식으로 전환한다. 이 경우 전환사채와 관련된 장부금액을 주주지분으로 대체하며, 이때 전환권대가나 전환권조정, 주식발행초과금을 모두 수정하며, 전환에 따른 손익은 인식하지 않는다. 전환에 따른 회계처리를 나타내면 다음과 같다.

구 분	전환사채의 전환과 회계처리			
전환사채 전 환	(차) 전환사채	×××	(대) 전환권조정	×××
	전환권대가	×××	자 본 금	×××
			주식발행초과금	×××

(9) 신주인수권부사채

의 의

신주인수권부사채(bonds with stock warrants)는 사채에 신주청약의 권리를 나타내는 주식인수권이 부여된 것을 말한다. **신주인수권**(stock warrants)은 사채발행회사가 신주를 발행할 때 특정 가격으로 신주를 매입할 수 있는 권리를 말하며, 주식매입권이라고도 한다. 신주인수권은 사채와 별도의 증권으로 발행할 수 있으며, 이 경우 신주인수권은 자본시장에서 매각할 수 있다. 또한 신주인수권부사채는 신주인수권을 행사하면 사채는 소멸되지 않고 존속한다.

회계처리

기업은 신주인수권부사채를 공정가치로 발행한다. 신주인수권부사채의 공정가치는 신주를 우선적으로 매입할 수 있는 권리가 있기 때문에 동일한 액면이자율의 일반사채보다 높다. 신주인수권부사채는 사채와 별도로 신주인수권의 가치를 인식한다. 따라서 신주인권부사채의 공정가치(발행금액)는 일반사채에 해당하는 부분(부채요소)과 신주인수권에 해당하는 부분(자본요소)으로 구성된다. 여기서 자본부분의 가치를 신주인수권대가라고 한다.

기업은 신주인수권부사채의 발행금액(공정가치)을 측정하고, 이어 동일조건을 갖는 일반사채의 현재가치(발행금액)를 계산하여, **신주인수권대가**(신주인권부사채의 발행금액−일반사채의 현재가치)를 계산하도록 K-IFRS는 규정하고 있다. 예를 들어 시장이자율이 10%일 때, 회사는 현재신용상태로 3년 만기, 액면이자율 10%, 액면금액 ₩1,000,000의 일반사채를 액면금액으로 발행할 수 있다. 이때 회사가 만기 3년, 액면이자율 7%, 액면금액 ₩1,000,000의 비분리형 신주인수권부사채를 액면금액으로 발행하였다. 신부인수권부사채는 상환할증금 없이 발행되었으며, 신주인수권의 행사가격은 ₩20,000이며, 행사비율은 100%이다. 이 경우 일반사채와 신주인수권부사채는 동일하게 ₩1,000,000의 액면금액으로 발행하면서 신주인수권부사채는 일반사채보다 이자를 연 3%만큼 적게 주게 된다. 이의 이자율차이는 신주인수권부사채에 부여된 신주인수권의 가치 때문이다. 따라서 **신주인수권대가(공정가치)**는 신주인수권부사채의 발행금액(액면금액)에서 동일조건의 일반사채 현재가치를 차감하여 계산할 수 있다. 신주인수권대가를 계산하면 다음과 같다.

◆ 신주인수권부사채 = 일반사채(부채요소) + 신주인수권(자본요소)
◆ 신주인수권대가 = 신주인수권부사채 발행금액 − 동일조건의 일반사채 현재가치

◆ 계산예 :
① 일반사채(부채요소)* : ₩70,000 × 2.4869 + ₩1,000,000 × 0.75131 = ₩925,393
② 신주인수권대가(자본요소) = ₩1,000,000 − ₩925,393 = ₩74,607

* 신주인수권부사채 내의 일반사채(부채)요소를 말한다.

회계처리는 신부인수권부사채의 액면발행으로 받게 되는 ₩1,000,000을 현금계정 차변과 신주인수권부사채계정 대변에 기록하고, 신주인수권의 공정가치 ₩49,738을 전환권조정계정 차변과 전환권대가 대변에 기록한다. 여기서 신주인수권조정은 사채할인발행차금과 동일한 신주인수권부사채의 차감항목이며, 신주인수권대가는 자본항목(자본유지조정)으로 분류된다. 신주인수권부사채의 발행에 따른 회계처리와 부분재무상태표를 나타내면 다음과 같다.

구 분	분 개 기 록			
신주인수권부사채발행	(차) 현 금	1,000,000	(대) 신주인수권부사채	1,000,000
	신주인수권조정	74,607	(대) 신주인수권대가	74,607

부분재무상태표

부 채			
신주인수권부사채	₩1,000,000		
신주인수권조정	(74,607)	₩925,393(일반사채)	총현금유입액 ₩1,000,000
자 본			
신주인수권대가		₩74,607(신주인수권)	

신주인수권이 행사되면 신주의 발행금액이 납입되고 신주가 발행되며, 이 때 신주인수권부사채를 주주지분으로 대체하는 회계처리가 필요하지 않다. 다만, 자본항목에 계상된 신주인수권대가 중 행사된 부분에 대한 것만 주식발행초과금으로 대체한다. 이에 대한 회계처리를 나타내면 다음과 같다.

구 분	분개기록			
신주인수권 행사시	(차) 현　　금	×××	(대) 자 본 금	×××
		×××	주식발행초과금	×××
	(차) 신주인수권대가	×××	(대) 주식발행초과금	×××

위에서 설명한 전환사채와 신주인수권부사채는 모두 발행금액에 부채요소와 자본요소가 포함되어 있는 것으로, 이러한 것을 복합금융상품이라 한다.

제4절 충당부채

4.1 충당부채의 의의

(1) 의 의

충당부채(provisions)는 지출의 시기 또는 금액이 불확실한 부채를 말한다. 충당부채는 지출시기와 금액이 불확실하므로 확정된 부채가 아니며 따라서 비금융부채로 분류된다. 충당부채는 부채의 성격에 따라 다음과 같이 정의된다.

◆ 충당부채는

① 과거사건의 결과로 현재의무(법적의무 또는 의제의무)가 존재하고,
② 당해 의무를 이행하기 위하여 경제적 효익이 내재된 자원이 유출될 가능성이 높으며,
③ 당해 의무의 이행에 소요되는 금액을 신뢰성 있게 추정할 수 있는 것을 말한다.

충당부채와 우발부채는 우발상황에서 발생하는 부채이다. 우발부채(contingent assets)는 다음의 두 가지 요건 중 하나에 해당하는 잠재적인 부채

로서, 실제 부채가 아니므로 주석으로 공시한다.

◆ 우발부채

① 과거사건에 의해 발생하였으나, 기업이 전적으로 통제할 수 없는 하나 이상의 불확실한 미래사건의 발생 여부에 의해서만 그 존재가 확인되는 잠재적 의무이다.

② 과거사건에 의하여 발생하였으나 다음 (가) 또는 (나)의 경우에 해당하여 인식하지 아니하는 현재의무

(가) 당해 의무를 이행하기 위하여 경제적 효익이 내재된 자원이 유출될 가능성이 높지 아니한 경우

(나) 당해 의무를 이행해야 할 금액을 신뢰성 있게 측정할 수 없는 경우

어떤 사건은 미래 발생의 확실 여부에 따라 현재시점의 이익 또는 손실로 계상할 수 있다. 충당부채와 우발채무는 현재시점에서 미래사건의 발생을 확실하게 추정할 수 있는가에 따라 구분된다. 충당부채는 현재의무이고 이를 이행하기 위해서 경제적 효익이 내재된 자원이 유출될 가능성이 높고 당해 금액을 신뢰성 있게 추정할 수 있으므로 부채로 인식하여 재무상태표에 계상한다. 이에 비해 우발채무는 경제적 효익이 내재된 자원의 유출을 초래할 현재의무가 있는지의 여부가 아직 확인되지 아니한 경우, 또는 현재의무이지만 당해 의무를 이행하기 위하여 경제적 효익이 내재된 자원의 유출될 가능성이 높지 아니하거나 당해 금액을 신뢰성 있게 추정할 수 없는 경우이며, 따라서 우발채무는 부채로 인식하지 않고, 주석으로만 공시한다. 충당부채와 우발채무는 자원유출가능성과 금액추정가능성에 따라 다음과 같이 구분된다.

금액추정가능성 / 자원유출가능성	신뢰성 있게 추정가능	추정불가능
가능성 높음(확률 50% 이상)	충당부채로 인식	우발채무로 주석공시
가능성 어느 정도 있음	우발채무로 주석공시	
가능성 거의 없음	공시하지 않음	공시하지 않음

(2) 인 식

충당부채는 다음 세 가지 조건에 따라 인식한다. 첫째, 과거사건의 결과로 현재의 의무가 존재하고, 둘째, 당해 의무를 이행하기 위하여 경제적 효익이

내재된 자원이 유출될 가능성이 높으며, 셋째, 당해 의무의 이행에 소요되는 금액을 신뢰성 있게 추정할 수 있을 때 충당부채로 인식한다. 이들 인식조건에 대한 내용을 검토한다.

현재의무는 법적 의무와 의제의무를 포함한다. **법적 의무**(legal obligation)는 계약이나 법률, 기타 법적 효력 중 하나에 의해 발생한다. **의제의무**(constrictive obligation)는 정상적인 거래실무, 관행, 또는 원활한 거래관계를 유지하기 위하여 기업이 특정 책임(예, 하자보증)을 부담하겠다는 것을 상대방에게 표명한 것을 말한다. 드문 일이지만 현재의무가 불분명한 경우는 모든 증거를 고려하여 보고기간 말 현재의무가 50% 이상 발생할 확률이 있으면 현재의무가 있는 것으로 본다.

경제적 효익이 내재된 자원의 유출가능성은 현재의무를 이행하는데 경제적 효익이 내재된 자원의 유출가능성이 높아야 함을 의미한다. 또한 제품보증이나 이와 유사한 계약 등 다수의 유사한 의무가 있는 경우, 의무이행에 필요한 자원의 유출가능성은 당해 유사한 의무 전체를 고려하여 결정한다.

의무에 대한 신뢰성 있는 측정은 충당부채의 추정값이 신뢰성을 충분히 가져 재무제표의 신뢰성을 손상시키지 말아야 함을 말한다. 신뢰성은 충당부채가 성격상 재무상태표의 다른 항목보다 불확실성이 크기 때문에 이의 속성이 필요하다. 극히 드문 경우로 신뢰성 있는 금액의 추정이 불가능한 경우에는 충당부채로 인식하지 않고 우발부채로 주석에 기재한다.

우발자산은 자산으로 인식하지 아니하고 경제적 효익의 유입가능성이 높은 경우에만 주석으로 기재한다. 우발부채는 부채로 인식하지 아니한다. 다만 의무를 이행하기 위하여 경제적 효익이 내재된 자원의 유출가능성이 낮지 않다면 우발부채를 주석으로 기재한다.

(2) 측 정

충당부채는 인식하는 금액이 현재의무를 보고기간 말에 이행하기 위하여 소요되는 지출에 대한 최선의 추정치이어야 한다. **최선의 추정치**(best estimates)는 보고기간 말에 의무를 이행하거나 제3자에게 이전시키는 경우에 합리적으로 지급하여야 하는 금액을 말한다. 화폐의 시간가치 효과가 중요한 경우, 충당부채는 의무를 이행하기 위하여 예상되는 지출액의 현재가치로 평가한다.

(3) 충당부채의 변제

기업은 의무이행을 위하여 지급한 금액을 보험약정이나 보증계약 등에 따라 제3자가 보전하여 주거나, 기업이 지급할 금액을 제3자가 직접 지급하는 경우가 있다. 이를 **대리변제**라 한다. 대리변제될 것이 확실한 경우에 한하여 변제금액을 자산으로 인식하고, 그 금액은 관련 충당부채를 초과할 수 없다. 이 경우 대리변제에 따른 수익에 해당하는 금액은 충당부채의 인식에 따라 포괄손익계산서의 인식될 관련비용과 상계할 수 있다. 제3자가 지급하지 아니하더라도 기업이 당해 금액을 지급할 의무가 없는 경우에는 충당부채에 포함하지 아니한다.

(3) 충당부채의 사용과 변동

충당비용은 최초인식과 관련 있는 지출에만 사용한다. 이는 당초에 다른 목적으로 인식된 충당부채를 어떤 지출에 대하여 사용하게 되면 다른 두 사건의 영향이 적절하게 표시되지 않는다. 또한 충당부채는 매 보고기간 말마다 잔액을 검토하고, 보고기간 말 현재 최선의 추정치를 반영하여 조정한다. 의무이행을 위하여 경제적 효익이 내재된 자원이 유출될 가능성이 더 이상 높지 아니한 경우에 관련 충당부채를 환입한다. 충당부채를 현재가치로 평가하여 표시하는 경우에는 장부금액을 기간경과에 따라 증가시키고 해당증가금액은 차입원가로 인식한다.

4.2 충당부채의 유형별 회계처리

충당부채와 관련하여 실무에서 많이 발생하는 유형에는 제품보증충당부채, 경품충당부채, 지급보증충당부채, 복구충당부채, 손해배상충당부채 등이 있다. 각 부채에 대하여 설명한다.

(1) 제품보증충당부채

제품보증충당부채는 제품보증에서 나타난다. **제품보증**(product warranty)은 판매자가 구매자에게 제품의 판매나 서비스의 제공 후에 제품의 품질, 수량, 성능에 결함이 있을 때, 그것을 수리, 교환 혹은 보상해 주겠다는 약정이다. 제품보증은 판매보증으로 판매촉진을 위하여 사용된다. 회사는 제품보증을 약속하면 구매자로부터 제품보증의 청구를 받을 수 있는 우발상황이 존재한다. 여기서 제품보증으로 인해 미래에 보증청구의 발생가능성이 높고, 의무이행을 위한 자원의 유출가능성이 높으며, 자원유출을 신뢰성 있게 추정할 수 있으면 제품충당부채를 인식한다. 이의 예에는 건설하자보수충당부채가 있다. 제품보증의 발생가능성은 제품보증의무 전체를 고려하여 측정하며, 따라서 개별적인 의무발생가능성이 낮아도 전체적인 의무이행에서 생기는 발생가능성이 높을 수 있다. 간단한 〈예제 12-6〉을 통해 제품보증충당부채의 회계처리를 학습한다.

예제 [12-6]

• (주)현주컴퓨터는 20×3년부터 i-max 뉴컴퓨터를 판매하기 시작했다. 회사는 판매된 제품에 3년간 품질보증을 약속하였다. 과거경험에 따르면 보증비용은 매출액의 5%가 발생하는 것으로 추정되었다. 회사의 회계기간은 1월 1일부터 12월 31일까지이다. 과거 3년간 매출액과 제품보증비는 다음과 같다. 요구사항에 대답하시오.

구 분	매 출 액	보증비용
20×0	₩1,000,000	₩17,000
20×1	1,200,000	20,000
20×2	1,400,000	35,000

☞ **요구사항**

1. 3년간 매출시점, 보증비용발생시점, 결산시점에 필요한 분개를 하시오.
2. 20×2년 말 제품보증충당부채를 계산하시오.

해답 ≪≪≪

1. 3년간 회계처리

일 자	분개기록				
매출시점 (20×0)	(차) 현 금	1,000,000	(대) 매 출	1,000,000
보증비용발생 (20×0)	(차) 제품보증비	17,000	(대) 현 금	17,000

결산시점 (20×0)	(차) 제품보증비	33,000*	(대) 제품보증충당부채	33,000
매출시점 (20×1)	(차) 현 금	1,200,000	(대) 매 출	1,200,000
보증비용발생 (20×1)	(차) 제품보증충당부채	20,000	(대) 현 금	20,000
결산시점 (20×1)	(차) 제품보증비	60,000**	(대) 제품보증충당부채	60,000
매출시점 (20×2)	(차) 현 금	1,400,000	(대) 매 출	1,400,000
보증비용발생 (20×2)	(차) 제품보증충당부채	35,000	(대) 현 금	35,000
결산시점 (20×2)	(차) 제품보증비	70,000***	(대) 제품보증충당부채	70,000

* ₩1,000,000×5%−₩17,000 = ₩33,000, ** ₩1,200,000×5%−₩0 = ₩60,000
*** ₩1,400,000×5%−₩0 = ₩70,000

2. 20×2년 말 제품보증충당부채

제품보증비 예상액 :	(₩1,000,000+₩1,200,000+₩1,400,000)×5%=	₩180,000
제품보증비 발생액 :	₩17,000+₩20,000+₩35,000=	(72,000)
계		₩108,000

(2) 경품보증충당부채

경품보증충당부채는 경품제도의 실시에서 나타난다. **경품**은 상품판매 시 발행된 쿠폰과 교환하거나 포장용기의 일부분과 교환하는 방법으로 제공된다. 경품제공기간의 상품판매는 이로 인해 현재의무의 발생가능성이 높고, 의무이행을 위한 자원의 유출가능성이 높기 때문에 관련비용의 최상 추정치를 충당부채를 인식한다. 간단한 〈예제 12-7〉을 통해 경품보증충당부채의 회계처리를 학습한다.

예제 [12-7]

• (주)싱싱은 제주산 Gold Kiwi를 판매한다. 회사는 Gold Kiwi 한 상자당 하나의 쿠폰을 넣어 판매한다. Gold Kiwi 한 상자 판매가격은 ₩4,000이다. 경

품은 쿠폰 10장에 Honey Due(원가 ₩3,000) 1개를 제공한다. 회사는 경험에 따라 발행된 쿠폰의 50% 정도가 상환요청되는 것으로 추정하고 있다. 20×3년 Gold Kiwi는 총 1,000상자 판매되었으며, 경품제공을 위해 50개의 Honey Due를 구입하였다. 20×3년 상환을 요청한 쿠폰은 300장이다.

☞ **요구사항**

1. Gold Kiwi 판매에 대한 분개를 나타내시오.
2. 경품구입에 대한 분개를 나타내시오.
3. 20×3년에 상환된 쿠폰에 대한 분개를 나타내시오.
4. 상환이 예정되는 경품충당부채에 대한 회계처리를 나타내시오.

해답

일 자	분개기록			
매출시점 (20×3)	(차) 현 금	4,000,000	(대) 매 출	4,000,000
경품구입 (20×3)	(차) 경 품	150,000	(대) 현 금	150,000
쿠폰상환 (20×3)	(차) 경 품 비	90,000*	(대) 경 품	90,000
결산시점 (20×3)	(차) 경 품 비	60,000**	(대) 경품충당부채	60,000

* 경품개수(300장/10장)×₩3,000=₩90,000,
** (1,000상자×50%−300장)÷10장×₩3,000=₩60,000

(3) 지급보증충당부채

기업은 담보가 부족하거나 재무구조가 튼튼하지 못한 관계 및 관련회사가 금융기관으로부터 대출을 할 때 지급보증을 하는 경우가 있다. **지급보증**은 대출을 받은 관계 및 관련회사가 부채를 상환하지 못하면 보증인이 대신 부채를 상환하여야 하는 의무를 말한다. 이 경우 타인에 대한 채무보증은 우발상황에 해당하므로, 1차 지급의무자가 재정문제로 부채를 상환하지 못할 가능성이 높고, 의무이행을 위해 자원의 유출가능성이 높으며, 그 금액을 합리적으로 추정할 수 있다면 지급보증충당부채가 된다.

지급보증충당부채는 채무보증손실과 직접 관련되는 반대청구권이 존재함으로 채무보증손실의 전부 또는 일부가 상쇄되거나 회피될 것이 확실한 경우에는 재무제표에 계상해야 할 손실금액에서 상쇄되거나 회피될 수 있는 금액을 차감한다. 또한 지급할 금액을 제3자가 보전하는 대리변제의 가능성이 확실한 경우에는 그 금액을 자산으로 인식하고 대리변제에 따른 수익은 충당부채와 관련된 비용과 상계한다.

예제 [12-8]

- (주)조선건설은 20×3. 3. 1. 월드두바이의 은행대출 ₩50,000,000에 대해 채무보증을 제공하였다. 월드두바이는 두바이에 건설되는 월드호텔이 경기하강에 따라 법원에 화의신청을 하게 되었다. 따라서 (주)조선건설은 월드두바이의 법정화의에 따라 채무보증한 ₩50,000,000에 대해 지급의무를 부담할 가능성이 높은 것으로 결정되었다. 이의 금액은 현재가치가 반영된 것이다. 필요한 회계처리를 나타내시오.

해답 ≪≪≪

일 자	분 개 기 록
20×3. 3. 1.	분개없음
20×3. 12. 31.	(차) 지급보증손실 50,000,000 (대) 지급보증충당부채 50,000,000

(4) 복구충당부채

기업은 영업을 하면서 환경에 여러 가지 영향을 준다. 예를 들면 원자력 발전소나 쓰레기매립장, 저유시설 등은 영업과정에서 토양, 수질, 대기, 방사능 오염을 줄 수 있다. 이는 주로 유형자산의 사용이 종료되면 이로 인한 환경영향을 원상으로 회복시켜야 한다. 이 경우 과거의 사건(유형자산의 사용으로 인한 환경영향)의 결과로 현재의무(복구의무)의 발생가능성이 높고, 의무이행을 위한 자원의 유출가능성이 높으면 복구원가에 대한 최선 추정치를 복구충당부채로 인식한다. **복구충당부채**는 자산의 취득원가에 가산되며, 훼손된 환경을 복구하는 시점에 이미 계상되었던 복구충당부채를 대변에 기입하고 지급한 현금과의 차액은 복구공사손익으로 인식한다. 간단한 〈예제 12-9〉를 통해 복구충당부채의 회계처리를 학습한다.

예제 [12-9]

• (주)환경쓰레기는 20×3. 5. 1.쓰레기매립에서 침출된 오수가 상수도에 영향을 미쳐 범칙금으로 ₩3,000,000을 부과받았다. 이의 범칙금은 상수도오염의 복구를 위하여 사용될 것이다. 필요한 분개를 나타내시오.

해답

일 자	분 개 기 록			
20×3. 5. 1.	(차) 복구공사손실	3,000,000	(대) 복구충당부채	3,000,000

(5) 손해배상충당부채

기업은 영업과정에서 이해관계자로부터 손해배상의 청구소송에 노출될 수 있다. 손해배상은 손실이 발생할 수 있는 우발상황이 된다. 따라서 소송의 원인이 되는 사건이 보고기간 말에 발생하였고, 변호사의 의견이나 소송사건의 성격을 볼 때 패소할 가능성이 높아 자원의 유출가능성이 높으며, 손실의 금액을 신뢰성 있게 추정할 수 있는 경우 예상되는 손실을 당기손실로 인식하고 **손해배상충당부채**로 계상한다. 간단한 〈예제 12-10〉을 통해 손해배상충당부채의 회계처리를 학습한다.

예제 [12-10]

• (주)영락공원(화장장)은 20×3. 7. 1. 소송에 계류되어 법원으로부터 ₩30,000,000을 패소판결을 받았다. 회사는 이에 대해 즉시 항소하였으며, 고문변호사와 상의한 결과 변상하여야 할 금액으로 ₩20,000,000을 추정하였다. 필요한 분개를 나타내시오.

해답

일 자	분 개 기 록
20×3. 7. 1.	(차) 손해배상손실 20,000,000 (대) 손해배상충당부채 20,000,000

제5절 기타채무

기타채무는 앞에서 설명한 금융부채와 충당부채에 속하지 않는 부채를 말한다. 기타부채에는 선수금, 선수수익, 임대보증금 등이 있다. 이들 항목을 부채를 금융부채와 비금융부채로 구분하는 것에 따라 이에 해당하지 않는 것이 포함되어 있다.

선수금(advance received from customers)은 정상적인 영업활동에서 미래에 상품 등을 제공하기로 하고 대금의 일부를 미리 받은 것으로 거래가 완료될 때까지 채무가 된다. 예를 들어 우리건설사가 아파트를 분양하고 착수금으로 공사대금을 미리 받으면 선수금계정 대변에 기입하고 아파트를 인도하면 차변에 기입한다. 재무상태표에서는 선수금을 유동부채로 보고한다.

선수수익(unearned revenue)은 기업이 일정기간 계속적으로 용역을 제공하기로 계약하고 먼저 받은 수익 중 차기에 속하는 것을 말한다. 예를 들어 자금대여에 따른 이자나 사무실 대여의 임대료, 보험서비스의 계약에 따른 보험료 등을 미래 다음 회계기간의 대가를 받으면 지급채무인 선수수익계정의 대변에 기록하게 된다.

임대보증금(security deposit)은 기업이 타인에게 부동산이나 동산을 일정기간 빌려주기로 계약하고 채무의 담보로서 임차인으로부터 받은 것을 말한다. 임대보증금은 임대계약이 끝나면 다시 임차인에게 되돌려 주어야 하는 채무가 된다.

위의 기타채무는 재무상태일로부터 12개월 이내에 결제될 것으로 예상되는 경우는 유동부채로 계상하고, 그 외의 것은 비유동부채로 계상하여 재무상태에 보고한다. 간단한 〈예제 12-11〉을 통해 선수금, 선수익, 임대보증금의 회계처리를 학습한다.

예제 [12-11]

• 다음의 거래를 혜교상점의 입장에서 분개하시오.

8월 1일 효리상점은 혜교상점에 샤넬 #5 ₩5,000,000을 주문하고 계약금으로 ₩500,000을 당좌수표 #007을 발행하여 교부하다.

15일 효리상점은 주문한 상품이 도착하여 대금 중 ₩2,000,000을 현금으로 지급하고 잔액은 월말에 지급하기로 하다.

9월 1일 혜교상점은 승우상점에 사무실을 임대하고, 임대보증금 ₩3,000,000을 받다. 또한 승우상점으로부터 1년분 임대료 ₩1,200,000을 받다.

해답

구 분	분개기록			
8월 1일	(차) 현 금	500,000	(대) 선 수 금	500,000
15일	(차) 선 수 금	500,000	(대) 매 출	5,000,000
	현 금	2,000,000		
	매출채권	2,500,000		
9월 1일	(차) 현 금	4,200,000	(대) 임대보증금	3,000,000
			선수임대료	1,200,000

개념정리

▣ 문제 ▣

01 부채의 의의와 종류를 설명하시오.

02 금융부채의 분류와 측정에 대하여 설명하시오.

03 매입채무계정의 수정항목을 열거하고 설명하시오.

04 어음담보차입에 대하여 설명하시오.

05 사채는 무엇이며 발행가액은 어떻게 결정되는가를 설명하시오.

06 사채증권에 표시된 액면금액과 액면이자의 의미를 설명하시오.

07 시장이자율과 유효이자율을 설명하시오.

08 사채의 액면이자율과 시장이자율이 다른 이유를 설명하시오.

09 사채가 액면발행, 할인발행, 할증발행되는 경우를 예를 들어 설명하시오.

10 사채를 할인발행하는 경우 회계처리방법을 설명하시오.

11 사채를 할증발행하는 경우 회계처리방법을 설명하시오.

12 사채할인발행차금의 의미를 설명하시오.

13 사채할인발행차금을 상각하는 유효이자율법을 설명하시오.

14 사채이자를 1년에 두 번 이상 지급하는 경우 사채발행가액을 계산하는 방법을 설명하시오.

15 이자지급기간과 회계기간이 다른 경우 이자비용처리방법을 설명하시오.

16 전환사채의 의의와 회계처리방법을 설명하시오.

17 신주인수권부사채의 의의와 회계처리에 대하여 설명하시오.

18 충당부채의 의의와 인식기준에 대하여 설명하시오.

19 충당부채의 유형별 회계처리를 설명하시오.

20 다음의 용어를 설명하시오.

- current liabilities
- noncurrent liabilities
- financial liabilities
- discount on bond payable
- provisions
- convertible bond
- effective interest method
- constrictive obligation
- coupon
- face rate of interest
- market interest rate
- bond
- bonds with stock warrants
- contingent assets
- product warranty
- premium on bond payable
- effective interest rate
- face value

연 습 문 제

▣ 문제 [1]

다음은 여러 개념을 설명한 것이다. 빈칸에 적합한 단어나 문구를 기입하시오.

01 부채는 (　　　)사건에 의하여 발생하였으며, (　　　) 효익이 내재된 자원이 기업으로부터 유출됨으로써 이행될 것으로 기대되는 (　　　)의무를 말한다. 부채는 상환기간, 성격, (　　　)의 불확실성을 기준으로 유동부채와 (　　　), (　　　)와 비금융부채, 확정부채와 (　　　)로 구분한다.

02 금융부채는 부채의 정의를 충족하는 (　　　)의 의무로서, (　　　) 또는 자기지분상품 등의 (　　　)으로 결제되는 부채를 말한다. 금융부채는 최초측정 시 (　　　)로 측정한다. 당기손익인식금융부채는 부채발행 시 발행과 직접 관련된 거래원가는 (　　　)으로 처리한다.

03 기업이 이자부어음을 발행하여 은행에 제공하고 단기차입을 할 경우, 단기차입금계정에 어음의 (　　　)을 계상하여 재무상태표에 표시하며, 발생이자는 구분하여 기록한다. 이에 비해 (　　　)은 은행에 제공하고 단기차입할 경우, 이자 및 수수료를 (　　　)한 금액만을 받게 된다. 이때 차감된 이자 및 수수료를 (　　　) 또는 지급어음할인차금으로 처리한다.

04 사채란 (　　　)을 발행하고 일반대중으로부터 자금을 장기적으로 차입한 것을 말한다. 회사는 사채를 발행하여 자금을 조달하고 정기적으로 (　　　)를 지급하며, 만기에는 (　　　)을 상환하게 된다. 여기서 사채증권에 인쇄된 이자율을 (　　　)이라고 하며, 만기에 상환하는 금액을 액면금액이라고 한다.

05 사채의 발행가액은 사채의 이자와 (　　　)을 (　　　)로 할인하여 계산한다. 사채의 발행가액은 (　　　)과 시장이자율의 관계에 따라 결정된다. 사채증권에 표시된 액면이자율이 발행시점의 시장이자율과 같으면 발행가액은 (　　　)과 같게 된다. 하지만 액면이자율이 (　　　)보다 낮다면 발행가액은 액면가액 이하로 (　　　)하게 된다. 반대로 액면이자율이 시장이자율보다 높으면 발행가액은 액면가액 이상으로 (　　　)하게 된다.

06 회사는 사채기간 동안 정기적으로 이자를 지급하게 된다. 이자비용은 실제로 지급하는 (　　　)뿐만 아니라 사채할인발행에 따른 '시장이자율-액면이자율' 차

이만큼 추가적으로 계상하여야 한다. 이의 차이는 (   )에 포함되어 있으므로 이를 유효이자율법에 따라 나누어 사채기간에 계상하게 된다. (   )이란 사채의 장부가액에 사채발행시점의 (   )을 곱하여 매 연도 이자비용을 계상하는 방법이다. 유효이자액은 (   )에 할인발행으로 인한 이자비용을 가산한 것이다. 따라서 할인으로 인해 추가적으로 인식하는 이자비용은 '유효이자-액면이자'가 되며 이를 (   )의 상각액이라 한다.

07 사채를 발행하려면 사채권의 인쇄비나 인수수수료, 광고비 등이 필요하게 된다. 이와 같이 사채를 발행하는데 나타나는 비용을 (   )라고 한다. K-IFRS는 사채발행비를 (   )에서 차감하여 처리하도록 요구하고 있다. 따라서 액면발행이나 (   )발행된 경우에는 이를 사채할인발행차금에 포함시켜 처리하게 되며, 할증발행된 경우에는 (   )에서 차감하여 처리하게 된다.

08 (   )는 일정기간 후에 사채권자가 전환을 청구하면 (   )로 전환될 수 있는 권리가 부여된 사채를 말한다. 기업은 전환사채를 (   )로 발행한다. 전환사채의 공정가치는 전환권의 이점 때문에 동일한 액면이자율의 일반사채보다 높다. 이때 전환사채의 발행금액은 부채요소인 (   )와 자본요소인 (   )로 구성된다. 신주인수권부사채는 사채에 (   )의 권리를 나타내는 주식인수권이 부여된 것을 말한다. 신주인수권부사채도 사채와 별도로 신주인수권의 가치를 인식한다.

09 충당부채는 지출의 (   ) 또는 금액이 (   )한 부채를 말한다. 충당부채는 지출시기와 (   )이 불확실하므로 확정된 부채가 아니며 따라서 (   ) 부채로 분류된다. 충당부채는 과거사건의 결과로 (   ) 의무가 존재하고, 당해 의무를 이행하기 위하여 경제적 효익이 내재된 자원이 (   )될 가능성이 높으며, 당해 의무의 이행에 소요되는 금액을 (   ) 있게 추정할 수 있을 때 충당부채로 인식한다. 충당부채는 인식하는 금액이 현재의무를 보고기간 말에 이행하기 위하여 소요되는 지출에 대한 최선의 (   )이어야 한다. 충당부채와 관련하여 실무에서 많이 발생하는 유형에는 제품보증충당부채, (   ), 지급보증충당부채, 복구충당부채, 손해배상충당부채 등이 있다.

▣ 문제 [2]

K2회사는 20×3. 1. 1. 재고자산 ₩300,000을 구입하고 매년 말 ₩100,000씩 상환하기로 하였다. 이는 장기연불거래에 해당하는 것으로, 현재 시장이자율은 연 10%이다. 요구사항에 대답하시오.

【요구사항】

1. 재고자산의 취득에 따라 매년 지급하는 상환액의 현재가치표를 작성하시오.
2. K2회사가 20×3. 1. 1.에 필요한 재고자산의 취득분개를 하시오
3. 20×3. 1. 1. 현재 매입채무 및 장기성매입채무를 나타낸 부분재무상태표를 작성하시오.

▣ 문제 [3]

(주)올레는 20×3. 10. 1. 자금이 부족하여 약속어음 #003(액면금액 : ₩3,000,000, 만기 1년)을 발행하여 하늘은행에 제공하고, 연 10% 할인한 자금을 조달하였다. 요구사항에 답하시오.

【요구사항】

1. (주)올레가 20×3. 10. 1.에 필요한 분개를 하시오
2. (주)올레가 부담하는 유효이자율을 계산하시오.
3. (주)올레가 20×3. 12. 31.에 필요한 기말수정분개를 표시하시오.
4. 20×3. 12. 31. 부분재무상태표를 나타내시오.

▣ 문제 [4]

다음은 독립된 거래이다. 거래를 분개하시오.

1. 회사는 9월분 보험료 ₩1,000,000이 발생하였는데 매 익월 10일에 지급하고 있다. 회사는 9월분 종업원 급여 ₩10,000,000을 계상하고 소득세 ₩700,000, 소득할주민세 ₩68,000, 국민연금 ₩80,000, 건강보험료 ₩120,000, 고용보험료 ₩100,000을 차감한 잔액을 현금으로 지급하다.
2. 회사는 당해 연도의 중간예납세액으로 ₩2,500,000을 국세청에 납부하다. 12월 31일 회사는 연말결산에 따라 법인세를 ₩4,000,000으로 결정하였다.

▣ 문제 [5]

(주)설화수는 20×4. 1. 1. 투자부동산 빌딩을 매각하고 대금은 매년 말 ₩100,000,000씩 3년 동안 받기로 하였다. 단, 시장이자율은 12%로 가정한다.

【요구사항】

1. 대금을 매년 말에 받기로 한 경우 매각대금의 현재가치를 계산하시오.

2. 대금을 매각시점(1회) 및 매년 초(2, 3회)에 받기로 한 경우 매각대금의 현재가치를 계산하시오.

▣ 문제 [6]

(주)네띠앙은 20×3. 1. 1. 새로운 설비투자에 필요한 자금을 사채를 발행하여 조달하기로 하였다. 사채발행에 관련된 조건은 다음과 같다.

- 액면가액 : ₩10,000,000
- 만 기 : 20×5년 12월 31일
- 액면이자율 : 연 10%
- 이자지급일 : 매년 12월 31일
- 시장이자율 : 연 10%

[요구사항]

1. 사채발행가액을 계산하시오.
2. 20×3. 12. 31.에 이자비용의 인식에 관한 회계처리를 하시오.
3. 20×5. 12. 31.에 이자비용과 상환에 관한 회계처리를 하시오.

▣ 문제 [7]

(주)크리스천디오르는 20×3. 1. 1. 새로운 설비투자에 필요한 자금을 사채를 발행하여 조달하기로 하였다. 사채발행에 관련된 조건은 다음과 같다.

- 액면가액 : ₩10,000,000
- 만 기 : 20×5년 12월 31일
- 액면이자율 : 연 8%
- 이자지급일 : 매년 12월 31일
- 시장이자율 : 연 10%

[요구사항]

1. 사채발행가액을 계산하고 회계처리에 대한 분개를 표시하시오.
2. 유효이자율법에 따라 사채할인발행차금상각표를 작성하시오.
3. 20×3. 12. 31.에 이자비용의 인식에 관한 회계처리를 하시오.
4. 20×5. 12. 31.에 이자비용과 상환에 관한 회계처리를 하시오.

▣ 문제 [8]

(주)샤넬은 20×3. 1. 1. 새로운 설비투자에 필요한 자금을 사채를 발행하여 조달하기로 하였다. 사채발행에 관련된 조건은 다음과 같다.

- 액면가액 : ₩10,000,000
- 만 기 : 20×5년 12월 31일

- 액면이자율 : 연 12%
- 시장이자율 : 연 10%
- 이자지급일 : 매년 12월 31일

【요구사항】

1. 사채발행가액을 계산하고 회계처리에 대한 분개를 표시하시오.
2. 유효이자율법에 따라 사채할증발행차금상각표를 작성하시오.
3. 20×3. 12. 31.에 이자비용의 인식에 관한 회계처리를 하시오.
4. 20×5. 12. 31.에 이자비용과 상환에 관한 회계처리를 하시오.

▣ 문제 [9]

(주)바나나는 20×3. 1. 1. 새로운 설비투자에 필요한 자금을 사채를 발행하여 조달하기로 하였다. 사채발행에 관련된 조건은 다음과 같다.

- 액면가액 : ₩10,000,000
- 액면이자율 : 연 10%
- 시장이자율 : 연 12%
- 만　　기 : 20×4년 12월 31일
- 이자지급일 : 매년 6월 30일과 12월 31일

【요구사항】

1. 사채발행가액을 계산하고 회계처리에 대한 분개를 표시하시오.
2. 유효이자율법에 따라 사채할인발행차금상각표를 작성하시오.
3. 20×3. 6. 30.과 12. 31.에 이자비용의 인식에 관한 회계처리를 하시오.
4. 20×4. 12. 31.에 이자비용과 상환에 관한 회계처리를 하시오.

▣ 문제 [10]

(주)넝쿨은 20×3. 10. 1. 신사옥을 건설하기로 하고 필요한 자금을 사채를 발행하여 조달하기로 하였다. 사채발행에 관련된 조건은 다음과 같다.

- 액면가액 : ₩50,000,000
- 액면이자율 : 연 12%
- 시장이자율 : 연 10%
- 만　　기 : 20×5년 9월 30일
- 이자지급일 : 매년 3월 31일과 9월 30일

【요구사항】

1. 사채발행가액을 계산하고 회계처리에 대한 분개를 표시하시오.
2. 유효이자율법에 따라 사채할증발행차금상각표를 작성하시오.
3. 20×3. 12. 31.에 이자비용의 인식에 관한 회계처리를 하시오.

4. 20×4. 3. 31.에 이자지급에 관한 회계처리를 하시오.
5. 20×4. 9. 30.에 이자지급에 관한 회계처리를 하시오.
6. 20×5. 9. 30.에 이자비용과 상환에 관한 회계처리를 나타내시오.

▣ 문제 [11]

(주)가을은 20×3. 1. 1. 새로운 공장을 건설하기로 하고 필요한 자금을 사채를 발행하여 조달하기로 하였다. 사채발행에 관련된 조건은 다음과 같다.

- 액면가액 : ₩10,000,000
- 만　　기 : 20×4년 12월 31일
- 액면이자율 : 연 10%
- 이자지급일 : 매년 12월 31일
- 시장이자율 : 연 12%

〔요구사항〕

1. 사채발행가액을 계산하고 회계처리에 대한 분개를 표시하시오.
2. 유효이자율법에 따라 사채할인발행차금상각표를 작성하시오.
3. 20×3. 12. 31.에 이자지급에 대한 분개를 하시오.
4. 20×4. 1. 1.에 현금 ₩9,900,000을 지급하고 사채를 상환한 경우 회계처리를 하시오.
5. 20×4. 1. 1.에 현금 ₩9,800,000을 지급하고 사채를 상환한 경우 회계처리를 하시오.

▣ 문제 [12]

(주)가을은 시장이자율이 8%일 때, 회사는 현재신용상태로 3년 만기, 액면이자율 8%, 액면금액 ₩1,000,000의 일반사채를 액면금액으로 발행할 수 있다. 이때 회사가 만기 3년, 액면이자율 6%, 액면금액 ₩1,000,000의 전환사채를 액면금액으로 발행하였다.

〔요구사항〕

1. 전환사채에 포함된 일반사채(부채요소)를 계산하시오.
2. 전환권대가(자본요소)를 계산하시오.
3. 부분재무상태표를 작성하시오.

▣ 문제 [13]

(주)여름건설은 시장이자율이 12%일 때, 회사는 현재신용상태로 3년 만기, 액면이자율 12%, 액면금액 ₩1,000,000의 일반사채를 액면금액으로 발행할 수 있다. 이때 회사가 만기 3년, 액면이자율 10%, 액면금액 ₩1,000,000의 비분리형 신주인수권부사채

를 액면금액으로 발행하였다. 신부인수권부사채는 상환할증금 없이 발행되었으며, 신주인수권의 행사가격은 ₩20,000이며, 행사비율은 100%이다.

【요구사항】

1. 신주인수권부사채에 포함된 일반사채(부채요소)를 계산하시오.
2. 신주인수권대가(자본요소)를 계산하시오.
3. 부분재무상태표를 작성하시오.

▣ 문제 [14]

Apple Computer inc.는 20×4년부터 i-TV를 판매하기 시작했다. 회사는 판매된 제품에 3년간 품질보증을 약속하였다. 과거경험에 따르면 보증비용은 매출액의 6%가 발생하는 것으로 추정되었다. 회사의 회계기간은 1월 1일부터 12월 31일까지이다. 과거 3년간 매출액과 제품보증비는 다음과 같다.

구 분	매 출 액	보증비용
20×1	₩2,000,000	₩77,000
20×2	2,200,000	80,000
20×3	2,400,000	85,000

【요구사항】

각 연도별로 매출시점, 보증비용발생시점, 결산시점에서 필요한 회계처리와 20×3년말 제품보증충당부채를 계산하시오.

▣ 문제 [15]

(주)정유는 저유시설을 ₩50,000,000에 신축하였다. 내용연수는 5년이다. 이 시설은 내용연수 종료 후 원상회복시켜 주어야 한다. 원상회복에는 ₩6,000,000의 지출이 소요될 것으로 추정되었다. 5년 후의 ₩6,000,000의 현재가치는 ₩4,700,000이다. 종료시점에 필요한 분개를 나타내시오.

제 13 장

ACCOUNTING PRINCIPLES

자 본

|학|습|요|점|

- 자본은 무엇이며 어떤 항목으로 구성되어 있는가?
- 주식의 할인 · 액면 · 할증발행과 회계처리는 어떻게 하는가?
- 자기주식의 취득목적과 회계처리는 어떻게 하는가?
- 자본잉여금은 무엇이며 구성항목별 회계처리는 어떻게 하는가?
- 이익잉여금은 무엇이며 구성항목별 회계처리는 어떻게 하는가?
- 자본조정항목의 구성내용과 회계처리는 어떻게 하는가?
- 기타포괄손익누계액은 무엇이며 어떻게 회계처리하는가?
- 자본변동표는 무엇이며 어떻게 작성하는가?

제1절 자본의 의의

1.1 자본의 의의

기업은 외부로부터 경영활동에 필요한 자금을 조달하게 된다. 처음에는 자기의 자금으로 영업을 시작한다. 하지만 기업규모가 커지고 확장하는 과정에서는 자금을 빌려오거나 증자를 하게 된다. 일반적으로 외부로부터 빌려 온 자금을 타인자본이라 하며 부채로 기록하게 된다. 타인자본은 일정기간 후에 채권자에게 되돌려 주어야 할 금액이므로 채권자지분이라고 한다.

자기자본은 주인이 출자한 것으로 회계에서는 자본으로 기록한다. **자본**(capital)은 회사를 해산할 때 주인에게 되돌려 주어야 할 몫이므로 **소유주지분**(owners' equity)이라고 한다. 소유주지분은 청산과정에서 우선적으로 채권자에게 자산을 분배하게 되며, 채권자에게 분배하고 남은 잔여지분은 소유주의 몫이 되므로 이를 **잔여지분**(residual interest)이라고 하고, 주식회사의 경우 **주주지분**(stockholders' interest)이라고 한다.

◈ 자 산	=	부 채	+	자 본
(경제자원)		(채권자지분)		(소유주지분)
(총 자 산)		(채권자자산)		(순자산, 잔여지분)

1.2 자본의 분류

자본은 관점에 따라 다양하게 분류할 수 있다. 관점에는 회계, 경제, 법률적 기준이 있다. K-IFRS는 회계처리의 관점에 따라, 자본을 납입자본, 이익잉여금, 기타자본요소로 분류한다. **납입자본**(paid-in capital)은 자본금과 자본잉여금, 자본조정으로 구성된다. **이익잉여금**(retained earnings)은 손익거래에서 발생된 이익 중 사외로 유출되지 않고 사내에 남아 있는 유보이익을 말하며, **기타자본요소**에는 기타포괄손익누계액이 포함된다. K-IFRS에 따라 자본의 분류를 나타내면 다음과 같다.

[자본의 분류 – K-IFRS]

(1) 납입자본 : 소유주가 기업에 불입한 것으로 자본금과 자본잉여금, 자본조정으로 구분된다.
① 자본금 : 소유주가 납입한 금액 중 주권에 표시된 액면금액
② 자본잉여금 : 소유주가 납입한 금액 중 자본금을 초과한 부분
③ 자본조정 : 소유주와 거래 중 납입자본에 해당하지 않지만 자본의 가감항목
(2) 이익잉여금 : 영업활동에서 획득한 순이익 중 배당되지 않고 사내에 유보된 이익
(3) 기타자본요소 : 납입자본이나 이익잉여금에 해당하지 않는 자본요소
① 기타포괄손익누계액 : 손익거래 중 순이익에 포함되지 않지만 자본 전체에 가감항목

자본은 법률적 관점에 따라 법정자본과 잉여금으로 구분된다. **법정자본**(legal capital)은 주식발행수에 액면금액을 곱한 것으로 법적 절차에 의해 변경할 수 있다. **잉여금**(surplus)은 자본 중 법정자본을 초과한 부분을 말한다.

자본은 경제적 관점에 따라 납입자본과 유보이익으로 구분된다. **납입자본**은 소유주와 거래에서 납입한 것으로 자본금과 자본잉여금, 자본조정으로 구성된다. **유보이익**은 손익거래에서 발생한 이익 중 회사 내에 유보된 것으로 기타자본요소와 이익잉여금으로 구성된다.

주식의 발행 제2절

주식회사(corporation)는 주식을 소유하는 주주로 구성된 회사이다. 적은 여유자금으로 주식을 살 수 있으므로 쉽게 주주가 될 수 있고 자기가 출자한 금액에만 책임을 지니므로 투자자로서 접근하기 편리한 회사이다. 주식을 통해 자금조달이 용이하고 변화하는 경영환경에 탄력적으로 대응할 수 있으므로 오늘날 대부분 기업이 주식회사의 형태를 띠고 있다. 정부 또한 글로벌 환경에 대기업이 유리하므로 주식회사제도에 여러 가지 인센티브를 부여하고 있다.

주식회사는 상법에 규정된 발행제도에 따라 여러 종류의 주식을 발행한다. 회사는 투자자의 위험과 수익에 대한 선호도를 고려하고, 기업의 자금조달에

편리하게 주식의 종류를 결정한다. 회사는 일반적으로 보통주와 우선주를 중심으로 주식을 발행한다. 하지만 조달의 편의성에 따라 우선주에 이익배당이나 전환 및 상환의 권한을 부여한 주식을 발행한다. 아래에서는 주식의 발행제도와 주식의 종류별로 성격 및 회계처리를 학습한다.

2.1 주식의 발행제도

주식회사는 주식을 발행하여 자본을 조달한다. **주식**(stock)은 자본을 균등하게 나눈 것으로서 자본의 지분을 나타내는 유가증권이다. **자본의 지분가치**를 주식증권(주권)에 표기하는 **액면주식**(par value stock)과 표기하지 않는 **무액면주식**(no-par stock)이 있으며 우리나라 상법은 액면주식과 무액면주식의 발행을 모두 인정하고 있다.

주식은 정관에 정해진 한도에서 이사회의 결의에 따라 발행된다. 처음에는 창립(주주)총회에서 발행할 주식 총수를 정관에 명시하고 이 중 1/4 이상을 발행하여 설립한다. 이 후에는 이사회가 주주총회로부터 주식의 발행권한을 위임받아 필요에 따라 발행하게 되는데 이를 **수권자본제도**라 한다. 요컨대 회사는 주주총회에서 승인한 총주식수(수권주식수)를 한도로 이사회의 의사결정에 따라 주식을 발행한다. 수권주식수는 현재 실제 발행된 주식과 앞으로 발행될 주식으로 구성되며, 발행된 주식은 유통주식과 회사가 다시 매입한 자기주식으로 나누어진다. 수권주식수의 구성내용을 나타내면 다음과 같다.

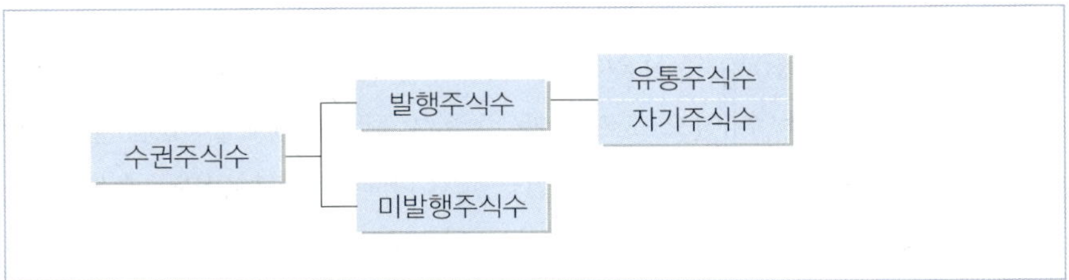

회사는 상법에 따라 발기인이 정관을 작성하여 주식회사를 설립한다. 발기인은 정관에 회사가 발행할 주식의 총수, 1주의 금액, 회사의 설립시점에 발행

하는 주식의 총수(수권주식의 1/4 이상)를 기재하여 발행한다. 주식의 금액은 1주당 ₩100 이상 균일가액으로 하며, 최저자본금제도는 폐지되어 적은 자본으로 주식회사를 설립할 수 있다.

수권자본(authorized capital stock)제도에서는 자본총액이 결정되어 정관에 명시되면 함부로 변경할 수 없다. 이를 변경하려면 상법에 따라 증자와 감자의 절차에 따라 이루어져야 한다. 주식이 발행되면 자본금, 자본잉여금, 자본조정계정에 기록하여 납입자본을 구성하게 된다.

2.2 주식의 종류

(1) 보통주

보통주(common stock)란 이익배당이나 잔여재산분배에서 어떤 제한이나 우선권이 주어지지 않는 표준이 되는 주식을 말한다. 회사는 보통주를 먼저 발행하여야 하며 이후 필요에 따라 우선주나 후배주를 발행하게 된다. 보통주는 주주총회에서 이사 · 감사선임에서 소유비율만큼 투표를 할 수 있는 의결권을 가지게 되며 이익배당을 받을 수 있는 권리를 갖는다. 또한 회사가 증자를 하면 우선적으로 신주를 인수할 수 있는 신주인수권(preemptive right)을 가진다. 하지만 보통주는 파산에 따라 잔여재산이 배분되면 채권자와 우선주보다 늦게 청구권을 행사하게 된다. 이익분배에서도 채권자에게 이자가 먼저 지급되고, 우선주의 배당이 이루어진 후에 보통주에게 배당이 가능하게 된다.

(2) 우선주

우선주(preferred stock)란 보통주에 비하여 특정 사항에 대하여 우선적 순위를 갖는 주식을 말한다. 부여되는 우선순위의 권리에 따라 이익배당우선주, 전환우선주, 상환우선주로 구분한다. 우선주는 이익배당이나 잔여재산분배에서 보통주에 비하여 우선순위가 주어지지만 주주총회에서 보통주가 갖고 있는 의사결정권은 일반적으로 없다. 또한 어떤 종류의 주식도 이익이 없으면 배당을 받을 수 없게 된다.

① 이익배당우선주 : 보통주에 우선하여 일정률의 배당을 받을 수 있는 주식으로 이에는 다시 누적우선주와 비누적우선주, 참가우선주와 비참가우선주로 구분된다.
② 전환우선주 : 주주의 청구에 따라 보통주로 전환할 수 있는 권리가 부여된 주식
③ 상환우선주 : 일정요건에 따라 이익으로 소각할 수 있는 주식

우선주는 기본적으로 만기일이 없고, 강제적으로 배당을 지급해야 할 의무가 없으므로 자본에 속한다. 하지만 우선주는 때때로 우선적으로 배당을 지급해야 하고, 상환할 수 있으며, 의결권이 없으므로 부채의 성격을 지닌다. 따라서 우선주는 발행성격에 따라 자본이나 부채로 인식하여 재무상태표에 계상한다.

이익배당우선주

이익배당우선주는 보통주주가 이익배당을 받기 전에 일정률의 배당을 우선적으로 받을 수 있는 권리가 부여된 주식을 말한다. 이익배당우선주는 누적적 우선주와 비누적적 우선주, 참가적 우선주와 비참가적 우선주로 구분된다.

누적적 우선주(cumulative preferred stock)는 회사사정으로 특정 연도에 이익을 배당을 받지 못하거나 미달되면 차후 연도에 보통주의 이익배당에 앞서 이의 이익배당을 우선적으로 받을 수 있는 권리가 부여된 주식을 말한다. 이에 비해 **비누적적 우선주**(non-cumulative preferred stock)는 차후에 과거 연도에 받지 못한 배당을 누적적으로 받지 못한다. 특별한 규정이 없으면 우선주는 누적적 우선주로 간주한다.

참가적 우선주(participating preferred stock)는 보통주에 기본 배당을 지급한 후에도 잔여이익이 있을 때 그 잔여분에 대하여 보통주와 함께 일정한도까지 이익배당에 참여할 수 있는 권리가 부여된 주식을 말한다. **비참가적 우선주**(non-participating preferred stock)는 우선주의 배당률을 받고 난 후에는 잔여이익에 대하여 배당참가를 할 수 없는 주식이다. 비참가적 우선주의 경우, 잔여이익은 모두 보통주에 귀속된다. 간단한 〈예제 13-1〉을 통하여 우선주의 회계처리를 학습한다.

예제 [13-1]

• (주)이랜드의 20×3년 말 주주지분은 다음과 같다. 회사는 주주총회에서 총 ₩1,300,000의 배당금을 지급하기로 결의하였다. 결산일은 매년 12월 31일이다. 단, 우선주에 대하여 1년분의 배당금을 지급하지 못하여 지연되고 있다. 요구사항에 답하시오.

납입자본		₩12,500,000
보통주자본금(액면 ₩5,000, 2,000주)	₩10,000,000	
우선주자본금(8%, 액면 ₩5,000, 500주)	2,500,000	
이익잉여금		3,000,000
자본총계		₩15,500,000

☞ **요구사항**

1. 비누적적, 비참가적 우선주의 배당금을 계산하시오.
2. 비누적적, 완전 참가적 우선주의 배당금을 계산하시오.
3. 누적적, 비참가적 우선주의 배당금을 계산하시오.
4. 누적적, 완전 참가적 우선주의 배당금을 계산하시오.

해답

1. 비누적적, 비참가적 우선주의 배당금

	우 선 주	보 통 주	합 계
당기분 배당액	₩200,000	₩1,100,000	₩1,300,000
	(₩2,500,000×8%)	(₩1,300,000−₩200,000)	
계	₩200,000	₩1,100,000	₩1,300,000

2. 비누적적, 완전 참가적 우선주의 배당금

	우 선 주	보 통 주	합 계
당기분 배당액	₩200,000	₩800,000	₩1,000,000
	(₩2,500,000×8%)	(₩10,000,000×8%)	
잔여분 배당액	₩60,000	₩240,000	300,000
	(₩300,000×1/5)	(₩300,000×4/5)	
계	₩260,000	₩1,040,000	₩1,300,000

3. 누적적, 비참가적 우선주의 배당금

	우 선 주	보 통 주	합 계
1년분 누적액	₩200,000 (₩2,500,000×8%)	–	₩200,000
당기분 배당액	₩200,000 (₩2,500,000×8%)	₩900,000 (₩1,300,000−400,000)	1,100,000
계	₩400,000	₩900,000	₩1,300,000

4. 누적적, 완전 참가적 우선주의 배당금

	우 선 주	보 통 주	합 계
1년분 누적액	₩200,000 (₩2,500,000×8%)	–	₩200,000
당기분 배당액	₩200,000 (₩2,500,000×8%)	₩800,000 (₩10,000,000×8%)	1,000,000
잔여분 배당액	₩20,000 (₩100,000×1/5)	₩80,000 (₩300,000×4/5)	100,000
계	₩420,000	₩880,000	₩1,300,000

전환우선주

전환우선주(convertible preferred stock)는 우선주 주주의 요청에 따라 보통주로 전환할 수 있는 권리가 부여된 주식이다. 전환우선주는 우선주와 보통주의 성격을 갖는 복합금융자산이다. 구체적으로 전환우선주는 배당이 필요하여 우선주로 남아 있지만, 보통주의 시장가격이 상승하거나 이익분배에 참가하는 것이 유리하면 보통주로 전환을 청구할 수 있는 이점을 지니고 있다. 상법은 전환우선주에 대해 전환조건, 청구기간, 전환에 따른 발행주식수와 내용을 정관에 규정하도록 요구하고 있다.

상환우선주

상환우선주(callable preferred stock)는 기업이 미래 일정금액으로 주권의 소유자에게 상환해야 하는 주식을 말한다. 기업은 보통주에 의해 자금조달이 어려우면 일시적으로 상환조건을 부여한 우선주를 발행하여 자금을 조달하고,

일정기간 후에는 이를 상환하여 배당압력을 피하게 된다. 기업기회계기준서는 일정기간 후에 금융자산으로 상환해야 하는 확정의무가 있으므로 상환우선주를 금융부채로 분류하도록 규정하고 있다. 따라서 상환우선주의 배당금도 이익의 처분이 아닌 당기비용으로 처리한다.

납입자본 제3절

3.1 자본금

자본금은 주식을 발행할 때 나타난다. 주식은 일반적으로 현금을 받고 발행한다. 하지만 일정한 절차에 따라 단계별로 현금을 받거나 현물로 받기도 하며, 대가 없이 주식을 교부하기도 한다. 주식을 발행하는 형태가 달라지면 자본금의 회계처리도 다르게 된다. 아래에서는 주식을 발행하는 형태를 몇 가지로 나누어 자본금의 회계처리를 알아보기로 한다.

(1) 현금발행

주식을 발행하여 시장을 통해 판매하면 액면만큼 현금을 받게 되지만 이를 사고 싶어 하는 투자자가 많으면 액면보다 많이 받게 되며, 반대의 경우는 적게 받게 된다. 따라서 시장의 수요와 공급에 따라 액면발행, 할증발행, 할인발행으로 나누어진다.

액면발행(issue at par)은 주식을 판매하고 액면금액만큼 현금으로 받는 것을 말한다. 주식을 액면발행하면 발행대금(발행비용 차감 후 금액) 전액을 자본금계정에 기록한다. 즉, 현금계정 차변과 자본금계정 대변에 액면(발행)금액을 기입하게 된다.

할증발행(issue on premium)은 주식을 발행하고 대금을 액면금액보다 많이 받는 것을 말한다. 할증발행하면 발행대금 중 액면금액만 자본금계정 대변에 기입하고 차액(발행금액－액면금액)은 주식발행초과금계정 대변에 기록하게 된다. 이때 주식발행초과금계정은 주주와의 자본거래에서 발생된 잉여금이므로 재무상태표에서 자본잉여금으로 보고한다.

할인발행(issue on discount)은 주식을 발행하고 대금을 액면금액보다 적게 받는 것을 말한다. 할인발행하면 액면금액을 자본금으로 기록해야 하며 액면금액에 미달되는 차액은 주식할인발행차금계정 차변에 기록하게 된다. **주식할인발행차금**은 자본금의 일부를 받지 못한 것이므로 재무상태표의 자본조정에서 자본의 차감형식으로 보고한다. 주식할인발행차금은 발생순서에 관계없이 주식발행초과금과 상계하고 잔액이 있으면, 이익잉여금의 처분으로 상각한다.

주식발행에 직접 관련되는 주식발행비용은 발행금액에서 차감한다. 주식발행비용에는 주주모집을 위한 광고비나 주권인쇄비, 증권회사수수료 등이 있다.

주식의 발행형태에 따라 회계처리를 나타내면 다음과 같다. 또한 간단한 〈예제 13-2〉를 통해 주식의 현금발행에 대한 회계처리를 학습한다.

구 분	분개기록			
액면발행	(차) 현 금	×××	(대) 자 본 금	×××
할증발행	(차) 현 금	×××	(대) 자 본 금 주식발행초과금	××× ×××
할인발행	(차) 현 금 주식할인발행차금	××× ×××	(대) 자 본 금	×××
할인발행 차금상각	(차) 이익잉여금	×××	(대) 주식할인발행차금	×××

예제 [13-2]

- (주)다빈치는 신규사업을 개척하기로 하고 필요한 자금을 주식발행을 통하여 조달하기로 하였다. 20×3. 3. 1. 회사는 보통주식 100주(액면금액 ₩5,000)를 주당 ₩5,000에 발행하였고, 8. 1.에 100주를 주당 ₩4,000에 발행하였으며, 10. 1.에 100주를 주당 ₩7,000에 발행하였다. 일자별로 회계처리를 나타내시오. 각 주당 금액은 주식발행비를 차감한 금액이다.

해답

구 분	분개기록			
20×3. 3. 1. (액면발행)	(차) 현 금	500,000	(대) 자 본 금	500,000

20×3. 8. 1. (할인발행)	(차) 현 금	400,000	(대) 자 본 금	500,000
	주식할인발행차금	100,000		
20×3. 10. 1. (할증발행)	(차) 현 금	700,000	(대) 자 본 금	500,000
			주식할인발행차금	100,000
			주식발행초과금	100,000

(2) 청약에 의한 주식발행

회사는 주식을 발행하고 대금을 한꺼번에 받거나 청약절차에 따라 몇 단계로 나누어 받게 된다. 회사를 설립하는 경우를 보자. 설립방법에는 발기설립과 모집설립이 있다. 발기설립은 발기인들이 모여 발행주식을 모두 인수하고 전액을 납부함으로써 회사를 설립하게 된다. 모집설립은 발기인이 발행할 주식의 일부만 인수하고 나머지는 공모를 통해 일반투자자에게 발행하여 회사를 설립하는 방법이다. 실무에서는 대부분 공모를 통해 자본을 조달하게 된다.

공모를 통해 주식을 발행하려면 주식 청약절차를 거치게 된다. 청약절차는 주식발행신고서, 공개모집 공시, 주식청약서 작성, 주식금액 납입, 주식발행으로 이루어진다. 청약서를 작성할 때에는 계약금을 받게 되며 이후 일정 날짜에 잔액을 받고 주식을 발행한다. 회사는 청약과정에서 계약금을 받으면 신주청약증거금계정 대변과 현금계정 차변에 이를 기록한다. 이후 지정일자에 잔액을 받게 되면 신주를 발행하고 자본금처리에 관한 회계처리를 하게 된다. 예를 들어 20×3년 10월 1일 보통주 100주를 주당 ₩7,000(액면금액 ₩5,000)에 청약을 받고 계약금으로 20%를 현금으로 수령하였다. 이후 10월 30일 잔금을 모두 현금으로 받고 주식을 발행하였다. 이 경우 청약일과 주식발행일(잔금수령일)에 다음과 같이 회계처리하게 된다.

구 분	분개기록			
청약증거금 받았을 때	(차) 현 금	140,000	(대) 신주청약증거금	140,000
대금잔액 받았을 때	(차) 현 금	560,000	(대) 자 본 금	500,000
	신주청약증거금	140,000	주식발행초과금	200,000

(3) 일괄발행

회사는 보통주식과 함께 우선주나 전환주식을 발행한다. 이와 같이 주식을 일괄발행하면 주식의 종류별로 주식대금을 배분하여 회계처리한다. 이 경우 종류별로 주식의 시장가격이 알려져 있으면 상대적 시장가격에 따라 배분한다. 이에 비해 일부의 주식만 시장가격이 알려져 있는 경우는 시장가격이 형성된 주식에 시장가격을 먼저 배분하고 잔액을 나머지 주식에 배분한다. 간단한 〈예제 13-3〉을 통해 일괄발행의 회계처리를 학습한다.

예제 [13-3]

- (주)소현은 화장품 사업을 개척하기로 하고 필요한 자금을 주식발행을 통하여 조달하기로 하였다. 20×3. 5. 1. 회사는 보통주식 200주(액면금액 ₩5,000)와 우선주 100주(액면금액 ₩5,000)를 ₩4,000,000에 현금발행하였다. 발행시점에 보통주와 우선주의 시장가격은 ₩9,000과 ₩6,000이었다. 비례법을 이용하여 회계처리를 나타내시오.

해답

일 자	분 개 기 록			
일괄발행	(차) 현 금	4,000,000	(대) 보통주자본금	1,000,000
			보통주-주식발행초과금	2,000,000
			우선주자본금	500,000
			우선주-주식발행초과금	500,000

※ 보통주 $= 4{,}000{,}000 \times \dfrac{200 \times 9{,}000}{200 \times 9{,}000 + 100 \times 6{,}000} =$ ₩3,000,000

※ 우선주 $= 4{,}000{,}000 \times \dfrac{100 \times 6{,}000}{200 \times 9{,}000 + 100 \times 6{,}000} =$ ₩1,000,000

(4) 비현금발행-현물출자

주식을 발행하면 대금으로 현금을 받게 된다. 하지만 현금 대신 토지나, 건물, 회사채, 타회사 주식 등을 받을 수 있는데 이를 **현물출자**(investment in-kind)라 한다. 현물출자가 이루어지면 대금으로 받은 현물에 대한 평가를 하여 이에 상응하는 주식을 발행하여야 한다. K-IFRS는 취득한 현물자산의 공정가치나 발행한 주식의 공정가치 중 명료한 것을 기준으로 회계처리하게 된다. 예를 들어 보통주 100주(액면금액 주당 ₩5,000)를 발행하고 토지를 출자 받았다. 보통주의 취득한 시장가격은 주당 ₩10,000이며, 토지의 공정가치는 ₩1,100,000으로 추정된다. 이 경우 회계처리는 다음과 같다.

구 분	분개기록			
현물출자	(차) 토 지	1,100,000	(대) 자 본 금	500,000
			주식발행초과금	600,000

(5) 주식배당, 무상증자

회사는 일반적으로 주식을 발행하고 현금이나 현물을 받게 된다. 이와 같이 주식의 발행(자본증가)에 따라 기업자산이 증가하는 것을 실질적 증자라고 한다. 하지만 회사는 때때로 신주를 발행하고 대가로 아무것도 받지 않은 경우도 있다. 예를 들어 주식배당이나 무상증자가 여기에 해당한다. 이들은 모두 신주를 발행하여 교부하지만 대가로 현금이나 현물을 받지 않고 이익잉여금이나 자본잉여금을 대신 사용하게 된다. 이 경우 주식발행에 따라 기업자산이 증가하지 않게 되므로 형식적 증자라고 말한다. 아래에서는 자산증가가 따르지 않는 주식발행을 알아보기로 한다.

회사는 연말에 이익이 발생하면 주주에게 현금으로 배당하게 된다. 하지만 때때로 배당금으로 현금 대신 주식을 교부하는 경우도 있다. 이를 주식배당이라 한다. 주식배당은 미처분이익잉여금을 현금으로 배당하지 않고 신주를 발행하여 교부하는 것을 말한다. 주식배당이 이루어지면 이익잉여금이 줄어들고 자본금이 증가 된다. 따라서 회사는 이익잉여금계정 차변과 자본금계정 대변에 액면금액(배당금)을 기록하게 된다. 참고로 상법은 현금배당의 1/2까지 주식배당을 할 수 있도록 인정하고 있다.

회사는 무상증자에 따라 신주를 발행하기도 한다. 무상증자란 이사회나 주주총회의 결의에 따라 이익잉여금(이익준비금 등의 법정적립금에 한함)이나 자본잉여금을 자본에 전입하고 기존 주주에게 신주를 발행하여 교부하는 것을 말한다. 이는 기존 주주에게 지분비율에 따라 신주를 교부하게 되므로 발행 후에도 주주의 지분율에는 영향을 미치지 않는다. 하지만 회사는 이익잉여금이나 자본잉여금이 줄어들고 자본금이 증가하므로 이에 관한 회계처리가 필요하게 된다. 예를 들어 이익준비금을 자본에 전입하고 주식을 발행하여 교부하면 이익준비금계정 차변과 자본금계정 대변에 액면금액을 기록하게 된다. 간단한 〈예제 13-4〉를 통해 세 가지 사례에서 나타나는 회계처리를 학습하기로 한다.

예제 [13-4]

• 다음은 (주)쥬크의 자본에 관한 거래이다. 각각 사례에 대하여 회계처리를 나타내시오.

20×3년 2월 25일 당사는 제××기 주주총회의 결의에 따라 주식발행초과금 ₩5,000,000과 이익준비금 ₩2,000,000을 자본금에 전입하고 보통주식 1,400주(액면금액 ₩5,000)를 발행하여 기존 주주에게 지분비율에 따라 교부하다.

20×4년 12월 31일 이사회는 이익잉여금 중에서 ₩10,000,000을 배당하기로 결의하다. 배당금 중 ₩8,000,000은 현금으로 배당하고 ₩2,000,000은 보통주 400주(액면금액 ₩5,000)를 발행하여 기존 주주에게 지분비율대로 교부하기로 하다.

20×5년 2월 25일 당사는 제××기 주주총회를 열고 이사회의 이익잉여금 처분안을 결의하다.

20×5년 3월 10일 배당금 ₩8,000,000을 현금으로 지급하고 보통주식 400주를 배당으로 교부하다.

해답

구 분	분개기록			
2월 25일 (20×3년)	(차) 주식발행초과금 이익준비금	5,000,000 2,000,000	(대) 자 본 금	7,000,000
12월 31일 (20×4년)	분개없음			
2월 25일 (20×5년)	(차) 미처분이익잉여금	10,000,000	(대) 미지급배당금 미교부주식배당금	8,000,000 2,000,000
3월 10일 (20×5년)	(차) 미지급배당금 미교부주식배당	8,000,000 2,000,000	(대) 현 금 자 본 금	8,000,000 2,000,000

(6) 주식의 재취득

회사는 설립 후에 여러 가지 이유로 자기의 주식을 취득하게 된다. 상법은 회사가 자기주식을 취득하는 것을 원칙적으로 금지하고 있다. 하지만 주식의 소각, 합병 · 영업양수의 목적, 회사의 권리실행, 주식매수청구권의 행사, 주식매수선택권의 부여 등은 예외적으로 자기주식의 취득을 허용하고 있다. 각 사례에 대하여는 상법에서 학습하기 바란다.

회사가 주식을 다시 취득하는 목적에는 두 가지가 있다. 하나는 일시적 이유로 취득 후 다시 발행하는 경우이며, 다른 하나는 자본을 감소시키기 위하여 취득하는 것이다. 일시적 이유로 주식을 취득하면 보유기간 동안 자본을 조정하는 절차가 필요하며, 이에 대한 설명은 자본조정에서 다루기로 한다. 자본을 감소시키기 위해 주식을 취득하면 감자절차에 따라 이를 소각해야 하며, 자본금을 수정하는 회계처리가 따르게 된다. 여기서 주식의 재취득은 자본거래이므로 주식거래에서 발생하는 이익이나 손실은 당기순이익에 포함시킬 수 없으며 재무상태표의 자본항목에 계상하게 됨을 유의하여야 한다.

회사는 사업규모를 줄이거나 결손이 발생하면 자본금을 감소시키게 된다. 자본을 감소시키려면 자기주식을 재취득하여 규정된 절차에 따라 소각시켜야 한다. 상법의 절차에 따라 자본금을 감소시키는 것을 감자(capital reduction)라 한다. 감자는 여러 이해관계자에게 큰 영향을 끼치므로 주주총회의 특별결의가 필요하고 엄격하게 규정된 상법의 절차를 따라야 한다.

감자는 실질적 감자와 형식적 감자로 구분된다. 실질적 감자는 주주에게 현금을 지급하고 자본을 감소시키는 것을 말한다. 여기에는 시장에서 주식을 매입하여 소각하는 방법과 주주에게 주식금액의 일부를 반환하는 방법이 있다. 실무에서는 시장에서 주식을 현금으로 매입하여 소각하는 방법을 많이 사용하고 있다. 매입소각하는 경우 주주에게 지급된 금액과 주식의 액면금액과의 차이에 따라 감자차익과 감자차손이 발생하게 된다. 예를 들어 매입금액이 액면금액보다 작으면 감자차익이 발생하며, 크면 감자차손이 발생한다. K-IFRS는 감자차익을 재무상태표의 자본잉여금에 보고하도록 규정하고 있다. 감자차손이 발생하면 우선 기존의 감자차익과 상계하여 처리하고, 그 결과 나타난 감자차손은 재무상태표의 자본조정에 보고하여 자본을 차감시키는 역할을 하게 된다. 간단한 〈예제 13-5〉를 통해 실질적 감자의 회계처리를 학습한다.

예제 [13-5]

• 다음은 (주)샤크의 자본에 관한 거래이다. 일자별로 회계처리를 나타내시오.

20×3년 9월 20일 당사는 보통주식 10,000주(액면금액 ₩5,000)를 ₩5,000에 발행하였다. 최근 사업의 어려움으로 규모를 축소하기로 결의하고 시장에서 보통주식 100주를 주당 ₩4,000에 매입하여 소각하였다.

20×3년 10월 31일 이사회는 사업규모를 축소하기로 결의하고 보통주식 200주를 주당 ₩6,000에 매입하여 소각하였다.

해답 ≪≪≪

구 분	분개기록			
9월 20일 (20×3년)	(차) 자 본 금	500,000	(대) 현 금	400,000
			감자차익	100,000
10월 31일 (20×3년)	(차) 자 본 금	1,000,000	(대) 현 금	1,200,000
	감자차익	100,000		
	감자차손	100,000		

형식적 감자는 주주에게 현금(자산)을 지급하지 않고 자본을 감소시키는 것을 말한다. 이는 장부상 감자로서 자본은 감소하지만 실제로 자산의 유출은 수반되지 않는다. 예를 들어 누적된 결손금을 없애기 위해 자본금을 줄이면 장부상에서 자본이 감소하게 된다. 형식적으로 자본을 감소시키는 방법에는 액면금액감소와 주식병합이 있다. **액면금액감소**는 발행된 주식숫자는 그대로 두고 액면금액을 감소시키는 것이다. 예를 들어 누적된 결손금이 ₩5,000,000이 있다. 이 경우 주식 1,000주(액면금액 ₩10,000)를 액면금액 ₩5,000으로 변경하면 결손금은 없어지고 자본금은 그만큼 줄어들게 된다.

주식병합은 주당 액면금액은 그대로 두고 발행주식의 숫자를 일정비율로 감소시키는 것이다. 예를 들어 주식 1,000주(액면금액 ₩10,000)를 500주(액면금액 ₩10,000)로 병합(비율 2:1)하면 결손금 ₩5,000,000은 없어지고 자본금은 그만큼 감소된다. 감자과정에서 결손금이 감자액보다 적으면 그 차액은 **감자차익**으로 기록한다. 간단한 〈예제 13-6〉을 통해 형식적 감자처리를 학습한다.

예제 [13-6]

• 다음은 (주)파카의 자본에 관한 거래이다. 각각 사례에 대하여 회계처리를 나타내시오. 또한 자본상태표에서 감자차익, 감자차손, 자기주식처분이익, 자기주식처분손실 등이 표시된 자본부분을 나타내시오.

20×3년 10월 20일 당사는 결손금 ₩4,000,000을 보전하기 위해 보통주 1,000주(액면금액 ₩10,000)를 액면금액 ₩5,000으로 감소시키다.

11월 30일 당사는 결손금 ₩4,000,000을 보전하기 위해 보통주 1,000주(액면금액 ₩10,000)를 500(액면금액 ₩10,000)주로 병합(비율 2:1)하다.

해답

구 분	분개기록			
10월 20일	(차) 자 본 금	5,000,000	(대) 결 손 금	4,000,000
(20×3년)			감자차익	1,000,000
11월 30일	(차) 자 본 금	5,000,000	(대) 결 손 금	4,000,000
(20×3년)			감자차익	1,000,000

자본		
납입자본		×××
자 본 금 : 보통주자본금(액면 ×××, ×××주)	×××	
자본잉여금 : 주식발행초과금	×××	
감자차익	2,000,000	
자기주식처분이익	×××	
자 본 조 정 : 주식할인발행차금	(×××)	
감자차손	(×××)	
자기주식처분손실	(×××)	
자기주식	(×××)	
이익잉여금		×××
기타자본요소		×××
자본총계		×××

3.2 자본잉여금

자본잉여금(capital surplus)은 주주와 자본거래에서 나타난 잉여금을 말한다. 여기서 자본거래란 주식의 발행, 자기주식의 취득과 재발행, 주식의 소각 등을 말한다. 주주와의 자본거래에서 발생하는 이익(잉여금)은 영업이익이 아니므로 당기순이익(포괄손익계산서)에는 포함시키지 않는다. 즉, 자본거래에서 나타난 잉여금은 재무상태표에 보고하여 자본에 가산되거나 차감되게 표시한다. 상법은 자본잉여금을 영업이익과 엄격하게 분리하여 배당을 할 수 없도록 하고 자본금의 전입이나 결손금의 보전에만 사용할 수 있도록 규정하고 있다. K-IFRS는 납입자본에 자본금과 자본잉여금, 자본조정을 표시하고, 자본잉여금에는 주식발행초과금과 감자차익, 자기주식처분이익으로 표시한다.

주식발행초과금

주식발행초과금(paid-in capital in excess of par value)은 주식의 발행가액이 액면금액을 초과한 금액을 말한다. 주식발행초과금은 납입자본이므로 자본금과 같은 것이며 회계처리도 유사하다. 주식을 발행하면 액면금액은 자본금계정에 기입하고 발행가액과의 차액은 주식발행초과금계정에 기록한다. 주식발행초과금은 자본거래에서 발생된 잉여금으로 재무상태표의 자본잉여금에 보고한다. 이에 관한 회계처리는 주식발행에서 학습하였다.

감자차익

감자차익(gain on retirement of capital stock)은 주식의 소각대가가 액면금액보다 적은 금액을 말한다. 예를 들어 주주에게 액면금액보다 적은 금액을 주고 주식을 매입(실질적 감자)하여 소각하면 감자차익이 발생한다. 또한 자본의 감소액이 결손에 충당하는 금액(형식적 감자)을 초과하면 감자차익이 발생하게 된다. 감차차익에 관한 회계처리는 자본의 감소에서 학습하였다.

자기주식처분이익

회사는 일시적 목적에 따라 자기주식을 취득하게 된다. 취득된 자기주식은 일정기간 후에 재발행을 통하여 매각한다. 자기주식을 취득원가보다 높은 가격으로 처분하면 자기주식처분이익이 발생한다. 하지만 취득원가보다 낮은 가격으로 처분하면 자기주식처분손실이 나타난다. 자기주식처분손실은 우선 자기주식처분이익과 상계하고, 남은 잔액은 재무상태표의 자본조정에 보고하여 자본의 차감형식으로 표시한다. 이에 관한 회계처리는 자기주식에서 학습하였다.

3.3 자본조정

자본조정(capital adjustment)은 자본을 증감시키는 요인이지만 **납입자본(자본금, 자본잉여금)과 이익잉여금에 속하지 않는 임시적인 것으로서 자본에 가산 또는 차감되어야 하는 항목**을 말한다. 여기에는 자기주식, 주식할인발행차금, 배당건설이자, 주식선택권, 미교부주식배당금, 감자차손, 자기주식처분손실, 전환권대가, 신주인수권대가 등이 포함된다.

자기주식(treasury stock)은 시장에서 유통되는 **자기회사의 주식을 재발행이나 자본감소를 위해 매입하여 보유**하는 것을 말한다. 자기주식을 취득하면 발행된 주식숫자가 적어지고 그만큼 자본이 감소하므로 이를 재무제표에 반영시켜야 한다. **K-IFRS**는 자기주식의 보유기간에는 **재무상태표의 자본조정**에 보고하고 **자본의 차감항목**으로 표시하도록 요구하고 있다.

회사는 때때로 주가관리나 권리의 실행에 따라 일시적으로 자기주식을 취득한다. 취득된 자기주식은 목적이 달성되면 곧 매각하여 부족한 자본을 보전시킨다. 예를 들어 회사의 주가가 떨어지면 자기주식을 구입하고 가격이 정상적으로 조정되면 다시 시장에 매각한다. 자기주식을 취득하면 자기주식계정 차변에 취득원가를 기록한다. 주식을 매각하면 자기주식계정 대변에 취득원가 기입하고 처분금액과의 차액은 자기주식처분이익계정 또는 자기주식처분손실계정에 계상한다. 취득원가 이하로 처분하여 발생된 자기주식처분손실은 우선 자기주식처분이익계정에서 차감하며, 자기주식처분이익계정이 충분하지 못하면 잔액을 자기주식처분손실계정으로 처리한다. 자기주식처분손실은 이익잉여금의 처분으로 상각하며, 결손이 있는 경우에는 자본조정(재무상태표)에 보고하여 자본을 차감시킨다. 자기주식처분이익은 주식발행초과금과 같이 재무상태표의 자본잉여금에 보고하며 당기순이익(포괄손익계산서)에는 포함되지 않는다. 자기주식은 주주총회에 의사결정권이 없으며 배당금도 받을 수 없다. 간단한 〈예제 13-7〉을 통해 자기주식의 매매에 관한 회계처리를 학습한다.

예제 [13-7]

• 다음은 (주)카운테스마라의 자본에 관한 거래이다. 일자별의 회계처리와 20×3. 12. 31. 부분재무상태표를 나타내시오.

20×3년 9월 10일 회사는 자기주식 60주를 주당 ₩7,000에 취득하였다.
20×3년 10월 20일 회사는 보유한 자기주식 30주(취득금액 ₩7,000)를 ₩8,000에 매각하였다.
20×3년 10월 31일 회사는 보유한 자기주식 20주(취득금액 ₩7,000)를 ₩5,000에 매각하였다.

해답

1. 일자별 회계처리

일 자	분 개 기 록			
9월 10일 (20×3년)	(차) 자기주식	420,000	(대) 현 금	420,000
10월 20일 (20×3년)	(차) 현 금	240,000	(대) 자기주식	210,000
			자기주식처분이익	30,000
10월 31일 (20×3년)	(차) 현 금	100,000	(대) 자기주식	140,000
	자기주식처분이익	30,000		
	자기주식처분손실	10,000		

2. 20×3. 12. 31. 부분재무상태표

납입자본		×××
자본금 : 보통주자본금(액면 ×××, ×××주)	×××	
자본잉여금 : 주식발행초과금	×××	
감자차익	×××	
자기주식처분이익	×××	
자 본 조 정 : 감자차손	(×××)	
자기주식처분손실	(10,000)	
자기주식	(70,000)	
이익잉여금		×××
기타자본요소		×××
자본총계		×××

감자차손은 자본을 감소시킬 때 소각된 주식의 발행금액보다 주주에 환급되는 금액이 더 큰 경우에 발생한다. 감자차손은 감자차익(자본잉여금)과 상계하고 잔액은 자본에서 차감(자본조정)하는 형식으로 기재한다. 자기주식처분손실은 자기주식을 처분할 때 처분금액이 취득금액보다 작은 경우 발생한다. 자기주식처분손실은 자기주식처분이익(자본잉여금)과 상계하고, 잔액은 자본에서 차감(자본조정)하는 형식으로 기재한다. 간단한 〈예제 13-8〉을 통해 자기주식과 감자차손, 자기주식처분손실의 회계처리를 학습한다.

예제 [13-8]

• 다음은 (주)노스페이스의 자기주식에 관한 거래이다. 회사의 결산일은 매년 12월 31일이다. 일자별로 필요한 회계처리를 나타내시오.

20×3년 1월 1일 현재 주주지분은 다음과 같다.

납입자본 : 보통주자본금(액면₩5,000)	₩2,000,000
이익잉여금	500,000
계	₩2,500,000

3월 15일 자기주식 5주를 주당 ₩7,000에 취득하다.

5월 10일 취득한 주식 중 1주를 소각하다.

7월 31일 자기주식 1주를 ₩7,500에 재발행하다.

9월 30일 자기주식 1주를 ₩6,000에 재발행하다.

12월 31일 당기순이익 ₩200,000을 보고하다.

20×4년 2월 18일 주주총회에서 현금배당 ₩150,000과 이익준비금 ₩15,000을 적립하다.

해답

구 분	분개기록			
3월 15일 (20×3년)	(차) 자기주식	35,000	(대) 현 금	35,000
5월 10일 (20×3년)	(차) 자 본 금	5,000	(대) 자기주식	7,000
	감자차손	2,000		
7월 31일 (20×4년)	(차) 현 금	7,500	(대) 자기주식	7,000
			자기주식처분이익	500
9월 30일 (20×4년)	(차) 현 금	6,000	(대) 자기주식	7,000
	자기주식처분이익	500		
	자기주식처분손실	500		

12월 31일 (20×3년)	(차) 집합손익	200,000	(대) 미처분이익잉여금	200,000
2월 18일 (20×4년)	(차) 미처분이익잉여금	167,500	(대) 이익준비금	15,000
			미지급배당금	150,000
			감자차손	2,000
			자기주식처분손실	500

주식할인발행차금은 주식발행금액이 액면금액에 미달하는 금액을 말한다. 상법은 원칙적으로 주식의 할인발행을 금지하고 있다. 다만, 회사를 설립하고 2년 후에 주주총회의 특별결의와 법원의 인가에 따라 할인발행을 할 수 있다. 주식을 할인발행하면 주식할인발행차금이 차변잔액으로 나타나며, 자본조정에서 차감항목으로 보고한다. 주식할인발행차금을 우선 주식발행초과금과 상계하고, 잔액은 발행일로부터 3년 이내에 매기 균등액을 상각한다. 이때 주식할인발행차금은 이익잉여금의 처분항목을 통해 상각하게 된다. 예를 들어 12월 31일에 당기순이익이 ₩500,000 발생하고, 주주총회(2월 26일)에서 현금배당 ₩300,000, 이익준비금 ₩30,000, 주식할인발행차금 ₩50,000을 처분하기로 결의되었다. 이 경우 회계처리를 나타내면 다음과 같다.

구 분	분 개 기 록			
12월 31일 (결산일)	(차) 집합손익	500,000	(대) 미처분이익잉여금	500,000
3월 5일 (주주총회)	(차) 미처분이익잉여금	380,000	(대) 미지급배당금	300,000
			이익준비금	30,000
			주식할인발행차금	50,000

배당건설이자(pre-operating dividends)는 설립 후 상당기간 정상 영업할 수 없는 회사가 이익이 아닌 자본으로 배당한 금액을 말한다. 상법은 설립 후 2년 이내에 영업하기가 어려운 회사(철도, 항만산업)는 법원의 인가를 받아 개업 전 일정기간에 배당을 허가하고 있다. 이는 개업 후 연 6% 이상의 이익배당을 할 때 6%를 초과하는 배당금액과 동액 이상을 상각해야 한다. 예를 들어 20×5년 12월 31일(개업 전)에 건설이자로 ₩200,000을 현금으로 지급하였고, 20×6년 12월 31일에 자본금(₩5,000,000)의 8%를 현금배당으로 지급하였다.

여기서 배당건설이자상각은 ₩100,000(₩5,000,000×2%)이 된다.

구 분	분개기록			
배당결의일 (1년차 말)	(차) 배당건설이자	200,000	(대) 현 금	200,000
배당결의일 (2년차 말)	(차) 미처분이익잉여금	500,000	(대) 현 금	400,000
			배당건설이자	100,000

주식선택권(stock option)은 기업이 재화나 용역을 제공받는 대가로 지분상품(주식 또는 주식선택권)을 부여하는 주식결제형 주식기준보상거래에서 보상원가를 가득기간에 안분하여 계상한 금액을 말한다. 이 경우 제공받은 재화나 용역의 공정가치를 측정하여 그 금액을 보상원가와 자본(자본조정)에 가산하여 계상한다.

전환권대가는 전환사채의 발행금액에서 동일조건의 일반사채의 현재가치를 차감한 차액을 말하며, 자본요소에 해당한다. 전환권대가는 전환권이 행사될 때 주식발행초과금으로 대체된다. 따라서 전환권대가는 자본(자본조정)의 가산항목이다.

신주인수권대가는 신주인수권부사채의 발행금액에서 동일조건의 일반사채 현재가치를 차감한 차액을 말하며, 자본요소에 해당한다. 따라서 신주인수권대가는 자본(자본조정)의 가산항목이다.

위에서는 자본거래에서 나타난 손익항목을 설명하였다. 일반적으로 자본거래에서 발생한 주식발행초과금, 감자차익, 자기주식처분이익의 이익항목은 모두 자본잉여금에 계상한다. 하지만 자본거래에서 발생된 주식할인발행차금, 감자차손, 자기주식처분손실의 손실항목은 모두 자본(자본조정)에 차감하는 형식으로 표시한다.

제4절 이익잉여금

4.1 이익잉여금의 본질

(1) 이익잉여금의 의의

회사는 영업활동과 재무활동에서 당기순이익을 창출하게 된다. 당기순이익은 주주총회를 통해 처분된다. **이익잉여금**(retained earnings)은 영업활동과 재무활동에서 발생한 **이익 중에서 일부를 배당하고 사내에 남겨둔 유보이익**을 말한다. 회사는 이익이 발생하면 주주에게 일부만 배당하고 사업확장이나 채무변제, 결손금보전 등에 대비하기 위해 이익을 사내에 유보하게 된다. 이익잉여금은 주로 당기순이익에 의해 증가되고, 당기순손실과 배당, 자본전입에 의해 감소된다.

(2) 이익잉여금의 분류

이익잉여금은 기처분이익잉여금과 미처분이익잉여금으로 구분된다. **기처분이익잉여금**은 주주총회에서 특정 항목으로 처분되어 사내에 유보된 것을 말한다. 여기에는 법정적립금과 임의적립금이 있다. 미처분이익잉여금은 당기말 현재 아직 처분하지 않아 재무상태표에 나타난 항목으로 전기에 미처분되어 당기로 이월되어 온 전기이월이익잉여금과 당기순이익으로 구성된다. **미처분이익잉여금**은 당기 주주총회를 통해 법정적립금이나 임의적립금, 배당으로 처분될 것이다. 이에 관해서는 아래에서 처분과 이에 따른 회계처리를 학습한다.

◆ 이익잉여금

① 법정적립금 : 이익준비금
② 임의적립금 : 사업확장적립금, 배당평균적립금 등
③ 미처분이익잉여금 : 법정 및 임의적립금, 배당금 등으로 처분

4.2 이익잉여금의 처분

회사는 주주총회에서 미처분이익잉여금을 처분하여 사내에 유보하거나 사외로 유출한다. 처분되어 사내에 유보될 항목에는 법정적립금(이익준비금, 기타 법정적립금)과 임의적립금이 있다. 사외로 유출된 처분항목에는 배당금과 임원의 보수가 있다.

회사는 회계연도 말에 장부를 마감하여 결산서류를 작성하면, 외부감사로부터 감사를 받고, 이를 정기주주총회에 제출하여 재무제표의 승인과 함께 이익잉여금의 처분을 한다. 이익잉여금의 처분은 일정한 순서에 따라 이루어진다. 감자차손과 자기주식처분손실, 주식할인발행차금이 있으면 먼저 이들 금액의 상각을 통하여 미처분이익잉여금과 상계한다. 이어 미처분이익잉여금은 적립금(법정 및 임의적립금)으로 처분되며, 나머지는 배당으로 유출된다. 아래에서는 법정적립금과 임의적립금을 설명하고, 별도의 절을 마련하여 배당금을 설명한다.

◆ 미처분이익잉여금의 처분순서

① 감자차손, 자기주식처분손실, 주식할인발행차금의 상각
② 적립금으로 대체 : 법정적립금－이익준비금
임의적립금－사업확장적립금, 배당평균적립금 등
③ 배당금으로 처분 : 현금 및 현물배당－사외유출
주식배당－납입자본으로 대체

(1) 법정준비금－이익준비금

이익준비금(legal reserves)은 상법에 따라 설정된 법정적립금이다. 상법은 매 결산기에 금전에 의한 이익배당액의 1/10 이상의 금액을 자본금의 1/2에 도달할 때까지 적립하도록 규정하고 있다. 이익준비금은 결손금을 보전하거나 자본전입 외에는 사용할 수 없다.

(2) 임의적립금

임의적립금(voluntary reserves)은 정관규정이나 주주총회의 결의에 따라 일정한 목적을 위해 자발적으로 적립한 것을 말한다. 여기에는 적극적 적립금과

소극적 적립금이 있다. **적극적 적립금**은 순자산의 증대를 목적으로 한 것으로 사업확장적립금과 감채기금적립금이 있다. **소극적 적립금**은 순자산의 감소를 방지하기 위한 것으로 배당평균적립금과 결손보전적립금, 재해손실적립금이 있다. 지금까지 설명한 법정적립금과 임의적립금은 모두 현금을 별도로 적립한 것이 아니고 적립된 이익만큼 배당으로 유출되지 않도록 한 것이며 그 결과 재무구조가 견실하게 된다. 간단한 〈예제 13-9〉를 통하여 법정적립금과 임의적립금의 회계처리를 학습한다.

예제 [13-9]

• 다음은 T.G.IF Inc.의 이익잉여금변동과 관련된 자료이다. 회사의 결산일은 매년 12월 31일이다. 일자별로 필요한 회계처리를 나타내시오.

20×3년 12월 31일 당기순이익 ₩2,000,000을 보고하다.

20×4년 2월 15일 당사는 정기주주총회에서 이익잉여금을 다음과 같이 처분하기로 결정하다.

주식할인발행차금 상각	₩200,000
이익준비금 적립	50,000
사업확장적립금 적립	400,000
재해손실적립금 적립	200,000
현금배당	500,000

3월 10일 현금배당액 ₩500,000을 온라인 통해 주주에게 송금하다.

12월 31일 회사는 금년도 당기순이익 ₩1,500,000을 보고하다.

해답

구 분	분개기록			
12월 31일 (20×3년)	(차) 집합손익	2,000,000	(대) 이익잉여금	2,000,000
2월 15일 (20×4년)	(차) 미처분이익잉여금	1,350,000	(대) 주식할인발행차금	200,000
			이익준비금	50,000
			사업확장적립금	400,000
			재해손실적립금	200,000
			미지급배당금	500,000
3월 10일 (20×4년)	(차) 미지급배당금	500,000	(대) 현 금	500,000
12월 31일 (20×4년)	(차) 집합손익	1,500,000	(대) 미처분이익잉여금	1,500,000

(3) 결손금

회사는 여러 원인에 따라 영업활동에서 결손이 발생하기도 한다. 결손금은 보고된 결손금 중 다른 자본항목에 의해 보전되지 않고 이월된 부분으로 이익잉여금계정의 차변에 잔액이 나타난다. 예를 들어 이익잉여금계정 대변에 ₩2,000,000일 경우 당기에 순손실이 ₩5,000,000 발생하면 이익잉여금계정은 차변에 ₩3,000,000의 결손금이 기록된다.

결손금은 일반적립금, 자본조정(감자차익, 자기주식처분이익), 주식발행초과금으로 보전해야 한다. 상법은 임의적립금, 법정적립금, 자본조정, 주식발행초과금의 순서에 따라 보전이 이루어지도록 규정하고 있다. 결손금에 대한 회계처리를 나타내면 다음과 같다.

구 분	분개기록			
결손금처리	(차) 임의적립금	×××	(대) 결 손 금	×××
	법정적립금	×××		
	자본조정계정	×××		
	주식발행초과금	×××		

4.3 배당금

회사는 주주총회의 결의에 따라 주주에게 배당금을 지급한다. **배당금**(dividends)은 영업활동에서 획득한 이익을 주주에게 분배하는 금액을 말한다. 이는 자금을 사용한 대가로 주주에게 지급하는 것이므로 차입금의 사용대가에 해당하는 이자와 유사한 것이다. 배당은 현금으로 지급하는 것이 보통이며 주식배당, 현물배당도 있다. 상법은 현금배당과 주식배당을 원칙으로 하고 있으나 현물배당도 허용하고 있다.

배당은 **배당기준일, 배당선언일, 배당금지급일**의 순서에 따라 이루어진다. 먼저 이의 용어에 대한 설명을 간략하게 요약하면 다음과 같다.

① 배당기준일 : 배당을 받을 권리가 있는 주주를 확정하는 일자를 말한다. 배당기준일에 주주명부를 작성하고 명부에 등록된 주주에게 배당을 지급하게 된다. 배당기준일은 보통 **결산일**이 되고 중간배당은 기중의 일정 시점을 사용한다.

② 배당결의일 : 주주총회에서 이익잉여금을 배당금 지급으로 결의한 날을 말한다. 결산배당은 주주총회 일자가 되며 중간배당은 이사회결의일이 된다. 배당이 결의되면 회계처리를 하여야 한다.
③ 배당지급일 : 배당결의일 현재 주주명부에 기재된 주주에게 배당금을 현금이나 주식으로 지급하는 일자를 말한다.

회사는 모든 이익을 배당할 수 없다. 회사는 법률 및 계약상 배당할 수 없는 부분을 제외하고 배당가능이익을 결정해야 한다. 예를 들어 법정적립금에 해당하는 금액이나 사채의 부채계약에서 제약된 금액, 사업확장 및 배당평균지급에 필요한 금액은 배당가능액을 결정하는데 고려(차감)요인이 된다. 또한 배당은 회계기간 말 이후인 정기주주총회(또는 이사회)에서 결정되므로 배당이나 법정 및 임의적립금의 회계처리 결과는 결산 말 재무상태표에 나타나지 않는다.

(1) 현금배당

배당은 일반적으로 현금으로 지급한다. 현금배당(cash dividends)은 이익잉여금의 잔액이 있고 운영자금에 필요한 현금사정을 참작하여 규모를 결정한다. 현금배당은 중간배당과 결산배당에서 할 수 있다. 이사회(중간배당)나 주주총회(결산배당)에서 배당을 결의하면 이에 관한 회계처리를 한다. 즉, 미처분이익잉여금계정 차변과 미지급배당금계정 대변에 배당액을 기록한다. 주주총회가 끝나면 곧 미지급배당금을 지급하게 되는데 이때 미지급배당금계정 차변과 현금계정 대변에 기입한다. 예를 들어 12월 31일에 결산이 이루어지고 주주총회(2월 26일)에서 배당금 ₩5,000,000을 결의하여 3월 5일에 현금으로 주주에게 송금하였다. 이 경우 나타나는 회계처리는 다음과 같다.

구 분	분 개 기 록			
12월 31일 (결산일)	분개없음			
2월 26일 (배당결의일)	(차) 미처분이익잉여금	5,000,000	(대) 미지급배당금	5,000,000
3월 5일 (배당지급일)	(차) 미지급배당금	5,000,000	(대) 현 금	5,000,000

(2) 주식배당

회사는 현금사정이 넉넉하지 않으면 주식으로 배당금을 지급하게 된다. 주식배당(stock dividends)은 이익잉여금을 사용하여 배당금을 주식으로 지급한 것을 말한다. 배당으로 주식이 지급되면 이익잉여금이 현금으로 유출되지 않고 자본금으로 대체된다. 주식배당이 일어나도 회사의 자산과 부채에는 아무런 영향이 없다. 다만 자본 중 이익잉여금이 줄어들고 자본금(액면금액)이 그만큼 증가하게 된다. 상법은 주식배당에 따른 액면금액을 이익잉여금처분액과 같도록 규정하고 있다. 또한 주식배당은 주주의 지분비율에 따라 신주를 발행하게 되므로 배당 후 주주 간의 지분비율도 변동하지 않는다.

회사는 주주총회에서 주식배당이 결의되면 회계처리를 하게 된다. 즉, 배당결의일(주주총회일)에 미처분이익잉여금계정 차변과 미교부주식배당금계정 대변에 액면금액(배당금)을 기록한다. 미교부주식배당금은 나중에 신주발행을 통해 배당금을 지급하게 되면 자본금으로 대체된다. 따라서 신주가 발행될 때까지는 미교부주식배당금을 자본조정에 가산항목으로 보고하게 된다. 참고로 결산일은 회계처리가 나타나지 않는다. 예를 들어 12월 31일에 결산이 이루어지고 주주총회(2월 26일)에서 배당금 ₩5,000,000을 결의하여 3월 5일에 보통주식 1,000주(액면금액 ₩5,000)를 발행하여 주주에게 교부하였다. 이 경우 나타나는 회계처리는 다음과 같다.

구 분	분 개 기 록			
12월 31일 (결산일)	분개없음			
2월 26일 (배당결의일)	(차) 미처분이익잉여금	5,000,000	(대) 미교부주식배당금	5,000,000
3월 5일 (배당지급일)	(차) 미교부주식배당금	5,000,000	(대) 자 본 금	5,000,000

무상증자와 주식분할은 주식배당과 유사한 성격을 갖는다. 무상증자는 이익준비금이나 자본잉여금을 자본에 전입하고 기존 주주에게 신주를 교부하는 것이다. 주식분할(stock split)은 하나의 주식을 여래 개의 동일주식으로 분할하는 것이다. 주식분할은 발행주식수와 주당액면금액이 변하지만 자본금계정은 변화지 않으므로 회계처리가 나타나지 않는다. 하지만 무상증자는 주식의 액면금액

만큼 자본잉여금(또는 이익잉여금)이 적어지고 자본금이 그 만큼 증가된다. 참고로 주식배당은 주식의 액면금액만큼 이익잉여금이 적어지고 자본금이 증가된다.

(3) 중간배당

회사는 현금사정이 고려하여 회계기간 중간에 배당금을 지급할 수 있다. 상법은 연 1회 결산기를 정한 회사를 전제로 정관에 규정하고, 이사회 결의에 의해 영업연도 1회에 한하여 일정한 날을 정하여 금전에 의한 중간배당을 허용한다.

중간배당은 금전에 의한 배당만 가능하고 주식배당은 하지 못하며, 중간배당을 실시할 때 이에 해당하는 이익준비금을 적립해야 한다. 중간배당은 직전 회계연도 말의 배당가능이익이 원천이 되며, 직전 회계연도 말 결손금이 있거나 당해연도 말에 결손이 예상되는 경우는 중간배당을 할 수 없다.

4.4 이익잉여금처분계산서와 결손금처리계산서

기업은 결산과정에서 집합손익계정의 잔액을 (미처분)이익잉여금계정에 대체한다. 이익잉여금계정의 대변잔액은 이익이 되며 차변잔액은 결손으로 표시된다. 미처분이익잉여금(미처리결손금)은 전기이월 미처분이익잉여금(전기이월 미처리결손금)에 회계정책변경의 누적효과, 오류수정의 누적효과, 중간배당액, 당기순이익(또는 당기순손실)을 가감하여 산출한다. 이사회는 미처분이익잉여금(미처리결손금)을 기초로 당기의 처분내용을 표시한 이익잉여금처분계산서(결손금처리계산서)를 작성하여 주주총회에 보고하고 승인을 받는다. 상법은 주주에게 이익처분의 내용을 보고할 수 있도록 이익잉여금처분계산서(결손금처리계산서)를 재무제표에 포함시켜 작성하도록 규정하고 있다. 하지만 K-IFRS 제1001호는 이를 재무제표에 포함시키지 않고 상법에서 이익잉여금처분계산서(결손금처리계산서)의 작성을 요구하는 경우에 재무상태표의 이익잉여금(결손금)에 대한 보충정보로서 이익잉여금처분계산서(결손금처리계산서)를 주석으로 공시하도록 규정하였다.

이익잉여금처분계산서(statement of appropriation of retained earnings)는 미처분이익잉여금의 자원과 처분내용을 나타내는 재무보고서로서 소유와 경영이 분리된 주주에게 의사결정에 유익한 정보를 제공한다. 이익잉여금처분계산서는 미처분이익잉여금, 임의적립금등의 이입액, 이익잉여금 처분항목으로 구성된다. **미처분이익잉여금**은 전기이월액에 회계정책변경누적효과, 오류수정누적효과, 중간배당액, 당기순이익, 기타포괄손익의 이익잉여금대체액을 가감하여 나타낸다. **임의적립금등의 이입액**은 앞의 회계기간에 처분된 적립금을 다른 항목으로 사용하기 위해 미처분이익잉여금에 가산하는 것들로 구성된다. **이익잉여금 처분액**은 미처분이익잉여금에 이입된 임의적립금을 가산하고 이를 이익준비금, 기타 법정적립금, 자본조정 상각액, 배당액, 임의적립금의 순서로 처분하는 내용을 표시한다. 요컨대 이익잉여금처분계산서는 전기이월액에서 시작하여 처분가능 자원과 처분내용, 차기이월액을 표시한 미처분이익잉여금의 변동에 관한 재무보고서이다. 이익잉여금처분계산서의 양식을 나타내면 다음과 같다.

이익잉여금처분계산서

제××기 ××××년 ×월 ×일부터 ××××년 ×월 ×일까지 / 제××기 ××××년 ×월 ×일부터 ××××년 ×월 ×일까지

처분예정일 ××××년 ×월 ×일 / 처분확정일 ××××년 ×월 ×일

××주식회사 (단위 : 원)

구 분	제×기(당기)		제×기(전기)	
Ⅰ. 미처분이익잉여금		×××		×××
전기이월미처분이익잉여(결손)금	×××		×××	
회계정책변경누적효과	×××		×××	
오류수정누적효과	×××		×××	
중간배당액	×××		×××	
당기순이익(순손실)	×××		×××	
기타포괄손익 이익잉여금대체	×××		×××	
Ⅱ. 임의적립금등의 이입액		×××		×××
××적립금	×××		×××	
××적립금	×××		×××	
Ⅲ. 이익잉여금 처분액		×××		×××
이익준비금	×××		×××	
자본조정 상각액	×××		×××	
배당금				
현금배당금	×××		×××	
주식배당금	×××		×××	
임의적립금	×××		×××	
Ⅳ. 차기이월 미처분이익잉여금		×××		×××

결손금처리산서(statement of disposition of deficit)는 결손금의 처분내용을 나타내는 재무보고서이다. 결손금은 기업의 누적된 손실에서 다른 잉여금으로 보전되지 않고 이월된 것으로 당기 결손금처리계산서의 미처리결손금을 말한다. 결손금처리계산서는 미처리결손금, 결손금처리액, 차기이월 미처리결손금으로 구성된다. **미처리결손금**은 전기이월 미처리결손금(또는 전기이월 미처분이익잉여금)에 회계정책변경누적효과, 오류수정누적효과, 중간배당액, 당기순이익(순손실)을 가감하여 나내낸다. **결손금처리액**은 상법에 규정된 처리순서에 따라 처리된다. 상법은 임의적립금, 기타법정적립금, 이익준비금, 자본잉여금의 순서로 이입하여 결손금을 보전하도록 규정하고 있다. 이의 보전 후에도 결손이 나타나면 주주총회의 특별결의와 채권자의 보호절차를 거친 후 자본금에서 보전할 수 있다. 또한 주주에게 배당은 결손금을 먼저 처리하고 이익잉여금이 남는 경우에 가능하다. **차기이월 미처리결손금**은 당기에 결손금을 모두 보전하지 못하고 남는 것으로 차기로 이월되는 금액이다. 결손금처리계산서의 양식을 나태내면 다음과 같다.

결손금처리계산서

제××기　××××년 ×월 ×일부터　　　제××기　××××년 ×월 ×일부터
　　　　　××××년 ×월 ×일까지　　　　　　　××××년 ×월 ×일까지
처리예정일　××××년 ×월 ×일　　　처리확정일　××××년 ×월 ×일
××주식회사　　　　　　　　　　　　　　　　　　(단위 : 원)

구　분	제×기(당기)		제×기(전기)	
Ⅰ. 미처리결손금		×××		×××
전기이월미처리결손(이익잉여)금	×××		×××	
회계정책변경누적효과	×××		×××	
오류수정누적효과	×××		×××	
중간배당액	×××		×××	
당기순손실(순이익)	×××		×××	
기타포괄손익 이익잉여금대체	×××		×××	
Ⅱ. 결손금 처리액		(×××)		(×××)
임의적립금 이입액	×××		×××	
법정적립금 이입액	×××		×××	
자본잉여금 이입액	×××		×××	
Ⅲ. 차기이월 미처리결손금		×××		×××

기타자본요소 – 기타포괄손익누계액 제5절

기타포괄손익누계액(accumulated other comprehensive income)은 손익거래에서 나타난 손익으로 포괄손익계산서의 당기순이익에 포함되지 못하고 제외된 항목을 말한다. 이들 항목은 해당자산이 매각되거나 관련손익이 인식되는 시점에 소멸되는 것들이다. 기타포괄손익누계액에는 재평가잉여금, 매도가능금융자산평가손익, 파생상품평가손익, 해외사업환산손익이 포함된다.

재평가잉여금은 유형자산과 무형자산을 재평가모형으로 평가할 때 발생하는 재평가이익을 말한다. 재평가잉여금은 이후 발생하는 재평가손실과 상계되며 당해 자산의 처분시점에 이익잉여금으로 대체된다. 하지만 재평가잉여금은 후속기간에 당기손익으로 대체될 수 없다.

매도가능증권평가손익은 매도가능증권을 공정가치로 평가할 때 공정가치와 장부금액의 차액을 말한다. 이의 평가손익은 가까운 장래에 실현할 수 없는 미실현손익이므로 당기순손익(포괄손익계산서)에 계상하지 않고, 처분시점에서 처분손익에 가감한다. 이에 관해서는 금융자산에서 설명하였다.

파생상품평가손익은 현금흐름위험회피를 목적으로 투자한 파생상품을 기말에 공정가치로 평가할 때 발생하는 평가손익을 말한다. 이의 평가손익은 기말에 포괄손익계산서의 기타포괄손익에서 재무상태표의 기타포괄손익누계액으로 대체하며, 관련예상거래가 발생하는 기간에 두 가지 방법으로 처리한다. 예상거래가 자산의 취득이나 부채의 발생인 경우에는 관련자산이나 부채의 장부금액에 가감한다. 또는 예상거래가 예상매출, 예상매입이면 해당거래로부터 발생한 손익으로 재분류한다.

해외사업환산손익은 해외지점자산 중 외화표시 자산과 부채를 현행환율에 따라 원화로 환산하는 경우에 발생된 환산손익을 말한다. 이 경우는 지분법적용 및 비례연결에서 순투자의 일부인 화폐성항목에서 발생하는 외환차이를 포괄손익계산서의 해외사업환산손익으로 인식하고, 이를 재무상태표의 기타포괄손익누계액의 항목으로 대체한다. 파생상품평가손익과 해외사업환산손익은 재무회계에서 다루게 된다.

제6절 자본변동표

자본변동표(statement of changes in equity)는 **회계기간에 발생한 소유주지분의 변동을 표시한 것**을 말한다. 자본변동표는 일정시점 현재 자본의 크기와 일정기간에 발생한 자본의 변동에 관한 정보를 나타낸다. 구체적으로 자본변동표는 납입자본, 이익잉여금, 기타자본요소를 각 항목별로 구분하고, 이들 항목에 대하여 기초잔액, 당기변동사항, 기말잔액을 표시하여 나타낸 재무제표이다. K-IFRS는 자본변동표를 기본 재무제표의 하나로 규정하고 있다. 이의 양식을 제시하면 다음과 같다.

자본변동표

(주)××× 20××. 1. 1.부터 20××. 12. 31.까지 (단위 : 원)

구 분	납입자본			이익잉여금		기타자본요소	총 계
	자본금	자 본 잉여금	자 본 조 정	적립금	이 익 잉여금	기타포괄 손익누계액	
20××. 1. 1.	×××	×××	×××	×××	×××	×××	×××
회계정책변경누적효과					×××		×××
전기오류수정					×××		×××
수정후 기초잔액	×××	×××	×××	×××	×××	×××	×××
전기 이익처분							
임의적립금 이입				(×××)	×××		
연차배당					(×××)		(×××)
기타 이익잉여금처분			×××	×××	(×××)		
기타 변동사항							
중간배당					(×××)		(×××)
유상증자	×××	×××					×××
자기주식취득			(×××)				(×××)
기타포괄손익 대체					×××	(×××)	
총포괄손익					×××	×××	×××
20××. 12. 31.	×××	×××	×××	×××	×××	×××	×××

자본변동표는 자본변동에 관한 포괄적인 정보를 나타내는 재무보고서이다. 이는 이익잉여금처분계산서에 나타내지 못하는 여러 가지 정보를 표시함으로써 다음과 같은 유용성을 지니고 있다.

첫째, 자본의 변동을 포괄적으로 나타낸다. 자본변동표는 자본을 구성하는 모든 항목을 기초잔액, 변동액, 기말잔액으로 표시하여 변동원천과 연관성을 명료하게 보여주게 된다.

둘째, 재무제표간의 연계성을 이해시켜주는 정보를 제공한다. 예를 들어 자본의 기초잔액과 기말잔액을 동시에 나타냄으로써 재무상태표와 연계할 수 있고, 자본의 변동내용은 포괄손익계산서와 현금흐름표에 나타난 정보와 연결시켜 주므로 재무제표 간의 관계를 명료하게 파악할 수 있게 된다.

셋째, 손익계산서를 거치지 않고 자본(재무상태표)에 직접 가감되는 항목에 관한 정보를 제공한다. 예를 들어 매도가능금융자산평가손익, 재평가잉여금은 미실현손익으로 손익계산서의 당기순이익에 계상할 수 없지만 포괄적 손익에 영향을 미치는 것이다. 자본변동표는 이러한 항목을 기타포괄손익누계에 포함시켜 당기손익이 아닌 자본에 미치는 영향을 임시적 가감항목으로 표시하여 포괄적 경영성과를 나타내게 된다.

자본변동표에 관한 구체적 내용은 재무회계에서 다루게 된다. 여기서는 간단한 〈예제 13-10〉을 통해 자본변동표의 작성을 학습하기로 한다.

예제 [13-10]

- 다음은 (주)조이의 자본과 자본변동에 자료이다. 회사의 결산일은 12월 31일이다. 요구사항에 대답하시오.

(1) 20×3. 1. 1. 자본의 구성내용 :

• 납입자본		₩1,835,000
자본금 : 보통주자본금(310주, @5,000)	₩1,550,000	
자본잉여금 : 주식발행초과금	300,000	
감자차익	60,000	
자본조정 : 자기주식(취득원가, 10주, @6,500)	(65,000)	
자기주식처분손실	(10,000)	
• 이익잉여금		670,000
적립금		
법정적립금	80,000	
임의적립금	90,000	
미처분이익잉여금	500,000	

• 기타자본요소		30,000
기타포괄손익누계액		
매도가능금융자산평가이익	10,000	
재평가잉여금	20,000	
• 자본총계		₩2,535,000

(2) 추가자료

① 2월 20일 주주총회에서 이익잉여금은 다음과 같이 처분되었다.

임의적립금 이입	₩30,000
이익준비금 적립	현금배당의 10%
재해손실적립금 적립	20,000
자기주식처분손실	10,000
현금배당	9%
주식배당	3%

② 3월 10일 주주총회에서 결의된 배당금을 지급하고 신주발행하여 주식(주식배당)을 교부하다.

③ 5월 1일 자기주식 5주를 ₩7,000에 매각하였다.

④ 9월 1일 주식 100주를 주당 ₩7,000에 발행하다.

⑤ 10월 1일 주식발행초과금 ₩100,000을 재원으로 무상증자(20주)를 실시하다.

⑥ 12월 31일 당기회계정책이 변경되어 이익잉여금 ₩100,000(세후)이 감소하였으며, 재평가잉여금 ₩20,000(세후)이 이익잉여금으로 대체하였다.

⑦ 12월 31일 당기순이익 ₩300,000로 계상되고, 매도가능금융자산평가이익 ₩20,000(세후)이 발생하여 총포괄이익은 ₩320,000이다.

☞ **요구사항**

1. 일자별로 회계처리를 나타내시오.

2. 자본변동표를 작성하시오.

해답 ≪≪≪

1. 기중거래 분개

구 분	분 개 기 록			
20×3. 2. 20. (적립금이입)	(차) 임의적립금	30,000	(대) 이익잉여금	30,000

20×3. 2. 20. (이익잉여금 처분)	(차) 이익잉여금	223,500	(대) 이익준비금	13,500
			재해손실적립금	20,000
			자기주식처분손실	10,000
			미지급배당금*	135,000
			미교부주식배당금*	45,000
20×3. 3. 10. (배당금지급)	(차) 미지급배당금	135,000	(대) 현 금	135,000
	미교부주식배당금	45,000	자 본 금	45,000
20×3. 5. 1. (자기주식매각)	(차) 현 금	35,000	(대) 자기주식	32,500
			자기주식처분이익	2,500
20×3. 9. 1. (신주발행)	(차) 현 금	700,000	(대) 자 본 금	500,000
			주식발행초과금	200,000
20×3. 10. 1. (무상증자)	(차) 주식발행초과금	100,000	(대) 자 본 금	100,000
20×3. 12. 31. (회계정책변경)	(차) 재평가잉여금	20,000	(대) 이익잉여금	20,000
20×3. 12. 31. (결산수정)	(차) 매도가능금융자산	20,000	(대) 매도가능금융자산평가이익	20,000
	집합손익	300,000	이익잉여금	300,000

* 자기주식은 배당금이 제외된다.
현금배당 : (310주−10주)×₩5,000×9%=₩135,000,
주식배당 : (310주−10주)×₩5,000×3%=₩45,000

2. 자본변동표

자본변동표

(주)××× 20××. 1. 1.부터 20××. 12. 31.까지 (단위 : 원)

구 분	납입자본			이익잉여금		기타자본요소	총 계
	자본금	자 본 잉여금	자 본 조 정	적립금	이 익 잉여금	기타포괄 손익누계액	
20××. 1. 1.	1,550,000	360,000	(75,000)	170,000	500,000	30,000	2,535,000
회계정책변경누적효과					(100,000)		(100,000)
전기오류수정							
수정후 기초잔액	1,550,000	360,000	(75,000)	170,000	400,000	30,000	2,435,000
전기이익 처분							
임의적립금 이입				(30,000)	30,000		0
연차배당	45,000				(180,000)		(135,000)
기타 이익잉여금처분			10,000	33,500	(43,500)		0
기타 변동사항							
자기 주식매각		2,500	32,500				35,000
유상증자	500,000	200,000					700,000
무상증자	100,000	(100,000)					0
기타포괄손익 대체					20,000	(20,000)	0
총포괄손익					300,000	20,000	320,000
20××. 12. 31.	2,195,000	462,500	(32,500)	173,500	526,500	30,000	3,355,000

제7절 개인기업과 조합기업

기업은 자연인기업과 법인기업으로 구분 된다. **자연인기업**은 개인(자연인상인)이 기업의 주인으로서 기업자산은 개인자산으로 된다. 자연인기업은 출자자가 1인으로 이루어진 **개인기업**과 두 사람 이상으로 구성된 **조합기업**이 있다. **법인기업**은 자연인과는 독립된 조직이 인격을 가지고 영업하는 기업을 말한다. 상법은 법인기업으로 합명회사, 합자회사, 유한회사, 주식회사의 네 가지를 규정하고 있다. 이들 기업은 모두 영업에 관련하여 장부를 작성하여야 하며, 회계처리는 자본을 제외하고 같다. 자본의 회계처리는 개인기업, 조합기업, 주식회사마다 다소 차이가 있다. 본 장의 앞에서는 주식회사에 대한 자본을 다루었다. 다음에서는 개인기업과 조합기업의 자본에 관한 회계처리를 학습하기로 한다.

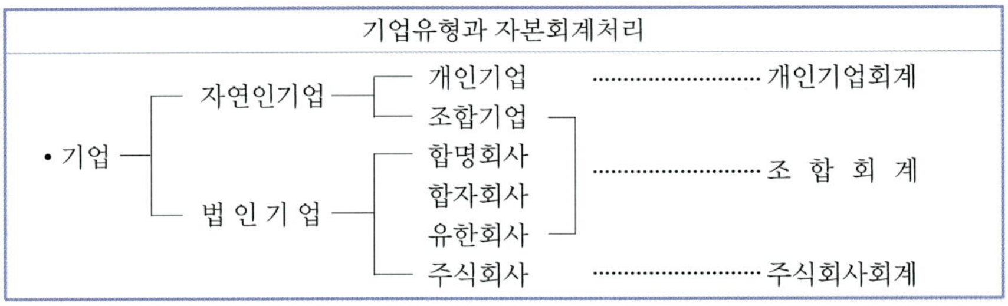

7.1 개인기업

개인기업(sole proprietorship)은 **한 개인이 소유하는 기업**이다. 이는 개인이 기업의 주인이 되며 무한책임을 진다. 개인기업은 기업과 기업주가 동일인이므로 **자본과 관련된 거래**는 **모두 자본금계정 하나에서 처리**하게 된다. 예를 들어 소유주가 투자하면 자본금계정 대변에 기록하고 영업으로부터 당기순이익도 자본금계정에 대체하게 된다. 소유주가 기업으로부터 현금을 인출하면 자본금계정 차변에 기록하여 자본을 차감시키게 된다. 이와 같은 방법으로 자본을 처리하지만 장부는 기업이 독립된 실체로서 작성하여 보관하게 된다. 간단한 〈예제 13-11〉을 통해 개인기업의 자본거래를 학습한다.

예제 [13-11]

• 다음은 은서기업의 자본거래이다. 분개하시오.

20××년 1월 1일 현금 ₩2,000,000을 투자하여 옷가게를 시작하다.
20××년 3월 31일 가계에 사용하기 위해 현금 ₩200,000을 인출하다.
20××년 12월 31일 당기순이익 ₩1,000,000을 보고하다.

해답 ≪≪≪

구 분	분개기록			
1월 1일	(차) 현 금	2,000,000	(대) 자 본 금	2,000,000
3월 31일	(차) 자 본 금	200,000	(대) 현 금	200,000
12월 31일	(차) 집합손익	1,000,000	(대) 자 본 금	1,000,000

7.2 조합기업

조합기업(partnership)은 두 사람 이상이 조합계약을 체결하고 공동으로 경영하는 기업이다. 조합원은 약정된 금전, 기타 자산, 노무 등을 출자하게 된다. 조합계약에는 출자금액, 이익분배, 경영에 대한 책임, 청산시 자산분배에 관한 내용이 포함된다. 이의 회계처리는 개인기업과 유사하지만 조합원 각자별로 자본금계정을 설정하여 자본금, 이익분배 등을 처리하게 된다. 간단한 〈예제 13-12〉를 통해 조합회계를 학습한다.

예제 [13-12]

• 다음은 두레조합의 거래이다. 분개하시오.

20××년 1월 1일 효리와 혜교는 각각 현금 ₩2,000,000과 ₩3,000,000을 출자하여 두레조합을 설립하다. 손익분배는 출자금액의 비율에 따르기로 하였다.
20××년 12월 31일 당기순이익 ₩1,000,000을 보고하다.
20××년 1월 5일 당기순이익 중 ₩500,000을 현금으로 배당하다.

해답 ≪≪≪

일 자	분 개 기 록			
1월 1일	(차) 현 금	5,000,000	(대) 자 본 금(효리)	2,000,000
			자 본 금(혜교)	3,000,000
12월 31일	(차) 집합손익	1,000,000	(대) 자 본 금(효리)	400,000
			자 본 금(혜교)	600,000
	(차) 자 본 금(효리)	200,000	(대) 현 금	500,000
	자 본 금(혜교)	300,000		

개 념 정 리

▣ 문제 ▣

01 자본의 의의와 구성항목을 열거하고 설명하시오.

02 보통주와 우선주의 차이를 설명하시오.

03 우선주의 의의와 종류를 열거하고 설명하시오.

04 주식의 할인발행, 액면발행, 할증발행에 따른 회계처리방법을 설명하시오.

05 주식배당, 무상증자, 주식분할에 따른 회계처리방법을 설명하시오.

06 신주발행비의 회계처리내용을 설명하시오.

07 자기주식의 취득목적에 따른 회계처리방법을 설명하시오.

08 자본잉여금과 이익잉여금을 구분하는 이유를 설명하시오.

09 자본잉여금의 의의와 구성항목을 열거하여 회계처리를 설명하시오.

10 이익잉여금의 의의와 구성항목을 열거하고 회계처리를 설명하시오.

11 결손금의 회계와 결손금의 보전순서를 설명하시오.

12 배당기준일, 배당결의일, 배당지급일에 대하여 설명하시오.

13 배당가능이익은 어떻게 추정되는가를 설명하시오.

14 배당의 종류와 회계처리를 설명하시오.

15 자본조정항목을 열거하고 내용을 설명하시오.

16 기타포괄손익누계액의 의미와 구성항목을 설명하시오.

17 자본변동표의 작성목적과 제공하는 정보내용을 설명하시오.

18 개인기업과 조합기업의 회계처리를 설명하시오.

19 다음의 용어를 설명하시오.

- owners' equity
- paid-in capital
- retained earnings
- legal capital
- preemptive right
- preferred stock
- stock option
- stock split
- issue on discount
- treasury stock
- capital surplus
- capital reduction
- partnership
- par value stock
- legal reserves
- stock dividends
- authorized capital stock
- issue on premium
- voluntary reserves
- callable preferred stock
- investment in-kind
- capital adjustments
- convertible preferred stock
- gain on retirement of capital stock
- pre-operating dividends
- cumulative preferred stock

연 습 문 제

▣ 문제 [1]

다음은 여러 개념을 설명한 것이다. 빈칸에 적합한 단어나 문구를 기입하시오.

01 K-IFRS은 회계처리의 관점에 따라, 자본을 (　　　), 이익잉여금, 기타자본요소로 분류한다. 납입자본은 자본금과 (　　　), 자본조정이 포함되며, 이익잉여금은 손익거래에서 발생한 (　　　), 기타자본요소에는 (　　　)이 포함된다.

02 회사는 일반적으로 (　　　)와 우선주를 중심으로 주식을 발행한다. 하지만 조달의 편의성에 따라 우선주에 이익배당이나 (　　　) 및 상환의 권한을 부여한 주식을 발행한다. (　　　)는 이익배당이나 잔여재산분배에서 어떤 제한이나 우선권이 주어지지 않는 표준이 되는 주식을 말한다. (　　　)는 보통주주가 이익배당을 받기 전에 일정률의 배당을 우선적으로 받을 수 있는 권리가 부여된 주식이며, 전환우선주는 우선주 주주의 요청에 따라 (　　　)로 전환할 수 있는 권리가 부여된 주식이다. (　　　)는 기업이 미래 일정금액으로 주권의 소유자에게 상환해야 하는 주식을 말한다.

03 주식은 시장의 수요와 공급에 따라 액면발행, (　　　), 할인발행으로 나누어진다. (　　　)은 주식을 판매하고 액면금액만큼 현금을 대금으로 받는 것을 말한다. 할증발행은 주식을 발행하고 대금을 (　　　)보다 많이 받는 것을 말하며, (　　　)은 주식을 발행하고 대금을 액면금액보다 적게 받는 것을 말한다. 할인발행하면 액면금액에 미달되는 차액은 (　　　)계정 차변에 기록하게 된다. 주식할인발행차금은 (　　　)의 일부를 받지 못한 것이므로 재무상태표의 자본조정에서 (　　　)의 차감형식으로 보고한다.

04 주식을 발행하고 현금 대신 토지나, (　　　), 회사채, 타회사 주식 등을 받을 수 있는데 이를 (　　　)라 한다. 현물출자가 이루어지면 취득한 (　　　)의 공정가치나 발행한 주식의 (　　) 중 명료한 것을 기준으로 회계처리하게 된다.

05 회사가 주식을 다시 취득하는 목적에는 (　　　)적 이유로 취득 후 다시 발행하는 경우와 (　　　)을 감소시키기 위하여 취득하는 것이다. 전자의 경우 자기주식을 취득하면(　　　)계정 차변에 취득원가를 기록한다. 주식을 매각하면 자기주식계정 (　　　)에 취득원가 기입하고 처분금액과의 차액은 (　　　)계정

또는 자기주식처분손실계정에 계상한다. (   )은 우선 자기주식처분이익계정에서 차감하며, (   )계정이 충분하지 못하면 잔액을 자기주식처분손실계정으로 처리한다. 자기주식처분손실은 (   )의 처분으로 상각하며, 결손이 있는 경우에는 (   )에 보고하여 자본을 차감시킨다. 자기주식처분이익은 (   )초과금과 같이 재무상태표의 (   )에 속하며 당기순이익에는 포함되지 않는다.

06 감자는 실질적 감자와 (   )적 감자로 구분된다. (   )적 감자는 주주에게 현금을 지급하고 (   )을 감소시키는 것을 말한다. 매입소각하는 경우 매입금액이 (   )보다 작으면 감자차익이 발생하며, 크면 (   )이 발생한다. K-IFRS는 감자차익을 재무상태표의 (   )에 보고하도록 규정하고 있다. 감자차손이 발생하면 우선 기존의 (   )과 상계하여 처리하고, 그 결과 나타난 감자차손은 재무상태표의 (   )에 보고하여 자본을 차감시키는 역할을 하게 된다.

07 자본잉여금은 주주와 자본거래에서 나타난 (   )을 말한다. 자본잉여금에는 (   ), 감자차익, 자기주식처분이익이 있다. 주식발행초과금은 발행가액이 (   )을 초과한 금액을 말한다. 감자차익은 주식의 (   )가 액면금액보다 적은 금액을 말한다. 자기주식을 취득원가보다 높은 가격으로 처분하면 (   )이 발생한다.

08 자본조정은 자본을 증감시키는 요인이지만 납입자본과 (   )에 속하지 않는 임시적인 것으로서 자본에 가산 또는 (   )되어야 하는 항목을 말한다. 여기에는 자기주식, (   ), 배당건설이자, (   ), 미교부주식배당금, (   ), 자기주식처분손실, (   ), 신주인수권대가 등이 포함된다.

09 (   )은 영업활동과 재무활동에서 발생한 이익 중에서 일부를 (   )하고 사내에 남겨둔 유보이익을 말한다. 이익잉여금은 기처분이익잉여금과 (   )으로 구분된다. 기처분이익잉여금에는 (   )과 임의적립금이 있다. 미처분이익잉여금은 전기에 미처분되어 당기로 이월되어 온 (   )과 당기순이익으로 구성된다. 이익잉여금의 처분은 일정한 순서에 따라 이루어진다. 감자차손과 자기주식처분손실, (   )이 있으면 먼저 이들 금액의 상각을 통하여 (   )과 상계한다. 이어 미처분이익잉여금은 법정적립금 또는 (   )으로 처분되며, 나머지는 (   )으로 유출된다.

10 배당금은 영업활동에서 획득한 이익을 주주에게 (   )하는 금액을 말한다. 배당은 현금으로 지급하는 것이 보통이며 (   )배당, 현물배당도 있다. 상법은 현금배당과 (   )배당을 원칙으로 하고 있으나 (   )도 허용

하고 있다. 배당은 배당기준일, (　　　), 배당금지급일의 순서에 따라 이루어진다. (　　　)은 배당을 받을 권리가 있는 주주를 확정하는 일자를 말한다. 배당결의일은 이익잉여금을 배당금으로 (　　　)한 날을 말하며, 결산배당은 (　　　)일자가 되며 (　　　)은 이사회결의일이 된다. 배당이 결의되면 (　　　)를 하여야 한다.

11 기타포괄손익누계액은 (　　　)거래에서 나타난 손익으로 (　　　)의 당기순이익에 포함되지 못하고 제외된 항목을 말한다. 이들 항목은 해당 (　　　)이 매각되거나 관련손익이 인식되는 시점에 (　　　)되는 것들이다. 기타포괄손익누계액에는 (　　　), 파생상품평가손익, (　　　)이 포함된다.

12 자본변동표는 회계기간에 발생한 (　　　)의 변동을 표시한 것을 말한다. 자본변동표는 일정시점 현재 (　　　)의 크기와 일정기간에 발생한 자본의 변동에 관한 정보를 나타낸다. (　　　)는 납입자본, (　　　), 기타자본요소를 각 항목별로 구분하고, 이들 항목에 대하여 (　　　), 당기변동사항, 기말잔액을 표시하여 나타낸 재무제표이다.

▣ 문제 [2]

다음은 (주)바다의 자본에 관한 거래이다. 요구사항에 대답하시오.

20×3. 1. 1. 당사는 보통주 100주(액면금액 @10,000)를 발행하다. 발행금액이 각각 ₩8,100, ₩10,100, ₩12,100의 세 종류이다. 세 종류의 주식을 발행하는 비용으로 주당 각각 ₩100이 발생한다.

2. 11. 회사는 주주 미주로부터 건물을 출자받고 액면금액 @10,000인 보통주 20주를 발행교부하다. 건물의 공정가치는 ₩220,000이고 주식의 공정가치는 모르고 있다.

2. 20. 주주총회에서 주식발행초과금 ₩1,000,000을 자본금으로 전입하기로 결의하다. 기존 주주에게 지분비율에 따라 100주(액면금액 @10,000)를 발행하다.

2. 20. 주주총회에서 이익잉여금처분을 다음과 같이 결의하다.

- 이익준비금 ₩200,000
- 배당평균적립금 ₩500,000
- 현금배당 ₩2,000,000
- 주식배당 ₩1,000,000

2. 25. 현금배당을 지급하고 주식배당은 신주를 발행하여 교부하다.

12. 31. 결산일에 당기순손실 ₩2,000,000을 보고하다.

20×4. 2. 20. 주주총회에서 결손금 ₩1,000,000을 보전하기 위해 보통주 200주를 액면금액 @10,000에서 @5,000으로 변경하다.

20×4. 5. 20. 주주로부터 전환우선주 100주(액면금액 @5,000)에 대해 보통주 전환요청을 받고 신주를 발행하여 교부하다. 단, 전환우선주는 주당 ₩7,000에 발행되어 우선주발행초과금 ₩200,000이 기록되어 있다.

【요구사항】

• 일자별로 관련된 회계처리를 나타내시오.

▣ 문제 [3]

(주)소피아는 20×3. 1. 1. 설립되었다. 20×4년 12월 31일 현재 자본금계정의 자료는 다음과 같다. 회사는 지난 해 배당가능이익이 없어 배당을 실시하지 않았다. 금년도는 주주총회에서 ₩200,000의 배당을 결의하였다. 요구사항에 답하시오.

보통주 100주(액면금액 ₩10,000)	₩1,000,000
우선주 100주(6%, 비누적적, 비참가적, 액면금액 ₩5,000)	500,000
우선주 60주(4%, 누적적, 부분참가적-10%까지, 액면금액 ₩5,000)	300,000

【요구사항】

1. 보통주와 우선주의 두 종류에 대한 배당금을 계산하시오.
2. 4% 누적적 우선주가 완전참가적일 경우 배당금을 계산하시오.

▣ 문제 [4]

(주)로렌스의 20×3. 1. 1. 자본과 관련된 자료는 다음과 같다. 회사는 기중에 자기주식의 거래가 발생하였다. 일자별로 회계처리를 나타내시오.

보통주 100주(액면금액 ₩10,000)	₩1,000,000
감자차익	3,000
이익잉여금	300,000

20×3. 3. 1. 자기주식 10주를 주당 ₩12,000에 취득하였다.
7. 1. 자기주식 3주를 주당 ₩13,000에 재발행하였다.
8. 1. 자기주식 3주를 주당 ₩10,000에 재발행하였다.
11. 1. 3. 1.에 취득한 주식 3주를 소각하였다.
12. 1. 김천사로부터 당사의 주식 5주를 기증받았다. 현재시장에서 주당 ₩12,000 거래되고 있다.
12. 31. 당기순이익 ₩300,000이 결정되었다.

【요구사항】

1. 일자별로 회계처리를 나타내시오.
2. 20×3. 12. 31. 재무상태표에 표시될 자기주식과 자본총액을 계산하시오.

▣ 문제 [5]

다음은 (주)캔의 이익잉여금 변동과 회계처리에 관한 자료이다.

(1) 20×3. 1. 1. 자본과 관련된 부분재무상태표는 다음과 같다.

• 보통주자본금(2,000주, @5,000)	₩10,000,000
• 주식발행초과금	700,000
• 이익준비금	500,000
• 배당평균적립금	150,000
• 미처분이익잉여금	350,000

(2) 20×3. 12. 31. 당기순이익 ₩2,000,000이 발생하다.

(3) 20×4. 2. 26. 주주총회에서 미처분이익잉여금을 다음과 같이 처분하다.

• 배당평균적립금이입액	₩150,000
• 현금배당	1,000,000
• 주식배당	500,000
• 이익준비금 적립	100,000
• 사업확장적립금 적립	200,000

(4) 20×4. 3. 5. 현금배당금 ₩1,000,000을 지급하다.

(5) 20×4. 3. 20. 보통주 100주(액면금액 @5,000)를 발행하여 교부하다.

(6) 20×4. 12. 31. 당기순이익 ₩500,000이 발생하다.

【요구사항】

1. 20×3. 1. 1. 부분재무상태표(자본표시)를 나타내시오.
2. 20×3. 12. 31. 당기순이익의 보고에 대한 회계처리를 하시오.
3. 20×4. 2. 26. 이익잉여금의 처분에 대한 회계처리를 나타내시오.
4. 20×4. 3. 5.과 3. 20.의 회계처리를 나타내시오.
5. 20×4. 2. 26. 이익잉여금의 처분이 반영된 부분재무상태표(자본표시)를 나타내시오.
6. 20×4. 12. 31.의 회계처리를 나타내시오.

▣ 문제 [6]

다음은 (주)쿠쿠의 배당에 관련된 자료이다. 요구사항에 답하시오.

(1) 20×3. 1. 1. 보통주자본금(1,000주, @5,000) ₩5,000,000
(2) 20×3. 12. 31. 당기순이익 ₩700,000이 확정되다.
(3) 20×4. 2. 26. 주주총회에서 주당 액면금액의 12%로 현금배당을 결의하다.
(4) 20×4. 3. 10. 배당금을 지급하다.

【요구사항】

1. 20×3. 12. 31. 당기순이익에 대한 회계처리를 나타내시오.
2. 20×3. 12. 31. 배당기준일에 대한 회계처리를 나타내시오.
3. 20×4. 2. 26. 배당결의일에 나타나는 회계처리를 하시오.
4. 20×3. 3. 10. 배당금지급일에 필요한 회계처리를 나타내시오.

▣ 문제 [7]

다음은 (주)밀레의 자본에 관한 거래이다.

(1) 20×3. 11. 10. 보통주식 400주(액면금액 ₩5,000)를 ₩1,800,000에 할인발행하고 신주발행비 ₩100,000을 차감한 ₩1,700,000을 수취하다. 현재 회사는 주식발행초과금이 ₩100,000이 있다.
(2) 20×4. 2. 25. 회사는 주주총회에서 배당건설이자 ₩200,000을 결의하였다.
(3) 20×4. 3. 25. 회사는 배당건설이자 ₩200,000을 지급하였다.

【요구사항】

1. 20×3. 11. 10. 주식할인발행에 대한 회계처리를 나타내시오.
2. 20×4. 2. 25. 배당건설이자의 결의에 대한 회계처리를 하시오.
3. 20×4. 3. 25. 배당건설이자 지급에 대한 회계처리를 하시오.

▣ 문제 [8]

다음은 (주)마루의 자본변동과 자본거래에 관한 자료이다. 요구사항에 대답하시오.

(1) 20×3. 1. 1. 자본과 관련된 부분재무상태표는 다음과 같다.

• 납입자본		₩840,000
자본금 : 보통주자본금(200주, @5,000)	₩1,000,000	
자본조정 : 주식할인발행차금	(100,000)	
감자차손	(40,000)	
자기주식처분손실	(20,000)	

• 이익잉여금		540,000
적립금		
법정적립금	90,000	
임의적립금	50,000	
미처분이익잉여금	400,000	
• 기타자본요소		50,000
기타포괄손익누계액		
매도가능금융자산평가이익	20,000	
재평가잉여금	30,000	
• 자본총계		₩1,430,000

(2) 20×3. 2. 10. 주주총회에서 이익잉여금처분을 다음과 같이 결의하였다.

임의적립금 이입	₩20,000
이익준비금 적립	현금배당의 10%
배당평균적립금 적립	20,000
감자차손	40,000
자기주식처분손실	20,000
현금배당	10%
주식배당	5%

(3) 20×3. 2. 12. 현금배당을 지급하고, 미교부주식을 발행하여 교부하다.

(4) 20×3. 8. 1. 이사회에서 중간배당금(액면금액의 5%) ₩50,000을 지급하다.

(5) 20×3. 9. 1. 새로운 라인을 증설하기로 하고 필요한 자금은 신주 200주, 주당 ₩8,200에 발행하고, 신주발행비 주당 ₩200을 차감한 잔액을 받다.

(6) 20×3. 12. 31. 전기오류수정으로 이익잉여금이 세후 ₩100,000만큼 감소하였으며 건물의 재평가잉여금 세후 ₩50,000을 이익잉여금으로 대체하다.

12. 31. 회사는 당기순이익 ₩500,000을 보고하였으며, 매도가능금융자산평가이익 ₩80,000이 나타나 총포괄이익은 ₩580,000을 보고하다.

[요구사항]

1. 20×3년도 자본과 관련된 회계처리를 일자별로 나타내시오.
2. 20×3년도 자본변동표를 작성하시오.

제 14 장

ACCOUNTING PRINCIPLES

수익과 비용

|학|습|요|점|

- 수익은 무엇이며 어떤 항목으로 분류되는가?
- 수익의 인식기준으로 발생주의와 실현주의는 무엇인가?
- 용역제공은 무엇이며 수익인식기준은 어떻게 하는가?
- 건설계약의 수익인식기준과 회계처리는 어떻게 하는가?
- 확정급여채무와 당기근무원가는 어떻게 측정하는가?
- 사외적립자산이 있을 때 확정급여채무는 어떻게 계산하는가?
- 주식결제형과 현금결제형 주식기준보상은 어떻게 하는가?
- 법인세와 법인세기간배분은 무엇인가?
- 이연법인세부채와 자산의 발생원인과 회계처리는 어떻게 하는가?

제1절 수 익

1.1 수익의 개념

(1) 수익의 정의

수익(revenue)은 자산의 유입이나 증가 또는 부채의 감소에 따라 자본의 증가를 초래하는 특정 회계기간에 발생한 경제적 효익의 증가로서, 지분참여자에 의한 출연과 관련된 것은 제외한 것이다. 예를 들어 정상적인 영업활동(재화의 판매나 용역의 제공)으로부터 현금및현금성자산 및 금융자산을 수취하거나, 선수금 및 선수수익 등 부채의 감소형태로부터 나타나는 경제적 효익의 총유입을 수익이라 한다.

수익은 일반적으로 경영활동의 전과정을 통하여 발생하며, 수익을 인식하면 자산이 증가하거나 부채가 감소하고 그 결과 자본이 증가하게 된다. 수익은 정상적 영업활동에서 나타나는 것이 일반적이지만 정상적인 영업 외의 활동에서 나타나는 차익(gains)도 포함된다.

(2) 수익의 분류

수익은 회사가 속하는 업종에 따라 여러 가지 형태를 띠게 된다. 상기업은 외부로부터 구입한 상품의 판매를 통하여, 제조기업은 자기가 생산한 제품의 판매를 통하여, 용역제공기업은 주로 계약에 의해 용역(서비스)을 제공하고 수익을 얻는다. 여기서 제공되는 서비스에는 금융, 교육, 의료, 법률, 회계, 기술, 컨설팅, 소프트웨어, 운송, 사무실임대 등 다양한 형태를 띤다. 또한 상기업이나 제조기업, 서비스기업은 때때로 보유하고 있는 자산을 타인에게 사용하게 하고 대가로 이자나 배당금, 로열티를 받기도 한다.

K-IFRS는 거래나 발생의 형태에 따라 수익을 재화의 판매, 용역의 제공, 기타수익으로 구분한다. 여기서 기타수익에는 이자수익, 배당수익, 로열티수익이 포함된다. 수익에 포함되는 내용을 표시하면 다음과 같다.

◆ 수익의 분류 – K-IFRS

① 매출액(재화판매) : 상기업 및 제조기업의 상품 또는 제품의 판매로부터 얻은 대가
② 매출액(용역제공) : 상기업, 제조기업, 서비스기업의 서비스제공으로부터 얻은 대가
③ 기타수익 :
- 이 자 수 익 : 금융자산을 빌려주고 받은 사용 대가
- 배 당 수 익 : 회사의 지분투자에 대해 받은 대가
- 로열티수익 : 상표권, 소프트웨어, 음반저작권의 사용으로 받은 대가
- 임대료수익 : 부동산을 타인에게 대여하고 받은 대가

⋮

(3) 수익의 인식

수익은 자산의 증가나 부채의 감소와 관련하여 미래경제적 효익이 증가하였고 이를 신뢰성 있게 측정할 수 있을 때 인식한다. 이는 경제적 효익이 증가하고 이를 신뢰성을 측정할 수 있는 항목을 인식할 수 있음을 말한다. 하지만 수익은 경영활동의 전체 과정에서 발생하고 이로 인한 경제적 효익을 신뢰성 있게 측정하는 것은 쉽지 않다.

회사는 실무에서 현금기준과 발생기준에 따라 수익을 인식하고 있다. 현금기준(cash basis)은 경제적 효익이 현금으로 회수되는 시점에 인식한다. 발생기준(accrual basis)는 경제적 효익이 발생할 때 인식한다. 발생기준은 수익과 비용을 적절히 대응시켜 경영성과를 정확히 측정하므로 이를 인식기준으로 사용하고 있다.

회사는 발생기준에 따라 수익을 인식하기 위해 수익획득과정에서 증가된 가치를 구분하고 그 크기를 측정해야 한다. 하지만 수익의 획득과정을 구분하고 측정하는 것은 매우 어렵다. 따라서 회계는 수익의 실현요건 두 가지를 정하여 이를 기준으로 수익의 발생을 간주한다. 이때 적용되는 실현기준(realization basis)은 발생기준을 적용함에 있어 실무상의 어려움을 현실에 맞게 수정한 인식기준이다. 실현주의는 다음 두 가지 요건을 충족하는 시점에 수익을 인식한다.

◆ 실현기준은

① 실현(측정)요건 : 실현되었거나 실현가능한 시점에 수익을 인식한다.
② 가득(발생)요건 : 가득과정이 완료된 시점에 수익을 인식한다.

실현요건은 실현되었거나 실현가능한 것을 말한다. **실현된 것**은 재화 또는 용역이 현금 또는 현금청구권과 교환되었을 때를 말한다. **실현가능**은 유입된 효익이 활성거래시장에서 큰 추가적 부담 없이 현금 또는 현금청구권과 교환이 가능한 상태를 말한다. **가득요건**은 수익의 획득과정이 사실상 완료되었다고 간주할 수 있는 시점을 나타낸다. 가득시점은 수익획득과정에서 가장 결정적인 사건이 종료되는 시점을 말한다.

수익은 실현과 가득요건을 동시에 만족하는 시점에 인식한다. 일반적으로 실현과 가득을 동시에 만족하는 사건(시점)으로 생산, 판매, 대금회수 중 하나를 선택하여 사용한다. 예를 들어 재화의 판매나 용역의 제공은 **판매(인도)시점**을 기준으로 수익을 인식한다. 하지만 대금회수가 매우 불확실한 상거래는 **대금회수시점**에 수익을 인식한다. 한편 거래의 성격에 따라 생산기간 중에 수익을 인식하는 것이 타당할 때도 있다. 건설계약이나 용역제공계약 등은 판매가 보장되어 있으므로 생산의 **진행기준**에 따라 수익을 인식한다. 이와 같이 수익은 거래의 성격에 따라 수익획득과정 중 실현과 가득요건을 동시에 만족하는 사건을 기준으로 인식한다. 수익획득과정과 수익인식기준을 나타내면 다음과 같다.

◆ 수익획득과정과 수익인식기준

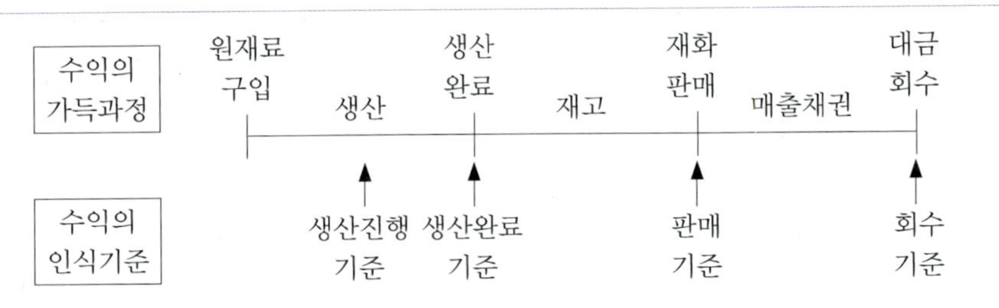

(4) 수익의 측정

수익은 받았거나 받을 대가(판매대가)의 **공정가치**(fair value)로 측정한다. 일반적으로 판매대가는 판매자와 구매자가 합의하여 결정한다. 수익은 판매대가에서 매출에누리와환입, 매출할인, 수량리베이트를 차감하여 결정한다. 하지만 재화나 용역과 관련된 세금이나 부가가치세와 같이 제3자를 대신하여 받은 금액은, 기업에 유입되어 자본의 증가를 가져오는 경제적 효익이 아니므로 수익에서 제외한다.

판매대가는 대부분 현금이나 현금성자산의 형태를 띤다. 수익은 받았거나 받을 판매대가의 현금이나 현금성자산으로 측정한다. 하지만 현금이나 현금성자산의 유입이 장기간 이연되는 경우가 있다. 이때는 미래 총수취액을 내재이자율로 할인하여 계산한다. 예를 들어 판매대가로 표면이자율이 시장이자율보다 낮은 어음을 받거나 무이자의 신용판매를 하는 경우는 명목금액을 내재이자율로 할인한 금액이 수익이 된다.

(5) 거래의 식별

모든 거래는 각 거래별로 수익인식기준을 적용한다. 일반적으로 거래는 하나의 거래로 식별되는 경우가 대부분이다. 하지만 하나의 거래가 두 개 이상의 부분으로 구분되고, 각 부분을 경제적 실질을 반영할 수 있는 경우는 각 부분별로 수익인식기준을 적용한다. 예를 들어 제품(소프트웨어)의 판매가격에 판매 후 제공될 용역의 대가가 포함되어 있는 경우는 그 금액(용역금액)을 이연하여 용역수행기간에 걸쳐 수익을 별도로 인식한다. 한편 둘 이상의 거래가 서로 연계되어 있어 경제적 효과가 일련의 거래 전체를 통하여 파악되는 경우는 그 거래 전체에 대하여 수익인식기준을 적용한다. 예를 들어 재화를 판매하고 동시에 당해 재화를 나중에 재구매하기로 별도의 약정을 체결함으로써 판매거래의 실질적 효과가 상쇄되는 경우는 두 거래를 하나의 거래로 보아 회계처리한다. 아래에서는 거래형태별로 재화의 판매, 용역의 제공, 이자 · 배당금 · 로열티의 인식과 측정, 회계처리를 학습한다.

1.2 재화의 판매

상기업이나 제조업은 구입한 상품이나 생산한 제품을 판매한다. 재화의 판매는 상품 및 제품이 인도되고, 대금을 받거나 대금의 청구권이 확정된다. 여기서 재화의 판매는 수익이 가득되기 위한 결정적인 사건이다. 따라서 매매업에서는 판매기준(sales basis)을 적용하여 수익을 인식한다. K-IFRS는 판매기준을 가득요건과 실현요건으로 구분하고 이들 모든 조건을 충족할 때 수익을 인식하도록 규정하고 있다.

◆ 재화의 판매와 수익인식조건

가득요건 ① 재화의 소유에 따른 중요한 위험과 보상이 구매자에게 이전된다.
② 판매자는 판매된 재화의 소유권과 결부된 통상적 수준의 관리상 지속적 관여를 하지 않을 뿐만 아니라 효과적인 통제를 하지도 아니한다.
실현요건 ③ 수익금액을 신뢰성 있게 측정할 수 있다.
④ 거래와 관련된 경제적 효익의 유입가능성이 높다.
⑤ 거래와 관련하여 발생했거나 발생할 원가를 신뢰성 있게 측정할 수 있다.

소유에 따른 위험과 보상의 이전은 일반적으로 법적 소유권 이전이나 재화의 물리적 이전이 동시에 이루어진다. 하지만 판매자가 소유에 따른 중요한 위험을 부담하는 경우는 판매로 보지 않아 수익을 인식하지 않는다. 예를 들어 인도된 재화에 대해 정상적 품질보증을 초과하여 책임을 부담하는 경우, 판매대금의 회수가 구매자의 재판매에 의해 결정되는 경우, 설치조건부 판매에서 설치가 아직 완료되지 아니한 경우, 구매계약에서 구매취소권이 있고 반품가능성을 예측할 수 없는 경우는 수익을 인식할 수 없다.

수익은 거래와 관련된 경제적 효익의 유입가능성이 높은 경우에만 인식한다. 어떤 경우는 판매대가를 수취하거나 불확실성이 해소되기 전까지 거래와 관련된 경제적 효익의 유입가능성은 높지 않을 수 있다. 예를 들어 해외 판매에서 대금의 송금이 외국 정부의 허가를 받아야 하는 경우 송금허가의 불확실성이 제거된 때에 수익을 인식한다. 하지만 이미 인식한 수익은 추후에 회수가능성이 불확실해져도 인식한 금액은 조정하지 아니하고 회수불능 추정금액을 비용(대손상각)으로 인식한다.

같은 거래에 관련된 수익은 비용과 동시에 인식한다. 예를 들어 재화의 인도 이후에 예상되는 품질보증비는 다른 수익요건이 충족되는 시점에 신뢰성 있게 측정할 수 있다. 따라서 관련된 비용을 신뢰성 있게 측정할 수 없다면 수익을 인식할 수 없다. 이 경우 재화의 판매로 이미 받은 금액은 부채로 인식한다. 아래에서는 판매유형에 따라 회계처리를 학습한다.

(1) 위탁판매

위탁판매(consignment sales)는 위탁자가 자기의 상품을 수탁자에게 위탁하여 판매하는 것을 말한다. K-IFRS는 위탁판매의 경우 수익은 수탁자가 위탁품을 고객에게 판매한 날에 인식하도록 규정한다. 위탁매매는 수탁자가 위탁품을 고객에게 판매하기 전까지 상품의 소유권은 위탁자에게 있으며, 수탁자는 판매를 대행하고 그 대가로 수수료를 청구할 수 있는 권리를 가진다.

위탁자는 상품을 수탁자에게 적송하는 때에는 소유권의 변동이 없으므로 회계처리를 하지 않고 보조부에 위탁판매를 위해 적송했다는 사실을 적송품계정 차변에 기록한다. 하지만 적송비용은 운반비계정 차변에 기록하여 당기의 비용으로 처리한다. 수탁자는 적송품을 받아 판매하고 회계기말에 매출계산서와 함께 판매운임과 보관료, 수수료를 차감한 잔액을 송금한다. 이때 위탁자는 수탁자가 지급한 판매운임, 보관료, 수수료를 비용(판매비)으로 처리한다. 간단한 〈예제 14-1〉을 통해 위탁판매에 대한 회계처리를 학습한다.

예제 [14-1]

- (주)제주는 Gold Kiwi를 서울상점에 위탁판매하기로 계약하였다. 다음은 Gold Kiwi에 관한 거래이다. 요구사항에 답하시오.

(1) (주)제주의 기초상품 재고액은 ₩200,000(200개, ₩1,000)이다.

(2) (주)제주는 5월 1일 상품 500개를 개당 ₩1,000에 매입하였다.

(3) (주)제주는 9월 1일 서울상점에 위탁판매하기 위해 상품 300개(매입원가 ₩300,000)를 적송하고 적송운임 ₩30,000을 지급하다.

(4) 서울상점은 11월 1일 수탁상품 200개를 개당 ₩2,000에 판매하다. 이때 판매비로 ₩20,000을 지급하다.

(5) (주)제주는 12월 28일 서울상점으로부터 매출계산서와 송금전표를 팩스로 받았다.

◆ 매출계산서

매출액 : 200개 × ₩2,000 =		₩400,000
차 감 :		
판 매 운 임	₩20,000	
판매수수료 : ₩400,000 × 10% =	40,000	(60,000)
송금액 :		₩340,000

☞ **요구사항**

1. 일자별(9/1, 11/1, 12/28)로 위탁자와 수탁자 입장에서 회계처리를 나타내시오.

2. 주)제주의 기말결산수정분개를 나타내시오.
3. (주)제주의 부분재무상태표와 부분포괄손익계산서를 표시하시오.

해답

1. 일자별 회계처리-위탁자 및 수탁자

일 자	(주)제주-위탁자	서울상점-수탁자
9월 1일 (20××년)	(차) 적 송 품 300,000 운 반 비 30,000 (대) 상 품 300,000 현 금 30,000	분개없음
11월 1일 (20××년)	(차) 매출채권 340,000* 위탁판매비용 60,000 (대) 매 출 400,000 (차) 매출원가 200,000* (대) 적 송 품 200,000	(차) 현 금 380,000 수탁판매비 20,000 (대) 수탁판매부채 400,000
12월 28일 (20××년)	(차) 현 금 340,000 (대) 매출채권 340,000	(차) 수탁판매부채 400,000 (대) 현 금 340,000 수탁판매비 20,000 수탁수수료 40,000

* 위탁자는 수탁자가 판매하는 시점에 수익을 인식한다.

2. 결산수정분개-(주)제주

① 기능별 표시방법

일 자	분 개 기 록			
12월 31일 (20××년)	(차) 매출원가	200,000	(대) 상 품(기초)	200,000
	매출원가	500,000	매 입	500,000
	상 품	400,000*	매출원가	400,000
12월 31일 (20××년)	(차) 상 품	100,000**	(대) 매출원가	100,000

* 창고에 남아 있는 상품, ** 수탁자가 아직 판매하지 않고 보관 중인 적송품

부분재무상태표

⋮	
유동자산	
⋮	
재고자산	500,000

부분포괄손익계산서

수 익	400,000
매출원가	200,000
매출총이익	200,000
⋮	

② 성격별 표시방법

일 자	분 개 기 록			
12월 31일 (20××년)	(차) 상　　품	300,000*	(대) 상품의 변동	300,000

* 기말상품이 기초상품 보다 ₩300,000 많으므로 이를 재고자산에 가산한다.

부분재무상태표

⋮	
유동자산	
⋮	
재고자산	500,000

부분포괄손익계산서

수　　익	400,000
상품의 변동	300,000
상품매입액	(500,000)
⋮	

(2) 시용판매

시용판매(sales on approval)는 고객이 일정기간 시험적으로 사용한 후 구매의사가 있을 때 주문을 한다. K-IFRS는 고객이 매입하겠다는 의사를 표시할 때 수익을 인식하도록 규정하고 있다. 시용판매는 고객에게 여러 번 상품을 발송하고 반송이 이루어지며, 이의 과정에서 매매가 이루어진다. 이때 상품이 고객에게 인도되었으나 매입의사를 표시하기 전까지 상품의 소유에 따른 위험과 보상이 판매자에게 있기 때문에 아직 수익을 인식하지 않는다. 따라서 기말현재 매입의사표시가 없는 시송품은 판매자의 기말재고액에 포함시켜 결산을 하여야 한다. 간단한 〈예제 14-2〉를 통해 시용판매에 대한 회계처리를 학습한다.

예제 [14-2]

• (주)SK-Ⅱ는 신제품 앤티에이징 크림을 50대 여성을 상대로 시용판매를 하고 있다. 시용판매에 관한 거래는 아래와 같다. 일자별로 회계처리를 나타내시오.

(1) 20×3. 7. 1. 잠재고객 100명에게 신제품 1개씩 시송하였다. 신제품의 원가는 ₩200,000이며 판매가격은 ₩400,000이다. 시송품에는 시송용 gift가 하나씩 포함되어 있다.

(2) 20×3. 12. 31.까지 30명은 매입의사가 없어 제품을 반품하였다.
(3) 20×3. 12. 31.까지 40명이 매입의사를 표시하였으며, 아직 대금은 받지 못했다.

해답 ≪≪≪

구 분	분 개 기 록			
7월 1일 (20××년)	* 분개없이 비망기록한다.			
12월 31일 (20××년)	* 반송품도 분개없이 비망기록한다.			
12월 31일 (20××년)	(차) 매출채권	16,000,000	(대) 매 출	16,000,000
12월 31일 (20××년)	(차) 매출원가	×××	(대) 상 품(기초)	×××
	매출원가	×××	매 입	×××
	상 품	12,000,000*	매출원가	12,000,000

* 반품된 것과 아직 의사결정을 하지 못한 고객의 보관상품

(3) 할부판매

할부판매(installment sales)는 고객에게 상품을 인도하고 대금은 일정기간 분할하여 지급하는 판매이다. 할부판매는 일반적으로 대금의 지급이 완료될 때까지 상품의 법적 소유권이 판매자에게 있다. 하지만 할부상품은 소비자가 실제로 목적대로 사용하고 있고 상품과 관련된 경제적 효익이나 위험이 소비자에게 사실상 이전되어 있는 것으로 볼 수 있다. K-IFRS는 할부판매에 대한 수익을 원칙적으로 상품이나 제품을 인도한 시점에 인식하도록 규정하고 있다.

할부판매의 수익금액은 재화의 판매나 용역의 제공에 대하여 받았거나 받을 대가의 공정가치로 측정한다. 이 경우 장기할부판매는 명목가치(판매금액)의 현재가치로 평가하고, 이자상당액은 유효이자율법에 따라 할부기간에 이자수익으로 인식한다. 구체적으로 판매시점에 매출채권의 명목가치를 할부매출채권계정 차변에 기입하고, 매출계정 대변에 명목가치의 현재가치, 또한 명목가치와 현재가치의 차액을 현재가치할인차금계정 대변에 기록한다. 간단한 〈예제 14-3〉을 통하여 할부판매에 대한 회계처리를 학습한다.

예제 [14-3]

• (주)아놀드파마는 골프클럽 1세트를 할부판매하였다. 이에 관한 자료는 다음과 같다. 결산일은 매년 12월 31일이다. 요구사항에 답하시오.

20×3. 1. 1. 원가 ₩2,000,000의 골프세트를 ₩3,000,000에 2년간 6개월(6월 30일과 12월 31일)마다 ₩750,000씩 할부판매하였다. 할부판매 금액에는 12%의 이자가 포함되어 있다.

☞ 요구사항

1. 할부매출채권의 현재가치를 계산하시오.
2. 매출총이익과 이자수익을 계산하시오..
3. 유효이자율법에 의한 상각표를 작성하시오.
4. 20×3년 1년분의 회계처리를 나타내시오

해답 ≪≪≪

1. 할부매출채권의 현재가치

매출채권의 현재가치 = ₩750,000 × 3.46511(4년, 6%, 연금현가계수)
= ₩2,598,833

2. 매출총이익과 이자수익

① 매출총이익 = ₩2,598,833 − ₩2,000,000 = ₩598,833

② 이자수익 = ₩3,000,000 − ₩2,598,833 = ₩401,167

3. 유효이자율법에 의한 상각표

유효이자, 액면이자, 추가 이자수익 계산표 − 유효이자율법

일 자	장부가액	유효이자	할부금회수액	채권회수액
20×3. 1. 1.	₩2,598,833			
20×3. 6. 30.	2,004,763	₩155,930	₩750,000	₩594,070
20×3. 12. 31.	1,375,049	120,286	750,000	629,714
20×4. 6. 30.	707,552	82,503	750,000	667,497
20×4. 12. 31.	0	42,448*	750,000	707,552
계		₩401,167	₩3,0000,000	₩2,598,833

* 단수차이 조정

4. 1년분 회계처리

구 분	분 개 기 록			
1월 1일 (20×3년)	(차) 매출채권	3,000,000	(대) 수 익 현재가치할인차금	2,598,833 401,167
6월 30일 (20×3년)	(차) 현 금 현재가치할인차금	750,000 155,930	(대) 매출채권 이자수익	750,000 155,930
12월 31일 (20×3년)	(차) 현 금 현재가치할인차금	750,000 120,286	(대) 매출채권 이자수익	750,000 120,286

(4) 상품권판매

상품권판매는 회사가 상품권을 발행하고 추후에 상품을 제시하면 상품이나 제품을 인도하는 판매형태를 말한다. 상품권판매는 상품권 발행시점이 아니라 고객이 상품권을 제시하고 상품이나 제품을 인도할 때 수익을 인식한다.

상품권을 판매하면 판매대금을 선수금으로 처리한다. 상품권판매는 수익금액을 신뢰성 있게 측정할 수 있지만 수익창출활동을 나타내는 상품의 인도가 아직 이루어지지 않았으므로 수익을 인식하지 않는다. 상품권을 할인하여 판매하는 경우는 액면금액 전액을 상품권선수금계정 대변에 기록하고, 할인액은 상품권할인계정 차변에 기록하여 부채차감계정으로 처리한다. 예를 들어 액면 ₩100,000인 상품권 1장을 10% 할인하여 발행하면 다음과 같이 회계처리한다.

구 분	분 개 기 록			
상품권판매	(차) 현 금 상품권할인액	90,000 10,000	(대) 상품권선수금	100,000

회사는 상품권을 제시하면 상품을 인도하고, 상품권선수금을 상계한다. 이때 상품권할인액은 매출에누리계정으로 대체한다. 예를 들어 위의 상품권의 제시에 따라 상품원가 ₩70,000을 판매금액 ₩90,000에 인도하고 잔액 ₩10,000은 현금을 지급한 경우 다음과 같이 회계처리한다.

구 분	분 개 기 록			
상품인도	(차) 상품권선수금	100,000	(대) 매 출 현 금	90,000 10,000
	(차) 매출에누리	10,000	(대) 상품권할인액	10,000
	(차) 매출원가	70,000	(대) 상 품	70,000

(5) 고객보상점수부여 판매

고객보상점수부여판매는 회사가 판매시점에 고객에게 고객보상점수(포인트)를 부여하는 판매형태를 말한다. 고객은 이들 점수를 모아 미래에 상품이나 용역을 무상취득하거나 할인구매하는 방법으로 보상점수를 사용한다. 이의 제도는 고객이 당사 제품에 대하여 충성도를 높여 반복구매를 유도하기 위한 것으로 고객충성제도라고 한다.

보상점수부여는 미래에 상품이나 용역을 무상이나 할인가격으로 제공해야 할 의무가 발생한다. K-IFRS는 제1018호 문단 13을 적용하여 보상점수를 부여한 최초매출 중 별도의 식별가능한 부분으로 회계처리하도록 규정하고 있다. 따라서 최초매출시점에 보상점수의 공정가치에 해당하는 금액은 수익을 이연시키고 나머지 금액만 매출로 인식한다.

1.3 용역의 제공

용역(service)은 재화가 아닌 서비스의 활동을 말한다. 용역에는 기술이나 운송, 의료, 법률, 회계, 교육, 컨설팅용역 등 매우 다양한 활동으로 나타난다. 용역은 일반적으로 사전에 서비스제공에 대한 계약이 이루어지고 계속 용역을 제공해야 하는 의무가 발생된다.

용역의 제공으로 인한 수익은 용역제공거래의 결과를 신뢰성 있게 추정할 수 있을 때 보고기간말에 그 거래의 진행률에 따라 인식한다. 구체적으로 용역은 생산과 동시에 제공되고, 그 대금은 사전계약에 따라 계산되므로, 용역의 생산과 제공이 결정적인 사건(가득요건)이며, 수익금액은 사전계약에 의해 객관적으로 측정(실현요건)되므로 진행정도에 따라 수익을 인식한다. 용역의 수익은 다음의 조건을 모두 충족할 때 인식한다.

◆ 용역수익의 인식조건

① 거래와 관련된 경제적 효익의 유입가능성이 높다.
② 수익금액을 신뢰성 있게 측정할 수 있다.
③ 보고기간말에 그 거래의 진행률을 신뢰성 있게 측정할 수 있다.
④ 이미 발생한 원가 및 거래의 완료를 위한 원가를 신뢰성 있게 측정할 수 있다.

용역수익은 신뢰성 있게 측정하는데 진행률의 결정이 매우 중요하다. 거래의 **진행률**은 다양한 방법으로 결정할 수 있다. 회사는 수행된 용역을 신뢰성 있게 측정할 수 있는 방법을 사용하여야 한다. 진행률은 거래의 성격에 따라 다음의 방법으로 결정한다.

◆ 진행률 결정방법

① 원가기준법 : 총추정원가에 대한 현재까지 발생한 누적원가의 비율
② 투입량기준법 : 총예상노동(작업)시간에 대한 현재까지 발생한 누적노동시간의 비율
③ 산출량기준법 : 총예상산출량에 대한 현재까지 생산한 누적산출량

용역제공거래의 성과를 신뢰성 있게 추정할 수 없는 경우에는 인식된 비용의 회수가능한 범위 내에서의 금액만을 수익으로 인식한다. 예를 들어 거래의 초기단계에서는 용역제공의 성과를 신뢰성 있게 측정하기가 어려운 경우가 많이 있으며, 이때에도 발생한 원가의 회수가능성이 높을 수 있다. 이의 사례에서는 발생원가의 회수가능성이 높은 금액(원가)을 수익으로 인식한다. 하지만 용역제공의 성과를 신뢰성 있게 측정할 수 없고, 원가의 회수가능성도 높지 않으면 수익은 인식하지 않고 발생한 원가를 비용으로 인식한다.

수익은 거래와 관련된 경제적 효익의 유입가능성이 높은 경우에만 인식한다. 그러나 이미 수익으로 인식한 금액에 대해서는 추후에 회수가능성이 불확실해지는 경우에도 수익금액을 조정하지 않고 회수불가능하다고 추정되는 금액을 비용으로 인식한다. 간단한 〈예제 14-4〉를 통해 용역제공에 대한 회계처리를 학습한다.

예제 [14-4]

- (주)자유는 아이리스프로덕선 및 CGV와 광고계약을 체결하였다. 회사의 결산일은 모두 12월 31일이다. 관련자료는 다음과 같다. 광고계약에 따라 아이리스프로덕선과 CGV이 인식할 수익을 계산하시오.

(1) (주)자유는 아이리스프로덕선과 영화 실미도의 광고물 ₩10,000,000을 제작하기로 계약을 체결하다.

(2) 아이리스프로덕선은 실미도 영화의 광고물 제작원가에 ₩5,000,000이

발생할 것으로 추정되었고, 20×3년도에 ₩3,000,000이, 20×4년도에 ₩2,000,000이 발생하였다. 광고물은 연말에 완성하여 납품하였다.

(3) (주)자유는 제작된 광고물을 CGV와 영화가 시작되기 전에 5분씩 총 30회 방영하기로 계약하고 ₩3,000,000(30회×1회당×₩100,000)을 지급하기로 하였다. 20×3년도 10회 방영, 나머지는 20×4년도 방영되었다.

해답

1. 아이리스프로덕션의 용역수익 인식
   20×3년도 수익 : ₩10,000,000×₩3,000,000/₩5,000,000=₩6,000,000
   20×4년도 수익 : ₩10,000,000×₩2,000,000/₩5,000,000=₩4,000,000

2. CGV의 용역수익 인식
   20×3년도 수익 : 10회×₩100,000=₩1,000,000
   20×4년도 수익 : 20회×₩100,000=₩2,000,000

1.4 건설계약

(1) 건설계약의 의의

건설계약은 단일 자산의 건설이나, 설계, 기술 및 기능 또는 그 최종목적이나 용도에 있어서 밀접하게 상호연관되거나 상호의존적인 복수자산의 건설을 위해 구체적으로 협의된 계약을 말한다. 단일자산의 건설에 해당하는 예로는 교량, 건물, 댐, 파이프라인, 도로, 선박 또는 터널 등이 포함된다. 이에 비해 복수자산의 건설에는 정제시설, 기타복합생산설비나 기계장치의 건설 등이 있다.

건설계약은 건설계약금액의 결정방식에 따라 정액계약과 원가보상계약으로 분류한다. 어떤 건설계약은 정액계약과 원가보상계약의 성격을 모두 갖는다.

◆ 건설계약의 형태

① 정액계약 : 계약금액을 정액으로 하거나 산출물 단위당 가격을 정액으로 하는 건설계약으로서, 경우에 따라서는 물가연동조항을 포함한다.
② 원가보상계약 : 원가의 일정비율이나 정액의 수수료를 원가에 가산하여 보상받는 건설계약이다. 이 경우 원가는 당사자 간에 인정되거나 계약서에 정의된 원가를 말한다.

(2) 계약수익과 계약원가

계약수익(contract revenue)은 다음의 항목으로 구성된다.

◆ 계약수익
① 최초에 합의한 계약금액 ② 공사변경, 보상금 및 장려금에 따라 추가되는 금액으로서 다음을 모두 충족하는 것 (가) 수익으로 귀결될 가능성이 높다. (나) 금액을 신뢰성 있게 측정할 수 있다.

계약수익은 수령하였거나 수령할 대가의 공정가치로 측정한다. 이러한 계약수익의 측정은 미래사건의 결과와 관련된 다양한 불확실성에 의해 영향을 받는다. 계약수익의 추정치는 후속사건이 발생하거나 불확실성이 해소됨에 따라 자주 수정된다.

계약원가(contract cost)는 다음의 항목으로 구성된다.

◆ 계약원가
① 특정 계약에 직접 관련된 원가 ② 계약활동 전반에 귀속될 수 있는 공통원가로서 특정 계약에 배분할 수 있는 원가 ③ 계약조건에 따라 발주자에게 청구할 수 있는 기타원가

특정 계약에 직접 관련된 원가에는 현장인력의 노무원가, 건설 재료원가, 건설장비의 감가상각비, 생산설비 등의 운반비, 생산설비의 임차원가, 기술지원원가, 예상하자보수원가 등이 포함된다. 공통원가에는 보험료, 특정 계약에 관련되지 않는 기술지원원가, 건설간접원가 등이 포함된다.

(3) 계약수익과 비용의 인식

① 계약수익과 비용의 인식

건설계약의 결과를 신뢰성 있게 추정할 수 있는 경우, 건설계약과 관련한 계약수익과 계약원가는 보고기간 말 현재 계약활동의 진행률을 기준으로 각각 수익과 비용으로 인식한다. 구체적으로 건설계약은 계약수익이 결정되어 있고 발주자가 정해져 있으므로 생산자체가 수익을 인식하는데 결정적인 사건(가득요건)이 되며, 진행률을 합리적으로 측정(실현요건)할 수 있으면 진행기준에 따라 수익과 비용을 인식한다.

② 진행률 측정

건설계약의 수익과 비용은 진행기준에 의해 인식된다. 계약의 진행률은 계약의 성격에 따라 다음과 같은 방법으로 측정한다. 이의 방법 중 원가기준법을 실무에서 많이 사용한다.

◆ 진행률 결정방법

① 원가기준법 : 수행한 공사에 대하여 발생한 누적계약원가를 추정총계약원가로 나눈 비율
② 투입량기준법 : 수행한 공사의 측정량
③ 산출량기준법 : 계약 공사의 물리적 완성량

진행률을 누적발생계약원가 기준으로 결정하는 경우에는 수행한 공사를 반영하는 계약원가만 누적발생원가에 포함한다. 진행률 산정을 위한 누적발생원가에서 몇몇 원가는 제외된다. 예를 들어 현장에 인도되었거나 계약상 사용을 위해 준비되었지만 아직 계약공사를 위해 설치, 사용 또는 적용이 되지 않은 재료의 원가와 같은 계약상 미래활동과 관련된 계약원가는 제외된다. 또한 하도급계약에 따라 수행될 공사에 대해 하도급자에게 선급한 금액도 제외된다.

③ 회계처리

건설계약의 회계처리는 공사원가발생시점, 공사원가청구, 공사대금 회수, 기말결산, 공사완료시점에 따라 나누어 검토한다.

먼저 공사원가발생시점을 검토한다. 공사가 진행되면 재료비, 노무비, 제조간접비가 발생한다. 공사계약 전에 발생한 원가와 공사가 진행됨에 따라 나타난 재료비, 노무비, 제조간접비는 미성공사계정 차변에 기록한다. 미성공사(construction in process)계정은 제조회사의 재공품계정과 같은 것으로 재고자산에 포함된다. 이 계정에는 건설계약이 완성되어 발주자에게 인도되기 전까지 발생한 모든 원가를 누적시킨다.

구 분	분개기록			
공사원가 발생시점	(차) 미성공사	×××	(대) 현　　금	×××

공사원가청구시점의 회계처리를 살펴본다. 건설회사는 중간에 공사에 필요한 자금을 마련하기 위하여 계약금액의 일부를 발주자에게 청구하게 된다. 이 경우 청구금액을 공사미수금계정 차변과 진행청구액계정 대변에 기록한다. 진행청구액은 임시계정으로 미성공사계정의 차감항목으로 표시한다. 진행청구액이 미성공사보다 크면 부채가 되고 작으면 자산계정이 된다. 이를 나타내면 다음과 같다.

구 분	분개기록			
공사원가 청구시점	(차) 공사미수금	×××	(대) 진행청구액	×××
공사대금 회수시점	(차) 현　　금	×××	(대) 공사미수금	×××

공사대금회수시점의 회계처리를 검토한다. 건설회사는 발주자로부터 계약금액의 일부를 회수한다. 이때는 현금계정 차변과 공사미수금계정 대변에 기록한다. 이를 나타내면 위와 같다.

기말결산시점의 회계처리를 살펴본다. 건설회사는 회계기말이 되면 결산에 보고될 수익과 원가를 측정하여 계상한다. 구체적으로 진행기준에 따라 진행률을 측정하고, 공사계약금액에 적용하여 공사수익과 공사원가를 다음과 같이 계산한다. 당기공사수익과 당기공사원가와의 차액인 당기공사손익은 미성공사계정으로 처리한다. 이를 나타내면 다음과 같다.

구 분	분개기록			
결산기말	(차) 공사원가 　　　미성공사	××× ×××	(대) 공사수익	×××
① 당기공사수익＝계약수익금액 진행률－전기까지 인식한 공사수익누적액 ② 당기공사원가＝추정총계약원가 진행률－전기까지 인식한 공사원가누적액				

미성공사계정의 잔액은 보고기간 말까지 발생한 누적발생계약원가에 누적

공사손익을 합한 금액이 되며, 이의 계정에 진행청구액을 차감한 양의 잔액은 미청구공사과목으로 자산을 표시하고, 음의 잔액은 초과청구공사과목의 부채로 표시한다.

공사완료시점의 회계처리를 검토한다. 공사가 완료되면 인도 후 나타날 하자보수원가를 측정하여 계상한다. 하자보수원가는 계약원가에 포함되어 있으므로 이를 측정하여 미성공사계정 차변과 하자보수충당부채계정 대변에 기록한다. 또한 공사가 완료된 시점에 미성공사계정잔액은 총발생계약원가에 총공사손익이 가감된 금액이며, 이는 총계약수익(진행청구액)과 동일하므로 완료시점에 미성공사계정과 진행청구액계정을 상쇄한다. 공사가 완료된 후에는 미성공사계정잔액과 진행청구계정잔액은 영(0)이 된다. 회계처리를 나타내면 다음과 같다. 간단한 〈예제 14-5〉를 통해 건설계약의 회계처리를 학습한다.

구 분	분개기록			
공사완료	(차) 미성공사(하자보수비)	×××	(대) 하자보수충당부채	×××
	(차) 진행청구액	×××	(대) 미성공사	×××

예제 [14-5]

- (주)평화건설은 정부와 자유시의 건설에 계약을 체결하였다. 공사기간은 20×3. 1. 1.에서 20×5. 12. 31까지 3년이다. 건설과 관련된 자료는 다음과 같다.

(1) 각 연도별 실제 원가발생액과 추정 계약원가

구 분	20×3	20×4	20×5
수행된 누적계약원가	₩360,000	₩630,000	₩1,100,000
추정잔여계약원가	540,000	420,000	
추정총계약원가	₩900,000	₩1,050,000	₩1,100,000

(2) 총계약수익금액과 진행청구액, 회수금액

구 분	20×3	20×4	20×5
총계약수익	₩1,200,000	₩1,300,000	₩1,300,000
진행청구액	300,000	550,000	450,000
회수금액	250,000	500,000	550,000

☞ **요구사항**

1. 기업회계기준서에 따라 매년 인식해야 할 공사수익, 공사원가, 공사이익을 계산하시오.
2. 연도별 회계처리를 나타내시오.
3. 20×3년도 부분재무상태표를 작성하시오.

해답

1. 연도별 공사손익

구 분	20×3	20×4	20×5
(1) 공사진행률	40%($\frac{₩360,000}{}$)	60%($\frac{₩630,000}{}$)	100%($\frac{₩1,100,000}{}$)
(2) 공사수익	₩1,200,000×40% −₩0 =₩480,000	₩1,300,000×60% −₩1,200,000×40% =₩300,000	₩1,300,000×100% −₩1,300,000×60% =₩520,000
(3) 공사원가	₩900,000×40% −₩0 =₩360,000	₩1,050,000×60% −₩900,000×40% =₩270,000	₩1,100,000×100% −₩1,050,000×60% =₩470,000
(4) 공사이익	₩120,000	₩30,000	₩50,000

2. 연도별 회계처리

구 분	분 개 기 록			
공사원가발생 (20×3)	(차) 미성공사	360,000	(대) 현 금	360,000
공사원가청구 (20×3)	(차) 공사미수금	300,000	(대) 진행청구액	300,000
공사대금회수 (20×3)	(차) 현 금	250,000	(대) 공사미수금	250,000
기말결산시점 (20×3)	(차) 공사원가 미성공사	360,000 120,000	(대) 공사수익	480,000
공사원가발생 (20×4)	(차) 미성공사	270,000	(대) 현 금	270,000
공사원가청구 (20×4)	(차) 공사미수금	550,000	(대) 진행청구액	550,000
공사대금회수 (20×4)	(차) 현 금	500,000	(대) 공사미수금	500,000
기말결산시점 (20×4)	(차) 공사원가 미성공사	270,000 30,000	(대) 공사수익	300,000

공사원가발생 (20×5)	(차) 미성공사	470,000	(대) 현 금	470,000
공사원가청구 (20×5)	(차) 공사미수금	450,000	(대) 진행청구액	450,000
공사대금회수 (20×5)	(차) 현 금	550,000	(대) 공사미수금	550,000
기말결산시점 (20×5)	(차) 공사원가	470,000	(대) 공사수익	520,000
	미성공사	50,000		
	(차) 진행청구액	1,300,000	(대) 미성공사	1,300,000

3. 20×3년도 부분재무상태표

부분재무상태표

⋮

유동자산

공사미수금		₩50,000
미청구공사		
미성공사 : ₩360,000+₩120,000=₩480,000		
진행청구액	(300,000)	180,000

⋮

1.5 이자 · 배당금 · 로열티수익

(1) 이자수익과 배당금수익

회사는 계약을 통해 자산을 타인에게 사용하게 하고 대가로 이자나 배당, 로열티를 받는다. 이의 수익은 계약에 따라 자산을 계속 사용함으로써 발생하고, 거래의 완성에 따라 추가적인 비용이 발생하지 않는다. 따라서 이자와 배당금은 경제적 효익의 유입가능성이 높고, 수익금액을 신뢰성 있게 측정할 수 있을 때 해당거래의 특성을 반영하여 수익을 인식한다. 이자와 배당금은 다음의 특성을 고려하여 수익을 인식한다.

◆ 이자와 배당금의 수익인식

① 이자수익 : 원칙적으로 유효이자율법을 적용하여 발생기준에 따라 인식한다.
② 배당금수익 : 수익금액을 사전에 추정하기 어렵기 때문에 배당금을 받을 권리와 금액이 확정되는 시점에 인식한다. 즉, 회사의 배당선언일에 인식한다.

(2) 로열티수익

로열티수익은 상표권, 특허권, 소프트웨어, 음반저작권, 영화필름 등의 자산을 사용한 대가로 받는 수익을 말한다. **로열티** 또는 **라이선스** 사용료는 관련된 경제적 실질을 반영하여 발생기준에 따라 수익을 인식한다. 예를 들어 (주)태원엔터테인먼트가 아이리스를 제작하여 CGV에 영화상영권 라이선스를 계약한 경우, (주)태원은 계약에 따라 수취하는 금액을 라이선스수익으로 인식한다. 한편 로열티수익은 로열티의 회수가 미래 특정 사건의 발생에 따라 달라지는 경우는 로열티의 수취가능성이 확실한 시점에 수익을 인식한다. 간단한 〈예제 14-6〉을 통해 로열티수익의 회계처리를 학습한다.

예제 [14-6]

- (주)태원엔터테인먼트는 아이리스를 제작하여 전국 영화관에 판매한다. (주)태원의 결산일은 매년 12월 31일이다. 관련자료는 다음과 같다. (주)태원의 일자별로 회계처리를 나타내시오.

(1) (주)태원은 20×3. 7. 1.아이리스영화의 상영권을 ₩10,000,000에 CGV와 계약하고 대금을 수령하였다.

(2) CGV는 아이리스영화를 20×3. 7. 1.부터 20×4. 6. 30.까지 1년간 상영할 수 있다.

해답

구 분	분 개 기 록			
20×3. 7. 1.	(차) 현 금	10,000,000	(대) 라이선스수익	10,000,000
20×3. 12. 31.	(차) 라이선스수익	5,000,000	(대) 선수수익	5,000,000

비 용 제2절

2.1 비용의 개념

(1) 비용의 정의

비용(expenses)은 자산의 유출이나 소멸 또는 부채의 증가에 따라 자본의 감소를 초래하는 특정 회계기간에 발생한 경제적 효익의 감소로서, 지분참여자에 대한 분배와 관련된 것은 제외한다. 예를 들어 정상적인 영업활동에서 수익을 얻기 위하여 소멸된 매출원가나 급여, 감가상각비 등은 자산의 유출이나 소모에 따라 나타난 비용이다. 비용에는 정상적인 영업과 관련이 없는 차손(losses)도 포함된다. 예를 들어 화재나 홍수와 같은 자연재해 또는 비유동자산의 처분에서 발생하는 손실, 외화차입금의 환율상승으로 발생하는 미실현손실 등도 비용에 포함된다. 차손은 일반적으로 포괄손익계산서에서 구분표시하며, 이를 통해 경제적 의사결정에 도움을 준다

(2) 비용의 인식

비용은 자산의 감소나 부채의 증가와 관련하여 미래경제적 효익이 감소하고 이를 신뢰성 있게 측정할 수 있을 때 포괄손익계산서에 인식한다. 실무에서 비용의 인식은 쉽지 않다. 따라서 비용은 수익 · 비용의 대응원칙에 의해 인식한다.

수익 · 비용 대응원칙(matching principle)은 경제적 효익이 수익으로 인식될 때 이에 대응시켜 비용을 인식하는 것을 말한다. 수익에 대응하여 비용을 인식하는 방법에는 직접대응, 기간배분, 즉시인식 등이 있다.

직접대응(direct matching)은 가득된 수익항목에 직접 관련되는 비용을 인식하는 것을 말한다. 예를 들어 재화의 판매에 따라 매출이 발생하면, 매출에 관련된 매출원가와 판매비(판매수수료나 판매운임) 등을 인식한다. 제조업은 매출과 관련하여 판매된 제품의 제조원가가 비용으로 계상된다.

기간배분(period matching)은 특정 수익에 직접적인 인과관계는 없지만 발생된 원가가 일정기간의 수익창출활동에 기여한 것으로 인식되면 해당되는

기간에 합리적이고 체계적으로 배분하는 것을 말한다. 배분에 의한 비용인식은 유형자산이나 영업권, 특허권과 상표권의 자산 사용과 관련하여 자주 나타난다. 예를 들어 기말에 자산의 사용과 관련하여 감가상각비나 상각비를 합리적으로 배분하여 비용으로 인식한다.

당기에 즉시 인식은 직접대응이나 기간배분으로 인식할 수 없는 항목을 즉시 당기의 비용으로 인식하는 것을 말한다. 이의 경우는 당기에 발생한 원가가 미래 경제적 효익을 제공하지 못하거나 미래 경제적 효익의 가능성이 불확실한 경우에 적용한다. 예를 들어 일반관리비나 광고선전비 등이 있다.

2.2 종업원급여

(1) 종업원급여의 의의

회사는 종업원이 제공한 용역에 대하여 다양한 형태와 방법으로 급여를 지급한다. 종업원급여(employee benefits)는 회사가 종업원에게 노력제공의 대가로 지급하는 금전 및 비금전적 혜택을 말한다. 예를 들어 매달 지급하는 월급과 건강보험 및 고용보험의 부담액, 퇴직급여, 해직급여 등이 종업원급여에 해당한다.

종업원급여는 종업원뿐만 아니라 이의 피부양자에게 지급하는 급여도 포함된다. 구체적으로 종업원과 배우자, 자녀, 그 밖의 피부양자에게 지급하는 직접 급여와 제3자(보험회사)에게 종업원을 위해 지급하는 것도 포함한다. 여기서 종업원은 근로자나 사무원, 이사, 경영진을 말한다. 종업원은 또한 정규직이나 전일제, 시간제, 임시직에 근무하는 구성원을 말한다.

종업원급여의 유형에는 단기종업원급여, 퇴직급여, 기타장기종업원급여, 해고급여 등이 있다. 이들 급여는 종업원이 용역을 제공하는 기간크기나, 지급시기, 지급이유 등에 따라 나눈 것으로 그 내용을 살펴보면 다음과 같다.

◆ 종업원급여

① 단기종업원급여 : 종업원이 근무용역을 제공하고 회계기간 말부터 12개월 이내에 지급기일이 전부 도래하는 종업원급여
② 퇴직급여 : 퇴직 이후에 지급하는 종업원급여

③ 기타장기종업원급여 : 급여 전부나 일부의 지급기일이 종업원의 관련 근무용역이 제공된 회계기간의 말부터 12개월 이내에 도래하지 아니하는 종업원급여
④ 해고급여 : 퇴직시점 이전에 해고결정이나 자발적 명예퇴직자에게 지급하는 종업원급여

(2) 단기종업원급여

단기종업원급여(short-term employee benefits)는 종업원이 근무용역을 제공한 회계기간 말부터 12개월 이내에 지급기일이 전부 도래하는 급여를 말한다. 예를 들면 임금이나 국민연금의 분담금, 12개월 이내에 사용될 것으로 예상되는 유급연차휴가 또는 유급병가, 12개월 이내에 지급될 이익분배금과 상여금, 종업원에 제공되는 비화폐성 급여로서 의료나 주택, 자동차, 무상 또는 일부 보조로 제공되는 재화나 용역이 여기에 해당된다.

단기종업원급여는 근무용역이 **제공되는 회계기간**에 지급이 예상되는 금액을 인식한다. 하지만 결산시점에 근무용역이 제공되었지만 지급되지 아니한 금액은 부채(미지급비용)로 인식하고, 이에 비해 근무용역을 제공하기 전에 지급한 금액은 자산(선급비용)으로 인식한다.

단기유급휴가는 누적유급휴가와 비누적유급휴가로 구분한다. **누적유급휴가**는 당기에 사용하지 못한 유급휴가를 차기에 이월하여 사용할 수 있는 것을 말한다. 누적유급휴가는 지급의무가 있으므로 해당금액을 부채로 인식해야 한다. **비누적유급휴가**는 차기에 사용할 수 없는 당기유급휴가로서, 유급병가, 출산 · 육아휴가, 배심원 및 병역의 유급휴가를 말한다.

이익분배금이나 상여금 중 통상적인 것이 아니면서, 과거사건의 결과로 현재 지급의무가 발생하였고, 채무금액을 신뢰성 있게 추정할 수 있는 경우는 그 예상원가를 급여로 인식한다.

(3) 퇴직급여

퇴직급여(post-employment benefits)는 종업원이 퇴직할 때 또는 그 이후에 회사가 종업원의 과거 근무용역에 대한 대가로 제공하는 급여를 말한다. 퇴직급여는 퇴직급여제도에 의해 지급된다. 퇴직급여에는 퇴직금과 퇴직연금이 있다. **퇴직금**(postretirement benefit)은 퇴직시점에 지급되는 일시금액이며, **퇴직연금**(postretirement pension)은 퇴직 후 일정기간 또는 사망시점까지 매년 일

정금액으로 지급되는 것을 말한다.

퇴직급여제도(post-employment benefit plan)는 기업이 한 명 이상의 종업원에게 퇴직급여를 지급하는 근거가 되는 공식 또는 비공식 협약에 이루어지는 것을 말한다. 퇴직급여제도에는 확정기여제도와 확정급여제도가 있다.

① 확정기여제도

확정기여제도(defined contribution plan)는 종업원의 퇴직금에 대하여 **회사가 부담하는 비용이 확정**되어 있는 것을 말한다. 따라서 회사는 퇴직금에 대하여 일정금액만 제공하면 그 책임이 종료되며, 종업원이 적립금운용의 주체로서 이의 수익자가 된다.

회사는 종업원이 일정기간 근무용역을 제공하였을 때 그 근무용역에 대하여 납부해야 할 확정된 기여금을 비용으로 인식한다. 구체적으로 회사는 납부해야 할 기여금을 퇴직급여계정 차변과 현금계정 대변에 기록한다. 하지만 제조기업의 경우 제조에 해당하는 기여금은 제조원가에 포함하고 그 외는 비용으로 처리한다.

구 분	분개기록			
기여금확정	(차) 퇴직급여	×××	(대) 현 금	×××

② 확정급여제도

확정급여제도(defined benefit plan)는 확정기여제도 이외의 모든 퇴직급여제도를 말한다. 확정급여제도는 당초에 정의된 퇴직급여를 지급할 의무를 지니게 되므로, 만약 적립금이 부족하면 회사는 이를 보전해야 하는 의무를 지닌다. 확정급여제도는 **회사가 퇴직급여에 모든 의무를 지기** 때문에 다음의 특성을 갖는다. 아래에서는 퇴직급여채무에 영향을 미치는 확정급여채무와 당기근무원가, 사외적립자산, 보험수리적손익을 전제로 의의와 회계처리를 검토한다.

◆ 확정급여제도

① 회사는 확정급여제도의 공식적 규약에 따른 법적의무에 대해서뿐만 아니라 비공식적 관행에서 생기는 의제의무에 대해서도 회계처리를 해야 한다.
② 종업원이 받을 퇴직급여액은 회사와 종업원 사이에 합의된 공식적인 제도나 그 밖의 공식적인 협약에 따라 결정된다.

확정급여채무와 당기근무원가

확정급여채무(defined benefit obligations)는 종업원이 당기와 과거기간에 근무용역을 제공하여 발생한 채무를 결제하는데 필요한 예상 미래지급액을 말한다. 당기근무원가(service cost)는 당기에 종업원이 근무용역을 제공함에 따라 발생하는 퇴직급여에 관련된 확정급여채무의 증가액으로 현재가치로 측정한 것을 말한다. 구체적으로 확정급여채무는 종업원이 퇴직할 때 지급할 것으로 예상되는 퇴직급여를 말하며, 당기근무원가는 종업원이 근무용역을 제공함에 따라 종업원의 근무기간에 배분된 퇴직급여를 말한다. 예를 들어 회사가 3년을 근무하는 종업원에게 퇴직금 ₩3,000을 지급하기로 계약했으면, 확정급여채무는 ₩3,000이 되며, 당기근무원가는 ₩1,000(₩3,000÷3년)이 된다.

확정급여채무와 당기근무원가는 예측단위적립방식을 사용하여 측정한다. 예측단위적립방식(projected unit credit method)은 근무기간에 비례하여 퇴직급여를 발생시키는 방법으로, 매근무기간에 추가적인 급여수급권단위를 발생하는 것으로 다음의 순서에 따라 이루어진다.

◆ 예측단위적립방식

① 퇴직시점, 임금상승률, 할인율 등 보험수리적 가정을 한다.
② 보험수리적 평가방법을 적용하여 퇴직급여액을 결정한다.
③ 퇴직급여액을 종업원의 근무기간에 걸쳐 정액법으로 배분하여 기간별 귀속급여액 결정
④ 각 기간별 귀속급여액을 할인하여 당기근무원가를 결정한다.

예를 들어 예측단위적립방식을 설명한다. 종업원이 3년 근무하였고 확정급여채무가 ₩3,000(최종임금×근무연수 3년)으로 계산되었다. 이때 현재가치를 무시하면 매년 근무원가는 ₩1,000(₩3,000÷3년)이 된다. 하지만 우량회사의 사채시장이자율이 10%인 경우 현재가치를 고려하면 1차년도 근무원가는 ₩826(₩1,000÷1.1^2)이며, 2차년도 근무원가는 ₩909(₩1,000÷1.1^1)이고, 퇴직연도의 근무원가는 ₩1,000이다. 여기서 퇴직급여는 3차년도 말에 지급될 것이므로 현재가치로 할인된 근무원가에 이자원가를 가산하여, 각 연도별로 인식한 비용의 합계액이 3차년도 말에 지급할 퇴직급여와 일치하게 된다. 이자원가(interest cost)는 확정급여일의 결제일에 한 기간만큼 더 가까워짐에 따라 발생

하는 한 기간의 확정급여채무 증가액을 말한다. 또한 당기근무원가(①)와 이자원가(②)를 합한 금액은 퇴직급여(③)가 되며 동액만큼 확정급여채무로 인식한다. 이렇게 처리하면 3차년도 말에는 확정급여채무잔액이 지급할 퇴직급여와 일치한다. 이를 그림으로 표시하면 다음과 같다.

◆ 예측단위적립방식 : 근무기간 3년, 확정급여채무, ₩3,000(₩1,000×3년), 할인율 10%

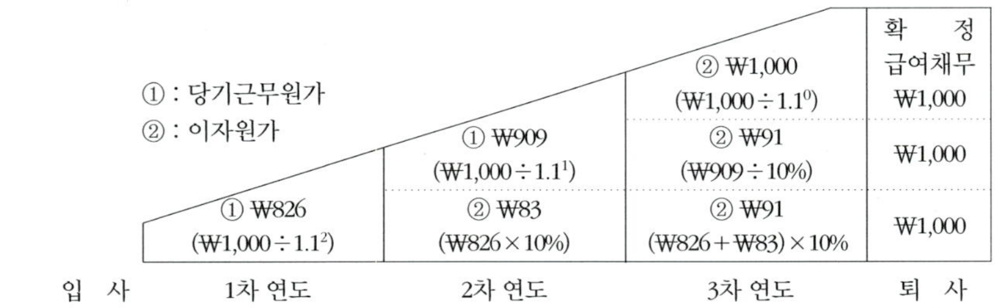

당기근무원가	₩826	₩909	₩1,000	
이자원가	–	83	182	
퇴직급여(③)	₩826	992	1,182	
확정급여채무 현재가치	₩826	₩1,818	₩3,000	

위의 계산예제를 전제로 퇴직급여와 관련하여 각 연도 말에 처리해야 할 분개를 나타내면 다음과 같다.

구 분	분 개 기 록			
1차년도	(차) 퇴직급여	826	(대) 확정급여채무	826
2차년도	(차) 퇴직급여	992	(대) 확정급여채무	992
3차년도	(차) 퇴직급여	1,182	(대) 확정급여채무	1,182
3차년도	(차) 확정급여채무	3,000	(대) 현 금	3,000

확정급여채무는 여러 가지 변수에 의해 영향을 받는다. **영향을 주는 변수에는 퇴직 전의 최종임금, 종업원의 이직률과 사망률, 미래 임금상승률, 의료원가 등이 있다.** 이들 변수는 확정되어 알려져 있는 것이 아니라 일정한 환경을 전제로 가정이 이루어지는데 이를 보험수리적 가정이라 한다. **보험수리적 가정**(actuarial assumptions)은 퇴직급여원가를 결정하는 여러 가지 변수에 대한 최선의 추정치를 얻기 위하여 필요한 것으로, 인구통계적 가정과 재무적 가정으로 구성된다. **인구통계적 가정**에는 종업원의 이직률과 사망률, 피부양자 있

는 종업원비율, 의료원가청구율이 포함된다. 재무적 가정에는 할인율, 미래 임금수준, 미래 의료원가, 사외적립자산의 기대수익률이 포함된다.

확정급여채무는 종업원이 퇴직할 때 지급하는 것이므로 보고기간 말 현재 현재가치로 할인하여 부채로 인식해야 한다. 여기서 할인할 때 적용되는 할인율은 보고기간 말 현재 우량회사채의 시장수익률을 참조하여 결정한다. 하지만 회사채에 대해 거래층이 두터운 시장이 없는 경우는 보고기간 말 현재 국공채의 시장수익률을 사용한다. 우량회사채나 국공채의 통화 및 만기는 확정급여채무의 통화 및 예상지급시기와 일관성이 있어야 한다. 간단한 〈예제 14-7〉을 통해 예측단위적립방식에 의한 확정급여채무의 추정과 회계처리를 학습한다.

예제 [14-7]

• (주)REI는 확정급여형 퇴직제도를 사용하고 있다. 종업원이 퇴직할 때 퇴직금을 일시적으로 모두 지급한다. 이때 지급되는 퇴직금은 퇴직 전 최종임금의 1%에 근무연수를 곱하여 측정한다. 종업원의 연간 임금은 20×3년에 ₩2,000,000이다. 종업원의 연간 임금은 매년 5%씩 복리로 상승하는 것으로 가정한다. 요구사항에 답하시오.

☞ **요구사항**

1. 20×6년 말 확정급여채무를 계산하시오. 단, 할인율은 10%이다.
2. 20×3년과 20×4년도 확정급여채무와 관련된 회계처리를 나타내시오.

해답

1. 20×6년 말 확정급여채무 계산

구 분	20×3	20×4	20×5	20×6
귀속퇴직급여				
과거연도	₩0	23,152	46,304	69,456
당해 연도(1%)	23,152*	23,152	23,152	23,152
당해+과거연도	₩23,152	46,304	69,456	92,608
기초 확정급여채무	–	₩17,394	₩38,267	₩63,141
이자원가(할인율10%)	–	1,739***	3,827	6,314
당기근무원가	17,394**	19,134	21,047	23,152
기말 확정급여채무	₩17,394	₩38,267	₩63,141	₩92,607

* ₩2,000,000×(1+0.05)^3=₩2,315,200 → ₩2,315,200×1%=₩23,152
** ₩23,152÷(1+0.10)^3=₩17,394
*** ₩17,394×10%≒₩1,739

2. 회계처리

구 분	분개기록			
20×3. 12. 31.	(차) 퇴직급여	17,394	(대) 확정급여채무	17,394
20×4. 12. 31.	(차) 퇴직급여*	20,873	(대) 확정급여채무	20,873

* 퇴직급여=당기근무원가+이자원가

사외적립자산

사외적립자산은 회사가 종업원의 퇴직급여에 충당할 목적으로 사외에 장기종업원급여기금이나 보험회사의 적격보험계약에 적립한 자산을 말한다. 기업회계기준서는 회사가 사외적립자산에 현금을 불입(기여금)하는 경우는 사외적립자산으로 계상하고, 사외적립자산에서 발생한 수익은 사외적립자산에 가산하고, 퇴직급여에서 차감하도록 규정하고 있다. 예를 들어 회사가 퇴직급여에 충당할 목적으로 삼성보험에 ₩500,000을 예입하였으며, 연말에 이자로 ₩40,000이 발생하였다. 이 경우 회계처리는 다음과 같다.

구 분	분개기록			
기여금입금	(차) 사외적립자산	500,000	(대) 현 금	500,000
투자수익발생	(차) 사외적립자산	40,000	(대) 퇴직급여	40,000

회사가 사외적립자산에 가입하면, 종업원이 퇴직할 때 예입된 사외적립자산으로부터 출금하여 지급한다. 이때 회사는 확정급여채무와 사외적립자산을 상계한다. 종업원의 퇴직에 나타나는 회계처리는 다음과 같다.

구 분	분개기록			
퇴직시점	(차) 확정급여채무	×××	(대) 사외적립자산	×××

회사는 보고기간 말에 사외적립자산을 공정가치로 측정하고 이를 재무상태표의 확정급여부채에서 차감하여 표시한다. 보고기간 말에 재무상태표에 확정급여부채와 사외적립자산의 표시와 포괄손익계산서에 나타나는 퇴직급여를 표시하면 다음과 같다.

부분재무상태표

부 채		
⋮		
퇴직급여부채		
확정급여부채*	×××	
사외적립자산**	(×××)	×××

* 보고기말 현재 현재가치
** 보고기말 현재 공정가치

부분포괄손익계산서

⋮	
퇴직급여	
당기근무원가	×××
이자원가	×××
사외적립자산 수익	(×××)
계	×××

보험수리적 손익

보험수리적 손익(actuarial gains and losses)은 보험수리적 가정이 변경되어 나타나는 손익을 말한다. 보험수리적 손익은 보험수리적 가정과 실제로 발생한 결과의 차이에서 생기는 손익과 보험수리적 가정의 변경으로 인해 발생한 손익으로 구성된다. 이들 보험수리적 손익이 발생하는 원인은 주로 확정급여채무의 현재가치가 증감하거나 사외적립자산의 실제수익과 기대수익의 차이에 있다. 보험수리적 손익은 확정급여채무의 조정항목으로 표시하는 방법과 기타포괄손익으로 인식하고 즉시 이익잉여금으로 대체하는 방법이 있다.

2.3 주식기준보상

(1) 주식기준보상거래의 의의

주식기준보상은 주식기준보상거래를 통해 종업원에게 보상하는 것을 말한다. 주식기준보상거래(share-based payment transaction)는 회사가 재화나 용역을 제공받은 대가로 회사의 지분상품(주식 또는 주식선택권)을 부여하거나, 회사의 주식이나 다른 지분상품의 가격에 기초한 금액만큼의 부채를 부담하는 거래를 말한다. K-IFRS는 주식기준보상거래로 주식결제형, 현금결제형, 선택형으로 구분하고 있다.

◆ 주식기준보상거래

① 주식결제형 : 회사가 재화나 용역을 제공받는 대가로 회사의 지분상품(주식 또는 주식선택권)을 부여하는 거래
② 현금결제형 : 회사가 재화나 용역을 제공받는 대가로 회사의 주식이나 다른 지분상품의 가격(또는 가치)에 기초한 금액만큼 현금이나 그 밖의 자산으로 결제하는 거래
③ 선택형 : 회사가 재화나 용역을 제공받는 대가로 회사 또는 공급자가 결제방식(주식결제형 또는 현금결제형)을 선택할 수 있는 권리를 부여하는 거래

(2) 인식과 측정

주식기준보상거래에서 제공받는 재화나 용역은 그 재화나 용역을 제공받는 날에 인식한다. 주식결제형 주식기준보상거래로 재화나 용역을 제공받는 경우에는 그에 상응한 자본의 증가를 인식하고, 현금결제형 주식기준보상거래로 재화나 용역을 제공받는 경우에는 그 상응한 부채의 증가를 인식한다. 이때 주식기준보상거래에서 제공받는 재화나 용역은 자산의 인식요건을 충족하면 자산으로 계상하지만, 그렇지 못한 경우에는 즉시 비용으로 계상한다.

주식기준보상거래에서 제공받는 재화나 용역을 인식할 때는 해당재화나 용역의 공정가치를 직접 측정하여 보상원가로 계상한다. 그러나 그러한 공정가치를 신뢰성 있게 측정할 수 없는 경우에는 부여한 지분상품의 공정가치에 기초하여 보상원가를 간접 측정한다.

(3) 회계처리

주식기준보상거래에서 제공받는 재화나 용역은 그 재화나 용역을 제공받는 날에 인식한다. 따라서 보상원가는 주식기준보상거래의 조건에 따라 가득시점 또는 가득기간에 걸쳐 주식보상비용계정을 사용하여 당기비용으로 처리하거나 자산의 취득원가에 포함시킨다. 주식결제형과 현금결제형 주식기준보상거래의 경우 주식보상비용에 대한 회계처리를 나타내면 다음과 같다. 주식보상비용은 주식결제형에서는 주식선택권계정을 사용하여 자본항목(자본조정)에 계상하고, 현금결제형 경우에는 미지급급여계정을 통해 부채로 계상한다.

구 분	주식결제형 주식기준보상거래		현금결제형 주식기준보상거래	
가득기간	(차) 주식보상비용	×××	(차) 주식보상비용	×××
	(대) 주식선택권	×××	(대) 미지급급여	×××
	(자본조정)		(부채)	
행사시점	(차) 현 금	×××	(차) 미지급급여	×××
	주식선택권	×××	(대) 현 금	×××
	(대) 자 본 금	×××		
	주식발행초과금	×××		

주식기준보상거래에 대한 회계처리를 이해하려면 먼저 기초가 되는 용어를 알아두어야 한다. 구체적으로 보상원가, 가득, 가득조건, 내재가치 등의 용어에 대한 이해가 필요하다. 간단하게 이들 용어를 정리하면 다음과 같다.

◆ 주식기준보상거래와 관련용어 정리

- 보상원가 : 회사가 거래상대방(종업원)으로부터 제공받는 재화나 용역의 원가를 말한다. 보상원가는 당기비용으로 처리하거나 자산의 취득원가에 포함한다.
- 가득 : 부여된 지분상품에 대한 무조건부 권리가 확정되는 것을 말한다. 거래상대방(종업원)은 가득조건을 충족할 때 회사의 지분상품(자기주식 또는 신주)를 받을 무조건부 권리를 얻게 된다.
- 가득조건 : 주식기준보상약정에 따라 거래상대방(종업원)이 현금, 그 밖의 자산이나 회사의 지분상품을 받을 무조건부 권리를 얻기 위하여 충족해야 하는 조건을 말한다. 이에는 용역조건과 성과조건이 있다. 용역조건은 특정 기간에 계속 근무해야 하는 조건이다. 성과기준은 목표이익 등의 성과달성 조건 또는 자본시장에서 일정 주가수익률 이상 등이 된다.
- 내재가치 : 거래상대방(종업원)이 청약할 권리를 갖고 있거나 제공받은 권리를 갖고있는 주식의 공정가치에서 거래상대방이 당해 주식에 대하여 지불해야 하는 가격을 차감한 것을 말한다.

(4) 주식결제형 주식기준보상거래

주식결제형 주식기준보상거래의 경우 교부받은 권리자가 권리를 행사할 때, 회사는 행사가격만큼 현금을 수령하고 그 대가로 회사의 지분상품을 발행하여 권리자에게 부여한다. 제공받은 재화나 용역의 공정가치 또는 부여한 지분상품의 공정가치를 신뢰성 있게 추정할 수 있는 경우에는 가득조건에 따라 두 가지 방법으로 회계처리 한다.

부여한 지분상품이 즉시 가득된다면 거래상대방은 지분상품에 대한 무조건부 권리를 얻기 위해 특정 기간의 용역을 제공해야 할 의무가 없다. 이 경우 반증이 없는 한 지분상품의 대가에 해당하는 용역을 거래상대방으로부터 이미 받은 것으로 본다. 회사는 이의 제공받은 용역 전부를 부여일에 인식하고 그에 상응하는 자본의 증가를 인식한다. 이때 회계처리는 다음과 같다.

구 분	분 개 기 록			
가득조건	(차) 주식보상비용	×××	(대) 주식선택권(자본조정)	×××
* 보상원가 전액을 주식보상비용으로 인식				

거래상대방이 특정기간의 용역을 제공해야 부여된 지분상품이 가득된다면, 지분상품의 가치에 해당하는 용역을 미래 가득기간에 제공받는 것으로 본다. 이의 경우에는 당해 용역을 가득기간에 배분하여 인식하며, 그에 상응하여 자본의 증가로 인식한다. 이때 회계처리는 다음과 같다.

구 분	분 개 기 록			
가득조건	(차) 주식보상비용	×××	(대) 주식선택권(자본조정)	×××
* 보상원가×경과기간/가득기간-전기까지 계상한 주식선택권				

주식결제형 주식기준보상거래에서는 주식선택권의 공정가치를 권리부여일에 한 번만 측정한다. 이때에는 권리부여일 이후에는 주식선택권의 공정가치 변동에 따라 보상원가를 수정하지 않는다. 이것은 일정기간에 걸쳐 제공받는 근무용역의 공정가치가 후속적으로 일어나는 주식선택권의 공정가치변동에 따라 영향을 받지는 않기 때문이다.

(5) 현금결제형 주식기준보상거래

현금결제형 주식기준보상거래는 회사가 재화나 용역을 제공받는 대가로 회사의 지분상품의 가치에 기초하여 현금이나 그 밖의 자산으로 결제하는 주식기준보상거래를 말한다. 현금결제형 주식기준보상거래의 경우에는 가득조건에 따라 두 가지 방법으로 회계처리한다.

부여와 동시에 가득되는 주가차액보상권은 회사가 종업원에게 특정 용역제공기간에 근무의 의무 없이 현금을 받을 자격을 준 것이므로, 반증이 없는 한 종업원에게 이미 근무용역을 제공받은 것으로 본다. 따라서 회사는 제공받은 용역과 그 대가지급에 관한 부채를 즉시 인식한다. 이때 회계처리는 다음과 같다.

구 분	분 개 기 록			
가득조건	(차) 주식보상비용	×××	(대) 미지급급여(부채)	×××

종업원이 특정 기간에 근무용역을 제공해야 주가차액보상권이 가득된다면, 제공받는 근무용역과 그 대가로 부담하는 부채는 그 용역제공기간에 종업원이 근무용역을 제공할 때 인식한다. 이때 회계처리는 다음과 같다.

구 분	분 개 기 록			
가득조건	(차) 주식보상비용	×××	(대) 미지급급여(부채)	×××
* 당기말 공정가치×행사예상개수×경과기간/가득기간−전기까지 부채계상액				

현금결제형 주식기준보상거래에서는 보상원가와 제공받는 재화나 용역, 그 대가로 부담하는 부채는 공정가치로 측정한다. 회사는 부채가 결제될 때까지 보고기간 말 및 결제일에 계속 부채의 공정가치를 재측정하고 공정가치의 변동액은 당기손익으로 인식한다. 간단한 〈예제 14-8〉을 통해 현금결제형 주식기준보상거래에 대한 회계처리를 학습한다.

예제 [14-8]

• (주)한국은 현금결제형 주식기준보상제도를 사용한다. 회사는 20×3. 1. 1.에 종업원 200명의 모두에게 50개씩 총 10,000개의 현금결제형 주가차액보상권을 부여하고 2년간의 근무용역기간을 부과하였다. 이에 관련된 자료는 다음과 같다. 주식기준보상거래와 관련하여 각 시점별로 회계처리를 나타내시오.

(1) 20×3년에 20명이 퇴사하였으며, 이로 인해 주가차액보상권 1,000개가 소멸하였다. 회사는 내년에는 20명이 추가로 퇴사할 것으로 예상하였다. 실제로 20×4년에는 20명이 퇴사하여 주가차액보상권 1,000개가 소

멸하였다.

(2) 20×4년 말까지 계속 근무한 종업원은 받았던 주가차액보상권을 모두 가득하였다. 회사는 매 회계연도 말에 추정한 주가차액보상권의 공정가치와 각 권리행사시점의 내재가치(현금지급액)는 다음과 같다.

회계연도	공정가치	내재가치
20×3. 12. 31	₩500	
20×4. 12. 31.	550	
20×5. 1. 1.		₩600

(3) 20×5년 초에 50명이 주가차액보상권을 전량 행사하였다.

해답 《《《

구 분	분 개 기 록			
20×3. 1. 1.	−회계처리 없음−			
20×3. 12. 31.	(차) 주식보상비용*	2,000,000	(대) 미지급급여	2,000,000
20×4. 12. 31	(차) 주식보상비용**	2,400,000	(대) 미지급급여	2,400,000
20×5. 1. 1.	(차) 미지급급여****	4,400,000	(대) 현 금***	4,800,000
	주식보상비용	400,000		

* (200명−20명−20명)×50개×₩500×1/2=₩2,000,000

** (200명−40명)×50개×₩550×2/2−₩2,000,000=₩2,400,000

*** 160명×50개×₩600=₩4,800,000

**** 160명×50개×₩550=₩4,400,000

(6) 선택형 주식기준보상거래

선택형 주식기준보상거래는 회사나 거래상대방이 제공받는 재화나 용역의 대가를 결제하는 방식으로 현금이나 지분상품 중 하나를 선택할 수 있는 주식기준보상거래를 말한다. 선택형 주식기준보상거래는 거래의 실질내용에 따라 회계처리가 이루어진다. 예를 들어 회사가 현금이나 그 밖의 자산으로 결제해야 하는 부채를 부담하는 부분은 현금결제형 주식기준보상거래로 회계처리하고, 그러한 부채를 부담하지 않는 부분은 주식결제형 주식기준보상거래로 회계처리한다.

2.4 법인세비용

(1) 법인세의 의의

법인세(income taxes)는 법인이 벌어들인 소득에 대하여 국가에 납부하는 조세를 말한다. 법인세는 법인이 납세의무자가 되며, 과세대상은 법인소득이 된다. 회사는 보고기간 말에 법인세 과세의 기준이 되는 과세소득을 계산해야 한다. 과세소득은 세법이나 이에 준하는 법령에 따라 계산한다.

과세소득(income bases)은 포괄손익계산서의 회계이익(법인세비용차감전손익을 말함)과 일치하지 않는다. 회계이익은 일반적으로 인정된 회계원칙에 따라 측정된 것이다. 이에 비해 과세소득은 국가의 재정수요를 충족시키고 조세부담자의 부담능력과 공평과세를 실현하는데 목적을 두고 법령에 의해 계산된 것이다. 요컨대 회계이익과 과세소득은 추구하는 목적이 다르므로 이를 고려하여 계산된 결과는 차이가 발생한다.

법인세기간배분(interperiod tax allocation)은 자산 · 부채의 (K-IFRS기준)장부금액과 자산 · 부채의 세무기준액(법인세법기준)이 일치하지 않음으로써 발생하는 일시적 차이에 대한 세금효과를 차기 이후에 배분하는 것을 말한다. 법인세기간배분이 이루어지면 **이연법인세회계**가 나타난다. 법인세기간배분은 특정 연도에 발생하는 일시적 차이에 대한 세금효과를 차기 이후의 기간에 배분함으로써 재무제표에 보고되는 순이익과 자산 · 부채가 적정하게 표시하는 목적을 달성한다.

간단한 예제를 통해 법인세기간배분에 대한 내용을 이해하여 두자. 예를 들어 20×3년과 20×4년에 각각 이자수익(미수이자)이 ₩100,000발생하는데, 20×4년에 현금으로 ₩200,000의 이자를 받는 경우를 가정한다. 이때 기업회계기준은 20×3년과 20×4년에 회계이익을 각각 ₩100,000씩 보고한다. 하지만 세법은 미수이자를 현금으로 받았을 때 익금으로 인정하므로 20×4년에 ₩200,000을 과세소득으로 인식하여 세금을 부과한다. 이 경우 20×3년과 20×4년의 당기법인세(법인세율 30%)와 당기순이익은 다음과 같이 계산된다.

	20×3	20×4
회계이익	₩100,000	₩100,000
당기법인세	–	(60,000)*
당기순이익	₩100,000	₩40,000

앞의 계산은 법인세법에 따라 이자소득을 현금으로 받는 20×4년에 모두 법인세를 계상한다. 따라서 K-IFRS에 따라 계산된 20×3년과 20×4년의 회계이익은 이에 대한 법인세가 계상되지 않음으로써 순이익 및 자산·부채가 적정하게 표시되지 않는다. 이의 문제를 해결하려면 일시적 차이에 대한 세금효과를 차기 이후에 배분하여야 한다. 위의 예에서 법인세기간배분을 도입하면 20×3년과 20×4년의 법인세비용과 당기순이익을 나타내면 다음과 같다.

	20×3년	20×4년
회계이익	₩100,000	₩100,000
당기법인세	(30,000)	(30,000)
당기순이익	₩70,000	₩70,000

위에서 표시된 것과 같이 특정 회계연도에 발생된 일시적 차이에 대한 세금효과를 차기 이후에 배분하여 표시하면 재무제표에 표시되는 순이익과 자산·부채는 적정하게 된다. 여기서 일시적 차이에 나타난 미래 세금효과를 **이연법인세**라 한다. 예에서는 차기 이후에 지급하여야 할 법인세를 현재시점에서 이연법인세부채의 계정을 사용하여 재무제표에 부채로 보고한다. 위의 예와 반대되는 경우는 차기 이후에 지급할 법인세를 현재시점에 먼저 지급한 것이므로 이연법인세자산의 계정을 사용하여 재무제표의 자산에 보고한다. 위의 예를 사용하여 회계처리를 나타내면 다음과 같다.

구 분	분개기록			
20×3. 12. 31	(차) 법인세비용	30,000	(대) 이연법인세부채	30,000
20×4. 12. 31.	(차) 법인세비용	30,000	(대) 미지급법인세	60,000
	이연법인세부채	30,000		

(2) 과세소득과 회계이익 차이의 유형

회계에서 수익(익금)과 비용(손금)의 인식시점이 다르면 회계이익과 과세소득은 다르게 된다. **수익·비용**과 **익금·손금**의 차이는 K-IFRS와 법인세법에서 규정된 수익(익금)과 비용(손금)의 인식기준의 차이 때문에 나타난다. 수익(익금)과 비용(손금)의 인식시점에 차이가 발생하면 재무상태표일 현재 기업회계기준서 상 자산·부채의 **장부금액**과 법인세법 상 자산·부채의 **세무기준액**에 차이가 발생하게 된다. 회계이익과 과세소득의 차이는 일정기간이 지나면 차이가 해소되는 일시적 차이와 영구적 차이로 구분된다.

일시적 차이(temporary difference)는 회계거래로부터 나타난 회계이익과 과세소득의 차이가 일정기간 후에는 해소되는 차이를 말한다. 일시적 차이는 미래의 과세소득에 가산되는 '가산할 일시적 차이'와 미래의 과세소득에서 차감되는 '차감할 일시적 차이'로 구성되며, 특정 연도에 나타난 일시적 차이는 미래의 회계연도에서 반드시 반대의 인식영향으로 전체는 효과가 상쇄된다.

가산할 일시적 차이는 손금가산한 차이조정항목 중 일시적 차이에 의한 것으로, K-IFRS의 순자산보다 세법상 순자산이 작은 부분을 나타내며, 당기의 과세소득에서 차감조정하였으나 미래의 과세소득에서 가산조정되는 것이다. 예를 들어 미수이자는 K-IFRS에는 당기순이익에 포함시키지만 세법에서는 당기에 차감하고, 차기에 과세소득에 가산한다.

차감할 일시적 차이는 익금가산한 차이조정항목 중 일시적 차이에 의한 것으로, 기업회계기준서의 순자산보다 세법상 순자산이 큰 부분을 나타내며, 당기의 과세소득에서 가산조정하였으나 미래의 과세소득에서 차감조정되는 것이다. 예를 들어 이자비용의 경과이자는 K-IFRS에서 당기에 비용으로 차감하지만 세법에서는 이자를 지급하는 차기에 차감한다. 일시적 차이는 이연법인세자산 또는 이연법인세부채를 계상하여야 한다.

영구적 차이(permanent difference)는 회계거래로부터 나타난 회계이익과 과세소득의 차이가 일정기간 후에는 해소되지 않는 차이를 말한다. 영구적 차이는 K-IFRS와 세법에서 수익·비용과 익금·손금에 대한 인식시점보다 인식여부에 대한 차이로 나타난다. 구체적으로 K-IFRS에는 수익과 비용을 인정하지만 세법에서는 익금과 비용으로 인정하지 않는 경우에 영구적 차이가 발생한다. 예를 들어 접대비와 기부금은 한도를 초과하는 금액은 세법에서는 손금으로 인정하지 않는다. 영구적 차이는 조세정책이나 경제정책 때문에 발생하는 것으로 특정 회계연도 후에도 차이의 상쇄효과는 나타나지 않으므로 법인세 기간배분을 인식하지 않는다.

(3) 이연법인세의 회계처리

일시적 차이는 원칙적으로 이연법인세를 인식해야 한다. 가산할 일시적 차이는 미래의 과세소득을 증가시키며, 과세소득의 증가는 납부할 세금이 증가

되므로 이연법인세부채를 인식해야 한다. 차감할 일시차이는 미래의 과세소득을 감소시키며, 과세소득의 감소는 납부할 세금이 감소되므로 이연법인세자산을 인식한다. 여기서 이연법인세부채와 이연법인세자산은 미래에 증가 또는 감소할 세금이므로 미래세율을 사용하여 세액을 계산한다.

◆ 이연법인세

① 이연법인세부채＝가산할 일시적 차이×미래 세율
② 이연법인세자산＝차감할 일시적 차이×미래 세율

이연법인세부채는 K-IFRS에서 나타난 자산의 장부금액이 세무기준액보다 크거나, 부채의 장부금액이 세무기준액보다 작은 경우에 가산할 일시적 차이가 발생한다. 가산할 일시적 차이가 발생하면 당기에는 과세소득이 회계이익보다 가산할 일시적 차이만큼 감소하므로, 당기의 법인세는 감소한다. 하지만 차기에는 가산할 일시적 차이만큼 과세소득을 증가시키므로 법인세 부담액이 증가한다. 따라서 당기에 가산할 일시적 차이에 해당하는 과세소득에 차기의 세율을 곱한 것만큼 이연법인세부채계정 대변에 기록한다. 간단한 〈예제 14-9〉를 통해 이연법인세부채에 대한 회계처리를 학습한다.

예제 [14-9]

• 다음은 20×3년도 (주)부산의 법인세계산에 대한 자료이다. 요구사항에 대답하시오.

20×3년도 법인세계산		
회계이익(세전)		₩2,000,000
익금가산항목		
기부금한도초과액(영구적 차이)	₩100,000	
접대비한도초과액(영구적 차이)	200,000	300,000
손금가산항목		
미수이자(일시적 차이)	(100,000)	
할부매출채권(일시적차이)	(130,000)	(230,000)
과세소득		₩2,070,000
세 율		×25%
당기법인세(납부할 법인세)		₩517,500

일시적 차이와 소멸시점				
일시적 차이	20×3년 말 잔액	소멸시점		
		20×4	20×5	20×6
미 수 이 자	₩(100,000)	₩50,000	₩50,000	
할부매출채권	(130,000)			₩130,000
계	₩(230,000)	₩50,000	₩50,000	₩130,000

☞ **요구사항**

1. 20×3년 말 재무상태표에 계상할 이연법인세를 계산하시오. 단, 세율은 25%이다.
2. 20×3년 기말법인세와 관련된 회계처리를 나타내시오.

해답

1. 20×3. 이연법인세계산

◆ 이연법인세계산	
미수이자 : ₩100,000×25%=	₩25,000
할부매출채권 : ₩130,000×25%=	32,500
이연법인세부채 :	₩57,500

2. 20×3. 이연법인세의 회계처리

일 자	분 개 기 록			
20×3. 12. 31	(차) 법인세비용	575,000	(대) 이연법인세부채	57,500
			미지급법인세	517,500

이연법인세자산은 K-IFRS에서 나타난 자산의 장부금액이 세무기준액보다 작거나, 부채의 장부금액이 세무기준액보다 큰 경우에 차감할 일시적 차이가 발생한다. 차감할 일시적 차이가 발생하면 당기에는 과세소득이 회계이익보다 차감할 일시적 차이만큼 증가하므로, 당기의 법인세는 증가한다. 하지만 차기에는 차감할 일시적 차이만큼 과세소득을 감소시키므로 법인세 부담액이 감소한다. 따라서 당기에 차감할 일시적 차이에 해당하는 과세소득에 차기의 세율을 곱한 것만큼 이연법인세자산계정 차변에 기록한다. 간단한 〈예제 14-10〉

을 통해 이연법인세자산에 대한 회계처리를 학습한다.

예제 [14-10]

• 다음은 20×3년도 (주)울산의 법인세계산에 대한 자료이다. 요구사항에 대답하시오.

20×3년도 법인세계산		
회계이익(세전)		₩2,000,000
익금가산항목		
미지급이자(일시적 차이)	₩200,000	
퇴직급여부채(일시적 차이)	300,000	
접대비한도초과액(영구적 차이)	80,000	580,000
손금가산항목		
비과세이자수익	(150,000)	(150,000)
과세소득		₩2,430,000
세 율		25%
당기법인세(납부할 법인세)		₩607,500

일시적 차이와 소멸시점

일시적 차이	20×3년 말 잔액	소멸시점		
		20×4	20×5	20×6
미지급이자	₩200,000	₩(100,000)	₩(100,000)	
퇴직급여부채	300,000	(100,000)	(100,000)	₩(100,000)
계	₩500,000	₩(200,000)	₩(200,000)	₩(100,000)

☞ **요구사항**

1. 20×3년 말 재무상태표에 계상할 이연법인세를 계산하시오. 단, 세율은 25%이다.
2. 20×3년 말 법인세와 관련된 회계처리를 나타내시오.

해답

1. 20×3. 이연법인세계산

◆ 이연법인세계산

미지급이자 : ₩200,000×25%=	₩50,000
퇴직급여부채 : ₩300,000×25%=	75,000
이연법인세자산 :	₩125,000

2. 20×3. 이연법인세의 회계처리

일 자	분 개 기 록			
20×3. 12. 31	(차) 이연법인세자산	125,000	(대) 미지급법인세	732,500
	법인세비용	607,500		

개 념 정 리

▣ 문제 ▣

01 수익은 무엇이며 이에 해당하는 항목을 열거하여 설명하시오.

02 수익의 인식기준에서 발생주의와 실현주의를 비교하여 설명하시오.

03 재화의 판매에서 수익인식을 위한 가득요건과 실현요건을 설명하시오.

04 위탁판매, 시용판매, 할부판매, 상품권판매에서 수익인식기준을 설명하시오.

05 용역제공의 수익인식기준을 설명하시오.

06 건설계약의 수익인식과 회계처리를 설명하시오.

07 이자수익과 배당금수익의 인식과 회계처리를 설명하시오.

08 비용은 무엇이며, 어떻게 인식하는지를 설명하시오.

09 종업원의 종류를 열거하고 설명하시오.

10 퇴직급여의 종류를 열거하고 설명하시오.

11 확정급여채무와 당기근무원가를 어떻게 계산하는지를 설명하시오.

12 예측단위적립방식에 대하여 설명하시오.

13 사외적립자산이 있을 때 확정급여채무는 어떻게 계산하는지를 설명하시오.

14 보험수리적손익이란 무엇이며 이에 필요한 가정을 설명하시오.

15 주식기준보상거래은 무엇이며 종류를 열거하여 설명하시오.

16 주식결제형과 현금결제형 주식기준보상거래는 무엇이며 회계처리를 설명하시오.

17 법인세와 법인세기간배분에 대하여 설명하시오.

18 과세소득과 회계이익 차이의 유형을 열거하고 설명하시오.

19 일시적 차이와 영구적 차이를 예를 들어 설명하시오.

20 이연법인세부채와 이연법인세자산의 발생원인과 회계처리를 설명하시오.

21 다음의 용어를 설명하시오.

- matching principle
- realization basis
- interperiod tax allocation
- sales on approval
- income taxes
- matching principle
- construction in process
- cash basis
- short-term employee benefits
- post-employee benefits
- accrual basis
- defined contribution plan
- defined benefit plan
- sales basis
- temporary difference
- permanent difference
- gains
- share-based payment transaction

연 습 문 제

▣ 문제 [1]

다음은 여러 개념을 설명한 것이다. 빈칸에 적합한 단어나 문구를 기입하시오.

01 수익은 자산의 (　　　)이나 증가 또는 부채의 (　　　)에 따라 자본의 (　　　)를 초래하는 특정 회계기간에 발생한 경제적 (　　　)의 증가로서, 지분참여자에 의한 출연과 관련된 것은 제외한다. 수익은 정상적 영업활동에 나타나는 것과 영업 외의 활동에서 나타나는 (　　　)도 포함된다. 수익은 발생의 형태에 따라 (　　　)의 판매, 용역의 (　　　), 기타수익으로 구분한다. 기타수익에는 이자수익, (　　　), 로열티수익이 포함된다.

02 수익은 자산의 (　　　)나 부채의 감소와 관련하여 미래 (　　　)적 효익이 증가하였고 이를 (　　)성 있게 측정할 수 있을 때 인식한다. 인식기준에는 (　　)기준과 발생기준이 있다. 수익인식은 실현요건과 (　　　)요건을 정하여 이를 기준으로 수익의 발생을 간주한다. 일반적으로 실현과 가득을 동시에 만족하는 사건에는 생산, 판매, (　　　)회수 중 하나를 선택하여 사용한다. 예를 들어 재화의 판매나 용역의 제공은 (　　　)시점을 기준으로 수익을 인식한다.

03 매매업에서는 판매기준을 적용하여 수익을 인식한다. 이에 비해 특수판매에는 다른 기준을 적용한다. 예를 들어 위탁판매는 수탁자가 위탁품을 (　　　)에게 (　　　)한 날에 인식하고, (　　　)는 고객이 일정기간 시험적으로 사용한 후 구매의사가 있을 때, 할부판매는 원칙적으로 상품이나 제품을 (　　　)한 시점에, 상품권판매는 고객이 상품권을 제시하고 (　　　)을 인도할 때 수익을 인식한다.

04 (　　　)의 제공으로 인한 수익은 용역제공거래의 결과를 신뢰성 있게 추정할 수 있을 때 보고기간 말에 그 거래의 (　　　)에 따라 인식한다. 거래의 진행률은 다양한 방법으로 결정할 수 있는데 (　　　), 투입량기준법, (　　　)이 있다.

05 건설계약의 수익과 비용은 (　　　)기준에 의해 인식된다. 회계처리는 공사원가발생시점에 공사계약 전에 발생한 원가와 공사가 진행됨에 따라 나타난 (　　　), 노무비, (　　　)는 (　　　)공사계정 차변에 기록한다. 중간에 계약금액의 일부를 발주자에게 청구하면, 청구금액을 (　　　)계정 차변과 진행청구액계정 대변에 기록한다. 공사대금을 회수하면 현금계정 차변과 (　　　)계정 대변에 기록한다. 기말결산시점에는 진행기준에 따라 (　　　)을 측정하고, 공

사계약금액에 적용하여 공사수익과 ( )를 계산하고, 당기공사수익과 당기공사원가와의 차액인 ( )손익을 미성공사계정으로 처리한다.

06 비용은 ( )의 유출이나 소멸 또는 부채의 ( )에 따라 자본의 감소를 초래하는 특정 회계기간에 발생한 경제적 ( )의 감소로서, 지분참여자에 대한 ( )와 관련된 것은 제외한다. 비용은 이를 신뢰성 있게 ( )할 수 있을 때 포괄손익계산서에 인식한다. 실무에서 비용은 수익 · 비용의 ( ) 원칙에 의해 인식한다. 수익에 대응하여 비용을 인식하는 방법에는 ( )대응, 기간( ), 즉시인식 등이 있다.

07 종업원급여는 회사가 종업원에게 노력 ( )의 대가로 지급하는 ( ) 및 비금전적 혜택을 말한다. 종업원급여의 유형에는 단기종업원급여, ( )급여, 기타장기종업원급여, ( )급여 등이 있다. 단기종업원급여는 ( )용역이 제공되는 회계기간에 지급이 예상되는 금액을 인식한다. 퇴직급여는 종업원이 ( )할 때 과거 근무용역에 대한 대가로 제공하는 ( )를 말한다. 퇴직급여제도에는 확정기여제도와 ( )제도가 있다. 확정기여제도는 종업원의 퇴직금에 대하여 회사가 부담하는 비용이 ( )되어 있는 것을 말한다. 확정급여제도는 당초에 정의된 퇴직급여를 지급할 ( )를 지니게 되므로, 만약 적립금이 ( )하면 회사는 이를 보전해야 하는 의무를 지닌다. ( ) 채무는 종업원이 당기와 과거기간에 ( )용역을 제공하여 발생한 채무를 결제하는데 필요한 예상 ( )지급액을 말한다. 당기근무원가는 ( )에 종업원이 근무용역을 제공함에 따라 발생하는 퇴직급여에 관련된 확정급여채무의 ( )으로 현재가치로 측정한 것을 말한다. 확정급여채무와 당기근무원가는 ( )단위적립방식을 사용하여 측정한다.

08 주식기준( )거래는 회사가 재화나 용역을 제공받은 대가로 회사의 지분상품을 ( )하거나, 회사의 ( )이나 다른 지분상품의 가격에 기초한 금액만큼의 ( )를 부담하는 거래를 말한다. 주식기준보상거래에서 제공받는 재화나 ( )을 인식할 때는 해당재화나 용역의 ( )가치를 직접 측정하여 보상원가로 계상한다. 주식결제형 주식기준보상거래의 경우 교부받은 권리자가 권리를 행사할 때 회사는 ( )가격만큼 현금을 수령하고 그 대가로 회사의 ( )상품을 발행하여 권리자에게 부여한다. ( )결제형 주식기준보상거래는 회사가 재화나 용역을 제공받는 대가로 회사의 지분상품의 가치에 기초하여 ( )이나 그 밖의 자산으로 결제하는 주식기준보상거래를 말한다.

09 법인세는 법인이 벌어들인 소득에 대하여 국가에 납부하는 ( )를 말한다.

법인세기간(　　　)은 자산 · 부채의 장부금액과 자산 · 부채의 (　　　)기준액이 일치하지 않음으로써 발생하는 (　　　) 차이에 대한 세금효과를 차기 이후에 배분하는 것을 말한다. 법인세기간배분이 이루어지면 (　　　)법인세회계가 나타난다. 회계이익과 과세소득의 차이는 일정기간이 지나면 차이가 (　　　) 되는 일시적 차이와 (　　　) 차이로 구분된다. (　　　) 차이는 원칙적으로 이연법인세를 인식해야 한다. 가산할 일시적 차이는 미래의 (　　　)소득을 증가시키며, 과세소득의 (　　　)는 납부할 세금이 증가되므로 이연법인세(　　　)를 인식해야 한다. (　　　)할 일시차이는 (　　　)의 과세소득을 감소시키며, 과세소득의 (　　　)는 납부할 세금이 감소되므로 이연법인세(　　　)을 인식한다.

▣ 문제 [2]

다음은 (주)제주의 20×3년도 수정전잔액시산표의 일부와 기말수정사항이다. 요구사항에 대답하시오.

◆ 수정전잔액시산표의 일부

• 매 출 액	₩4,000,000	• 매　　입	₩2,7000,000
• 매출에누리와환입	100,000	• 매입에누리와환출	90,000
• 매출할인	80,000	• 매입할인	50,000

(1) 기초상품은 ₩300,000이며, 기말상품은 상품재고장(위탁판매제외)에 ₩430,000으로 기록되어 있으며, 실제재고조사에서도 같은 것으로 밝혀졌다.

(2) 회사의 상품 중 한라봉은 서울상사에 위탁판매를 한다. 당기에 위탁판매를 위해 서울상사에 ₩400,000을 적송하였으며, 12월 30일에 상품원가 ₩200,000이에 대한 매출계산서를 받았다.

◆ 매출계산서

매출액 : 150개 × ₩2,000 =		₩300,000
차　감 :		
판 매 운 임	₩20,000	
판매수수료 : ₩300,000 × 10% =	30,000	(50,000)
송금액 :		₩250,000

(3) 신제품 향로봉(당도 높은 귤)은 시용판매를 한다. 시용매출로 ₩300,000을 단골에게 보냈으며, 이 중 고객은 ₩200,000(매출가격 ₩400,000)에 대해 매입의사를

보내 왔다.

【요구사항】

1. 기능별 표시방법에 의한 기말수정분개를 표시하시오.
2. 성격별 표시방법에 의한 기말수정분개를 나타내시오.
3. (주)제주의 20×3. 12. 31. 매출총이익을 계산하시오.

▣ 문제 [3]

(주)안혜영코트는 단골고객에게 라마털을 사용한 여성용코트를 만들어 할부판매를 하였다. 회사는 매년 12월 31일이며, 다음은 할부판매에 관련된 자료이다. 요구사항에 대답하시오.

(1) 회사는 20×3년 1. 1.에 여성용 신제품 코트를 ₩3,500,000에 제작하였다. 회사는 20×3. 1. 1.부터 3년간 매년 ₩2,000,000씩 회수조건으로 할부판매하였다.
(2) 회사는 장기로 판매대금을 회수하게 됨에 따라 대금에는 이에 상응하는 이자를 포함시켜 가격을 책정하였다. 가격결정에 시장이자율 10%를 적용하였다. 이의 경우 적용되는 연금현가계수는 2.48685(할인율 10%, 3년)이다.

【요구사항】

1. 20×3. 1. 1. 할부매출채권의 현재가치를 계산하시오.
2. 유효이자율법에 의한 상각표를 작성하오.
3. 20×3. 1. 1.과 12. 31.에 필요한 회계처리를 나타내시오.

▣ 문제 [4]

메이시백화점은 매년 상품권을 판매하고 있다. 결산일은 매년 12월 31일이다. 상품권에 관련된 회계자료는 다음과 같다. 요구사항에 답하시오.

(1) 백화점은 20×3. 1. 1.에 설날을 맞이하여 상품권 액면 ₩100,000, 200매를 10%할인하여 판매하였다. 상품권의 유통기한은 판매 후 6개월이다. 유통기간 중에 현금교환은 인정하지 않는다. 하지만 유통기한 후 3개월 이내에 제시되면 액면금액의 40%를 보상하며, 그 이후에는 가치가 소멸된다.
(2) 백화점은 유통기한 6월 30일까지 상품권 180매가 제시되었다. 한편 9월 30일까지 나머지 10매가 회수되었다.

【요구사항】

1. 상품권 판매시점에 인식하는 회계처리를 나타내시오.
2. 상품권 유통기한 이내 회수시점에 행할 분개를 나타내시오.
3. 유통기한 이후에 회수한 상품권에 대한 회계처리를 나타내시오.
4. 유통기한 이후에 회수하지 못한 상품권에 대한 회계처리를 나타내시오.

▣ 문제 [5]

(주)CJ는 미국 Fox사로부터 영화 아바타를 수입하여 Lotte Cinema에 배급한다. 회사는 매년 12월 31일 결산한다. 영화배급과 관련된 자료는 다음과 같다. 일자별로 (주)CJ의 회계처리를 나타내시오.

(1) (주)CJ는 20×3. 7. 1.에 아바타의 영화 상영권을 ₩5,000,000에 Lotte Cinema와 체결하고 대금을 수령하였다.

(2) Lotte Cinema는 아바타를 20×3년 7월부터 20×4년 6월까지 상영할 수 있다.

▣ 문제 [6]

(주)한국건설은 케냐에 코리아타운을 건설하는 계약을 하였다. 공사는 20×3. 1. 1.부터 20×5. 12. 31.까지 3년이다. 건설과 관련된 자료는 다음과 같다. 요구사항에 답하시오.

(1) 각 연도별 실제 원가발생액과 추정계약원가 :

구 분	20×3	20×4	20×5
수행된 누적계약원가	₩405,000	₩660,000	₩1,200,000
추정잔여계약원가	495,000	440,000	
추정총계약원가	₩900,000	₩1,100,000	₩1,200,000

(2) 총계약수익금액과 진행청구액, 회수금액 :

구 분	20×3	20×4	20×5
총계약수익	₩1,800,000	₩2,000,000	₩2,000,000
진행청구액	500,000	1,000,000	500,000
회수금액	450,000	900,000	650,000

【요구사항】

1. K-IFRS에 따라 매년 인식해야 할 공사수익, 공사원가, 공사이익을 계산하시오.
2. 연도별 회계처리를 나타내시오.
3. 20×3년도 부분재무상태표를 작성하시오.

▣ 문제 [7]

(주)이랜드는 확정급여형 퇴직제도를 채택하고 있다. 종업원이 퇴직할 때 퇴직금을 일시적으로 모두 지급한다. 이때 지급되는 퇴직금은 퇴직 전 최종임금의 1%에 근무연수를 곱하여 결정한다. 종업원의 연간 임금은 20×3년에 ₩3,000,000이다. 종업원의 연간 임금은 매년 6%씩 복리로 상승하도록 노조와 합의하였다. 요구사항에 대답하시오.

【요구사항】

1. 20×6년 말 확정급여채무를 계산하시오. 단, 할인율은 10%이다.
2. 20×3년과 20×4년도 확정급여채무와 관련된 회계처리를 나타내시오.

▣ 문제 [8]

(주)알마니는 현금결제형 주식기준보상제도를 사용한다. 회사는 20×3. 1. 1.에 종업원 300명에게 각각 100개씩 총 30,000개의 현금결제형 주가차액보상권을 부여하고, 3년간의 근무용역기간을 부과하였다. 이에 관련된 자료는 다음과 같다. 주식기준보상거래와 관련하여 각 시점별로 회계처리를 나타내시오.

(1) 20×3년에 30명이 퇴사하였으며, 이로 인해 주가차액보상권 3,000개가 소멸되었다. 회사는 내년에 40명이 퇴사할 것으로 예상되었다. 실제로 20×4년에는 30명이 퇴사하여 주가차액보상권 3,000개가 소멸되었다. 또한 20×5년에는 25명이 퇴사할 것으로 예상하였는데 실제로 25명이 퇴사하여 주가차액보상권 2,500개가 소멸되었다..

(2) 20×5년 말까지 계속 근무한 종업원은 받았던 주가차액보상권을 모두 가득하였다. 회사는 매 회계연도 말에 추정한 주가차액보상권의 공정가치와 각 권리행사 시점의 내재가치(현금지급액)는 다음과 같다.

회계연도	공정가치	내재가치
20×3. 12. 31	₩200	
20×4. 12. 31.	250	
20×5. 12. 31.	280	
20×6. 1. 1.		₩300

(3) 20×6년 초에 215명이 주가차액보상권을 전량 행사하였다.

▣ 문제 [9]

다음은 (주)민들레향기의 20×3년도 법인세 계산에 관련된 자료이다. 요구사항에 대답하시오.

(1) 다음은 (주)민들레향기의 법인세에 관한 자료이다.

20×3년도 법인세계산		
회계이익(세전)		₩3,000,000
익금가산항목		
기부금한도초과액(영구적 차이)	₩200,000	
접대비한도초과액(영구적 차이)	300,000	500,000
손금가산항목		
미수이자(일시적 차이)	(160,000)	
할부매출채권(일시적차이)	(200,000)	(360,000)
과세소득		₩3,140,000
세　율		×30%
당기법인세(납부할 법인세)		₩942,000

(2) 당기에 발생한 일시적 차이의 소멸시기는 다음과 같다. 단, 세율은 매년 30%이다.

일시적 차이와 소멸시점				
일시적 차이	20×3년 말 잔액	소멸시점		
		20×4	20×5	20×6
미 수 이 자	₩(160,000)	₩80,000	₩80,000	
할부매출채권	(200,000)			₩200,000
계	₩(360,000)	₩80,000	₩80,000	₩200,000

【요구사항】

1. 20×3년 말 재무상태표에 계상할 이연법인세를 계산하시오.
2. 20×3년 말 법인세와 관련된 회계처리를 나타내시오.

제4부

ACCOUNTING PRINCIPLES

현금흐름표와 제조기업의 재무제표

제 15 장

ACCOUNTING PRINCIPLES

현금흐름표

제1 절 현금흐름표의 의의

제2 절 현금흐름표의 구성내용

제3 절 활동별 현금흐름 계산

제4 절 현금흐름표의 작성

|학|습|요|점|

- 현금흐름표의 의의와 작성목적은 무엇인가?
- 현금흐름표의 구성과 경영활동의 구분은 어떻게 하는가?
- 직접법에 의한 영업활동의 현금흐름은 어떻게 계산하는가?
- 간접법에 의한 영업활동의 현금흐름은 어떻게 계산하는가?
- 투자와 재무활동현금흐름은 어떻게 계산하는가?
- 현금흐름표의 작성절차와 방법은 무엇인가?

제1절 현금흐름표의 의의

1.1 현금흐름

현금이란 일반적으로 통화, 통화대용증권, 요구불예금, 현금성자산을 말한다. 통화는 지폐와 동전을 말하며, 통화대용증권은 타인발행 당좌수표, 은행앞 자기앞수표, 송금수표 등을 말한다. 요구불예금은 청구에 의해 즉시 현금으로 전환되는 예금으로 보통예금, 당좌예금, 자유예금을 말한다. 현금성자산은 취득당시 만기 3개월 이내인 국채, 공채, 사채, 우선상환주, 정기예금, 정기적금 등을 말한다.

현금흐름은 기업의 경영활동에서 나타나는 현금및현금성자산의 유입과 유출을 말한다. 현금유입(cash inflow)은 경영활동에서 현금이 창출(조달)된 것으로서 현금발생의 원천을 나타내 준다. 현금유출(cash outflow)은 경영활동에 현금이 지출(사용)된 것으로서 현금의 운용을 나타낸다. 현금흐름표는 이러한 현금의 유입과 유출을 표시하게 된다.

현금흐름은 경영활동으로부터 유입되고 유출된다. 경영활동에는 영업활동, 투자활동, 재무활동으로 구분된다. 영업활동(operating activities)은 주로 상품(용역)의 구입, 제품의 생산과 판매, 경영관리에 관련된 활동을 말한다. 영업활동의 거래는 당기순이익에 영향을 주며 거래과정에서 현금의 유입과 유출이 발생하게 된다. 투자활동(investing activities)은 영업자산의 취득과 처분에 관련된 활동을 말한다. 투자활동의 거래는 자산을 구입하거나 매각하는 과정에 현금의 유입과 유출이 발생하게 된다. 재무활동(financing activities)은 영업자금의 차입과 상환에 관련된 활동을 말한다. 이의 거래에서 현금의 유입과 유출이 발생하게 된다. 이와 같이 세 가지의 활동으로 구분하여 현금흐름을 파악하면 유용한 정보를 얻는데 도움이 된다.

1.2 현금흐름표의 의의

현금흐름표(cash flow statement)는 회계기간에 발생하는 현금의 유입과 유출에 관한 정보를 제공하는 기본 재무제표이다. 현금흐름표는 경영활동별로 모든 현금흐름을 하나의 표에서 제공하므로 발생주의에 기반을 둔 포괄손익계산서나 재무상태표에서 제공하지 못하는 정보를 보완하게 된다. 예를 들어 포괄손익계산서는 당기순이익의 크기를 표시하여 수익력에 관한 정보를 제공하지만 이로 인한 현금흐름은 나타내지 못한다.

현금흐름표는 영업활동에 따른 현금흐름을 모두 제공하여 이익발생 중 현금흐름의 정보를 보완하게 된다. 또한 재무상태표는 일정시점의 자산, 부채, 자본의 크기를 표시하여 현재시점 재무상태를 보여주지만 이의 변동내용을 제공하지 못한다. 하지만 현금흐름표는 투자와 재무활동에 따라 나타난 현금흐름을 통해 자산, 부채, 자본의 변동에 관한 정보를 보완하게 된다.

1.3 현금흐름표의 유용성

현금흐름표는 경영활동별로 일정기간에 나타난 현금의 발생원천과 현금의 사용내역을 제공하는데 목적이 있다. 현금의 발생원천과 사용내역을 영업활동, 투자활동, 재무활동별로 구분하여 표시하면, 다른 재무제표의 정보와 연관시켜 투자자가 의사결정을 하는데 여러 가지 유용한 정보를 얻을 수 있다. 현금흐름표로부터 얻게 되는 유용한 정보에는 다음과 같은 것이 포함된다.

첫째, 미래 현금흐름의 창출능력에 관한 정보를 제공한다. 기업에서 중요한 현금흐름은 영업활동에서 발생하는 것이다. 영업활동에 따른 현금흐름은 매입과 매출활동에서 발생하는 것으로, 이를 분석하면 미래에 발생할 현금흐름의 크기, 시기, 불확실성에 관한 예측정보를 얻게 된다.

둘째, 부채의 상환능력, 배당금의 지급능력, 외부자금조달의 필요성에 관한 정보를 제공한다. 회사는 현금을 통해 부채를 상환하거나 배당을 지급한다. 이러한 금액의 필요액이나 지급능력은 재무활동을 통하여 정보를 얻게 된다.

셋째, 당기순이익과 현금흐름의 차이와 그 이유를 밝혀준다. 당기순이익은 포괄손익계산서로부터 얻는다. 포괄손익계산서는 발생주의에 작성되고 원가

배분이나 회계추정이 포함되어 현금흐름과는 일치하지 않는다. 따라서 영업활동에 의한 현금흐름과 당기순이익을 비교분석하면, 이익과 현금흐름의 차이와 원인을 밝혀주게 된다. 이의 분석이 이루어지면 현금흐름의 관점에서 당기순이익의 질적 평가를 할 수 있게 된다.

넷째, 현금 및 비현금의 투자와 재무활동이 재무상태의 변동에 미치는 영향을 파악할 수 있다. 투자나 재무활동은 현금이나 비현금거래와 관련되어 나타나고 이의 결과 자산이나 부채가 변동하게 된다. 투자나 재무활동에 따른 현금흐름을 분석하면 기중에 나타나는 자산과 부채의 증감되는 이유를 쉽게 이해하게 된다.

제2절 현금흐름표의 구성내용

2.1 현금흐름표의 양식

현금흐름표는 현금(현금및현금성자산에서 당좌차월을 차감)의 변동내용을 하나의 표에 나타낸 재무제표이다. 현금흐름표는 일정(회계)기간에 발생된 현금의 변동내용을 증가내역과 감소내역을 구분하여 표시한다. 또한 현금의 증감내용을 영업활동, 투자활동, 재무활동으로 구분하여 나타내게 된다. 이와 같이 현금의 증감을 경영활동별로 구분하여 표시하게 되면 현금의 발생원천과 사용내역을 명료하게 표시하게 되고, 이를 통해 미래 현금흐름의 크기, 시기, 불확실에 관한 예측을 가능하게 된다. K-IFRS에서 규정한 현금흐름표의 양식을 제시하면 다음과 같다.

현금흐름표는 머리부분에 회사이름과 회계기간, 금액단위를 표시하게 된다. 표의 내용은 세 개의 현금흐름으로 구성된다. 첫째, 영업활동현금흐름으로서 주된 영업거래에서 발생된 현금의 유입과 유출, 순증감액을 나타내게 된다. 둘째, 투자활동현금흐름으로서 영업에 필요한 자산의 구입과 매각으로부터 현금의 유입과 유출, 순증감액을 표시한다. 셋째, 재무활동현금흐름으로서 부채나 자본의 변동에 따른 현금의 유입과 유출, 순증감액을 나타내게 된다. 이들 세 가지 활

현금흐름표(직접법)

(주)×××	20××. 1. 1.부터 20××. 12. 31.까지	(단위 : 원)
• 영업활동현금흐름		
고객으로부터 수취한 현금		×××
공급자에게 지급한 현금		(×××)
기타영업활동으로 수취한 현금		×××
기타영업활동에서 지급한 현금		(×××)
영업활동에서 창출된 현금		×××
이 자 수 입		×××
이 자 지 급		(×××)
배당금수입		×××
법인세지급		(×××)
영업활동순현금흐름		×××
• 투자활동현금흐름		
금융자산취득		(×××)
금융자산처분		×××
유형자산취득		(×××)
유형자산처분		×××
무형자산취득		(×××)
투자활동순현금흐름		×××
• 재무활동현금흐름		
차입금차입		×××
차입금상환		(×××)
주 식 발 행		×××
배당금지급		(×××)
재무활동순현금흐름		×××
• 현금및현금성자산의 환율변동효과		×××
• 현금및현금성자산의 증가		×××
• 기초의 현금및현금성자산		×××
• 기말의 현금및현금성자산		×××

동으로부터 계산된 현금흐름의 순증감액에 기초 현금및현금성자산과 외화표시 현금및현금성자산의 환율변동효과를 가감하여 기말 현금및현금성자산을 산정하게 된다. 직접법에 의한 현금흐름표의 양식을 나타내면 위의 표와 같다.

2.2 경영활동과 현금흐름 구분

현금은 거래과정에서 유입되고 유출된다. 거래는 영업활동, 투자활동, 재무활동거래로 구분된다. 현금흐름은 각 활동에 따라 발생의 원천이 다르다. 따라서 현금흐름표는 영업활동, 투자활동, 재무활동으로 구분하여 현금의 유입과 유출을 표시하게 된다.

(1) 영업활동현금흐름

영업활동은 투자활동이나 재무활동에 속하지 아니하는 모든 거래로서, **주로 원재료의 구입, 제품의 생산과 판매, 경영관리에 관련된 활동**을 말한다. 영업활동이 일어나면 현금이 유입되거나 유출된다. 예를 들어 상품(제품)을 판매하면 현금이 유입되고, 상품(원재료)을 구입하고 종업원에게 급여를 지급하면 현금이 유출된다. 영업활동현금흐름은 당기순손익에 영향을 주게 되며 다음의 거래로부터 나타나게 된다.

영업활동현금유입	영업활동현금유출
• 재화의 판매와 용역 제공에 따른 현금유입 • 로열티, 수수료, 중개료 및 기타수익에 따른 현금유입 • 법인세의 환급 • 단기매매목적으로 보유하는 계약에서 발생하는 현금유입 • 기타영업활동에 따른 현금유입	• 재화와 용역의 구입에 따른 현금유출 • 종업원과 관련하여 직 · 간접으로 발생하는 현금유출 • 법인세의 납부 • 단기매매목적으로 보유하는 계약에서 발생하는 현금유출 • 기타영업활동에 따른 현금유출

현편, 단기매매목적으로 보유하는 계약에서 발생하는 현금유입과 유출도 영업활동현금흐름으로 분류된다. 이것은 회사가 단기매매목적으로 보유한 유가증권이 판매를 목적으로 취득한 재고자산과 유사하므로, 이의 자산을 취득하거나 처분할 때 나타나는 현금흐름을 영업활동으로 분류한다.

이들 현금흐름은 기업내부에서 영업활동을 통해 창출된 것으로 기업의 존속과 성장에 중심이 되는 것이다. 이에 비해 투자와 재무활동에 의한 현금흐름은 대부분 기업외부로부터 필요할 때 조달하게 된다.

(2) 투자활동현금흐름

투자활동은 **장기성자산 및 현금성자산에 속하지 않는 기타 투자자산의 취득과 처분활동**을 말한다. 투자활동현금은 영업활동과 관련이 없는 자산의 증가와 감소의 거래에서 발생한다. 예를 들어 대여금을 회수하거나 토지 · 건물 등을 처분하면 현금이 유입되고, 현금을 대여하거나 토지 · 건물 등을 구입하면 현금은 유출된다. 참고로 단기금융상품 등의 금융자산 중에서 현금성자산은 현금및현금성자산에 포함되며, 단기매매목적으로 취득 및 처분한 것은 영업활동현금흐름으로 분류한다. 또한 보유하고 있는 주식과 사채로부터 배당금과 이자를 수령하는 것은 투자로 보지 않고 영업활동현금흐름으로 간주한다. 투자활동현금흐름은 주로 다음의 거래로부터 나타나게 된다.

투자활동현금유입	투자활동현금유출
• 유형자산, 무형자산 및 기타 장기성자산의 처분에 따른 현금유입 • 다른 기업의 지분상품이나 채무상품의 처분에 따른 현금유입 • 대여금의 회수에 따른 현금유입	• 유형자산, 무형자산 및 기타 장기성자산의 취득에 따른 현금유출 • 다른 기업의 지분상품이나 채무상품의 취득에 따른 현금유출 • 대여금의 지급에 따른 현금유출

(3) 재무활동현금흐름

재무활동은 기**업의 납입자본과 차입금의 크기 및 구성내용에 변동을 가져오는 활동**을 말한다. 재무활동현금흐름은 영업활동과 관련이 없는 부채 및 자본의 증가와 감소의 거래에서 발생한다. 예를 들어 자금을 차입하거나 사채 · 주식을 발행하면 현금이 유입되고, 차입금과 사채를 상환하거나 주식을 소각하면 현금은 유출된다. 참고로 사채의 발행(보유)에 따른 이자의 지급(수령)은 영업활동현금흐름으로 간주한다. 주식의 경우 배당금의 수령은 영업활동으로 분류하지만 배당금의 지급은 재무활동으로 간주하게 됨을 유의하여야 한다. 재무활동현금흐름(cash flow from financing activities)은 주로 다음의 거래로부터 나타나게 된다.

재무활동현금유입	재무활동현금유출
• 주식이나 기타 지분상품의 발행에 따른 현금유입 • 사채 및 어음의 발행과 기타 장 · 단기 차입에 따른 현금유입	• 주식의 취득이나 상환에 따른 소유주에 대한 현금유출 • 사채 및 차입금의 상환에 따른 현금유출 • 리스이용자의 금융리스부채 상환에 따른 현금유출

(4) 재무상태표와 활동유형 구분

거래는 현금 또는 비현금과 관련되어 발생한다. 현금흐름표는 거래 중 현금과 관련된 것들을 모아 작성하게 된다. 하지만 기중에 일어난 모든 현금거래를 집계하는 것은 어렵다. 따라서 기말에 재무제표를 분석하여 현금의 유입과 유출을 찾아내게 된다. 예를 들어 비교재무상태표, 포괄손익계산서, 자본변동표, 특정 계정에 대한 회계기록을 분석하여 현금의 변동사항을 파악하게 된다. 현금의 변동사항은 대부분 재무상태표의 각 계정으로부터 얻게 되며, 포괄손익계산서나 자본변동표, 특정 계정으로부터 일부의 현금흐름을 분석하게 된다. 현금흐름을 쉽게 찾아내려면 재무상태표의 각 계정과 영업 · 투자 · 재무활동과의 관련성을 이해하여야 한다. **경영활동(영업, 투자, 재무)과 재무상태표의 계정별 관계**를 나타내면 다음과 같다.

재무상태표

활동	자산	부채 및 자본	활동
	현금및현금성자산	매입채무	영업활동
영업활동	매출채권	선수금	영업활동
영업활동	선급금	선수수익	영업활동
영업활동	재고자산	미지급비용	영업활동
영업활동	당기손익인식금융자산	충당부채(영업활동관련)	영업활동
영업활동	미수수익	기타의 부채	재무활동
영업활동	선급비용	납입자본	재무활동
투자활동		이익잉여금(당기순이익 제외*)	재무활동
투자활동	투자부동산	기타자본요소	재무활동
투자활동	유형자산		
투자활동	무형자산		
투자활동	기타자산	* 이익잉여금 중 당기순이익 부분은 영업활동과 관련된 것임	

영업활동은 대부분 유동자산과 유동부채의 계정과 연결되어 있다. 예를 들어 상품의 구입이나 이의 관리활동을 하면 매입채무, 선수금, 선수수익, 미지급비용 등의 계정이 나타난다. 또한 구입한 상품을 판매하거나 이의 관리활동을 하면 매출채권, 당기손익인식금융자산, 재고자산, 선급금, 미수수익, 선급비용 등의 계정이 나타나게 된다. 따라서 영업활동현금흐름은 당기순이익(손실)과 유동자산 및 유통부채의 계정과목을 분석하여 현금유입과 유출을 계산하

게 된다.

투자활동은 투자자산, 유형자산, 무형자산의 계정과 연결되어 있다. 예를 들어 영업에 필요한 자원을 취득하고 처분하게 되면 유형자산과 무형자산의 계정이 발생하며, 유휴자금을 이식하기 위해 운용하면 투자자산이 나타나게 된다. 따라서 투자활동현금흐름을 계산하려면 투자 · 유형 · 무형자산의 계정을 분석하여야 한다.

재무활동은 비유동부채와 자본의 계정과 연결되어 있다. 예를 들어 외부로부터 자금을 차입하면 차입금이나 사채계정이 발생하며, 주식을 발행하면 자본금 등의 계정이 나타나게 된다. 따라서 재무활동현금흐름은 비유동부채와 자본의 계정을 분석하여 현금의 유입과 유출을 계산하게 된다.

활동별 현금흐름 계산 제3절

3.1 분석에 필요한 자료

현금흐름표는 현금과 관련된 거래를 모아 작성한다. 기중에 현금거래를 별도로 집계하기 어려우므로 기말에 재무상태표와 포괄손익계산서를 작성하고 이의 각 계정을 분석하여 현금흐름표를 작성하게 된다. 현금흐름표를 작성하려면 비교재무상태표, 포괄손익계산서, 자본변동표, 특정 계정에 대한 회계기록에 관한 자료가 필요하다. 회계기간에 이익잉여금에 대한 처분이 있으면 이익잉여금처분계산서에 관한 자료가 필요하지만 여기서는 없는 것으로 가정한다. 현금흐름의 분석에 필요한 자료를 제시하면 다음과 같다. 아래의 〈예제 5-1〉자료는 활동별 현금흐름분석과 현금흐름표를 작성하는데 사용하기로 한다.

예제 [15-1]

- 다음은 (주)가을동화의 현금흐름을 계산하는데 필요한 비교재무상태표와 포괄손익계산서의 자료이다. 요구사항에 답하시오.

비교재무상태표

2011. 12. 31. 현재
2012. 12. 31. 현재

(주)가을동화 (단위 : 원)

	2011. 12. 31. 현재	2012. 12. 31. 현재
자 산		
현금및현금성자산	24,000	91,800
단기매매금융자산	100,000	150,000
매출채권	114,000	90,000
미수이자	0	10,000
선급보험료	13,000	4,000
상 품	250,000	239,200
토 지	440,000	290,000
건 물	180,000	300,000
차감 : 감가상각누계액	(40,000)	(53,000)
자산총계	1,081,000	1,122,000
부 채		
단기차입금	200,000	140,000
매 입 채 무	46,000	35,440
미지급급여	10,000	8,000
미지급이자	8,000	10,000
미지급법인세	12,000	20,000
선수임대료	10,000	9,000
자 본		
자 본 금	770,000	800,000
주식발행초과금	0	12,000
이익잉여금	25,000	87,560
부채 및 자본총계	1,081,000	1,122,000

포괄손익계산서

(주)가을동화 2012. 1. 1. ~ 2012. 12. 31. (단위 : 원)

매 출 액		1,050,000
매 출 원 가		(890,800)
기초상품재고액	250,000	
당기상품매입액	880,000	
기말상품재고액	(239,200)	
매출총이익		159,200
기 타 수 익		54,000
임 대 료	32,000	
이 자 수 익	10,000	
유형자산처분이익	12,000	
판매비와관리비		(126,000)

급 여	90,000	
보 험 료	23,000	
감가상각비	13,000	
이 자 비 용		(9,000)
법인세비용차감전순이익		78,200
법인세비용		15,640
당기순이익		62,560

[추가자료]

(1) 단기투자목적으로 (주)헤드의 사채 ₩50,000을 현금으로 취득하다.

(2) 장부가액 ₩150,000의 토지를 ₩162,000에 매각하다.

(3) 건물 ₩120,000을 현금으로 취득하다.

(4) 단기차입금 중 ₩60,000을 상환하다.

(5) 보통주식 6주(액면금액 ₩5,000)를 주당 ₩7,000에 현금 발행하다.

(6) 당기에 이익잉여금의 처분은 없었다.

☞ 요구사항

1. 영업활동현금흐름을 계산하시오.
2. 투자활동현금흐름을 계산하시오.
3. 재무활동현금흐름을 계산하시오.
4. 현금흐름표를 작성하시오.

해답 <<<

• 해답은 다음의 각각 해당설명에서 제시하기로 한다.

3.2 영업활동현금흐름

영업활동은 원재료의 매입, 제품의 생산, 제품(상품)의 판매, 관리활동으로 구성되어 있다. 포괄손익계산서는 영업활동으로 인한 성과를 발생주의에 따라 작성한 것이다. 발생주의에 따라 작성된 수익과 비용은 현금주의에 의해 현금의 유입과 유출이 계산된다. 예를 들어 수익과 비용항목은 현금거래와 비현금거래로 구성되어 있다. 수익항목에서 현금거래를 분리하여 현금유입을 계산하며, 비용항목에서 현금거래를 분리하여 현금유출을 계산한다. 이와 같이 포괄손익계산서의 수익 · 비용항목에서 영업현금흐름과 관련이 없는 손익을 제거하고, 자산 · 부채계정의 변동을 가감하여 현금의 유입과 유출을 계산하게 된다. 수익과 비용항목(발생주의)에서 현금유입과 현금유출(현금주의)로 전환되는 관계를 나타내면 다음과 같다.

발생주의와 현금주의의 관계			
발생주의 (포괄손익계산서)	조정항목 (유동자산 · 유동부채계정)		현금주의 (현금흐름표)
매출활동관련 손익	매출채권, 선수금		**고객으로부터 수취한 현금**
매입활동관련 손익	재고자산, 매입채무, 선급금		공급자에게 지급한 현금
기타수익 (매출 · 매입활동 이외의 수익)	영업현금흐름과 관련없는 수익	미수수익, 선수수익, 당기손익인식금융자산	**기타영업활동으로 수취한 현금**
기타비용 (매출 · 매입활동 이외의 비용)	영업현금흐름과 관련없는 비용	미지급비용, 선급비용, 충당부채	기타영업활동에서 지급한 현금
당기순이익			영업활동현금 흐름

위의 표에서 보면 매출활동관련손익에서 매출채권의 변동을 조정하여 고객으로부터 수취한 현금을 계산하고, 매입활동관련손익에서 재고자산과 매입채무의 변동을 조정하여 공급자에게 지급한 현금을 계산한다. 즉, 수익 · 비용항목(포괄손익계산서)에서 영업현금흐름과 관련 없는 손익은 제거하고, 영업활동과 관련된 자산 · 부채계정(재무상태표)의 증감을 조정하여 현금흐름(현금흐름표)을 계산하게 된다. 수익 · 비용항목에서 현금흐름을 계산하는 방법에는 직접법과 간접법이 있다. 다음에서는 두 방법에 따라 영업활동현금흐름을 계산하기로 한다. 투자와 재무활동현금흐름은 각 개별 항목을 분석하여 계산하게 되며 직접법이나 간접법이라는 용어는 사용하지 않는다.

(1) 직접법

직접법(direct method)은 영업활동에서 발생하는 개별 수익항목에서 현금유입을 계산하고, 개별 비용항목에서 현금유출을 계산하는 것을 말한다. 개별 수익항목에는 고객으로부터 수취한 현금과 기타영업활동(매매 외의 수익)으로 수취한 현금이 있다. 개별 비용항목에는 공급자에게 지급한 현금, 기타영업활동(매매 외의 비용)에서 지급한 현금이 있다.

① 고객으로부터 수취한 현금

고객으로부터 수취한 현금은 포괄손익계산서의 매출활동관련손익에 매출활동과 관련된 자산 · 부채인 매출채권과 선수금의 증감액을 가감하여 계산한다.

영업활동에서 주된 수익항목은 매출이다. 회사가 상품을 판매하면 현금을 받거나 매출채권이 발생한다. 매출채권은 후에 모두 현금으로 받거나 일부 받지 못하면 대손상각비가 발생하게 된다. 이 경우 **고객으로부터 수취한 현금**은 매출액에 대손상각비를 차감하고, 매출채권의 증가(감소)를 차감(가산)하여 계산한다. 대손상각비가 없다면 현금흐름은 매출액에 매출채권의 증가(감소)를 차감(가산)하여 간단히 계산된다. 여기서 매출채권의 증가(감소)는 매출채권의 기초잔액과 기말잔액의 차이(기초잔액 – 기말잔액)를 나타낸다. 따라서 고객으로부터 수취한 현금은 매출액에 매출채권의 기초잔액을 가산하고 기말잔액을 차감하여 계산한 것과 같다. 즉, 고객으로부터 수취한 현금은 '매출액 + 매출채권의 기초잔액 – 매출채권의 기말잔액' 에 의해 계산된다. 이 계산식을 정리하면 **'매출액±매출채권의 증감'** 이 현금흐름을 계산하는 등식이 된다. 고객으로부터 수취한 현금을 계산하는 등식(이하 증감분석법)을 나타내면 다음과 같다.

고객으로부터 수취한 현금의 계산 – 증감분석법
• 현금유입액 = 매출액 – 매출채권의 증가(또는 + 매출채권의 감소) = 매출액 + 매출채권 기초잔액 – 매출채권 기말잔액 = 현금회수 가능액 – 현금미회수액
• 현금유입액 = 매출액 – 대손상각비 + 매출채권 기초잔액 – 매출채권기말잔액 = 매출액 – 대손상각비 – 매출채권의 증가(또는 + 매출채권의 감소)
• 현금유입액 = 매출액 – 대손상각비 + 매출채권의 증가(또는 – 감소) + 선수금의 증가(또는 – 감소)

위의 회계등식에서 '매출액 + 매출채권의 기초잔액' 은 고객으로부터 수취한 현금회수가능액을 말하며, 기말잔액은 고객으로부터 수취한 현금미회수액을 나타낸다. 따라서 **고객으로부터 수취한 현금은 현금회수가능액에서 현금미회수액을 차감**하여 계산하게 된다. 이러한 등식의 원리는 T–계정에서 도출된 것이다. T–계정을 이용하는 경우 매출채권계정의 차변에 매출액을 기입(①)하면 현금회수가능액이 계산되며, 대변에 미회수액인 기말잔액을 기입(②)하면

현금회수액(매출로 인한 현금유입액)이 계산된다. 이를 T-계정으로 나타내면 다음과 같다.

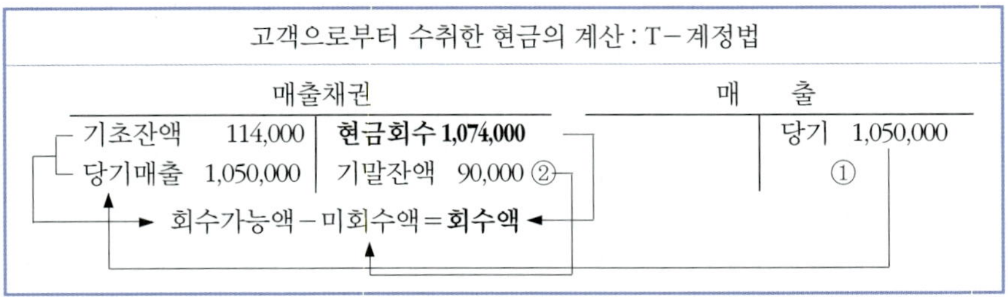

실무에서는 T-계정이나 정산표를 사용하여 현금흐름을 계산하고 있다. **T-계정법**은 '회수가능금액 - 미회수금액'의 원리를 이용하여 T-계정에서 현금흐름을 계산하는 방법이다. **정산표법**은 현금흐름의 추적에 필요한 역분개를 정산표에 기입하여 현금의 유입과 유출을 계산하는 것이다. 여기서는 T-계정과 증감분석법(T-계정의 원리를 계산식으로 표시한 것)을 사용하여 현금흐름을 계산하기로 한다.

기본예제에서는 대손상각비가 없으므로 매출액 ₩1,050,000에 매출채권 기초잔액 ₩114,000을 가산하고, 기말잔액 ₩90,000을 차감하여 현금유입액 ₩1,074,000을 계산하게 된다. 또는 매출액 ₩1,050,000에 매출채권 감소액 ₩24,000을 가산하여 현금유입액 ₩1,074,000을 계산하게 된다. 이러한 계산을 T-계정에서도 구할 수 있다. T-계정에 관해서는 위에서 설명하였다. 증감분석법과 T-계정에서 매출로 인한 현금유입액을 계산하면 다음과 같다.

증감분석법		T-계정법			
		매출채권			
• 매 출 액	1,050,000	기초잔액	114,000	**현금회수**	**1,074,000**
• 매출채권 기초잔액	114,000	당기매출	1,050,000	차기이월	90,000
• 매출채권 기말잔액	(90,000)		1,164,000		1,164,000
• 고객으로부터 **수취한 현금**	**1,074,000**	전기이월	90,000		

한편, 단기매매금융자산은 재판매를 목적으로 보유함으로 재고자산처럼 영업활동으로 인식하며, 실제로 판매하여 현금을 받으면 고객으로부터 수취한

현금으로 분류하여 표시한다.

② 공급자에게 지급한 현금

공급자에게 지급한 현금은 포괄손익계산서의 매입활동관련 손익에 매입활동과 관련된 자산·부채인 재고자산, 매입채무, 선급금의 증감액을 가감하여 계산한다.

영업활동에서 주된 비용항목은 매입이다. 회사가 상품을 매입하면 현금으로 지급하거나 매입채무가 발생한다. 매입채무는 후에 현금을 지급하는 것이므로, 이의 증가(감소)만큼 현금유출이 감소(증가)하게 된다. 이 경우 **공급자에게 지급한 현금**은 매입액에 매입채무의 증가(감소)를 차감(가산)하여 계산한다. 여기서 매입채무의 증가(감소)는 매입채무의 기초잔액과 기말잔액의 차이(기초잔액 − 기말잔액)를 나타낸다. 따라서 공급자에게 지급한 현금은 매입액에 매입채무의 기초잔액을 가산하고 기말잔액을 차감하여 계산한 것과 같다. 즉, 공급자에게 지급한 현금은 '매입액 + 매입채무의 기초잔액 − 매입채무의 기말잔액'에 의해 계산된다. 이 계산식을 정리하면 **'매입액±매입채무의 증감'**이 현금흐름을 계산하는 등식이 된다. 이 등식에서 매입액 대신 매출원가를 사용하여 현금유출액을 계산할 수 있다.

상품계정에서 매출원가와 매입액의 관계는 '기초상품재고액 + 당기매입액 = 매출원가 + 기말상품재고액'이므로, '당기매입액 = 매출원가 + [기말상품재고액 − 기초상품재고액]'이 된다. 따라서 공급자에게 지급한 현금은 **'매출원가±상품재고액의 증감±매입채무의 증감'**에 의해 계산된다. 실무에서는 당기매입액보다 매출원가(또는 상품의 변동과 상품매입액), 상품, 매입채무계정을 사용하여 현금유출액을 계산한다. 공급자에게 지급한 현금을 계산하는 등식(이하 증감분석법)을 나타내면 다음과 같다.

공급자에게 지급한 현금의 계산 - 증감분석법
• 현금유출액 = 당기매입액 − 매입채무의 증가(또는 + 매입채무의 감소) = 당기매입액 + 매입채무의 기초잔액 − 매입채무의 기말잔액 = 지급해야 할 현금액 − 현금미지급액
• 현금유출액 = 매출원가* + 상품재고액의 증가** − 매입채무의 증가*** (매출원가* + 상품재고액의 증가** = 당기매입액)
• 현금유출액 = 매출원가(또는 상품의 변동 + 상품매입액) + 상품의 증가(또는 − 감소) − 매입채무증가(또는 − 감소) + 선급금의 증가(또는 − 감소)
* 기초상품재고액 + 당기매입액 = 매출원가(또는 상품의 변동과 상품매입액) + 기말상품재고액 ** 상품재고액의 감소는 차감, *** 매입채무의 감소는 가산

앞의 회계등식에서 '매입액 + 매입채무의 기초잔액' 은 매입으로 인해 지급해야 할 현금을 말하며, 기말잔액은 매입으로 인한 현금미지급액을 나타낸다. 따라서 **공급자에게 지급한 현금은 지급해야 할 현금에서 현금미지급액을 차감**하여 계산하게 된다. 이러한 등식의 원리는 T－계정에서 도출된 것이다.

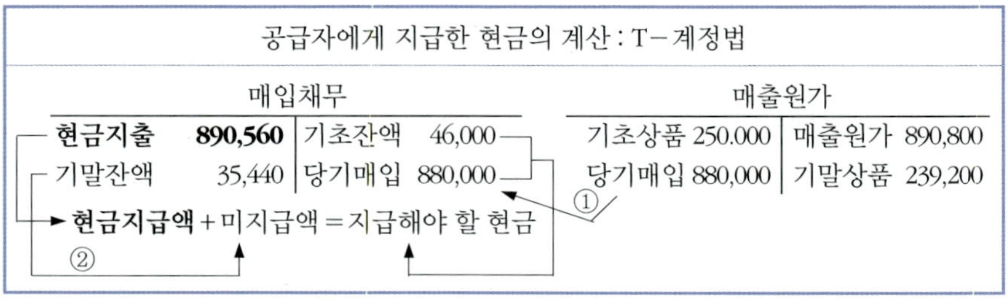

T－계정을 이용하는 경우 매입채무계정의 대변에 당기매입액을 기입(①)하면 지급해야 할 현금이 계산되며, 차변에 미지급액인 기말잔액을 기입(②)하면 현금지출액(매입으로 인한 현금유출액)이 계산된다. 이를 T－계정으로 나타내면 위의 도표와 같다. 참고로 당기매입액은 매출원가 또는 상품계정에서 계산된다.

기본예제에서는 재고자산감모손실이 없으므로 매출원가 ₩890,800에 상품(재고자산)의 감소 ₩10,800을 차감하고, 매입채무의 감소 ₩10,560을 가산하여 현금유출액 ₩890,560을 계산하게 된다. 이의 계산을 T－계정에서도 구할 수 있다. T－계정에 관해서는 앞에서 설명하였다. 증감분석법과 T－계정에서 매입으로 인한 현금유출액을 계산하면 다음과 같다.

증감분석법		T－계정법			
		매입채무			
• 매출원가	890,800	**현금지출**	**890,560**	기초잔액	46,000
• 재고자산감모손실	0	차기이월	35,440	당기매입	880,000
• 상품재고액의 감소	(10,800)		926,000		926,000
• 매입채무의 감소	10,560			전기이월	35,440
• 공급자에게 **지급한 현금**	**890,560**				

한편, 단기매매금융자산은 재판매를 목적으로 취득한 것으로, 재고자산의 매입과 같이 현금흐름을 처리해야 한다. 기본예제에서는 당기에 단기매매금융

자산 ₩50,000을 취득하였으므로, 공급자에게 지급한 현금에 가산하여 총현금유출액은 ₩940,560(₩890,560 + ₩50,000)이 된다.

③ 기타영업활동으로 수취한 현금

기타영업활동이란 기업의 주된 영업활동 이외의 것을 말한다. 기타영업활동으로 인해 현금유입이 발생하는 수익항목에는 이자수익, 배당금수익, 임대료 등이 있다. 이들은 대부분 포괄손익계산서의 영업외의 수익항목이며 다만 영업현금흐름과 관계없는 수익항목(기본예제의 유형자산처분이익)은 제외된다. 회사는 이 수익이 발생하면 현금으로 받거나 미수수익(미수이자, 미수배당금, 미수임대료 등), 선수수익(선수임대료 등)이 나타나게 된다.

기타영업활동으로 수취한 현금은 수익금액에 미수수익의 증가(감소)를 차감(가산)하거나, 선수수익의 증가(감소)를 가산(차감)하여 계산한다. T-계정을 이용하는 경우 미수수익(미수이자)계정의 차변에 당기수익(이자수익)을 기입하면 현금회수가능액이 계산되며, 대변에 미회수액인 기말잔액을 기입하면 수익(이자수익)으로 인한 현금유입액이 계산된다.

기본예제에서는 영업외수익(손익계산서)에 이자수익과 임대료가 있다. 이자수익은 발생액 ₩10,000에 미수이자 증가액 ₩10,000을 차감하여 현금유입액 ₩0이 계산된다. 임대료는 발생액 ₩32,000에 선수임대료감소액 ₩1,000을 차감하여 현금유입액 ₩31,000이 계산된다. 증감분석법과 T-계정에서 이자수익으로 인한 현금유입액을 계산하면 다음과 같다. 임대료도 같은 방법으로 계산된다.

증감분석법		T-계정법			
		미수이자			
• 이자수익	10,000	기초잔액	0	**현금회수**	**0**
• 미수이자증가	(10,000)	이자수익	10,000	차기이월	10,000
• 선수이자증가	0		10,000		10,000
• 이자수익으로 **수취한 현금유입액**	**0**	전기이월	10,000		

④ 기타영업활동에서 지급한 현금

기타영업활동으로 인해 현금유출이 발생하는 비용항목에는 급여, 임차료, 보험료, 소모품비, 이자비용, 법인세비용 등이 있다. 이들은 대부분 포괄손익계산서의 영업 또는 영업외의 비용항목이며, 영업현금흐름과 관계없는 비용항목(유형자산처분손실 등)은 제외된다. 회사는 이 비용이 발생하면 현금으로 지급하거나 미지급비용(미지급급여, 미지급입차료, 미지급보험료, 미지급이자, 미지급법인세 등), 선급비용(선급이자 등)이 나타나게 된다.

기타영업활동으로 인한 현금유출은 각 비용금액에 미지급비용의 증가(감소)를 차감(가산)하거나, 선급비용의 증가(감소)를 가산(차감)하여 계산한다. T-계정을 이용하는 경우 미지급비용(미지급급여, 미지급이자)계정의 대변에 당기비용(급여, 이자비용)을 기입하면 지급해야 할 현금이 계산되며, 차변에 미지급액인 기말잔액을 기입하면 비용(급여, 이자비용)으로 인한 현금지출액이 계산된다.

기본예제에서는 기타영업비용에 급여, 보험료, 이자비용과 법인세비용이 있다. 급여는 발생액 ₩90,000에 미지급급여감소액 ₩2,000을 가산하여 현금유출액 ₩92,000이 계산된다. 보험료는 발생액 ₩23,000에 선급보험료감소액 ₩9,000을 차감하여 현금유출액 ₩14,000이 계산된다.

증감분석법과 T-계정에서 급여로 인한 현금유출액을 계산하면 다음과 같다. 보험료도 같은 방법으로 계산된다. 이자비용은 발생액 ₩9,000에 미지급이자 증가액 ₩2,000을 차감하여 현금유출액 ₩7,000이 계산된다. 법인세비용은 발생액 ₩15,640에 미지급법인세 증가액 ₩8,000을 차감하여 현금유출액 ₩7,640이 계산된다. 증감분석법과 T-계정에서 이자비용으로 인한 현금유출액을 계산하면 다음과 같다. 법인세비용도 같은 방법으로 계산된다.

<table>
<tr><th colspan="2">증감분석법</th><th colspan="4">T-계정법</th></tr>
<tr><td colspan="2"></td><td colspan="4">미지급급여</td></tr>
<tr><td>• 급　　여</td><td>90,000</td><td>현금지출</td><td>92,000</td><td>기초잔액</td><td>10,000</td></tr>
<tr><td>• 선급급여증가</td><td>0</td><td>차기이월</td><td>8,000</td><td>당기급여</td><td>90,000</td></tr>
<tr><td>• 미지급급여의 감소</td><td>2,000</td><td></td><td>100,000</td><td></td><td>100,000</td></tr>
<tr><td>• 급여에서 지급한 현금</td><td>92,000</td><td></td><td></td><td>전기이월</td><td>8,000</td></tr>
</table>

<table>
<tr><th colspan="2">증감분석법</th><th colspan="4">T-계정법</th></tr>
<tr><td colspan="2"></td><td colspan="4">미지급이자</td></tr>
<tr><td>• 이자비용</td><td>9,000</td><td>현금지출</td><td>7,000</td><td>기초잔액</td><td>8,000</td></tr>
<tr><td>• 선급이자증가</td><td>0</td><td>차기이월</td><td>10,000</td><td>당기이자</td><td>9,000</td></tr>
<tr><td>• 미지급이자의 증가</td><td>(2,000)</td><td></td><td>17,000</td><td></td><td>17,000</td></tr>
<tr><td>• 이자비용에서 지급한 현금</td><td>7,000</td><td></td><td></td><td>전기이월</td><td>10,000</td></tr>
</table>

이와 같이 직접법은 영업활동에서 나타난 개별 수익항목에서 현금유입액을 계산하고, 개별 비용항목에서 현금유출액을 계산하게 된다. 이들 현금흐름을 사용하여 영업활동으로 인한 부분현금흐름표(직접법)를 K-IFRS에 맞추어 작성하면 다음과 같다.

부분현금흐름표

(주)가을동화	2012. 1. 1.부터 2012. 12. 31.까지	(단위 : 원)
• 영업활동현금흐름		
고객으로부터 수취한 현금		1,074,000
공급자에게 지급한 현금		(940,560)
기타영업활동으로 수취한 현금		31,000
임대료수입	31,000	
기타영업활동에서 지급한 현금		(120,640)
종업원 급여지급	(92,000)	
보험료지급	(14,000)	
이자지급	(7,000)	
법인세지급	(7,640)	
영업활동순현금흐름		43,800
• 투자활동현금흐름		
⋮		

(2) 간접법

간접법(indirect method)은 **당기순이익(손실)에서 조정항목을 가감하여 영업활동현금흐름을 계산하는 것**이다. 당기순손익은 발생주의에 의해 계산된 것으로 영업현금흐름과 관련 없는 손익과 영업활동으로 인한 자산 · 부채의 순증감액이 포함되어 있다. 따라서 당기순손익(포괄손익계산서)에서 영업현금흐름과 관련 없는 손익을 제거하고, 영업활동으로 인한 자산 · 부채의 변동을 가감하여 영업활동현금흐름(현금흐름표)을 계산한다. 다음에서는 이들 항목을 설명하기로 한다. 간접법에 따라 영업활동현금흐름의 계산하는 과정을 예시하면 다음과 같다.

영업활동현금흐름-간접법		
• 영업활동현금흐름		
당기순이익		×××
영업현금흐름과 관련 없는 손익제거		×××
감가상각비	×××	
영업활동과 관련된 자산 및 부채의 증감		×××
매출채권의 증가	(×××)	
영업활동순현금흐름		×××

① 영업현금흐름과 관련 없는 손익제거

영업현금흐름과 관련 없는 손익은 영업활동과 관련된 손익과 투자 · 재무활동과 관련된 손익으로 나누어진다. 이들 손익은 현금유출이 없는 비용항목과 현금유입이 없는 수익항목으로 구성되어 있다.

영업활동과 관련된 손익은 발생주의에 따라 당기순이익에 포함된 것으로 현금유출이 없는 비용과 현금유입이 없는 수익으로 구분된다. **현금유출(non-cash expenses)이 없는 비용**에는 대표적으로 감가상각비(또는 무형자산 상각비)가 있다. 감가상각비는 포괄손익계산서에서 비용으로 계상되어 당기순이익을 감소시키지만 현금의 유출이 없는 비용항목이다. 따라서 당기순이익에 감가상각비(무형자산 상각비)를 가산하여야만 실제 현금흐름과 일치한다.

영업활동과 관련된 손익에서 현금유출이 없는 비용에는 감가상각비 외에 **대손상각비, 당기손익인식금융자산평가손익, 퇴직급여원가** 등이 있다. 이의 비용은 현금유출 없는 비용이지만 영업활동과 관련된 자산 · 부채의 증감액을 통해 당기순이익에 가감하게 되므로 영업현금흐름과 관련 없는 손익제거에 포함되지 않는다. 구체적으로 매출채권 관련 대손상각비는 매출채권의 증감액에서, 당기손익인식금융자산평가손익은 당기손익인식금융자산의 증감액에서, 퇴직급여원가는 퇴직급여부채의 증감액을 통해 실제 현금흐름에 반영한다. 이에 비해 이자비용 중 현재가치할인차금상각액, 사채할인발행차금상각액, 외화환산손실은 현금유출이 없는 비용으로 당기순이익에 가산하여 실제 현금흐름액을 계산한다.

한편 **현금유입(non-cash revenues)이 없는 수익**에는 외화환산이익이 있다. 외화환산이익은 외화로 표시된 자산과 부채에서 발생된 환율변동의 환산이익으로 당기순이익에 포함되어 있다. 따라서 외화환산이익은 현금유입이 없는 수익으로서 당기순이익에서 차감하여야만 실제 현금흐름과 일치한다. 이와 유사한 것에는 이자수익 중 현재가치할인차금상각액, 사채할인발행차금상각액, 외화환산이익이 있다. 다만 K-IFRS는 환율변동으로 인한 외화환산손익과 외환차손익은 영업현금흐름과 관련 없는 손익이므로 당기순이익에서 제거하고, 이를 별도항목으로 현금흐름표에 표시하도록 규정하고 있다.

투자 · 재무활동과 관련된 손익은 투자와 재무활동에서 나타난 것으로 발생주의에 따라 당기순이익에 포함되어 있다. 이의 손익도 현금의 유출이 없는 비용과 현금의 유입이 없는 수익으로 구분된다. **현금의 유출이 없는 비용**에는 투자자산처분손실, 유형자산처분손실, 사채상환손실이 있다. **현금의 유입이 없는 수익**에는 투자자산처분이익, 유형자산처분이익, 사채상환이익이 있다. 영업활동과 투자 · 재무활동으로 인한 비용과 수익을 발생원천별로 나타내면 다음과 같다.

구 분	현금유출 없는 비용항목	현금유입 없는 수익항목
(영업)활동과 관련된 손익	감가상각비, 무형자산상각비 **이자비용** 중 현재가치할인차금상각액과 사채할인발행차금상각액, 외화환산손실*	**이자수익** 중 현재가치할인차금상각액과 사채할인발행차금상각액, 외화환산이익*
투자 · 재무활동과 관련된 손익	투자자산처분손실 유형자산처분손실 고정부채상환손실 외환차손*	투자자산처분이익 유형자산처분이익 고정부채상환이익 외환차익*
	* 외화로 표시된 현금및현금성자산의 환율변동효과(외화환산손익과 외환차손익)은 영업현금흐름과 관련 없는 손익으로 당기손익에서 제거하여 현금흐름표의 기초 현금및현금성자산 위에 별도로 표시(현금흐름표 양식 참조)	

이와 같이 현금의 유출과 유입이 없는 비용과 수익이 발생주의에 따라 당기순손익에 포함되어 있다. 따라서 **현금의 유출이 없는 비용항목은 당기순손익에 가산하고, 현금의 유입이 없는 수익항목은 차감하여 현금흐름을 계산**하게 된다. 기본예제에는 감가상각비와 유형자산처분이익이 이에 해당한다. 감가상각비 ₩13,000은 당기에 발생한 것으로 현금지출이 없지만, 비용으로 계상되어 당기순이익이 그만큼 적어졌으므로 이를 가산하여 현금흐름을 계산하게

된다. 유형자산처분이익 ₩12,000은 현금의 수입이 없지만, 수익으로 계상되어 당기순이익이 그만큼 커졌으므로 이를 차감하여 현금흐름을 계산한다. 현금의 유입과 유출이 없는 비용과 수익을 나타내면 다음과 같다.

영업활동현금흐름－간접법		
• 영업활동현금흐름		
당기순이익		×××
영업현금흐름과 관련없는 손익제거		1,000
감가상각비	13,000	
유형자산처분이익	(12,000)	

② 영업활동과 관련된 자산 · 부채의 증감

회사가 상품을 판매하면 현금을 받거나 매출채권이 발생하게 된다. 이 경우 현금흐름을 계산하려면 당기순손익(매출－매출원가 등)에 매출채권의 영향을 가감하여야 한다. 예를 들어 기말의 매출채권이 기초의 매출채권보다 많아졌다면, 그만큼 현금이 적게 유입된 것이므로 이를 당기순손익에서 차감하여 현금흐름을 계산하게 된다. 매출채권과 같이 **당기순손익에 가감이 필요한 항목은 재무상태표의 유동자산과 유동부채의 계정**들이다. 이의 계정은 영업활동의 결과 현금이 일부 회수되지 않았거나 아직 지출되지 않아서 나타난 것이다. 따라서 당기순손익에 이들 계정의 순증감액(기초－기말)을 가감하여 영업활동으로 인한 현금흐름을 계산한다. 기본예제에서 영업활동과 관련된 유동자산과 유동부채의 계정별로 순증감을 계산하면 아래와 같다. 참고로 단기매매금융자산도 단기판매를 목적으로 보유한 것으로 취득이나 처분에 따른 현금흐름은 재고자산처럼 영업활동으로 분류한다.

영업활동과 관련된 유동자산과 유동부채의 증감

	2011. 12. 31. 현재	2012. 12. 31. 현재	증가(감소)
유동자산			
단기매매금융자산	100,000	150,000	50,000
매출채권	114,000	90,000	(24,000)
미수이자	0	10,000	10,000
선급보험료	13,000	4,000	(9,000)
상　　품	250,000	239,200	(10,800)

유동부채			
매입채무	46,000	35,440	(10,560)
미지급급여	10,000	8,000	(2,000)
미지급이자	8,000	10,000	2,000
미지급법인세	12,000	20,000	8,000
선수임대료	10,000	9,000	(1,000)

영업활동에 관련된 유동자산에는 단기매매금융자산, 매출채권, 재고자산, 선급비용, 미수수익, 미수금, 선급금, 소모품이 있다. **유동부채**에는 매입채무, 미지급비용, 선수수익, 미지급법인세가 있다. 이들 항목 중 유동자산의 계정이 기초보다 기말에 증가하면 차감하고 감소는 가산한다. 유동부채의 계정이 기초보다 기말에 증가하면 가산하고 감소는 차감한다. 예를 들어 매출채권은 기초보다 기말에 ₩(24,000) 감소하였으므로 당기순이익에 가산한다. 매입채무는 기초보다 기말에 ₩(10,560) 감소하였으므로 당기순이익에 차감한다. 이와 같은 방법으로 기본예제를 사용하여 영업활동으로 인한 자산 · 부채의 변동을 나타내면 다음과 같다.

영업활동현금흐름-간접법		
• 영업활동현금흐름		
당기순이익		×××
영업현금흐름과 관련없는 손익제거		
영업활동과 관련된 자산 · 부채의 증감		(19,760)
단기매매금융자산증가	(50,000)	
매출채권의 감소	24,000	
미수이자의 증가	(10,000)	
선급보험료의 감소	9,000	
상품의 감소	10,800	
매입채무의 감소	(10,560)	
미지급급여의 감소	(2,000)	
미지급이자의 증가	2,000	
선수임대료의 감소	(1,000)	
미지급법인세의 증가	8,000	

위와 같이 간접법은 당기순손익에 영업현금흐름과 관련없는 손익을 제거(현금의 지출이 없는 비용을 가산하고, 현금의 수입이 없는 수익을 차감)하고, 영

업활동으로 인한 자산 · 부채의 변동을 가감하여 현금흐름을 계산하게 된다. 이들 현금흐름을 사용하여 영업활동으로 인한 부분현금흐름표를 간접법에 맞추어 작성하면 다음과 같다. 현금흐름표에서 영업활동현금흐름은 ₩43,800으로 직접법에 의해 계산된 것과 일치한다.

부분현금흐름표

(주)가을동화	2012. 1. 1.부터 2012. 12. 31.까지	(단위 : 원)
• 영업활동현금흐름		
당기순이익		62,560
영업현금흐름과 관련없는 손익제거		1,000
감가상각비	13,000	
유형자산처분이익	(12,000)	
영업활동으로 인한 자산 · 부채의 증감		(19,760)
단기매매금융자산증가	(50,000)	
매출채권의 감소	24,000	
미수이자의 증가	(10,000)	
선급보험료의 감소	9,000	
상품의 감소	10,800	
매입채무의 감소	(10,560)	
미지급급여의 감소	(2,000)	
미지급이자의 증가	2,000	
선수임대료의 감소	(1,000)	
미지급법인세 증가	8,000	
영업활동순현금흐름		43,800

(3) 직접법과 간접법의 비교

영업활동현금흐름은 직접법과 간접법을 사용하여 계산한다. 이에 비해 투자 및 재무활동 현금흐름은 관련거래를 분석하여 작성하므로 이의 구분은 필요 없다. 직접법은 영업활동에서 발생하는 개별 수익항목에서 현금유입을 계산하고, 개별 비용항목에서 현금유출을 계산하는 것을 말한다. 즉, 포괄손익계산서에서 영업활동에 관련된 수익과 비용계정을 구분하고, 여기에 각 영업활동에 관련된 자산 · 부채의 증감액을 가감하여 현금흐름을 계산한다. 간접법은 당기순이익(손실)에서 조정항목을 가감하여 영업활동현금흐름을 계산하는 것이다. 즉, 포괄손익계산서의 당기순이익에 영업활동의 현금흐름이 없는 수익과 비용을 제거하고, 영업활동과 관련된 자산 · 부채의 증감액을 가감하여 현금흐름을 계산한다. 두 방법에 의한 현금흐름의 계산과정을 나타내내면 다음과 같다.

직 접 법	간 접 법
• 영업활동현금흐름 • 고객으로부터 수취한 현금 • 공급자에게 지급한 현금 • 종업원급여 지급 • 이자수익 • 배당금수입 ⋮	• 영업활동현금흐름 • 당기순이익 • 영업현금흐름과 관련없는 손익제거 • 영업활동과 관련된 자산 · 부채의 변동 ⋮

직접법은 영업활동으로 인한 현금유입을 수익의 발생원천별로 구분하고, 현금유출을 비용의 사용용도별로 구분하여 계산하게 된다. 따라서 수익과 비용계정(포괄손익계산서)으로부터 현금흐름을 쉽게 계산할 수 있고, 또한 개별항목의 과거자료로부터 미래 현금흐름을 예측할 수 있는 장점을 지니고 있다. **간접법**은 당기순손익(포괄손익계산서)에 연계되는 계정을 조정하여 계산하므로 작성이 간편하다는 장점이 있다. 하지만 영업활동현금흐름을 순액만으로 계산하므로 정보가 빈약하다는 단점이 있다. 실무에서는 작성이 간편한 간접법을 많이 사용하고 있다. K-IFRS는 두 방법 모두 인정하고 있으며, 직접법을 표시할 경우에는 간접법에 의한 영업활동현금흐름을 주석으로 공시하도록 규정하고 있다.

3.3 투자활동현금흐름

투자활동은 현금의 대여나 회수, 자산(투자자산, 유형자산, 무형자산)의 취득과 처분에 관련된 활동을 말한다. 투자활동과 관련된 계정에는 재무상태표의 비유동자산에 속하는 계정과 유동자산 중 단기대여금계정이 있다. 따라서 **투자활동으로 인한 현금유입**은 대여금의 회수금액, 단기금융상품 · 금융자산 · 투자자산 · 유형자산 · 무형자산의 처분금액으로부터 계산된다. **투자활동으로 인한 현금유출**은 현금의 대여금액, 단기금융상품 · 금융자산 · 투자자산 · 유형자산 · 무형자산의 취득금액으로부터 계산된다. 여기서 현금유입은 자산의 장부가액이 아니라 실제 처분가액으로 계산하며, 현금유출은 실제 취득금액을 사용하여 계산한다. 이에 관한 자료는 재무상태표의 해당계정 증감사항과 추가자료에서 수집한다.

기본예제에서는 토지의 처분, 건물의 취득이 투자활동에 해당된다. 토지는 취득원가 ₩150,000(장부가액)을 ₩162,000에 처분하고 모두 현금(미수금계정 없음)으로 받았으므로 처분금액이 현금유입액으로 계산된다. 건물은 ₩120,000에 모두 현금(미지급금계정 없음)으로 취득하였으므로 구입금액이 현금유출액으로 계산된다. 참고로 토지의 처분이익(유형자산처분이익)은 영업활동이 아니므로 당기순이익에서 제거하였음을 앞에서 학습하였다. 투자활동현금흐름은 유입과 유출이 발생된 항목별로 구분하여 기입한다. 기본예제를 사용하여 투자활동현금흐름을 발생항목별로 나타내면 다음의 부분현금흐름표와 같다.

부분현금흐름표

(주)가을동화	2012. 1. 1.부터 2012. 12. 31.까지	(단위 : 원)
• 영업활동현금흐름		
⋮	⋮	⋮
영업활동순현금흐름		43,800
• 투자활동현금흐름		
토지의 처분		162,000
건물의 취득		(120,000)
투자활동순현금흐름		42,000

3.4 재무활동현금흐름

재무활동은 현금의 차입과 상환, 사채의 발행과 상환, 주식의 발행과 소각, 배당금의 지급에 관련된 활동을 말한다. 재무활동과 관련된 계정에는 재무상태표의 자본에 속하는 계정과 부채의 단 · 장기차입금, 사채계정이 있다. 따라서 재무활동으로 인한 현금유입은 현금의 차입금액, 사채의 발행가액, 주식의 발행가액으로부터 계산된다. 재무활동으로 인한 현금유출은 차입금의 상환액, 사채의 상환액, 주식의 유상소각금액, 지급된 배당금으로부터 계산된다. 여기서 현금유입은 사채의 발행가액과 주식의 발행가액(액면금액이 아님)으로 계산하며, 현금유출은 사채와 주식의 상환금액을 사용하여 계산한다. 이에 관한 자료는 재무상태표의 해당계정 증감사항과 추가자료에서 수집한다.

기본예제에서는 보통주의 발행과 단기차입금의 상환이 재무활동에 해당한다. 신주발행은 보통주 6주를 주당 ₩7,000(액면금액 ₩5,000)에 모두 현금(미수금계정 없음)으로 발행하였으므로 발행가액 ₩42,000이 현금유입액으로 계산된다. 단기차입금은 차입액 ₩60,000을 모두 현금(미지급금계정 없음)으로 상환하였으므로 상환액이 현금유출액으로 계산된다. 재무활동현금흐름은 유입과 유출이 발생된 항목별로 구분하여 기입한다. 기본예제를 사용하여 재무활동현금흐름을 발생항목별로 나타내면 다음의 부분현금흐름표와 같다.

부분현금흐름표

(주)가을동화	2012. 1. 1.부터 2012. 12. 31.까지	(단위 : 원)
• 영업활동현금흐름		
⋮		⋮
영업활동순현금흐름		43,800
• 투자활동현금흐름		
⋮		⋮
투자활동순현금흐름		42,000
• 재무활동현금흐름		
보통주의 발행		42,000
단기차입금의 상환		(60,000)
재무활동순현금흐름		(18,000)

지금까지 기본예제를 사용하여 영업활동현금흐름을 직접법과 간접법에 따라 계산하고, 투자활동현금흐름과 재무활동현금흐름을 계산하였다. 이들 자료에 의해 직접법과 간접법에 따른 현금흐름표를 K-IFRS에 맞추어 작성하면 다음과 같다.

현금흐름표(직접법)

(주)가을동화	2012. 1. 1.부터 2012. 12. 31.까지	(단위 : 원)
• 영업활동현금흐름		
고객으로부터 수취한 현금		1,074,000
공급자에게 지급한 현금		(940,560)
기타영업활동으로 수취한 현금		31,000
임대료수입	31,000	
기타영업활동에서 지급한 현금		(120,640)

종업원 급여지급	(92,000)	
보험료지급	(14,000)	
이자지급	(7,000)	
법인세지급	(7,640)	
영업활동순현금흐름		43,800
• 투자활동현금흐름		
토지의 처분		162,000
건물의 취득		(120,000)
투자활동순현금흐름		42,000
• 재무활동현금흐름		
보통주의 발행		42,000
단기차입금의 상환		(60,000)
재무활동순현금흐름		(18,000)
• 현금및현금성자산의 증가		67,800
• 기초의 현금및현금성자산		24,000
• 기말의 현금및현금성자산		91,800

현금흐름표(간접법)

(주)가을동화	2012. 1. 1.부터 2012. 12. 31.까지	(단위 : 원)
• 영업활동현금흐름		
당기순이익		62,560
영업현금흐름과 관련없는 손익제거		1,000
감가상각비	13,000	
유형자산처분이익	(12,000)	
영업활동으로 인한 자산 · 부채 변동		(19,760)
단기매매금융자산증가	(50,000)	
매출채권의 감소	24,000	
미수이자의 증가	(10,000)	
선급보험료의 감소	9,000	
상품의 감소	10,800	
매입채무의 감소	(10,560)	
미지급급여의 감소	(2,000)	
미지급이자의 증가	2,000	
선수임대료의 감소	(1,000)	
미지급법인세 증가	8,000	
영업활동순현금흐름		43,800
• 투자활동현금흐름		
토지의 처분		162,000
건물의 취득		(120,000)
투자활동순현금흐름		42,000
• 재무활동현금흐름		

보통주의 발행	42,000
단기차입금의 상환	(60,000)
재무활동순현금흐름	(18,000)
• 현금및현금성자산의 증가	67,800
• 기초의 현금및현금성자산	24,000
• 기말의 현금및현금성자산	91,800

현금흐름표의 작성 제4절

4.1 작성절차

거래가 발생하면 복식부기에 따라 차변과 대변에 동일의 금액이 기입되고, 한 계정의 증가와 감소는 다른 계정의 증가나 감소가 나타나도록 기록된다. 따라서 발생주의에 따라 기록된 계정을 분석하면 현금의 증감내용을 역산해 낼 수 있다. 역산과정은 과거의 거래를 역으로 추적하는 것이므로 매우 까다롭고 어렵다. 여기서는 현금흐름을 분석하는 순서적 절차를 알아보고 예제를 통해 현금흐름표의 작성방법을 익히도록 한다. 현금흐름을 분석하는 절차를 단계별로 나타내면 다음과 같다.

단계 1: 재무상태표로부터 현금및현금성자산계정의 기초와 기말잔액을 비교하여 현금의 순증감액을 계산한다. 현금에는 현금과 요구불예금, 현금성자산이 포함된다. 단, 당좌차월은 차감한다.

구 분	현금의 순증감액		
	기초잔액	기말잔액	증가(감소)
현금및현금성자산	×××	××××	×××

단계 2: 우선 재무상태표로부터 영업활동, 투자활동, 재무활동에 관련되는 계정을 확인한다. 이어 투자와 재무활동과 관련된 자산, 부채, 자본계정의 증감내용을 분석하고, 추정분개를 통해 현금계정의 유입

과 유출금액을 표시하여 둔다. 추정분개에서 현금이 영업활동으로부터 발생하면 (Ⅰ)로 표기하고, 투자활동이면 (Ⅱ), 재무활동이면 (Ⅲ)으로 표시하여 현금의 발생원천을 구분한다. 추정분개가 이루어지면 투자와 재무활동현금흐름이 계산된다. 예를 들어 추정분개를 나타내면 다음과 같다.

구 분	현금흐름 추정분개			
자산처분 (투자활동)	(차) 감가상각누계액 현 금(Ⅱ)	××× ×××	(대) 기계장치	×××
자산매입 (투자활동)	(차) 건 물	×××	(대) 현 금(Ⅱ)	×××
자금차입 (재무활동)	(차) 현 금(Ⅲ)	×××	(대) 단기차입금	×××
자금상환 (재무활동)	(차) 단 기 차 입 금	×××	(대) 현 금(Ⅲ)	×××
주식발행 (재무활동)	(차) 현 금(Ⅲ)	×××	(대) 자 본 금 주식발행초과금	××× ×××
배당금지급 (재무활동)	(차) 이익잉여금	×××	(대) 현 금(Ⅲ)	×××

단계 3: 단계 2의 추정분개에서 자산처분이익, 부채상환이익, 감가상각비, 이자수익, 이자비용은 당기순이익에는 포함되어 있지만 영업현금흐름과 관련 없는 손익이다. 따라서 이들 항목은 영업활동현금흐름(당기순이익)에서 제거해야 하므로 계정과목에 (Ⅰ)을 표시하여 둔다. 예를 들어 추정분개를 표시하면 다음과 같다. 이 계정은 간접법에서 영업현금흐름과 관련 없는 손익에 해당하는 것으로 제거할 항목이다.

구 분	현금흐름 추정분개			
자산처분 (투자활동)	(차) 감가상각누계액 현 금(Ⅱ) 유형자산처분손실(Ⅰ)	××× ××× ×××	(대) 기계장치	×××
감가상각 (기말수정)	(차) 감가상각비(Ⅰ)	×××	(대) 감가상각누계액	×××

단계 4: 영업활현금흐름을 직접법과 간접법에 따라 계산한다. 직접법은 포괄손익계산서의 개별 수익항목에서 현금유입액을 계산하고, 개별 비용항목에서 현금유출액을 계산한다. 간접법은 당기순손익(포괄손익계산서)에서 영업현금흐름과 관련없는 손익을 제거(현금의 지출이 없는 비용을 가산하고, 현금의 수입이 없는 수익을 차감)하고, 영업활동으로 인한 자산·부채의 변동을 가감하여 현금흐름(현금흐름표)을 계산한다. 두 방법에 의한 현금흐름의 계산절차는 제3절에서 설명하였다.

4.2 작성예제

현금흐름표는 T-계정이나 정산표를 이용하여 작성하게 된다. **T-계정법**은 '현금유입액 = 회수가능금액 - 미회수금액' 또는 '현금유출액 = 지급해야 할 현금액 - 미지급액'의 원리를 이용하여 T-계정에서 현금흐름을 계산하는 방법이다. **정산표법**은 현금흐름의 추적에 필요한 역분개를 정산표에 기입하여 현금의 유입과 유출을 계산하는 것이다. 여기서는 T-계정을 사용하여 현금흐름표를 단계별로 작성하는 방법을 익히도록 한다. 현금흐름표의 작성에 필요한 〈예제 15-2〉를 제시하면 다음과 같다.

예제 [15-2]

• 다음은 (주)겨울연가의 현금흐름을 계산하는데 필요한 비교재무상태표와 포괄손익계산서의 자료이다. 요구사항에 답하시오.

비교재무상태표

2011. 12. 31. 현재
2012. 12. 31. 현재

(주)겨울연가 (단위 : 원)

	2011. 12. 31. 현재	2012. 12. 31. 현재
자 산		
현금및현금성자산	72,000	149,800
단기매매금융자산	100,000	140,000
매출채권	104,000	121,000
미수이자	18,000	22,000

선급임차료	35,000	30,000
상 품	180,000	200,200
토 지	500,000	350,000
기계장치	200,000	350,000
차감: 감가상각누계액	(50,000)	(65,000)
자산총계	1,159,000	1,298,000
부 채		
단기차입금	250,000	180,000
매 입 채 무	46,000	35,440
미지급급여	10,000	12,000
미지급이자	8,000	10,000
미지급법인세	20,000	27,000
자 본		
자 본 금	770,000	820,000
주식발행초과금	0	30,000
이익잉여금	55,000	183,560
부채 및 자본총계	1,159,000	1,298,000

포괄손익계산서

(주)겨울연가 2012. 1. 1. ~ 2012. 12. 31. (단위 : 원)

매 출 액		1,200,000
매출원가		(879,800)
기초상품재고액	180,000	
당기상품매입액	900,000	
기말상품재고액	(200,200)	
매출총이익		320,200
기타수익		32,000
이자수익	12,000	
유형자산처분이익	20,000	
판매비와관리비		(145,000)
급 여	100,000	
임 차 료	20,000	
감가상각비	15,000	
단기매매금융자산평가손실	10,000	
이자비용		(9,000)
법인세차감전순이익		198,200
법인세비용		(39,640)
당기순이익		158,560

[추가자료]

(1) 단기투자목적으로 (주)헤드의 사채 ₩50,000을 현금으로 취득하다. 사채의 기말 시장가격은 ₩40,000이다.
(2) 장부가액 ₩150,000의 토지를 ₩170,000에 현금 매각하다.
(3) 기계장치 ₩150,000을 현금으로 취득하다.
(4) 단기차입금 중 ₩70,000을 현금상환하다.
(5) 보통주식 10주(액면금액 ₩5,000)를 주당 ₩8,000에 발행하고 현금을 받다.
(6) 당기에 배당금 ₩30,000을 현금으로 지급하였다.

☞ **요구사항**

1. 투자활동현금흐름을 계산하시오.
2. 재무활동현금흐름을 계산하시오.
3. 영업활동현금흐름을 직접법과 간접법에 따라 계산하시오.
4. 현금흐름표를 작성하시오.

해답 ≪≪≪

• 해답은 다음의 각각 해당설명에서 제시하기로 한다.

(1) 현금의 순증감

회계기간에 나타난 **현금의 순증가(감소)**는 재무상태표의 현금계정으로부터 계산된다. 즉, 현금의 증가(감소)는 현금계정의 기초잔액과 기말잔액을 비교하여 계산된다. 예제에서 기초현금은 ₩72,000이고 기말현금은 ₩149,800이므로 순증가는 다음과 같이 계산된다. 현금의 증가액 ₩77,800은 영업 · 투자 · 재무활동으로 인한 현금증가액과 일치하게 된다.

구 분	현금의 순증감액		
	기초잔액	기말잔액	증가(감소)
현금및현금성자산	₩72,000	₩149,800	₩77,800

(2) 투자와 재무활동현금흐름

현금흐름은 투자와 재무활동에서부터 분석하게 된다. 먼저 재무상태표에서 투자와 재무활동에 관련된 계정을 확인한다. 이어 투자활동과 관련된 자산계정을 대상으로 기중의 증감내용을 분석하여 추정분개를 한다. 또한 재무활동과 관련된 부채와 자본계정을 대상으로 증감내용을 분석하여 추정분개를 하게 된다. 분개과정에서 투자와 재무활동으로부터 나타난 현금계정에 각각 (Ⅱ)와 (Ⅲ)을 표기하여 활동원천을 구별하여 둔다. 계정의 증감분석과 추정분개에서는 투자와 재무활동에 의해 발생된 손익이 부수적으로 나타난다. 이 손익항목은 영업활동현금흐름을 간접법으로 분석할 때 당기순이익에서 제거해야 할 것으로써 유형자산처분이익(손실)계정 등에 (Ⅰ)을 표시하여 둔다.

① 투자활동현금흐름

예제에서 투자활동에 해당하는 항목으로 토지의 처분, 기계장치의 취득이 있다. 토지는 추가정보로부터 ₩170,000(장부가액 ₩150,000)에 처분하고 미수금이 없으므로 현금유입액은 처분액이 된다. 기계장치는 ₩150,000에 취득하고 미지급금이 없으므로 취득액이 현금유출액이 된다. 투자활동현금흐름을 계산하는 추정분개를 나타내면 다음과 같다. 분개에서 나타난 현금계정(Ⅱ)을 집계하여 현금흐름표의 투자활동현금흐름을 작성하게 된다.

구 분	현금흐름 추정분개 – 투자활동			
토지의 처분 (현금유입)	(차) 현 금(Ⅱ)	170,000	(대) 토 지 유형자산처분이익(Ⅰ)	150,000 20,000
기계장치의 취득 (현금유출)	(차) 기 계 장 치	150,000	(대) 현 금(Ⅱ)	150,000

② 재무활동현금흐름

재무활동에 해당하는 항목에는 보통주의 발행, 단기차입금의 상환, 배당금의 지급이 있다. 보통주는 추가정보로부터 10주(주당 액면금액 ₩5,000)를 발행하고 관련된 미수금계정이 없으므로 발행가액 ₩80,000이 현금유입액이 된다. 단기차입금은 ₩70,000을 상환하고 미지급금계정이 발생하지 않았으므로 상환액이 현금유출액이 된다. 배당금은 현금으로 지급하고 미지급금이 없으므로 배당액 ₩30,000이 현금유출액이 된다. 재무활동현금흐름을 계산하는 추정분개를 나타내면 다음과 같다. 분개에서 나타난 현금계정(Ⅲ)을 집계하여 현금흐름표의 재무활동현금흐름을 작성하게 된다.

구 분	현금흐름 추정분개 - 재무활동			
보통주의 발행 (현금유입)	(차) 현 금(Ⅲ)	80,000	(대) 자 본 금 주식발행초과금	50,000 30,000
단기차입금 상환 (현금유출)	(차) 단기차입금	70,000	(대) 현 금(Ⅲ)	70,000
배당금의 지급 (현금유출)	(차) 이익잉여금	30,000	(대) 현 금(Ⅲ)	30,000

(3) 영업활동현금흐름 – 직접법

직접법은 영업활동에서 발생하는 개별 수익항목에서 현금유입을 계산하고, 개별 비용항목에서 현금유출을 계산한다. 개별 수익항목에는 고객으로부터 수취한 현금과 기타영업활동으로 수취한 현금이 있다. 개별 비용항목에는 공급자에게 지급한 현금, 기타영업활동에서 지급한 현금이 있다. 예제에서 현금유입액을 계산해야 할 항목에는 매출과 이자수익계정이 있다. 현금유출액을 계산해야 할 항목에는 매출원가, 단기매매금융자산, 임차료, 급여, 이자비용, 법인세비용이 있다. 계산하는 방법은 T-계정이나 증감분석법을 사용하게 된다. 직접법에 따라 개별 항목의 현금흐름을 계산하면 다음과 같다.

① 고객으로부터 수취한 현금

증감분석법

• 매 출 액	1,200,000
• 매출채권 기초잔액	104,000
• 매출채권 기말잔액	(121,000)
• 고객으로부터 **수취한 현금**	**1,183,000**

T-계정법

매출채권

차변	금액	대변	금액
기초잔액	104,000	**현금회수**	**1,183,000**
당기매출	1,200,000	차기이월	121,000
	1,304,000		1,304,000
전기이월	121,000		

② 공급자에게 지급한 현금

증감분석법

• 매출원가	879,800
• 재고자산평가(감모)손실	0
• 상품재고액의 증가	20,200
• 매입채무의 감소	10,560
• 공급자에게 **지급한 현금**	**910,560**

T-계정법

매입채무

차변	금액	대변	금액
현금지출	**910,560**	기초잔액	46,000
차기이월	35,440	당기매입	900,000
	946,000		946,000
		전기이월	35,440

증감분석법		T-계정법			
		단기매매금융자산			
		기초잔액	100,000	기말평가손실	10,000
• 단기매매금융자산 취득에서 **지출한 현금**	50,000	**현금지출**	**50,000**	차기이월	140,000
			150,000		150,000
		전기이월	140,000		

③ 기타영업활동으로 수취한 현금

증감분석법		T-계정법			
• 이자수익	12,000	미수이자			
• 미수이자증가	(4,000)	기초잔액	18,000	**현금회수**	**8,000**
• 선수이자증가	0	이자수익	12,000	차기이월	22,000
			30,000		30,000
• 이자수익으로 **수취한 현금**	**8,000**	전기이월	22,000		

④ 기타영업활동에서 지출한 현금

증감분석법		T-계정법			
• 급　　여	100,000	미지급급여			
• 선급급여증가	0	**현금지출**	**98,000**	기초잔액	10,000
• 미지급급여의 증가	(2,000)	차기이월	12,000	당기급여	100,000
• 급여에서 지급한 **현금**	**98,000**		110,000		110,000
				전기이월	12,000

증감분석법		T-계정법			
• 임 차 료	20,000	미지급임차료			
• 선급임차료의 감소	(5,000)	**현금지출**	**15,000**	기초잔액	0
• 미지급임차료의 증가	0	기말잔액	0	임 차 료	20,000
• 임차료에서 **지급한 현금**	**15,000**	선급임차료	5,000		
			20,000		20,000

증감분석법		T-계정법			
• 이자비용	9,000	미지급이자			
• 선급이자증가	0	**현금지출**	**7,000**	기초잔액	8,000
• 미지급이자의 증가	(2,000)	차기이월	10,000	당기이자	9,000
			17,000		17,000
• 이자비용에서 지급한 **현금**	**7,000**			전기이월	10,000

<table>
<tr><th colspan="2">증감분석법</th><th colspan="4">T-계정법</th></tr>
<tr><td>• 법인세비용</td><td>39,640</td><td colspan="4">미지급법인세</td></tr>
<tr><td></td><td></td><td>현금지출</td><td>32,640</td><td>기초잔액</td><td>20,000</td></tr>
<tr><td>• 미지급법인세의 증가</td><td>(7,000)</td><td>차기이월</td><td>27,000</td><td>법 인 세</td><td>39,640</td></tr>
<tr><td></td><td></td><td></td><td>59,640</td><td></td><td>59,640</td></tr>
<tr><td>• 법인세비용에서 지급한 현금</td><td>32,640</td><td></td><td></td><td>전기이월</td><td>27,000</td></tr>
</table>

앞에서는 개별 수익 또는 비용항목에 관련된 자산과 부채계정의 증감액을 조정하여 현금흐름을 계산하였다. 직접법은 포괄손익계산서로부터 수익과 비용항목을 가져오고, 재무상태표로부터 관련계정의 증감액을 가감하여 영업활동현금흐름을 계산하게 된다. 따라서 영업활동, 투자활동, 재무활동현금흐름을 모아 **직접법에 의한 현금흐름표**를 작성하면 다음과 같다.

현금흐름표(직접법)

(주)겨울연가 2012. 1. 1.부터 2012. 12. 31.까지 (단위 : 원)

• 영업활동현금흐름		
고객으로부터 수취한 현금		1,183,000
공급자에게 지급한 현금		(960,560)
기타영업활동으로부터 수취한 현금		8,000
이자수입	8,000	
기타영업활동에서 지급한 현금		(152,640)
종업원 급여지급	(98,000)	
임차료지급	(15,000)	
이자지급	(7,000)	
법인세 지급	(32,640)	
영업활동순현금흐름		77,800
• 투자활동현금흐름		
토지의 처분		170,000
기계장치의 취득		(150,000)
투자활동순현금흐름		20,000
• 재무활동현금흐름		
보통주의 발행		80,000
단기차입금의 상환		(70,000)
배당금의 지급		(30,000)
재무활동순현금흐름		(20,000)
• 현금및현금성자산의 증가		77,800
• 기초의 현금및현금성자산		72,000
• 기말의 현금및현금성자산		149,800

(4) 영업활동현금흐름 – 간접법

간접법은 당기순이익(손실)에 영업현금흐름과 관련 없는 손익을 제거하고, 영업활동과 관련된 유동자산, 유동부채계정의 증감액을 가감하여 영업활동현금흐름을 계산한다. 투자와 재무활동현금흐름은 직접법과 간접법의 구분이 없으며 앞에서 계산한 것과 동일하다.

① 영업현금흐름과 관련 없는 손익제거

영업현금흐름과 관련 없는 손익은 영업활동과 관련된 손익과 투자 · 재무활동으로 인한 손익으로 구분된다. 영업활동과 관련된 손익은 발생주의에 따라 당기순이익에 포함된 것으로 현금유출이 없는 비용과 현금유입이 없는 수익으로 구분된다. 현금의 유출과 유입이 없는 손익항목에는 감가상각비, 무형자산상각비, 당기손익인식금융자산평가손익, 외화환산이익이 있으며 주로 포괄손익계산서로부터 자료를 수집하게 된다. 투자 · 재무활동으로 인한 손익항목에는 투자자산처분이익(손실), 유형자산처분이익(손실), 사채상환이익(손실)이 있으며 주로 투자 · 재무활동분석의 추정분개로부터 자료를 수집한다.

예제에서 영업활동과 관련된(현금의 유출과 유입이 없는 항목) 손익으로 감가상각비와 단기매매금융자산평가손실이 있다. 투자 · 재무활동으로 인한 손익으로 유형자산처분이익이 있다. 이 계정에 대한 추정분개를 나타내면 다음과 같다.

구 분	영업현금흐름과 관련 없는 손익			
영업활동과 관련된 손익	(차) 단기매매금융자산평가손실(Ⅰ) (차) 감가상각비(Ⅰ)	10,000 15,000	(대) 단기매매금융자산 (대) 감가상각누계액	10,000 15,000
투자활동으로 인한 손익	(차) 현 금(Ⅱ)	170,000	(대) 토 지 유형자산처분이익(Ⅰ)	150,000 20,000

② 영업활동과 관련된 자산 · 부채의 증감

영업활동에서 현금을 다음에 받거나 지급하기로 한 것과 먼저 받거나 지급한 것은 유동자산(단기매매금융자산, 매출채권, 미수금, 미수수익)과 유동부채(매입채무, 미지급금, 미지급비용)에 나타나 있다. 이들 계정은 재무상태표로부터 기초잔액과 기말잔액을 비교하여 증가와 감소액을 계산하고, 이를 당기순이익(손실)에 조정하게 된다. **재무상태표로부터 영업활동과 관련된 자산 · 부채 계정의 증감액을 계산**하여 제시하면 다음과 같다.

영업활동과 관련된 유동자산과 유동부채의 증감			
	2012. 12. 31. 현재	2012. 12. 31. 현재	증가(감소)
유동자산			
단기매매금융자산	100,000	140,000	40,000
매출채권	104,000	121,000	17,000
미수이자	18,000	22,000	4,000
선급임차료	35,000	30,000	(5,000)
상 품	180,000	200,200	20,200
유동부채			
매입채무	46,000	35,440	(10,560)
미지급급여	10,000	12,000	2,000
미지급이자	8,000	10,000	2,000
미지급법인세	20,000	27,000	7,000

위의 표에서 유동자산의 증가계정(단기매매금융자산, 매출채권, 미수이자, 상품)은 당기순이익에서 차감하며, 감소계정(선급임차료)은 가산하여 현금흐름을 계산한다. 여기서 단기매매금융자산은 평가손실(₩10,000)을 포함시켜 ₩50,000을 증가액으로 표시한다. 유동부채는 증가계정(미지급급여, 미지급이자, 미지급법인세)을 당기순이익에 가산하며, 감소계정(매입채무)을 차감하여 현금흐름을 계산한다. 따라서 영업활동, 투자활동, 재무활동현금흐름을 모아 간접법에 의한 현금흐름표를 작성하면 다음과 같다. 직접법과 간접법에 의한 현금흐름표를 비교하면 각 활동에서 발생한 현금흐름이 일치함을 알 수 있다.

현금흐름표(간접법)

(주)겨울연가	2012. 1. 1.부터 2012. 12. 31.까지	(단위 : 원)
• 영업활동현금흐름		
당기순이익		158,560
영업현금흐름과 관련없는 손익제거		5,000
감가상각비	15,000	
단기매매증권평가손실	10,000	
유형자산처분이익	(20,000)	
영업활동으로 인한 자산 · 부채 변동		(85,760)
단기매매금융자산의 증가	(50,000)	
매출채권의 증가	(17,000)	
미수이자의 증가	(4,000)	
선급임차료의 감소	5,000	
상품의 증가	(20,200)	
매입채무의 감소	(10,560)	
미지급급여의 증가	2,000	
미지급이자의 증가	2,000	
미지급법인세 증가	7,000	
영업활동순현금흐름		77,800
• 투자활동현금흐름		
토지의 처분		170,000
기계장치의 취득		(150,000)
투자활동순현금흐름		20,000
• 재무활동현금흐름		
보통주의 발행		80,000
단기차입금의 상환		(70,000)
배당금의 지급		(30,000)
재무활동순현금흐름		(20,000)
• 현금및현금성자산의 증가		77,800
• 기초의 현금및현금성자산		72,000
• 기말의 현금및현금성자산		149,800

개 념 정 리

▣ 문제 ▣

01 현금흐름표의 의의와 작성목적을 설명하시오.

02 현금흐름표에서 '현금'에 포함되는 항목을 설명하시오.

03 영업활동, 투자활동, 재무활동에 대하여 설명하시오.

04 영업활동으로 인한 현금의 유입과 유출이 발생하는 거래를 예를 들어 설명하시오.

05 투자활동으로 인한 현금의 유입과 유출이 발생하는 거래를 예를 들어 설명하시오.

06 재무활동으로 인한 현금의 유입과 유출이 발생하는 거래를 예를 들어 설명하시오.

07 재무상태표에서 영업 · 투자 · 재무활동과 관련된 계정을 분류하여 제시하시오.

08 직접법에 의해 영업활동현금흐름을 계산하는 방법을 설명하시오.

09 간접법에 의해 영업활동현금흐름을 계산하는 방법을 설명하시오.

10 투자와 재무활동현금흐름의 분석방법을 설명하시오.

11 영업활동에서 현금의 유입이 발생되는 주된 계정은 무엇이며, T-계정을 이용하여 현금유입액의 계산방법을 설명하시오.

12 영업활동에서 현금의 유출이 발생되는 주된 계정은 무엇이며, T-계정을 이용하여 현금유출액의 계산방법을 설명하시오.

13 투자자산처분이익(손실), 유형자산처분이익(손실), 무형자산처분이익(손실)은 어떤 활동과 관련되어 나타나는지를 추정분개를 통해 설명하시오.

14 이자수익, 이자비용, 배당금수입, 배당금지급은 어떤 활동과 관련되어 나타나는지를 추정분개를 통해 설명하시오.

15 회사는 사채를 발행하여 건물을 취득하였다. 이 거래를 현금흐름표에 표시하는 방법을 설명하시오.

16 다음의 용어를 설명하시오.

- 현금거래
- 비현금거래
- 순증가액
- 순감소액
- 현금회수가능액
- 현금미회수액
- 증감분석법
- T-계정법
- 정산표법
- 현금흐름 없는 손익
- 영업활동으로 인한 자산과 부채증감계정
- 투자와 재무활동으로 인한 손익계정
- cash inflow
- cash outflow
- operating activity
- investing activity
- direct method
- indirect method
- financing activity
- cash flow statement

연 습 문 제

▣ 문제 [1]

다음은 여러 개념을 설명한 것이다. 빈칸에 적합한 단어나 문구를 기입하시오.

01 경영활동에는 (　　　), 투자활동, (　　　)으로 구분된다. 영업활동은 주로 상품의 (　　), 제품의 (　　)과 판매, 경영관리에 관련된 활동을 말한다. 투자활동은 영업자산의 (　　)과 처분에 관련된 활동을 말한다. 재무활동은 영업자금의 차입과 (　　)에 관련된 활동을 말한다.

02 현금흐름표는 (　　), (　　), 재무활동별로 일정기간에 나타난 현금의 발생원천과 현금의 (　　)을 제공하는데 목적이 있다.

03 현금흐름표로부터 얻게 되는 유용한 정보에는 미래에 발생할 현금흐름의 (　), 시기, (　　)에 관한 예측정보를 얻게 되며, 부채의 (　　), 배당금의 지급능력, (　　)조달의 필요성에 관한 정보를 제공한다. 또한 (　　)과 현금흐름의 차이와 그 이유를 밝혀주며, 현금 및 비현금의 투자와 (　　)활동이 재무상태의 변동에 미치는 영향을 파악할 수 있다.

04 직접법은 영업활동에서 발생하는 개별 수익항목에서 (　　)을 계산하고 개별 비용항목에서 (　　)을 계산하는 것을 말한다. 예를 들어 매출로 인한 현금(　　)은 (　　)에 대손상각비를 차감하고, 매출채권의 증가를 (　　)하며, (　　)를 가산하여 계산한다. 또한 매입으로 인한 현금(　　)은 매출원가에 재고자산감모손실을 (　　)하고, 매입채무의 증가를 (　　)하며, (　　)를 가산하여 계산한다.

05 간접법은 당기순손익에서 현금의 지출이 없는 (　　)을 가산하고, 현금의 수입이 없는 수익을 (　　)하며, 영업활동으로 인한 자산・부채의 (　　)을 가감하여 현금흐름을 계산한다. 예를 들어 현금의 지출이 없는 비용에는 (　　　), 무형자산상각비, (　　　), 퇴직급여, (　　　), 단기매매금융자산평가손실 등이 있다. 현금의 수입이 없는 수익에는 (　　　), 단기매매금융자산평가이익, 보험차익 등이 있다. 영업활동으로 인해 증감하는 유동자산계정에는 (　　), 재고자산, 선급비용, (　　　　), 미수금, (　　　), 소모품이 있다. 유동부채계정에는 매입채무, 미지급비용, (　　　), 미지급법인세가 있다. 이 항목 중 유동자산의 계정이 기초보다 기말에 증가하면 (　　)하고 (　　)는 가산한다. 유동부채의 계정이 기초보다 기말에 (　　)하면 가산하고 감소는 (　　)한다.

▣ 문제 [2]

다음은 현금흐름에 영향을 주는 거래이다. 요구사항에 답하시오.

(1) 건물을 취득하고 당좌수표 ₩500,000을 발행하여 지급하다

(2) 장기차입금 ₩1,000,000을 현금으로 상환하다.

(3) 기계장치(장부가액 ₩1,200,000, 감가상각누계액 ₩500,000)를 ₩600,000에 처분하고 현금을 받다.

(4) 배당금 ₩300,000을 현금으로 지급하다.

(5) 무형자산상각비 ₩200,000을 계상하다.

(6) 감가상각비 ₩300,000을 계상하다.

(7) 보통주 10주(액면금액 ₩5,000)를 주당 ₩7,000에 현금으로 발행하다.

(8) 사채 ₩2,000,000을 발행하여 토지를 구입하다.

(9) 매출채권이 기초보다 기말에 ₩350,000 증가하다.

(10) 토지(장부가액 ₩1,000,000)를 처분하고 현금 ₩1,200,000을 받다.

【요구사항】

1. 영업활동–당기순이익에 가산해야 할 항목과 금액을 계산하시오.
2. 영업활동–당기순이익에 차감해야 할 항목과 금액을 계산하시오.
3. 투자활동에 해당하는 항목과 현금흐름액을 계산하시오.
4. 재무활동에 해당하는 항목과 현금흐름액을 계산하시오.
5. 현금흐름표에 주석으로 공시해야 할 항목과 내용을 설명하시오.

▣ 문제 [3]

다음은 (주)타미힐피거의 포괄손익계산서와 비교재무상태표의 일부이다. 요구사항에 답하시오.

(1) 포괄손익계산서

부분포괄손익계산서

(주)타미힐피거	2012. 1. 1. ~ 12. 31.	(단위 : 원)
매 출 액		2,000,000
매출원가		940,800
기초상품재고액	280,000	
당기상품매입액	900,000	
기말상품재고액	(239,200)	
⋮		

(2) 비교재무상태표

부분비교재무상태표

2011. 12. 31. 현재
2012. 12. 31. 현재

(주)타미힐피거 (단위 : 원)

	2011. 12. 31. 현재	2012. 12. 31. 현재
유동자산		
매출채권	184,000	120,000
상　　품	280,000	239,200
⋮		
유동부채		
매입채무	146,000	130,000
⋮		

【요구사항】

1. 고객(매출)으로부터 수취한 현금을 증분법과 T-계정법을 사용하여 계산하시오.
2. 공급자(매입)에게 지급한 현금을 증분법과 T-계정법을 사용하여 계산하시오.

▣ 문제 [4]

다음은 (주)토니주얼리의 부분포괄손익계산서와 부분비교재무상태표의 일부이다. 요구사항에 답하시오.

(1) 부분포괄손익계산서

부분포괄손익계산서

(주)토니주얼리 2012. 1. 1. ~ 12. 31. (단위 : 원)

⋮		
판매비와관리비		(262,000)
급　　여	167,000	
임 차 료	58,000	
감가상각비	17,000	
기타의대손상각비	20,000	
영 업 이 익		×××
기 타 수 익		219,200
이 자 수 익	80,000	
임 대 료	90,000	
수수료수익	49,200	
이 자 비 용		(85,000)
⋮		

(2) 부분비교재무상태표

부분비교재무상태표

2011. 12. 31. 현재
2012. 12. 31. 현재

(주)토니주얼리 (단위 : 원)

	2011. 12. 31. 현재	2012. 12. 31. 현재
유동자산		
미수이자	84,000	20,000
미수수수료	80,000	39,200
선급임차료	43,000	50,000
⋮		
유동부채		
미지급급여	46,000	30,000
선수임대료	28,000	40,000
미지급이자	67,000	90,000
⋮		

【요구사항】

1. 판매비와관리비에서 지출한 현금을 증분법과 T-계정법을 사용하여 계산하시오.
2. 기타영업활동에서 수취한 현금을 증분법과 T-계정법을 사용하여 계산하시오.
3. 기타영업활동에서 지출한 현금을 증분법과 T-계정법을 사용하여 계산하시오.

▣ 문제 [5]

다음은 (주)엔진의 포괄손익계산서와 비교재무상태표로부터 추출된 회계자료이다. 요구사항에 답하시오.

계정과목별	금액
포괄손익계산서의 당기순이익	1,280,000
감가상각비	70,000
산업재산권상각비	38,000
토지처분이익	150,000
사채상환이익	76,000
이자비용	14,000
매출채권의 감소	23,000
미수이자의 증가	6,800
재고자산의 증가	42,000
매입채무의 증가	10,900
퇴직급여부채의 증가	280,000

【요구사항】

1. 영업활동현금흐름에서
   (1) 현금유출이 없는 비용과 손실을 계산하시오.
   (2) 현금유입이 없는 수익을 계산하시오.
2. 간접법에 의한 영업활동현금흐름을 계산하시오.

▣ 문제 [6]

다음은 (주)밀레의 부분포괄손익계산서와 부분비교재무상태표의 일부이다. 요구사항에 대답하시오.

(1) 부분포괄손익계산서

부분포괄손익계산서

(주)밀레 2012. 1. 1. ~ 12. 31. (단위 : 원)

매 출 액		1,300,000
매출원가		(625,000)
매출총이익		675,000
판매비와관리비		(195,500)
급 여	108,000	
퇴직급여	28,000	
보 험 료	40,500	
감가상각비	19,000	
당기순이익		479,500

(2) 부분비교재무상태표

부분비교재무상태표

2011. 12. 31. 현재
(주)밀레 2012. 12. 31. 현재 (단위 : 원)

	2011. 12. 31. 현재	2012. 12. 31. 현재
유동자산		
매출채권	92,300	130,600
상 품	205,200	139,200
선급보험료	73,000	50,000
⋮		
유동부채		
매입채무	146,000	230,000
미지급급여	48,000	20,000
⋮		

【요구사항】

1. 직접법에 의해 영업활동현금흐름을 계산하시오.
2. 간접법에 의해 영업활동현금흐름을 계산하시오.

▣ 문제 [7]

다음은 (주)비너스의 현금흐름을 계산하는데 필요한 포괄손익계산서와 비교재무상태표이다. 요구사항에 답하시오.

포괄손익계산서

(주)비너스 2012. 1. 1. ~ 2012. 12. 31. (단위 : 원)

과목		금액
매 출 액		1,704,000
매출원가		(1,095,800)
기초상품재고액	208,000	
당기상품매입액	1,208,000	
기말상품재고액	(320,200)	
매출총이익		608,200
기타수익		26,200
이자수익	6,200	
단기매매금융자산평가이익	20,000	
판매비와관리비		(183,000)
급 여	120,000	
임 차 료	23,000	
감가상각비	20,000	
유형자산처분손실	20,000	
이자비용		(19,000)
법인세차감전순이익		432,400
법인세비용		(86,480)
당기순이익		345,920

비교재무상태표

2011. 12. 31. 현재
2012. 12. 31. 현재

(주)비너스 (단위 : 원)

	2011. 12. 31. 현재	2012. 12. 31. 현재
자 산		
현금및현금성자산	47,700	189,220
단기매매금융자산	100,000	240,000
매출채권	224,000	171,000
미수이자	38,000	24,000
선급임차료	32,000	30,500
상 품	208,000	320,200
토 지	400,000	300,000
기계장치	200,000	400,000

차감 : 감가상각누계액	(50,000)	(70,000)
자산 계	1,199,700	1,604,920
부 채		
단기차입금	250,000	150,000
매입채무	36,000	65,000
미지급급여	40,000	15,000
미지급이자	18,000	21,000
미지급법인세	30,700	23,000
자 본		
자 본 금	770,000	970,000
주식발행초과금	0	30,000
이익잉여금	55,000	330,920
부채 및 자본총계	1,199,700	1,604,920

[추가자료]

(1) 토지 ₩100,000을 현물출자로 취득하다. 또한 장부가액 ₩200,000의 토지를 ₩180,000에 처분하고 현금으로 받다.

(2) 단기투자목적으로 (주)랑콤의 사채 ₩120,000을 현금으로 취득하다. 사채의 기말 시장가액은 ₩20,000 증가하였다.

(3) 기계장치 ₩200,000을 현금으로 취득하다.

(4) 단기차입금 중 ₩100,000을 상환하다.

(5) 보통주식 20주(액면금액 ₩5,000)를 주당 ₩6,500에 현금발행하다.

(6) 당기에 현금배당 ₩70,000을 지급하였다.

[요구사항]

1. 현금의 순증감액을 계산하시오.
2. 투자와 재무활동현금흐름을 계산하시오.
3. 직접법에 의해 영업활동현금흐름을 다음 순서대로 계산하시오. 단, 현금흐름은 증분법과 T-계정법을 사용하여 계산하시오.
   (1) 고객으로부터 수취한 현금을 계산하시오.
   (2) 공급자에게 지급한 현금을 계산하시오.
   (3) 기타영업활동으로 수취한 현금을 계산하시오.
   (4) 기타영업활동에서 지급한 현금을 계산하시오.
4. 직접법에 의한 현금흐름표를 작성하시오.
5. 간접법에 의해 영업활동현금흐름을 다음 순서대로 계산하시오.
   (1) 영업현금흐름과 관련 없는 손익을 추정분개로 나타내시오.
   (2) 영업활동과 관련된 유동자산과 유동부채계정의 증감표를 작성하시오.
6. 간접법에 의한 현금흐름표를 작성하시오.

제 16 장

A C C O U N T I N G   P R I N C I P L E S

제조기업의 재무제표

|학|습|요|점|

- 제조기업에서 경영활동과 원가흐름의 관계는 어떻게 이루어져 있는가?
- 제품원가계산방법과 원가종류는 어떤 것이 있는가?
- 당기총제조원가와 당기제품제조원가는 어떻게 계산되는가?
- 제조원가의 회계처리는 어떻게 이루어지는가?
- 제조원가의 계산절차는 어떻게 이루어지는가?
- 제조원가명세서의 작성절차는 무엇인가?

제1절 제조기업의 회계

1.1 제조기업의 경영활동

기업은 다른 회사로부터 상품을 구입하여 판매하거나 자기가 만든 제품을 판매하게 된다. **제조기업**(manufacturing company)은 **물품을 직접 제조하여 판매하는 회사**를 말한다. 따라서 제조기업의 경영활동은 구매, 제조, 판매의 활동이 필요하게 된다. 이는 상품을 구입하여 판매하는 상기업에 비교하여 제조활동이 제조기업의 주된 경영활동임을 말해준다. 제조기업의 **구매, 제조, 판매 과정에서 이루어지는 경영활동**을 나타내면 다음과 같다.

구매과정 : 제조에 필요한 자원을 구입하는 과정이다. 기업은 제품을 제조하는데 필요한 재료, 노동력, 생산시설 등을 구입하게 된다. 여기서 제품의 제조에 필요한 자원을 원가재라고 하며, 제조활동에 투입되면 재료비, 노무비, 제조간접비로 전환된다. 구매과정은 주로 외부거래처와 이루어지는 외부활동이다.

제조과정 : 제품을 제조하는 과정이다. 기업은 원재료를 공정(생산시설)에 투입하고 노동력을 통해 제품을 생산하게 된다. 이 제조과정에서 발생된 재료비, 노무비, 제조간접비는 재공품, 제품으로 전환된다. 제조과정은 제조기업의 경영활동 중 대부분을 차지하며 제조공정에서 이루어지는 내부활동이다. 제조과정에서는 제조원가를 계산하는 원가회계가 별도로 나타나게 된다.

판매과정 : 생산한 제품을 고객에게 판매하는 과정이다. 이 판매과정에서 제품은 매출원가로 전환된다. 판매과정은 상기업에서 일어나는 경영활동과 같으며 외부거래처와 이루어지는 외부활동이다.

1.2 경영활동과 원가흐름

제조기업은 원가자원(원가재)의 물량흐름에 따라 경영활동이 전개된다. 기업은 구매과정에서 원가재인 재료, 노동력, 제조설비 등을 구입하게 되며, 제조과정에서는 이 자원을 소비하고, 판매과정에서는 생산된 제품을 판매한다. 여기서 구매 · 제조 · 판매과정에서 이동되는 원가재의 흐름을 물량흐름(physical flow)이라고 한다.

원가흐름은 경영활동과정에서 나타나는 물량흐름에 따라 구분된다. 예를 들어 원가재를 구입하면 자산원가로 인식하며, 제조과정에 소비하면 제조원가로 전환되고, 생산이 완료되면 제품원가로 기록하여, 판매하면 매출원가로 보고하게 된다. 여기서 구매 · 제조 · 완료 · 판매활동에서 나타나는 원가흐름을 자산원가, 제조원가, 제품원가, 매출원가로 구분하게 된다. 이 경우 각 활동에는 원가재(물량흐름)의 소비가 일어나고 이 가치를 측정하면 제조원가가 계산된다. 따라서 제조원가의 계산은 각 활동에서 소비된 원가재(물량)의 흐름을 정확하게 추적하는 것이 중요하게 된다. 경영활동과 원가흐름, 원가의 구분을 나타내면 다음과 같다.

경영활동, 원가재의 물량흐름, 사용계정

경영활동	구매과정	제조과정	판매과정	
물량흐름 (원가구분)	원가재구입 (자산원가)	원가재소비 (제조원가)	제품보관 (제품원가)	제품판매 (매출원가)
원가흐름	원재료 노동력 제자산 →	직접재료비 직접노무비 제조간접비 → 재공품 →	제품(재고) 제품(판매) →	포괄손익계산서 매출액 매출원가

위의 그림에서 제조과정을 중심으로 원가흐름을 살펴보자. 제조과정은 여러 개의 제조공정으로 구성되어 있다. 회사는 이들 공정에 원재료, 노동력, 생산설비를 투입하여 제품을 생산하게 된다. 공정에 원재료, 노동력, 생산설비를 투입(소비)하면 이들 소비가치를 각각 계산하여 직접재료비, 직접노무비, 제조간접비로 기록하게 된다. 제조공정에서 발생된 직접재료비, 직접노무비, 제조

간접비는 재공품계정의 차변에 기록되어 집계된다. 재공품계정은 제조공정에 발생된 원가로서 아직 제품으로 완성되지 않은 것으로 제조원가라고 한다. 원재료가 마지막 공정에 이르면 가공이 끝나고 제품으로 완성되며, 이때 완성된 물량에 해당하는 원가는 재공품계정에서 제품계정으로 대체된다. 따라서 제조과정에서는 직접재료비, 직접노무비, 제조간접비, 재공품, 제품계정이 나타나고, 제품의 원가계산이 이루어지게 된다.

회사가 제품을 판매하면 제품계정은 매출원가계정으로 대체된다. 매출원가계정은 제품계정 중 판매된 물량에 해당하는 제품제조원가를 말한다. 따라서 매출원가를 계산하려면 제품제조원가계산이 필요하게 되며 이를 원가계산이라 한다. 결국 제조기업은 원가재의 구입, 제품의 제조(재료비, 노무비, 제조간접비, 재공품), 제품의 판매, 손익의 계산으로 이어지는 회계순환이 나타나게 된다. 하지만 상기업은 상품의 구입, 상품의 판매, 손익의 계산으로 이어지는 단순한 회계절차가 이루어지게 된다.

제2절 원가계산의 절차

2.1 제조원가의 개념

회사는 원재료, 노동력, 생산설비를 투입하여 제품을 생산한다. 여기서 제품을 생산하는데 투입되는 생산요소를 원가재(자원)라 한다. 제조원가(manufacturing cost)란 제품의 생산에 투입(소비)된 원가재의 경제가치를 말한다. 예를 들어 제조공정에 투입된 원재료, 노동력, 제조설비의 경제가치를 재료비, 노무비, 제조경비라고 한다. 일반적으로 원가의 기본요소로서 재료비, 노무비, 경비로 구분하고 있다.

원가의 기본요소는 제품의 원가계산방법에 적합하게 여러 가지로 분류하게 된다. 원가계산방법에는 제품의 생산형태에 따라 개별원가계산과 종합원가계산으로 나눈다. 개별원가계산(job order costing)은 개별 제품마다 투입되는 원재료, 노동력, 제조설비가 다른 경우에 적용되는 원가계산이다. 예를 들어 선박, 건물, 항공기, 영화 등은 각 제품의 제조에 투입되는 원가재가 다르므로 제품별로 직접재료비, 직접노무비, 제조간접비를 집계하여 원가를 계산하게 된다. 따라서 개별원가계산에서는 원가를 **직접재료비, 직접노무비, 제조간접비**로 구분한다. 개별원가계산에서 사용되는 원가종류와 재공품계정에 집계되는 원가를 나타내면 다음과 같다.

직접재료비 : 특정 제품을 제조하는데 사용된 재료비를 말한다. 여기서 직접비는 특정 제품에 직접적으로 추적이 가능한 원가를 나타낸다. 예를 들어 유조선, 탐진관(경영대학 건물), 보잉 747항공기에 사용된 재료는 개별 제품의 원가에 직접재료비로 집계된다.

직접노무비 : 특정 제품을 제조하는데 사용된 노무비를 말한다. 여기서 직접비는 특정 제품을 제조하는데 사용된 노동력을 직접 추적할 수 있는 원가를 나타낸다. 예를 들어 유조선, 탐진관, 보잉 747 항공기를 제작하는 종업원의 임금은 이의 제품원가에 직접노무비로 집계된다.

제조간접비 : 제품의 제조원가 중 직접재료비와 직접노무비를 제외한 모든 원가를 말한다. 예를 들어 유조선, 탐진관, 보잉 747항공기를 제작하는데 발생한 감가상각비, 보험료, 수선유지비, 관리자의 급여, 공장사무실 운영비, 공장소모품비 등이 이 제품원가의 제조간접비로 집계된다.

개별원가계산 – 원가집계		
유조선	경영대학 건물–탐진관	항공기–보잉 747
재공품–유조선	재공품–탐진관	재공품–보잉 747
직접재료비 ×××	직접재료비 ×××	직접재료비 ×××
직접노무비 ×××	직접노무비 ×××	직접노무비 ×××
제조간접비 ×××	제조간접비 ×××	제조간접비 ×××
계 ×××	계 ×××	계 ×××

종합원가계산(process costing)은 동일한 제품을 반복하여 연속적으로 생산하는 경우에 적용되는 원가계산이다. 예를 들어 문구, 제화, 섬유, 철강, 시멘

트, 식품 등은 동일 재료와 동일 제조과정에서, 표준화된 제조방법에 따라 표준규격을 가진 제품이 연속적으로 생산된다. 이 경우 제품 단위당원가는 동일 재료비와 동일 가공비로 구성된다. 여기서 **가공비**(conversion cost)는 단위 제품마다 투입되는 노동력과 제조설비의 원가를 나타낸다. 즉, 종합원가계산에서는 제품마다 노동력과 제조설비의 서비스(원가)를 똑같이 받게 되므로, 직접노무비와 제조간접비를 구분하지 않고 합쳐 가공비로 나타내게 된다. 따라서 하나의 제품원가는 **재료비**와 **가공비**의 합계로 계산되며, 같은 기간에 생산된 제품은 투입된 총원가를 생산수량으로 나누어 **단위(평균)원가**를 계산하게 된다. 한편, 표준제품은 여러 개의 작업으로 구성된 일련의 공정에서 생산되므로, 각 공정(재공품)별로 재료비와 가공비를 집계하고 마지막 공정에서 완성품의 원가(재료비 + 가공비)를 계산하게 된다. 종합원가계산에서 사용되는 원가종류와 재공품계정에 집계되는 원가를 나타내면 다음과 같다.

직접재료비 : 표준제품을 제조하는데 사용된 재료비를 말한다. 여기서 직접비는 특정 공정에 직접적으로 추적이 가능한 원가를 나타낸다. 예를 들어 4HB 나무연필을 제조하는 경우 제1공정에 나무, 제2공정에 흑연을 투입한다면 나무와 흑연은 각 공정에 직접재료비로 집계된다.

가 공 비 : 표준제품을 제조하는데 사용된 노무비와 제조간접비를 말한다. 단위당 표준제품은 각 공정에서 노동력과 시설을 똑같이 사용하므로 이를 가공비로 집계한다.

<table>
<tr><th colspan="12">종합원가계산 – 원가집계</th></tr>
<tr><td colspan="4">제1공정</td><td colspan="4">제××공정</td><td colspan="4">제99공정–마지막공정</td></tr>
<tr><td colspan="4">재공품–제1공정</td><td colspan="4">재공품–제××공정</td><td colspan="4">재공품–제99공정</td></tr>
<tr><td>직접재료비</td><td>×××</td><td>완성품원가</td><td>×××</td><td>직접재료비</td><td>×××</td><td>완성품원가</td><td>×××</td><td>직접재료비</td><td>×××</td><td>완성품원가</td><td>×××</td></tr>
<tr><td>가 공 비</td><td>×××</td><td>기말재공품</td><td>×××</td><td>가 공 비</td><td>×××</td><td>기말재공품</td><td>×××</td><td>가 공 비</td><td>×××</td><td>기말재공품</td><td>×××</td></tr>
<tr><td>계</td><td>×××</td><td>계</td><td>×××</td><td>계</td><td>×××</td><td>계</td><td>×××</td><td>계</td><td>×××</td><td>계</td><td>×××</td></tr>
</table>

2.2 원가계산의 절차

제조기업은 원가계산을 통해 재고자산과 매출원가에 필요한 자료를 얻게 된다. 하지만 제품별 원가나 제품단위당 원가를 계산하려면, 개별원가계산이나 종합원가계산의 방법을 사용하여 정확한 제품원가를 계산하게 된다. 정확한 제품의 원가계산은 원가회계과목에서 별도로 다루게 되며, 본 절에서는 재무제표작성에 필요한 원가계산의 절차를 학습하게 된다.

회계과는 원가계산담당자로부터 제조과정에서 발생하는 회계자료를 받아 제품원가를 계산하고, 이를 재고자산과 매출원가계산에 맞도록 회계기록을 하게 된다. 여기서는 원가계산의 절차를 살펴보고 회계기록은 다음 절에서 다루게 된다. 제품원가계산은 당기총제조원가의 집계, 당기제품제조원가의 결정, 매출원가의 계산으로 진행된다.

(1) 당기총제조원가

회사는 제품을 생산하기 위해 원가재를 외부로부터 구입한다. 구입된 원재료, 노동력, 생산설비를 제조과정에 투입하면 제조원가가 발생하게 된다. **당기총제조원가**(current manufacturing cost)는 당기에 제조과정에 투입된 원가재의 경제가치를 말한다. 따라서 당기총제조원가는 **직접재료비, 직접노무비, 제조간접비의 합계로서 계산**된다. 당기총제조원가는 원재료, 노무비, 제조간접비계정에서 재공품계정에 투입되는 과정에서 계산된다. 당기총제조원가계산식과 계정 간의 연락도를 나타내면 다음과 같다.

당기총제조원가계산	계정연락도
• 당기총제조원가 = 직접재료비* + 직접노무비 + 제조간접비	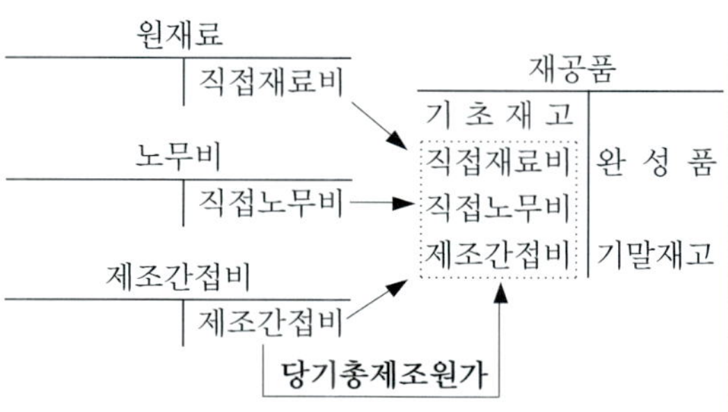
* 직접재료비 = 기초원재료재고액 + 당기원재료매입액 − 기말원재료재고액	

여기서 직접재료비는 특정 제품을 제조하는데 투입된 원재료의 경제가치를 말한다. 직접재료비는 원재료계정에서 기초원재료재고액에 당기원재료매입액을 가산하고 기말원재료재고액을 차감하여 계산한다. 예를 들어 원재료의 기초재고액이 ₩10,000이고, 당기매입액이 ₩90,000이며, 기말재고액이 ₩28,000이면 당기직접재료비는 ₩72,000이 된다. 직접노무비는 특정 제품을 제조하는데 투입된 노동력의 임금을 말한다. 임금은 보관이 불가능하므로 특정 제품을 제조하는데 발생된 생산근로자의 임금 전액(지급액 + 미지급액)을 계상하게 된다. 제조간접비는 직접재료비, 직접노무비를 제외하고 당기에 발생된 모든 제조원가를 말한다. 여기에는 기계장치나 공장건물의 감가상각비, 보험료, 수선유지비, 공장소모품비, 간접재료비, 간접노무비(관리자의 급여)가 포함된다.

예제 [16-1]

• 다음은 20××년 (주)하나전자의 제조원가에 관한 자료이다. 요구사항에 대답하시오.

1. 원 재 료: 기초재고액 ₩200,000, 당기매입액 ₩780,000, 기말재고액 ₩380,000
2. 임금지급액: 생산근로자 임금지급액 ₩480,000, 미지급액 ₩240,000
3. 제조간접비 발생액: 지급액 ₩350,000, 미지급액 ₩180,000
4. 추 가 정 보: 원재료 사용액 중 간접재료비는 ₩100,000이다. 또한 임금발생액 중 간접비는 ₩50,000이 포함되어 있다.

☞ **요구사항**

1. 직접재료비, 직접노무비, 제조간접비를 계산하시오.
2. 당기총제조원가를 계산하시오.

해답 ≪≪≪

• 직접재료비 = (₩200,000 + ₩780,000 − ₩380,000) − ₩100,000 = ₩500,000
• 직접노무비 = (₩480,000 + ₩240,000) − ₩50,000 = ₩670,000
• 제조간접비 = (₩350,000 + ₩180,000) + ₩100,000+₩50,000 = ₩680,000
• 당기총제조원가 = ₩500,000 + ₩670,000 + ₩680,000 = ₩1,850,000

(2) 당기제품제조원가

회사는 제조과정에 투입된 원가재를 가공하여 일부를 제품으로 완성하고 나머지는 재공품으로 남겨둔다. **당기제품제조원가**(costs of goods manufactured)는 당기에 완성된 제품의 제조원가를 말한다. 당기제품제조원가는 **기초재공품재고액에 당기총제조원가를 가산하고 기말재공품재고액을 차감하여 계산**한다. 여기서 당기제품제조원가는 당기총제조원가(= 직접재료비 + 직접노무비 + 제조간접비)와 명칭은 유사하지만 서로 다른 개념이므로 유의하여야 한다. 참고로 당기제품제조원가는 재공품계정에서 완성된 제품을 제품계정으로 대체되는 과정에서 계산된다. 당기제품제조원가계산식과 계정 간의 연락도를 나타내면 다음과 같다.

당기제품제조원가계산	계정연락도
• 당기제품제조원가 = 기초재공품재고액 + 당기총제조원가 − 기말재공품재고액	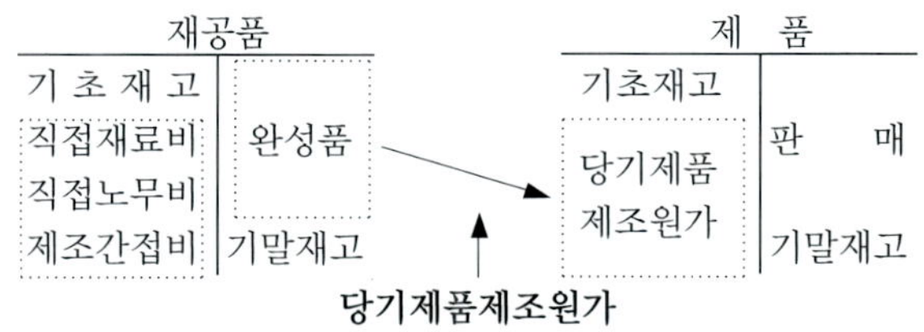

예제 [16-2]

• 다음은 20××년 (주)필립전자의 제조원가에 관한 자료이다. 요구사항에 대답하시오.

1. 원 재 료: 기초재고액 ₩260,000, 당기매입액 ₩770,000, 기말재고액 ₩230,000
2. 임금지급액: 생산근로자 임금지급액 ₩620,000, 미지급액 ₩370,000
3. 제조간접비 발생액: 지급액 ₩490,000, 미지급액 ₩210,000
4. 추 가 정 보: 원재료 사용액 중 간접재료비는 ₩70,000이다. 또한 임금발생액 중 간접비는 ₩40,000이 포함되어 있다.
5. 재 공 품: 기초재고액 ₩470,000, 기말재고액 ₩340,000

☞ **요구사항**

1. 당기에 발생된 직접재료비, 직접노무비, 제조간접비를 계산하시오.

2. 당기총제조원가를 계산하시오.
3. 당기제품제조원가를 계산하시오.

해답 ≪≪≪

- 직접재료비 = (₩260,000 + ₩770,000 − ₩230,000) − ₩70,000 = ₩730,000
- 직접노무비 = (₩620,000 + ₩370,000) − ₩40,000 = ₩950,000
- 제조간접비 = (₩490,000 + ₩210,000) + ₩70,000 + ₩40,000 = ₩810,000
- 당기총제조원가 = ₩730,000 + ₩950,000 + ₩810,000 = ₩2,490,000
- 당기제품제조원가 = ₩470,000 + ₩2,490,000 − ₩340,000 = ₩2,620,000

(3) 매출원가

회사는 자가제조한 제품에서 일부를 판매하고 나머지는 차기로 이월하게 된다. **매출원가**(costs of goods sold)는 당기에 판매된 제품의 제조원가를 말한다.

매출원가는 **기초제품재고액에 당기제품제조원가를 가산하고 기말제품재고액을 차감하여 계산**한다. 매출원가계산과 계정 간의 연락도를 나타내면 다음과 같다.

<table>
<tr><th>매출원가계산</th><th>계정연락도</th></tr>
<tr><td>• 매출원가 =
기초제품재고액
+ 당기제품제조원가
− 기말제품재고액</td><td>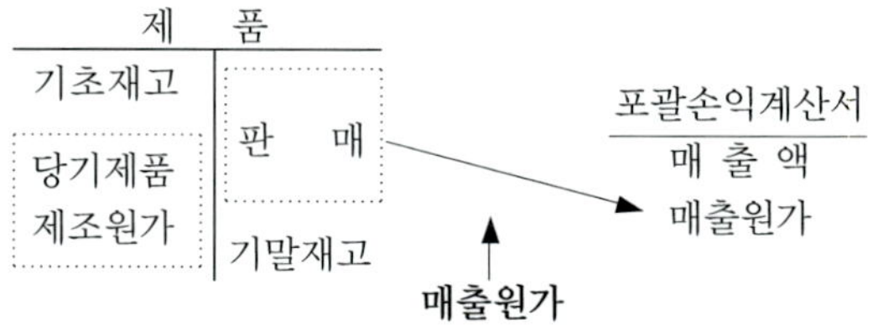
</td></tr>
</table>

매출원가계산은 상기업이나 제조기업에서 모두 같은 논리로 계산된다. 예를 들어 상기업의 매출원가는 '기초상품재고액 + 당기상품매입액 − 기말상품재고액'에 의해 계산된다. 이에 비해 제조기업의 매출원가는 같은 방법으로 '기초제품재고액 + 당기제품제조원가 − 기말제품재고액'에 의해 계산된다. 여기서 당기제품제조원가는 당기상품매입액과 같은 의미를 지니고 있다. 포괄

손익계산서는 매출원가를 계산하는 것을 제외하고 상기업이나 제조기업 모두 같다. 제조기업의 경우 매출원가를 계산하려면 당기총제조원가, 당기제품제조원가를 선행적으로 계산해야 하므로 원가계산의 절차가 추가적으로 필요하게 된다. 참고로 상기업과 제조기업의 기능별 포괄손익계산서를 나타내면 다음과 같다.

상기업과 제조기업의 포괄손익계산서 비교					
상 기 업			제조기업		
매 출 액		×××	매 출 액		×××
매 출 원 가		×××	매 출 원 가		×××
기초상품재고액	×××		**기초제품재고액**	×××	
당기상품매입액	×××		**당기제품제조원가**	×××	
기말상품재고액	×××		**기말제품재고액**	×××	
매출총이익		×××	매출총이익		×××
판매비와관리비		×××	판매비와관리비		×××
영 업 이 익		×××	영업이익		×××
기 타 수 익		×××	기타수익		×××
기 타 비 용		×××	기타비용		×××
법인세차감전순이익		×××	법인세차감전순이익		×××
법인세비용		×××	법인세비용		×××
당기순이익		×××	당기순이익		×××

예제 [16-3]

- 다음은 20××년 (주)삼성전자의 제조원가에 관한 자료이다. 요구사항에 대답하시오.
  1. 원 재 료: 기초재고액 ₩180,000, 당기매입액 ₩650,000, 기말재고액 ₩170,000
  2. 임금지급액: 생산근로자 임금지급액 ₩580,000, 미지급액 ₩240,000
  3. 제조간접비 발생액: 지급액 ₩360,000, 미지급액 ₩230,000
  4. 추 가 정 보: 원재료 사용액 중 간접재료비는 ₩60,000이다. 또한 임금발생액 중 간접비는 ₩30,000이 포함되어 있다.
  5. 재 공 품: 기초재고액 ₩330,000, 기말재고액 ₩160,000
  6. 제 품: 기초재고액 ₩740,000, 기말재고액 ₩590,000

☞ **요구사항**

1. 당기에 발생된 직접재료비, 직접노무비, 제조간접비를 계산하시오.
2. 당기총제조원가를 계산하시오.
3. 당기제품제조원가를 계산하시오.
4. 매출원가를 계산하시오.

해답 ≪≪≪

- 직접재료비 = (₩180,000 + ₩650,000 − ₩170,000) − ₩60,000 = ₩600,000
- 직접노무비 = (₩580,000 + ₩240,000) − ₩30,000 = ₩790,000
- 제조간접비 = (₩360,000 + ₩230,000) + ₩60,000 + ₩30,000 = ₩680,000
- 당기총제조원가 = ₩600,000 + ₩790,000 + ₩680,000 = ₩2,070,000
- 당기제품제조원가 = ₩330,000 + ₩2,070,000 − ₩160,000 = ₩2,240,000
- 매출원가 = ₩740,000 + ₩2,240,000 − ₩590,000 = ₩2,390,000

제3절 원가계산의 회계처리

제조기업은 일반적인 회계처리 외에 원가계산에 관한 회계기록이 필요하다. 원가계산은 주로 제품별로 원가를 계산하는 것으로 원가계산계가 담당하게 된다. **원가계산담당자**는 제품별 원가계산을 하지만 월별로 발생된 총원가를 집계하여 회계과에 보고하고, 회계과는 이를 **보통분개장**에 기록하게 된다. 보통분개장에 기록하는 원가회계의 자료에는 직접재료비, 직접노무비, 제조간접비, 재공품, 제품이 있다. 이 원가를 측정하는 방법은 앞에서 설명하였다. 여기서는 제조과정에서 발생하는 제조원가의 회계처리를 학습하기로 한다.

3.1 직접재료비

회사는 원재료를 구입하여 일부를 제조공정에 투입하고 나머지를 보관하게 된다. 여기서 원재료의 구입과 소비에 따른 회계처리가 발생한다. **원재료**

(raw materials)는 구매과에서 구입하고 구입대금에 관한 증빙서류(상업송장)를 회계과에 송부한다. 회계과는 증빙자료를 기초로 재료재고장(상기업의 상품재고장에 해당)과 재료매입장에 기입한다. 재료매입장은 일정기간마다 합계되어 분개를 통해 원장(원재료계정)에 전기된다. 원재료의 구입에 따른 회계처리는 다음과 같다.

구 분	분개기록			
재료의 구입	(차) 원 재 료	×××	(대) 현 금 매입채무	××× ×××

구입된 원재료는 제품의 제조에 사용된다. 제조과정에 사용된 원재료는 기초원재료재고액에 당기원재료매입액을 가산하고 기말원재료재고액을 차감하여 계산한다. 기말원재료재고액은 원재료재고장에서 계산된다. 원재료재고장은 원재료를 구입할 때 입고란에 기입하고, 제조공정에 투입(소비)할 때 출고란과 재고란에 기입하게 된다. 원가계산담당자는 월말에 실지재고조사를 반영하여 원재료의 총사용액과 기말재고액을 계산하여 회계과에 보고한다. 회계과는 보고된 원재료의 사용액에 기초하여 분개를 통해 원장에 전기하게 된다. 원재료의 사용(출고)에 따른 회계처리는 다음과 같다.

구 분	분개기록			
재료의 사용 (직접재료비)	(차) 재 공 품*	×××	(대) 원 재 료	×××
* 재료비 = 기초원재료재고액 + 당기원재료매입액 − 기말원재료재고액 간접재료비는 제조간접비계정을 통해 재공품계정에 배부				

원가계산담당자는 회계과의 분개와는 별도로 원재료의 사용에 따른 제품별 원가계산을 하게 된다. 예를 들어 세 종류의 제품을 생산하면 제품별로 원가계산표(원가집계표)를 마련하고, 직접재료비는 각 제품의 원가계산표에 기입하고, 간접재료비는 제조간접비계정에 집계하여 일정기준에 따라 제품별로 배부한다. 여기서 직접재료비(direct material costs)는 원재료의 출고액 중 특정 제품의 제조에 사용된 것을 말하며, 간접재료비(indirect material costs)는 공통재

료로 소비된 것을 말한다. 이와 같이 원가계산은 일정기간에 사용된 원재료를 제품별로 구분하여 기록하게 된다. 이에 비해 회계과는 사용된 총원재료를 재공품계정에 기록하는 점에 유의하여야 한다.

예제 [16-4]

• 다음은 20××년 (주)쌈지의 제조원가에 관한 자료이다. 요구사항에 답하시오.

1. 기초원재료재고액은 ₩380,000이다.
2. 3월 5일 원재료 ₩1,580,000을 구입하고 외상으로 하다.
3. 원가계산담당자로부터 원재료재고장의 기말잔액 ₩520,000을 보고받다. 단, 원재료 사용액 중 직접재료비는 ₩1,200,000인 것으로 확인되었다. 간접재료비는 제조간접비에서 처리한다.

☞ **요구사항**

1. 구입에 대한 회계처리와 원재료계정을 표시하시오.
2. 출고에 대한 회계처리와 원재료계정을 표시하시오.

해답

1. 재료구입에 대한 회계처리

재료의 구입	원재료계정
(차) 원 재 료 1,580,000 (대) 매입채무 1,580,000	원 재 료 No. 000 1/1 기 초 380,000 3/5 매입채무 1,580,000

2. 재료출고에 대한 회계처리

재료의 소비	원재료계정
(차) 재 공 품 1,200,000 (대) 원 재 료 1,200,000 * 간접재료비는 제조간접비에서 처리	원 재 료 No. 000 1/1 기 초 380,000 | 12/31 재 공 품 1,200,000 3/5 매입채무 1,580,000 | 제조간접비 240,000

3.2 직접노무비

회사는 제품을 제조하기 위하여 노동력을 구입하고 그 대가로 임금을 지급한다. 임금(wages)은 제품의 제조에 소비할 목적으로 구입한 노동력의 대가이다. 이에 비해 노무비(labor costs)는 노동력을 제조과정에 소비할 때의 가치로서 원가요소이다. 즉, 임금은 노동력의 구입원가이며, 노무비는 노동력의 소비원가이다. 한편, 노동력은 재료처럼 보관할 수 없으므로 구입과 동시에 소비되어 기말재고가 없고, 임금과 노무비는 일치하게 된다.

노무비는 직접노무비와 간접노무비로 구분된다. 직접노무비(direct labor costs)는 특정 제품의 생산에 제공된 근로자의 임금을 말한다. 간접노무비(indirect labor costs)는 여러 제품의 생산에 제공된 근로자의 임금으로 공통노무비이다. 간접노무비는 제조간접비에 집계되어 일정한 기준에 따라 제품에 배부하게 된다.

종업원에게 임금을 지급하면 노무비계정의 차변과 현금(미지급임금)계정의 대변에 기입한다. 기중에 노무비에 대한 회계처리는 없지만 기말에 원가계산계로부터 노무비발생에 대한 총액을 보고받으면, 재공품계정에 대체하여야 한다. 이때 회계처리는 재공품계정의 차변과 노무비계정의 대변에 노무비발생액을 기입하게 된다. 제조공정의 종업원에 대한 임금의 지급과 재공품계정의 대체에 대한 회계처리를 나타내면 다음과 같다.

구 분	분개기록			
노무비의 지급	(차) 노 무 비	×××	(대) 현 금	×××
			미지급임금	×××
노무비의 대체	(차) 재 공 품	×××	(대) 노 무 비*	×××

* 노무비 = 현금지급액 + 미지급액
간접노무비는 제조간접비계정을 통해 재공품계정에 배부

원가계산담당자는 회계과의 분개와는 별도로 노무비의 발생에 따른 제품별 원가계산을 하게 된다. 재료비와 마찬가지로 제품별로 원가계산표(원가집계표)를 마련하고, 직접노무비는 각 제품의 원가계산표에 기입하고, 간접노무비는 제조간접비계정에 집계하여 일정기준에 따라 제품별로 배부한다. 이와 같이 원가계산은 일정기간에 발생된 노무비를 제품별로 구분하여 기록하게 된다. 이에 비해 회계과는 발생된 총노무비를 재공품계정에 기록하는 점에 유의하여야 한다.

예제 [16-5]

• 다음은 20××년 (주)월풀의 제조원가에 관한 자료이다. 요구사항에 답하시오.

1. 기중(4월 20일)에 생산직 종업원의 임금 ₩2,380,000을 현금으로 지급하다.
2. 월말에 종업원의 임금 ₩1,200,000이 미지급상태에 있다.
3. 원가계산담당자로부터 노무비 중 직접노무비 ₩3,100,000, 간접노무비 ₩480,000이 발생하였음을 보고받다. 간접노무비는 제조간접비에서 처리한다.

☞ **요구사항**

1. 기중에 지급한 임금의 회계처리와 노무비계정을 표시하시오.
2. 기말의 회계처리와 노무비계정을 표시하시오.

해답

1. 임금지급에 대한 회계처리

임금의 지급	노무비계정
(차) 노 무 비 2,380,000 (대) 현 금 2,380,000	노 무 비 No. 000 4/20 현 금 2,380,000 |

2. 노무비의 대체에 대한 회계처리

임금의 소비	노무비계정
(차) 노 무 비 1,200,000 (대) 미지급임금 1,200,000 (차) 재 공 품 3,100,000 (대) 노 무 비 3,100,000	노 무 비 No. 000 4/20 현 금 2,380,000 | 4/30 재 공 품 3,100,000 30 미지급 1,200,000 | 제조간접비 480,000
* 간접노무비는 제조간접비에서 처리	

3.3 제조간접비

제조과정에는 재료, 노동력 외에 생산설비나 간접지원활동이 투입된다. **제조간접비**(factory overhead costs)는 직접재료비와 직접노무비를 제외한 모든 제조원가를 말한다. 여기에는 제조경비와 간접재료비, 간접노무비가 포함된다. 제조경비에는 공장건물의 감가상각비, 보험료, 수선유지비, 생산관리자의 급여, 사무실운영비, 공장소모품비가 있다. 이들 계정과목은 판매비와관리비의 계정과 유사하지만 제조과정 또는 판매 · 일반관리에 관련되는 것인가를 기준으로 원가 또는 기간비용으로 구분하게 된다.

원가계산담당자는 제조경비나 간접재료비, 간접노무비가 발생하면 **제조간접비계정**에 집계하게 된다. 월말에 제조간접비를 **일정한 배부기준에 따라 제품별로 배부**하여 원가계산표에 기입하고, 총액을 회계과에 보고한다. 회계과는 이 자료를 기초로 제조간접비발생액을 재공품계정에 대체하게 된다. 제조간접비의 발생과 재공품계정의 대체에 관한 회계처리를 나타내면 다음과 같다.

구 분	분개기록			
제조간접비 발생	(차) 제조간접비	×××	(대) 감가상각비	×××
			동 력 비	×××
			보 험 료	×××
			원 재 료	×××
			노 무 비	×××
제조간접비 대체	(차) 재 공 품		(대) 제조간접비	×××

예제 [16-6]

• 다음은 (주)만도의 제조원가에 관한 자료이다. 요구사항에 대답하시오.

1. 당기 감가상각비 발생액은 다음과 같다.
   • 기계장치 : ₩200,000
   • 건　　물 : ₩400,000(공장건물 ₩180,000 포함)
2. 당기 보험료 경과분
   • 보험료계정 잔액 ₩600,000

• 당기 경과분 ₩400,000(공장건물과 기계장치 보험료 ₩220,000 포함)

3. 공장용 전기료 발생액 청구서 ₩480,000(미지급)

☞ **요구사항**

1. 월말 수정분개를 나타내시오.
2. 월말 원가계산의 수정분개를 표시하시오.

해답

1. 월말 수정분개

구 분	분개기록			
월말 수정분개	(차) 감가상각비	600,000	(대) 기계감가상각누계액	200,000
			건물감가상각누계액	400,000
	(차) 선급보험료	200,000	(대) 보 험 료	200,000
	(차) 전 기 료	480,000	(대) 미지급전기료	480,000

2. 월말 원가계산 분개

구 분	분개기록			
월말 원가계산 (제조간접비집계)	(차) 제조간접비	1,080,000	(대) 감가상각비	380,000
			보 험 료	220,000
			전 기 료	480,000
월말 원가계산 (제조간접비대체)	(차) 재 공 품	1,080,000	(대) 제조간접비	1,080,000

3.4 재공품계정

제조원가는 원가요소별 원가계산, 제품별 원가계산으로 이루어진다. 원가요소별 원가계산은 원가재의 투입시점에서 직접재료비, 직접노무비, 제조간접비를 계산하는 것이다. 제품별 원가계산은 직접재료비와 직접노무비의 경우 각 제품별 원가계산표에 집계하고, 제조간접비는 일정 배부기준에 따라 제품별로 배부하여 원가계산표에 집계한다. 여기서 **원가계산표**는 각 제품별로 설정하게 되며, 모든 원가계산표를 합계한 것이 재공품계정이 된다. 원가계산담당자는 이와 같이 원가요소별 및 제품별로 원가를 계산하여, 월말에 직접재료비, 직접노무비, 제조간접비, 재공품의 총발생액을 회계과에 보고한다. 회계과는 이를 기초로 제조원가(직접재료비, 직접노무비, 제조간접비)를 계산하여, 재공품계정에 대체한다. 또한, 월말에 완성된 제품의 원가는 재공품계정에서 제품계정으로 대체하게 된다. 제조원가의 집계와 제품완성에 대한 회계처리를 나타내면 다음과 같다.

구 분	분개기록			
제조원가 집계	(차) 재 공 품	×××	(대) 원 재 료	×××
			노 무 비	×××
			제조간접비	×××
제품의 완성	(차) 제 품	×××	(대) 재 공 품	×××
* 당기제품제조원가 = 기초재공품재고액 + 당기총제조원가 − 기말재공품재고액				

재공품계정에서는 **당기총제조원가**와 **당기제품제조원가**가 계산된다. 즉, 재공품계정의 차변에는 당기에 투입(소비)되는 직접재료비, 직접노무비, 제조간접비가 기입되어 당기총제조원가가 계산된다. 또한, 대변에는 재공품 중 완성된 제품제조원가가 계산되어 제품계정에 대체된다. **제조원가명세서**(schedule of cost of goods manufactured)는 재공품계정의 기록내용을 상세하게 나열하여 당기총제조원가와 당기제품제조원가를 계산한 표를 말한다. 제조원가명세서의 양식을 나타내면 다음과 같다.

제조원가명세서

××회사 20××년 ×월×일부터 ×월×일까지 (단위 : 원)

재료비		×××
기초원재료재고액	×××	
당기원재료매입액	×××	
기말원재료재고액	(×××)	
노무비		×××
기 본 급	×××	
제 수 당	×××	
경 비		×××
감가상각비	×××	
동 력 비	×××	
보험료 등	×××	×××
당기총제조원가		×××

기초재공품재고액	×××
합 계	×××
기말재공품재고액	(×××)
당기제품제조원가	×××

예제 [16-7]

• 다음은 20××년 (주)영창의 제조원가(10월)에 관한 자료이다. 요구사항에 답하시오.

1. 기초재공품은 ₩200,000이다.
2. 원가담당자로부터 보고받은 당기총제조원가의 발생액은 다음과 같다.
   - 직접재료비 ₩1,480,000
   - 직접노무비 ₩1,940,000
   - 제조간접비 ₩720,000
3. 기말재공품은 ₩370,000이다.

☞ **요구사항**

1. 제조원가의 집계에 필요한 회계처리를 나타내시오.
2. 완성된 제품에 대한 분개와 재공품계정을 표시하시오.

해답 «««

1. 제조원가집계에 대한 분개

구 분	분개기록			
제조원가집계	(차) 재 공 품	4,140,000	(대) 원 재 료	1,480,000
			노 무 비	1,940,000
			제조간접비	720,000

2. 완성된 제품에 대한 분개

제품완성	재공품계정					
	재공품					No. 000
(차) 제 품 3,970,000	10/1	기초재고	200,000	10/31	제 품	3,970,000
(대) 재 공 품 3,970,000	31	직접재료비	1,480,000		기말재고	370,000
		직접노무비	1,940,000			
		제조간접비	720,000			

3.5 제품계정

제품이 완성되면 당기제품제조원가를 재공품계정에서 제품계정으로 대체한다. 제품계정의 차변은 기초재고액에 당기제품제조원가가 가산(기입)되어 판매가능제품금액이 된다. 기중에 제품을 판매하게 되면 기말에 판매된 제품의 제조원가를 제품계정에서 매출원가계정에 대체하게 된다. 제품의 완성과 제품의 판매에 대한 회계처리를 나타내면 다음과 같다.

구 분	분개기록			
제품의 완성	(차) 제 품	×××	(대) 재 공 품	×××
제품의 판매	(차) 매출원가	×××	(대) 제 품	×××

제조기업은 기중에 제품을 완성하게 되면 제품재고장에 수량, 단가, 금액을 입고란에 기록하고, 판매하면 선입선출법, 후입선출법, 평균법을 적용하여 출고란에 수량, 단가, 금액을 기입하게 된다. 즉 제품재고장은 상기업의 상품재고장과 같으며, 기입방법도 동일하다. 또한, 기말에 매출원가의 산정도 상품매매기업과 같은 방법으로 회계처리한다.

예제 [16-8]

• 다음은 20××년 (주)담채의 제조원가(10월)에 관한 자료이다. 요구사항에 대답하시오.

1. 기초제품은 ₩230,000이다.
2. 원가담당자로부터 보고받은 당기제품제조원가는 ₩2,180,000이다.
3. 기말제품은 ₩260,000이다.

☞ **요구사항**

1. 제조원가의 집계에 필요한 회계처리를 나타내시오.
2. 제품의 완성과 판매에 대한 분개와 제품계정을 표시하시오.

해답

1. 제품의 완성에 대한 분개

구 분	분 개 기 록
제품의 완성	(차) 제 품 2,180,000 (대) 재 공 품 2,180,000

2. 제품의 판매에 대한 분개

제품판매	제품계정					
	제 품					No. 000
(차) 매출원가 2,150,000	10/1	기초재고	230,000	10/31	매출원가	2,150,000
(대) 제 품 2,150,000	31	제조원가	2,180,000		기말재고	260,000

제4절 제조기업의 재무제표작성

제조기업의 회계순환은 상기업과 같다. 기중에 회계거래가 발생하면 분개기록을 통해 원장에 전기한다. 기말이 되면 원장의 잔액을 모아 수정전시산표를 작성하고 전기과정의 정확성을 확인한다. 이어 기말수정분개와 수정후시산표작성, 장부의 마감과 재무제표를 작성하게 된다. 제조기업은 기말수정분개 단계에서 원가계산계로부터 보고받은 자료를 기초로, 원가계산에 관련된 분개와 원장에의 전기가 추가된다. 원가계산의 자료에는 원가재(원재료, 임금, 제조간접비)의 소비, 재공품(제조원가명세서 포함)에의 집계, 제품의 완성에 관한 것들이 포함된다. 본 절에서는 예제자료를 사용하여 제조기업의 결산절차를 학습하기로 한다.

4.1 수정전시산표의 작성

기중에 일어난 거래는 모두 원장(계정)에 기록된다. 결산의 첫 단계는 계정잔액을 모아 수정전시산표를 작성하는 것이다. 작성된 수정전시산표의 계정에는 아직 기말수정사항과 원가계산의 수정사항이 반영되어 있지 않다. 예를 들어 원재료, 임금, 제조간접비(전기료, 보험료, 수선유지비 등)계정은 주로 구입원가만 기록되고, 소비원가에 대한 회계처리는 아직 이루어지지 않는 상태이다. 재공품과 제품계정도 모두 기초재고로서 표시되어 있다. 따라서 **수정분개는 월말 정리사항과 제조원가의 분개**가 함께 이루어져야 한다. 예제를 통해 제조기업의 결산절차를 학습하기로 한다. 예제자료에는 수정전시산표, 월말수정사항, 원가계산계의 제조원가자료가 포함되어 있다.

예제 [16-9]

• 다음은 20××년 (주)제일기계의 10월분 회계자료이다. 요구사항에 답하시오.

1. 수정전시산표

수정전시산표

(주)제일기계 20××년 10월 31일 (단위 : 원)

차변	금액	대변	금액
현 금	250,000	매 입 채 무	280,000
매 출 채 권	270,000	차 입 금	753,000
제 품	320,000	대손충당금	3,000
재 공 품	200,000	건물감가상각누계액	324,000
원 재 료	1,280,000	기계감가상각누계액	200,000
건 물	1,800,000	자 본 금	1,200,000
기 계 장 치	800,000	이익준비금	150,000
종업원급여	640,000	이익잉여금	158,000
동 력 비	180,000	매 출	3,500,000
보 험 료	320,000	임 대 료	104,000
급 여	480,000		
이 자 비 용	132,000		
	6,672,000		6,672,000

2. 월말 수정사항

① 당월의 감가상각비는 다음과 같다.

• 건 물 ₩324,000(공장건물의 감가상각비 ₩200,000 포함)

• 기계장치 ₩200,000

② 종업원급여미지급액은 ₩100,000이다.

③ 보험료에는 당기분이 ₩300,000이며, 이 중 본사건물 ₩100,000, 공장건물과 기계장치 ₩200,000이 포함되어 있다.

④ 이자미지급액은 ₩18,000이다.
⑤ 임대료미수액은 ₩96,000이다.
⑥ 매출채권의 2%를 대손충당금으로 설정한다.
⑦ 당기 법인세비용은 ₩384,120이다.

3. 원가계산자료

① 기초재고
- 원재료 ₩280,000
- 재공품 ₩200,000(제조지시서 No. 101)
- 제　품 ₩320,000(제조지시서 No. 100)

② 당월 재료소비액

제조지시서	직접재료비	간접재료비	합 계
No. 101	₩160,000		
No. 102	470,000	140,000	980,000
No. 103	210,000		
* 원재료 기말재고액 : ₩300,000			

③ 당월 임금소비액

제조지시서	직접노무비	간접노무비	합 계
No. 101	₩90,000		
No. 102	340,000	100,000	740,000
No. 103	210,000		

④ 제조간접비 실제발생액
- 감가상각비 ₩400,000
- 보험료 ₩200,000
- 동력비 ₩180,000
- 간접재료비 ₩140,000
- 간접노무비 ₩100,000

⑤ 제조간접비 배부액

제조지시서	실제배부율		직접작업시간	실제배부액
No. 101	1,020원/시간	×	150시간	₩153,000
No. 102	1,020원/시간	×	650시간	663,000
No. 103	1,020원/시간	×	200시간	204,000
계			1,000시간	₩1,020,000

⑥ 재공품의 완성

- 재공품 중 제조지시서 No. 101 및 102는 완성되고, No. 103은 작업 중이다.

⑦ 제품의 판매

- 제품 중 제조지시서 No. 100 및 101은 판매하다.

☞ **요구사항**

1. 월말 수정분개를 나타내시오.
2. 월말 원가계산에 대한 분개를 나타내시오.
3. 원재료, 노무비, 제조간접비, 재공품, 제품계정을 표시하시오.
4. 수정후시산표를 작성하시오.
5. 재무상태표, 기능별 포괄손익계산서, 제조원가명세서를 작성하시오.

해답 ≪≪≪

- 해답은 아래의 각각 해당설명에서 제시하기로 한다.

4.2 기말수정분개와 전기

제조기업은 일반적으로 월별로 원가계산을 실시한다. 따라서 월말에는 월말 수정분개와 원가계산에 대한 회계처리를 하게 된다. **월말 수정분개**는 선급비용과 선수수익, 미지급비용과 미수수익, 감가상각, 소모품에 대한 회계처리가 필요하다. 이들 계정은 주로 영업활동에 관련된 것이며 **원가계산의 회계처리**는 별도로 하게 된다. 예제기업의 경우는 감가상각비, 임금(종업원급여)미지급액, 보험료, 이자비용, 대여금, 대손충당금, 법인세비용의 수정사항이 여기에 해당한다. 월말 수정사항에 대한 분개를 나타내면 다음과 같다.

K-IFRS는 포괄손익계산서의 양식을 기능별 표시방법과 성격별 표시방법으로 구분하고, 기업이 선택할 수 있도록 하고 있다. 여기서는 기능별 표시방법에 따라 결산절차를 학습하기로 한다. 성격별 표시방법은 연습문제 [5]에서 학습한다. K-IFRS는 비용을 기능별로 구분표시하는 경우 비용의 성격별 분류에 대하여 주석으로 공시하도록 규정하고 있다.수정분개에 대한 원장에의 전기과정은 상기업의 전기와 같으므로 생략한다.

구 분	분개기록			
① 감가상각비	(차) 감가상각비	524,000	(대) 건물감가상각누계액	324,000
			기계감가상각누계액	200,000
② 미지급임금	(차) 종업원급여	100,000	(대) 미지급급여	100,000
③ 선급보험료	(차) 선급보험료	20,000	(대) 보 험 료	20,000
④ 이 자 비 용	(차) 이 자 비 용	18,000	(대) 미지급이자	18,000
⑤ 미수임대료	(차) 미수임대료	96,000	(대) 임 대 료	96,000
⑥ 대손충당금	(차) 대손상각비	2,400	(대) 대손충당금	2,400
⑦ 법인세비용	(차) 법인세비용	384,120	(대) 미지급법인세	384,120

원가계산계는 제조공정에 원가재(원재료, 임금, 제경비)를 투입할 때마다 요소 및 제품별 원가계산을 실시한다. 즉, 원가재를 투입하면 직접재료비, 직접노무비, 제조간접비를 측정하고, 이를 제품별 원가계산표(재공품계정의 보조원장)에 집계한다. 월말에는 당월에 발생된 직접재료비, 직접노무비, 제조간접비, 당기총제조원가, 당기제품제조원가에 관한 자료를 회계과에 보고한다. 회계과는 이를 기초로 **원가계산의 월말 수정분개**를 하게 된다.

예제기업의 경우는 직접재료비 ₩840,000(간접재료비 ₩140,000은 제조간접비에 대체), 직접노무비 ₩640,000(간접노무비 ₩100,000은 제조간접비에 대체), 제조간접비 ₩1,020,000이다. 따라서 당기총제조원가는 직접재료비, 직접노무비, 제조간접비의 합계이므로 ₩2,500,000이 된다. 당기제품제조원가는 ₩2,076,000(기초재공품 + 당기총제조원가 − 기말재공품), 매출원가는 ₩923,000(기초제품 + 당기제품제조원가 − 기말제품)이 된다. 참고로 기말원재료는 ₩300,000(수정전시산표 원재료잔액 − 당월원재료사용액), 재공품은 ₩624,000(제조지시서 No. 103), 제품은 ₩1,473,000(제조지시서 No. 102)이다. 원가계산의 수정분개를 나타내면 다음과 같다.

구 분	분개기록			
제조간접비	(차) 제조간접비	1,020,000	(대) 감가상각비	400,000
			보 험 료	200,000
			동 력 비	180,000
			원 재 료	140,000
			종업원급여	100,000
제조원가	(차) 재 공 품	2,500,000	(대) 원 재 료	840,000
			종업원급여	640,00
			제조간접비	1,020,000

제품완성	(차) 제　　품	2,076,000	(대) 재 공 품	2,076,000
매출원가	(차) 매 출 원 가	923,000	(대) 제　　품	923,000

회계과는 원가계산에 대한 월말 수정분개를 해당계정에 전기하게 된다. **원가계산에 관련된 계정의 전기와 제품원가계산의 계정연락도**를 나타내면 다음과 같다.

원 재 료　　No. 000

10/1 기　　초	280,000	10/31 재 공 품	840,000
10/× 매　　입	1,000,000	제조간접비	140,000
		기말재고	300,000

종업원 급여　　No. 000

10/× 현　　금	640,000	10/31 재 공 품	640,000
31 미지급노무비	100,000	제조간접비	100,000

제조간접비　　No. 000

10/31 감가상각비	400,000	10/31 재 공 품	1,020,000
보 험 료	200,000		
동 력 비	180,000		
간접재료비	140,000		
간접노무비	100,000		

재 공 품　　No. 000

10/1 기초재고	200,000	10/31 제　　품	2,076,000
31 직접재료비	840,000	기말재고	624,000
직접노무비	640,000		
제조간접비	1,020,000		

제　품　　No. 000

10/1 기초재고	320,000	10/31 매출원가	923,000
31 재 공 품	2,076,000	기말재고	1,473,000

매출원가　　No. 000

10/31 제　　품	923,000	10/31 집합손익	923,000

계정연락도 – 원가계산 관련 계정

원 재 료　　No. 000

기　　초	280,000	재 공 품	840,000
매　　입	1,000,000	제조간접비	140,000
		기 말 재 고	300,000

종업원 급여　　No. 000

현　　금	640,000	재 공 품	640,000
미 지 급	100,000	제조간접비	100,000

제조간접비　　No. 000

감가상각비	400,000	재 공 품	1,020,000
보 험 료	200,000		
동 력 비	180,000		
간접재료비	140,000		
간접노무비	100,000		

재 공 품　　No. 000

기초재고	200,000	당기제품제조원가	2,076,000
직접재료비*	840,000		
직접노무비	640,000		
제조간접비	1,020,000	기말재고	624,000

제　품　　No. 000

기초재고	320,000	매출원가	923,000
당기제품제조원가	2,076,000	기말재고	1,473,000

매출원가　　No. 000

제　　품	923,000	집합손익	923,000

* 당기총제조원가 = 직접재료비 + 직접노무비 + 제조간접비

4.3 수정후시산표의 작성

월말 수정분개는 분개장을 통해 원장에 전기된다. 월말수정에 대한 회계처리가 끝나면 모든 계정의 잔액은 기업의 실제 내용대로 표시되어 장부를 마감하고 재무제표를 작성할 수 있다. 수정후시산표는 월말 수정분개의 내용이 원장에 올바르게 전기되었는가를 확인하기 위하여 작성하는 것이다. 수정후시산표는 필요시 작성하게 되며, 반드시 수행하여야 하는 결산절차는 아니다. 예제기업의 수정후시산표를 작성하면 다음과 같다.

수정후시산표

(주)제일기계 20××년 10월 31일 (단위 : 원)

현 금	250,000	매 입 채 무	280,000
매 출 채 권	270,000	차 입 금	753,000
제 품	1,473,000	대손충당금	5,400
재 공 품	624,000	건물감가상각누계액	648,000
원 재 료	300,000	기계감가상각누계액	400,000
건 물	1,800,000	자 본 금	1,200,000
기 계 장 치	800,000	이익준비금	150,000
보 험 료	100,000	이익잉여금	158,000
급 여	480,000	매 출	3,500,000
이 자 비 용	150,000	임 대 료	200,000
감가상각비	124,000	미지급노무비	100,000
선급보험료	20,000	미지급이자	18,000
미수임대료	96,000	미지급법인세	384,120
대손상각비	2,400		
매 출 원 가	923,000		
법인세비용	384,120		
	7,796,520		7,796,520

4.4 계정의 마감

수정후시산표를 통해 기말 수정분개와 전기절차에 대한 정확성이 확인되면 장부를 마감하게 된다. 장부의 마감은 결산에 따라 재무제표를 작성하고 또한 당기와 차기의 영업을 구분지어 계산하기 위하여 이루어진다. 장부는 원장, 분개장, 보조장부의 순서로 마감된다. 원장은 수익과 비용계정을 먼저 마감하고 이어 자산 · 부채 · 자본계정을 마감하게 된다. 제조기업의 장부마감은 상품매매기업의 마감(제4장)과 같으므로 여기서는 생략한다. 다만, **원가계산에 관련된 계정(원재료, 노무비, 제조간접비, 재공품, 제품)의 마감절차**를 나타내면 다음과 같다.

원 재 료 No. 000

날짜	적요	금액	날짜	적요	금액
10/1	기 초	280,000	10/31	재 공 품	840,000
10/×	매 입	1,000,000		제조간접비	140,000
				차 기 이 월	300,000
		1,280,000			1,280,000
11/1	전기이월	300,000			

종업원급여 No. 000

날짜	적요	금액	날짜	적요	금액
10/×	현 금	640,000	10/31	재 공 품	640,000
31	미지급노무비	100,000		제조간접비	100,000
		740,000			740,000

제조간접비 No. 000

날짜	적요	금액	날짜	적요	금액
10/31	감가상각비	400,000	10/31	재 공 품	1,020,000
	보 험 료	200,000			
	동 력 비	180,000			
	간접재료비	140,000			
	간접노무비	100,000			
		1,020,000			1,020,000

재 공 품 No. 000

날짜	적요	금액	날짜	적요	금액
10/1	기초재고	200,000	10/31	제 품	2,076,000
31	직접재료비	840,000		**차기이월**	624,000
	직접노무비	640,000			
	제조간접비	1,020,000			
		2,700,000			2,700,000
11/1	전기이월				

제 품 No. 000

날짜	적요	금액	날짜	적요	금액
10/1	기초재고	320,000	10/31	매출원가	923,000
31	재 공 품	2,076,000		**차기이월**	1,473,000
		2,396,000			2,396,000
11/1	전기이월	1,473,000			

매출원가 No. 000

날짜	적요	금액	날짜	적요	금액
10/31	제 품	923,000	10/31	집합손익	923,000

4.5 재무제표의 작성

계정이 마감되어 잔액이 확정되면 포괄손익계산서와 재무상태표를 작성할 수 있다. 포괄손익계산서는 집합손익계정으로부터 작성된다. 집합손익은 당기에 발생된 수익과 비용을 모아 작성한 것이므로 이를 그대로 포괄손익계산서 양식에 옮겨 작성하게 된다. 재무상태표는 각 계정의 마감에 따라 나타난 차기이월 또는 전기이월액을 모아 작성하게 된다.

일반적으로 **수정후시산표를 작성한 경우는 이를 통하여 포괄손익계산서와**

재무상태표를 작성하는 것이 편리하다. 먼저 수정후시산표에 포함된 비용과 수익계정을 모아 포괄손익계산서를 작성한다. 또한, 자산, 부채, 자본계정을 모아 재무상태표를 작성한다. 여기서 포괄손익계산서에 나타난 당기순이익(손실)은 미처분이익잉여금계정에 대체하게 된다. 그리고 **제조기업은 제조원가명세서를 작성하여 부속명세서로 첨부**하여야 한다. 예제기업의 기능별 포괄손익계산서, 재무상태표, 제조원가명세서를 작성하면 다음과 같다.

포괄손익계산서

(주)제일기계	20××년 10월 1일부터 10월 31일까지	(단위 : 원)
매 출 액		₩3,500,000
매출원가		(923,000)
기초제품재고액	₩320,000	
당기제품제조원가	2,076,000	
기말제품재고액	(1,473,000)	
매출총이익		2,577,000
기타수익		200,000
임 대 료	200,000	
판매비와관리비		(706,400)
급 여	(480,000)	
보 험 료	(100,000)	
감가상각비	(124,000)	
대손상각비	(2,400)	
이자비용		(150,000)
법인세비용차감전순이익		1,920,600
법인세비용		(384,120)
당기순이익		₩1,536,480

재무상태표

(주)제일기계 20××년 10월 31일 현재 (단위 : 원)

자 산			부 채	
현 금		₩250,000	매입채무	₩280,000
매출채권	270,000		미지급노무비	100,000
대손충당금	(5,400)	264,600	미지급이자	18,000
제 품		1,473,000	미지급법인세	384,120
재 공 품		624,000	차 입 금	753,000
원 재 료		300,000		
건 물	1,800,000		자 본	
감가상각누계액	(648,000)	1,152,000	자 본 금	1,200,000

기 계 장 치	800,000		이익준비금	150,000
감가상각누계액	(400,000)	400,000	이익잉여금	1,694,480
선급보험료		20,000		
미수임대료		96,000		
자 산 총 계		₩4,579,600	부채와 자본 총계	₩4,579,600

제조원가명세서

(주)제일기계 20××년 10월 1일부터 10월 31일까지 (단위 : 원)

재료비		₩980,000
기초원재료재고액	₩280,000	
당기원재료매입액	1,000,000	
기말원재료재고액	(300,000)	
노무비		740,000
기본급	500,000	
제수당	240,000	
경 비		780,000
감가상각비	400,000	
보험료	200,000	
동력비	180,000	
당기총제조원가		2,500,000
기초재공품재고액		200,000
합 계		2,700,000
기말재공품재고액		(624,000)
당기제품제조원가		2,076,000

개 념 정 리

▣ 문제 ▣

01 제조기업과 상기업의 영업활동을 비교하여 설명하시오.

02 제조원가계산에서 물량흐름의 의미를 설명하시오.

03 제조과정에서 물량흐름과 원가흐름의 관계를 설명하시오.

04 제조원가에서 원가의 기본적 3요소를 설명하시오.

05 제품원가계산방법(개별원가계산과 종합원가계산)에 따른 원가분류를 설명하시오.

06 개별원가계산이 적합한 생산방식을 예를 들어 설명하시오.

07 종합원가계산이 적합한 생산방식을 예를 들어 설명하시오.

08 당기총제조원가의 계산절차를 설명하시오.

09 당기제품제조원가의 계산절차를 설명하시오.

10 재공품계정의 차변과 대변에서 계산되는 제조원가는 어떤 것인지를 설명하시오.

11 제품계정에서 매출원가를 계산하는 절차를 설명하시오.

12 제조기업과 상품매매기업에서 매출원가계산의 차이점을 설명하시오.

13 재료비계산의 절차를 설명하시오.

14 원재료계정과 임금계정에서 재료비와 노무비를 계산할 때 차이점을 설명하시오.

15 제조원가계산에서 회계과와 원가계산담당자의 역할을 설명하시오.

16 제조기업의 결산절차를 설명하시오.

17 기말수정분개에서 비용의 기능별 및 성격별 표시방법에 따른 원가계산의 필요한 분개내용을 설명하시오.

18 원가계산과 관련된 계정간의 연락도를 제시하고 설명하시오.

19 제조원가명세서의 작성방법을 설명하시오.

20 다음의 용어를 설명하시오.

- 제조과정
- 원가재
- 자산원가
- 제조원가
- 제품원가
- 재공품
- 당기총제조원가
- 당기제품제조원가
- 제조원가명세서
- material costs
- labour costs
- physical flow
- conversion cost
- cost flow
- job order costing
- process costing
- factory overhead cost
- costs of goods sold
- prime cost
- schedule of cost of goods manufactured

연 습 문 제

▣ 문제 [1]

다음은 여러 개념을 설명한 것이다. 빈칸에 적합한 단어나 문구를 기입하시오.

01 제조기업은 원가자원의 물량흐름에 따라 경영활동이 전개된다. 기업은 (   ) 에서 원가재인 재료, (   ), 제조설비 등을 구입하게 되며, 제조과정에서는 이의 자원을 (   )하고, (   )에서는 생산된 제품을 판매한다. 여기서 구매 · 제조 · 판매과정에서 이동되는 원가재의 흐름을 (   )이라고 한다. 원가흐름은 경영활동과정에서 나타나는 물량흐름에 따라 구분된다. 예를 들어 원가재를 구입하면 (   )로 인식하며, 제조과정에 소비하면 (   )로 전환되고, 생산이 완료되면 (   )로 기록하여, 판매하면 매출원가로 보고하게 된다.

02 공정에 (   ), 노동력, 생산설비를 소비하면 이의 소비가치를 각각 계산하여 (   ), 직접노무비, (   )로 기록하게 된다. 제조과정에서 발생된 직접재료비, (   ), 제조간접비는 (   )계정의 차변에 기록되어 집계된다. 재공품계정은 제조과정에 발생된 원가로서 아직 제품으로 완성되지 않은 것으로 (   )라고 한다. 원재료가 마지막 공정에 이르면 가공이 끝나고 (   )으로 완성되며, 이때 완성된 물량에 해당하는 원가는 (   )계정에서 제품계정으로 대체된다.

03 원가계산방법에는 제품의 생산형태에 따라 (   )과 종합원가계산으로 나눈다. 개별원가계산은 개별 제품마다 투입되는 (   ), 노동력, 제조설비가 다른 경우에 적용되는 원가계산이다. (   )은 동일한 제품을 반복하여 연속적으로 생산하는 경우에 적용되는 원가계산이다. 예를 들어 문구, 제화, 섬유, 철강은 동일 재료와 동일 제조과정에서 (   )된 제조방법에 따라 표준규격을 가진 제품이 (   )으로 생산된다. 이 경우 제품단위당 원가는 동일 재료비와 동일 (   )로 구성된다.

04 (   )는 당기에 제조과정에 투입된 원가재의 경제가치를 말한다. 따라서 당기총제조원가는 (   ), 직접노무비, (   )의 합계로서 계산된다. (   )는 당기에 완성된 제품의 제조원가를 말한다. 당기제품제조원가는 (   )에 당기총제조원가를 가산하고 (   )을 차감하여 계산한다. (   )는 기초제품재고액에 (   )를 가산하고 기말제품재고액을 차감하여 계산한다.

05 원가계산담당자는 원가요소별 및 제품별로 원가를 계산하여, 월말에 직접재료

비, ( ), 제조간접비, ( )의 총발생액을 회계과에 보고한다. 회계과는 이를 기초로 ( )를 계산하여, 재공품계정에 대체한다. 제품이 완성되면 재공품계정에서 ( )를 제품계정으로 대체한다. 기중에 제품을 판매하게 되면 기말에 판매된 제품의 제조원가를 제품계정에서 ( )에 대체하게 된다.

06 제조기업의 회계순환은 상기업과 같다. 다만, 제조기업은 기말수정분개단계에서 ( )로부터 보고받은 자료를 기초로 원가계산에 관련된 분개와 ( )에의 전기가 추가된다. 원가계산의 자료에는 원가재의 소비, ( )에의 집계, 제품의 완성에 관한 것들이 포함된다. 다만 기말수정분개에서 K-IFRS는 비용의 ( )별 및 성격별 구분에 따라 결산절차가 다소 상이하다. 기능별 구분에 따라 비용을 구분하고 결산을 하면, 비용의 ( )별 구분내용을 ( )으로 기재하여야 한다.

▣ 문제 [2]

다음은 개별원가계산과 종합원가계산의 원가집계를 나타낸 것이다. ( )에 적합한 용어를 기입하시오.

개별원가계산				종합원가계산			
재공품-유조선				재공품-제99공정(마무리공정)			
( )	×××			직접재료비	×××	( )	×××
직접노무비	×××			( )	×××	기말재공품	×××
( )	×××			계	×××	계	×××
계	×××						

▣ 문제 [3]

다음은 20××년 (주)필립전자의 제조원가에 관한 자료이다. 요구사항에 답하시오.

1. 원 재 료: 기초재고액 ₩108,000, 당기매입액 ₩432,000, 기말재고액 ₩87,000
2. 임금지급액: 생산근로자 임금지급액 ₩386,000, 미지급액 ₩190,800
3. 제조간접비 발생액: 지급액 ₩235,000, 미지급액 ₩170,000
4. 추 가 정 보: 원재료 사용액 중 간접재료비는 ₩45,000이다, 또한 임금발생액 중 간접비는 ₩35,000이 포함되어 있다.
5. 재 공 품: 기초재고액 ₩278,000, 기말재고액 ₩60,000
6. 제 품: 기초재고액 ₩523,000, 기말재고액 ₩290,000

【요구사항】

1. 당기에 발생된 직접재료비, 직접노무비, 제조간접비를 계산하시오.
2. 당기총제조원가를 계산하시오.
3. 당기제품제조원가를 계산하시오.
4. 매출원가를 계산하시오.

▣ 문제 [4]

다음은 (주)동일기계의 10월분 회계자료이다. 요구사항에 대답하시오.

1. 수정전시산표

수정전시산표

(주)동일기계 20××년 10월 31일 (단위 : 원)

차변	금액	대변	금액
현 금	250,000	매입채무	280,000
매출채권	504,000	차 입 금	753,000
제 품	480,000	대손충당금	3,000
재 공 품	310,000	건물감가상각누계액	864,000
원 재 료	980,000	기계감가상각누계액	432,000
건 물	2,400,000	자 본 금	1,500,000
기계장치	1,200,000	이익준비금	180,000
종업원급여	746,000	이익잉여금	258,000
동 력 비	180,000	매 출	3,748,000
보 험 료	450,000	임 대 료	94,000
급 여	480,000		
이자비용	132,000		
	8,112,000		8,112,000

2. 월말 수정사항

① 당월의 감가상각비는 다음과 같다.
- 건 물 ₩432,000(공장건물의 감가상각비 ₩310,000 포함)
- 기계장치 ₩192,000

② 종업원급여 미지급액은 ₩200,000이다.

③ 보험료에는 당기분이 ₩400,000이며, 이 중 본사건물 ₩180,000, 공장건물과 기계장치 ₩220,000이 포함되어 있다.

④ 공장전기료 미지급액은 ₩50,000이다.

⑤ 이자미지급액은 ₩38,000이다.

⑥ 임대료미수액은 ₩16,000이다.
⑦ 매출채권의 2%를 대손충당금으로 설정한다.
⑧ 당기 법인세비용은 법인세차감전순이익의 20%(소수 첫번째 자리에서 반올림)이다.

3. 원가계산자료

① 기초재고

- 원재료 ₩245,000
- 재공품 ₩310,000(제조지시서 No. 002)
- 제　품 ₩480,000(제조지시서 No. 001)

② 당월 재료소비액

제조지시서	직접재료비	간접재료비	합　계
No. 002	₩120,000		
No. 003	380,000	110,000	710,000
No. 004	100,000		
* 원재료 기말재고액: ₩270,000			

③ 당월 임금소비액

제조지시서	직접노무비	간접노무비	합　계
No. 002	₩108,000		
No. 003	468,000	150,000	946,000
No. 004	220,000		

④ 제조간접비 실제발생액

- 감가상각비 ₩502,000
- 보험료 ₩220,000
- 동력비 ₩230,000
- 간접재료비 ₩110,000
- 간접노무비 ₩150,000

⑤ 제조간접비 배부액

제조지시서	실제배부율		직접작업시간	실제배부액
No. 002	1,212원/시간	×	109시간	₩132,108
No. 003	1,212원/시간	×	751시간	910,212
No. 004	1,212원/시간	×	140시간	169,680
계			1,000시간	₩1,212,000

⑥ 재공품의 완성

• 재공품 중 제조지시서 No. 002 및 003은 완성되고, No. 004는 작업 중이다.

⑦ 제품의 판매

• 제품 중 제조지시서 No. 001 및 002는 판매하다.

【요구사항】

1. 월말 수정분개를 나타내시오.
2. 월말 원가계산에 대한 분개를 나타내시오.
3. 원재료, 노무비, 제조간접비, 재공품, 제품계정을 표시하시오.
4. 수정후시산표를 작성하시오.
5. 재무상태표, 기능별 포괄손익계산서, 제조원가명세서를 작성하시오.

▣ 문제 [5]

다음은 (주)만도기계의 10월분 회계자료이다. 요구사항에 답하시오.

1. 수정전시산표

수정전시산표

(주)만도기계 20××년 10월 31일 (단위 : 원)

차변	금액	대변	금액
현　　금	650,000	매입채무	280,000
매출채권	624,000	차 입 금	756,000
제　　품	480,000	건물감가상각누계액	864,000
재 공 품	310,000	기계감가상각누계액	432,000
원 재 료	980,000	납입자본	1,500,000
건　　물	2,400,000	이익잉여금	258,000
기계장치	1,200,000	기타자본요소	1,000,000
종업원급여	1,046,000	매　　출	3,748,000
기타비용	1,242,000	기타수익	94,000
	8,932,000		8,932,000

2. 월말 수정사항

① 당월의 감가상각비는 다음과 같다.

• 건　　물 ₩432,000

• 기계장치 ₩192,000

② 종업원급여 미지급액은 ₩200,000이다.

③ 당기법인세비용은 ₩430,000이다.

3. 원가계산에 관한 자료 – 당월의 기초 및 기말재고자산

① 당월의 기초 및 기말재고자산은 다음과 같다.

	기 초	기 말
원 재 료	₩245,000	₩270,000
재 공 품	310,000	489,680
제 품	480,000	1,758,212
계	₩1,035,000	₩2,267,892

② 비용의 기능별 분류는 다음과 같다. 단, 제조활동과 관련된 종업원급여는 직접노무비로 분류된다.

	제조활동	비제조활동	계
종업원급여	₩1,000,000	₩246,000	₩1,246,000
감가상각비	502,000	122,000	624,000
기 타 비 용	1,000,000	242,000	1,242,000
계	₩2,502,000	₩610,000	₩3,112,000

【요구사항】

1. 비용의 성격별 표시에 따라 월말 수정분개를 나타내시오.
2. 비용의 성격별 표시에 따라 월말 원가계산에 대한 분개를 나타내시오.
3. 비용의 성격별 표시에 따라 수정후시산표를 작성하시오.
4. 비용의 성격별 표시에 따라 재무상태표, 포괄손익계산서를 작성하시오.

재무제표 양식

1. 재무상태표

재무상태표

제×기 20×2년12월 31일 현재
제×기 20×1년12월 31일 현재

××회사 (단위 : 원)

	20×2년 12월 31일	20×1년 12월 31일
자 산		
유동자산		
현금및현금성자산	×××	×××
대여금 및 수취채권	×××	×××
기타금융자산	×××	×××
재고자산	×××	×××
기타자산	×××	×××
유동자산 계	×××	×××
비유동자산	×××	×××
대여금 및 수취채권	×××	×××
기타금융자산	×××	×××
투자부동산	×××	×××
유형자산	×××	×××
무형자산	×××	×××
영 업 권	×××	×××
기타자산	×××	×××
비유동자산 계	×××	×××
매각예정비유동자산	×××	×××
자산총계	×××	×××

	20×2년 12월 31일	20×1년 12월 31일
부　채		
유동부채		
금융부채	×××	×××
충당부채	×××	×××
기타부채	×××	×××
유동부채 계	×××	×××
비유동부채	×××	×××
금융부채	×××	×××
퇴직급여부채	×××	×××
기타부채	×××	×××
비유동부채 계	×××	×××
매각예정비유동자산과 관련된 부채	×××	×××
부채총계	×××	×××
자　본		
납입자본	×××	×××
이익잉여금	×××	×××
기타자본요소	×××	×××
매각예정비유동자산과 관련된 자본항목	×××	×××
자본총계	×××	×××
부채와 자본총계	×××	×××

2. 포괄손익계산서

(1) 중단영업손익이 없을 경우

포괄손익계산서(성격별)

제×기 20×2년 1월 1일부터 20×2년 12월 31일까지
제×기 20×1년 1월 1일부터 20×1년 12월 31일까지

××회사 (단위 : 원)

	20×2년	20×1년
영업수익	×××	×××
영업비용		
제품과 재공품의 변동	(×××)	(×××)
원재료와 소모품사용액	(×××)	(×××)
종업원급여	(×××)	(×××)
감가상각비와 기타상각비	(×××)	(×××)
기타의 영업비용	(×××)	(×××)
영업이익	×××	×××
기타수익	×××	×××
이자비용	(×××)	(×××)
기타비용	(×××)	(×××)
법인세비용차감전손익	×××	×××
법인세비용	(×××)	(×××)
당기순손익	×××	×××
기타포괄손익		
당기손익으로 재분류되지 않는 항목		
재평가잉여금	×××	×××
재측정요소	×××	×××
기타포괄손익과 관련된 법인세	(×××)	(×××)
당기손익으로 재분류될 수 있는 항목		
매도가능금융자산평가손익	×××	×××
해외사업환산손익	×××	×××
파생상품평가손익	×××	×××
기타포괄손익과 관련된 법인세	(×××)	(×××)
법인세비용차감후기타포괄손익	×××	×××
총포괄손익	×××	×××
당기순손익의 귀속		
지배기업소유주지분	×××	×××
비지배지분	×××	×××
총포괄손익의 귀속		
지배기업소유주지분	×××	×××
비지배지분	×××	×××
주당손익		
기본주당순손익	×××	×××
희석주당순손익	×××	×××

포괄손익계산서(기능별)

제×기 20×2년 1월 1일부터 20×2년 12월 31일까지
제×기 20×1년 1월 1일부터 20×1년 12월 31일까지

××회사 (단위 : 원)

	20×2년	20×1년
매출액(수익)	×××	×××
매출원가	(×××)	(×××)
매출총이익	×××	×××
판매비와 관리비		
물 류 비	(×××)	(×××)
마케팅비용	(×××)	(×××)
일반관리비	(×××)	(×××)
영업이익	×××	×××
기타수익	×××	×××
이자비용	(×××)	(×××)
기타비용	(×××)	(×××)
법인세비용차감전손익	×××	×××
법인세비용	(×××)	(×××)
당기순손익	×××	×××
기타포괄손익 :		
당기손익으로 재분류되지 않는 항목		
재평가잉여금	×××	×××
재측정요소	×××	×××
기타포괄손익과 관련된 법인세	(×××)	(×××)
당기손익으로 재분류될 수 있는 항목		
매도가능금융자산평가손익	×××	×××
해외사업환산손익	×××	×××
파생상품평가손익	×××	×××
기타포괄손익과 관련된 법인세	(×××)	(×××)
법인세비용차감후기타포괄손익[1]	×××	×××
총포괄손익	×××	×××
당기순손익의 귀속		
지배기업소유주지분	×××	×××
비지배지분	×××	×××
총포괄손익의 귀속		
지배기업소유주지분	×××	×××
비지배지분	×××	×××
주당손익		
기본주당순손익	×××	×××
희석주당순손익	×××	×××

1. 기타포괄손익을 관련 법인세 효과를 순액으로 표시할 수도 있다.

(2) 중단영업손익이 있는 경우

포괄손익계산서(성격별)

제×기 20×2년 1월 1일부터 20×2년 12월 31일까지
제×기 20×1년 1월 1일부터 20×1년 12월 31일까지

××회사 (단위 : 원)

	20×2년	20×1년
영업수익	×××	×××
영업비용		
제품과 재공품의 변동	(×××)	(×××)
원재료와 소모품사용액	(×××)	(×××)
종업원급여	(×××)	(×××)
감가상각비와 기타상각비	(×××)	(×××)
기타의 영업비용	(×××)	(×××)
영업이익	×××	×××
기타수익	×××	×××
이자비용	(×××)	(×××)
기타비용	(×××)	(×××)
법인세비용차감전손익	×××	×××
법인세비용	(×××)	(×××)
계속영업손익	×××	×××
중단영업손익	×××	×××
당기순손익	×××	×××
기타포괄손익		
당기손익으로 재분류되지 않는 항목		
재평가잉여금	×××	×××
재측정요소	×××	×××
기타포괄손익과 관련된 법인세	(×××)	(×××)
당기손익으로 재분류될 수 있는 항목		
매도가능금융자산평가손익	×××	×××
해외사업환산손익	×××	×××
파생상품평가손익	×××	×××
기타포괄손익과 관련된 법인세	(×××)	(×××)
법인세비용차감후기타포괄손익	×××	×××
총포괄손익	×××	×××
당기순손익의 귀속		
지배기업소유주지분	×××	×××
비지배지분	×××	×××
총포괄손익의 귀속		
지배기업소유주지분	×××	×××
비지배지분	×××	×××
주당손익		
기본주당순손익	×××	×××
희석주당순손익	×××	×××

포괄손익계산서(기능별)

제×기 20×2년 1월 1일부터 20×2년 12월 31일까지
제×기 20×1년 1월 1일부터 20×1년 12월 31일까지

××회사 (단위 : 원)

	20×2년	20×1년
매출액(수익)	×××	×××
매출원가	(×××)	(×××)
매출총이익	×××	×××
판매비와 관리비		
물 류 비	(×××)	(×××)
마케팅비용	(×××)	(×××)
일반관리비	(×××)	(×××)
영업이익	×××	×××
기타수익	×××	×××
이자비용	(×××)	(×××)
기타비용	(×××)	(×××)
법인세비용차감전손익	×××	×××
법인세비용	(×××)	(×××)
계속영업손익	×××	×××
중단영업손익	×××	×××
당기순손익	×××	×××
기타포괄손익 :		
당기손익으로 재분류되지 않는 항목		
재평가잉여금	×××	×××
재측정요소	×××	×××
기타포괄손익과 관련된 법인세	(×××)	(×××)
당기손익으로 재분류될 수 있는 항목		
매도가능금융자산평가손익	×××	×××
해외사업환산손익	×××	×××
파생상품평가손익	×××	×××
기타포괄손익과 관련된 법인세	(×××)	(×××)
법인세비용차감후기타포괄손익[1]	×××	×××
총포괄손익	×××	×××
당기순손익의 귀속		
지배기업소유주지분	×××	×××
비지배지분	×××	×××
총포괄손익의 귀속		
지배기업소유주지분	×××	×××
비지배지분	×××	×××
주당손익		
기본주당순손익	×××	×××
희석주당순손익	×××	×××

1. 기타포괄손익을 관련 법인세 효과를 순액으로 표시할 수도 있다.

3. 자본변동표

자본변동표

제×기 20×2년 1월 1일부터 20×2년 12월 31일까지
제×기 20×1년 1월 1일부터 20×1년 12월 31일까지

××회사 (단위 : 원)

구 분	납입자본			이익잉여금		기타자본요소	총계
	자본금	자 본 잉여금	자본 조정	적립금	이 익 잉여금	기타포괄 손익누계액	
20×1년 1월1일	×××	×××	×××	×××	×××	×××	×××
회계정책변경누적효과					×××		×××
전기오류수정					×××		×××
수정 후 기초잔액	×××	×××	×××	×××	×××	×××	×××
전기 이익처분							
임의적립금의 이입				(×××)	×××		
연차배당					(×××)		(×××)
기타이익잉여금처분			×××	×××	(×××)		
기타변동사항							
중간배당					(×××)		(×××)
유상증자	×××	×××					×××
자기주식취득			(×××)				(×××)
기타포괄손익의 대체					×××	(×××)	
총포괄손익					×××	×××	×××
20×1년 12월 31일	×××	×××	×××	×××	×××	×××	×××
회계정책변경누적효과					×××		×××
전기오류수정					×××		×××
수정 후 기초잔액	×××	×××	×××	×××	×××	×××	×××
전기 이익처분							
임의적립금의 이입				(×××)	×××		
연차배당					(×××)		(×××)
기타 이익잉여금처분			×××	×××	(×××)		
기타변동사항							
중간배당					(×××)		(×××)
유상증자	×××	×××					×××
자기주식취득			(×××)				(×××)
기타포괄손익의 대체					×××	(×××)	
총포괄손익					×××	×××	×××
20×2년 12월 31일	×××	×××	×××	×××	×××	×××	×××

4. 현금흐름표

현금흐름표(직접법)

제×기 20×2년 1월 1일부터 20×2년 12월 31일까지
제×기 20×1년 1월 1일부터 20×1년 12월 31일까지

××회사 (단위 : 원)

	20×2년	20×1년
영업활동현금흐름		
고객으로부터 수취한 현금	×××	×××
공급자에게 지급한 현금	(×××)	(×××)
기타영업활동으로 수취한 현금	×××	×××
기타영업활동에서 지급한 현금	(×××)	(×××)
영업에서 창출된 현금	×××	×××
이 자 수 입	×××	×××
이 자 지 급	(×××)	(×××)
배당금수입	×××	×××
법인세지급	(×××)	(×××)
영업활동순현금흐름	×××	×××
투자활동현금흐름		
금 융 자 산 취득	(×××)	(×××)
금 융 자 산 처분	×××	×××
유 형 자 산 취득	(×××)	(×××)
유 형 자 산 처분	×××	×××
무 형 자 산 취득	(×××)	(×××)
투자활동순현금흐름	×××	×××
재무활동현금흐름		
차 입 금 차입	×××	×××
차 입 금 상환	(×××)	(×××)
주 식 발 행	×××	×××
재무활동순현금흐름	×××	×××
현금및현금성자산의 환율변동효과	×××	×××
현금및현금성자산의 증가(감소)	×××	×××
기초의 현금및현금성자산	×××	×××
기말의 현금및현금성자산	×××	×××

현금흐름표(간접법)

제×기 20×2년 1월 1일부터 20×2년 12월 31일까지
제×기 20×1년 1월 1일부터 20×1년 12월 31일까지

××회사 (단위 : 원)

	20×2년	20×1년
영업활동현금흐름		
법인세비용차감전이익	×××	×××
가감 :		
영업현금흐름과 관련 없는 손익제거	×××	×××
영업활동과 관련된 자산, 부채의 증감	×××	×××
영업에서 창출된 현금	×××	×××
이 자 수 입	×××	×××
이 자 지 급	(×××)	(×××)
배당금수입	×××	×××
법인세지급	(×××)	(×××)
영업활동순현금흐름	×××	×××
투자활동현금흐름		
금 융 자 산 취득	(×××)	(×××)
금 융 자 산 처분	×××	×××
유 형 자 산 취득	(×××)	(×××)
유 형 자 산 처분	×××	×××
무 형 자 산 취득	(×××)	(×××)
투자활동순현금흐름	×××	×××
재무활동현금흐름		
차 입 금 차입	×××	×××
차 입 금 상환	(×××)	(×××)
주 식 발 행	×××	×××
재무활동순현금흐름	×××	×××
현금및현금성자산의 환율변동효과	×××	×××
현금및현금성자산의 증가(감소)	×××	×××
기초의 현금및현금성자산	×××	×××
기말의 현금및현금성자산	×××	×××

ACCOUNTING PRINCIPLES

찾아보기

ㄱ

ㄴ

ㅅ

ㅊ

INDEX

A

B

C

G

H

I

J

K

L

M

N

O

P

Q

R

저자 소개

손병기

[약력]

부산교육대학교(학사)
동아대학교 대학원 경영학과(경영학 석사)
부산대학교 대학원 경영학과(경영학 박사)
日本 一橋大學 交換教授
University of Southern California, Visiting Professor
University of Washington, Visiting Professor
현재 : 인제대학교 경영학부 교수

[주요 저서 및 논문]

회계원리(진영, 2002)
병원회계(진영, 2002)
관리회계(대명, 2004)
회계정보와 법규범(진영, 2003)
열린경영과 돈의 흐름(진영, 2002)
원가차이조사모형에 관한 연구(박사학위논문, 1987)
기업업적평가척도의 비교분석에 관한 연구(회계와 감사, 1997)
경영자 보상유인을 고려한 유효세율과 기업특성 간의 관계(대한경영학회, 2005)
유인보상과 BSC 성과동인의 관계분석(국제회계, 2006) 외 다수

IFRS 알기쉬운 회계원리(개정판)

저 자 손 병 기
발행자 한 헌 주
발행처 도서출판 **경문사**
서울특별시 서대문구 독립문로 21-9
전화 738-7035 FAX. 722-4678
E-mail: kmsp@korea.com
홈페이지: http://www.kmsp.co.kr
등 록 1995년 11월 9일 제300-1995-138호
2010년 2월 5일 초판발행
2014년 7월 7일 2판발행
2015년 8월 20일 2판2쇄 인쇄

저자와의 협의로 인지를 생략합니다.

정가 34,000원

ISBN 978-89-420-0807-0 93320